高速公路改扩建工程拼接关键技术应用指南

主　编　董　辉

副主编　王　伟　葛金城　崔志勇　王　贺

U0840265

人民交通出版社股份有限公司
China Communications Press Co.,Ltd.

内 容 提 要

本书以京港澳高速公路石家庄至磁县(冀豫界)段改扩建加宽工程为依托,为实现高速公路加宽工程的安全、耐久,结合工程实施过程中的研究成果,对路基、路面、桥梁、涵洞拼接加宽中采用的新技术、新工艺、新材料、新设备等进行总结和提炼。本书内容新颖、全面,具有较强的实用价值。

全书共分6章,主要内容包括:绪论,石安高速公路改扩建拼接工程勘察设计概况,高速公路改扩建工程路基拼接关键技术,高速公路改扩建工程路面拼接关键技术,高速公路改扩建工程桥梁拼接关键技术,高速公路改扩建工程涵洞拼接关键技术等。

本书可作为从事公路工程设计、施工、管理、监理及养护的技术和管理人员参考与培训用书,也可供高等院校相关专业师生学习参考。

图书在版编目(CIP)数据

高速公路改扩建工程拼接关键技术应用指南 / 董辉主编. — 北京 : 人民交通出版社股份有限公司, 2017.10

ISBN 978-7-114-14007-5

Ⅰ. ①高… Ⅱ. ①董… Ⅲ. ①高速公路—改建—道路工程—指南②高速公路—扩建—道路工程—指南 Ⅳ. ①U418.8-62

中国版本图书馆 CIP 数据核字(2017)第166757号

书　　名:高速公路改扩建工程拼接关键技术应用指南
著 作 者:董　辉
责任编辑:王　霞　李　娜
出版发行:人民交通出版社股份有限公司
地　　址:(100011)北京市朝阳区安定门外外馆斜街3号
网　　址:http://www.ccpress.com.cn
销售电话:(010)59757973
总 经 销:人民交通出版社股份有限公司发行部
经　　销:各地新华书店
印　　刷:北京鑫正大印刷有限公司
开　　本:787×1092　1/16
印　　张:23
字　　数:547千
版　　次:2017年10月　第1版
印　　次:2017年10月　第1次印刷
书　　号:ISBN 978-7-114-14007-5
定　　价:88.00元
(有印刷、装订质量问题的图书由本公司负责调换)

高速公路改扩建工程拼接关键技术应用指南

编写委员会

主　　编：董　辉

副 主 编：王　伟　葛金城　崔志勇　王　贺

编　　委：张韶波　蔡永利　康　博　赵瑞卿

李占锋　于盛彬　王晓兰　康　玮

雷明雪　崔少谦　任跃民　焦彦磊

熊保林

前 言

Foreword

京港澳高速公路石家庄至磁县(冀豫界)段是京港澳高速公路河北段的重要组成部分,也是河北省2020年高速公路网布局规划"五纵、六横、七条线"中最主要的南北交通干线,是河北省中南部地区联系首都北京,进而沟通东北、华北和华中地区的重要高速通道,其在国家及河北省路网中具有十分显要的地位,是全国最繁忙的交通要道之一。京港澳高速公路石磁段于1997年年底建成通车后,交通量迅速增长,服务水平趋于饱和。根据交通量预测,按现有技术标准,至2015年已全部进入三级服务水平。因此,扩建本段高速公路是十分必要的。

本次京港澳高速公路石家庄至磁县(冀豫界)段改扩建工程,石家庄附近石黄枢纽—西封斯枢纽新建段另辟走廊新建,西封斯枢纽—冀豫界段则采用沿旧路两侧加宽的方案。既有京港澳高速公路为双向四车道高速公路,路基宽度26 m,设计速度120km/h,扩建后为双向八车道高速公路,路基宽度42 m,设计速度120km/h。石黄枢纽—西封斯枢纽新建段按双向八车道高速公路标准建设,路基宽度42m,设计速度120km/h。邯郸东南环按双向四车道高速公路标准新建,路基宽28m,设计车速120km/h。

高速公路主体主要包括路基、路面、桥梁、涵洞等结构,那么路基、路面、桥梁、涵洞结构的拼接就成为了高速公路改扩建拼接工程的主要方面。为实现新旧道路的有效衔接,结合石安高速公路改扩建工程实践,研究并提出了路基、路面、桥梁等拼接工程的关键创新技术。主要包括:一是车载三维激光扫描技术成功地应用于改扩建公路测量,使车载三维激光点云精度和由点云生成的DEM精度满足平面坐标中误差小于±5cm、高程精度小于±2cm的要求;二是对高速公路改扩建工程路基拼接中粉煤灰填料路基加宽拼接技术进行了详细说明,对路基锚固加筋技术进行了创新,对加宽路基的沉降观测技术进行了更新;三是对路面拼接局部地段进行了应力吸收带方案的施工,给出了应力吸收带的设计与施工工艺、质量控制指标,并对其进行了相应的现场测试与跟踪观测,观测表明,应力吸收带在拓宽路面拼接中的应用具有很好的适应性;四是开展一系列基于重载交通的桥梁耐久性研究,研发新技术、新结构、新材料,进一步延长桥梁的使用寿命、节约养护成本、提高桥梁与交通的安全性。

本书共分6章。第1章绪论介绍了高速公路改扩建的必要性,石安高速公路改扩建工程概况,包括项目背景、项目区域自然条件以及主要技术指标等。第2章介绍了石安高速公路改扩建拼接工程勘察设计概况,高速公路路网安全性评价和应急技术,车载三维激光扫描勘察技术在高速公路改扩建工程中的应用以及石安高速公路改扩建工程路基、路面、桥梁、涵洞拼接设计概况等。第3章介绍了高速公路改扩建工程路基拼接关键技术,包括高速公路改扩建工程加宽路基破坏机理及处理技术、石安高速公路老路现状及扩建拼接方案、软基沉降处治技术、粉煤灰填料路基加宽技术、路桥过渡段加宽技术、锚固加筋技术、加宽路基沉降观测技术等。第4章介绍了高速公路改扩建工程路面拼接关键技术,探讨高比例回收料厂拌热再生技术应用方案及质量控制指标,研究改扩建高速公路路面桥面层间处治技术设计标准和施工质量控制指标。第5章介绍了高速公路改扩建工程桥梁拼接关键技术,包括空心板梁桥单板受力加固改造技术、铰接板梁桥铰缝合理构造研究、新旧桥梁合理拼接构造技术研究、RPC梁预制节段拼接技术以及中、小跨径桥梁延伸桥面板伸缩缝技术等。第6章介绍了高速公路改扩建工程涵洞拼接关键技术,介绍了高速公路涵洞加宽工程施工技术要点,提出减小新旧涵基础沉降差的工程措施、涵洞加宽工程施工质量检测方法及控制标准等。

本书具有以下几个显著特点:一是高速公路主体工程所包括的路基、路面、桥梁、涵洞结构等的改扩建拼接关键技术均涉及,每一个拼接结构的施工方法、施工步骤、施工工艺都非常具体,并且图文并茂;二是密切联系工程实际,以工程应用为宗旨,结合现场实际情况开展研究;三是内容新颖,高速公路主体工程拼接过程中采用了很多新技术、新工艺、新材料,对提高我国高速公路建设水平和公路及相关行业的技术进步具有重要推动作用。

本书由董辉担任主编,王伟、葛金城、崔志勇、王贺担任副主编。撰写过程中得到了石安高速公路改扩建工程中各设计单位、施工单位和监理单位等的大力支持,在此表示感谢。对为本书的编写和出版提供帮助的所有人员表示最衷心的感谢。

限于时间和编者水平,书中遗漏、不足之处在所难免,敬请广大读者批评、指正。

编　者

2017年6月

目录

Contents

第1章 绪 论

1.1 高速公路改扩建的必要性

近年来,随着国民经济的快速发展,我国高速公路建设十分迅猛,特别是加入WTO以来,物流业的发展和城市间的合作往来更加紧密,高速公路的交通流量日益增加。截至2013年年底,全国高速公路通车里程达104468km。由于受建设时社会经济水平、交通流量、技术水平和建设思想的制约,在已经建成使用的高速公路中,绝大多数是双向四车道,六车道和八车道高速公路所占比例较低,现在有相当一部分已经远远不能满足日益增长的交通需求和社会发展的要求,许多高速公路运输能力均已达到或超过饱和状态,造成了时间的浪费和运输成本的提高,一定程度上影响了区域经济的发展。相当一部分高速公路无法满足车辆快速、安全、舒适行驶要求,甚至出现了比较严重的路面病害,严重影响了高速公路的服务水平和使用寿命,为了满足急剧增长的交通要求和提高道路服务水平,更好地为经济建设服务,有必要对原高速公路进行改扩建,提升高速公路的通行能力。

解决这一问题有以下几种途径:一是路网加密方案,如将106国道走廊带交通条件改善提高,以分流107国道走廊带交通;二是近距离新建高速公路;三是旧路加宽方案。路网加密方案工程投资大,对已建高速公路交通吸引有限,特别是加密公路建设规模较小时,对长大距离交通吸引甚微;近距离新建高速公路投资规模大,占用土地多,且容易造成路网分布不均;而旧路加宽方案利用已建高速公路部分工程,占地拆迁较少,工程投资相对较小。

结合国外经验及根据国家未来经济发展,全国主要经济干线走廊带内,如京广、京沪、京沈等,远期将需要10条左右车道的高速公路的通行能力。因此,从长远发展和经济效益的角度讲,高速公路的扩建加宽工程将是21世纪我国公路建设亟待解决和必须解决的重要问题。

1.2 石安高速公路改扩建工程概况

1.2.1 项目背景

京港澳高速公路是国家高速公路网(7918网)中的“射3”(北京—港澳)线,自北向南连接北京、石家庄、郑州、武汉、长沙、广州、香港、澳门等多个中心城市,连接华北、华中、华南三大经济区,是我国最为重要的南北运输通道。

石家庄至磁县(冀豫界)段是京港澳高速公路河北段的重要组成部分,也是河北省 2020 年高速公路网布局规划"五纵、六横、七条线"中最主要的南北交通干线,是河北省中南部地区联系首都北京,进而沟通东北、华北和华中地区的重要高速通道,其在国家及河北省路网中具有十分显要的地位,是全国最繁忙的交通要道之一,改扩建路线位置如图 1-1 所示。

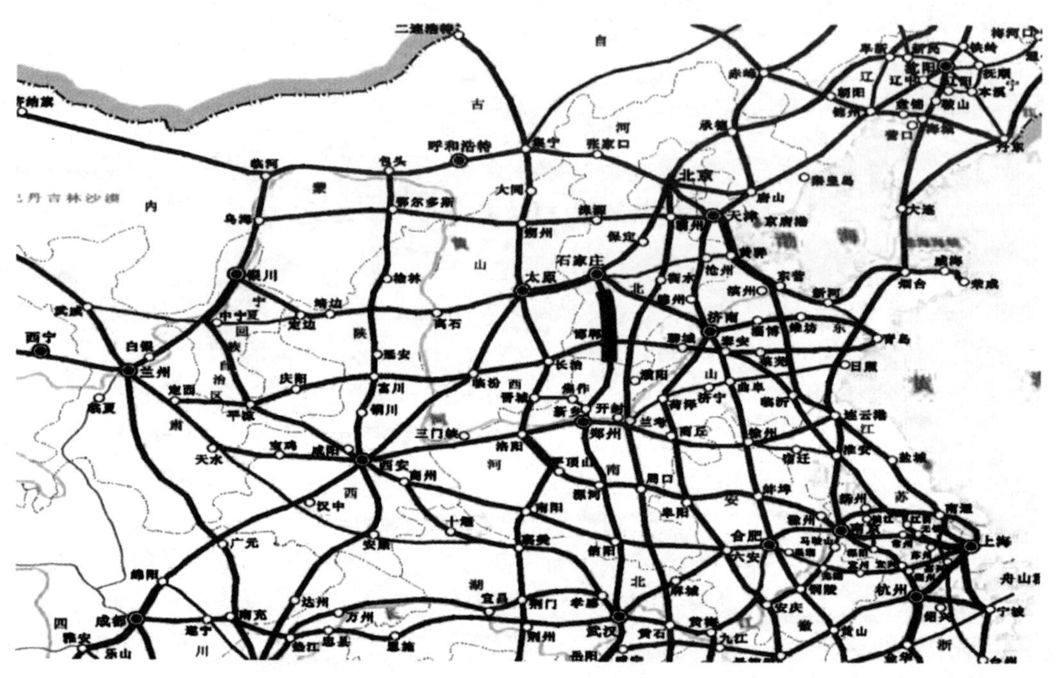

图 1-1　石安高速公路改扩建工程位置示意图

京港澳高速公路石磁段于 1997 年年底建成通车后,交通量迅速增长,服务水平趋于饱和。根据交通量预测,按现有技术标准,至 2015 年将全部进入三级服务水平。因此,扩建本段高速公路是十分必要的。

既有京港澳高速公路石家庄至磁县(冀豫界)段起于石家庄市区北郊南高营,北接京石高速公路终点。道路向南经栾城区、元氏县、高邑县、柏乡县、隆尧县、内丘县、邢台市、沙河市、永年县、邯郸市、磁县等市县,止于临漳县的冀豫界收费站,顺接京港澳高速公路河南段,全长 216.05km。

既有京港澳高速公路于 1997 年建成通车。设计技术标准采用原交通部部颁《公路工程技术标准》(JTJ 01—1988)[现已更新为《公路工程技术标准》(JTG B01—2014)]中高速公路标准,设计速度为 120km/h,双向四车道,路基宽度 26m,如表 1-1 所示。

1.2.2　项目区域自然条件

1.2.2.1　自然地理条件

(1)地形、地貌

路线所经地区位于河北省南部,属华北平原的西部边缘带,太行山山前冲积平原,地形平坦,地貌类型单一。沿线地势自东北向西南逐步升高,但起伏极小,绝对高程在 36 ~ 79m 之间。

既有京港澳高速公路技术指标表 表1-1

序号	项 目	指 标	序号	项 目	指 标
1	公路等级	高速公路	10	最大平曲线半径(m)	9000
2	设计速度(km/h)	120	11	同向曲线间直线段最短长度(m)	738.810
3	车道数(道)	4	12	反向曲线间直线段最短长度(m)	0
4	路基宽度(m)	26.00	13	凸形竖曲线最小半径(m)	20000
5	中央分隔带宽度(m)	3.00	14	凹形竖曲线最小半径(m)	20000
6	行车道宽度(m)	2×3.75	15	最大纵坡(%)	1.389
7	硬路肩宽度(m)	2.50	16	最短坡长(m)	300
8	土路肩宽度(m)	0.75	17	荷载等级	汽车—超20级 挂车—120
9	最小平曲线半径(m)	5500	18	桥梁净宽(m)	与路基同宽

(2)气候与气象

该项目区属于大陆性季风气候,四季分明。春季气候干燥,降水量少,常有5、6级偏北风或偏南风。夏季降雨频繁,6、7、8三个月降水占全年降水量的63%~70%。秋季晴朗少雨,温度适中,偶有寒潮天气发生。冬季气候寒冷干燥,天气晴朗少云,降水少。该项目区年平均气温13.5℃,极端最低气温-19℃,极端最高气温42.5℃。年平均降水量558.7mm,年日照2447~2871h,无霜期200d。

(3)水文

该项目区水系比较发育,且多为宽浅型季节性河流,河流多源于太行山脉,平时流量较小,洪水季节受上游水库调洪,河道也基本处于干涸状态,近年来大多被辟为农田。石黄枢纽—西封斯枢纽新建段跨越的主要河渠有石津干渠、汪洋沟、回灌渠及洨河;西封斯枢纽—冀豫界加宽扩建段主要跨越槐河、泜河、滏阳河、漳河、支漳河及南、北民有渠等人工开挖式拓宽河道。

1.2.2.2 工程地质条件

(1)地层岩性

改扩建线路沿太行山东麓山前平原分布,所经地段均为第四系松散岩层,主要成因类型为冲积、洪积堆积物,地层岩性以黏性土为主,其次为砂土及砾卵石,部分路段存在冲积、湖积相淤泥质黏性土。

根据区域地质资料,该项目区第四系覆盖层总厚度达250m,其中全新统(Q_4)地层厚度20~40m,其底界在山前平原区为地表以下第一个沉积旋回的砂、砾卵石层底部。结合原路地质资料,项目区内上部地层均为全新统(Q_4)地层,仅在两座特大桥底部才揭露上更新统(Q_3)地层。支漳河特大桥上更新统地层为粉质黏土,呈硬塑状,含大量钙质结核;漳河大桥为厚层卵石。各路段的地层岩性如下:

①K321 +000 ~ K347 +200 段:主要以粉质黏土为主,夹中砂、细砂及粉土,大多为透镜体分布,河道范围内表层砂层较厚。

②K347 +200 ~ K350 +500 段:该区主要特征为在勘探深度范围内的地层中含较厚的灰绿色高岭土,为膨胀土。

③K350 +500 ~ K365 +000 段:该段地层表层以砂土为主,夹薄层粉土、粉质黏土,中部夹卵石及砂层,底部为粉质黏土,夹卵石、角砾,含灰绿色高岭土。

④K365 +000 ~ K422 +100 段:该区段落较长,地层岩性相对分布平稳,主要以粉质黏土为主,局部夹粉土,河道范围表层砂层较厚,底层为角砾层及粗砂层。

⑤K422 +100 ~ K432 +600 段:该段地层以粉质黏土为主,夹中砂、细砂及粉土及黏土,大多为透镜体分布。

⑥K432 +600 ~ K461 +500 段:该段地层以粉质黏土为主,中部夹淤泥质粉质黏土,K452 +800 以南淤泥质土呈不连续透镜体分布,表层土以细砂为主。

⑦K461 +500 ~ K473 +700 段:除表层土有细砂及粉砂外,大多为粉质黏土。其中 K469 +600 ~ K473 +700 段地层以细砂为主。

⑧K473 +700 ~ K481 +855 段:该段地层以细砂为主,表层及中部夹粉质黏土,底部为卵石。

⑨K481 +855 ~ K487 +579 段:地层以粉质黏土为主,局部夹粉土。

(2)地质构造

该项目位于新华夏系构造带内,太行山一级隆起带和华北坳陷的交接部位以东,在次级构造单元上属临清台陷邯郸和汤阴断凹西部。其构造运动主要发生于燕山时期,喜马拉雅时期继续活动,且以断裂活动为主,伴以轻微褶皱,表现为中新统和上新统之间的角度不整合,断裂构造均呈隐伏状产出。区内均无基岩出露,区域内主要发育以下活动断裂:

①邢台—安阳深断裂:自石家庄东南的栾城向南,经邢台东北,永年临名关,到邯郸市区西侧,大致顺京广铁路线延伸,到达磁县后,过丰乐镇、洪河屯至河南安阳,区内长约 200km。总体走向北东 10°左右,倾向东南,为继承性正断层。该断裂基本分布于拟改扩建高速公路西侧。

②磁县—大名大断裂:位于该区的南部边缘 K450 +550 处。由磁县至大名一线,断裂走向北西 70°左右,断面倾向北东,断距大于 1.0km,区内长约 90km,向东延入山东,为中、新生代继承性活动断裂,在空间上同北邻的无极—衡水大断裂排成阶梯状,属隐伏性正断层。

③临漳断裂:位于临漳县城附近,走向近南北向,呈舒缓波状,力学性质上因新生代活动性的继承,由压扭性转化为张扭性,为隐伏性正断层。

(3)特殊性岩土

膨胀土:沿线膨胀土主要分布于 K347 ~ K351 区间,呈连续状分布。为灰绿色,黏性强,含高岭土。根据原路资料,膨胀土膨胀性强弱不等,自由膨胀率在 42% ~136%,弱、中、强膨胀性土均有分布。

软土:沿线软土主要分布于滏阳河北岸—崔曲之间,测设里程 K430 +000 ~ K461 +300,其中 K452 +800 ~ K461 +266 段软土呈不连续透镜体状分布。该区软土主要由灰黑色淤泥质黏土、粉质黏土组成,含有机质、有臭味,质地不均,夹薄层粉土,软塑 ~ 流塑状,属内陆湖泊相沉积层。该层埋深及厚度变化较大,在支漳河以北埋深 4.0 ~ 8.5m,一般层厚 2.0 ~ 6.0m,支漳河以南中部该层又分为上下两层，第一层埋深3.0～8.0m，第二层埋深12.0～18.0m，单层厚为1.0～3.0m。

可液化砂土：主要分布在石安高速公路K430+300～K446+600、K454+300～K458+900、K473+700～K483+000三段，共约30.2km，各段液化土特征如下。

①K430+300～K446+600段：液化土岩性为粉土与粉砂、细砂，地下水位埋深一般为2.6～7.0m，粉土层厚度0.9～7.1m，砂层厚度0.9～9.9m，液化土层埋深一般为4.9～7.7m、12.2～16.3m，厚度为1.0～4.89m，液化等级为轻微液化，该段的液化土层较薄，而且呈零星分布。

②K454+300～K458+900段：该段的液化土层主要为粉砂与细砂，一般分布于地表，液化层底板（厚度）埋深一般为4.3～9.0m，液化土层厚度为1.7～3.0m，地下水位埋深<4.5m。液化等级为轻微液化。

③K473+700～K483+000段：液化土层为细砂及粉砂，砂层表层一般分布有薄层粉质黏土及粉土（耕种土层），砂层总厚度一般大于20.0m，液化层下限埋深一般为8.0～15.0m，液化层厚度5.7～14.0m。地下水位埋深5.58～10.8m。液化等级为轻微液化。其中，K476+300～K478+800砂土不液化。

1.2.2.3 工程地质分区与评价

路线所经地区均为第四纪冲、洪积沉积层，岩性以黏性土为主，其次为砂土及卵石，局部路段分布有淤泥质土和液化砂土。根据岩土在水平和垂直方向物理力学性质的变化，可将沿线划分为四个工程地质区，其工程特征分述如下：

A区：K270+200～K315+500（石黄枢纽—西封斯枢纽新建段）地势自东北向西南逐步升高，总体上来说地貌单元较为单一，线路所经区域地质条件相对稳定，无活动构造、断裂带通过，地层岩性比较单一，除部分路段有Ⅰ级非自重黄土状土分布外，其余主要为第四系冲洪积黏性土。工程地质条件较好。

B区：K321+000～K347+200，主要以粉质黏土为主，夹中砂、细砂及粉土，大多为透镜体分布，河道范围内表层砂层较厚。该区地下水埋藏较深，北部埋深大于30m，而南部则在25m左右。该区无不良地质体分布，工程地质条件良好。

C区：K347+200～K365+000，该区主要特征为在勘探深度范围内的地层中含较厚的灰绿色高岭土，为膨胀土。其中K350+500～K365+000段地层表层以砂土为主，夹薄层粉土、粉质黏土，中部夹卵石及砂层，底部为粉质黏土，夹卵石、角砾，含灰绿色高岭土，有一定膨胀性。工程地质条件较差。

D区：K365+000～K430+000，主要由褐、黄褐色黏性土组成，含少量钙质结核，局部可见钙板薄层，多呈软塑或硬塑状，夹中砂、细砂及粉土，大多为透镜体分布，河道范围内表层砂层较厚。该区地下水埋藏较深且具有北深南浅的特征，北部埋深大于20m，而南部则在13m左右。该区无不良地质体分布，工程地质条件良好。

E区：K430+000～K461+300，该区软土呈不连续透镜体状分布。该区软土主要由灰黑色淤泥质黏土、粉质黏土组成，含有机质、有臭味，质地不均，夹薄层粉土，软塑～流塑状，属内陆湖泊相沉积层。该层埋深及厚度变化较大，在支漳河以北埋深4.0～8.5m，一般层厚2.0～6.0m，支漳河以南中部该层又分为上下两层，第一层埋深3～8m，第二层埋深12～18m，单层

厚为1~3m。局部路段，由于水塘、荷塘及稻田长年积水，表层形成了一定厚度的软弱土，软弱土最厚可达0.6~1.0m。该段地质条件较差。

F区：K461+300~K483+000，该区以地表下20m范围内分布有较厚的饱和粉细砂为主要特征。其中K453+000~K458+500段和K481+750~K483+000段砂土属液化砂土，为该区不良工程地质层。其余路段大量分布灰黄、黄褐色黏性土层和以石英砂岩为主的砾、卵石层，工程地质条件较好。

G区：K483+000~K487+300，该区北起漳河南岸，南至终点，全长约4.6km，为路线的最南端。该区地层上部为黄褐色粉质黏土，含钙质结核，具中等压缩性，多呈软塑或硬塑状。厚度大于25m；下部为卵石，杂色，成分以石英砂岩为主，充填物主要为黏性土，呈中密~密实状。该层工程性质良好，容许承载力大于700kPa。

1.2.3 主要技术指标

根据研究报告，本次京港澳高速公路石家庄至磁县(冀豫界)段改扩建工程石家庄附近石黄枢纽—西封斯枢纽新建段另辟走廊新建，西封斯枢纽—冀豫界段则采用沿旧路两侧加宽的方案。既有京港澳高速为双向四车道高速公路，路基宽度26m，设计速度120km/h，扩建后为双向八车道高速公路，路基宽度42m，设计速度120km/h。石黄枢纽—西封斯枢纽新建段(SASJ-1)按双向八车道高速公路标准建设，路基宽度42m，设计速度120km/h。邯郸东南环按双向四车道高速公路标准新建，路基宽28m，设计速度120km/h。

其他技术标准按交通运输部颁《公路工程技术标准》(JTG B01—2014)执行。主要技术标准见表1-2。

主要技术指标　　表1-2

序号	项目	石黄枢纽—西封斯枢纽	西封斯枢纽—冀豫界段		邯郸东南环
		新建	扩建前	扩建后	新建
1	起讫桩号	K270+200~K315+500	K322+150~K487+300		HK0+000~HK35+000
2	路线长度	44.800km	165.01km		37.881km
3	公路等级	双向八车道高速	双向四车道高速	双向八车道高速	双向四车道高速
4	路基宽度	42m	26m	42m	28m
5	设计速度	120km/h	120km/h	120km/h	120km/h
6	荷载标准	公路—I级	汽—超20挂—120(原构造物) 公路—I级(拼宽构造物)		公路—I级
7	地震烈度	$0.05g$~$0.10g$	$0.05g$~$0.20g$		$0.15g$
8	设计洪水频率	特大桥1/300、其他桥梁和路基1/100			

1.3 本书主要内容

高速公路主要包括路基、路面、桥梁、涵洞结构，那么路基、路面、桥梁、涵洞结构的拼接就成为了高速公路改扩建拼接工程的主要方面。为实现新旧道路的有效衔接，结合石安高速公

路改扩建工程实践,研究并提出了路基、路面、桥梁、涵洞结构拼接工程的关键技术,实现了对石安高速公路改扩建拼接工程质量的有效控制。本书主要从以下5个方面对高速公路改扩建工程拼接关键技术进行了详细阐述。

(1)石安高速公路改扩建工程拼接设计概况

主要介绍了高速公路路网安全性评价和应急技术、车载三维激光扫描勘察技术在高速公路改扩建工程中的应用,以及石安高速公路改扩建工程路基、路面、桥梁、涵洞拼接设计概况。

(2)高速公路改扩建工程路基拼接关键技术

阐明了高速公路改扩建工程路基拼接关键技术,包括:高速公路改扩建工程加宽路基破坏机理及处理技术、石安高速公路旧路现状及扩建拼接方案、软基沉降处治技术、粉煤灰填料路基加宽技术、路桥过渡段加宽技术、锚固加筋技术、加宽路基沉降观测技术。

(3)高速公路改扩建工程路面拼接关键技术

通过室内试验研究旧路回收料中改性沥青成分和沥青老化程度对回收料产量及再生沥青路面性能的影响,考虑高速公路沥青路面改扩建再生方案确定标准,研究高比例回收料厂拌热再生技术应用方案及质量控制指标。探讨不同环境下改扩建高速公路路面桥面层间工作状态、层间处治措施材料性能分级以及两者的匹配关系,探讨改扩建高速公路路面桥面层间处治技术设计标准和施工质量控制指标。

(4)高速公路改扩建工程桥梁拼接关键技术

通过调查、试验、理论分析、结构创新、技术开发等手段,对高速公路改扩建桥梁拼接的关键技术开展一系列研究,重点研究了5个方面:一是空心板梁桥单板受力加固改造技术研究;二是铰接板梁桥铰缝合理构造研究;三是新旧桥梁合理拼接构造技术研究;四是RPC梁预制节段拼接技术;五是中、小跨径桥梁延伸桥面板伸缩缝技术研究。从而延长桥梁的使用寿命、节约养护成本、提高桥梁与交通的安全性。

(5)高速公路改扩建工程涵洞拼接关键技术

结合实体工程情况,研究涵洞加宽方案原则及不同加宽方式优缺点,对比分析不同类型涵洞新旧涵拼接设计方法及其适用条件,系统总结新涵结构设计理论及特点。探讨高速公路涵洞加宽工程施工技术要点,提出减小新旧涵基础沉降差的工程措施、涵洞加宽工程施工质量检测方法及控制标准。根据研究成果提出涵洞设计优化、涵顶减荷措施和合理的地基处理方法。

第2章　石安高速公路改扩建拼接工程勘察设计概况

2.1　高速公路改扩建工程车载三维激光扫描勘察技术

车载三维激光移动测量技术已经成为当今测绘界比较前沿的技术之一。20世纪80年代末,激光测绘技术在多等级三维地球空间信息的实时获取方面取得了重大突破,数据的获取方式逐步由人工单点获取,朝着连续自动获取的方向发展,使数据处理的自动化、智能化成为可能。激光测绘技术直接获取高精度三维数据,与传统测量技术相比具有明显的优越性,可广泛应用于三维空间数据的采集与更新。由于实际场景的多样性和复杂性,各种采集目标地物的激光扫描测量系统相继问世,车载激光扫描系统的研究成为热点,20世纪90年代开始逐步发展起来,现在系统集成的相关研究已经相对成熟。同时车载激光点云数据处理技术随着系统的完善也在逐步发展,车载移动测量系统的应用领域也在逐步拓宽。三维激光雷达扫描系统根据工作方式和平台分为机载、地面站、车载、船舶和手持等不同类型的系统,被应用于公路勘测研究的有机载、车载和地面站系统。

由于传统的公路勘测数据采集方法程度不同存在一定的问题和缺陷,跟踪世界先进技术的发展方向、及时将先进的数据采集方法应用于公路勘测领域成为广大公路勘测设计工作者的研究内容之一。三维激光扫描技术由于其突出的优点,很自然地进入了广大公路勘测设计研究人员的视野。

三维激光扫描技术可以快速、高效、低成本获取高精度的DTM数据,是公路勘测设计中数据采集的理想方式,可以为公路设计、施工和管理提供高精度的、可靠的基础资料。采用三维激光扫描技术进行改扩建公路勘测地形数据采集,可以大幅度地降低数据获取的周期,提高我国公路勘测、设计的质量和水平,从而产生非常可观的直接效益和间接效益。从长远角度讲,正像以前的GPS测量技术必将成为控制测量的主要方法一样,三维激光扫描技术必将逐渐成为数字地面模型和地形图,特别是高精度的数字地面模型和地形图获取的主要方法,因此开展三维激光扫描技术研究具有很大的重要性和必要性。

随着我国经济建设的快速发展,除新建高速公路的投资规模呈现加速发展的态势外,公路的改扩建工作同样成为当前国内公路建设与发展的一个重要方面,同时高速公路建设正逐渐由平原向山区、由简单地区向复杂地区、由植被稀少地区向植被密集地区推进,可以说公路勘测的工作量和难度越来越大、精度要求越来越高、勘测速度要求越来越快,传统的勘测手段已不能满足高等级公路勘测精度与建设速度的要求,因此,将数据采集新技术三维激光扫描技术

引入公路勘测领域，对于减少公路勘测的劳动强度，提高公路勘测的精度、效率具有很大的现实意义。

2.1.1 车载三维激光扫描技术简介

目前改扩建公路勘测方法有接触式测量方法和非接触式测量方法，接触式测量方法的平面位置测量主要有 GPS RTK 测量、全站仪测量、皮尺丈量，高程测量主要采用 GPS RTK 测量、全站仪测量、水准测量。非接触式测量方法主要有地面静态三维激光扫描技术、低空航空摄影测量、低空机载三维激光扫描技术和车载三维激光扫描技术。按照应用成熟情况分类可以分为常规测量方法和三维激光扫描技术，其中常规测量方法包括 GPS RTK 测量、全站仪测量和低空航空摄影测量，三维激光扫描技术包括地面静态三维激光扫描技术、低空机载三维激光扫描技术和车载三维激光扫描技术。

2.1.1.1 车载三维激光扫描技术工作原理简介

三维激光系统由三维激光扫描仪、数码相机、扫描仪旋转平台、软件控制平台、数据处理平台及电源和其他附件设备共同构成，机载三维激光和车载三维激光扫描技术还包括惯性导航系统（IMU），是一种集成了多种高新技术的新型空间信息数据获取手段。

三维激光扫描系统是利用三维激光扫描仪向目标发射激光脉冲，依次扫描被测区域，快速获得地面景观的三维坐标和反射光强，利用相应软件进行三维建模，生成地面景观的三维图像和可量测点阵数据，并可方便地转化为多种输出格式的图形产品。利用三维激光扫描技术，可以深入到任何复杂的现场环境及空间中进行扫描操作，并可以直接实现各种大型的、复杂的、不规则、标准或非标准的实体或实景三维数据完整的采集，进而快速重构出实体目标的三维模型及线、面、体、空间等各种制图数据。同时，还可对采集的三维激光点云数据进行各种后处理分析，如测绘、计量、分析、模拟、展示、监测、虚拟现实等操作。采集的三维点云数据及三维建模结果可以进行标准格式转换，输出为其他工程软件能识别处理的文件格式。

三维激光扫描技术的测量原理是基于角度和距离测量的几何数据获取的方法，其过程是：从传感器上发射的激光信号被地面目标反射后，被三维激光扫描系统上的接收单元接收，根据发射和接收之间的时间差，可以计算出传感器与地面目标之间的距离，依次扫描被测区域，快速获得地面景观的三维坐标和反射光强。

车载三维激光扫描技术是以汽车作为三维激光扫描仪的运载工具，整个系统由三维激光扫描仪、MU 姿态测量系统、GPS 定位系统、计算机控制系统和点云处理系统组成。

三维激光扫描仪测量扫描仪到地面点的距离和角度，其扫描速度可以每秒钟几万甚至几十万个点，密度为 600 ~ 1000 点/m^2。GPS 定位系统测量扫描仪瞬时空间三维坐标，MU 姿态测量系统测量扫描仪瞬时姿态，计算机控制系统对上述三个测量系统进行控制并记录测量数据，点云处理系统对海量的点云进行处理、转换，生成符合工程需要的数据。图 2-1 所示为车载三维激光扫描系统的组成。由于车载三维激光扫描技术中扫描仪的高度只有 3 ~ 4m，扫描的距离低，相应的距离测量精度要比机载三维激光距离测量精度要高，同时由于车载三维激光扫描的点云特别密集，每平方米达到为 600 ~ 1000 点，点间距只有 3cm 左右，可以克服点间距大而使内插高程误差大的问题，因此车载三维激光可以获得较高的测量精度。通过制定科学

的数据采集和数据处理方案，所测量的数字地面模型的精度有可能达到改扩建公路勘测的要求。

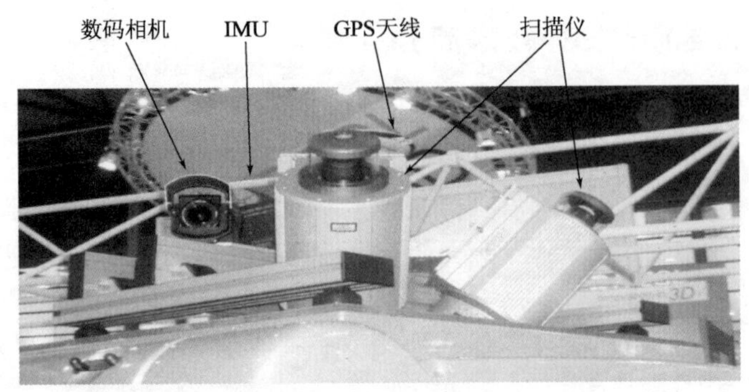

图 2-1 车载三维激光扫描系统组成

2.1.1.2 车载三维激光扫描技术与几种勘测方法的比较

(1)车载三维激光扫描技术与接触式测量方式比较

安全性方面：接触式测量方式安全性非常差，车载三维激光扫描技术基本不直接接触行驶路面，具有很高的安全性。

精度方面：接触式测量方式和车载三维激光扫描技术基本相当，精度中误差均可以达到1～5cm。

效率方面：接触式测量方式效率低下，所有的地面点均要采用人工方式测量，受天气的影响很大，车载三维激光扫描技术野外作业量较少，受天气的影响很小。

(2)车载三维激光扫描技术与低空航空摄影测量比较

安全性方面：两种方式在安全性方面基本相当，两种方式均基本不直接接触行驶路面，具有很高的安全性。

精度方面：低空航空摄影测量精度较差，其测量中误差精度一般在15～30cm，车载三维激光扫描技术的中误差精度均可以达到1～5cm。

效率方面：从测量本身的角度考虑，两种方式的野外作业量均较少，但低空航空摄影测量受到天气的影响和空域飞行权的限制，有些情况下会导致整个测量工作无法进行。

(3)车载三维激光扫描技术与地面静态三维激光扫描技术比较

安全性方面：地面静态三维激光扫描技术安全性比较差，该方式需要野外一站一站的进行数据采集，车载三维激光扫描技术基本不直接接触行驶路面，具有很高的安全性。

精度方面：地面静态三维激光扫描技术和车载三维激光扫描技术基本相当，精度中误差均可以达到1～5cm。

效率方面：地面静态三维激光扫描技术效率相对较低，受到天气的影响较大。车载三维激光扫描技术野外作业量较少，受天气的影响非常小。

(4)车载三维激光扫描技术与低空三维激光扫描技术比较

安全性方面：两种方式在安全性方面基本相当，两种方式均基本不直接接触行驶路面，具有很高的安全性。

精度方面：低空三维激光扫描技术精度相对较差，其测量中误差精度一般在10～15cm，车载三维激光扫描技术的中误差精度可以达到1～5cm。

效率方面：从测量本身的角度考虑，两种方式的野外作业量均较少，效率都比较高，但三维激光扫描技术一定程度上受到天气的影响和空域飞行权的限制，有些情况下会导致整个测量工作无法进行。

2.1.2 车载三维激光扫描勘测数据采集技术

2.1.2.1 车载三维激光扫描勘测设备

该项目采用StreetMapper360进行车载三维激光点云数据采集，StreetMapper360车载的Riegl VQ 250激光仪提供360°街景，进行300m内的精准测量，每秒每个感应器能够获得300000个结果，精度优于10mm，地面点云间距约3cm。图2-2为StreetMapper360数据采集车。

图2-2 StreetMapper360数据采集车

2.1.2.2 石安高速公路改扩建车载三维激光扫描勘测数据采集流程

2010年6月24日，进行石安段165km的第1次车载三维激光点云数据采集，数据采集桩号为K321+500～K487+300，数据采集起点为西封斯互通，终点为冀豫分界处。图2-3为石安段点云数据采集线路图。数据采集时间点及任务安排见表2-1。

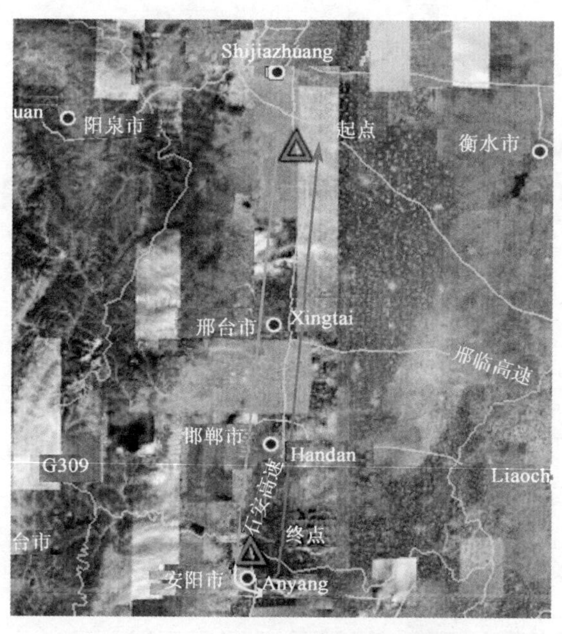

图2-3 石安段点云数据采集线路图

数据采集时间点及任务安排 表 2-1

序　号	时　间	任务安排
1	5:30 ~ 6:30	基站人员出发架设基站
2	7:00 ~ 9:00	首次设备初始化与检校作业
3	9:00 ~ 12:00	由北向南的点云数据采集
4	12:00 ~ 15:00	由南向北的点云数据采集
5	15:00 ~ 16:30	末次设备初始化和检校作业
6	16:30 ~ 17:30	基站关机

2010 年 6 月 25 日，进行石安段 165km 的第 2 次车载三维激光点云数据采集，作业时间、数据采集路线和第 1 次点云数据采集相同。两天往返进行两次点云数据采集，测线长度约 700km，共花费时间 24h，实际采集时间共 12h。采集约 160 亿个三维激光点。采集过程中同时在沿线每 30km 左右架设一个基站，共架设 6 个基站。图 2-4 为采集的点云图。

图 2-4　采集的 LiDAR 点云数据

2.1.2.3　车载三维激光扫描测量技术参数

(1)改扩建公路 DEM 测量精度

《公路勘测规范》(JTG C10—2007)和《公路勘测细则》(JTG/T C10—2007)规定，中桩桩位精度、中线敷设位置和中桩高程测量应符合表 2-2 ~ 表 2-4 的规定。

中桩平面桩位精度 表 2-2

公路等级	中桩位置中误差(cm)		桩位检测之差(cm)	
	平原微丘	重丘山岭	平原微丘	重丘山岭
高速公路、一、二级公路	≤ ±5	≤ ±10	≤10	≤20
三级及以下公路	≤ ±10	≤ ±15	≤20	≤30

中桩间距 表 2-3

线形	区　域	间距(m)
直线	平原微丘区	50
	重丘山岭区	25

续上表

线形	区　　域	间距(m)
曲线	不设超高的曲线	25
	$R>60$	20
	$30<R<60$	10
	$R<30$	5

注:表中 R 为平曲线半径(m)。

中桩高程测量精度　　表 2-4

公 路 等 级	闭合差(mm)	两次测量之差(cm)
高速公路、一、二级公路	$\leqslant 30\sqrt{L}$	≤5
三级及以下公路	$\leqslant 50\sqrt{L}$	≤10

注:L 为高程测量的路线长度(km)。

横断面中的距离、高差的读数取位至 0.1m,检测互差限差应符合表 2-5 的规定。

横断面检测互差限差　　表 2-5

路　　线	距离(m)	高差(m)
高速公路、一、二级公路	$L/100+0.1$	$h/100+L/200+0.1$
三级及以下公路	$L/50+0.1$	$h/50+L/100+0.1$

注:L 为测点至中桩的水平距离(m),h 为测点至中桩的高差(m)。

由上述所述,高速公路测量的中桩平面位置中误差为 ±5.0cm;高速公路中桩高程测量的两次差值为 5cm,则单次测量的中误差应为 ±1.8cm;横断面距离和高程单次测量的中误差均应小于 ±3.5cm。

改扩建公路采用 DEM 进行中桩、中桩高程和横断面的截取时,DEM 是作为一个整体,因此 DEM 的精度既要基本满足中桩、中桩高程和横断面的截取的精度要求,又不能精度要求过高,以免增加过多的工作量,因此综合设计、施工和测量等多方面的因素,确定 DEM 的平面和高程中误差分别取 ±5.0cm、±2.0cm,对于测量来说是可行的。我国多条高速公路改扩建的经验也表明,改扩建公路 DEM 的平面和高程中误差分别取 ±5.0cm、±2.0cm 是满足设计和施工需要的。

(2)车载三维激光数据采集的运行速度

①车载三维激光数据采集的运行速度理论分析。

由于车载三维激光扫描采集的点云密度是与时间密切相关的,单位时间内采集的点云数量是固定的,因此车载三维激光采集的点云密度是与车载三维激光的运行速度成反比的,车载三维激光的运行速度越低,点云密度越大,那么由此生成的 DEM 的精度越高。因此从提高点云密度的角度出发,车载三维激光运行速度越低,车载三维激光的运行采集的点云密度越高,可以克服点间距大而使内插高程误差大的问题,因此车载三维激光可以获得较高的测量精度。

惯性测量单元(IMU)是一种自主式导航装置,能够测量载体位置、速度、姿态等运动参数,它短期精度较高,稳定性好,但其输出结果的误差随着时间的延长累计,长期的精度较低,因此,需要一定的速度以便在较短的时间内完成采集。

地面特征坎线、地面断裂线以及点云数据的分类对三维雷达激光扫描生成的数字地面模型精度有比较大的影响，车载三维激光扫描当运行速度为60km/h，其点云密度可达到每平方米600～1000点，点间距只有3cm左右，车载三维激光扫描当运行速度为30km/h，其点云密度可达到每平方米1000～2000点，点间距只有1.5cm左右，与常规测量方法相比，点密度是相当大的，当点云间距只有1.5～3cm时，无论采用何种方法获取路面三维空间信息，均可以消除地面特征坎线、地面断裂线的影响。

由此综合车载三维激光扫描的各方面因素和以前部分项目的经验、教训，该项目确定车辆的运行速度不宜低于60km/h，最低不应低于30km/h。根据上述研究，车载三维激光的点云数据采集时，应遵守以下规定：

a. 车辆采集过程中车速应保持在60km/h，最低不应低于30km/h，并且应尽可能在紧急停车道行驶。

b. 在紧急停车道和行驶车道，在三维激光采集车前后50m各有2辆路政车开道和跟随。

c. 前面的路政车应尽最大努力，保证车辆行驶畅通，特别是正在施工路段，应提前联系疏通。

d. 在进入收费站前，路政车辆先行和收费站沟通，打开收费站一个车道并保证该车道畅通，确保数据采集车不停车通过。

②车载三维激光数据采集的运行速度与高程精度分析。

该试验项目按照三维激光数据采集不同的运行速度（80km/h、60km/h和30km/h）截取了不同路段的未进行校正的点云高程与实测的同一位置的高程进行了比较，得到以下几个规律：

a. 车载三维激光运行速度为60km/h时，采集的点云高程中误差最小。

b. 当运行速度升高时，采集的点云高程中误差逐渐增大。

c. 当运行速度减小时，采集的点云高程中误差亦逐渐增大，但点云高程增加速率明显比运行速度增加时更快，说明运行速度减小对点云高程精度更加不利。

d. 未进行校正的点云高程中误差最小为±7.6cm，不能满足改扩建公路高程测量的精度要求。

（3）GPS基站的合理密度和间距

车载三维激光扫描技术在数据采集过程中需要布设一定数量和间距的基站，以获取具有三维空间坐标的点云。

GPS定位测量的误差包括轨道误差、卫星钟差、电离层误差、对流层误差、多径误差、接收机钟差、接收机噪声等。当测站距离超过20km时，电离层误差、对流层误差对于单频接收机可从5m到150m。电离层是一种散射介质，其折射系数是电波频率的函数，双频接收机的用户能够利用电离层的这一固有特点，在观测结果的一阶项中直接加入电离层改正。

因此现行《公路勘测规范》（JTG C10—2007）规定，当GPS控制网点间距离小于20km时，可不考虑对流层和电离层的修正；当大于20km时，每时段应于始、中、终各观测一次气象元素，并采用标准模型加入对流层和电离层的修正。

在以前的相关试验中已经证明，基站间距对数字地面模型的精度有较大的影响。在测区没有地面控制点的情况下，数字地面模型的误差随着基站距离的不断增加而增加，也就是说数字地面模型的精度随着基站距离的增加而降低，当基站距离超过20km时，数字地面模型的误差明显有加速增大的趋势，当基站间距小于10km时，其误差减小的趋势将不明显。因此，基

站的距离原则上不应超过20km。

考虑到现在使用的GPS接收机均为高精度的双频接收机，因此规定用于车载三维激光扫描技术测量时，基站的间距应为20～30km。

2.1.2.4　车载三维激光扫描勘测影响因素及采取的措施

(1)运行车辆遮挡的影响及采取的措施

车载三维激光扫描数据采集是在依托数据采集车载路面上行驶，进行数据采集的。路面数据采集时，将受到公路上运行车辆的遮挡，对于相向行驶的车辆，影响程度很小，但同向行驶的车辆，由于相对速度较小，可造成对数据采集的长时间影响。为此我们通过研究，除利用路政车对路面车辆进行驱离外，采取同一方向进行两次车载三维激光扫描数据采集的方法，这样在同一地点被遮挡的可能性将很小。内业处理时，将两次采集的数据进行叠加，基本可以消除运行车辆的影响，就是有少量的遮挡，对采集的数据的质量也很小。图2-5为该项目两次叠加后的点云图。从图中可以看出，通过两次采集点云的叠加，路面点云基本无漏洞，点云在路面上基本做到无覆盖。

图2-5　两次叠加后的点云图

(2)中央分隔带护栏、植被的影响及采取的措施

除了路面上运行车辆影响外，路面数据采集还受到路面上地物的影响，如高速公路的中央分隔带防护栏、中央分隔带中种植的植被。

对于中央分隔带防护栏、中央分隔带中种植的植被对路面数据采集的影响，通过研究决定在高速公路上下行方向均进行采集的方法，这样可以确保中央分隔带两侧路面均有完整的点云数据。中央分隔带防护栏、中央分隔带中种植对中央分隔带内的数据将具有很大的影响，依靠车载三维激光数据采集本身将无法克服，为此通过研究决定通过截取其他部位的点云数据的坐标和高程，从而获取既有路线中桩的坐标和高程。实际作业时，我们通过在采集的三维激光点云图中按照一定的间距截取中央分隔带两侧路边标线的坐标和高程，通过求取两侧同一桩号平面坐标和高程的平均值，获得中桩的坐标和高程。

(3)路边缘防护栏、路侧植被等影响和采取的措施

路面外数据包括边坡数据、边沟数据、边沟外的地面三维激光采集的采集将受到路边缘防护栏、路侧植被、标牌、标志等影响。通过研究采取以下几个方面的措施：

①车载三维激光数据采集时，尽可能沿紧急停车道，尽可能减小防护栏、边坡植被对数据

采集的影响。

②尽可能提高三维激光数据采集仪的高度,当然由于受沿线天桥、跨线桥梁高度的限制,其高度一般控制在 4 ~5m。

③及时将采集的三维激光点云进行处理,圈定点云稀少部位的位置,及时组织外业采用 GPS RTK 方法、全站仪方法进行补测。并将野外补测的点与三维激光点云进行融合处理。如图 2-6 所示,具有比较多的植被的遮挡。

图 2-6 植被对点云数据的遮挡

2.1.3 车载三维激光扫描勘测数据处理技术

2.1.3.1 控制点布设方法

(1)改扩建公路平面控制测量坐标系选择

根据现行《公路勘测规范》(JTG C10—2007)和《公路勘测细则》(JTG/T C10—2007)的规定,选择的路线平面控制测量坐标系应使测区内投影长度变形值不大于 25mm/km,特大型构造物投影长度变形值不宜大于 10mm/km,当一个平面坐标系不能满足要求时,可采用多个投影带。特大型构造物平面坐标系可在路线平面坐标系的基础上采用工点独立坐标系。无论采用何种坐标系,均应与国家控制网和既有旧路控制网建立转换关系。

(2)改扩建公路控制点的选埋

高速公路由于受既有路基的影响,高速公路两侧的控制点通视比较困难,因此控制点点位分布、间距应符合下列要求:

①应符合现行《公路勘测规范》《公路勘测细则》的要求,还应满足改扩建公路路面测量、构造物测量的需要。

②控制点应在既有旧路两侧分别布设,纵向平均间距宜为 500m 左右,控制点在横向上应离开既有公路路边线 50m 以上。

③应在需要进行构造物测量的附近尽可能布设控制点,以利于在构造物附近引测控制点。在大型立交区域,控制点应位于立交扩建区域以外。

④平面控制点与高程控制点可以共用,控制点选点、埋石的其他要求按照现行《公路勘测规范》《公路勘测细则》执行。

⑤点之记记录内容应包括点位位置地理坐标、比例因子和包括点位在内的周围环视图

照片。

(3)平面控制测量

由于高速公路测量要求精度相对较高,且需要进一步分级测量,高速公路平面控制网等级的规定应符合表2-6的要求。平面控制测量建议分两级布设,首级平面控制网等级为三等,加密控制网等级建议为四等。

平面控制测量等级选用　　表2-6

公　路	桥梁单跨长度 L_K(m)	隧道贯通长度 L_G(m)	测量等级
—	$L_K \geq 500$	$L_G \geq 6000$	二等
—	$300 \leq L_K < 500$	$3000 \leq L_G < 6000$	三等
改扩建公路	$150 \leq L_K < 300$	$1000 \leq L_G < 3000$	四等

平面控制测量最弱相邻点边长相对中误差及相应的起算点间的相对中误差不得大于表2-7的规定,其最弱点点位中误差不得大于±50mm,最弱相邻点相对点位中误差不得大于±30mm。

平面控制测量精度要求　　表2-7

测量等级	起算点间边长相对中误差	最弱相邻点边长相对中误差
二等	1/250000	1/100000
三等	1/150000	1/70000
四等	1/80000	1/35000
一级	1/40000	1/20000
二级	1/25000	1/10000

平面控制测量建议采用GNSS静态测量,其相应的技术指标和观测要求应按照现行《公路勘测规范》《公路勘测细则》执行。

(4)高程控制测量

由于高速公路测量要求精度相对较高,且需要进一步分级测量,高速公路高程控制测量等级应符合表2-8的规定。

高程控制测量的等级选用　　表2-8

项　目	单跨桥梁 L_K(m)	隧道贯通长度 L_G(m)	测量等级
—	$L_K \geq 500$	$L_G \geq 6000$	二等
改扩建公路	$150 \leq L_K < 500$	$3000 \leq L_G < 6000$	三等
高速、一级公路	$L_K < 150$	$L_G < 3000$	四等

高程控制网最弱点高程中误差不得大于±25mm;用于跨越水域和深谷的大桥、特大桥的高程控制网最弱点高程中误差不得大于±10mm;每公里观测高差中误差和附合(环线)水准路线长度应小于表2-9的规定,节点间的长度应小于表2-9中规定的0.7倍。当高程路线长度超过规定时,可采用分级布网的形式。

高程控制测量的技术要求 表2-9

测量等级	每公里高差中数中误差(mm)		附合或环线水准路线长度(km)	
	偶然中误差 M_{Δ}	全中误差 M_{w}	路线、隧道	桥梁
二等	±1	±2	600	100
三等	±3	±6	60	10
四等	±5	±10	25	4
五等	±8	±16	10	1.6

高等级高程控制点特别稀少地区,可采用双摆站且应形成附合或闭合水准路线,支高程路线应采用双摆站且应进行往返测量的水准测量方法,每一观测站均应比较其高差值,高差互差不应大于测站限差的$\sqrt{2}$倍。

高程控制测量建议采用水准测量方法,其相应的技术指标和观测要求按照现行《公路勘测规范》《公路勘测细则》执行。

2.1.3.2 车载三维激光点云坐标转换方法

三维激光扫描点为摄站坐标系,为了得到项目坐标系的坐标,需要进行如下坐标转换。

(1)三维激光扫描点从“摄站坐标系”转换到WGS84坐标系

将“摄站坐标系”中的三维激光扫描点按照下列顺序进行转换得到三维激光扫描点在WGS84坐标系中的坐标:激光点在传感器极坐标系C1→激光点在传感器空间直角坐标系C2→激光点在车辆空间直角坐标系B1→激光点在测区空间直角坐标系S1→激光点在WGS84投影坐标系S2。

(2)三维激光扫描点从WGS84坐标系转换到公路独立坐标系

此次试验中地面测量数据为1954年高斯—克吕格投影坐标+56黄海高程系统,三维激光扫描点云数据的坐标系统为WGS84 UTM投影。为了有效地进行分析研究,需要将三维激光扫描点云数据的坐标系统——WGS84 UTM坐标转换为1954年高斯—克吕格投影坐标+56黄海高程系统,转换过程为:

①三维激光扫描点的WGS84坐标转换到基于WGS84椭球的空间直角坐标系的坐标(X,Y,Z){S1}。

②基于WGS84椭球的空间直角坐标系的坐标(X,Y,Z){S1}转换到基于公路独立坐标系的空间直角坐标系的坐标(X,Y,Z){G1}。

③基于公路独立坐标系的空间直角坐标系的坐标(X,Y,Z){G1}转换到基于公路独立坐标系的高斯克吕格投影坐标(X,Y,Z){G2}。

可以看出,实现WGS84坐标系到公路独立坐标系的转换重要的是要利用地面控制点求定坐标转换所需要的7个参数,然后才能实现三维激光扫描点云从WGS84坐标到公路独立坐标系的转换。

通过上述一系列作业,最终将所有三维激光扫描点从摄站坐标系转换到公路独立坐标系中,为构建公路独立坐标系中的数字地面模型奠定了基础。

2.1.3.3　校正点布设方法

(1)校正点布设的合理密度和间距

现行《公路勘测规范》(JTG C10—2007)规定的平面控制测量的点位中误差为 ±5cm,与车载三维激光扫描的平面精度要求相当,而规范中要求的点位中误差为 ±5cm 是以线路长度不超过 5km 进行推算的,平面校正点的间距原则上应小于 5km。考虑到改扩建公路测量尽可能采用较高的指标,因此规定平面校正点的间距应小于 3km。

现行《公路勘测规范》规定的高程控制测量的高程中误差为 ±2.5cm,高程路线长度应小于 25km,而这样的高程精度要求是通过水准测量方法或者是通过三角高程测量方法获取的,尽管车载三维激光扫描的高程精度要求为 ±2.0cm,与高程控制测量基本相当,但不能作为高程校正点的间距要求。车载三维激光扫描的高程是通过 GPS 方法获取的,由于 GPS 高程测量精度的可靠性受到重力异常的影响较大,因此现行《公路勘测规范》规定"当采用拟合的方法求解高程值时,应在测区周围和测区内联测高一级的水准点。平原地区,联测的水准点不宜少于 6 个点;丘陵或山地不宜少于 10 个点。未知点较多时,联测点宜大于未知点点数的 1/5 或联测点间的距离不应大于 5km。联测的水准点应均匀分布于网中,外围水准点连成的多边形应包含整个测区。应根据求得的 GPS 点间的正常高程差,在已知点间组成附合或闭合高程导线,其闭合差应符合高程控制测量的规定。应选取大于未知点数量 10% 的未知点进行检核,其与已知点间的高差应符合高程控制测量的规定"。另外,根据现有对 GPS 高程测量的研究,GPS 高程测量仅适用于范围较小地区的测量,测量的范围以 500 ~ 1000m 为宜。

根据研究,车载三维激光扫描数据采集前,应布设并测量一定数量的平面和高程检校点,检校点沿既有道路两边布设,检校点纵向间距应符合表 2-10 的要求。

三维激光扫描测量地面检校点布设间距　　表 2-10

检校点类型	检校点间距(km)
平面检校点	≤3
高程检校点	≤1

该项目平面校正点的间距拟定为 3km。高程校正点的间距拟定为 500 ~ 1000m,即在既有高速公路两侧分别布设高程校正点,同一侧高程校正点间距为 1000m 左右,两侧高程校正点交叉布设,沿线路前进方向,高程校正点的间距为 500m 左右。校正点的分布如图 2-7 所示。

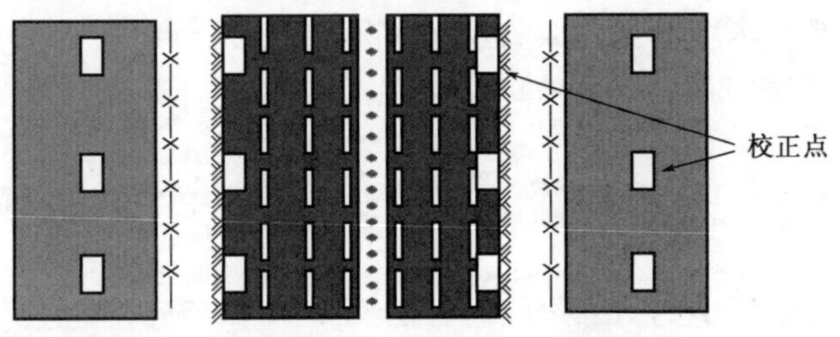

图 2-7　校正点分布示意图

此次采用的平面校正点为既有高速公路的标志、标线。高程校正点则采用精确测量其平面坐标,同时测量高程获取的点位。

(2)校正点测量精度研究

根据现行《公路勘测规范》要求,高速公路平面控制测量和高程控制测量分别为一级和四等,因此该项目在进行车载三维激光扫描技术测量时,平面校正点测量采用一级,高程校正点的测量精度均采用四等,校正点的平面坐标测量宜采用静态 GNSS 或 GNSS RTK 的方法按照一级平面控制测量的要求进行,高程测量应采用水准测量方法按照四等高程控制测量的要求进行,但高程附合路线的长度不应超过 6km,高程点的平面位置测量等级可采用 GNSS RTK 方法按照图根点的测量要求进行。检校点平面坐标测量和高程测量时应尽可能联测附近的基础控制点,检校点的平面坐标相对于最近的基础平面控制点的精度应小于 ±3.5cm,高程相对于最近的基础高程点的精度应小于 ±1.4cm。

(3)校正点布设和施测

①平面校正点布设和施测。

图 2-8　可以清楚识别的标线

车载三维激光点云密度较高,点间距较小,在三维激光点云图上可以明显分辨出标线,因此本项目未专门布设平面校正点和检查点,而是利用标线的角点。图 2-8 可以看出,标线可以清楚地识别。

此次野外分别采用半测回极坐标法、GPS RTK 方法、一测回极坐标方法测量了标线角点的平面坐标,测量的平面校正点情况如下:

a. 在石安段采用半测回极坐标方法测量了 1008 个标线角点的平面坐标,在京石段测量了 319 个标线的角点的平面坐标。

b. 在石安段采用 GPS RTK 方法测量了 962 个标线的角点的平面坐标,在京石段测量了 357 个标线角点的平面坐标。

c. 在石安段采用一测回极坐标方法测量了 123 个标线角点的平面坐标,在京石段采用一测回极坐标方法测量了 27 个标线角点的平面坐标。

测量的上述标线角点均可作为平面校正点和检查点。

②高程校正点布设和施测。

此次野外分别采用四等水准测量方法、等外水准测量方法、GPS RTK 测量方法和三角高程测量方法测量了大量的高程点,高程点的测量情况如下:

a. 在石安段采用等外水准测量方法测量了 13273 个高程点,其中重复进行等外水准测量的点有 967 个,在京石段路面上采用等外水准测量方法测量了 4426 个高程点,其中重复进行等外水准测量的点有 297 个。

b. 在石安段采用 GPS RTK 方法测量了 10844 个高程点,在京石段路面上采用 GPS RTK 方法测量了 5128 个高程点。

c. 在石安段采用全站仪半测回三角测量方法测量了 12353 个高程点,在京石段路面上采用全站仪半测回三角测量方法测量了 5047 个高程点。

d. 在石安段采用四等水准测量方法测量了 129 个点的高程,在京石段采用四等水准测量方法测量了 57 个点的高程。

测量的上述高程点均可作为高程校正点和检查点。

(4)校正点间距与点云精度的关系分析研究

①平面校正点间距与点云平面精度的关系分析研究。

该试验项目按照不同间距的平面校正点进行校正,在校正以后的点云中截取了点云平面坐标与实测的平面坐标进行了比较,校正点的间距分别为3km、5km、10km和20km,得出以下几个规律:

a.点云平面坐标中误差随着平面校正点间距的增加而增加,当平面校正点间距大于10km时,点云平面坐标中误差呈加速增加的趋势。

b.当平面校正点的间距小于12m左右时,点云的平面坐标中误差基本可以满足改扩建公路高程测量的精度要求。

c.本次平面校正点每3km左右布设一个,点云的平面坐标精度满足改扩建公路的要求。

②高程校正点间距与点云高程精度的关系分析研究。

该试验项目按照不同间距的高程校正点进行校正,在校正以后的点云中截取了点云高程与实测的同一位置的高程进行了比较,校正点的间距分别为500m、1000m和2000m,得出以下几个规律:

a.点云高程中误差随着高程校正点间距的增加而增加,当高程校正点间距大于1000m时,点云高程中误差呈加速增加的趋势。

b.当高程校正点的间距小于700m左右时,点云的高程中误差基本可以满足改扩建公路高程测量的精度要求。

c.本项目高程校正点间距布设为500m,其点云高程精度满足改扩建公路高程测量的要求。

2.1.3.4 车载三维激光点云数据处理方法

(1)三维激光扫描数据处理流程

三维激光扫描数据处理流程如图2-9所示。

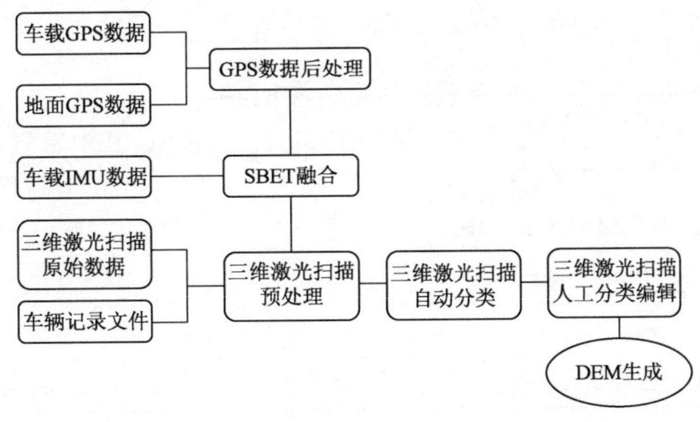

图2-9 三维激光扫描数据内业处理工艺流程图

(2)三维激光扫描数据预处理

数据预处理目的就是将车载激光扫描系统采集的GPS数据、三维激光扫描仪数据等联合解算得到数据后处理所用的点云数据。

①车载三维激光数据接受。

收到采集的三维激光数据后对数据进行精度检查,主要检查提供的数据的中误差、上下行共四组数据间重叠数据的检查以及数据完整性检查。数据的检查采用抽查形式,抽样检查时保证数据的均匀性,检查的内容和要求见表2-11。

三维激光扫描数据接受检查内容 表2-11

序号	检查项目	检查内容	要求
1	DGPS基准站观测数据质量检查	观测时间	符合设计要求
		观测数据连续性	连续
		观测数据精确度	符合设计要求
2	POS数据质量检查	IMU数据测量时间	符合设计要求
		IMU数据连续性	符合设计要求
		IMU数据精确度	符合设计要求
		GPS数据测量时间	符合设计要求
		GPS数据连续性	符合设计要求
		GPS数据精确度	符合设计要求
		IMU/GPS组合数据精确度	符合设计要求
		GPS数据滞后差分精度	符合设计要求
		IMU/DGPS组合数据精确度	符合设计要求
3	三维激光扫描数据质量检查	三维激光扫描数据完整性	完整
		三维激光扫描异常检查	异常数据<0.01%
		三维激光扫描数据接边检查	符合设计要求

②数据预处理。

数据接受完成、检查符合要求后,对所有数据进行预处理,数据预处理的内容和要求见表2-12。数据预处理过程如图2-10所示。

数据预处理内容和要求 表2-12

序号	数据预处理内容	预处理成果评估
1	DGPS观测数据预处理	未发现观测异常
2	机载POS(IMU/GPS)数据预处理	未发现测量异常
3	机载POS(IMU/GPS)与DGPS观测数据联合预处理	精度良好
4	图像数据预处理	图像清晰、反差合适获取的图像符合设计要求
5	三维激光扫描数据预处理	数据覆盖、点距、精度符合设计要求

(3)三维激光扫描数据处理

该项工作主要对经过预处理的三维激光扫描数据进行自动分类处理,自动分类处理的基

本作业流程为：

①对三维激光扫描数据进行分块处理。

②利用三维激光扫描 EDIT 进行三维激光扫描数据自动滤波、分类处理。

③对数据分类检查，并人工干预分类错误以及不可识别的"噪声"数据，严格检查地面点层被错误分类进来的其他层或未知层的数据。

④采用坐标转换软件进行坐标系转换处理，进行格式化数据处理，并输出成果。

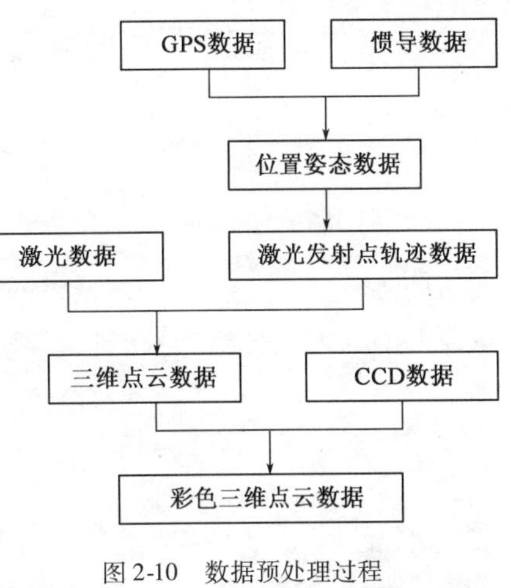

图2-10　数据预处理过程

通过自动分类滤波，可以分离出绝大部分的非地面点，保留构建数模所需要的地面点。图2-11为滤波前点云图，图2-12为自动分类分离出立交桥后的点云图。对比两图可以看出，上跨的立交桥已被自动分离。

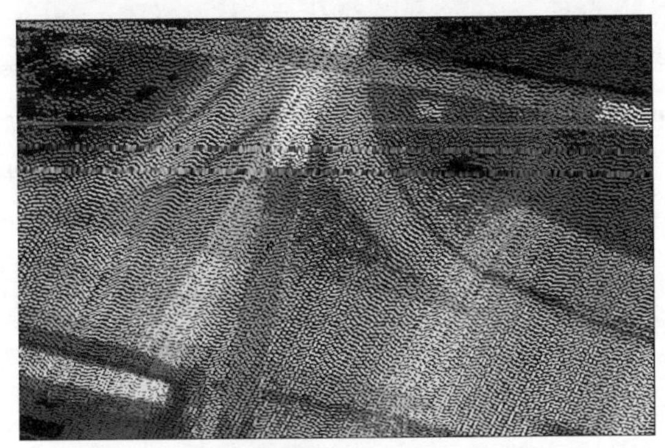
图2-11　滤波前点云图

图2-12　分离上跨立交桥后的点云图

(4)三维激光点云数据编辑

通过数据预处理将采集的三维激光扫描点云的属性进行了分类，但由于实际地形、地物、植被的复杂性和处理软件的部分缺陷，不可能将所有的三维激光扫描点云全部进行准确的分类并分离，如植被、建筑物比较矮小，特征不是很明显，自动处理软件难以将特征不是很明显的非地面点剔除，还需要通过人机交互的方法对预处理后的数据进行检查并分类。

三维激光扫描数据的编辑在三维激光扫描 Edit 和 TerraScan、TerraModel 软件中进行，只保留地面点，移除的大量植被点、建筑物等非地面点根据需要分层存放，其中桥梁、建筑物等地物需要单独放入"Misc Structures"层。

三维激光扫描点云最终生成高精度的数字地面模型要经过两个非常重要的过程，即数据处理和数据转换。通过一系列的数据处理过程，过滤掉了影响构建数字地面模型的噪音，使我们能够获得了较理想的地面点的雷达点云，为构建高精度的数字地面模型创造了可靠的前提，但能否获得高精度的数字地面模型，还要经过一系列的坐标转换，将所有点云的"摄站"三维坐标转换到实际应用的工程坐标系中，才能达到最终的目的。

2.1.4 车载三维激光点云优化处理方法

2.1.4.1 车载三维激光点云的简化处理方法

车载激光雷达获得的 LAS 格式数据是在三维空间中呈不规则分布的点集,在三维空间的分布形态呈现随机离散的数据“点云”(Points Cloud),如图 2-13 所示。改扩建公路车载三维激光点数据容量大,使计算机运算效率低下,给设计过程中应用数模功能以及基于数模功能基础上的三维互动设计功能等造成了困难。而且相邻车载三维激光点的高程基本相近,这些高程相近的三维激光点对构建的数模的精度影响很小。因此改扩建公路路面三维激光点云具有很大的简化空间。

图 2-13 原始 LAS 数据

对改扩建公路路面三维激光点云的简化需利用数模简化技术,在不影响原始数据精度的前提下大大减少原始数模文件,让一般的计算机处理 LAS 数据数模也顺利。数模简化原理:首先利用原始 LAS 数据建立一个数模文件,再利用数模简化功能输入简化精度得到数模简化后的数模文件。

(1)车载三维激光点云简化技术的高程阀值

根据分析可以得出改扩建公路路面点云高差阀值应小于 2cm,路基边坡部分应小于 16cm,路外部分丘陵、山岭地区应小于 33cm,路外部分平原、微丘地区应小于 16cm。

(2)车载三维激光点云简化效果

采用数模简化技术后大大减小了点云的数据量,为车载三维激光点云应用于公路数模构建创造了条件,采用简化以后的点云数据,在一般的计算机上即可进行数模的构建。基于中交一公路院三维道路 CAD 系统中的数字地面模型技术,结合石安项目点云数据特点和点云数据处理的实际需求,开发了针对点云数据的数据自动提取、数据区域搜索、数模简化等功能,不仅解决了车载三维激光扫描数据海量、难以操作处理、难以应用的困难,而且根据该项目改扩建路面测量对数据高精度的要求,在对点云数据进行简化的同时,保证了数据的高精度标准。图 2-14、图 2-15 分别为简化前后的点云分布。

2.1.4.2 车载三维激光点云的平面、高程优化方法

(1)车载三维激光点云的平面修正处理方法

车载三维激光点云的平面修正是通过测量的 3 个以上平面校正点的坐标与在点云中截取的同名点坐标的比较,计算出转换参数,然后再将所有的点云平面坐标转换为与测量的平面校正点相吻合的平面坐标。主要平面修正方法有:赫尔默特(Helmert)转换、莫洛金斯基—巴德卡斯(Molodenski-Badekas)转换、多项式转换方法、相似变换等。

赫尔默特(Helmert)转换、莫洛金斯基—巴德卡斯(Molodenski-Badekas)转换是比较严密的转换方法或修正方法,转换或校正后还要再将空间坐标转换为平面坐标,计算比较复杂,但

采用计算机进行计算,该校正方法是比较可行的常用修正方法。但由于该方法是三维修正,其影响因素不仅包含平面坐标,而且还包含高程误差的影响,对于平面的修正精度不宜直观判断。

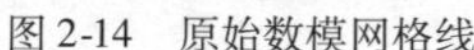

图 2-14　原始数模网格线

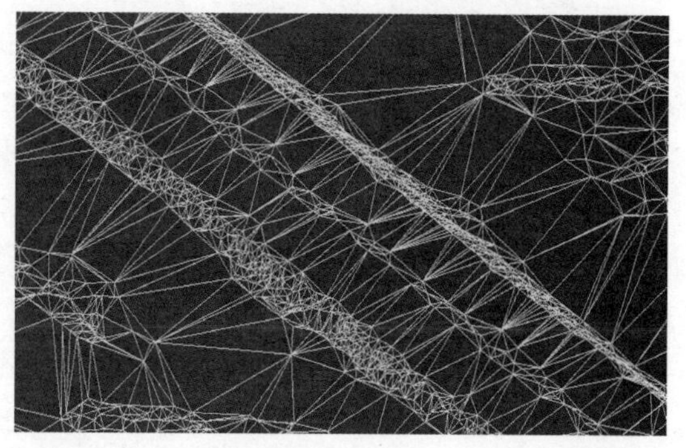

图 2-15　进行 0.05m 精度的数模简化后的数模网格线

多项式转换方法一般用于误差分布不均匀的坐标系转换,而改扩建公路测量的测量精度是比较均匀的,采用该方法不容易发现含有粗差的校正点,因此一般不用于点云数据的修正。

相似变换或者称为放射变换计算比较简单,适合于范围比较小公路平面修正,是改扩建公路平面修正的常用方法,该方法的优点是,只涉及平面坐标误差的影响,可以直观判断平面校正点的精度或粗差,因此是改扩建公路平面校正常用的方法。采用该方法时,应将校正范围约束在比较小的范围内,通常不宜超过 10km。

平面修正应注意下列问题:

①检查并剔除点云和平面校正点粗差的影响。无论是点云平面坐标还是平面校正点坐标,均不可避免的存在一定的粗差,因此在计算修正参数时,应首先比较同名点的坐标差值。改扩建公路测量的平面测量精度要求为 ±5cm,因此同名点的坐标差值不应大于 5cm,否则应对点云坐标和校正点的坐标进行检查,并进行改正。不应由于坐标差值偏大而采取轻易放弃某一同名点,而应当查出其互差较大的真正原因。

②检查坐标转换残差。无论是点云平面坐标还是平面校正点坐标,均含有一定的误差,而且所有校正点的误差不可能均相等,因此求取转换参数的同时,应计算出相应的转换残差,转换残差不应大于 5cm。否则应分析原因并进行改正。同样不应由于坐标转换残差偏大而采取轻易放弃某一同名点,而应当查出残差较大的真正原因。

③分段进行校正时,应由部分点云重合,重合处应至少包含 1 个以上的平面校正点,并应比较校正后的点云差值,其差值应小于重合处校正点的转换残差。

(2)车载三维激光点云的高程修正处理方法研究

高程修正是通过测量高程校正点的高程与在点云中截取的同一坐标点的高程比较,计算出高程转换参数,然后再将所有的点云高程转换为与测量的高程校正点相吻合的高程。高程修正方法主要有:直线或平面修正,曲线或曲面修正。直线或平面修正适合精度比较均匀的高程修正,而且有利于发现高程差值含有粗差的点,但重力异常不能准确确定时,也就是不能准确获取精化的大地水准面时,容易将重力异常值作为粗差处理。曲线或曲面修正适合于精度不均匀的高程修正,适合于不能准确获取精化的大地水准面时的高程修正,但缺点是不能很好地发现高程差值的粗差。高程修正应注意的问题如下。

①首先收集当地的精化大地水准面资料。

由于 GPS 测量的为大地高,而水准测量的为正常高,每一个点的大地高和正常高有一个差值,该值称为高程异常值,只有准确获取精化的大地水准面资料,也就是获取了某一点的高程异常值,两个点的高程比较才具有价值。

获取某一地区的精化大地水准面资料有两种方法:一是可以向当地测绘主管部门收集;另一种方法是求取该区域同一坐标点的 GPS 高程和水准测量高程差值,生成该地区的精化大地水准面。对于公路测量来说,由于沿线布设了大量的 GPS 控制点,并进行了水准测量,通过该方法求取精化的大地水准面是可行的。

②检查并剔除点云和高程校正点粗差的影响。

无论是点云高程还是高程校正点高程,均不可避免地存在一定的粗差,因此在计算修正参数时,应首先比较同名点的高程差值。改扩建公路测量的高程测量精度要求为 ±2cm,因此同名点的高程差值不应大于 2cm,否则应对点云高程和校正点的高程进行检查,并进行改正。不应由于高程差值偏大而采取轻易放弃某一同名点,而应当查出其互差较大的真正原因。

③检查高程拟合残差。

当可以求取当地的高程异常值时,应采用直线或平面的修正方法。无论是点云高程还是高程校正点高程,均含有一定的误差,而且所有校正点的误差不可能均相等,因此求取拟合直线或平面的同时,应计算出相应的高程拟合残差,高程拟合残差不应大于 2cm。否则应分析原因并进行改正。同样不应由于高程拟合残差偏大而采取轻易放弃某一同名点,而应当查出残差较大的真正原因。

④当对高程校正点进行了粗差剔除和误差检查后,为了更好地进行高程修正,可再采用曲线或曲面拟合。

⑤分段进行校正时,应由部分点云重合,重合处应至少包含 1 个以上的高程校正点,并应比较校正后的点云高程差值,其差值应小于重合处高程校正点的拟合残差。

⑥分段校正的长度不宜过大,以尽量减小高程异常的影响,原则上分段长度不宜超过 6km。

2.1.5 车载三维激光扫描数字地面模型生成方法

2.1.5.1 数字地面模型的生成

精密数字地面模型生成应按照下列要求进行:

(1)数据录入应采用文件交换方式,并进行字符检校,少量的可采用人工键入,但应作校核,及时改正错码、误码,补入遗漏数据,并作备份、归档保存。

(2)数据编辑应检查地形特征线的属性代码是否统一、正确。对于建筑物、街区、道路、场地等规则地物,应对其垂直性、平行性及闭合性等内容进行检查和处理。对原始数据应进行粗差检查与剔除,可采用计算机自动挑错法、人机交互挑错法、分段预生成的 DTM 分层设色法、DTM 内插的等高线与已有地形图等高线套合法等检查方法,排除错误后应及时更新原始三维

地形数据文件。

(3)公路数字地面模型宜采用考虑地形特征点、线三维信息的三角网模型(TIN)或格网与三角网的混合模型(GRID + TIN)的方式构建。

(4)地形三维特征线的线段在构建三角网模型(TIN)时,应优先作为三角形的边进行处理。构网时应首先将地形特征线、空白区域外边缘线和作业范围外缘线作为三角形的边。

(5)所有三角形均不得相交和重复,三角形的三个内角宜为锐角,空白区域内部和作业边缘区域外部应不构成三角形网络。

(6)建立三角网 DTM 时,应先对预生成的三角网进行优化处理,消除 DTM 内不应出现的平三角形以及 DTM 边界处的异常大三角形。

2.1.5.2　地面特征线提取技术

(1)纵断面地面线提取

路面纵断面地面线提取分为两种情况:一是提取中央分隔带中心的坐标和高程;二是当左右幅分别测量路线中线时,应分别测量左右幅路面的坐标和高程。

当需要获取中央分隔带中心的坐标和高程时,由于中央分隔带一般均种植了绿化树种,因此直接提取中央分隔带中心的坐标和高程是不可能实现的。当进行左右幅分别测量路线中线时,由于左右幅中线的位置很难确定,因此提取左右幅中线位置的坐标和高程同样是不能实现的。

鉴于上述情况,根据作业经验,可以采取以下方法:按照一定的间距,在激光点云中提取中央分隔带两侧的路缘石边缘以及硬路肩边缘的四条特征线,将中央分隔带边缘线和硬路肩边缘线线路中央分别移位 0.2m 进行测量,测量移位后的坐标和高程。通过求取中央分隔带两侧特征线的坐标和高程平均值获取整幅路的纵断面线,通过求取每一侧中央分隔带路缘石边缘以及硬路肩边缘的坐标和高程的平均值获取该侧半幅路的纵断面线,如图 2-16 所示。

获取的纵断面线应进行以下检查工作:

①应对纵断面线的平面位置进行检查,将得到的边线以一定间距在点云图上截取横断面,以判断边线是否处于高程变化处,如图 2-17 所示。

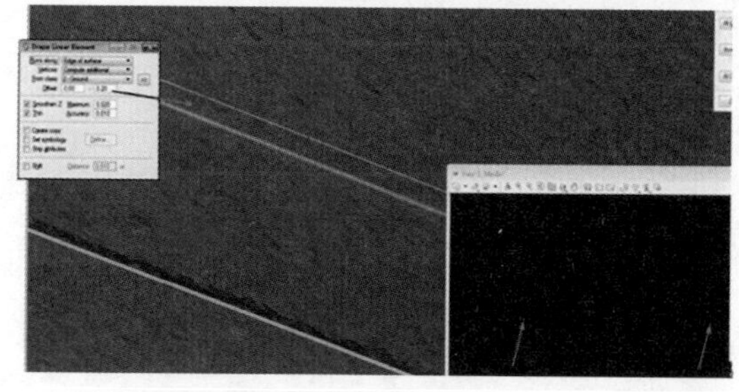

图 2-16　公路中间右侧边线向右提取 0.2m 路面点云高程

图 2-17　断面检查边线平面位置

②应对获取的纵断面线的高程进行检查,将获取的边线的高程生成纵断面图,检查其高程是否有跳跃性突变,如图 2-18 所示。

(2)横断面地面线提取

横断面地面线提取是数字地面模型中按照一定的间距进行截取的,所有的道路设计软件

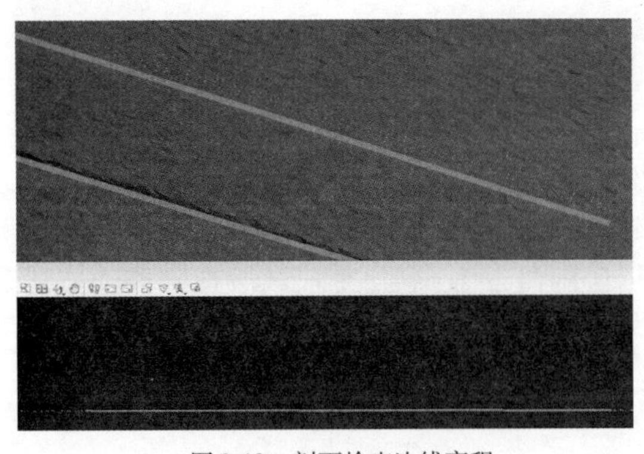
图 2-18 剖面检查边线高程

中均具有这一功能。由于车载三维激光点云精度较高,获取的横断面地面线的精度能够满足改扩建公路设计的要求。

2.1.6 车载三维激光扫描数据软件处理技术

通过集成上述 11 项研究所得到的适用于公路改扩建工程勘测、设计生产的最新高效且实用技术,为我国的公路改扩建工程建设提供优质、高效的勘测与三维设计一体化的全数字成果。用纬地系统进行数模简化和数据提取过程如下:

(1)新建数模。点击纬地数模菜单,点击新建数模,进行点数据的高程设置,如图 2-19 所示。

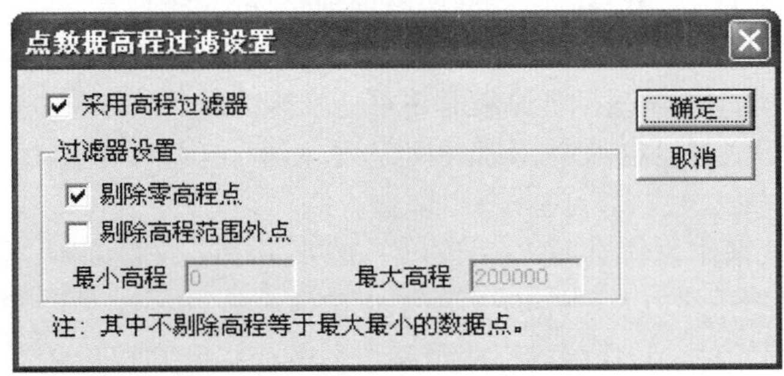

图 2-19 新建数模窗口

(2)读入 LAS 数据,点击数模菜单,选三维数据读入,确定读入激光扫描 LAS 格式,指定 LAS 数据,系统根据自动读入与分组点云数据(不同层代表不同类型的点数据),如图 2-20 所示。

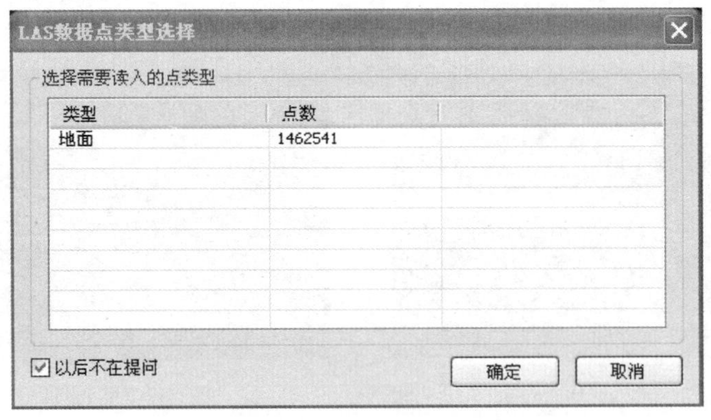

图 2-20 读入 LAS 数据后显示详细内容

(3)该项目只包含了一个层,点击地面,再点击确定读入地面层下所有的地面数据。如果项目有其他补测数据(特征线),继续读入 dwg 格式的数据文件,选择特征线层,如图 2-21 所示,设置为“约束线”,点击开始读入,如图 2-22 所示。

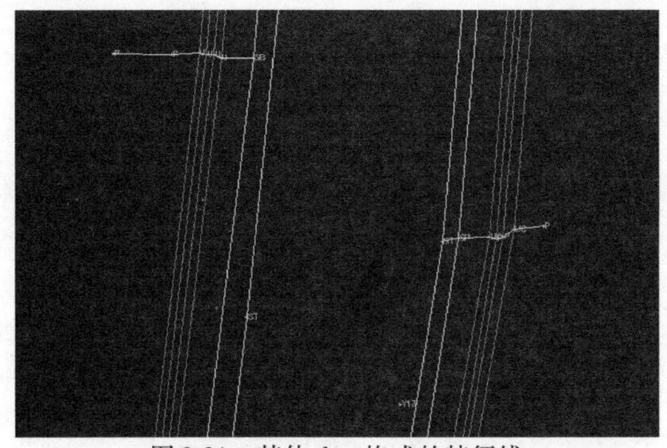

图 2-21　其他 dwg 格式的特征线

图层设置-[F:\新京港澳河北段LAS数据\漏洞补测数据0910\漏洞...

层名	颜色	设置类型
0	7	
DLSS	4	
GL	1	
HDM	50	
SB	3	
ST	3	约束线
UB	5	
UT	5	
ZDH	1	

开始读入
取消
数据类型：
约束线
SPLINE搜索：
○控制点
⊙圆滑点
☐交换X-Y坐标
☑以后不在提问

图 2-22　特征线设置窗口

(4)建立三角构网。点击数模菜单,选三角构网建立三角网 TIN,保存为 DTM 格式的纬地数模文件。

(5)数模简化。点击纬地菜单,选数模简化,不过开始数模简化前,首先备份原始数模,再点击纬地数模菜单下的“数模简化”功能,系统提示输入简化精度,根据自己的要求输入一个简化精度如 0.05 或 0.1、0.2 等。如果要几个精度的数模简化数模,分别进行数模简化,简化完成后先保存(备份)数模再进行第二个精度的数模简化。

(6)显示 TIN 图形。因为 LAS 数据建立的三角网比较密,所以最好不要把所有的网格线显示到 CAD 屏幕上,只显示数模边界线大概检查数模的范围即可,如图 2-23、图 2-24 所示。

图 2-23　数模边界线

图 2-24　数模简化后的网格线

(7)采集线位纵断面地面数据和横断面数据。利用数模应用功能采集项目纵断面地面数据和横断面地面数据,并可将纵断面地面数据和横断面地面数据直接显示到数模曲面和点云图上,如图 2-25、图 2-26 所示。

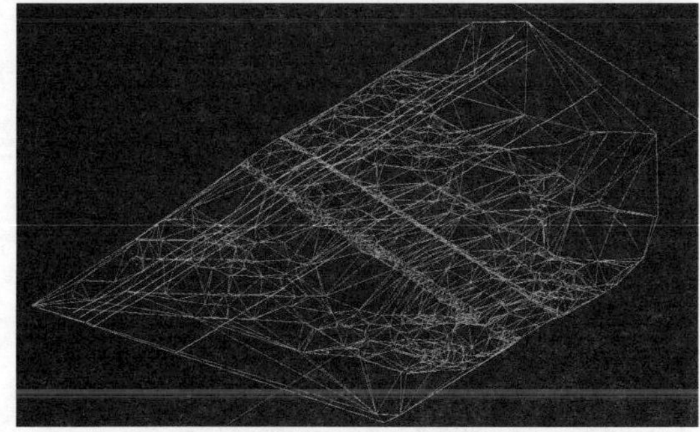

图 2-25　纵断面地面数据和横断面地面数据直接显示到数模曲面

图 2-26　纵断面地面数据和横断面地面数据显示在点云上

2.2 石安高速公路改扩建工程路基路面拼接设计概况

2.2.1 路基改扩建拼接设计概况

2.2.1.1 改扩建路基标准横断面

(1)标准横断面组成:路基宽42m,行车道:8 ×3.75m,中分带:3.0m,路缘带:2 ×0.75m,硬路肩:2 ×3.0m,土路肩:2 ×0.75m。如图2-27所示。

(2)边坡坡率:边坡高度≤8m时,边坡坡率为1:1.5;边坡高度 >8m时,边坡上部8m为1:1.5,8m以下为1:1.75,不设边坡平台;坡脚均圆弧过渡。水塘路基塘底至护坡道高度范围边坡坡率采用1:1.75。

(3)路基加宽方案:采用两侧拼宽的方式,一般路段路基顶面拼宽8m。图2-27为路基标准横断面。

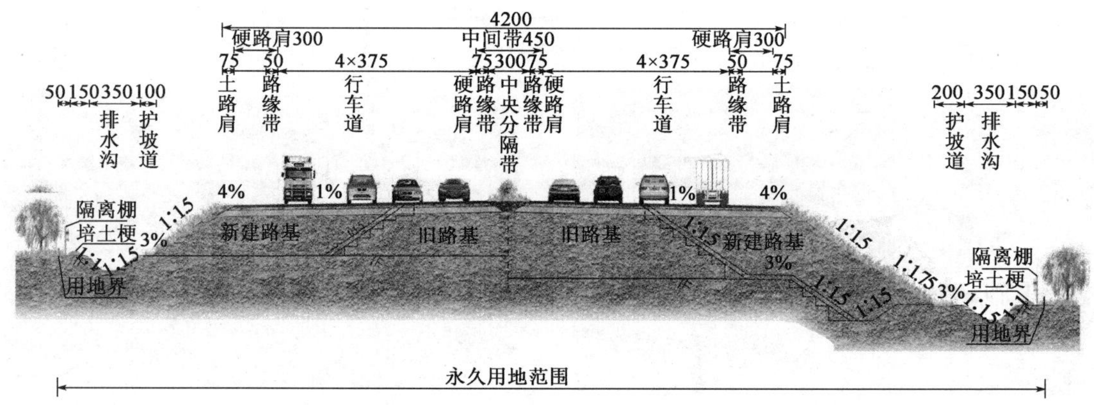

图2-27 路基标准横断面(尺寸单位:cm)

2.2.1.2 新旧路基拼接设计

(1)新旧路基拼接方式

根据保通期间减少对原路基扰动的要求,参照我国成功经验,该项目拟采用自下而上挖台阶的方式。台阶尺寸根据原路基土质而变化,台阶底面向路中心横坡3%,分层夯实,台阶挖至与原地面齐平。然后每层都严格控制厚度、压实度、拱度和平整度,并进行检测。项目对原路边坡进行了挖台阶试验,分别选择了粉质黏土、粉质砂土和粉煤灰路基边坡开挖,挖台阶时已考虑到清坡面土的因素。通过该试验,获得了符合该项目特点的台阶尺寸。

(2)拼接实施方案

为增加新旧路基的整体协调性,避免或减少横向错台和纵向裂缝的发生,在加宽填筑路基前,先对旧路基边坡和加宽路基的基底进行30cm(垂直于坡面方向)的清坡处理,并对基底进

行冲击碾压，采用的压实遍数为20遍，速度12～15km/h，验收标准按现行规范的压实度提高一个百分点验收。

考虑到该路段路基填料中有大量粉质黏土和砂土，台阶高度不宜太大，因此，对于非粉煤灰路基，坡脚处第一级台阶按宽1.5m，高1.0m开挖，上部台阶均为宽100cm，高66.7cm。开挖后及时进行拼接填筑，自下而上开挖一阶及时填筑一阶。开挖拼接至路床底面的台阶时根据路基填高确定其台阶高度和宽度，台阶面距离路床底面小于70cm时应将其作为一个台阶开挖回填，距离路床底面大于70cm时应分成40cm和≥30cm两个台阶高度开挖回填；路床部位作为单独一个台阶开挖处理，其开挖位置为距离原路基土路肩外边缘向路中线80cm处，台阶高度为80cm。在路基填筑过程中在基底铺设一层土工格室，路床底铺设一层钢塑格栅，并用钢筋钉固定。以下将路基分为六类介绍路基拼宽方案。

①低填路段（填高不大于80cm＋路面厚度）。

原旧路基边坡清坡30～40cm，开挖一级台阶，宽150cm，高80cm＋路面厚度，为减小新旧路基不均匀沉降及提高新旧路基衔接性，清表后若未达到路床底高程则继续挖至路床底，冲击碾压后开始填筑，在路床底铺设一层6m宽钢塑格栅。

②原路基为土质，拼宽路基也为土质的路段。

原旧路基边坡清坡30～40cm，自下而上第一级台阶采用宽150cm，高100cm，第二级台阶及第二级台阶以上采用100cm×66.7cm，开挖一级填筑一级，直至路床底面，清坡面与挖台阶同步。填筑路基时在最下一级台阶铺设一层整体式高强土工格室，路床底部铺设一层6m宽钢塑格栅。

③原路基为土质，拼宽路基为粉煤灰的路段。

其他步骤及要求都同以上原路基为土质的情况，拼宽的粉煤灰路基要求设水平宽度2m的包边土。

④原路基为粉煤灰路基，拼宽路基为粉煤灰的路段。

其他步骤及要求都同以上原路基为土质的情况，由于原粉煤灰路基设有厚度为1m的黏土封层经过多年来冲蚀，现状厚度不均，部分路段开挖100cm宽台阶后会使粉煤灰出露，为保障台阶的稳定性并防止施工期间的冲刷，此类路段台阶开挖后应立即喷洒M7.5水泥砂浆2cm，进行喷浆封闭处理。拼宽的粉煤灰路基要求设水平宽度2m的包边土。

⑤拼宽后设路肩墙路段。

在拼宽后路基设置路肩墙路段，清除原旧路基边坡表层土30～40cm，然后开挖台阶，第一级台阶宽150cm，高100cm，第二级台阶及第二级台阶以上采用100cm×66.7cm，开挖一级填筑一级，直至路床底面，清坡面与挖台阶同步，填筑路基时在路床底部铺设一层钢塑格栅。同时为了保证有一定的碾压施工界面，保证压实度要求，在路基填筑宽度3m以下部位全部填筑级配碎石或中粗砂，并采用小板夯进行压实；当路基填筑宽度大于3m时，采用正常填料。

⑥挖方路段。

采用开挖一级台阶，为减小新旧路基不均匀沉降及提高新旧路基衔接性，挖至路床底，冲击碾压后开始填筑，于上下路床底各铺设一层6m宽钢塑格栅。

⑦挡土墙此次设计在部分路侧陡坎（原取土坑边缘）或临近其他建（构）筑物需收缩坡脚的路段，设置了重力式挡土墙。若陡坎位于墙后拼宽路基范围内，需按拼宽要求挖台阶。

⑧对原路堤墙的拆除。

原路堤墙需拆除处理。逐层拆除既有挡墙的过程中,拆除后露出的墙背土需挖成1∶1的临时坡率以保证稳定。拆除至原路堤墙基础后,自基础向上将原墙背土挖成100cm×100cm的台阶,坡率取1∶1,挖至路床底。开挖一级填筑一级,路床底部铺设一层6m宽钢塑格栅。

⑨互通区匝道拼宽。

鉴于改扩建项目的特点,互通区匝道存在拼宽的需要,且拼宽宽度从匝道全宽至无须拼宽是个从宽至窄的渐变的过程,末段会形成锐角三角形的拼宽区域,对于此类路段的拼宽,若匝道拼接宽度小于3m,统一按3m计算,路基拼接时需从原路基顶边缘向匝道中心超挖至3m宽后开始挖台阶。若拼接宽度大于3m,按实际宽度拼接。

具体路基拼接方案如图2-28所示。

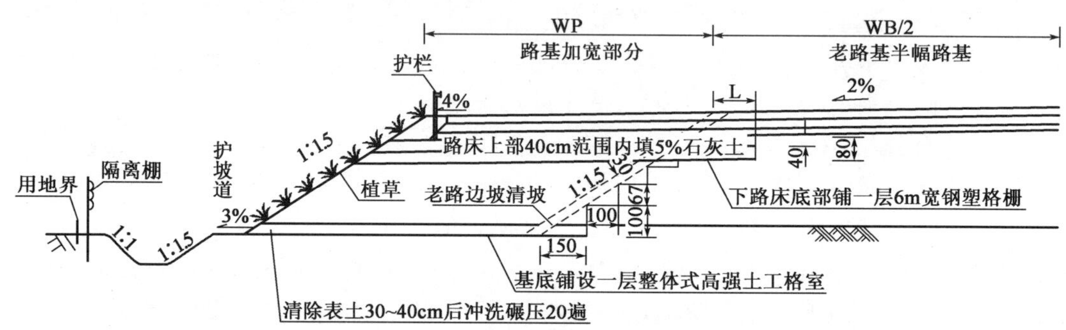

图2-28　新旧路基拼接设计方案(尺寸单位:cm)

2.2.2　路面改扩建拼接设计概况

2.2.2.1　沥青混凝土路面拼接

本次设计推荐将拼接宽度设为120~300cm,同时避免将两道拼接缝置于重车道轮迹带上。

结合该项目旧路处治方案和保通方案,尽量缩短拼接宽度,减少旧路挖除量,同时考虑到路基拼接等因素,该项目将顶层接缝位置置于第二、三车道标志线处,第一级台阶宽度为155cm,第二级台阶宽度为30cm,第三级台阶30cm,第四级台阶30cm。该项目路面拼接形式如图2-29所示。

(1)开挖与拼接工序

路面开挖时,从旧路土路肩向内325cm处垂直向下开挖至中面层顶面,开挖厚度8cm;再从第一道切缝外侧155cm处垂直向下开挖至基层顶面,开挖厚度11cm;然后从第二道切缝外侧30cm处垂直向下开挖,开挖深度18cm;之后从第三道切缝外侧30cm处垂直向下开挖,开挖深度18cm;最后从第四道切缝外侧30cm处垂直向下开挖至底基层底面,开挖厚度20cm。在路基拼接完成后进行路面逐层的拼接,分别按顺序铺筑20cm低剂量水泥稳定碎石底基层、18cm水泥粉煤灰碎石下基层、18cm水泥粉煤灰碎石上基层、11cmATB25、8cmAC-25C,之后新旧路统一铺筑6cmAC-20C、4cmSMA-13。

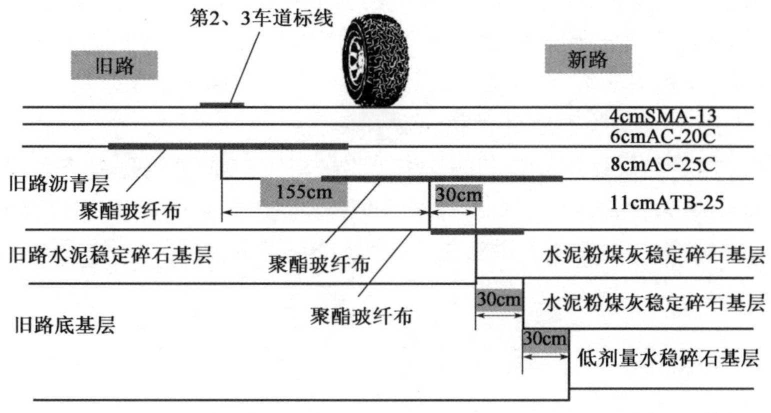

图 2-29 沥青路面拼接示意图

需要说明的是，在施工中应根据施工和病害情况动态调整，对于局部路段，如果开挖过程中基层、底基层质量较差，可适当对旧路基层挖除范围进行调整，并报设计部门审核进行特殊设计。

（2）接缝及其他工程措施

①基层拼接。

拼接处旧路基层台阶处理：新基层铺筑采用设计高程，而旧路基层的高程由于局部沉降、薄弱夹层等原因可能与新路基层高程不同，需要将新旧路基层顺接。顺接方法采用：新基层外侧为设计高程，内侧为旧路基层高程，由新基层高程逐步过渡到老基层高程上的方法。

新旧基层层间拼接：新旧基层层间应喷洒水泥浆，以增加层间黏结效果。喷洒的水泥净浆水灰比宜为 1:2，每平方米喷洒水泥净浆的量宜不少于 2.0 ~ 3.0kg/m^2。水泥净浆稠度以洒布均匀为度，洒布长度以不大于摊铺机前 30 ~ 40m 为宜，新水稳层的摊铺施工可以紧跟在水泥净浆洒布之后马上开展。另外，在铺沥青面层之前，应在基层上铺筑 5mm 的乳化沥青稀浆封层，以保证沥青面层与路面基层之间的良好结合，保证基层和面层之间不会由于车辆外力的作用产生层间位移。

新旧基层侧向拼缝拼接：在侧向拼缝时使用水泥混凝土界面剂，界面剂涂刷要均匀，并在拼缝侧人工填补细集料混合料。

碾压：碾压时在距离接缝约 50cm 处将新铺料碾压密实。然后每次 10cm 向里碾压，将新铺料不断向接缝处推挤，从而使接缝处嵌挤密实。

用聚酯玻纤布处治上基层接缝：在水泥粉煤灰基层顶面铺设聚酯玻纤布，并向新旧路面部分各延伸 3cm。

②面层拼接。

拼接处高程的处理：新拼路面的纵向、横向高程必须在中面层及以下各层次逐步调整到位，采取旧路就新路的原则，即新路铺筑均采用设计高程，在接缝处与旧路顺接。

新旧面层层间拼接：先清理接缝面，不允许有松动抛撒的集料、无灰尘、无污染，台阶面上不应有上层留下来的夹层和杂物。之后喷洒黏层油，要求喷洒均匀，接缝面不露白，不流淌。

新旧面层接缝处理:参考国内类似工程研究成果,并结合河北地区使用经验,推荐使用SBS改性热沥青作为新旧面层接缝的黏结料,并采用冷拼接方式处理新旧面层接缝。

拼接缝处压实:经相关研究,接缝处采用跨缝碾压方法比挤压密实方法更易获得较好的压实度,因此,推荐采用跨缝碾压方法处理接缝处压实。

用聚酯玻纤布处治面层接缝:参考国内其他改扩建工程成功经验和研究成果,建议在新建路面拼接缝处(即第一条拼接缝位置)铺设聚酯玻纤布,并向新旧路面部分各延伸100cm。同时,考虑保通方案的因素,在第二条拼接缝位置处铺设聚酯玻纤布,并向新旧路面部分各延伸100cm。

2.2.2.2 水泥混凝土路面的拼接

路面基层采用相错搭接法进行拼接,如图2-30所示。

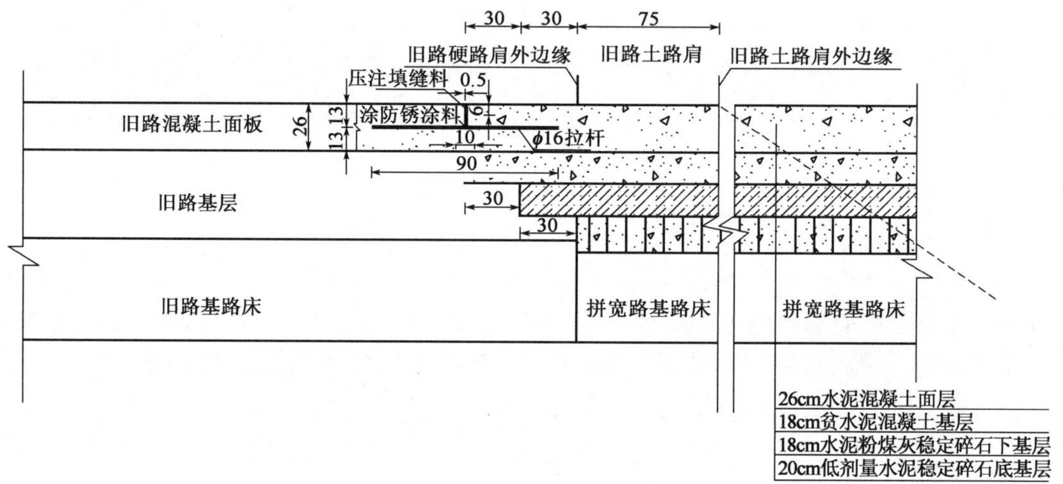

图2-30 收费站水泥混凝土路面基层拼接示意图(尺寸单位:cm)

加宽的水泥混凝土面板的厚度、路拱、横缝与原混凝土面板相同,面板加宽采用增设拉杆法进行拼接:在原面板外侧每间隔50cm,1/2板厚处打一深45cm、直径20mm的水平孔,清除孔内混凝土碎渣,向孔内压入高强砂浆,插入长90cmφ16螺纹钢筋。

2.3 石安高速公路改扩建工程桥梁涵洞拼接设计概况

2.3.1 桥梁拼接设计概况

根据沿线桥梁上下部结构形式、翼板尺寸和台身宽度的不同,全线桥梁可分为≤8m的预制空心(或实心)板桥、10~13m简支桥面连续空心板桥、16~20m简支桥面连续空心板桥和30m装配式组合连续箱梁桥、25m装配式T梁桥五类。其中,部分预制空心(或实心)板桥由于运营过程中出现过“单板受力病害”,经过加固处理后,目前此类桥梁基本均采用22cm厚的钢筋混凝土桥面铺装。本次拼接方案研究将针对上述各类桥梁分别采取有针对性的拼接方案。

(1)跨径≤8m 的预制空心(或实心)板桥

拼宽部分采用整体现浇板,新旧结构间通过现浇湿接缝连接。

对于未进行过"单板受力"加固的桥梁。如图 2-31 所示。根据外业阶段的《检测报告》,此类桥梁中约有 10% 桥梁存在"单板受力"或"单板受力趋势"病害。为了解决该部分桥梁的"单板受力"病害,避免日后同类桥梁再次出现同类病害,首先将老桥现浇桥面板及沥青混凝土桥面铺装全部凿除,割除外边板悬臂,并将边板外侧与湿接缝结合部的混凝土表面凿毛,在老边板外侧种植湿接缝连接钢筋,待新拼接桥(整体现浇板)施工完成后,绑扎湿接缝钢筋,现浇湿接缝,使新旧主梁连接为整体。横向布置为:1.0 + 2 × (9 × 1.25 + 1.19 + 0.4 + 7.66) = 42.0m。如图 2-31 所示。

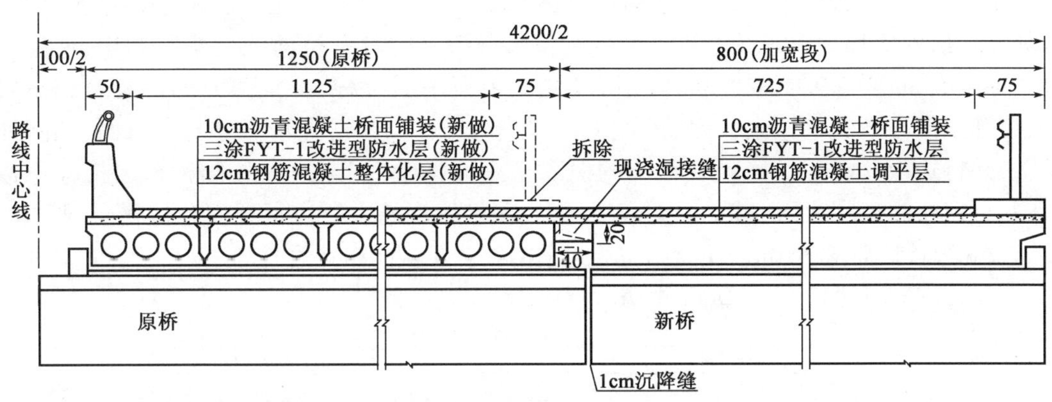

图 2-31　跨径≤8m 未进行过"单板受力"加固的桥梁拼接示意图(尺寸单位:cm)

对于进行过"单板受力"加固的桥梁。如图 2-32 所示。根据外业阶段的检测结果,此类桥梁的整体化层厚度均为 22cm,为了尽可能对该部分桥梁的既有桥面铺装予以利用,仅凿除老边板顶面 105cm 范围内的护栏、整体化层及混凝土调平层,以便拼宽部分的湿接缝钢筋与既有整体化层钢筋的连接。具体实施时,首先凿除部分既有桥面,割除外边板悬臂,待新拼接桥施工完成后,将老边板顶面整体化层钢筋与现浇板的预留钢筋连接,绑扎钢筋网,浇筑现浇湿接段,使新旧主梁连接为整体。横向布置为:1.0 + 2 × (9 × 1.25 + 1.19 + 0.4 + 7.66) = 42.0m。如图 2-32 所示。

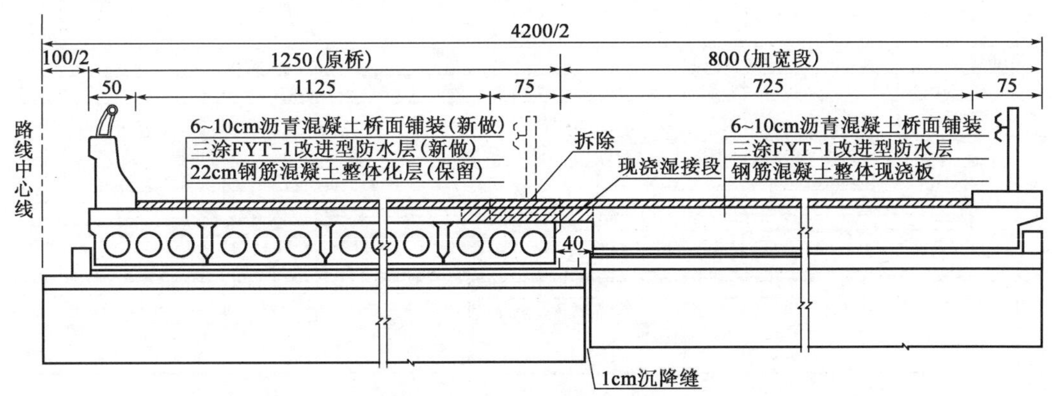

图 2-32　跨径≤8m 且进行过"单板受力"加固的桥梁拼接示意图(尺寸单位:cm)

(2)跨径为 10～13m 的预制空心板桥

拼宽部分采用预制板,新旧结构间通过现浇湿接缝连接。

对于未进行过“单板受力”加固的桥梁。如图 2-33 所示。根据外业阶段的《检测报告》,此类桥梁中约有 10% 桥梁存在“单板受力”或“单板受力趋势”病害。为了解决该部分桥梁的“单板受力”病害,避免日后同类桥梁再次出现同类病害,首先将老桥现浇桥面板及沥青混凝土桥面铺装全部凿除,割除外边板悬臂,并将边板外侧与湿接缝结合部的混凝土表面凿毛,在老边板外侧种植湿接缝连接钢筋,待新拼接桥施工完成后,绑扎湿接缝钢筋,现浇湿接缝,使新旧主梁连接为整体。横向布置为:1.0 + 2 × (9 × 1.25 + 1.19 + 0.4 + 5 × 1.25 + 1.41) = 42.0m。如图 2-33 所示。

对于进行过“单板受力”加固的桥梁。如图 2-34 所示。根据外业阶段的检测结果,此类桥梁的整体化层厚度均为 22cm,为了尽可能对该部分桥梁的既有桥面铺装予以利用,仅凿除老边板顶面 105cm 范围内的护栏、整体化层及混凝土调平层,以便拼宽部分的混凝土调平层钢筋、湿接缝钢筋与既有整体化层钢筋的连接。具体实施时,首先凿除部分既有桥面,割除外边板悬臂,并将边板外侧与湿接缝结合部的混凝土表面凿毛,在老边板外侧种植湿接缝连接钢筋,待新拼接桥施工完成后,搭支架立模板,绑扎湿接缝钢筋及老边板顶面整体化层钢筋,现浇湿接缝及老边板顶面整体化层,使新旧主梁连接为整体。横向布置为:1.0 + 2 × (9 × 1.25 + 1.19 + 0.4 + 5 × 1.25 + 1.41) = 42.0m。如图 2-34 所示。

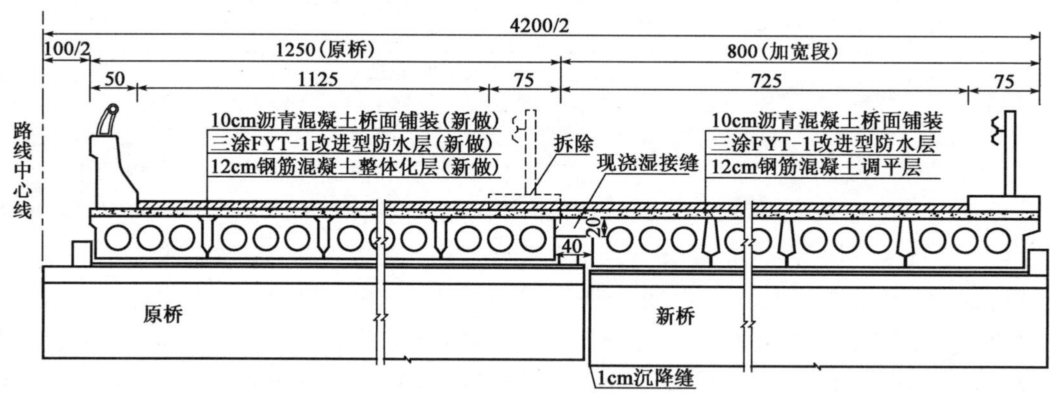

图 2-33　跨径 10～13m 未进行过“单板受力”加固的桥梁拼接示意图(尺寸单位:cm)

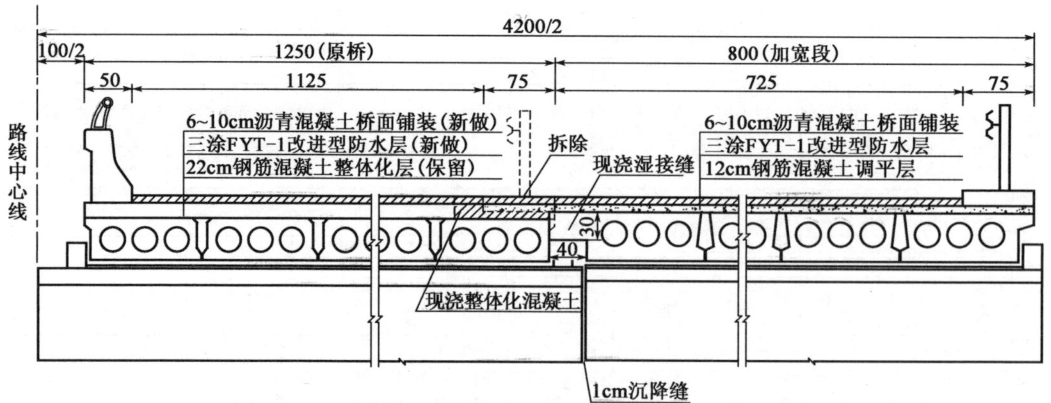

图 2-34　跨径 10～13m 且进行过“单板受力”加固的桥梁拼接示意图(尺寸单位:cm)

(3)跨径为16m、20m的装配式预应力混凝土空心板桥

拼宽部分采用预制板,新旧结构间通过铰缝连接。图2-35为跨径16m、20m空心板桥的拼接示意图。考虑到沿线的预制板桥梁多数均出现了“单板受力”病害,大部分桥梁进行过相应的加固处理。为了避免日后同类桥梁再次出现同类病害,首先将老桥现浇桥面板及沥青混凝土桥面铺装全部凿除,割除外边板悬臂,并将外边板与湿接缝结合部的混凝土凿毛,在老边板外侧种植湿接缝连接钢筋,待新拼接桥施工完成后,搭支架立模板,绑扎湿接缝连接钢筋,现浇湿接缝,使新旧主梁连接为整体。横向布置为:1.0+2×(1.25+11×1.0+0.5+5×1.25+1.5)=42.0m。如图2-35所示。

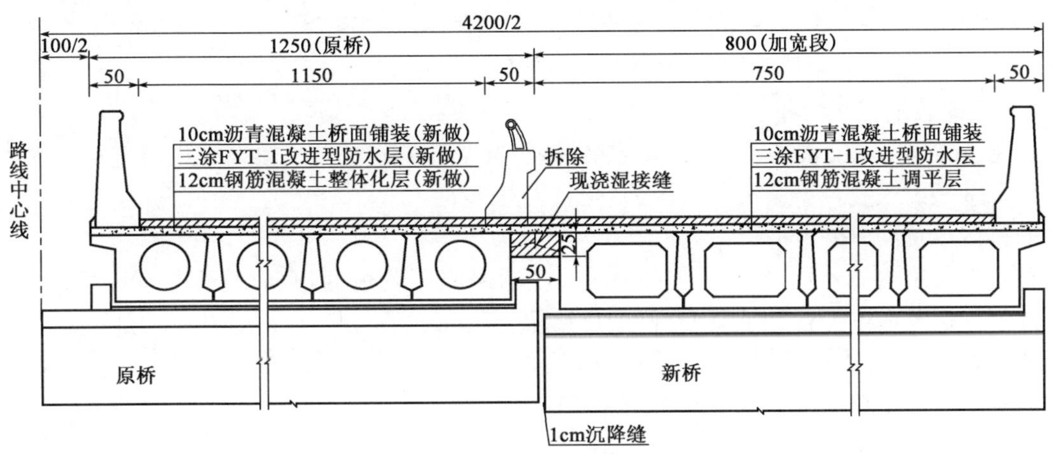

图2-35　跨径16m、20m空心板桥的拼接示意图(尺寸单位:cm)

(4)30m装配式组合箱梁桥

拼宽结构采用装配式组合箱梁,新旧结构通过中横隔板、墩顶横梁及湿接缝连接。图2-36为跨径30m装配式组合箱梁桥的拼接示意图。

首先将老桥边板外悬臂55cm范围凿除,注意保留原翼板的顶底层横向钢筋,同时,在原边梁外侧隔板及横梁位置种植钢筋,待新拼接桥施工完成后,搭支架立模板,绑扎隔板、横梁及湿接缝钢筋,浇筑混凝土。横向布置为:1.0+2×(3.15+2×3.1+2.6+0.55+2.6+2×2.7)=42.0m。如图2-36、图2-37所示。

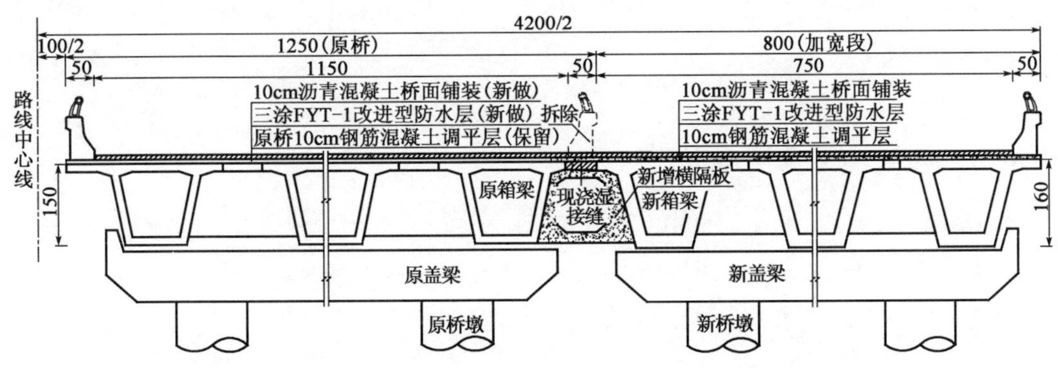

图2-36　跨径30m装配式组合箱梁桥的拼接示意图(一)(尺寸单位:cm)

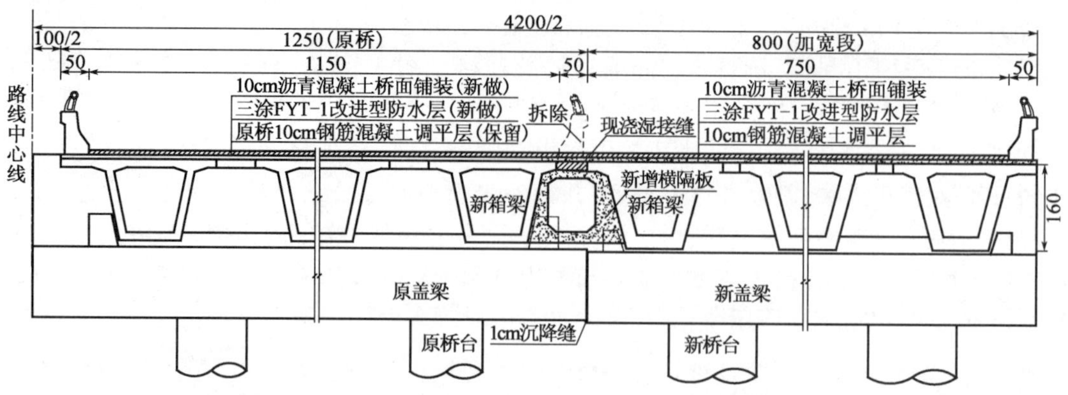

图 2-37　跨径 30m 装配式组合箱梁桥的拼接示意图(二)(尺寸单位:cm)

(5)25m 装配式 T 梁桥

拼宽结构采用装配式组合 T 梁,新旧结构通过中横隔板、墩顶横梁及湿接缝连接。图 2-38 为跨径 25m 装配式组合 T 梁桥的拼接示意图(跨中断面)。图 2-39 为跨径 25m 装配式组合 T 梁桥的拼接示意图(墩顶断面)。

首先将老桥边板外悬臂 40cm 范围凿除,注意保留原翼板的顶底层横向钢筋,同时,在原边梁外侧隔板及横梁位置种植钢筋,待新拼接桥施工完成后,搭支架立模板,绑扎隔板、横梁及湿接缝钢筋,浇筑混凝土。横向布置为:$1.0+2\times(2.05+4\times2.1+1.65+0.4+1.8+2\times2.05+2.1)=42.0$m。如图 2-38、图 2-39 所示。

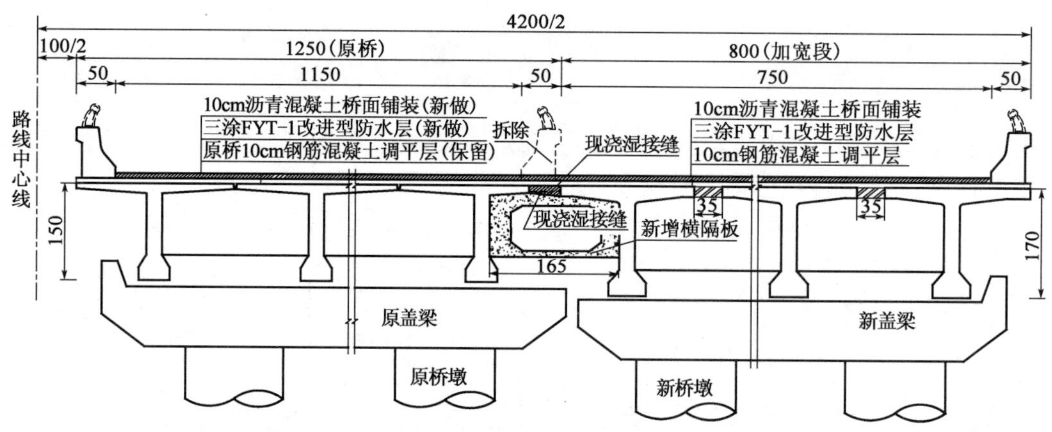

图 2-38　跨径 25m 装配式组合 T 梁桥的拼接示意图(跨中断面)(尺寸单位:cm)

2.3.2　涵洞拼接设计概况

(1)盖板涵(通道)。拆除原涵洞(通道)八字墙及台帽,然后施工接长涵洞,新旧涵洞墙身之间不连接,设 2cm 沉降缝。加长部分洞身根据实际加长涵长需要每隔 4 ~ 6m 设一道沉降缝。涵洞加长部分的地基采用 CFG 桩处理。

(2)管涵。原涵斜端管拆除,正端管不拆除,新加长涵身、基础与原涵不连接,设施工缝。新加长涵管内径与原涵保持一致。管节接头采用热沥青浸炼的麻絮填塞,管内和管外各填一

半，不得从管外一次填满，缝外用宽20cm、厚15cm的20号混凝土带围裹。加长部分洞身根据实际加长涵长需要每隔4～6m设一道沉降缝，与旧涵连接处各设一道沉降缝，缝内用沥青麻絮填塞。洞身两侧不小于2倍孔径范围内换填10%白灰土，压实度不小于95%，洞顶填土不小于0.5m。加长部分涵洞地基采用CFG桩处理。

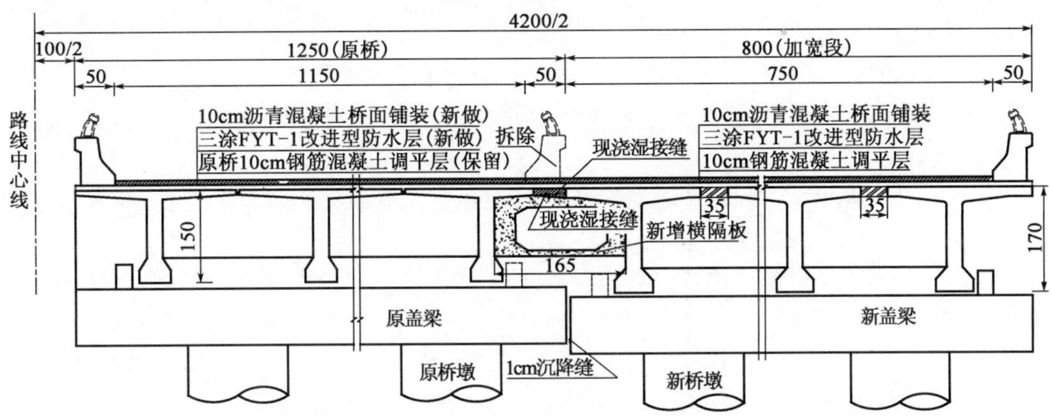

图2-39　跨径25m装配式组合T梁桥的拼接示意图(墩顶断面)(尺寸单位:cm)

2.4　本章小结

本章首先对车载三维激光扫描勘查技术在高速公路改扩建中的应用技术进行了详细阐述，该项目车载三维激光扫描技术成功地应用于改扩建公路测量，使车载三维激光点云精度和由点云生成的DEM精度满足平面坐标中误差小于±5cm、高程精度小于±2cm的要求，为此研究确定了一系列的技术措施，通过实际试验验证，证明车载三维激光技术的精度完全满足设计要求，并通过研制相关的接口软件，实现三维激光点云的简化、抽样功能和在DEM中截取任意桩号的中桩坐标、中桩高程和横断面，为车载三维激光扫描技术应用于高速公路改扩建提供理论和实践依据。然后对石安高速公路改扩建工程中路基、路面、桥梁和涵洞的拼接设计情况进行了概述。

本章参考文献

[1] 魏笑辰，罗志清. 车载三维激光扫描系统的点云精度分析[J]. 价值工程，2016，(1)：121-122.

[2] 裴东东，官云兰，张勇峰，等. 基于车载三维激光扫描系统的滑坡变形监测方法[J]. 中国地质灾害与防治学报，2016，(1)：71-76，94.

[3] 褚智慧，段昌龙. 车载三维激光扫描系统外参数标定研究[J]. 北京测绘，2016，(2)：55-58.

[4] 王力，李广云，杨新永，等. 车载三维激光扫描系统安置参数一站式标定[J]. 红外与激光工程，2016，(11)：107-112.

[5] 鲍枫，吴若琴. 面向智慧交通的移动激光点云树木分割[J]. 厦门大学学报(自然科学版)，2017，(1)：117-122.

[6] 张拥军,刘建明,高照根,等. 基于车载点云数据的实景可量测技术研究[J]. 山东国土资源,2017,(4):71-74.

[7] 薛效斌,钱星,马宁. 基于车载三维激光扫描的地形图数据采集的研究[J]. 北京测绘,2014,(1):88-90,110.

[8] 李明辉;田雪冬;胡维强,等. 基于车载三维激光扫描的道路线提取研究[J]. 测绘与空间地理信息,2014,(4):118-121,124.

[9] 王力,李广云,李森,等. 车载3D激光扫描系统集成技术[J]. 现代测绘,2014,(4):14-17.

[10] 王芳其,刘永华,刘秋卓,等. 非接触式三维红外扫描车载系统在隧道定期检测中的应用[J]. 公路交通技术,2015,(6):85-89.

[11] 闫利,刘华,陈长军,等. 无地面控制点的车载激光扫描系统外标定方法[J]. 武汉大学学报(信息科学版),2015,(8):1018-1022,1094.

[12] 陈驰,王珂,徐文学,等. 海量车载激光扫描点云数据的快速可视化方法[J]. 武汉大学学报(信息科学版),2015,(9):1163-1168.

[13] 王果,崔希民,袁德宝,等. 车载激光点云领域比较的道路边线提取方法[J]. 测绘通报,2012,(9):55-57.

[14] 李婷,詹庆明,喻亮. 基于地物特征提取的车载激光点云数据分类方法[J]. 国土资源遥感,2012,(1):17-21.

[15] 李永强,盛业华,刘会云,等. 基于车载激光扫描的公路三维信息提取[J]. 测绘科学,2008,(4):23-25,41.

[16] 吴俣,叶泽田,杨长强,等. 车载三维激光扫描系统在铁路沿线景观建模中的应用[J]. 工程勘察,2009,(11):61-66.

[17] 曾力,雷攀. 车载激光扫描测量在高速公路扩建工程的应用[J]. 科技致富向导,2014,(16):210.

第3章 高速公路改扩建工程路基拼接关键技术

3.1 高速公路改扩建工程加宽路基破坏机理及处理技术

在高速公路加宽工程中，由于旧路基已运营多年，其路基的密实度与地基的固结度基本上达到了最大，而新加宽路基虽经过高于旧路基标准的压实处理，实际上在自重与车载作用下还是会产生竖向变形，且新加宽路基地基也会产生竖向沉降。这导致路基加宽后，高速公路产生各种病害。

(1)路基的破坏。路基破坏主要表现为新旧路基较大的不均匀沉降、新加宽路基在运营阶段产生较大的侧向位移，导致新旧路基衔接处产生纵向裂缝和错台，进而使得加宽路堤沿新旧路堤结合部发生滑动。

(2)路面破坏。路面的破坏其实是路基破坏的一种反映，新旧路基沉降不均匀、导致路面层纵向开裂、破碎、结合料松散、横坡超标。

(3)路面整体性能破坏。在高速公路运营的过程中，由于土质等材料性能的老化导致侧向变形及竖向不均匀变形不断加大，严重影响上部车辆的行驶质量，公路的服务水平与结构性能也严重下降，最终不能继续使用。当公路平整度、结构承载力、路面状况指数等性能指数达到极限值时，行驶质量和交通安全将受到严重的威胁，最终使公路服务水平严重降低。

3.1.1 病害机理分析

产生上述病害的机理有很多种，主要有：新旧路基间的不均匀沉降、路基路面的整体抗变形能力下降、新旧路基结合部连接不牢固，以及受不同地区的地质水文条件等因素的影响，路基结构稳定性不足。下面从变形和稳定性两个方面对产生机理进行分析。

3.1.1.1 新旧路基密实度不一致产生的差异沉降

路基加宽施工工程中，旧路基受自重荷载和车辆荷载作用的时间足以使其基本上达到了最大的密实状态，而新路基仍然存在工后的塑性压缩变形，当变形过大时，就会产生路面破坏。对于路基加宽路段，由于施工空间较小，大型压实机具很难运转，再加上施工单位水平参差不齐，所以使得新加宽部位的路基压实度达到较高的水平会遇到很多困难。如果压实度达不到设计要求，对于高填方路基而言，路基自身的压缩变形将迅速大幅增加。图3-1所示为新旧路基的不协调变形。

3.1.1.2 新加宽路基的地基固结沉降

当地基的下卧层土质较差时，地基土体固结时间较长、土体压缩性比较大，施工完成后还会发生很大的沉降。旧路基部位的地基固结变形产生的沉降在地基自重荷载和车辆荷载的作用下已经基本完成。而对于新加宽的路基，在施工完成后，要经过很长一段运营阶段地基的固结沉降才能基本完成。在这期间，新路基在其自重荷载与车辆荷载共同作用下，使得新旧路基产生不协调变形，并最终表现在路基顶面，导致路面结构破坏，如图 3-2 所示。在地质条件较差的路段，地基的固结变形较大，距离新旧路基结合部较远的旧路基产生较小沉降，新旧路基结合部附近的路基产生的沉降较大，导致新旧路基的不协调变形。这种不协调变形最终传递到路面上，最终使得旧路基路面发生开裂破坏。

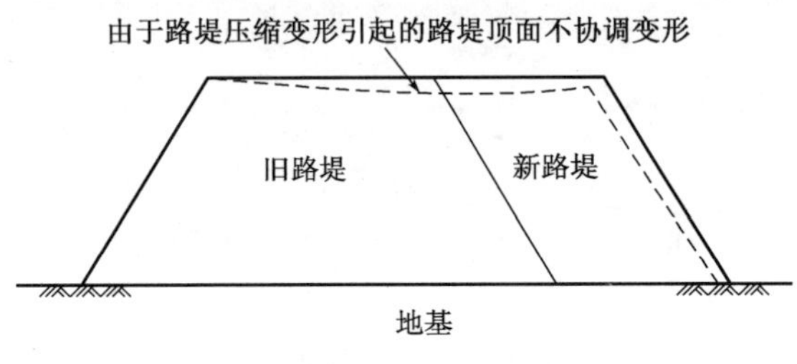

图 3-1 新旧路堤自身压缩和固结变形引起的不协调变形

旧路堤
新路堤
新路基荷载作用下地基固结沉降引起的地基顶面不协调变形

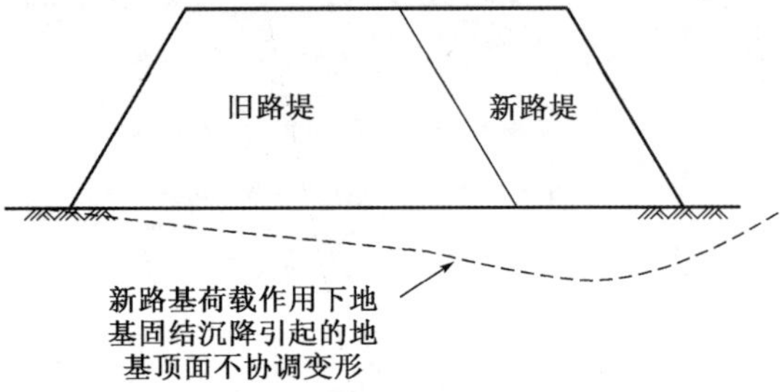

图 3-2 由于地基固结变形引起的不协调变形

3.1.1.3 新旧路基结合部强度不够

新旧路基结合部必须具备足够的强度，否则将导致新路基沿结合面的相对滑移。这种相对滑移使得路面发生不协调变形，滑移过大将会导致产生错台或者整体失稳现象，如图 3-3 所示。这种不协调变形使路基整体结构发生了改变，最终导致新旧路基结合部以及周围的路面发生损坏、开裂现象。

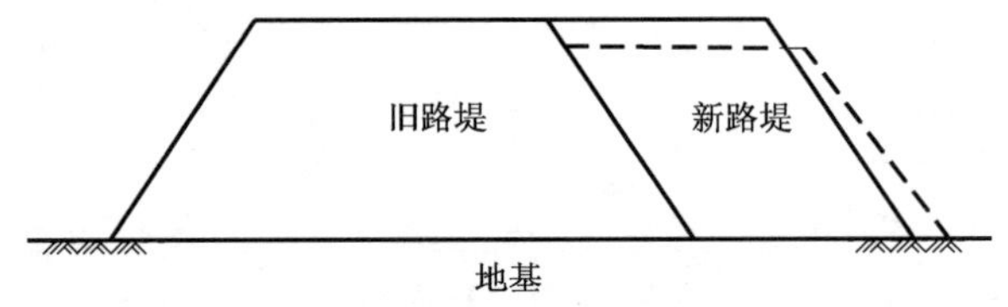

图 3-3 结合部的滑移变形引起的不协调变形

3.1.2 高速公路路基加宽技术对策

3.1.2.1 台阶开挖技术

台阶开挖是新旧路基结合部常用的处治措施之一。主要目的是减少新旧路基结合部的病害问题。

高速公路加宽扩建工程中，新旧路基结合部是最容易引起差异沉降的地方，路基结合部处理不好，加宽后在新旧路基路面结合部比较容易出现纵向开裂病害，因而如何处理填方段新旧

路基之间的衔接将成为改扩建工程设计中最关键的问题之一。必须采取有效措施,尽可能减少新旧路堤的不协调变形,保证加宽路基与旧路基衔接良好,使其成为一个整体,共同承受上部荷载,减小甚至避免横向错台和纵向裂缝的发生。新旧路基结合部的处理,最常用的方法是旧路堤边坡的削坡和加宽过程中的台阶开挖。

(1)路堤边坡削坡和台阶开挖的作用

①路堤边坡削坡的作用。路基边坡常年处于暴露状态,有些路段路基边坡采用植草防护,旧路边坡的表层土及一定深度的土体相对松软。在路基加宽工程中,如加宽后路基中存在该夹层会产生严重的病害问题。故需清除原路基边坡表层的植被土层及一定深度的压实度不足的填土,增加新旧路基接触面上的强度,提高其结合部抗不均匀沉降的能力。

②台阶开挖的作用。根据高速公路路基加宽工程的破坏机理分析可知,新旧路基接触面是加宽拼接过程中的薄弱环节,通过开挖台阶的方式可以增加新旧路基接触面的面积,增加摩阻力,提高其抗剪强度。且通过台阶开挖后,横向台阶面可为土工格栅提供一定的锚固长度,加强新旧路基之间的连接。

(2)削坡和台阶开挖方式

粉煤灰填料旧路基在修筑路基时采用了包边土进行包边处理。该工程中,经钻孔测定包边土厚度为2m左右。当新加宽路基填料选用粉煤灰时,需把包边土清除掉,使新加宽粉煤灰面与旧路基粉煤灰面直接接触。

粉煤灰填筑旧路基开挖台阶的主要问题是台阶开挖后的稳定性问题。由于粉煤灰黏聚力小,水稳性差,开挖台阶后经风吹雨淋后很可能坍塌,无法进行新路基加宽。经研究对旧路基台阶开挖采用小台阶(20cm×30cm)开挖法,或对旧路基进行注浆加固后按大台阶(40cm×60cm)开挖法施工,该项目拟采用自下而上挖台阶的方式。台阶底面向路中心倾斜3%。我国几条高速公路改扩建工程中削坡与台阶开挖方式见表3-1。

我国高速公路改扩建工程中的削坡及台阶开挖方式　　表3-1

工程项目	削坡方式
广佛高速公路	挖成台阶状,台阶高度控制在80cm左右,宽度为100~200cm
沈大高速公路	从土路肩向下挖成1:0.5坡度,并挖成高度不大于80cm的台阶,台阶底面向路中心倾斜3%,台阶挖至与原地面平齐
海南环岛东线高速公路	从坡脚向上挖成宽100~150cm,内倾2%~4%的反向台阶
沪宁高速公路	清除表层30cm压实度不足的土,挖成台阶状,台阶高度控为50~60cm,宽度为90~100cm
南京绕城公路	从上向下挖成台阶状,台阶高度控制在80cm左右,宽度为100~200cm
沪宁—锡澄高速公路直接拼接段	挖成台阶状,每个台阶高度80cm,底宽120cm,台阶底面向路中心倾斜2%,台阶挖至与原地面齐平
深圳水管高速公路扩建工程	从坡顶向下挖成台阶状,台阶高度控制在100cm左右,宽度为150cm

(3)施工方法

①路基开挖前,先进行原路基坡脚以外原地面及边坡的清表以及粉煤灰旧路基包边土清除。边坡清表及包边土清除时要根据填筑速度和台阶的开挖高度沿路线逐段进行,不可将边坡清表及包边土清除和台阶开挖一次性完成。

②台阶沿原坡面线相应位置采用逐层开挖的方法，填筑一层台阶高度的路基再开挖下一层台阶。

③施工时，先按原路基坡面线 1:1.5 进行台阶的开挖，台阶直接开挖到原坡面位置。台阶开挖要确保开挖层面落在注浆设计计算时的开挖面上。

(4)施工注意事项

①采取机械进行开挖，开挖时要注意不能破坏原路基结构，在开挖台阶时，由于机械开挖不易控制，要用人工配合开挖，在机械将台阶基本挖到位时，人工进行修整。

②由于在施工过程中，原高速公路仍然正常通车，所以在开挖时要注意行车的安全。项目部应设有保通人员，负责指挥引导车辆尽量不靠近紧急停车带行驶，以免影响边坡稳定。

③为保证原路基的稳定性，施工过程中要做好控制工作，在边坡台阶开挖前在原路基路肩侧及旧路基坡面埋观测点监控，防止因超挖造成原路滑塌等现象的发生。有问题及时报告监理工程师，并采取保护措施。

④路基开挖过程中要做好排水工作，以防雨水冲刷开挖好的台阶而破坏原高速公路路基。具体措施为在原高速公路路面水引向急流槽内，并在加宽路基上设置横向排水沟将水排向路基外侧水沟，当雨水很大时可在原路基边坡上覆盖彩料布，防止冲刷已经清表的原路基边坡。

⑤开挖的土方宜作填料时，尽量利用，同时做到文明施工，所有废弃物不得侵占田地、水渠、河道、现有道路等。

⑥路基填至路床顶面时，方可拆除旧路路肩和波形梁护栏以保证在路基施工期间不影响旧路的正常通车。

⑦在旧路基边坡上的挖台阶作业采用分段分层的开挖方法，严禁一次性完成对旧路上边坡台阶作业，以防止新挖台阶受到雨水冲刷及施工后不均匀沉降。每层台阶开挖后及时铺筑新路基，碾压完及时将上一层的填料作为反压荷载堆放在已开挖的边坡附近，以稳定旧路基，防止边坡开挖面过长时间暴露地段，受到雨水冲刷。在雨季时对暴露地段进行覆盖。

3.1.2.2 注浆加固技术

京港澳高速公路加宽工程石安段原路基修建时，由于缺少土源，且沿线多软土地基，采用了大量的粉煤灰进行路基填筑，如今进行改扩建建设，采用原路基两边开挖台阶拼接路基的加宽方法，需对旧路基进行台阶开挖。根据研究资料及本相关课题室内试验，粉煤灰的黏聚力较小，开挖后不易形成台阶。经过研究，对旧路基粉煤灰进行注浆加固处理后可满足大台阶开挖。

注浆技术在加固工程中已经有了相当程度的发展，注浆方式也很丰富，主要包括：常规注浆、锚杆注浆与水平高压旋喷注浆等几大类，其中常规注浆技术包括高压喷射注浆、静压注浆。

(1)高压喷射注浆

高压喷射注浆是把注浆管放入已钻成的注浆孔中预定深度，采用高压注浆设备进行，其提供的注浆压力可达 20 ~ 40MPa，以此注浆压力将浆液注入需加固体中，通过高压冲击切割注浆加固体，强制浆液与加固体混合。进而通过浆液作用，使需加固土体生成强度，以达到加固目的。

(2)静压注浆

相对于高压喷射注浆技术,静压注浆技术的注浆压力是很小的,一般只是利用液压或气压进行注浆,其压力范围为0~2MPa,浆液基本通过渗透进入土体。当浆液进入土体后,利用其对土体孔隙的填充和挤密,挤出土体颗粒间的空气和水分,而后通过浆液的黏结性质,或与加固体发生反应后形成强度,使土体或岩石体加固成一个满足工程需要的整体。

(3)注浆方式比选

由于粉煤灰旧路基包边土提供的上覆土压力有限,故选取注浆方式过程中,注浆压力是一个重要标准。相对于其他注浆方式,静压注浆注浆压力小,仅为0~2MPa,可以满足在保证路基稳定性的前提下完成注浆。且施工过程可无大型机械设备,注浆施工作业面容易满足,施工过程对路基无过大扰动,可不影响高速公路的正常运营。如果对浆液控制得好,既可以满足路基加宽施工过程中的台阶开挖成形,也不会因加固强度过高造成开挖难度大等问题。粉煤灰路基的注浆加固处理优先采用静压注浆技术。

3.1.2.3　粉煤灰应用技术

采用轻质路基填料是预防高速公路加宽病害的有效措施,特别对于高填方路基及地基承载力低的路段,通过采用轻质路基填料,可减轻路基自重,降低路基自重荷载,进而减小新加宽路基的变形及地基的沉降。其中粉煤灰作为优质的轻质路基填料,用于高速公路加宽工程新加宽填筑材料是十分合适的。

3.2　石安高速公路旧路现状及扩建拼接方案

3.2.1　石安高速公路旧路现状

该段高速公路于1994年8月开工,1997年12月建成交付使用,随着近年来河北省经济的持续迅猛发展,同时由于石家庄、邢台、邯郸三市的城市建设以及路网建设的日益完善,京港澳高速公路2003年至2006年交通量增长较快,平均增长率达12.69%。随着区域经济的进一步发展,邢衡、邢汾、青兰高速公路以及邢台、邯郸外环高速公路的建设,京港澳高速公路交通量还将持续快速增长。根据交通量预测结果,2014年京港澳高速公路石家庄至磁县段全线平均日交通量为49037pcu/d,V/C值为0.73,全线服务水平将进入三级。本段高速公路交通事故率较低,发生的交通事故主要是由于大、小车运行速度差异过大造成,基本没有因为路线指标低造成的交通事故。

路基稳定性:京港澳高速公路大部分路段采用沿线黏土、粉质黏土填筑,部分路段采用粉煤灰填筑。目前路基使用状况良好,未见过大沉降或变形等现象。

路基防护:旧路路堤边坡防护以植草植树为主,局部路段设置了仰斜式路堤墙以收缩坡脚;特大桥、大桥桥头部分路基(上、下游)设置了浆砌片石护坡进行防护。互通区的主线及匝道主要有菱形框格植草防护、衬砌拱植草防护、浆砌片石满铺等防护形式。目前各种防护基本完好,边坡及坡脚草灌茂盛,未出现明显冲刷现象。

路基路面排水：京港澳高速石家庄至磁县段挖方路基段边沟均用浆砌片石防护；填方路基段两侧排水沟以土沟为主，土沟为顶宽3.5m或4m的大边沟，边沟外侧在急流槽的出水口处进行浆砌片石防护。沿线的沟渠、河流较少，大多数路段的排水沟没有条件与沟渠或河流相连，排水沟内积水基本以蒸发、下渗或溢出方式排出。现有土质排水沟一般路段沟内植被较好，无冲蚀。沿线下挖型通道基本都设置了蒸发池，一般尺寸为15m×10m×3m，浆砌片石防护。蒸发池保存均较完整，但入口多被淤泥堵塞，致使下挖型通道积水问题严重。全线大部分路段硬路肩边缘设有沥青砂拦水带，土路肩大多采用混凝土预制块或混凝土现浇硬化处理。

路面状况：京港澳高速公路路面一次建成，面层厚度均为15cm，由4cm中粒式沥青混凝土上面层+5cm粗粒式沥青混凝土中面层+6cm沥青碎石下面层组成；基层厚度均为20cm二灰碎石。

原有公路养护工作较完善，路基部分及桥面铺装路面状况均较好，根据本次检测结果统计：路面使用性能指数PQI整体状况良好，上行行车道平均值91.1，下行行车道平均值91.1。

旧路特殊路基处理如下：

软土：石安高速公路软土路基主要采用预压、粉煤灰路堤、砂垫层、反压护道、土工织物等方法进行了组合处理，从道路整体运行状态及现场调查情况分析，软基段工后沉降较小，满足原设计要求，且基本趋于稳定。

可液化砂土地基：原路的可液化砂土路基主要分布在石安高速公路K430+300～K446+600、K454+300～K458+900、K473+700～K483+000三段，共30.2km左右，原路基施工时使用强夯法处理砂土液化路基3.3km。

膨胀土地基：上部路基填高在2m左右，采用了设置灰土垫层+防水土工布辅以有效排水措施的方法进行处理。以路堑方式通过膨胀土路段时，采用了浆砌片石满铺护坡处理。

3.2.2 石安高速公路扩建拼接方案与控制标准

3.2.2.1 扩建拼接方案

为增加新旧路基的整体协调性，避免或减少横向错台和纵向裂缝的发生，在加宽填筑路基前，先对旧路基边坡和加宽路基的基底进行30cm（垂直于坡面方向）的清坡处理，并对基底进行冲击碾压，采用的压实遍数为20遍，速度12～15km/h，验收标准按现行规范的压实度提高一个百分点执行。

考虑到该路段路基填料中有大量粉质黏土和砂土，台阶高度不宜太大，因此，对于非粉煤灰路基，坡脚处第一级台阶按宽1.5m，高1.0m开挖，上部台阶均为宽100cm，高66.7cm。开挖后及时进行拼接填筑，自下而上开挖一阶及时填筑一阶。开挖拼接至路床底面的台阶时根据路基填高确定其台阶高度和宽度，台阶面距离路床底面小于70cm时应将其作为一个台阶开挖回填，距离路床底面大于70cm时应分成40cm和≥30cm两个台阶高度开挖回填；路床部位作为单独一个台阶开挖处理，其开挖位置为距离原路基土路肩外边缘向路中线80cm处，台阶高度为80cm。在路基填筑过程中在基底铺设一层土工格室，路床底铺设一层钢塑格栅，并用钢筋钉固定。

3.2.2.2　扩建拼接控制标准

(1)非软土路段拼接控制标准

①对于普通路基段,按不均匀沉降 <10cm 控制,不满足标准的按照特殊路基进行处理。

②桩基桥头处理区,按工后沉降 ≤10cm,不均匀沉降 <5cm 双指标控制,当不满足其一时,按照特殊路基进行处理。

③整体式基础的小构造物,考虑与原结构拼接,为保证结构结续性,进行复合地基加固处理,工后沉降控制以桥涵构造物的拼接要求为准。

(2)软土路段拼接控制标准

①沉降标准。

该项目软土路基段落相对较短,软土埋深较浅,且软土层厚度较小。按照拼宽路基的控制标准,拼宽部分路基工后不均匀沉降应≤5cm 且路基横坡总增加量应≤0.5%。由于旧路软基路段的沉降已基本完成,拼接路基施工中过大的总沉降会导致旧路的破坏,因此,拼接路基除了控制工后沉降外,拼接路基的总沉降也需要加以控制。根据相关工程的经验,结合工程实际特点,按三项指标进行控制:设计使用年限内(15 年)拼宽部分路基计算总沉降不大于 15cm;路基横坡总增加量应≤0.5%,其中横坡变化率考量范围为原路路基边缘至拼宽部分路基重心处。当不满足其一时,按照特殊路基进行处理。

②稳定标准。

采用圆弧滑动法进行稳定验算,对于施工期验算采用总应力法(用快剪指标)和总强度法(用十字板指标)计算,其稳定安全系数要求不小于 1.1;对营运期验算采用有效固结应力法(用快剪和固结快剪指标),其稳定安全系数要求不小于 1.2,否则应进行处治。

3.3　高速公路改扩建工程软基沉降处治技术

3.3.1　高速公路改扩建工程软基沉降处治措施

3.3.1.1　板桩结构处治措施

板桩结构是适用于处理软土地基的一种新型结构形式。该结构主要由水泥混凝土桩和钢筋混凝土承载板组成,其主要的工作机理是:通过承载板将上部荷载传递到桩体,桩体把荷载扩散到桩间土、下卧层或桩基底岩石层,从而达到控制软土地基沉降与变形破坏的目的。CFG 板桩结构复合地基如图 3-4 所示。

在竖向荷载作用下,板桩结构复合地基由于承载板的作用,桩间土与承载板底面始终保持接触,桩间土的压缩模量增大,桩间土的承载力得以充分发挥,桩体承担的荷载相对减少,桩土共同作用得到保证;承载板的存在使得地基中的接触压力得到均化,地基中的竖向应力分布得到调整,地基的变形状况明显改善,复合地基的承载力有较大提高。此外,作用在桩间土上竖向荷载的增大,引起桩侧法向应力和摩阻力增大,桩体承载力提高,从而板桩结构复合地基的承载力得到进一步的提高。

在竖向荷载的作用下，板桩结构的承载板底面土、桩间土、桩端以下土都参与工作，承载板、桩群、土形成一个相互作用、共同工作的体系。桩顶荷载主要通过桩侧摩阻力传递至桩周和桩端土层中。承载板土反力也传递至承载板以下一定范围的土层中，桩侧阻力和桩端阻力因此而受到影响。当上部荷载逐步施加于桩顶时，桩身上部受到压缩而产生相对于桩周土的向下位移，与此同时，桩侧表面受到土的向上摩阻力的作用，桩身荷载通过所发挥出来的摩阻力传递给桩周土层，使得桩身荷载和桩身压缩变形随深度递减。在桩土相对位移等于零处，桩侧摩阻力尚未发挥作用而等于零。在结构所受外荷载较小时，摩阻力与位移近似呈直线关系。随着荷载增大，桩身的压缩量和位移量增大，桩身下部的摩阻力随之逐步调动起来，从而将荷载也部分传给桩端土层并使其压缩和产生桩端阻力。桩端土层的压缩导致桩土相对位移加大，桩身摩阻力进一步得到发挥。

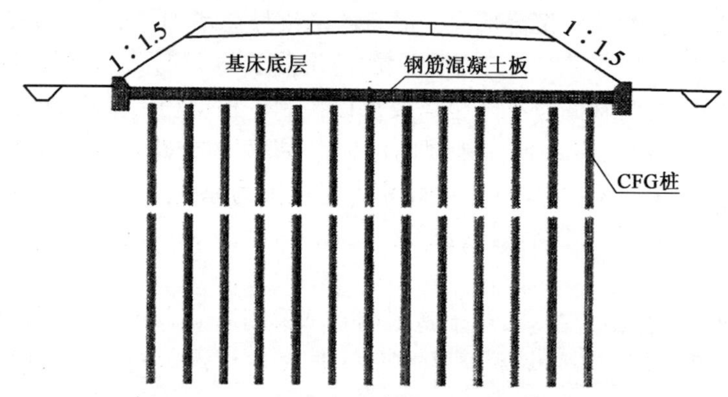

图 3-4　CFG 板桩结构复合地基示意图

3.3.1.2　复合地基处治措施

复合地基处治措施工作原理：在路基土中构造有一定强度和承载力的构造物，构造物和土体形成复合型地基，共同承受荷载，较大程度提高路基承载力。复合地基处治措施通常无须预压，工期较短，承载力较高，工后沉降较低，但造价较高。通常适用于结构物过渡段或结构物的基础。

复合地基包括柔性桩、半刚性桩、刚性桩等几种形式。柔性桩复合地基主要由散粒状材料构成，其桩身多表现为侧向破坏、强度较低，在处理沉降要求高的拼接工程的深厚软基中不宜采用。半刚性桩复合地基主要由水泥土桩所构成，较散粒材料桩具有较高的强度。受条件限制，目前其最大的处理深度不超过 20m，否则其桩身质量难以保证。刚性桩具有桩身强度高、桩身压缩量小，处理深度大等优点，不过其造价较高。

我国高速公路采用的复合地基形式主要包括：预应力管桩、水泥搅拌桩、CFG 桩（水泥粉煤灰碎石桩）和高压旋喷桩等。

①预应力管桩。

预应力管桩分预应力混凝土管桩（PC 桩）和预应力混凝土薄壁管桩（PTC 桩），两者预先在工厂制备好一定规格的管桩，用压桩机在工地采用静压或锤击的方法把桩打入地基，形成复

合地基，以达到加固路基的目的。预应力混凝土管桩复合地基具有较大的承载力，处理后单桩承载力约为1000～1500kN，工后沉降不超过1cm。

PC桩处理路基深度可达到30m，承载力高，路基沉降小，适用于对沉降要求严格的构筑物路基，或用于处理深厚软土路基。

②水泥搅拌桩。

利用水泥或水泥砂浆作为固化剂，通过深层搅拌机在路基深部，就地与土和固化剂（浆体或粉体）强制拌和，使之凝结成具有整体性、水稳性好和较高强度的水泥加固体，与天然地基形成复合地基，从而提高承载力。处理后承载力为100～130kPa，工后沉降为15～25cm。

水泥搅拌桩有效处理深度可达8～15m，适用于处理沉积厚度大、含水率高、孔隙比大、压缩性高、渗透性差、抗剪强度低的软土路基。例如：软土路基上的桥台、箱涵、通道等与填土路堤之间的过渡段；高填方路堤的抗滑、减沉；城市主干道管线地基处理；高速公路拓宽路基加固。

水泥搅拌桩在施工过程中无振动、无噪声，环境污染小；对土体无侧向挤压，对邻近建筑物影响小，可最大限度利用原状土，有效提高路基强度。但施工质量较难控制和保证。

③CFG桩（水泥粉煤灰碎石桩）。

CFG桩由碎石、石屑、砂、粉煤灰掺水泥加水拌和，用各种成桩机械制成的可变强度桩。通过调整水泥掺量及配合比，其强度等级在C5～C25之间变化，是介于刚性桩与柔性桩之间的一种半刚性桩型。CFG桩与挤密土体形成复合地基，提高承载力，达到加固地基的作用。处理后路基承载力为500～600kPa，工后沉降为3～6cm。

CFG桩处理路基深度可达12～24m，承载力高、效果明显、质量可靠，工期较短，但造价太高。可广泛适用于砂土、粉土、黏土、杂填土、淤泥质土等路基及桥台等结构物处。

④高压旋喷桩。

钻孔至设计深度后，将按设计配比制备好的水泥浆液在高压下从喷管喷出。同时旋转并提升旋喷桩，进行由下而上的旋喷注浆作业。水泥浆在高压的作用下充分和土体混合形成复合地基。处理后路基承载力为300～400kPa，工后沉降为10～20cm。

高压旋喷桩路基处理深度可达24m，承载力高，路基沉降小，机具便捷，施工无振动、无噪声、工艺简单，尤其适用于场地狭窄，机具受限制的情况。

3.3.1.3　冲击压实处治措施

冲击压实处治措施是使用大功率牵引机拖动质量为8～12t的凸瓣状非圆形冲击轮，变传统振动压实的高频率低振幅压实方式为低频率高振幅压实方式，对路基同时进行冲击和碾压作用的全新压实方法。冲击压实因冲击轮质量大且振幅高，可以较大地增加压实能量，能量以冲击波方式作用于路基土体，则土体孔隙率减小，黏聚力和内摩擦角增大，抗剪能力提高，使土体以后的沉降在冲击、振动、压实过程中提前完成，实现土体加固的效果。冲击压实方法具有以下优点：

①提高了路基压实度。各种类型路基，经过冲击碾压足够遍数，在不同深度范围内，压实度均有不同程度的提高。

②增强了路基水稳性。土工试验结果表明，经冲击碾压后，在影响深度内的湿陷性样品检

出率大幅度降低，饱和前后压缩性指标变幅减小。

③提高了路基整体强度。大部分冲击碾压路段的路基回弹模量增大，弯沉值减小，说明冲击碾压后路基强度及承载能力提高，弯沉变形得到改善。

④减小了路基工后沉降。在影响深度范围内，路基的压缩模量增大，压缩性降低。同时，冲击碾压过程中压沉量随碾压遍数增加而增加，路基工后沉降变形得到改善。

3.3.1.4 排水固结处治措施

排水固结处治措施工作原理：通过构造人工排水通道，再施加外力使土体中孔隙水排出，孔隙比减小，密实度加大，土体强度得到提高，以达到提高路基承载力、减少工后沉降的目的。排水固结处治措施适用于处理软黏土、淤泥和淤泥质土路基，处理后的路基承载力为90～120kPa，工后沉降为15～30cm。

排水固结处治措施首先在需要处理的路基上铺设水平排水砂垫层，然后在水平排水砂垫层上按一定间距布设垂直排水系统，最后进行堆载预压或真空预压。排水系统分为砂井、袋装砂井、塑料排水板等；预压方式分为堆载预压、超载预压和真空预压。下面列举其中常用的袋装砂井预压处治措施、塑料排水板预压处治措施、真空预压处治措施。

(1)袋装砂井预压处治措施

预先将砂装入长条形透水性好的砂袋内，用专门的机具设备将其打入路基内，人工构造垂直排水通道。加上砂垫层构成的水平排水通道，从而建立垂直和水平两个方向互相连接的排水通道。再用预压方式使土体中水加速从排水通道排出，从而达到土体排水固结，处理路基深度在30m以内。

袋装砂井预压处治措施施工工艺简单，施工方法成熟，经处理后路基工后沉降容易控制。但需要大量土方进行堆载，预压需要6～12个月，施工工期较长，施工过程需采取密切监测措施，防止路基竖向沉降或水平位移超出警戒值，出现路基失稳情况。

(2)塑料排水板预压处治措施

使用插板机将带状的塑料排水板插入软弱土层中，与水平砂垫层组成垂直和水平排水体系，然后在路基表面堆载预压(或真空预压)，土中孔隙水沿塑料板的沟槽上升溢出地面，路基中的土颗粒有效应力不断增加，加速路基固结沉降，达到提高路基强度的目的。塑料排水板预压处治措施最适宜于处理软土层较厚、地下和地表水发育、土质湿软的路基，处理路基深度在30m以内。

工程实践表明，塑料排水板具有排水性好、施工方便、工效高、费用低、对土层的扰动小等优点，同时，塑料排水板又是工厂化生产，质量有保证，不易折断，故排水固结效果有保证。塑料排水板的技术经济效益明显，尤其是对深层路基的处理效果更好。

不同于袋装砂井，塑料排水板重量轻，运输方便，插设机械较轻便，在砂井不能施工的超软路基土上也能照常施工；断面小、施工扰动小、对硬壳层破坏小；有一定的强度和延展性，可以随路基变形而产生部分变形，同时也能抵抗一定的水平剪切变形而减小侧向位移量。

不过塑料排水板因生产厂家的不同而质量参差不齐，质量差的塑料排水板排水能力难以保证；再者不利于环境保护，因为塑料排水板本身为耐腐蚀的材料，会在路基深层存在较长时间，将一直影响土体和环境。

(3)真空预压处治措施

真空预压处治措施是通过真空泵负压源将路基土孔隙中的空气和水垂直向上反抽排出，使土体中地下水位降低，有效应力增加，从而达到加固效果。真空预压处治措施特别适用于地下水系丰富、渗透性小，或稳定性要求高，或堆载困难，软土埋藏较深的路基，但不适用于砂质路基。

真空预压处治措施具有技术先进、无污染、无噪声、工期短、费用低、安全系数高、质量可靠度高等优点。路基土采用真空预压处治措施处理，受力均匀，变形均匀，稳定性好，平均沉降量大，密实度高，固结速度快，抗剪切强度大。

3.3.1.5　其他措施

(1)换填处治措施

换填处治措施工作原理：当路基中软弱层埋深较浅时，先将路基一定深度范围内的软弱层采用人工或机械方式清除，然后换填为强度较高和性能稳定的材料，同时分层压实，从而提高路基承载能力而减少路基沉降。换填处治措施可有效处理埋深3m以内的路基软弱层，换填材料可采用砂砾、碎石、灰土或二灰土等。应用换填处治措施处理后的路基承载力为120～150kPa，工后沉降为10～15cm。换填处治措施技术简单，易于施工，工期较短，设备要求低，质量容易控制。

换填处治措施的采用应根据地质条件、路面结构、交通荷载，并结合当地材料情况等综合分析确定。既要满足路基强度和变形的要求，又要符合经济和合理的原则；换填层既要有足够的厚度来置换可能发生剪切破坏的软弱层，还要有足够的宽度以防止换填层向两侧挤出。

(2)强夯处治措施

强夯处治措施工作原理：使用起重机械设备将大吨位(一般10～25t)夯锤起吊至8～20m高度后，自由落下，对路基土以强大冲击能量的夯击，在高强冲击应力作用下，压缩土体孔隙，排除孔隙中的水，使得土粒重新排列，迅速固结，从而提高路基承载能力，降低其压缩性。强夯处治措施适用于处理低饱和度粉土、黏性土等土质路基，有效处理深度为5～8m。处理后的路基承载力为100～120kPa，工后沉降为10～20cm。单夯夯击能、夯击遍数和夯击点位对强夯处治措施应用效果有较大影响。

强夯处治措施具有技术简单、易于施工、工期较短、节省材料、降低造价、压实度高、适用范围广、处治效果明显等优点；但同时也有施工噪声大，对邻近构造物产生破坏等缺点。

3.3.2　高速公路改扩建工程旧路地基状态调查与评价

3.3.2.1　土样采集

天然土体由三相体系组成，各相特征、相对含量及相互作用决定了土体的工程性质；因此定量地研究土中三相之间的比例关系是确定土的实际工程性质的重要手段之一。换言之，土的物理性质指标对于反映土的工程特性具有重要的实用价值，也是研究土体性质的重要尺度。为了研究影响深度范围内土体的性能，分别对原地基的土体和填筑路堤所用土体进行取样分析，取样的现场如图3-5所示。

图 3-5　土体现场取样

3.3.2.2　旧路地基土物理性质

取样路段位于 K435 +000 ~ K437 +000 之间，该路段是夹杂着淤泥质土层的软土路段，以黏性土、粉土为主，其次为砂土。按照该区地层的垂向变化，在勘探深度范围内，该路段的土层主要由以下部分组成：

上部：主要由黄褐色黏性土、粉土组成。该层厚度变化较大，埋深 2.8 ~ 8.5m，属中等压缩性，多呈软塑 ~ 硬塑状。

中部：深灰色淤泥质土，含有机质、有臭味，质地不均，夹薄层粉土，厚度小于 6.0m，埋深 1.0 ~ 14.0m，该层属软土层，其特征为含水率高，孔隙比大，具有高压缩性，固结系数小，多呈软塑 ~ 流塑状，容许承载力小于 100kPa，属不良工程地质层。

下部：以灰黄、黄褐色黏土、粉质黏土为主，夹杂薄层细砂土，总体土质不均，具中等压缩性，多呈软塑或硬塑状。

将不同取样点得到的土样进行室内试验，依据《公路工程土工试验规程》（JTG E40—2007）、《公路桥涵地基与基础设计规范》（JTG D63—2007）试验要求，得到试验结果见表 3-2 和表 3-3，从表中可以看出整体土体的含水率较大、饱和度较高。

路基土样的基本物理性质指标(K435 +470m 段) 表 3-2

层厚(m)	土体	密度(g/cm³)	含水率(%)	相对密度	孔隙比	饱和度(%)	液限(%)	塑限(%)
0~3.2	粉质黏土Ⅰ	1.86	29.6	2.72	0.949	92	34.5	20.0
3.2~6.8	淤泥质土	1.80	41.7	2.71	1.149	100	35.6	20.5
6.8~11.2	细砂	2.10	19.5	2.68	0.525	—	—	—
11.2~13.0	粉土	2.02	21.2	2.69	0.614	93	23.7	17.9
13.0~19.2	粉质黏土Ⅱ	2.06	19.2	2.72	0.635	95	29.3	18.1

路基土样的基本物理性质指标(K436 +596m 段) 表 3-3

层厚(m)	土体	密度(g/cm³)	含水率(%)	相对密度	孔隙比	饱和度(%)	液限(%)	塑限(%)
0~4.6	粉土Ⅰ	1.96	24.8	2.71	0.738	90	27.4	18.7
4.6~6.4	粉质黏土Ⅰ	1.87	32.3	2.73	0.933	92	35.8	20.5
6.4~9.6	淤泥质土	1.80	37.1	2.72	1.087	95	43.5	22.2
9.6~13.8	粉土Ⅱ	1.96	24.7	2.70	0.713	91	26.8	18.7
13.8~19.0	粉质黏土Ⅱ	1.91	29.2	2.73	0.776	96	35.9	20.1

对上述试验数据进行分析,该路段的土质较差,力学性质不佳,容许承载力很低,易产生触变,作为路桥地基工程地质条件差,易产生不均匀沉降和滑动,特别是较高含水率的粉质黏土和淤泥质土的存在,使得压实困难加大。土的含水率处于偏干状态时,由于颗粒间引力(可能包括毛细管压力)使土保持着比较疏松的状态或凝聚结构,水被黏粒吸附,土粒外围水膜较薄,颗粒间的分子引力发达,击实功大部分将转化成孔隙气体压力,击实作用很难克服颗粒间的联结力使颗粒移动而重新排列;当含水率较高时,孔隙水增大,孔隙中的气体被封闭,击实作用不能再将气体排除,土中水和气的孔隙压力消散了其中大部分的击实功,故击实效果不显著。

因此,针对改扩建工程中的这种软土地基情况,在进行路堤填筑的碾压施工过程中,要严格控制地基土的含水条件,路基宜采用高压旋喷桩、CFG 桩或水泥搅拌桩进行预先处理,对桥台端部与路堤衔接处应提高桥头填土压实密度,以防"桥头跳车"现象。通过试验段的填筑碾压,有针对性地选择合理的碾压设备和碾压工艺组合,否则,机械设备不配套及施工技术措施不合理,将很难满足改扩建工程的路基压实度要求。

3.3.2.3 旧路地基土力学性能分析

为了研究改扩建工程经过的软土路段的土体力学性能,对选取的不同土体样本进行压缩试验、固结不排水剪切试验、三轴压缩试验,检测土体的各项性能。

(1)压缩试验

压缩试验可以反映土的变形特性,并为地基变形和沉降、固结计算提供计算参数。该项目中采用快速固结试验法,对取样的路段进行试验,每层土的压缩系数和压缩模量分别如表 3-4 和表 3-5 所示。

K435 +470m 段土体变形参数 表 3-4

变形参数	粉质黏土Ⅰ	淤泥质土	细砂	粉土	粉质黏土Ⅱ
压缩系数 a_{1-2}(MPa^{-1})	0.43	0.49	0.10	0.27	0.29
压缩模量 E_{1-2}(MPa)	4.5	4.4	15.4	6.0	6.1

K436 +596m 段土体变形参数 表 3-5

变形参数	粉土Ⅰ	粉质黏土Ⅰ	淤泥质土	粉土Ⅱ	粉质黏土Ⅱ
压缩系数 a_{1-2}(MPa^{-1})	0.28	0.45	0.44	0.28	0.29
压缩模量 E_{1-2}(MPa)	6.2	4.6	4.3	6.4	6.1

可以看出,3 个典型土层的土样都属于中等压缩性土,其中粉质黏土和淤泥质土的压缩系数最大,压缩模量最小,其压缩性最大。作为高速公路地基,粉质黏土和淤泥质土将会给路基的稳定性带来巨大的隐患,所以必须对地基土采取诸如强夯、旋喷桩和挤密桩等地基处理措施进行加固,借此以提高软土地基的抗变形能力,达到高速公路的路基修筑的要求,有效降低工后沉降出现的可能性。

(2)固结不排水剪切试验

项目组利用固结不排水剪切试验来反映所取的地基土的强度特性,得到的对路基土变形影响范围区域(0 ~ 10m)内的土体抗剪强度参数如表 3-6 和表 3-7 所示。试验表明:地基土的强度指标较好,但由于具有较高的饱和度和含水率,因此,高速公路在进行改扩建填筑路堤施工前应对地基土进行碾压和有效处理,以提高地基土的强度和刚度,减小土体的含水率,防止施工中或工后出现路堤不均匀沉降的发生。

K435 +470m 段土体抗剪强度参数 表 3-6

抗剪强度参数	粉 质 黏 土	淤 泥 质 土	细 砂
c(kPa)	25	21	—
φ(°)	21	19	—

K436 +590m 段土体抗剪强度参数 表 3-7

抗剪强度参数	粉 土	粉 质 黏 土	淤 泥 质 土
c(kPa)	32	25	20
φ(°)	26	22	18

(3)三轴压缩试验

为反映土体在围压状况下的应力—应变特性,服务于地基土填筑与后期碾压处理,以 K435 +470m 段为例,展开针对表层覆盖土(0 ~ 4m)的粉质黏土的强度特性试验,不同围压状况下对应的应力—应变曲线如图 3-6 所示。

可以看出,土的抗剪强度受固结围压的影响,随着固结围压的提高而增大,土体应力—应变曲线在低围压状态下不出现硬化现象,但随着围压增加,提高至 200kPa 后,土体出现明显的强度硬化现象。从曲线的走势变化中可以看出,主应力差越大应变提高越快,这表明在压实过程中,地基土的强度提高非常明显。

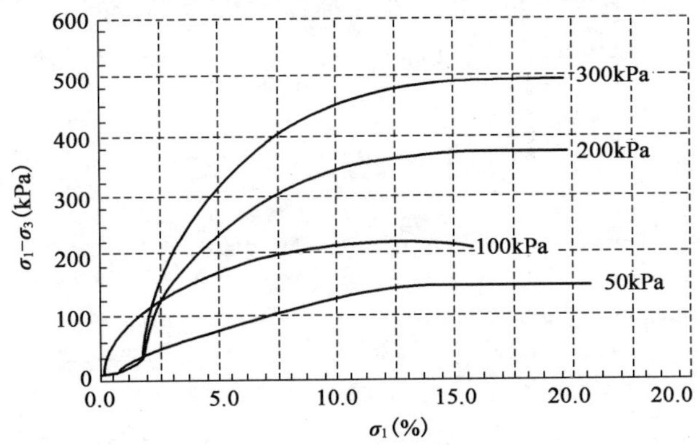

图3-6 粉质黏土试样三轴压缩应力—应变曲线图(以K435+470m段为例)

因此,对改扩建工程经过的该段地基土层,其碾压不宜采用轻型碾压设备,应采用重型压实设备,在路堤填筑过程中,其压实机械组合和压实工艺的制订应以淤泥质土为标准,将得到较好的压实效果,在改扩建路堤的碾压过程中,粉土、粉质黏土、细砂将随着淤泥质土的强度提高而提高。

3.3.3 高速公路改扩建工程差异沉降处治方案

3.3.3.1 “轻”“低”级别差异沉降处治方案

(1)冲击压实处治路基差异沉降方案

当差异沉降级别为“轻”时,路面结构受路基差异沉降影响作用较小,可不采取特殊处理措施;当差异沉降级别为“低”时,为了提高路基承载能力,减小差异沉降,可以对地基及填方路堤采用冲击压实方法进行处理。国内外工程实践证明,路基冲击压实技术对于提高高速公路路基填筑质量、减少通车后路面病害的发生有着积极作用。冲击压实处治路基差异沉降方案如下:

①压实机具采用蓝派25T3—25KJ型三边形碾压轮冲击式压实机,自重为15.6t,标准能量25kJ;工作速度:10~15km/h;冲压轮宽:2×900mm,外形尺寸:4064mm×2960mm×2170mm;压实厚度:40~1200mm;地基冲击压实前应清除掉表层植物根系等种植残余物,用平地机将地基表面整平。

②冲击压实机在冲击加固路基时,使连续两圈的轮迹重叠,形成梅花桩轮迹,以保证冲压均匀,完全覆盖整个工作面。按这样的要求,冲击压实机完成一组后应立即进行取样。

③冲击轮行进一周产生3次冲击3次碾压,为了保证地基表面受到均匀的冲击压实,使地基土密度均匀,地基强度提高幅度一致,不出现漏压现象,冲压排列方式应为每次横向错半轮,纵向错1/6轮周长,冲击压实机行驶速度控制在10~12km/h。

④冲击压实自路肩一侧开始顺(逆)时针行驶,按纵向错轮冲压,至全路幅冲压后,再自外向内冲压,冲压6次后为碾压一遍。为保证边坡稳定,路肩留出1m不冲压。中央分隔带左右各1m不冲压,采用冲击压实对填方路基进行处理时,单层填筑厚度可取为2~4m。

⑤若地基土为低液限黏土,可直接对地基进行冲击压实。对于高液限土(塑性指数一般

在 25 ~45 之间),为了利于孔隙水的排除,提高冲压效果,可以在地面铺设厚度为 50cm 砂垫层后进行冲击压实,砂砾的含泥量(≤0.074mm)不宜大于 5%,最大粒径不宜大于 40cm。砂垫层应宽出路基边脚 2.0m。

⑥冲击压实遍数的选择与路基土含水率有关,不同含水率控制条件下冲击碾压遍数见表 3-8。

不同含水率控制标准时冲击碾压遍数以及方式　　表 3-8

控制含水率	$W_{OP}-3\% \leq W \leq W_{OP}+1\%$	$W_{OP}-3\% \leq W \leq W_{OP}+2\%$	$W_{OP}-3\% \leq W \leq W_{OP}+3\%$	$W_{OP}-3\% \leq W \leq W_{OP}+5\%$
冲击碾压遍数	直接冲压 1 遍	直接冲压 2 遍	直接冲压 3 遍	铺碎石或砂砾层后冲压 3 遍

注:以上遍数均对于 25kJ 三边轮冲击压路机而言。W_{OP}为试验室重型标准击实最佳含水率。

⑦填方路基中,大面积掺加石灰或固化剂的路段和桥涵台背填料为半刚性材料的部位不冲压,桥涵上填土高度小于 2m 处或路基中已埋设通信管线的情况下,应升起冲击轮驶过此处,不得进行冲压。在 100m 长度内遇有后张预应力桥梁正在张拉时,应停止冲压。

(2)强夯法处治路基差异沉降

对于砂性土、碎石土等土体含水率较小的地基,当预估差异沉降级别为“轻微”或“低”时,可以采用强夯法对地基或填方路基进行处理,强夯加固地基后使得其压缩性降低,承载能力提高,工后沉降量减小,可有效降低路基差异沉降,强夯处理“低”级别差异沉降具体措施如下:

①夯击能量选择。

国内外实践经验表明:选用履带式吊机施工时,落距一般为 8 ~25m。锤重可根据有效加固深度选用,有效加固深度小于 10m 时,可以选择 10 ~18t 锤重,对于差异沉降较小的路基进行强夯处理时,锤重可选择 25t,夯锤落距为 4 ~6m,夯击能为 1000 ~1500kN^2 · m。

②单点夯击次数、单层夯击遍数确定。

单点夯击次数通过现场试夯得到的夯击次数与夯沉量的关系曲线确定。由试验段单点夯击试验结果得出:单点最佳夯击次数为 6 ~7 次,此时夯沉量趋于稳定,施工时以连续两次夯沉量小于 5cm 为止夯控制指标。夯击遍数为 3 遍,2 遍点夯,1 遍满夯。满夯夯击能取 900kN^2m,每点二击,夯印接锤底面积的 1/4。采用强夯法对填方路基进行处理时,单层填筑高度为 3 ~6m。

③夯击点布置。

根据有限元模型计算结果及试验段夯击试验得出,夯锤重为 25t、直径 2m、落距为 6m 的情况下,强夯径向有效加固范围是 2.5m,径向有效影响范围是 8m,因此夯点间距在 2.5 ~8m 之间。考虑强夯加固效果及施工条件等因素,选择夯点间距为 4m。为了有效利用夯击能量,上下相邻两层的夯点交错布置,以上层夯点加固效果补充下层两夯点间加固不足的区域,如图 3-7所示。

④间隔时间。

相邻两遍间隔时间根据该场地地质条件,填石路基渗透性好,不存在超静孔隙水压力问题,因此不存在预留超静孔隙水压力消散的时间,可以在前一遍夯完后,将土推平,接着连续夯击,不需要间隔,如果路基渗透性较差,应在一遍夯击完成后间隔一周进行强夯。

⑤施工准备。

场地平整,碾压密实,修筑机械设备进出道路,施工区周边作排水沟以确保场地排水通畅防止工作面积水;测量放线,定出控制轴线、强夯场地边线,标出夯点位置,并在不受强夯影响地点,设置水准基点;施工前应按设计确定的强夯参数在有代表性的场地上进行工艺性试夯试验。通过强夯前后测试数据的对比,检验强夯效果,确定有关工艺参数。最后以试夯取得参数进行大面积强夯。

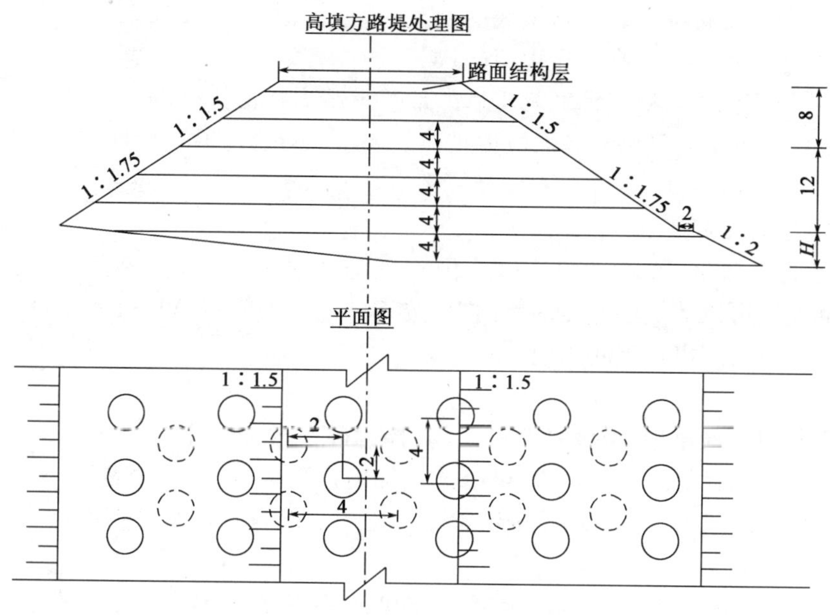

图 3-7 夯点布置示意图(尺寸单位:m)

⑥质量控制检验。

各夯点应放线定位,夯完后检查夯坑位置,发现偏差及漏夯应及时纠正。强夯施工时应对每一夯击点的单夯夯击能量、夯击次数和每次夯沉量等进行详细记录。强夯处理后地基的承载力检验应采用原位测试和室内土工试验。每遍的夯点的夯击次数用最后两击的平均夯沉量控制;主夯夯沉量不大于 5cm;满夯夯沉量不大于 2cm。

⑦夯后检验。

强夯施工结束后 2 周应对地基加固质量进行检验。检验频率为 100m 一个断面,每断面检验 3 点,其中路中一点,左右路基中心各一点。检测可根据土质采用标准贯入、静力触探、重Ⅱ动力触探试验、现场荷载试验等原位测试方法和室内土工试验方法。每点检测深度要超过设计加固深度 1m 以上,设计加固范围内质量标准为:压实度 0 ~ 200cm 深度应达到 94% 以上,200 ~ 500cm 深度应达到 93% 以上。

(3)换填法处治路基差异沉降

对于含水率较大的饱和黏性土地基,采用冲击压实或强夯处理时孔隙水不能及时排出,土体中孔隙水压力较大,压实效果较差,冲压或强夯时可能会出现“弹簧土”现象,影响路基沉降处治效果,当软弱地基层厚度较小时可以采取地基砂石垫层换填的方式进行处理,提高地基承载力。换填法处治地基差异沉降具体方案如下:

①砂石垫层换填厚度、宽度选择。

垫层厚度应根据作用在垫层底面处土的自重压力与附加压力之和不大于垫层底下卧软弱土层承载力的原则确定。垫层的厚度一般宜控制在3m以内较为经济合理，太厚（>3m）施工较困难，太薄（<0.5m）则换填垫层的作用不显著。实际施工中可根据地质勘察设计资料及基础埋深要求采用试算法，即预先估计一个厚度，然后按式（3-1）验算，直到符合要求为止。

$$P_z + P_{cz} \leqslant f_{az} \tag{3-1}$$

式中：P_z——荷载效应标准组合时垫层底面处土的附加压力值（kPa）；

P_{cz}——垫层底面处土的自重压力值（kPa）；

f_{az}——垫层底面处土层经深宽修正后的地基承载力特征值（kPa）。

换填垫层的宽度应满足基础底面应力扩散的要求，可按式（3-2）计算或据当地经验确定。

$$b' \geqslant b + 2 \times Z \times \tan\theta \tag{3-2}$$

式中：b'——垫层底面宽度（m）；

θ——压力扩散角，当$Z/b<0.25$时，仍按0.25取值。

垫层顶面宽度可以从垫层底面两侧向上，按基坑开挖期间保持边坡稳定的当地经验放坡确定。垫层顶面每边超出基础底边应≥30cm。

②原材料选取。

要求砂石材料不含草根、垃圾等有机杂物，控制砂石含泥量不超过3%，限制碎石最大粒径不大于5cm。根据目前的工程经验，可以选用细度模数为3.1～3.3的河砂，碎石粒径规格为2～4.5cm和0.5～2cm的碎石，并按试验配合比二次拌制成级配混合料。

③砂石配合比选取。

配合比设计按照碎石与砂分别占全重70%和30%的比例原则，在试验室进行两组砂石材料试配。人工级配的砂石垫层应将砂石拌和均匀后再铺填夯压密实。碎石垫层材料一般为5～40mm的自然级配碎石，含泥量≤5%，对于碎石及卵石应充分浇水湿透后夯压。对有排水要求的砂石垫层宜控制含泥量≤3%。

④下卧层开挖施工要点。

当垫层下卧层为软弱土层时，在开挖基坑时预留厚度约20cm的保护层，待做好铺填垫层准备后，先开挖保护层，随即用换填材料铺填，直到完成全部垫层铺设，以保护下卧层的结构不被破坏。在软弱下卧层顶面设置厚15～30cm的砂层，防止粗粒换填材料挤入下卧层时破坏其结构。

⑤砂石垫层碾压质量控制。

采用振动碾压法施工工艺，分段摊铺、分层碾压，要求每层虚铺厚度不大于30cm，上下层错缝搭接距保证在2m以上。控制砂石混合料含水率在8%～12%之间，否则应洒水或晾干。

控制压路机工作行驶速度，要求行驶速度不大于3km/h。第一遍静压，第二遍低振动碾压，从第三遍起在高振幅状态下（激振力达到200kN以上）连续碾压，碾压遍数为6～8遍。

（4）各方案效果分析

①相关工程实践表明，采用冲击压实法对地基进行处理时，冲压3遍后对于砂性土、碎石土地基压缩模量可增加10%～20%，地基表面以下120cm内平均压实度增加5%～15%，地基平均下沉量可达3.0～10.0cm。对于填筑高度较大的土石混填路堤或填石路堤，冲压后可以

有效减小路堤自身在施工后期的压缩变形量，增强路基承载能力；对于差异沉降量小于8cm的“低”级别差异沉降，冲击压实法处理后可以将路基最终沉降量控制在5cm以内。

②根据试验段强夯效果观测结果及国内外相关工程经验，采用2000～4000kN·m的夯击能对地基及填方路基进行强夯后，地基或路基2m深度内变形模量可提高约30%，地基表面以下4m深度范围内土体压实度平均可提高10%～20%，土体孔隙体积大为减少，路基压缩性显著降低，采取强夯法处治路基“低”级别差异沉降可取得良好的工程效果。

③对于土体含水率较大的饱和黏性土等软弱地基，采用砂石垫层进行表层换填后，换填深度范围内地基变形模量可提高约20%～30%，并且使得原地基土渗透性增强，孔隙水排出路径增多，在上部填筑路堤作用下，地基可以迅速发生固结沉降，有效减小了工后沉降量，对于厚度较小且含水率较大的湿软地基，采用换填法处理地基可有效减小路基工后差异沉降的发生，能够将沉降量在5～8cm范围内的“低”级别差异沉降控制在5cm以内。

3.3.3.2　“中”级别差异沉降处治方案

(1)土工格栅+换填砂垫层处治路基差异沉降

当预估差异沉降级别为“中”级时，路面结构受差异沉降影响作用较大，需采取有效工程措施对其进行处理。当地基土为饱和黏性土、湿陷性黄土等软弱地基时，为了提高地基承载力，可采取换填砂垫层方法对其进行处理，同时对上部填方路堤进行土工格栅加筋处理，减小路堤及地基沉降量，将最终差异沉降控制在较小范围内，土工格栅与换填砂垫层相结合方式处理路基沉降具体措施如下：

①原材料选取：要求砂石不含草根、垃圾等有机杂物，控制砂石含泥量不超过3%，建议选取粒径规格为5～20mm、20～40mm的碎石与河砂拌制混合料，砂与碎石所占比例分别为30%和70%。

②砂石垫层换填厚度取0.5～2.0m，换填宽度为路基宽度(包括边坡宽度)，开挖基坑铺设砂垫层时应尽量避免对旧路堤扰动，基坑开挖后应及时回填，不应暴露过久或浸水，并防止踏践坑底。

③砂石换填层采用振动碾压施工，每层松铺厚度应控制在30cm以内，上下层采用错缝搭接，距离应大于2m。

④上路床、下路床、上路堤、下路堤顶面分别铺设长度为10m土工格栅，自路基顶面向下的格栅竖向间距为：0.3m、0.5m、0.7m，以下每隔1.5m铺设一层土工格栅，路堤高度较高时可增大格栅铺设间距。

⑤上路床顶部土工格栅在填方段与挖方段各搭接5m，下路床顶面格栅在挖方段搭接3m，填方段搭接7m。其他两层为：挖方段搭接2m，填方段搭接8m。

⑥土工格栅搭接距离为：纵向接头搭接距离不小于20cm；横向搭接宽度不小于15cm，土工格栅铺设固定完毕后，须用胶轮压路机适度碾压稳定，使格栅与原结构层黏结牢固。

⑦铺设土工格栅的土层表面应平整，表面严禁有碎、块石等坚硬凸出物；在距土工格栅8cm以内的路基填料其最大粒径不得大于6cm，土工格栅铺筑后应及时填土(暴露时间不应超过48h)，格栅上的第一层填土应采用轻型推土机或前置式装载机逐段推进。

（2）土工格栅＋强夯处治路基差异沉降

当地基土为砂性土、碎石土等非饱和土体时，地基沉降主要是由于地基压缩变形引起的体积改变，受孔隙水排出速率影响较小。对于这类地基，当上部路堤填筑高度较大时，为避免地基发生压缩变形造成路基差异沉降，可采用强夯法对地基进行处理。如果上部路基为填挖结合形式，可采用铺设土工格栅的方式对填挖交界路基进行处理，减小路基差异沉降量，土工格栅与强夯相结合处理路基差异沉降的具体方案如下：

①在纵向填挖交界路段，挖方段挖成宽2m，坡度为4%的台阶，台阶高度视原地面坡度而定。

②对于填方路段及开挖后的路段进行强夯处理，锤重可选择25t，夯锤落距为4～6m，夯击能为1000～1500kN·m。

③单点夯击次数为6～9次，施工时以连续两次夯沉量小于5cm为止夯控制指标。夯击遍数为3遍，2遍点夯，1遍满夯。满夯夯击能取900kN·m，每点二击，夯印接锤底面积的1/4。

④选择夯点间距为4m。为了有效利用夯击能量，上下相邻两层的夯点交错布置，以上层夯点加固效果补充下层两夯点间加固不足的区域。

⑤在路床顶面以下$H/3$（H为路基高度）范围内设置土工格栅，以减小不均匀沉降。土工格栅竖向铺设间距分别为1m、1m、2m、3m。

⑥每层台阶上土工格栅铺筑长度为10m，其中挖方段土工格栅长度为2m，填方段长度为8m。

⑦在路床顶面铺设一层土工格栅，长度为16m，填方段、挖方段长度均为8m。

⑧横断面方向土工格栅铺设宽度为：格栅边缘距路基边缘0.5m，土工格栅搭接距离为：纵向接头搭接距离不小于20cm；横向搭接宽度不小于15cm。

⑨土工格栅采用双向拉伸格栅，抗拉强度大于50kN/m，纵横向标准强度下延伸率小于或等于13%，2%延伸率拉力大于或等于17kN/m，5%延伸率拉力大于或等于34kN/m。

⑩土工格栅铺筑后应及时填土（暴露时间不应超过48h），格栅上的第一层填土应采用轻型推土机或前置式装载机逐段推进。

（3）强夯置换法处治路基差异沉降

普通强夯法对于淤泥和淤泥质土等饱和度较高的黏性土处理效果不佳，如果饱和黏性土厚度较大，采用换填砂垫层的方式对其进行处理时，换填工程量较大，方案经济性较差。强夯置换法是在夯坑内回填块石、碎石、砂或其他粗颗粒材料，从而在地基中形成有较高强度的块（碎）石墩，与周围软土构成复合地基，其承载力和变形模量有较大提高，而且块（碎）石墩中空隙为软土的孔隙水排出提供了良好的通道，缩短了排水固结时间，减小路基工后沉降量。对于处理湿软地基上高填方路基差异沉降，强夯置换法能起到良好的工程效果。该方法处理路基沉降具体措施如下：

①夯击能的选择。

按照地基承载力拟定强夯置换法的施工能量，单击夯击能由锤重和落距确定，在一般地区常用的单点夯击能为1000～4000kN·m之间，在锤重和落距不变的情况下宜选用锤底面积小锤底静压力大的夯锤。

②夯击次数。

选择有代表性的场地进行试夯，通过试夯试验确定夯击次数和夯点间距，单点夯击须满足以下要求：最后两击的夯沉量不大于5cm，夯击能大于4000kN·m时，夯沉量不大于10cm，总夯沉量达到设计墩长的1.5~2倍。

③夯点布置。

夯点布置形式一般为正三角形或正方形，夯点间距根据基础形式一般为夯锤直径的1.5~3倍，也可根据复合地基承载力公式进行估算。

④墩体材料及垫层设计。

可采用级配良好的块石、碎石、矿渣等坚硬粗粒材料作为墩体材料，粒径大于30cm的颗粒含量不宜超过全重的30%，墩顶应铺设不小于50cm厚的垫层，若垫层厚度大于50cm，要分层碾压夯实，达到一定密实度，垫层材料可与墩体相同或采用碎石、砾石，以分散和均衡上部结构荷载。

⑤强夯置换法施工。

开挖、清理并平整施工场地至起夯面高程，如果场地松软，表层可铺填厚度为50~100cm的砂卵石工作垫层。

第一遍强夯的夯击能量为1000~4000kN·m，夯点间距为6m，呈梅花形分布，进行单点定点强夯，夯击过程中夯击能逐渐加大，夯坑补料的最大粒径不宜大于30cm，大小级配搭配，含泥量不大于5%。在下次夯击之前须先将上次夯击后回壅的淤泥清除，不允许在夯击前夯坑内存水，各夯击点位置保持不变，由中线坐标控制，依次夯击直至最后一击纵向贯入度不超过10cm，该遍强夯完成后应力消散期约为15d。

第二遍强夯为第一遍强夯的补夯，夯点为第一遍夯点的中间点及梅花形夯点的中心点，夯击能为2000kN·m，点夯的处理方法及合格要求与第一遍相同，夯击过程中允许出现与第一遍夯点间的隆起，处理方法为将隆起处挖出后换填碎石，换填深度为60cm。

第三遍强夯夯击能量为1000kN·m，要求夯锤为圆锤，直径为2.0m，各夯点相互叠压四分之一锤底直径，这遍强夯不要求各夯点与前次夯点重合，可依次进行夯击。

(4)各方案效果分析

①对于土体含水率较大的饱和黏性土等软弱地基，采用土工格栅+砂石垫层进行换填后，换填深度范围内地基变形模量提高约25%，在上部路堤荷载作用下地基发生压缩变形量可减少20%~30%。同时，地基土渗透性增强，孔隙水压力消散速率加快，地基固结沉降时间缩短，有效减小了工后沉降量，对路堤上部铺设土工格栅后起到土体加筋作用。根据试验段土工格栅铺设效果分析，格栅密度为1~2m时，填方路堤差异沉降可减少约20%。因此对于软弱地基上的高填方路基，当差异沉降为8~12cm，达到一中Ⅱ级别差异沉降时，采用土工格栅与换填砂垫层相结合的方式处理路基可以将最终差异沉降控制在5cm以内。

②试验段土工格栅+强夯效果观测结果及国内外相关工程实例表明，采用2000~4000kN·m的夯击能对非饱和土地基进行强夯后，地基4m深度内变形模量提高约20%~30%，土体孔隙体积减小，路基压缩性显著降低，试验段土工格栅处治填挖交界路基差异沉降结果显示，在路基高度1/3范围内以间距1m、2m、3m铺设土工格栅后路基差异沉降可减少25%左右，采用强夯与土工格栅相结合的方式对填挖交界处一中Ⅱ级别差异沉降进行处理，可以将路基差异沉降减小50%左右，具有良好的工程效果。

③相关工程实践表明，采用强夯置换法对饱和黏性土地基进行处理后，地基表面以下 4m 范围内土体变形模量可增加 25% ~40%。与此同时，未被置换的下卧饱和软土在动力作用下排水固结，变得更加密实，从而使地基承载力得到提高，沉降减小。强夯置换是集动力固结、挤密、置换作用于一体的地基处理方法，对于饱和黏性土地区 8 ~ 10cm 的"中"级别差异沉降控制具有显著效果。

3.3.3.3 "高"级别差异沉降处治方案

(1)土工格栅 + 粉喷桩处治路基差异沉降

当差异沉降量大于 12cm 时，由于路基差异沉降在路面结构层内产生的附加应力较大，极易引起路面结构开裂破坏，严重影响路面结构的使用性能。对于该级别的差异沉降，需要根据具体工程条件采取合理的工程处理措施，将差异沉降控制在容许范围内。差异沉降较大时，单一的处理措施很难取得显著效果，通常采用多种方式相结合的综合处理方案进行沉降控制。对于桥台、涵洞、通道等结构物附近的差异沉降，可以采用土工格栅与粉喷桩相结合的方式对其进行处理。具体措施如下：

①粉喷桩布置于涵洞、通道等结构物两侧附近，针对工程的地质情况，建议粉喷桩直径采用 50cm，桩长 8m，横向桩距为 4m，纵向采用不等间距布置，在距离涵洞较近处布置较密，远离涵洞处布置较疏。布置如图 3-8 所示。

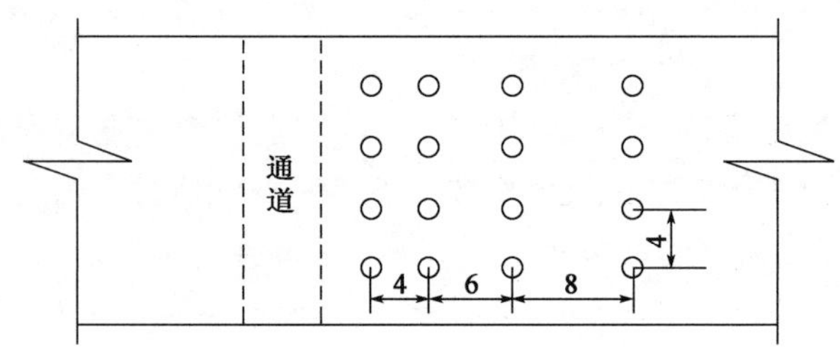

图 3-8　粉喷桩布置示意图(尺寸单位:m)

②水泥用量根据地基土含水率确定，含水率在 40% 以下时，水泥用量为 45kg/m^3；含水率在 40% ~60% 之间，水泥用量为 50kg/m^3；含水率在 60% ~70% 之间，水泥用量为 55kg/m^3；含水率 >70% 时，水泥用量为 60kg/m^3。

③要求水泥土 20d 无侧限抗压强度 ≥1. 2MPa，粉喷桩处理后的单桩承载力须大于 250kN。

④定时检查粉喷桩的成桩直径及搅拌均匀程度，对使用的钻头定期复核检查，其直径磨耗量不得大于 1cm，粉喷桩施工时，泵送水泥必须连续，固化材料的用量以及泵送固化材料的时间应有专人记录，其用量误差不得大于 ±1%。

⑤对于地基承载力较低的路段应采取粉喷桩与土工格栅相结合的方式对路基进行处理。

⑥在涵洞顶部铺设土工格栅，延伸至强夯区，使格栅两端固定于沉降较小的区域，对于格栅中部的非强夯区土体沉降起到限制作用。

⑦涵洞顶部 8m 范围内格栅铺设间距分别为 2m、3m、3m，涵洞顶部 8m 以上每 4m 铺设一层土工格栅。

⑧涵洞顶部两层土工格栅延伸至强夯区的长度分别为4m和6m,其余各层延伸至强夯区的格栅长度均为8m,布置如图3-9所示。

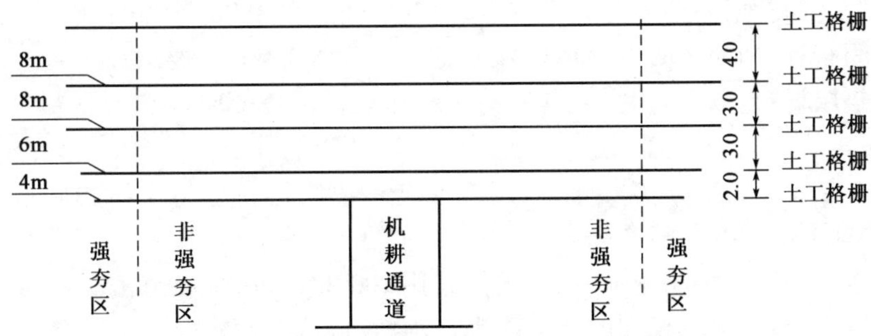

图3-9　涵洞顶部格栅布置示意图(尺寸单位:m)

⑨横断面方向土工格栅铺设宽度为:格栅边缘距路基边缘0.5m。

(2)EPS+冲击压实处治路基差异沉降

对于填挖交界路基,如果在台阶开挖后对路基强夯施工机械的工作面造成影响,可以采用冲击压实的方法对填方段地基进行处理,为了减小高填方路堤对地基造成较大的地基附加应力,填方段填料可采用EPS轻质填料,以减小因路基填筑高度较大造成的差异沉降。采用EPS轻质填料与冲击压实相结合的方式处理路基沉降具体措施如下:

①若地基土为低液限黏土,可直接对地基进行冲击压实。对于高液限土,为了利于孔隙水的排除,提高冲压效果,可以在地面铺设厚度为30cm砂垫层后进行冲击压实,最大粒径不宜大于40cm。砂垫层应超出路基边脚2.0m。

②压实机具采用蓝派25T3-25kJ型三边形碾压轮冲击式压实机,自重为15.6t,标准能量25kJ;工作速度10~15km/h;冲压轮宽:2×90cm;压实厚度4~12cm。

③冲击压实机在冲击加固地基时,使连续两圈的轮迹重叠,形成梅花桩轮迹,以保证冲压均匀,完全覆盖整个工作面。按此要求冲击压实机完成一组后应立即进行取样。

④冲压排列方式应为每次横向错半轮,纵向错1/6轮周长,冲击压实机行驶速度控制在10~12km/h。

⑤冲击压实自路肩一侧开始顺(逆)时针进行,按纵向错轮冲压,至全路幅冲压后,再自外向内冲压,冲压6次为碾压一遍。

⑥EPS块安放:EPS块体自下而上逐层错缝台阶型铺设,部分缝隙采用砂或无收缩水泥砂浆充分填塞,块体间设置金属连接件连接。

⑦顶板浇筑:顶板采用C25混凝土现浇,分散车辆荷载。EPS路堤边坡的稳定性取决于包边土体的稳定性,所以必须保证护坡覆土的压实度达到要求。EPS遇到汽油、沥青会溶解。因此,EPS路堤施工和柔性路面使用过程中要注意将EPS与汽油、沥青等隔离。

(3)强夯置换+土工格栅处治路基差异沉降

对于湿软地基处的路基“高”级别差异沉降的控制需要对地基及上部路堤均采取有效措施,将沉降控制在预定目标范围内。地基表层湿软土体厚度较大时可采取强夯置换的方式对其进行处理,提高地基承载能力与渗透性,对于上部填挖结合路基,可采取铺设土工格栅的方式进行沉降控制。强夯置换与土工格栅相结合处理路基差异沉降具体措施如下:

①夯击能选择。点夯夯击能采用2000kN·m,夯锤重15t,锤高1.2m,锤底直径2m,夯锤落距14m;满夯夯击能采用1000kN·m,夯锤重12t,锤高1.2m,锤底直径2m,夯锤落距10m。

②夯点布置。布置第一遍强夯置换夯点时,夯点间距采用8m,正方形布置;第二遍夯点在第一遍夯点中间布置,间距8m,以满足两遍夯点之间距离为4m的要求。

③墩体及垫层材料。可采用级配良好的块石、碎石、矿渣等坚硬粗粒材料作为墩体材料,粒径大于30cm的颗粒含量不宜超过全重的30%,墩顶应铺设不小于50cm厚的垫层。若垫层厚度大于50cm,要分层碾压夯实,达到一定密实度。垫层材料可与墩体相同或采用碎石、砾石,以分散和均衡上部结构荷载。

④夯击击数和遍数。第一遍强夯,夯击能采用2000kN·m,单点夯击次数为8~10次。每个夯点夯坑内填入碎石,再以相同的夯击能夯击填料,以最后两次夯击平均夯沉量≤5cm作为止夯标准。第二遍强夯应在第一遍点夯完成后进行,经平整后夯击能仍然采用2000kN·m,夯击次数为8~10次,夯击方法与第一遍强夯相同。满夯夯击能采用1000kN·m,夯击次数为每点2击,夯点间距为0.75倍夯锤直径。

⑤路床顶面以下$H/3$(H为路基高度)范围内设置土工格栅,以减小不均匀沉降。土工格栅竖向铺设间距分别为1m、1m、2m、3m。

⑥每层台阶上土工格栅铺筑长度为10m,其中挖方段土工格栅长度为2m,填方段长度为8m。

⑦在路床顶面铺设一层土工格栅,长度为16m,填方段、挖方段长度均为8m。

⑧横断面方向土工格栅铺设宽度为:格栅边缘距路基边缘0.5m,土工格栅搭接距离为:纵向接头搭接距离不小于20cm;横向搭接宽度不小于15cm。

⑨土工格栅采用双向拉伸格栅,抗拉强度大于50kN/m,纵横向标准强度下延伸率小于或等于13%,2%延伸率拉力大于或等于17kN/m,5%延伸率拉力大于或等于34kN/m。

(4)各方案效果分析

①对于土体含水率较大的饱和黏性土等软弱地基,采用粉喷桩进行处理后,复合地基变形模量提高25%~35%,地基承载力显著提高,同时对路基填土分层铺设土工格栅,使得路基整体性增强,根据试验段高填方涵洞处土工格栅铺设效果分析结果,在涵洞顶部8m范围内铺设土工格栅后,路基差异沉降可减少30%左右,当差异沉降大于12cm,达到“高”级别差异沉降时,采用土工格栅与粉喷桩相结合的方式处理路基可以将最终差异沉降减少60%左右,将差异沉降降低到“轻”级别。

②相关工程实践表明,采用冲击压实处理地基进行时,冲压3遍后对于砂性土、碎石土地基压缩模量可增加10%~20%,地基表面以下120cm内平均压实度增加5%~15%,对地基进行冲压后可以有效减小其压缩变形量,增强路基承载能力,EPS轻质填料重度只有普通路基填料重度的1/3~1/5,对填方段采用EPS轻质填料后,基地附加应力可减少60%~80%,地基压缩变形量大为减小,同时路堤自身在自重作用下的压缩变形量随之减小。对于差异沉降量大于12cm的“高”级别差异沉降,采用EPS与冲击压实相结合的方式处理路基后可以将最终差异沉降量控制在5cm以内,具有良好的工程效果。

③相关工程实践表明,采用强夯置换法对饱和黏性土地基进行处理后,地基表面以下4m范围内土体变形模量可增加25%~40%,与此同时,未被置换的下卧饱和软土在动力作用下

排水固结,地基承载力得到提高,沉降减小。试验段土工格栅处治填挖交界路基差异沉降结果显示,在路基高度1/3范围内以间距1m、2m、3m铺设土工格栅后路基差异沉降可减少25%左右,采用强夯置换与土工格栅相结合的方式处理路基后,最终差异沉降量可以减小60%左右,对于饱和黏性土地区大于12cm的"高"级别差异沉降控制具有显著效果。

3.3.4 高速公路改扩建工程软基沉降施工控制

3.3.4.1 路堤填筑速率控制

为了研究软基区改扩建高速公路路堤的填筑速率对路堤稳定性的影响,确定合理的软基区改扩建高速公路路堤填筑速率,且在路堤现场施工时采取不同的填筑速率有一定难度,因此本文利用数值模拟对路堤不同填筑速率进行分析,计算不同填筑速率下对路堤沉降的影响。

针对石安高速公路改扩建工程现场的土体性质和施工条件,路堤填筑太慢会延误工程的工期,填筑太快则影响土体的固结,造成沉降明显。综合两方面的影响,结合其他软土地基的施工经验,最终选定数值模拟采用的路堤填筑速率分别为20cm/l、30cm/l和40cm/l,填筑的间歇期均采用4d。计算得到的路堤竖向沉降和水平位移变化如图3-10和图3-11所示。

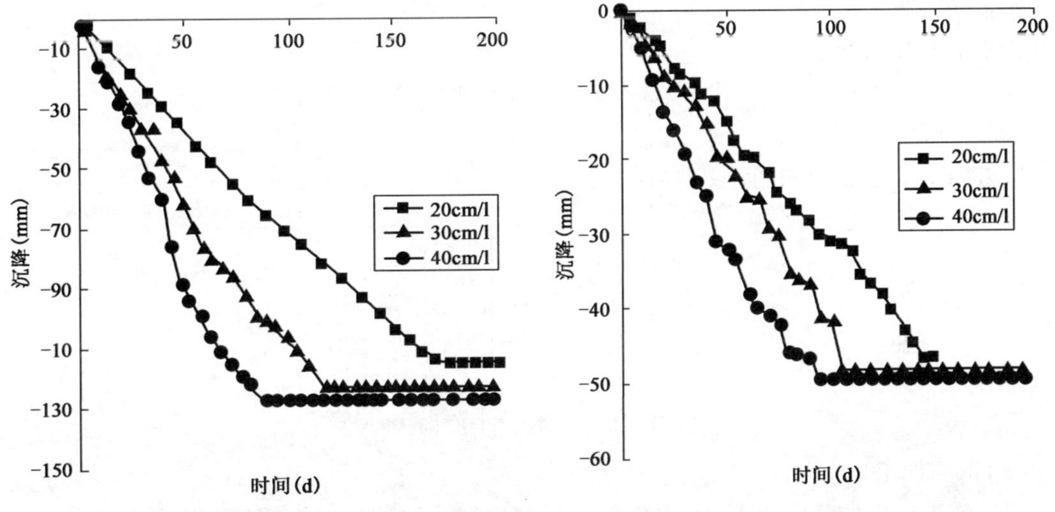

图3-10 路堤竖向沉降随固结时间变化　　图3-11 路堤水平位移随固结时间变化

可以看出,路堤填筑过程中,路堤竖向沉降和水平位移的变化趋势一致,都是随着填土固结时间的增长而增大,填筑速率越快,填土固结相同时间的路堤的竖向沉降和水平位移越大,即40cm/l > 30cm/l > 20cm/l,路堤达到最大竖向沉降和水平位移所需的时间越短,填筑速率为20cm/l、30cm/l和40cm/l时路堤达到最大竖向沉降和水平位移所需时间分别为156d、115d、87d和147d、102d、91d。

根据《公路路基施工技术规范》(JTG F10—2006)和施工设计文件的要求,路堤在填筑过程中,路堤中心线地面沉降速率应不大于10~15mm/d,坡脚水平位移速率应不大于5mm/d,结合沉降和位移发展趋势对观测结果进行综合分析。填筑速率应以水平位移控制为主,当超过标准时应立即停止填筑。从图10.6和图10.7中可以看出,填筑速率为20cm/l时的路堤地面竖向沉降速率为0.7mm/d,水平位移速率为0.3mm/d;填筑速率为30cm/l时的路堤地面竖向沉降速率为1.1mm/d,水平位移速率为0.5mm/d;填筑速率为40cm/l时的路堤地面竖向沉降速率为1.4mm/d,水平位移速率为0.6mm/d。三种填筑速率时的路堤地面竖向沉降速率均满足规范的控制要求,20cm/l的填筑速率对于路堤稳定性有较大的安全保障。

对于软基区改扩建高速公路的路堤填筑,每个工作断面的规定层厚填筑完成一般用时3d左右。根据前文竖向沉降、水平位移和安全系数的计算分析,结合现场施工进度的实际情况,建议软基区改扩建高速公路路堤填筑施工时每层的填筑厚度为20~40cm,填筑速率主动控制在8~15cm/d较为合适。具体应根据试验段试验确定。

3.3.4.2 板桩结构施工控制

(1)施工准备

①基底清理,将桩头覆盖土清理干净,露出桩头。

②材料、机具和劳动力准备。

③模板检查。

④钢筋检查。

⑤安全与技术交底。

⑥其他准备工作(如水电供应、天气状况、机械状况、照明设备等)。

(2)施工工艺流程

板桩施工工艺流程如图3-12所示。

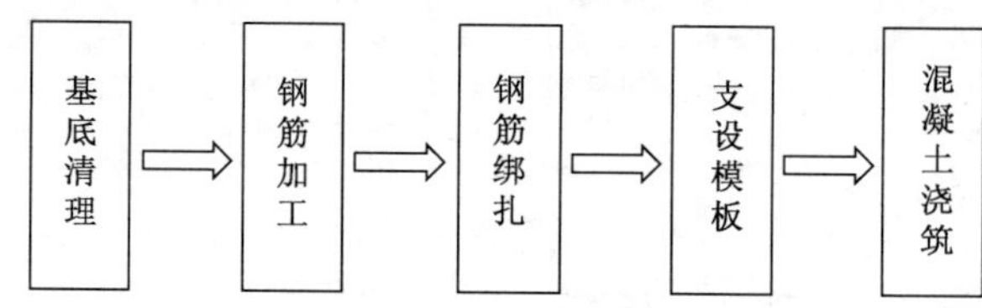

图3-12 板桩施工工艺流程图

(3)钢筋加工

根据施工地点的详细情况,对提供的线材先进行拉伸调直。钢筋调直宜采用机械方法,严禁采用冷拉方法。钢筋表面应洁净、无损伤,油渍、污染和铁锈等应清除干净,并尽量利用调直工序进行除锈。钢筋下料一般先断长料,后断短料,做到长短搭配,减少短头,节约钢材。断料时,长度必须准确,不得有马蹄形和起弯等现象。成型钢筋的弯钩和弯折应符合下列规定:

①Ⅰ级钢筋末端需作180°弯钩,其弯弧内直径D不应小于钢筋直径d的2.5倍,弯钩的弯后平直部分长度不应小于钢筋直径d的3倍。

②Ⅲ级钢筋末端需作90°或135°弯折时,Ⅲ级钢筋不宜小于钢筋直径d的5倍,平直部分长度应按设计要求确定。

③弯起钢筋中间部位弯折处的弯曲直径不应小于钢筋直径d的5倍。

④除注明内弯起钢筋、弯终点外平直段长度不小于$20D$。

⑤纵向受力钢筋锚固、搭接混凝土的锚固长度为$41d$,搭接长度为$57d$。

(4)钢筋绑扎

①对需接长的钢筋优先采用焊接,钢筋接头位置应在受力较小处并相互错开,采用焊接时位于同一连接区段(长度为 $35d$ 且≥500mm)内的钢筋接头面积百分率≤50%;采用搭接连接时位于同一连接区段(长度为1.3倍搭接长度)内的钢筋接头百分率;对于梁板类构件≤25%。在纵向受力钢筋搭接长度范围内的箍筋间距取5倍较小搭接钢筋的直径和100mm中的较小值。凡接头中点位于该连接区段长度内的接头均属于同一连接区段。同一连接区段内纵向受力钢筋面积百分率为该区段内有接头的纵向受力钢筋截面面积与全部纵向受力钢筋截面面积的比值。

②板筋规格、间距及板厚相同的相邻板跨间可以根据施工需要将钢筋拉通设置。除注明外短跨方向板底筋放在最下排,板面筋放在最上排。

③板与墙的钢筋网,除靠近外围两行钢筋的相交点全部扎牢外,中间部分交叉点可间隔交错扎牢,但必须保证受力钢筋不产生位置偏移,双向受力的钢筋必须全部扎牢。

④受压钢筋以及轴心受压构件中任意直径的受力钢筋的搭接长度不应小于钢筋直径的 $35d$。

⑤钢筋搭接处,应在中心和两端扎牢。

(5)基础模板的支设安装

①中心线和位置的放线:首先放出基础的中线,用墨线弹出模板外框边线的控制线和十字中心线,以便于模板的安装和施工。

②高程测量工作:用水准仪把建筑水平高程根据实际高程的需求,直接引测到模板安装位置。

③模板基底找平工作:模板承垫底部预先找平,以保证模板位置正确,防止模板底部漏浆。在沿外墙部位继续安装模板前,设置模板承垫条带,并校正其平直。

④设置模板定位基准:按照构件的断面尺寸先用同强度等级的细石混凝土定位块作为模板定位基准。或采用钢筋定位,即根据构件断面尺寸确定一定长度的钢筋或角钢头,点焊在主筋上,并按主筋的中心位置分档,以保证钢筋位置的准确。

(6)混凝土浇筑

①选择细心的工人负责振捣,振点移动控制在0.35m左右,确保基础振捣密实,无蜂窝麻面,表面平整,特别注意结构交接处要多振捣。在混凝土浇筑过程中,应经常观察模板、支架、钢筋、预埋件和预留孔洞的情况,当发现有变形、移动时,应及时采取措施进行处理。

②浇筑时注意浇捣接头时间不宜过长,防止初凝。浇筑时由专人负责混凝土倾倒。施工时现场施工要派专人负责检查。钢筋密实处可采用斜向振捣,其他部位可采用垂直振捣,振捣点的距离为300~400mm,插点距模板不大于200mm。

③振捣时采用快插慢拔的原则,防止先将上层混凝土振实,而下层混凝土气泡无法排出,且振捣棒略微上下抽动,使振捣密实。振捣时间不宜过长,一般控制在表面出浮浆且不再下沉为止。

④表面处理:用2m长括尺平整,工作完成的面层必须同步及时覆盖表面养护保温。

⑤高程控制:在模板上用红墨水弹出高程控制线。

⑥混凝土养护:宜将混凝土内外温差控制在25℃以内。

⑦机械及人员配置:一台泵配置两只振动棒,按两只振动棒后各一只振动棒的标准备足后备振动棒。每台振动棒配备15人,分别负责振捣、收头工作。

(7)注意事项

①进行板体施工前,需提前在指定位置埋设剖面沉降仪。

②钢筋绑扎前应清理污物,锈斑、油污等;钢筋绑扎完成后,应认真做好自检工作,按要求不同部位垫好保护层;做好分项验收和隐蔽工程验收工作。

③对于桩头与钢筋混凝土板之间的空隙,铺设级配碎石褥垫层。

④搭设模板,进行钢筋绑扎时,将桩头处预留的钢筋与钢筋网进行绑扎,使之成为一个板桩整体。

3.3.4.3 PTC 桩施工控制

PTC 管桩处理软土深度 >8m 的软基,采用 ϕ400mm 的先张法预应力混凝土薄壁管桩,静压法施工,压桩至设计深度后再浇筑桩帽,铺筑碎石垫层和加筋网,形成复合地基。

(1)施工准备

①PTC 桩的施工必须配备性能可靠、符合标准、种类齐全的施工机械和设备,如静力压桩机、起重机、水准仪等,在施工前做好机械设备的保养、试机工作,确保在施工期间正常作业。机械和设备数量至少要满足每个工点,每日连续正常施工及工期要求。

②其他准备工作:

a. 施工前根据地质资料和设计文件,了解现场的地质情况、水文情况、土层土质情况,根据设计文件和施工组织计划的要求,确定合理可行的施工顺序。

b. 修建供工程施工所用的临时便道,做好施工时的排水措施。根据 PTC 桩的堆放数量,选择若干靠近临时便道、开阔平整的场地作为 PTC 桩的临时堆场。

(2)施工工艺流程

PTC 桩的施工流程如图 3-13 所示。

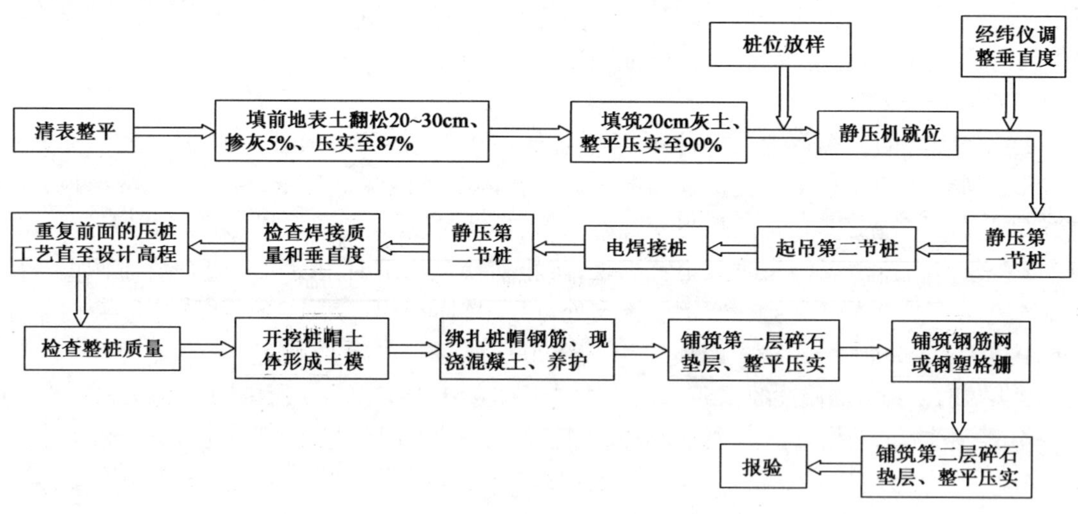

图 3-13　PTC 桩的施工工艺流程

(3)质量要求和检验标准

①PTC 桩的施工质量及检验要求,见表 3-9。

PTC 桩的施工质量及检验要求　表 3-9

序号	检查项目	质量要求和允许偏差	检查规定	
			检查频率	检查方法
1	桩位	偏差 ±10cm	抽查 2%	经纬仪测量
2	第一节桩垂直度	≤0.5%	查施工和监理记录	经纬仪测量
3	后续时错位偏差	≤1%	查施工和监理记录	经纬仪测量
4	接桩时错位偏差	≤2mm	全部	尺量
5	焊接层数	≥2 层	全部	目测
6	焊接点数	≥6 点(对称位置)	全部	目测
7	桩长度	≥设计深度	全部	锤球法测量
8	桩头高程	偏差 ±5cm	抽查 2%	水准仪测量
9	桩身完整性	符合设计要求	100%	低应变检测

②PTC 桩的运输、起吊和堆放质量及检验要求,见表 3-10。

PTC 桩的运输、起吊和堆放质量及检验要求　表 3-10

序号	检查项目	质量要求	检查规定	
			检查频率	检查方法
1	管桩运输	运输时的桩悬臂长度≤1.5m	随时	皮尺测量
2	管桩堆放场地	坚实平整或垫木	随时	目测
3	管桩堆高	≤5 层	随时	目测
4	起吊方式	两端起吊	随时	目测

③路基底板的施工质量及检验要求,见表 3-11。

路基底板的施工质量及检验要求　表 3-11

序号	检查项目	质量要求	检查规定	
			检查频率	检查方法
1	底层厚度	≥25cm	6 处/2000m^2	尺量
2	底层压实度	≥87%	6 处/2000m^2	密度法测量
3	灰土层厚度	≥20cm	6 处/2000m^2	尺量
4	灰土层压实度	≥90%	6 处/2000m^2	密度测量
5	底板处理宽度	≥新路堤坡脚线 +2m	6 处/2000m^2	皮尺测量

④PTC 桩帽的施工质量及检验要求,见表 3-12。

PTC 桩帽的施工质量及检验要求　表 3-12

序号	检查项目	质量要求和允许偏差	检查规定	
			检查频率	检查方法
1	轴线偏位	偏差 ±15mm	抽查 2%	经纬仪检查
2	平面尺寸	偏差 ±30mm	抽查 2%	皮尺测量
3	帽顶高程	偏差 ±20mm	抽查 2%	水准仪测量
4	混凝土强度	符合设计要求	抽查 2%	取样试验

⑤碎石垫层和加筋网的施工质量及检验要求，见表3-13。

碎石垫层和加筋网的施工质量及检验要求　　表3-13

序号	检查项目	质量要求和允许偏差	检查规定	
			检查频率	检查方法
1	固体体积率	≥80%	4处/2000m²	灌砂法检查
2	垫层平整度	12mm	4处/200m	3m直尺测量
3	垫层纵断高程	偏差+5～-15mm	4断面处/200m	水准仪测量
4	垫层宽度	大于设计宽度	4断面/200m²	皮尺测量
5	垫层厚度	偏差-10～25mm	4处/2000m²	尺量
6	加筋网	钢塑格栅搭接长度≥设计值	4处/2000m²	尺量
		钢筋网间距≤设计间距	4处/2000m²	尺量

(4)施工控制注意事项

①桩长控制及检查。PTC桩属地下隐蔽工程，监理必须认真负责，保证每根桩都达到设计深度。在PTC桩压入前，应检查其长度规格和长度组合是否满足设计文件要求。压桩按“从内侧向外侧、每根桩先长桩后短桩”的顺序施工，在压后一排桩之前要检查前一排桩的偏位情况。压桩结束后，通过锤球法来检查桩的打入深度，并记录每个桩位的实测深度。

②桩身垂直度控制及检查。压桩过程中，桩身必须始终保持垂直。施工时应在距桩机约20m处，成90°方向设置经纬仪各1台，检查桩身垂直度并记录。

③施工过程控制及检查。PTC桩起吊时，监理应在现场检查堆放场地、起吊方法，防止桩断裂或环裂。施工过程中，监理全过程旁站，施工人员应检查和记录静压机压力表读数、压桩速度，若出现异常应及时停止并报告监理。接桩、焊接时，监理应检查桩身垂直度、焊缝质量。送桩时应检查送桩深度，并复核桩头高程是否达到设计要求。

④桩施工结束后质量控制。PTC桩施工结束后，若有高出地面的桩头，应小心保护，严防施工机械碰撞。机械挖土时，应控制铲斗入土深度，严防挖土机铲斗碰桩，导致桩头破损。压桩完毕，须进行验收，验收合格后才能进行下道工序施工。

3.3.4.4　水泥搅拌桩施工控制

(1)施工准备

①施工机械。

水泥搅拌桩施工设备应选用定型产品，并配有自动电脑记录仪的设备。严禁使用非定型产品，自行改装设备。严禁使用没有管道压力表和计量装置的设备。

②配合比设计。

施工前必须根据设计文件提供的地质资料，选取典型地段钻探取样，进行配合比试验，试验方法可参照《粉体喷搅法加固软弱土层技术规范》(TB 10113—1996)、《建筑地基处理技术规范》(JGJ 79—2012)进行。

③现场试桩。

根据室内配合比试验结果，施工单位必须考虑到不同的地质情况，进行现场工艺性试桩，以验证室内配合比，确定主要施工工艺指标，试验桩一般应在10根左右，在条件受到限制时，每种配合比不得少于2根，试桩时监理和业主代表应到场，同时应进行试桩工艺的详细记录。

试验桩施工原则上在室内配合比试验28d强度确定以后进行，若工期紧并有施工经验时，经现场监理和项目组批准，可通过7d室内配合比试验成果确定试桩，但室内配合比试验7d的强度不得低于0.5MPa。

(2)施工工艺流程

水泥搅拌桩施工工艺流程如图3-14所示。

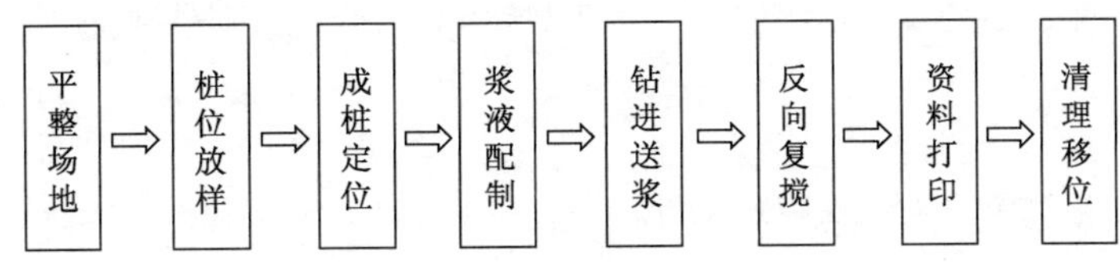

图3-14　水泥搅拌桩施工工艺流程图

(3)质量检验

水泥搅拌桩质量检验方法包括：原始报表检查、人工开挖验桩、钻孔取芯、标准贯入试验(CPT)、载荷试验等。

质量检测要求如表3-14所示。

检测的频率和方法　　表3-14

项次	项　　目	允许偏差	检测方法和频率
1	桩距(mm)	±100	抽查3%
2	桩径	不小于设计	抽查3%
3	桩长	不小于设计	28d后钻孔取芯3%
4	竖直度(%)	1.5	抽查3%
5	单桩每延米喷浆量	不小于设计	查施工记录
6	桩体无侧限抗压强度	不小于设计	成桩28d后取芯，桩体三等分段各取芯1个，成桩数3%，及标贯试验
7	单桩或复合地基承载力	不小于设计	成桩数0.2%，不少于3根

(4)施工注意事项

①搅拌桩的垂直度偏差不得超过1.0%，桩位偏差不得大于5cm。

②严格控制钻机下钻深度、浆喷高程及停浆面，桩长不得短于设计桩长或监理确认的施工桩长，全桩水泥用量不得小于试桩时确定的水泥用量。

③水泥浆液应按预定的配比拌制，加入缓凝剂防止初凝现象，保证每根桩所需浆液一次单独拌制完成。

④搅拌机每次下沉或提升的时间必须有专人记录，时间误差不得大于5s。

⑤一般情况下，应在全桩长范围内重复搅拌一次，以增加水泥土的均匀性并且复搅宜一次完成。

⑥供浆必须连续，搅拌必须均匀。

⑦对输浆管要经常检查，不得泄露及堵塞，对使用的钻头要定期检查，其直径磨耗量不得

大于1cm,但也不宜采用直径过大的钻头。

⑧应注意浆(湿)喷桩的桩位施工顺序,在一个区域内,应先打设路基两侧及该处理段两头的桩,已形成一个封闭的区域,再逐渐往中心打设。

⑨浆液储量应不少于一根桩的用量,否则不得进行下一根桩的施工。

3.3.4.5 CFG桩施工控制

CFG桩即水泥粉煤灰碎石桩,是在碎石桩基础上加进一些石屑、粉煤灰和少量水泥,加水拌和制成的一种具有一定黏结强度的桩。该桩型广泛应用于加固软土地基。

(1)施工准备

①熟悉相关图纸,认真核对施工现场地质情况。

②按设计要地求布置桩位,绘出布桩平面图,标出打桩顺序和注明桩位编号,具体施工注意事项应详加说明。

③对现场及邻近的地下管线、地上建筑物等应事前进行清理。

④搞好现场测量工作,水准控制点及平面控制点应按测量规定要求引至现场,以控制桩的高程及位置。

⑤施工现场“三通一平”工作,保证机械顺利进场。

(2)施工工艺流程

施工的工艺流程为:试桩→桩位放点→搅拌混凝土→长螺旋钻机就位、成孔→压灌素混凝土→边提升钻杆,边压灌素混凝土→成桩、桩体养护→检测→清桩间土及预留桩头→铺设砂石褥垫层。

(3)质量控制要点

CFG桩质量控制的主要对象是桩长、桩身直径及桩身强度,现场管理和监控要点如下:

①施工前应对地面进行整平,并测量地面的整平高程,原地面高程控制应符合设计及施工规范的要求。

②布桩时,CFG桩的数量及间距必须严格按照设计要求。并遵循由旧路坡脚向外推进施工,以减小施工对旧路的影响。

③对进场施工的所有长螺杆钻机在开钻前应由施工技术人员对标尺、刻画进行复核,消除标识误差。尤其是钻机初始标识要指定专人进行复查,从而有效控制桩长。应使用反差大的反光贴条每0.5m进行标识,粘贴在钻机导向架上,利于夜间记录人员识别读数。

④每根桩都要根据桩机上的垂球用钢尺测量导向架垂直度,并保证桩身垂直度不大于1%,确保桩体的正常受力。

⑤由于地质情况的变化,施工桩长可能与设计桩长有所变化,建议采用电流值控制施工桩长,具体的电流值根据试桩确定,一般说来当钻头到达相对硬层,瞬间的电流将会增大,同时电压下降,并伴有机身晃动的现象。

⑥应严格遵循先泵料后拔管的原则,同时应严格控制拔管的速率,拔管的速度应控制在2.5m/min以下,拔管的过程应避免反插,以免影响桩身垂直度。

⑦整个施工过程应安排监理全程旁站,并做好施工原始记录。记录的内容主要有桩号、钻孔深度、瞬间电流值、孔深、拔管速度、单孔混合料灌入量、堵管及处理措施等。

⑧CFG 桩施工中,每台班均须制作检验试件,进行 28d 强度检验。成桩 28d 后应及时进行桩身完整性、桩身强度及复合地基承载力试验。检验的频率及检测方法见表 3-15。

CFG 桩的检测频率及检测方法 表 3-15

项目	检 查 项 目	允许偏差或允许值		检 查 方 法
		单 位	数 值	
1	原材料	设计要求		查产品合格证或抽样送检
2	桩距	mm	±100	抽查桩数 3%
3	桩径	不小于设计值		抽查桩数 3%
4	桩长	不小于设计值		查施工记录
5	竖直度	%	1	抽查桩数 3%
6	桩体强度	不小于设计值		取芯法,总桩数 5%
7	单桩和复合地基承载力	不小于设计值		成桩数的 0.2%,不少于 3 根

3.3.4.6 拼接路堤施工控制

(1)施工准备

①机械准备。

为满足拼接路堤提高压实度的要求,施工必须配置重型压实机械。每个施工段须配置:平地机 1 台、路拌机 1 台、重型振动凸轮压路机 2 台(激振力 + 自重≥40t)、静压路机 2 台(自重≥18t)、挖掘机、推土机、小型压实机具、洒水车、其他辅助机械和设备等。

②清表准备。

拼接路堤的清表分以下两部分:原路堤隔离栅以外的新征地范围,清除表面杂草、树根、种植土等;原路堤隔离栅以内的清表,包括清除表面杂草、树根、边沟拆除,隔离栅支墩拆除,旧路堤防护砌石拆除,坡面清理等。

③土源准备。

取土坑拟采取一次取土深度不宜超过 3m,取土范围按设计文件要求实施。取土坑四周的边坡坡度:黏土、亚黏土不小于 1:1.5,粉砂土不小于 1:2。挖方利用土场、借土场和其他取土场用作填料的土应进行下列试验项目,其试验方法按《公路土工试验规程》(JTG E40—2007)办理。试验项目如下:液限、塑限、塑性指数、天然稠度或液性指数;颗粒大小分析试验;含水率试验;天然密度试验;相对密度试验;土的击实试验;土的强度试验(CBR 值);有机质含量试验及易溶盐含量试验。

(2)施工质量控制

①在取土地点取具有代表性的土样进行击实试验,击实试验方法按现行《公路土工试验规程》(JTG E40—2007)进行。土质路堤的压实度等指标的分层检测及频率按照高速公路扩建工程检测标准执行,不低于表 3-16 的标准。

②台阶是提高路堤拼接强度的重要保证,台阶开挖的具体技术要求如下:

a. 一般台阶尺寸为 60cm × 90cm,保证台阶水平宽度≥90cm,最上层台阶尺寸为 100cm × 150cm(由旧路路肩边缘算起)。

b. 台阶立面要求机械开挖时预留 10cm,用人工手提式内燃铲修整,台阶坡面向旧路堤倾斜,坡比控制在10:1,有利于接缝处压实。

高速公路扩建工程压实度检测标准 表3-16

项次	检查项目		质量要求和允许偏差	检查规定	
				检查频率	检查方法
1	压实度	(上路床)0~30cm	≥96%	每层每200m 4个断面	密度法,重型击实标准
		(下路床)30~80cm	≥96%	每层每200m 4个断面	密度法,重型击实标准
		(上路堤)80~150cm	≥94%	每层每200m 4个断面	密度法,重型击实标准
		下路堤>150cm	≥93%	每层每200m 4个断面	密度法,重型击实标准
		(零填及路堑路床)0~30cm	≥96%	每层每200m 4个断面	密度法,重型击实标准
2	纵断高程(mm)		-15,+10	4断面/200m	水准仪检查
3	路基宽度(m)		≥设计值	4处/200m	尺量
4	中线偏位(mm)		50	4点/200m	经纬仪检查
5	横坡(%)		±0.5	4断面/200m	水准仪检查
6	平整度(mm)		≤15	4断面/200m	3m直尺连续量3尺
7	边坡(%)		≤设计值	4处/200m	水准仪、钢尺检查
8	弯沉(0.01mm)		≤设计值	按规范要求	弯沉仪
9	外观要求		路基边坡顺直,曲线圆滑,无软弹和翻浆现象	—	—

c. 台阶自下而上随填土进度逐层开挖,暴露台阶时间一般不超过3~4d完成最后一层填土。

d. 台阶内侧重型压路机碾压不到的接缝部位,需采用小型振动夯夯压密实。

e. 台阶开挖时若旧路堤出现渗水,需及时报告监理,采取处理措施后才可继续施工。

f. 台阶最上层土和新路堤同时翻松20cm,掺灰拌和后和新路堤同步整平压实。

g. 超高段的台阶开挖,为调坡需要,可在96区以下(即路床底面以下部分)逐渐调平,96区(即路床底面)为水平坡,然后形成超高。

h. 填挖交界处当填土高度$H\leq1.6$m时,进行原地面开挖处理,确保开挖后路基高度$H\geq1.6$m,路床底面以下翻松40cm分两层掺灰6%回填,第一层压实度≥93%,第二层压实度≥95%,下卧层翻松25cm掺灰翻拌平压实,压实度≥90%。

③土工格栅的施工:

a. 对于地基条件较差的地段,若路基底层要求铺筑土工格栅,则最下层台阶尺寸应采用100~150cm,保证格栅有1.5m伸入旧路堤范围。

b. 拼接路堤最上层土工格栅设在上路床顶面以下20cm,上路床施工要求预留20cm的填筑厚度和旧路堤路肩加固一起施工。土工格栅在旧路堤一侧需伸入旧路路肩边缘2.0m,格栅长度按设计要求布置。

c. 土工格栅施工技术要求如下:

铺设土工格栅的土层表面应平整;在距土工格栅8cm以内的路基填料最大粒径不得大于

6cm；铺设单向土工格栅时，应将格栅受力方向置于垂直路堤轴线方向；土工格栅的搭接应牢固且搭接长度不应小于20cm；土工格栅不允许有褶皱，应人工拉紧并采用插钉等将其固定于填土表面；土工格栅铺筑后应及时填土，暴露时间不应超过48h。

d. 土工格栅的质量检查与验收。

土工格栅的物理力学指标应符合设计要求，外观无破损、无老化、无污染现象。土工格栅施工质量的检查、验收见表3-17。

土工格栅施工质量标准　　表3-17

项次	检查项目	质量要求		检查规定	
		要求值或允许偏差	质量要求	检查频率	检查方法
1	下承层平整度或拱度	8mm	符合设计及规范要求	4处/200m	3m直尺测量
2	格栅长度	≥设计值	符合设计要求	抽查2%	皮尺测量
3	搭接宽度(mm)	≥200mm(横向)	符合设计及规范要求	抽查2%	皮尺测量
		≥150mm(横向)			
4	外观要求	土工格栅表面不允许褶皱，土工格栅的插钉固定牢靠			目测

④石灰土施工。

a. 施工工艺流程。

土场按比例掺灰（控制总量的40%）→闷料（掺生石灰粉闷料时间不少于2d，不大于3d；掺消石灰闷料时间控制在1~2d）→挖掘机翻拌1~2次，确保灰土均匀运料至现场→平整稳压（压实度80%）→按比例洒余下的消石灰（可采取划格或层厚控制灰剂量）→旋耕机翻拌1~2次→平整稳压→路拌机翻拌一次→随机检查含水率和粗颗粒含量（粒径2~5cm<10%）→平整碾压密实、达到规定层位压实度要求→视情况洒水养生、报验。

b. 施工注意事项。

含水率控制为最佳含水率±1%，压实厚度控制在20cm以内；石灰消解必须按规范实施，消石灰必须过筛，筛孔不大于2cm；通过多组击实试验确定灰剂量和标准击实关系曲线，控制施工压实度；进行下层施工前要检查表层松散状况，采取洒水复压或雨后复压的措施，若松散较严重，应铲除表层松散部分，确保灰土无软弱夹层。

3.3.4.7　冲击压实施工控制

（1）施工准备

冲击压实前的施工准备包括：熟悉设计文件、冲击压路机性能、工程概况等；修建临时便道、便桥；对采用冲击碾压的路段进行现场核对；合理安排冲击压路机的数量、操作机手；收集并熟悉施工图、工程地质报告等资料；编制施工组织设计或施工大纲等。

（2）基底的冲击碾压

①适用范围。为了有效地处理路基基底，提高施工效率和工程质量，应合理利用冲击压路机，冲击碾压技术适合于浅层软弱地基的大面积处理。冲击碾压后的地基应达到提高地表强度，防止地基局部变形，减少工后沉降的目的。

②压实遍数。高速公路和一级公路的基底地基处理的压实遍数一般控制在30遍，对冲压

30 遍以上仍达不到预期效果的应停止冲压,改用其他方法。

③冲击碾压范围。对于地基的冲碾范围应比护坡道坡脚宽 1m。

④对于要求处理深度超过 3m 的软弱地基,应采用其他措施。

⑤施工工艺特点。对于地基的冲击碾应按现行《公路路基施工技术规范》(JTG F10—2006)的要求将表层树根、杂草等有机质或腐殖质土清除。在基底的冲击碾压前应避免先开挖构造物基础、管涵等,待冲击碾压完成之后再进行构造物的开挖施工。

(3)路基的分层冲击碾压

①路堤冲击碾压设计要点。

a. 路堤的分层冲击碾压限于路床以下,上路床应用符合现行《公路路基施工技术规范》(JTG F10—2006)要求的良好材料用振动压路机进行分层压实,每层厚度约 15cm。

b. 分层压实仅适用于填土高度 >120cm 的路基,在施工中根据具体情况,划分合理的冲击碾压层数。

c. 桥涵及其他构造物两侧 20 ~ 30m 范围内的路段应采用振动压路机分层填筑压实。

d. 离周围居民建筑物 20m 范围内路段不得采用冲击碾压,路基周围对震动敏感的建筑物附近也不宜采用冲击碾压,应采用振动压路机予以分层填筑压实。

e. 设有挡墙、加筋土挡墙工程的路段不得采用冲击压路机进行冲击碾压,应按《公路路基设计规范》(JTG D30—2015)、《公路路基施工技术规范》(JTG F10—2006)的要求压实。

f. 若设置加筋层,则其上的填土厚度必须达 1m 以上才能设计冲击碾压,对于采用冲击碾压的路段不宜设置加筋材料,尤其是多层加筋材料。

g. 土质要求。采用冲击碾压填筑的土必须满足《公路路基设计规范》及《公路路基施工技术规范》的要求,即其 CBR 值、液塑性等物理力学指标必须满足相关要求。

h. 填料粒径。填料的最大粒径应控制在层厚的 2/3 以内,且最大不得超过 50cm,否则应解碎或移走。

i. 压实层厚度。对于填石路堤的压实层厚在 80 ~ 100cm,对于风化砂粒土、砂岩的压实层厚为 60 ~ 80cm,对于细粒土的压实厚度应在 40 ~ 80cm,具体厚度可根据实际情况通过试验确定,但最薄不得低于 40cm。

②路堑的冲击碾压技术要点。

a. 当路堑压实度不满足要求时,可以采用冲击碾压。采用冲击碾压时,当路堑土满足《公路路基施工技术规范》的要求且其含水率 w 位于 $w_{opt-4\%} \leqslant w \leqslant w_{opt+2\%}$ 之间时,应根据实际情况将路堑比设计高程下挖 10cm 后直接冲击碾压。

b. 当其含水率超过最佳含水率 4% 而又不易晾干,或者其路堑土的路用特性不能满足《公路路基施工技术规范》的要求时,应换填透水性材料,换土厚度可根据实际情况确定,一般为 30 ~ 80cm,最大粒径不超过 10cm,换填土的高程应比路堑设计高程低 10cm 左右,换填后进行冲击碾压。

c. 路堑冲击碾压完成后用平地机将表面平整,用振动压路机碾压 2 遍左右予以压实,再在其上用良好材料分层压实至设计高程。

③路堤的冲击补压。

a. 补压应在振动碾压施工完成后立即进行,对于路基填筑已达设计要求并已稳定一段时间,路基表层已形成整体板块的补压应慎重,以免破坏其整体性。

b. 路床补压位置。填方地段依据以下原则确定碾压的层位和相应次数:对于填方地段,路床底面作为冲击碾压的一个层位,上路堤底面作为冲击碾压的一个层位,下路堤的以下部分按每填高 1.0m 作为冲击碾压的一个层位。对于挖方地段,以路床底面作为冲击碾压的一个层位。有条件的路段对路基底板进行补强压实。

c. 挡土墙、加筋土挡土墙路段在分层施工填筑期间不得进行冲击补压。

d. 冲击压实后的检测指标。对于碎石土和填石路堤,以压实后的表面沉降量作为检测依据,表面沉降量值以经过试验三段后的平均沉降量作为检验指标控制值。对于素土、低剂量灰土填料,以表面沉降量和补强深度 1/2 处的压实度这两个指标为检测依据,以经过试验三段后的平均值作为检验指标控制值。

e. 路堤分层补压的厚度。对于路堤的分层补压,每层补压的厚度宜为 80 ~ 100cm,对于细粒土路堤取小值,粗粒土路堤取大值。

f. 停止碾压的参考标准。当冲压最后 3 遍的沉降量小于 1.0cm 时可停止冲压。

g. 压实遍数。低剂量灰土,填筑厚度 80cm 时拟冲击碾压 6 遍效果最佳。对素土、碎石土、填石路堤冲击碾压 10 ~ 12 遍效果最佳。

h. 异常情况。在冲击补压过程中,若出现弹簧现象,则应立即停止冲压;对于沉降量应每碾压 3 遍观测一次。

i. 冲碾完之后表层的松土应重新刮平,并用振动压路机压实,压实遍数为 2 遍左右。

3.4 高速公路改扩建工程粉煤灰填料路基加宽技术

3.4.1 粉煤灰作为加宽工程填料的优势

3.4.1.1 粉煤灰填料路基优势

(1) 自重轻。粉煤灰作为高速公路路基填料最大特点就是密度小,是一种优良的轻质材料,压实后最大干重度为一般细颗粒土的 1/2 ~ 5/8,所以当采用粉煤灰作为路基填料时,同样沉降量要求下,路基高度较高;同等路基高度要求下,路基沉降量较小。

(2) 自硬性。粉煤灰中氧化钙、氧化钠或氧化钾含量较高,遇水后自身硬化,发生自硬性后的粉煤灰在一些物理及工程性能方面产生明显改善,如抗剪强度、压缩性能、承载能力、渗透性和冻敏性等。这是粉煤灰压实体的期龄效应,一般土没有此效应。

(3) 雨季施工适应性强。粉煤灰透水性很强,在隔、排水设施设置完备的条件下,雨水通过粉煤灰层的速度很快;且根据击实试验可知,粉煤灰在较大的含水率范围内都可以达到接近最大干密度的干密度,这说明其具有良好的压实性能。

3.4.1.2　粉煤灰填料路基与普通黏土填料路基变形对比分析

为研究路基加宽工程中，采用轻质填料粉煤灰作为新加宽路基填料相对于普通黏土填料的优势，采用计算机模拟路基加宽过程，对新加宽路基填料分别选用粉煤灰与普通黏土时的工程进行数值计算，对比其变形值。

(1)地表沉降变形对比分析

如图3-15所示，与一般填料相比粉煤灰具有自重轻，强度大的优势，根据计算可以看出，工后25年新加宽路基填料采用粉煤灰时产生的附加沉降远小于黏土填料，其中采用粉煤灰填料产生的最大附加沉降为12.3cm，采用黏土填料时为24.1cm，相比较采用粉煤灰附加沉降减小51%，所以当地基为软基时，采用粉煤灰作为路基填料，可以保证最大沉降符合要求。

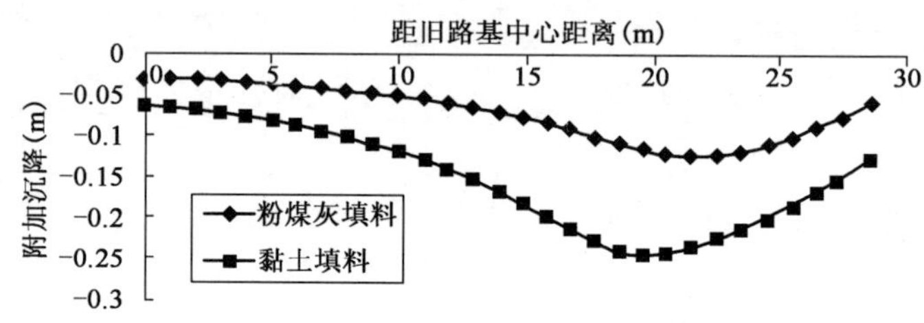

图3-15　地基附加沉降对比

(2)地表水平变形对比分析

粉煤灰与黏土对比，如图3-16所示，相对于黏土填料，采用粉煤灰作为路基填料时，水平位移的减小是非常明显的，其中采用黏土填料时旧路基地基表面最大水平位移值为4.4cm，当采用粉煤灰填料时为到2.8cm，减小了38%；采用黏土填料时新路地基表面最大水平位移值为2.6cm，而粉煤灰为1.1cm，减小了58%，相比较新路基顶面的水平位移减小尤为显著，粉煤灰作为轻质填料，其自重远小于一般黏土填料是导致新旧路基顶面附加位移减小的主要原因。

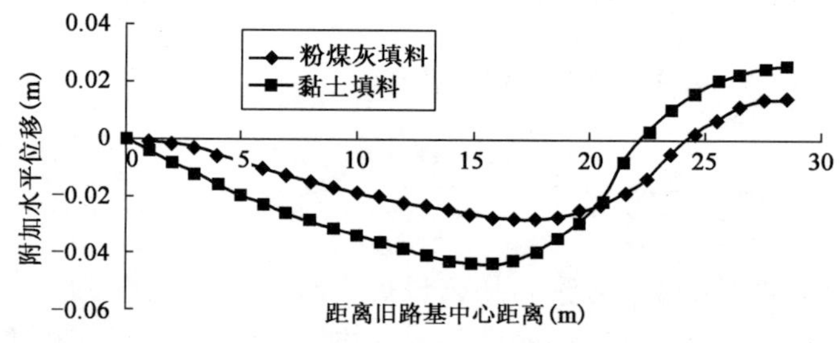

图3-16　地基附加水平位移对比

(3)路基表沉降对比

如图3-17所示，路堤表面工后沉降曲线大致呈“勺”形，在新路肩附近达到最大值，当采用粉煤灰作为新加宽路基填料时，虽然本工程采用的粉煤灰属于高中压缩性土，然而粉煤灰自重轻的优势明显，故其工后沉降相对于一般黏土还是较小的。如下图所示，粉煤灰填料产生的最大路基工后沉降为4.6cm，黏土填料为7.8cm。粉煤灰工后曲线较平缓，说明其横坡比较小，这对于控制加宽路基纵向裂缝是十分有利的。

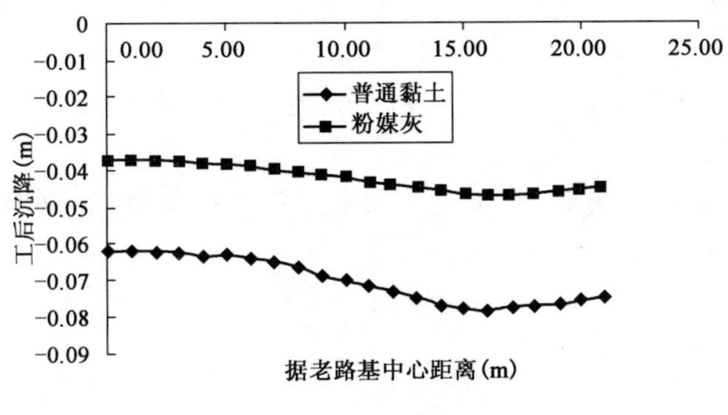

图 3-17 地表沉降对比

3.4.2 粉煤灰路基注浆技术

石安高速公路部分路段路基填方为粉煤灰,现在进行改扩建,需要将该路段原有路基边坡的包边土挖除,然后开台阶处理进行填方施工,由于粉煤灰填料自稳性与水稳性较差,不能进行开台阶,因此需要对粉煤灰路堤边坡进行加固处理后方能进行下一步工序。相对于其他施工工艺,例如:桩开挖支护法,经济性较差;小台阶开挖法、减小一次开挖施工长度法,不利于施工工期与进度的控制。采用注浆方式处理在经济上比较合理,且有利于施工。

3.4.2.1 注浆浆液的选取

注浆工程中所用的浆液是由主剂,即原浆材与溶剂及各种外加剂混合而成,通常所提的注浆材料是指浆液中所用的主剂。浆液是注浆工程最重要的选择之一,一般是通过浆液的性能指标、加固体性质、注浆的目的及经济性指标来确定的。浆液的性能指标是判断注浆工程中所采用浆液可行性的重要因素,主要包括:浆液的凝结时间、浆液黏度、浆液的可灌性、结石强度等。目前常用浆液有:水泥浆液、超细水泥浆液、水玻璃类浆液、丙烯酰胺类浆液、硫酸铝和氯化铁浆液等。

(1)水泥浆液

水泥浆液以水泥为主,添加一定量的外加剂,是一种悬浊液,粒径最大为100μm,最小为60μm,由于其较大的颗粒粒径,使之较难注入渗透系数较小的土体。然而,水泥浆液具有固结后结石强度高、无毒性、不污染环境且来源广、价格低廉的优势。由于水泥浆液发展较早,对于提高浆液注浆性质的方法及附加剂研究的相当完备,是目前注浆工程中应用较广泛的一类注浆浆液。影响水泥浆液结石强度的主要因素有:浆液水灰比、水泥品种、外加剂等,其中以水灰比影响最大,水灰比越大,结石强度越低。

(2)超细水泥浆液

超细水泥是由日本率先研制成功的一种水泥,之后我国对其性质进行了改善。超细水泥的最大特点就是粒径小,其平均粒径仅为4μm,而最大为10μm,超小的粒径让其可灌性可以与化学浆液相比较,其可灌性比值 $N>10\sim15$,完全可以满足绝大多数注浆工程的需求。超细水泥浆液同时具有水泥的结石强度高的优势。由于上述特性,其在注浆领域具有十分广泛的前景。

(3)水玻璃类浆液

水玻璃类浆液以水玻璃为主剂,另外加入胶凝剂配制而成。利用水玻璃作为注浆主剂的加固法又称为硅化注浆或硅化法。该类浆液无毒、廉价、可灌性好、胶凝时间可控性好,占目前使用的化学浆液的90%以上。

胶凝剂的种类很多,可分为盐、酸和有机物等几类,有些胶凝剂与水玻璃的反应速度很快,如CaCl、磷酸和硫酸铝等,它们和水玻璃必须在不同的注浆管或不同的时间内分别灌注,故称为双液注浆法;另一些胶凝剂如盐酸、碳酸氢钠和氯酸钠等于水玻璃的反应速度较慢,胶凝剂可与水玻璃混合灌注,称为单液注浆法。

(4)丙烯酰胺类浆液

丙烯酰胺类又称"丙凝",由主剂丙烯酰胺、引发剂、促进剂、阻凝剂等组成。是目前所有注浆材料中可灌性最好的浆材,其黏度仅为1.19×10^{-3}Pa·s,与水很接近,能渗入到黏粒仅为0.01mm或渗透系数仅为1×10^{-4}cm/s的地层。

浆液的黏度在凝结前保持不变。其凝结是瞬时完成的,凝结后的几分钟可达到最大极限强度。胶凝时间可通过调节引发剂、促进剂和阻凝剂的用量来控制,能精确地控制在几秒钟到几个小时内。胶凝时间随着引发剂或促进剂用量的增加而缩短,随阻凝剂用量的增加而延长。该类浆液凝固后,凝胶本身基本不透水,渗透系数可达10^{-9}cm/s,且耐久性和稳定性较好,但强度较低,固结体强度为0.5~0.7MPa,故一般只适用于防渗工程。其主要缺点为有一定毒性。

(5)硫酸铝、氯化铁浆液

硫酸铝、氯化铁溶液主要用于污水处理工程,在污水处理工程中,其溶液的浓度要求很低。经过室内试验与理论研究后证明,首次提出以硫酸铝、氯化铁溶液为主剂附加MgCl、CaO与专用消泡剂的浆液注入填粉煤灰路基,对填粉煤灰路基进行加固处理。其黏度接近于水,具有很好的流动性,可灌性强。其初凝时间为1~2d,随硫酸铝、氯化铁浆液通过与粉煤灰反应过程的进行,强度不断增加至最大,结石强度可达1MPa,可以满足灌入粉煤灰路基的要求。

(6)浆液比选

①根据可灌性分析,水泥浆液的可灌性系数N最大,为0.8,在填粉煤灰路基中的可灌性很差,不能满足要求。

②超细水泥浆液可注性强,注浆后结石强度高。由于对填粉煤灰路基进行加固处理的目的是保证其开挖台阶后的稳定性、水稳性,而经过超细水泥浆液加固后的粉煤灰结石强度过高,远超出开挖出台阶所要求的稳定性,且过高的强度不利于台阶开挖施工。而且超细水泥的成本一般很高,每吨在2000元以上,明显用于填粉煤灰路基的加固是不合适的。

③作为目前所有注浆材料中可灌性最好的浆材丙烯酰胺类浆液,其可灌性是完全适合填粉煤灰路基注浆工程的。但是该溶液具有一定毒性,不适用于高速公路路基加固工程,且其成本较高。

④水玻璃类浆液具有无毒、廉价、可灌性好、胶凝时间可控性好等优势,其结石强度也满足填粉煤灰路基开挖台阶后稳定性要求,然而本工程中旧路基采用的粉煤灰填料含有一定量的$CaCO_3$,经室内试验研究表明,水玻璃浆液与该粉煤灰接触后会发生剧烈反应,产生大量CO_2气体,由于反应速度过快,产生的二氧化碳气体根本无法及时排除,导致浆液无法注入粉煤灰

中,甚至对填粉煤灰旧路基产生了破坏,故不能选用水玻璃浆液进行注浆。

⑤经过理论与室内外试验研究,首次提出了采用硫酸铝、氯化铁浆液进行填粉煤灰路基加固,硫酸铝、氯化铁浆液具有黏度低,可灌性好,流动性强等作为注浆浆液的优势,且可以与粉煤灰发生反应形成合适的结石强度。故在填粉煤灰路基注浆工程中优先选用。

3.4.2.2 注浆设计方法

(1)注浆方案

方案选择是注浆设计的首要问题,但在注浆工程中其具体内容并无严格规定,一般都只把注浆方法和注浆材料的选择放在首要位置。注浆方法与注浆材料的选择与一系列因素相关,主要包括下述部分:注浆的目的、地质条件、工程性质等。在工程实践中,常采用联合注浆工艺,包括不同浆材及不同注浆方法的联合,以适应某些特殊地基条件和专门注浆目的的需要。

粉煤灰路基注浆加固的目的是为了在路基加宽工程中,开挖台阶后保证路基的具有一定的稳定性。当新加宽路基拼接填筑完成后,对原路基开挖出的台阶没有特殊的强度与稳定性要求,这说明该加固处理属于一项临时性工程,只要保证加宽施工过程中,开挖后路基的稳定性达到要求即可。根据京港澳高速石安段粉煤灰路基的特性,通过分析对比目前常用注浆方法及浆材,确定渗透灌浆方法为适合该工程的注浆方法,而浆材选用该课题提出的硫酸铝、氯化铁溶液为主剂附加 MgCl、CaO 与专用消泡剂的浆液。

(2)注浆标准

①防渗标准。

防渗标准是指渗透性的大小。防渗标准越高,表明注浆后加固体的渗透性越小,注浆质量也就越好,这不仅体现在地基渗透量的降低,并且因为渗透性越小,地下水在介质中的流速也就越低,加固体发生管涌破坏的可能性相应地变小。

其中,砂或砂砾石层中,防渗标准多用渗透系数表示。对比较重要的防渗工程,要求把地基渗透系数降至 $10^{-4} \sim 10^{-5}$cm/s 以下。岩石地基中,防渗多采用单位吸水量 w 作为标准。在水利水电建设工程中防渗标准多采用 $w = 0.01 \sim 0.03$,特殊情况下可能有更高要求。

②强度和变形标准。

由于注浆目的,要求和各工程的具体要求千差万别,不同的工程只能根据自己的特点规定强度和变形标准,例如:为了增加摩擦柱的承载力,主要应沿桩的周边注浆,以提高界面间的黏聚力;为了减小挡土墙的土压力,应在墙后指滑动面附近的土体中注浆,以填高图的重度和滑动面的黏结强度。

③施工控制标准。

注浆后的质量指标只能在施工结束后通过现场检测来确定,有些注浆工程甚至不能进行这种检测,因而必须制订一个能保证获得最佳注浆效果的施工控制标准。按耗浆量降低率进行控制。由于注浆是按照逐渐加密原则进行的,孔段耗浆量应随加密次序的增加而逐渐减少。如果其实孔距布置正确,则第二次序孔的耗浆量将比第一次孔序大大减小,这是注浆成功的标志。

④粉煤灰路基注浆标准。

粉煤灰原路基中注浆加固是为了开挖台阶后保证路基有一定的稳定性。由于一般路基处于地下水位线以上,可不考虑防渗要求,而只对水稳性有一定要求。经研究,为控制开台阶后的强度与稳定性,只需对路基边坡内一定深度的粉煤灰层进行加固即可,要求台阶开挖面内1m内粉煤灰填料加固后的强度大于0.3MPa。施工控制标准参照耗浆量降低率标准,通过现场试验确定不同次序孔的注浆量,为注浆施工控制标准提供依据。

在京港澳高速公路石安段原路基粉煤灰填筑层中,通过室内试验数据及经验公式估算得:$r=1.2\text{m}$,$h=1\text{m}$,$n=0.25$,$\alpha=0.7$,$\beta=0.15$,计算得 $Q=0.9\text{m}^3$;表明第一次序孔单孔注浆量约为0.9m^3。

(3)浆液的扩散半径

浆液扩散半径r是注浆工程中的重要参数之一,它对注浆工程量及造价具有重要影响,如果选用的r值不符合实际情况,将降低注浆效果甚至导致注浆失败。

由于地层条件往往复杂多变,浆液的扩散半径一般通过现场试验来确定。现场注浆试验通常采用三角形或矩形布孔。注浆试验结束后,可通过钻孔水压或注水,求注浆体的渗透系数或钻孔取样,检查孔隙充浆情况来评价浆液的扩散半径。

在初步估算扩散半径时,可参照式(3-3)进行计算:

$$R=\sqrt[3]{\frac{3kh_1r_0t}{\beta n}} \tag{3-3}$$

式中:R——浆液扩散半径(cm);

k——地层渗透系数(cm/s);

h——以厘米水柱表示的注浆压力;

r——注浆管半径(cm);

t——注浆延续时间(s);

β——浆液相对黏度;

n——粉煤灰孔隙率。

经计算可知,硫酸铝、氯化铁浆液在粉煤灰填料层中的注浆半径初步可以确定为1.2m。

(4)注浆压力

注浆压力是指不会使地面产生变化和邻近建筑物受到影响的条件下可能采用的最大压力。渗透注浆以不破坏底层的天然结构为控制原则,存在一个注浆容许压力。在此压力下,底层不会发生变形和抬动。注浆时实际采用的压力应根据实际情况确定,达到设计的扩散半径即可。一般情况下,当吸浆量小时,可采用较快速率的升压法,尽快达到规定的注浆压力;当吸浆量较大时,则可缓慢地升高注浆压力。

注浆压力值受很多因素的影响,与地层土的密度、强度和初始应力。钻孔深度、位置及注浆次序等有关,应通过现场试验来确定。

试验时,采用逐步提高压力的办法,求得注浆压力与注浆量的曲线,当压力升高至某一数值,而注浆量突然增大时,表明底层结构发生破坏或孔隙尺寸已被扩大,因而可把此时的压力值作为确定容许注浆压力的依据。取此拐点处压力值的80%作为容许注浆压力。

3.4.3 粉煤灰路基注浆工法及现场试验

3.4.3.1 硫酸铝、氯化铁浆液在粉煤灰路基中的注浆工法

粉煤灰填料具有黏聚力低，耐水性差的工程性质。原路基填料采用粉煤灰的高速公路加宽工程中，当采用原路基两侧拼接方式加宽时，需对旧路基进行开台阶处理。台阶开挖时粉煤灰层无胶结，无自稳能力，易坍塌，危机施工安全。相对于其他注浆浆液，硫酸铝、氯化铁浆液有其独特的优势，可以较好地解决原路基开挖的问题。

(1)工法特点

硫酸铝、氯化铁浆液具有料源广、价格低、无污染的优势，只需在该浆液主料中加入一定量的外加剂即可配置成黏度低、结石强度好、稳定性强的浆液。该浆液通过注浆管以单液注浆方式注入粉煤灰填料中，浆液与粉煤灰中的化学成分发生反应生成强度，从而生成具有适中强度的结石体。在粉煤灰路基边坡向粉煤灰层注浆，通过一定的扩散半径及加固范围设计进行，而后形成一个可靠的加固区，从而达到稳定开挖台阶的目的。

(2)注浆材料及其特性

①注浆原材料。硫酸铝溶液：采用固体硫酸铝自行配置即可；氯化铁溶液：采用工业氯化铁溶液即可。

②浆液配制。甲液：硫酸铝溶液浓度为30%；乙液：氯化铁浓度为20%，并加入适量的外加剂。配浆时，先将固体硫酸铝溶解，加入一定量的乙液搅拌均匀。

③硫酸铝、氯化铁浆液的主要性能，见表3-18。

硫酸铝、氯化铁浆液的主要性能 表3-18

比重	黏度(Pa·s)	酸碱度	凝胶时间(h)		固砂体单轴坑压强度(MPa)
			空气中	细砂中	
1.14~1.27	2.6×10^{-3}~3.8×10^{-3}	pH4~6	6~12	1~2	0.3~0.6

(3)注浆工艺

①注浆设计参数，见表3-19。

注浆设计参数 表3-19

注浆终压(MPa)	浆注扩散半径 R(m)	注浆范围	导管长度 L(m)	导管间距(m)	浆液注入量 Q(m^3)
0.6	1.0	包边土内粉煤灰1m	2.5~3	1.0	0.9

注浆结束标准：通过现场试验确定，采用控制注浆量的作为注浆结束标准，每根导管注入规定浆液，每根导管都达到设计注浆结束标准，即可结束注浆。

②注浆工序。

注浆工序流程图，如图3-18所示。

③效果检查及质量评定。

对注浆效果的检查,应根据设计提出的要求和标准进行,一般采用以下办法:

注浆结束时,检查注浆记录,看每孔注浆量是否达到结束标准,孔数是否与设计一致,判断注浆效果。

选择部分注浆路基进行开挖检查,查看注浆体是否均匀,渗透半径、有效注浆厚度是否满足注浆体强度要求,以便为下步注浆参数的修改提供依据。

根据各阶段检查情况,评定合格与不合格。如质量不合格时,应按要求重新返工。开挖时发现质量不好,相应修改注浆参数,并应采取其他措施保证路基开挖后的稳定性。

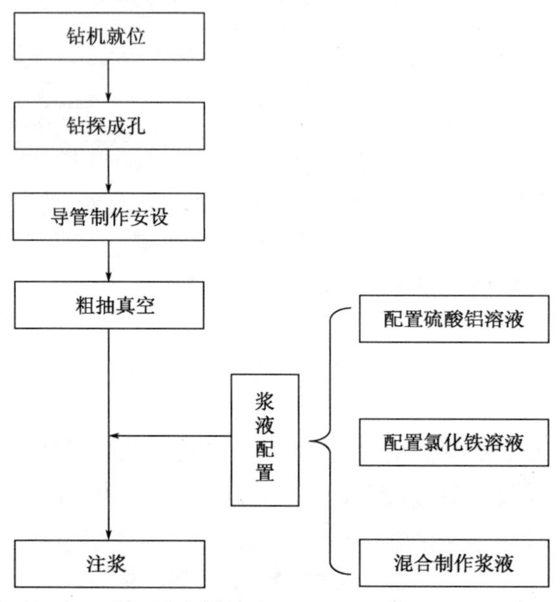

图 3-18 注浆工序流程图

(4)注浆设备

硫酸铝、氯化铁浆液注浆设备简单,操作容易。其特点是体积小,质量轻,操作方便,移动灵活的简易注浆设备。主要设备见表 3-20。

注 浆 设 备 表 3-20

序 号	名 称	规 格 型 号	单 位	数 量	备 注
1	空气泵	气动隔膜泵	台	1	—
2	真空泵	1.5kW	台	1	—
3	小型麻花钻	—	台	1	—
4	PVC 管	32mm	根	若干	—
5	储浆桶	800L	个	2	耐酸
6	阀门	球阀	个	3	—
7	胶管	50mm	米	—	—
8	压力表	0～1.6MPa	个	6	—
9	电子秤	50kg	台	1	精度 g

(5)效益分析

硫酸铝、氯化铁浆液,解决了粉煤灰填料路基的加固问题,同时原材料价格便宜,注浆工艺简单,加固效果显著,具有明显的社会效益和经济效益。浆材本身造价低,每方浆液材料费180元,而同样性质的化学浆液,每方15000元;采取此浆液的加固效果理想,经加固后的旧路基可以进行大台阶开挖,加快了施工进度,节约人工与机械使用,对比其他处理方法,其经济效益十分可观;经加固后的粉煤灰路基开挖后,降低了粉尘,使工人的施工劳动条件得到改善。

3.4.3.2　注浆现场试验

(1)试验现场概况

现场试验选取京港澳高速公路石安段 K457 +620 断面进行,如图3-19所示,该段路基高程为6m,边坡斜率为1:1.5,经现场挖孔确认包边土厚度为2m,其后为粉煤灰填料层。2m包边土可以提供较可观的覆土压力,然而原路基边坡采用的生态护坡技术,植被根系发达,基本穿透了包边土层,不利于注浆。

图3-19　试验断面

(2)现场注浆试验

现场试验的目的为:确定浆液的扩散半径、单孔注浆量、容许注浆压力、注浆深度、孔距与最优排距、检验注浆加固后的效果。试验采用柱形注浆理论,对注浆管端部以上50cm内开侧孔。

①单孔注浆试验。

选取路基中部进行单孔注浆试验,通过单孔注浆试验确定容许注浆压力、注浆深度与浆液的扩散半径。

由于注浆深度对单孔注浆量、浆液扩散半径,容许注浆压力及注浆终止标准的确定都有影响,并且考虑到包边土植被孔洞的影响,确定一个合适的注浆深度是必要的。故试验选择选择3个不同的注浆深度作对比试验,其深度分别为 $h_1=0.7\mathrm{m}$、$h_2=1.0\mathrm{m}$、$h_3=1.3\mathrm{m}$,为确保孔间没有互相影响,孔距选择为3.0m,为保证浆液顺利注浆及方便施工,采取注浆管与水平方向为40°进行注浆,经现场注浆可以确定,该角度包边土厚1.6m左右。布孔方式如图3-20所示。

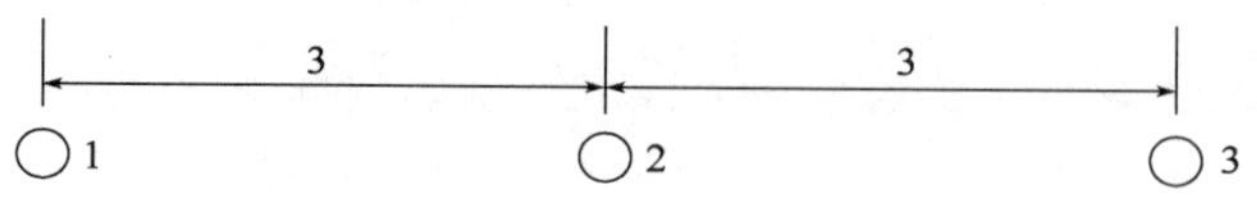

图 3-20　单孔注浆布孔图

②多孔对比试验。

试验段路基填筑高度比较高，适合多排注浆，注浆孔的布置既要保证排孔间搭接不紧密，造成漏注区域；又不能使搭接部分过多，造成注浆浪费。多孔对比实验过程如图 3-21 所示。

估算该浆液在粉煤灰高速公路路基中的扩散半径 $r = 1.2\text{m}$，采用等三角形布孔方式，为对比注浆加固的效果，根据估算注浆半径，横向孔距分别选取 1m、1.2m、1.4m，相应排距为 1.6m、1.9m、2.2m 进行对比实验，注浆深度选进入包边土后 1m，经现场钻孔注浆孔布置方式如图 3-22 所示。

图 3-21　多孔对比试验

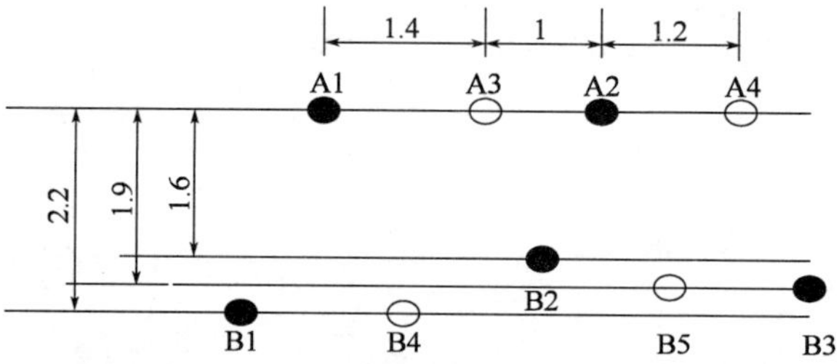

图 3-22　多孔注浆布孔图(尺寸单位:m)

③注浆试验效果分析。

该工程的注浆目的为保证粉煤灰填料开挖台阶后具有可靠的稳定性，故现场单孔试验与多孔对比试验注浆过程完成后 7d，对注浆区进行钻孔取样，分析注浆效果。

a. 单孔注浆试验。单孔注浆试验钻孔取样主要是确定该浆液在粉煤灰路基中的扩散半径及有效强度半径。不同方向的有效加固区深度对比如图 3-23 所示。

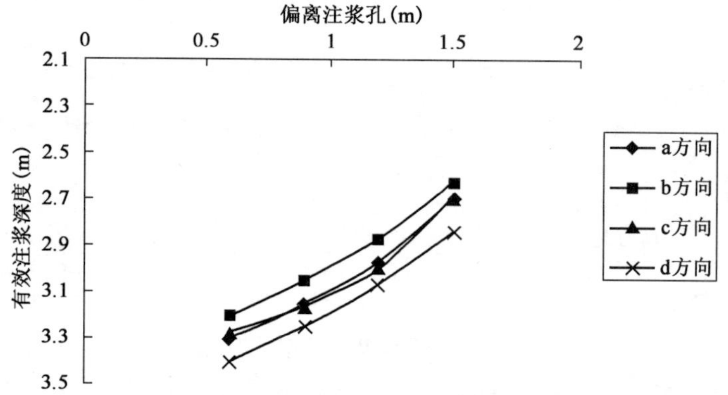

图 3-23　单孔注浆有效深度分布图

通过单孔注浆试验可以确定,该浆液在粉煤灰中的有效扩散半径处于1~1.5m与理论计算值1.2m接近,考虑现场试验注浆条件比较稳定,施工时有效注浆半径按1m取用。

b.多孔对比试验。多孔对比试验的目的为比较不同注浆孔距的加固效果,确定施工时的孔距与排距。结合取样强度试验,当孔距为1.2m、1.4m时,正三角布孔的有效注浆厚度分别为0.64m、0.86m,为保证开挖台阶后的稳定性,需保证台阶后有1m有效加固的厚度,故孔距1.2m、1.4m不能满足稳定性要求,不予选用。当孔距为1m时其最小加固厚度为1.14m,满足台阶开挖后的稳定性要求,且为施工保留有一定的安全值,故现场施工时优先选用孔距为1m进行注浆。

c.钻孔取样的强度检验。通过对现场钻孔所取试样进行室内试验,检测经注浆后的粉煤灰填料强度。试验表明有效加固区的抗压强度均在0.3MPa以上,c值在40以上,证明经注浆加固后的粉煤灰层自稳性得到明显提高,可以满足开挖台阶后的稳定性。

d.成功的现场试验证明所提出的硫酸铝、氯化铁浆液在粉煤灰路基中的注浆工法是可行的。

3.4.4 粉煤灰填料加宽填筑技术

3.4.4.1 粉煤灰检验与准备工作

(1)对粉煤灰材料的要求。

填筑前应该检查粉煤灰中是否含有团块、腐质及其他杂质,如果含有这些东西应该进行处理。其次,粉煤灰的烧失量应该小于20%,粉煤灰的粒径应该在0.001~1.18mm之间,直径小于0.074mm的颗粒含量应该大于45%。

(2)室内试验。

用粉煤灰填筑路基之前,应该对填筑路基所用的粉煤灰进行各项室内试验,室内试验项目应根据《公路路基施工技术规范》(JTG F10—2006),由室内试验确定粉煤灰的最优含水率等设计参数和各项技术指标并对粉煤灰路基进行验算。

3.4.4.2 施工前准备

(1)机械准备。加宽路堤有较高的压实度要求,因此在施工过程中必须配备重型压实机械以尽量满足加宽路堤提高压实度的严格要求。每个施工段需要配置:重型振动压路机2台、平地机1台、冲击压实机、静压路机2台、强夯机、推土机、挖掘机、洒水车、小型压实机具、其他辅助机械和设备等。

(2)清表准备。在填方地段的原地面需要进行表面杂物清理,清理表层的深度需要根据种植土厚度来决定,同时清出的种植土应该集中堆放。清理完地表面后的填方地段,需整平压实到规定要求后才可进行填方作业。对于路基范围内的水井、墓穴、沟渠等,按有关要求提前处理。

(3)临时便道、便桥的准备。该项目为两侧加宽改建,应该考虑在高速公路两侧设置合格的便道,为今后的施工提供便道。临时便道的修建应保证整个施工周期的使用,如果高程高于原地表40~80cm,土基密实,有简易砂石路面,厚度不小于20cm。临时便道通过排水渠、灌溉渠时必须设置临时涵管,确保排灌不积水。

对附近确实无法绕行的河流,可以修建临时便桥,但是便桥要求确保施工车辆和机械可靠与安全的通过。

(4)复测定线。路基开工前应做好施工测量工作,其内容包括导线、中线、水准点复测,横断面检查与补测,增设水准点等。施工测量的精度应符合交通部颁布实施的《公路勘测规范》的要求。

对于恢复新加宽路基的边缘线,应该根据高程确定填筑边缘线;超宽填筑需要大于50cm;按照预先设计开挖的台阶高度在旧路边坡上定出每层台阶开挖线,同时需要做出明确标记;埋设沉降及水准点、路线导线控制桩、位移观测标等,并做好保护。

(5)台阶开挖。粉煤灰填筑加宽路基时候,应该先对旧路基进行台阶开挖,台阶开挖参照前面的台阶开挖技术研究内容。

3.4.4.3 粉煤灰加宽路基施工工序

(1)测量放线。在路基加宽施工之前,按设计断面尺寸放桩如:坡脚线桩和外包土与粉煤灰分界线桩。为保证拓宽路基边缘压实度,包边土应该加宽50cm。

(2)外包土的施工。放出控制包边土的内外边线的控制桩,在包边土内边线上钉桩标出虚填位置,首先填筑包边土(护坡),包边土宽度≥1.0m,压实度按照设计要求来检测,包边土松铺厚度30cm,施工时先人工修筑成型包边土(护坡),后铺筑粉煤灰,然后同时碾压。施工过程如图3-24所示。

a)

b)

图3-24 包边土施工图

(3)粉煤灰的装运及摊铺。装运采用自卸车和挖掘机配合使用,为了防止发生扬尘和污染,运输过程中应采取覆盖等措施。摊铺时平地机与推土机配合使用,粉煤灰的松铺系数应控制在1.27左右,通过计算可得最大松铺厚度应为24cm,可以保证压实后的厚度在20cm以内。

(4)检测粉煤灰含水率。路基摊铺平整后,施工单位需进行含水率检测,自检合格后及时报监理抽检。根据粉煤灰的性质,含水率宜高于室内试验测定最佳含水率,采用1.1倍左右最佳含水率为宜。

(5)平地机整平。由新旧路基结合部位向路基外侧开始整平,反复3~4次,检查是否平整,平整度是否满足,不满足要求应继续平整。

(6)压实。粉煤灰碾压的原则为先轻压后重压,先两边后中间,先低档后高档,机械组合和碾压遍数应根据不同压实度要求采用。摊铺后的粉煤灰必须及时进行碾压处理,做到随时摊铺随时碾压完成,防止水分蒸发后影响到路基的压实度。

(7)检测。每层粉煤灰碾压结束后需按规范要求对压实度进行检验,符合规定方可继续施工,并且要及时测定每层的摊铺系数。

(8)路基接头的处理。用水平分层填筑法来对粉煤灰路基施工,当加宽路基填筑分为很多作业段时候,最先填筑的施工段应预留台阶,保证与其相邻段填筑时压实层可以相互重叠搭接,搭接长度不小于150cm。

(9)养护与封顶。在压实度符合要求的粉煤灰层上铺筑上一层时,自卸车不得在该层粉煤灰面上高速行驶、紧急制动、掉头等,以免使该已压实层松散。如不能及时填铺上一层,需禁止或限制车辆行驶,适量洒水保持压实层湿润,防止干燥松散;如在较长的一段时间内不能进行施工,则应对表层进行封闭,做好路拱排水。对于达到路槽高程部位,需及时进行封层处理,封层材料可以采用黏性土、石灰土等。

3.4.4.4　路基验收标准

(1)外观要求。要求压实后的路面平整密实,无坑洼松散和弹簧现象,且无碾压轮迹。

(2)粉煤灰填料压实度检测标准。压实度值应大于设计要求,其中不同高度灰层压实度值要求见表3-21;质量需符合《公路工程质量监理暂行办法》《公路工程质量检验评定标准》以及有关规定;每50m检查一点,采用环刀法或灌砂法进行检测。

压实度标准　表3-21

距路槽底深度(cm)	压实度(%)	包边土压实度(%)
0~30	≥95	≥96
30~80	≥93	≥96
80~150	≥92	≥94
150以下	≥90	≥93

(3)包边土压实度检测标准。压实度与质量要求检测标准同粉煤灰填料;每200m设两个检测点,采用灌砂法进行检测。

(4)纵断面高程检测标准。高差容许误差为+10、-15;每200m对4个断面进行检测,检测方法为水准仪法。

(5)弯沉值。对粉煤灰路基压实度达到90%~95%的路段上进行弯沉值检测,每个断面弯沉值不应大于设计值;每个车道每20m内取两个点进行检测测量,建议测量方法为贝克曼梁法。

3.5　高速公路改扩建工程路桥过渡段加宽技术

3.5.1　既有高速公路路桥过渡段病害类型及处治技术

3.5.1.1　路桥过渡段病害类型

高速公路经常穿越复杂的地形,使用高架桥梁较多,桥台十分普遍,回填高度也比较高。在雨水较多的地区、高填方路段、地表水或地下水排水不畅地区,雨水经常会进入桥涵台背路基,导

致路基回填材料的性质改变，在桥涵台背等构筑物部位产生不均匀沉降，经常出现回填区路面严重破坏、搭板与桥头连接处严重破碎、搭板末端与路基交界处的差异沉降、搭板末端与路基交界处的横向裂缝、搭板末端路面横向开裂并下沉、台背路面局部沉降形成错台等现象，如图3-25所示。根据对既有高速公路的调查和了解，高速公路路桥过渡段破坏模式主要有以下几种。

a）回填区路面严重破坏

b）搭板与桥头连接处严重破损

c）搭板末端与路基交界处差异沉降

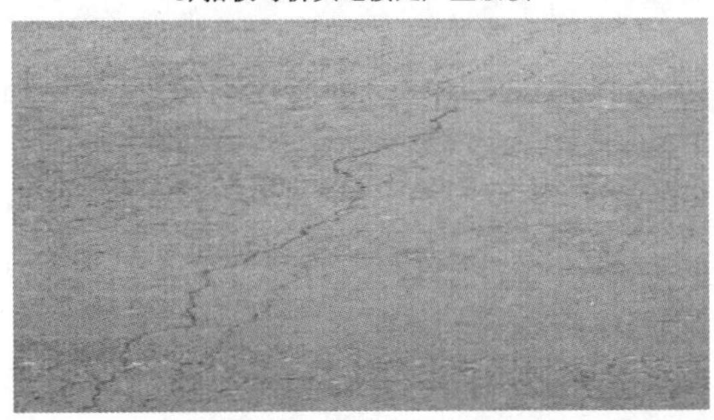

d）搭板末端与路基交界处横向裂缝

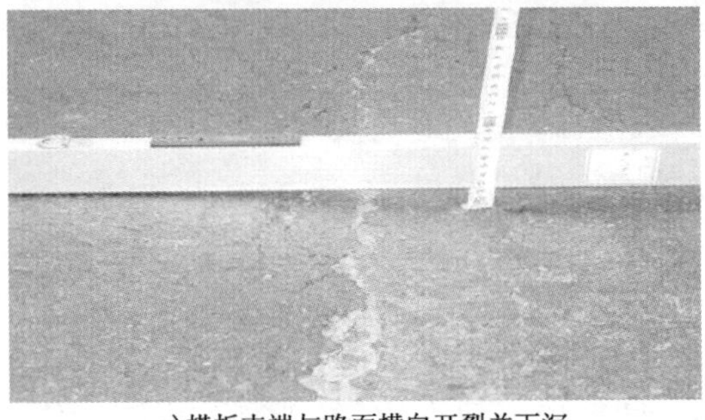

e）搭板末端与路面横向开裂并下沉

f）台背路面局部沉降形成错台

图3-25　路桥过渡段病害

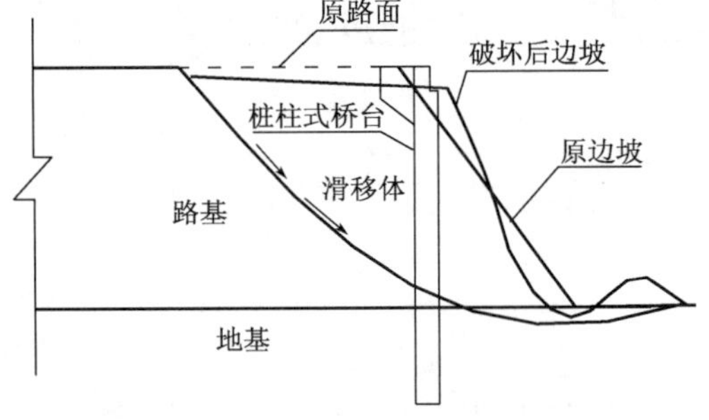

图3-26　路堤整体滑移示意图

（1）路堤整体滑移。对于桥台，台前土体基本处于无侧限受压状态。当锥坡受到破坏，且在自重和车辆的冲击荷载作用下，土体有向桥内移动的趋势，形成横向裂缝或整体下滑，使得桥头部位的路基、路面产生较大的竖向位移，从而引起桥头跳车，其破坏模式如图3-26所示。

（2）路基与桥台间形成台阶。主要表现：局部沉降发生在台背与过渡段结合处，最大沉降深度D距离桥台背很近，形成错台；路基整体下

沉,差异沉降 D 达到一定值后,将引起桥头跳车现象,如图 3-27 所示。

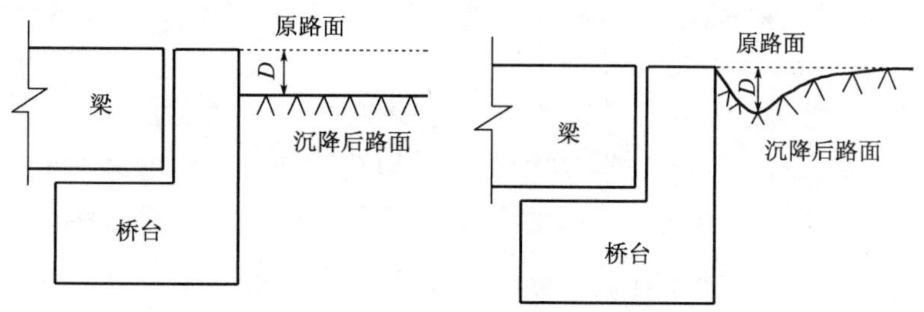

图 3-27　近台背路基沉降过大引起差异示意图

(3)路面凹陷。台后路面凹陷也是一种常见的病害,如图 3-28 所示。主要是由于台后路堤或地基的不均匀沉降引起,外部表现特征是路基沉降不均匀,路面破坏严重、凹凸不平。此模式的主要特征是:过渡段内的路基沉降不均,路面出现凹陷;沉降的最大值距桥台有一定的距离。

(4)搭板断裂。用桥头混凝土搭板法处理台背路面有时会产生搭板断裂情况。如图 3-29 所示。破坏特征主要表现为:路基发生不均沉降,搭板底部出现脱空区,引发搭板沿脱空区受力较大的方向发生断裂;枕梁部分及其以外路基沉降较小;搭板太薄,不能够单独承受上部荷载。

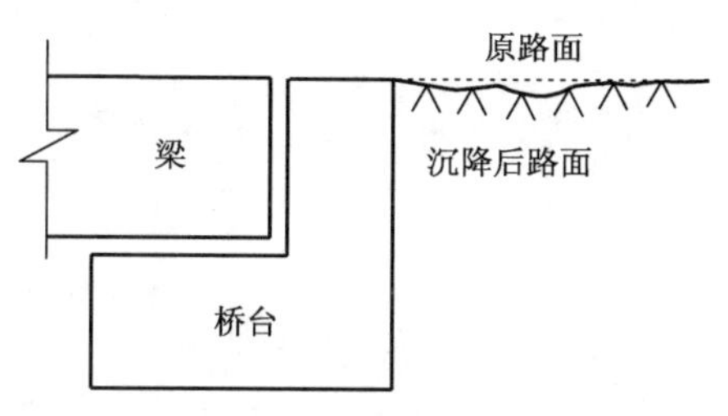

图 3-28　台后路面凹陷示意图

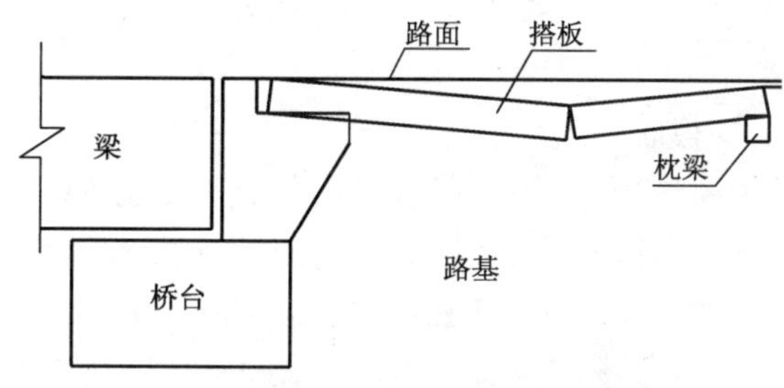

图 3-29　台后搭板断裂示意图

(5)搭板与路堤形成纵向坡度差。搭板在防止桥头跳车方面有很多成功实例,但也有不足之处。当路堤沉降较大或搭板长度不够时,纵向坡度差超过一定范围,搭板与路堤衔接处就会产生转角,从而形成"二次跳车"。如图 3-30 所示。主要特征:路基整体沉降过大;搭板较短,不足以使桥台与路基的差异沉降平稳过渡;搭板一端简支于桥台。

(6)搭板末端产生差异沉降。国内外,在设置桥头搭板的同时,为了减小路桥过渡段的沉降,对搭板区段路堤进行注浆处理,但往往却忽略了对搭板以外一般路段的压实与处理,经过一段时间运营后,搭板末端会出现差异沉降,从而形成新的跳车现象。如图 3-31所示。

3.5.1.2　路桥过渡段搭板脱空、积水病害处治技术

设置桥头混凝土搭板是国内外防治桥头跳车普遍使用的方法,而路桥过渡段由于不良的地基沉降以及台背填料压缩引起的路基沉降,往往会造成搭板与路基之间产生不同程度的脱空现象,若不及时进行处理,在长期车辆荷载反复作用下,搭板会逐渐变得松动,导致搭板尾部

沥青混凝土表面产生横向裂缝，这样一来，雨水渗入后，将产生啃边、唧浆甚至破损现象，更严重将导致搭板断裂，从而形成跳车。与此同时，如果台背后搭板下路基出现大面积的脱空，在对病害过渡段路基进行加宽时就会遇到很大困难，例如由于脱空严重，台背后路基边坡土开挖时出现大面积滑塌，不仅无法对其进行加宽，还会影响到旧路的运营，造成这一部位的断交。因此，对旧路板下脱空区域进行处理是保证过渡段加宽顺利进行的前提。针对既有高速公路路桥过渡段出现的搭板脱空、积水病害，对其进行处理与加固，在高速公路扩宽工程中有非常重要的意义。

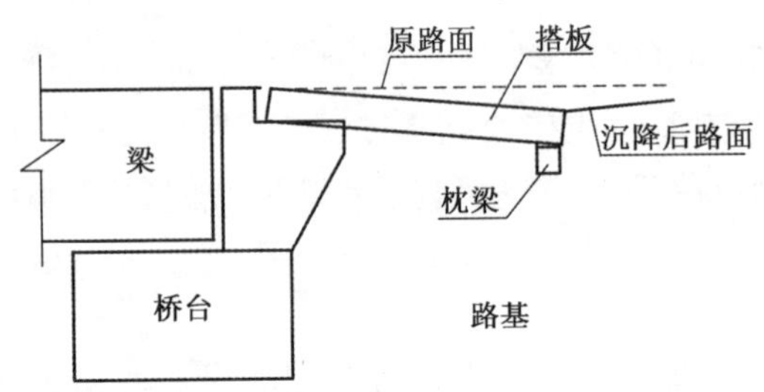

图 3-30　搭板与路堤形成纵向坡度差示意图

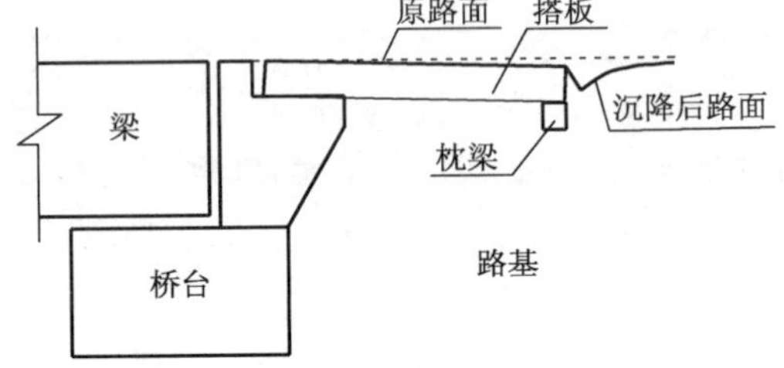

图 3-31　搭板产生差异沉降示意图

搭板脱空、积水病害具有如下特点：①搭板处路面出现不同程度的沉陷，桥头一侧基本上不下沉，而搭板末端与路基衔接一侧下沉较大，造成此处路面形成裂缝，车辆通过时形成桥头跳车现象；②搭板中部脱空，导致车辆驶过时搭板产生剧烈颤动，若搭板脱空严重将会断裂。

搭板脱空、积水病害产生原因主要包括：台背填料不密实，压实度达不到设计要求；雨水流入，填料流失；车辆超载引发破坏；台背与路基连接不好等。

国内外研究学者针对路桥过渡段搭板脱空问题进行了大量的研究，而板下压浆处治方法由于成本低、不用开挖搭板及台后填土、施工工艺简便、旧路面利用率高、技术成熟、对桥台构造物影响很小以及交通所需封闭时间短，基本不影响车辆通行等一系列优点，在国内被广泛应用于桥头混凝土搭板板底脱空的处治。下面就板底压浆处治板底脱空的加固作用、设计内容与施工工艺进行分析，并评价此方法的处治效果。

(1)板底压浆的作用

①结合作用。在桥头混凝土搭板板底脱空区域填充浆体材料后，浆体材料将搭板和下部路基进行结合，二者由病害处治前的间断状态重新恢复为连续状态。处治后，当上部行车荷载作用于路面板或搭板时，搭板和其下路基可以共同承受上部荷载，从而改善了搭板的受力形式和受力条件，减小其发生开裂的可能性。

②隔水作用。浆体材料在压力作用下注入板底脱空区域，可以填堵路面板和搭板接缝、裂缝等渗水缝隙，从而在这些部位形成一层密实的封水层，不仅可以封堵路表水的下渗，而且对地下水的毛细作用起到隔离效果。

③密实作用。搭板下脱空区域松散的路基填料在高强压力作用下，会与渗入的浆体材料之间发生相互作用，从而形成一个密实整体，使得路基填料重新变得密实。而由于这种密实整体变现为水硬性质，待其产生强度后具有很高的抗水冲刷能力，可以在一定程度上较大的提高水稳定性。

④稳固作用。注入板底的浆体材料硬化后,搭板与其下路基重新结合,使板底的受力形式改变为均匀支撑。则处治之后,因板底脱空产生的搭板翘曲变形、松动等问题即可恢复稳定。而对于产生轻微沉陷的桥头搭板还可以被抬升,基本恢复至原位。

(2)板底压浆设计内容

①选择板底压浆方案。注浆施工首先要做的就是选择合理的注浆方案。对于路桥过渡段搭板板底脱空注浆加固,要根据工程实际地质情况、搭板脱空程度和范围进行确定。注浆方案的确定要从实际出发,尽量做到不影响搭板结构和高速公路交通正常安全的运行,除此之外,还要经济合理,方便施工的进行。

②确定注浆标准和注浆范围。注浆标准是指按设计要求,注浆后应达到的质量指标,要具体工程具体对待。注浆范围在平面上是指注浆处理所需长度、宽度,在纵向上是指注浆深度。对于桥头搭板板下脱空注浆加固范围,要利用一些技术手段进行确定,例如地质雷达检测、超声波检测及地质钻探技术等。根据检测结果确定板下脱空区域与脱空深度,从而确定合理的注浆标准和注浆范围。

③选择注浆材料。注浆材料一般可分为粒状浆材和化学浆材两大类,如图3-32所示。

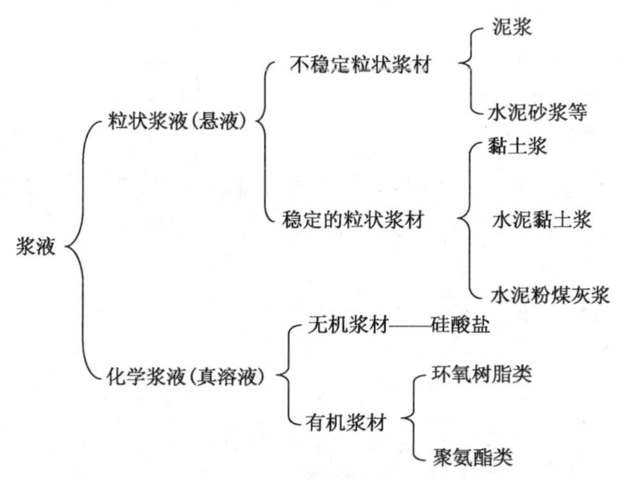

图3-32　注浆材料分类

针对搭板脱空这一病害,目前较常使用的注浆材料有水泥浆、水泥粉煤灰浆、水泥砂浆等。水泥类浆材凝固后结石强度高、渗透性小、无毒性、不污染环境、价格低廉,是目前国内最常用的注浆材料。水泥粉煤灰浆主要材料为水泥和粉煤灰,外加一些膨胀剂和减水剂,其突出优点是粉煤灰能使浆液中的酸性氧化物(SiO_2 和 Al_2O_3)含量大幅度增加,与水泥水化析出的部分氢氧化钙发生二次反应而生成水化硅酸钙和水化铝酸钙等相对比较稳定的低钙水化物,从而使浆液抗溶蚀能力以及防渗帷幕的耐久性提高。

在选择搭板脱空注浆材料时,要根据桥头路基填料的性状以及搭板脱空的实际情况选取,为达到板底注浆效果、方便施工,板底注浆材料应当具有:良好的流动性、早期强度高、浆液应具有较好的稳定性、无离析泌水现象、初凝时间需较长等特点。

④确定注浆压力、注浆量与布孔方式。

a. 注浆压力的确定。注浆压力应在加固前通过现场注浆试验予以确定,从而取得施工所

需参数。一般采取逐步提高注浆压力的方法,求得注浆压力与注浆量之间的关系曲线,当压力提高至某一数值时,若发现注浆量突然增大,表明地层结构已发生破坏或孔隙尺寸已扩大。可把此时的压力值作为确定容许注浆压力的参考依据。根据经验,注浆时压力控制在 0.2 ~ 0.5MPa,最大注浆压力一般控制在 1.0 ~ 2.0MPa 之间。

b. 注浆量的确定。根据搭板面积及板下脱空区大小确定注浆量。

c. 注浆孔的布置方式。在注浆孔距取值范围内,根据搭板面积及板下脱空面积与深度,合理布置注浆孔可以保证工程质量、降低工程造价。路桥过渡段搭板脱空注浆加固一般设计为多排注浆孔,不同排上注浆孔设计又有两种布置方式:一种为矩形排列,即前排孔与后排孔在公路轴线方向上平行,如图 3-33 所示;另一种为三角形排列,即前排孔与后排孔的位置沿公路轴线方向上错开 1/2 倍的孔距,即平面梅花状布置,如图 3-34 所示。

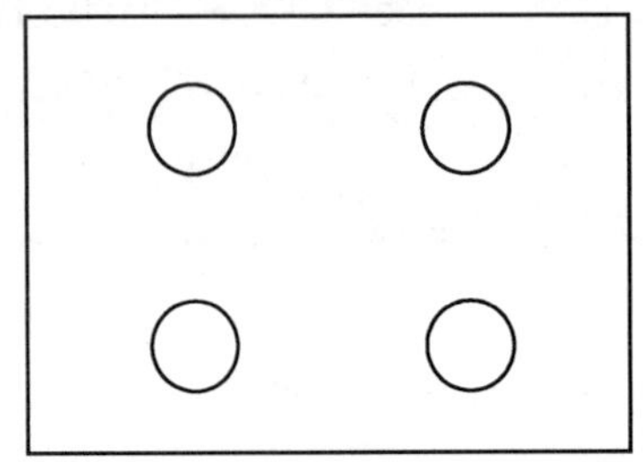

图 3-33　注浆孔矩形布置

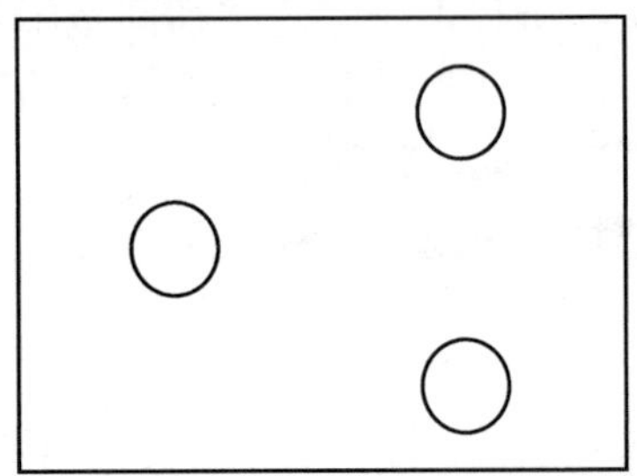

图 3-34　注浆孔三角形布置

⑤板底压浆效果检测方法。一般说来,国内经常使用的检测方法有地质雷达法、声波检测法、地质钻探取芯法、复压法及注浆前后路面高程测量及沉降测量等方法。

(3)板底压浆施工流程

桥头搭板板底脱空注浆施工流程如图 3-35 所示。

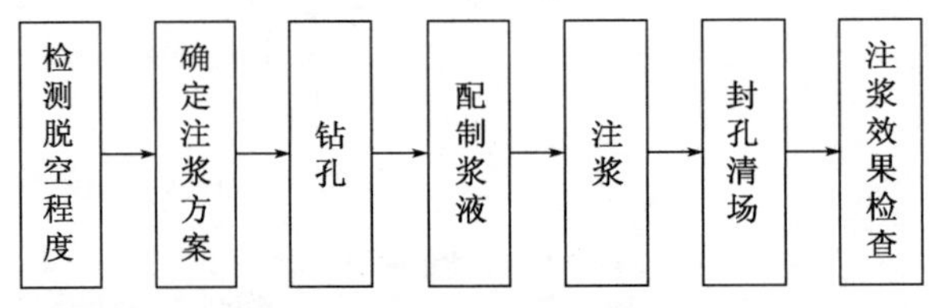

图 3-35　板底压浆施工流程

(4)板底压浆效果评价

本节以某桥搭板脱空压力注浆处置为例,介绍板底压浆设计方案及处置效果。

①搭板脱空情况。该桥两端桥头搭板均出现不同程度的脱空,从地质钻探孔取出的钻芯看,脱空深度从搭板中心到台背逐渐变深,最大脱空深度达 90cm。靠近硬路肩的主车道桥头搭板,在上部车辆行驶时出现了弯曲变形,最大弯曲值达到 15cm。

②注浆孔及注浆深度确定。为了尽量减少搭板上的造孔数量,同时保证相邻灌浆孔灌注的浆液能够相互渗透,确定灌浆孔数为 18 个,灌浆孔深为 2.0m,孔位呈梅花形布置,具体如图 3-36所示。

③配制注浆材料。注浆材料为水泥、粉煤灰、外加剂和水。水泥为 42.5 号普通硅酸盐水泥,外加剂为膨胀剂和 JK-24。经过试配和试验段的使用,选定如下配合比,水泥:粉煤灰:膨胀

剂:JK-24:水=1:1:0.04:0.1:1.2。按此配合比先将水泥、粉煤灰、外掺剂在灰浆搅拌机内干拌均匀,再加水进行湿拌,以使浆液均匀。

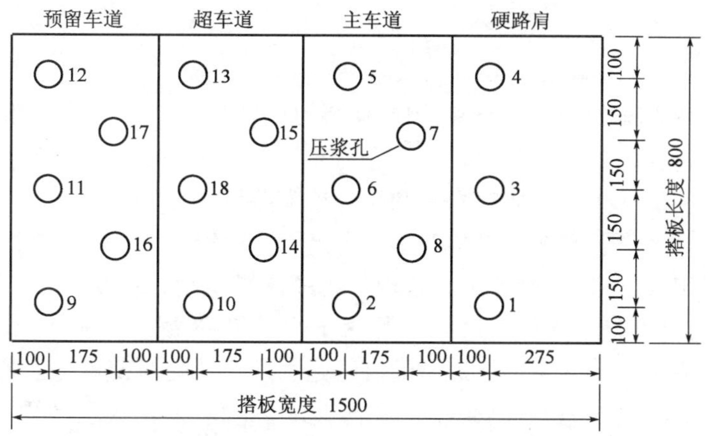

图3-36　压力注浆孔位布置图(尺寸单位:cm)

④注浆。按注浆孔编号从小到大依次进行注浆。考虑到施工时只能封闭半个车道,因此先对硬路肩和主车道进行注浆,再对超车道和预留车道进行施工,如图3-37所示。注浆压力为0.2~0.4MPa,最大注浆压力为1.3MPa。当浆液从相邻孔中冒出或压力表压力上升较快时,立即暂停注浆,防止搭板抬升。暂停几分钟后,继续进行压浆,当灌浆压力达到1.3MPa后,稳压5min,结束注浆。

a)

b)

图3-37　台背注浆

⑤封孔。注浆结束后对钻孔部位的铺装层用沥青混凝土进行修补性封孔,并用水对路面进行清洗,保持路面清洁。24h后即可开放交通。

⑥注浆效果检查。通过对搭板检查孔取出的钻芯进行分析,搭板与台背填土之间的脱空区域均被浆体充填。此外,为进一步验证搭板处理效果,此项目还在每块搭板的主车道位置埋设了一支沉降观测仪,进行为期一年的沉降观测。数据显示,累计沉降量最大值为2.7mm,沉降速率均很小,表明经治理后搭板下填筑体基本没有发生沉降,灌浆效果良好。当行车快速通过搭板时,搭板稳定,无起伏现象,进一步表明搭板脱空治理达到了预期效果。

3.5.2 路桥过渡段加宽不均匀沉降控制技术

3.5.2.1 不均匀沉降产生原因

(1)纵向不均匀沉降产生原因

根据各地关于桥头跳车病害的调查,引起路桥过渡段纵向不均匀沉降的原因主要有以下几个方面:

①桥台的沉降。公路桥台构造物本身和台背填方路堤相比变形很小,一般忽略不计,桥台沉降即其下地基沉降。出于安全和正常营运的考虑,公路桥台设计和施工中,对其下地基的沉降及稳定性的控制相当严格,且设计时一般均考虑桥跨结构对沉降的影响,所以正常情况下,其工后沉降都很小,可以忽略不计。这样一来,桥台与台背路堤之间就会出现不均匀沉降。

②路堤下天然地基的沉降。天然地基的沉降是引起不均匀沉降的主要原因。假设天然地基在自重荷载作用下沉降已完成,那么在天然地基上修筑路堤时,特别是桥涵台背路基填土一般较高,在路堤填土和车辆荷载共同作用下,天然地基还将继续下沉,这一工后沉降较大、变形稳定期长,往往会持续数年甚至数十年,造成路桥不均匀沉降。

③路堤本体填土的沉降。桥台背填土一般较高,按正常施工工序,都是在桥涵构造物完成后再填筑两端路堤,这样就会在桥头形成一个填土较高、施工面狭窄、工期紧迫的作业段,大型机械很难进入场地实施操作。即使使用小型压路机,在台背碾压时也会有碾压不到的死角,给路堤压实工作带来相当大的困难。而实际施工时,路堤填土往往达不到最佳含水率,且台背一定范围内,往往辅以人工夯实对土方进行压实,压实功较小,局部密实程度很难达到设计要求。因此,在路堤自重、车辆垂直荷载以及冲击振动荷载联合作用下,路基填料被逐渐压缩,孔隙率逐渐降低,密实度逐渐增大,出现沉降。

④排水不畅。由于在桥涵与路堤的连接部位存在缝隙,雨水常常会沿缝隙渗入,增加路面各结构层和路堤的含水率,并对路面结构层和路堤进行冲刷和侵蚀,造成台后路堤填土的流失。随着路堤与各结构层的破坏,在外部车辆荷载反复冲击作用下,必然会造成桥头路堤沉陷,产生跳车现象。

⑤其他因素。除了以上提到的原因,工程结构本身的设计方案、施工工艺以及所采取的处治措施等也对桥头不均匀沉降有较大的影响。

(2)横向不均匀沉降产生原因

高速公路加宽在横向上会因为多种原因而产生不均匀沉降,如图3-38所示,其主要原因如下。

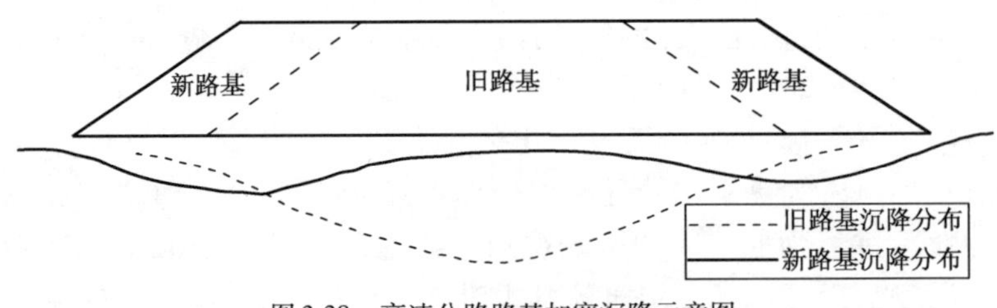

图3-38 高速公路路基加宽沉降示意图

①地基条件的差异。高速公路中,旧路已经运营了一定时间,旧路基作用下地基已经基本或完全固结,其物理力学性质发生极大改变,特别是对于软土地基,强度提高非常明显。而对于新加宽路基下地基,固结时间短,尚未完成,在同等荷载作用下,还将会发生一定的沉降增量,这样就造成了地基的差异沉降,反映到路基和路面上就会出现裂缝等病害。

②新旧路基本身的特性差异。在旧路基上进行拓宽处理,新旧路基的路基土性质、路面结构层厚度与强度不一,一边为原有旧路基,一边为新加宽路基,压实质量存在差异,在结合部位将会产生差异界面,为公路出现纵向裂缝留下隐患。对旧路基,由于长期承受上部较大行车荷载的作用,从客观上讲,已经历了多次的冲击、振动和压实,加上多年自然环境循环作用,路基土固结充分,沉降也趋于稳定。对新加宽路基,即使严格按照规范要求进行设计与施工,也必然还要经历固结、压密等过程,加之新旧路基填筑材料的不同,必然要产生一定的沉降差。

③荷载影响。高速公路经过多年的运营,地基的固结已基本完成,原路堤和地基土之间形成了一个整体,可近似当作一刚体。由于整体刚度大,若在两侧进行加宽,新加宽的路堤自重,对原路基而言,将以偏心荷载的形式作用于旧路基,引发新的附加不均匀沉降增量,其大小与偏心荷载的作用距离有关,距离越近,影响越大。

在旧路基础上进行加宽,等同于行车荷载位置向外扩展,荷载将大部分作用在新填路基上,尤其是重车荷载,基本上均由拓宽路基承担,因此从理论上来讲,新路基所受的行车荷载比旧路基大,出现下滑或沉降的可能性也就更大。如图3-39所示,箭头表示行车方向。

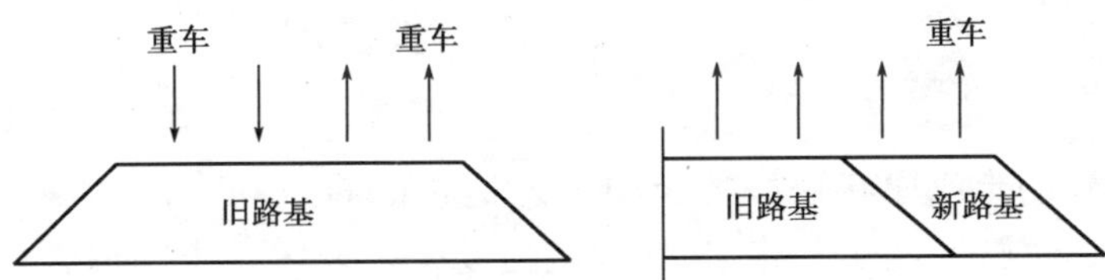

图3-39　行车荷载影响新旧路基的不均匀沉降

④新旧路基结合部施工原因。由于施工工艺复杂,施工难度大,新旧路基结合部往往会存在人为的质量原因,例如压实度达不到设计要求标准;台阶开挖不合理或未开挖;旧路基边坡上树根、草皮、杂土、腐殖土等清除不彻底;新旧路基结合部压实度达不到设计要求等。以上各种施工因素均会造成结合部位强度达不到要求,从而出现较大沉降。

3.5.2.2　不均匀沉降防治措施

(1)设置桥头混凝土搭板

为了避免不均匀沉降对行车造成的不良影响,目前,在我国高等级公路建设中常用的方法是在桥台上设置桥头混凝土搭板,如图3-40所示。桥头搭板一端支撑于桥台,另一端通过枕梁或直接与路基相连。

(2)合理选择台背填料

选择质轻或刚度较大的材料进行台背回填,既可以实现过渡段桥台到一般路段沉降渐变过渡,实现台背回填的"刚柔过渡",还可以减小加宽路基对旧路的附加应力,避免新旧路之间产生过大差异沉降,提高新旧路基的稳定性和整体性。因此,因地制宜,选择合理的台背路基填料是影响路桥过渡段这一特殊位置加宽工程质量的关键因素。

考虑到石安高速公路改扩建工程沿线地形平坦，地势开阔，全线路基以填方为主，难以找到充足的石料供应，因此填料以粉质土及亚黏土为主，而针对过渡段这一位置，采用石灰土进行处理。另外，沿线有大量的粉煤灰料源，粉煤灰的干密度较小，回填台背可大大降低路堤下地基的附加荷载，有利于减少地基沉降及路堤对桥台的侧压力。但是，由于透水性大、稳定性差以及无黏结性等特点，粉煤灰不宜直接用于台背回填。近些年，国内高速公路推广使用液态粉煤灰这一新材料作为台背回填材料，液态粉煤灰自重轻、密度小、刚度大且压缩性小，不仅可以减小台背后基底土的附加应力，同时还可以减小新加宽路基对旧路基的附加应力，从而避免桥台与路基、新旧路基之间的不均匀沉降。在京津公路跨外环线立交改建工程、青银高速公路等多条公路中用于台背回填，效果良好，并未出现桥头跳车现象。该项目路桥过渡段加宽台背回填施工采用石灰土和液态粉煤灰用作填筑材料，下面分析其作为台背回填材料的优势。

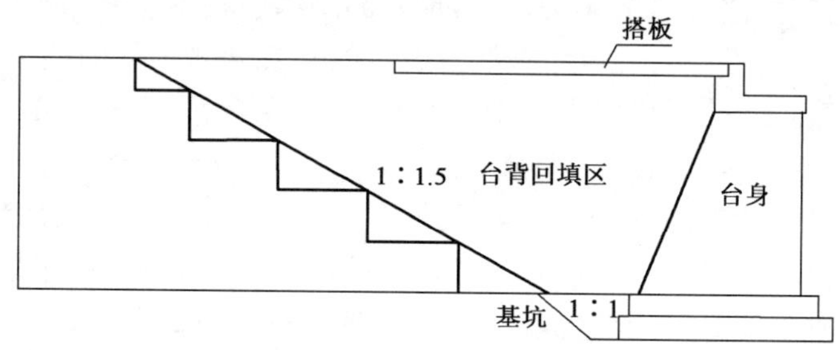

图3-40　桥头设置混凝土搭板示意图

①灰土。

石灰土是在粉碎的土或原状松散的土中掺入适量的石灰和水，按照一定技术要求，经拌和，并在最佳含水率下摊铺、压实及养生，其抗压强度符合规定要求的混合料。在土中掺入石灰后，石灰与土会发生强烈的作用，从而使土的性质发生根本的改变。在初期表现为土的结团、塑性降低，最佳含水率增大和最大密实度减少等；后期变化主要表现在结晶结构的形成，从而使土成板体性，强度及稳定性提高。石灰土作为过渡段加宽台背回填材料的优势有：工程造价低、施工简便、强度高、稳定性好等。

②液态粉煤灰。

液态粉煤灰是将一定量的水泥、粉煤灰和水（或一定外加剂）进行拌和，具有一定流动性，且在一定龄期下，经洒水养护形成一定强度的混合料，其主要材料是水泥和粉煤灰。

普通松散的粉煤灰在碱性环境下，粉煤灰颗粒相对比较单一，均匀的颗粒决定其孔隙率较大、结构组织疏松。加上粉煤灰颗粒本身是一些空心的微粒组成的混合体，因此，粉煤灰的干密度较小，基本上是0.61～1.20g/cm^3，比一般土体填料低1/3左右。具有密度低、自重应力小的特点，能减小相对差异沉降量。如在其中掺加一定量的水泥和外加剂，粉煤灰将发生水化、硬化反应，随着龄期的增长，混合料的强度将大大增加，表现出强度大、板体性好、具有一定流动性等优良特点，其作为过渡段加宽台背回填材料的优势包括：有效降低基底附加承载应力、具有良好的充盈效果、可操作性强、施工工期短等。

通过以上分析，石灰土和液态粉煤灰作为台背回填材料具有一定优势，尤其是液态粉煤灰，非常适合作为过渡段加宽台背回填材料。

(3)削坡与开挖台阶

目前,高速公路改扩建中,为使新填路堤与旧路堤紧密衔接,减少工后差异沉降,防止新旧路结合处路面开裂,通常对旧路堤边坡进行削坡与开挖台阶处理(如图3-41所示),可以清除旧路堤边坡一定深度内表层压实度不足的土,提高新填部分与旧路堤的接触面积,增加新旧路结合部的连接力,并为设置土工格栅提供锚固区域。而对过渡段这一特殊位置进行加宽,更应该重视削坡与台阶的开挖。

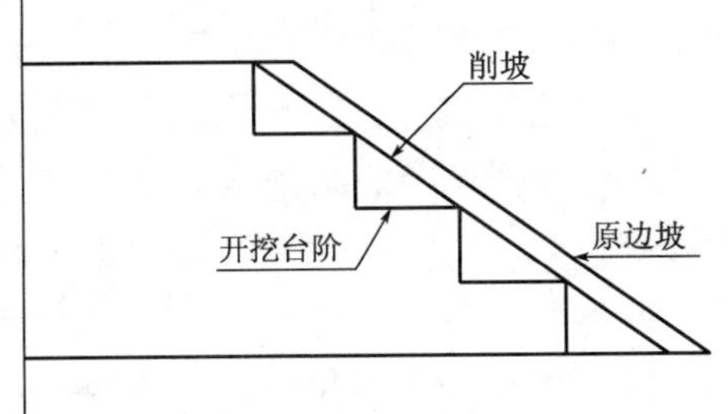

图3-41　削坡与开挖台阶

削坡与台阶开挖具有:有效提高衔接处的密实度、减少新填路堤的工后沉降、提高新旧路堤整体性和稳定性、有利于土工格栅的铺设和锚固等作用。

目前国内改扩建工程最常用的开挖方式包括两种:一种是先削坡再挖成台阶状,另一种是直接挖成台阶状。后一种开挖方式又包括由上向下开挖和由下向上开挖。表3-22是我国部分已扩建高速公路边坡削坡和台阶开挖的情况。

我国高速公路改扩建工程中的削坡及台阶开挖方式　　表3-22

工程项目	削坡方式
广佛高速公路	台阶高度控制在80cm左右,宽度为100~200cm
沪杭甬高速公路	台阶高度控制在80cm左右,宽度为100~200cm
沈大高速公路	从土路肩向下挖成1:0.5坡度,并挖成高度不大于80cm的台阶,台阶底面向路中心横坡3%,台阶挖至与原地面平齐
海南环岛东线高速公路	从坡脚向上挖成宽100~150cm,内倾2%~4%的反向台阶
沪宁高速公路	清除表层30cm欠压实土,挖成台阶状,台阶高度为50~60cm,宽度为90~100cm
南京绕城公路	从上向下挖成台阶状,台阶高度控制在80cm左右,宽度为100~200cm
沪宁—锡澄高速公路	挖成台阶状,每个台阶高度80cm,底宽120cm,台阶底面向路中心横坡2%,台阶挖至与原地面齐平

国内大量研究表明,两种开挖方式对旧路基表面横坡比的改变大致相同,而对于加宽路基和整个扩建后的新旧路基,自下向上的开挖顺序对横坡比的改变比自上向下的开挖方式略小,具有一定的优势。从施工角度而言,自上向下开挖不利于机械化施工,同时施工机械要在路基顶面施工,这对于削坡后旧路基的稳定性不利,也不利于旧路基正常的交通运输。因此,自下向上的开挖顺序要略优于自上向下的开挖方式。

国内针对台阶开挖尺寸同样进行了大量研究,研究表明,在台阶高度相同时,增大台阶宽度可以减小新旧路基的水平和竖向变形;在台阶宽度一样而高度变化时,随着台阶高度的增加,路基水平和竖向变形逐渐增加。参考我国几条已扩建高速公路工程,都把台阶高度控制在80~100cm以内,台阶宽度根据边坡坡度确定,在60~200cm之间。

通过以上对削坡及台阶开挖方式、台阶大小的分析,结合过渡段拓宽特点,建议本工程首先对旧路边坡进行30cm削坡,采用自下而上台阶开挖方式,首层开挖宽1.5m,高1.0m大台阶,为给新旧路基的衔接提供更多接触面,以上开挖小台阶,台阶内倾3%,进行新旧路之间的搭

接。而桥台背一般填方较高,因此采取逐步开挖的方式施工,同时做好排水与安全防护工作。

(4)严格控制路基压实度

①严格控制台背路基的压实。为了保证台背路基的压实度,台背路基每层填筑厚度应小于15cm,压实度要满足规范要求,对于台根、翼墙根外碾压不到位的"死角",用18～21t光轮压路机,以低速进行碾压,局部用压路机压不到的地方,要分层用冲击夯夯实,但压路机在台后100cm范围不允许强振。为保证压实强度,当填到路基顶层时对台后一定范围内用强夯夯实。

②严格控制新旧路基结合部的压实。对新旧路基结合带(大型压路机的压实施工死角)用打夯机分薄层填筑压实。必要时可采用冲击碾加强压实,如图3-42所示。实践证明冲击碾压可以提高新旧路基的压实度,对加强新旧路基的结合和减少其不均匀沉降非常有利,并且此方法已在沈大高速公路改扩建中推广使用。除此之外,为防止新旧路基结合部产生不均匀沉降,施工允许时可对结合部分和新建部分的台后一定范围进行预压,预压范围根据过渡段设计大小确定,预压期为冬季停工期。

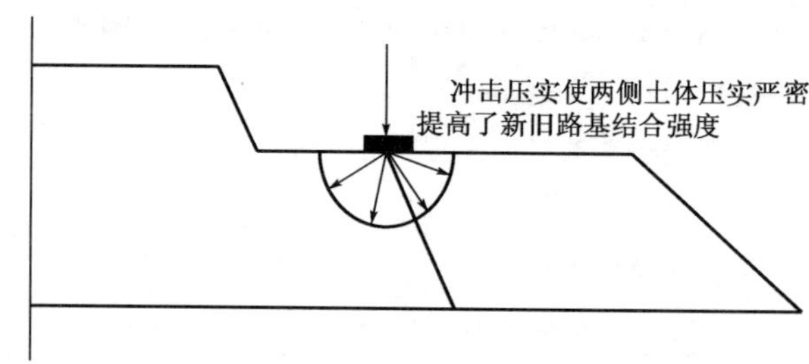

图3-42　冲击压实路基受力图

(5)应用土工合成材料

为了使新旧路堤紧密衔接形成整体,减少新旧路堤的不均匀沉降,防止路面开裂,扩建工程中经常采用土工合成材料。大量研究表明:使用土工合成材料可以有效地加强新填路基与既有路基的整体性,提高地基的承载力,解决路基的不均匀沉降;可以降低由于路堤自重引起的水平应力,从而减少水平位移,有效地防止路面开裂;影响作用效果的主要因素是土工合成材料的刚度,刚度越高效果越好。

通常将原有路基边坡挖成一定宽度的内倾台阶后,沿道路纵向铺筑一定幅宽的土工格栅,使得土工格栅一半位于原有路基上,另一半位于新填路基上(图3-43)。软基段填方路基,在重点解决软基处理方案后,可按一般路基段的拼接方法实施,同时为了减少新旧路基间的差异沉降,可采用轻质填料、加大格栅用量,采用刚度较大的土工格室等进行新旧路之间的连接。

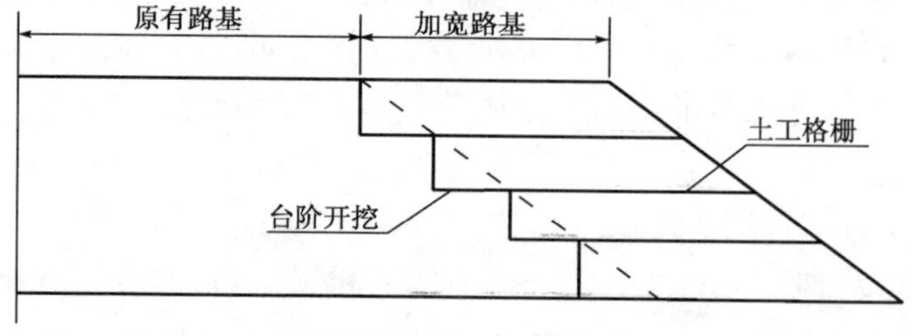

图3-43　高速公路加宽土工格栅铺设示意图

(6)台背软土地基处理

目前,在扩建工程中最常用的软基处理方法有换填法、隔离墙、塑料排水板、湿喷桩(粉喷桩)复合地基、CFG 桩复合地基、预制管桩复合地基、轻质路堤等。

规范对高速公路改扩建工程的工后沉降要求严格,特别是对桥头路段,工后沉降要控制在 10cm 以内。因此,这一位置一般选用桩复合地基进行加固处理,处理后承载力高,工后沉降小,新路基下软土地基处理区域一般是从旧路坡脚内缘到加宽路基坡脚处,如图 3-44 所示。具体选用那种桩复合地基进行处理,一般要满足:保证较小的工后沉降和施工工艺成熟,施工方便且经济合理的原则。目前,国内外多采用水泥搅拌桩、CFG 桩和预制管桩处理桥头软土地基。

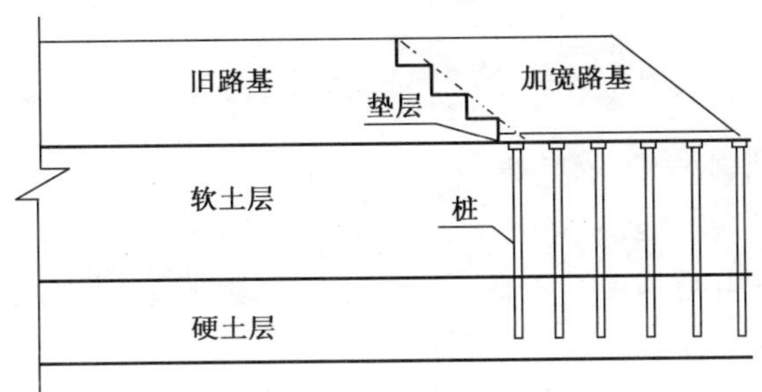

图 3-44 横断面地基处理示意图

表 3-23 为水泥搅拌桩、CFG 桩和预制管桩在高速公路改扩建中的适用条件和优缺点。

水泥搅拌桩、CFG 桩和预制管桩适用性及优缺点　　表 3-23

项目	适用条件	优缺点
水泥搅拌桩	主要用于高填土的涵洞、通道和桥头路段地基处理,适于低饱和的粉土和软弱土。桩长小于 15m	施工经验成熟,工程造价适中,可提高软弱土地基承载能力,减小地基沉降量,扰动小,沉降相对较大,成桩效果相对较差,质量难
CFG 桩	主要用于涵洞、通道、桥头路段地基处理,适用于低饱和的粉土和软弱土。桩长可大于 15m	桩体模量较大,承载力高,工程造价较高,成桩效果好,质量易控制采用振动法有扰动,长管螺旋钻施工需要工作面大
预制管桩	主要用于涵洞、通道、桥头路段地基处理,适用于深层可液化、软土的处理。桩长可大于 15m	该方法操作简单、施工速度快,施工质量容易保证,但造价高,工厂化生产,质量可靠,处理深度最大,沉降小,对旧路干扰小

对于路桥过渡段加宽,除了要防止新旧路不产生过大差异沉降,还要考虑路桥过渡段纵断面沉降的渐变过渡。桥头软土地基一般使用桩复合地基进行处理加固,而一般路段大多数使用比较经济的超载或等载预压方法进行处理,时间长且软基工后沉降一般不能被彻底消除。那么桥头与一般路段在衔接处可能产生过大差异沉降,从而在此处形成"二次跳车"。针对这一问题,国内高速公路大部分是在台后设置沉降过渡段进行处理,即在台后划分桥头处理段和沉降过渡段,沉降过渡段内改变桩长、桩间距或两者同时改变,如图 3-45 所示。

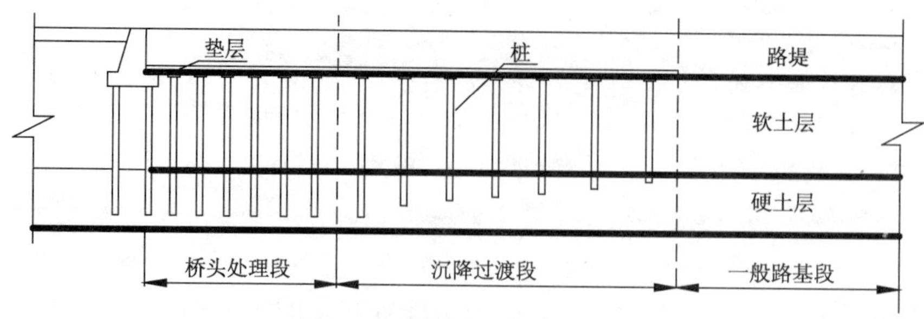

图 3-45　纵断面地基处理示意图

3.5.3　路桥过渡段加宽路基填筑技术

3.5.3.1　路桥(涵)过渡段路基加宽施工原则

(1)台背回填所用填料要求:石灰土或液态粉煤灰。

(2)根据现场施工情况,当结构物已完成且路基土方未填筑或填筑进度较慢时,采用 7% 石灰土与路基同步填筑;当路基填筑较快或已完成,结构物施工较慢时,采用液态粉煤灰填筑。严禁使用砂砾或山皮土作为填料进行台背回填。

(3)台背回填时,台(涵)身圬工砂浆的强度或混凝土强度应达到设计强度的 100% 以上,并且在结构物施工过程中应采取妥善的措施保证基底不被水浸泡。

(4)台背回填施工的范围应符合设计图纸的尺寸要求。

(5)台背回填的顺序应按以下要求进行:梁式桥的小型构造物填土应在梁板安装以后在两侧对称进行;对于有支撑梁的小型构造物回填必须在支撑安装或浇筑完成之后方可进行;对于整体式箱涵(通)应在两侧对称进行回填;柱(肋板)式桥台宜先做台背回填再浇筑盖梁。柱(肋板)式桥台两侧对称、平行进行回填,回填施工的顺序应保证构件不产生附加水平推力,严防产生桥台位移和偏心受压。柱和肋板式桥台宜先填筑桥台土方再浇筑盖梁,这样可充分发挥机械作用,做到台背回填不沉降,确保工程质量。已浇筑盖梁的桥台,当填至盖梁下,由于净空较小,小型机械不能作业时,可用 M7.5 砂浆浆砌片石,分层铺砌盖梁底。

(6)基础施工完毕及时进行基坑回填,并保证严格分层。

3.5.3.2　石灰土台背回填施工技术

(1)材料要求

石灰:石灰的各项技术标准应符合技术规范的要求,所用石灰应采用Ⅲ级以上石灰。石灰应尽量缩小存放时间,当在野外存放时,应覆盖防潮;生石灰应于使用前 7 ~ 10d 消解,并在使用前过 10mm 的筛,或直接采用磨细的生石灰粉,对磨细的生石灰粉应加大试验检测频率,以确保石灰质量合格。

稳定用土:最适宜用于石灰稳定的土,应是塑性指数为 15 ~ 20 的黏性土及含有一定数量黏性土的中粒土和粗粒土,当采用塑性指数较小的土时,应在其中添加一定数量的黏土,以提高其混合料的板结性能和强度(回弹模量)。

水:混合料含水率不符合最佳含水率要求时,应添加适量的水,采用饮用水(含牲畜饮用

水)即可。

(2)混合料拌制

①混合料各种原材料用量计算:施工设计图纸中采用的是7%石灰土,施工之前应根据设计要求的石灰剂量配制土样,对石灰土进行标准击实试验,以确定最大干密度和最佳含水率,并同时配制相应试件以检验混合料的强度,计算出每立方米混合料的石灰和原状土用量。

②拌制:为保证石灰土拌和的均匀性,要求台背回填土都必须采用场外集中拌和,各标段可根据自身设备情况选择相应的拌和方式,但拌和后的混合料应满足如下要求:(a)混合料中土块的最大粒径应符合规范要求,即采用塑性指数偏大的黏性土时,最大粒径不大于15mm;当采用粗粒土时,最大粒径不大于37.5mm;(b)混合料所采用的各种原材料用量计量要准确,含水率应大于最佳含水率1% ~2%;(c)混合料拌和要充分,色泽应均匀,无明显的生土团和石灰窝现象。

(3)回填施工与质量检验

①现场准备。台背回填应和路基施工统筹安排,对高填方处台背回填最好是能与路基平行进行,以降低该处的施工难度。回填施工之前,应人工将台背基坑中的松土清除干净,已填筑的路基进行挖台阶处理,底部距基础外缘3m,与新填路基衔接处按1:1.5的比例放坡开挖台阶,台阶宽度1.5m,高1m。

②摊铺。摊铺前对混合料进行灰剂量及含水率检测,合格后进行回填,回填时应根据每填筑层的高程位置现场量测出填筑面积,并根据填筑面积和松铺厚度15cm计算出该层的石灰土用量。

③压实。采用压路机进行碾压,对压路机不能靠近的台背、耳墙附近区域,应采用小型的振动式的压路机或采用高性能的冲击夯、汽夯进行压实。

④压实度检测。台背回填的压实度从填方基底至路床顶面均为97%,每层回填压实完成后,应按规范规定的频率进行压实度检测,检测合格并经监理抽检合格后方可进行下一层的施工。

(4)控制要点

①回填应分层填筑,根据压实机型,一般控制在每层压实厚度不大于15cm,分层填筑应尽量保证摊铺厚度均匀、平顺。在雨季回填时,填筑面应做成3% ~4%的坡度,以利于排水。

②构造物的回填应遵照两边对称原则。并做到在基本相同的高程上进行,防止不均匀回填造成对构造物的损坏。

③靠路基的坡度应当挖成设计要求的台阶,以便于保证回填质量。

④回填前,先与断面上划分回填层次,确定检测频率,填写检测记录。

⑤填筑时要设专人负责。

⑥不同土质应分层填筑,不准混合使用。回填土要经过选择,含水率要接近最佳含水率时碾压,碾压边角要碾压到位。

⑦台背与锥坡同时回填。

3.5.3.3 液态粉煤灰回填施工技术

(1)施工流程

测量放样→台阶粗开挖→开挖清理基坑→基坑验收→基坑回填砂(或砂砾)→台阶精细

开挖→施工包边土→浇筑液态粉煤灰→养生→检查验收。

(2)施工工艺

①测量放样。

根据台后填土高度、边坡坡率测放出台背回填的施工范围,并予以明显的标识。

②台阶粗开挖。

台背填筑范围标识后,按图纸设计的尺寸对台后填土进行粗放的台阶开挖(图3-46),原地面的台阶平面尺寸要不小于3m宽的要求,以便于对基底松软土进行开挖回填。

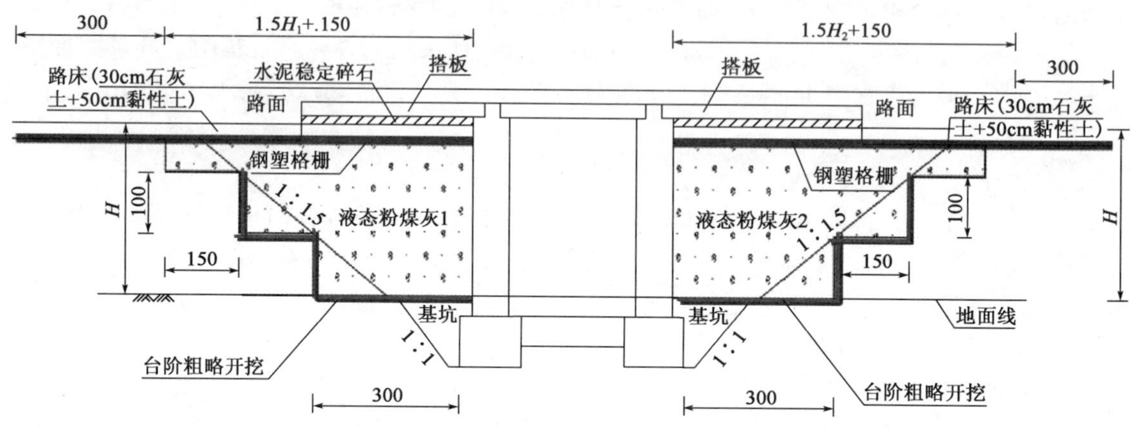

图3-46　台背填土台阶开挖(尺寸单位:cm)

③开挖清理基坑。

挖除原基坑内的松散土层,直至基底原状土。并开挖成相对规整的形状,既美观亦便于回填和夯实。基坑开挖宽度尽量能够满足20t以上压路机碾压的程度。局部受场地或空间的限制必须用冲击夯进行夯实(图3-47)。

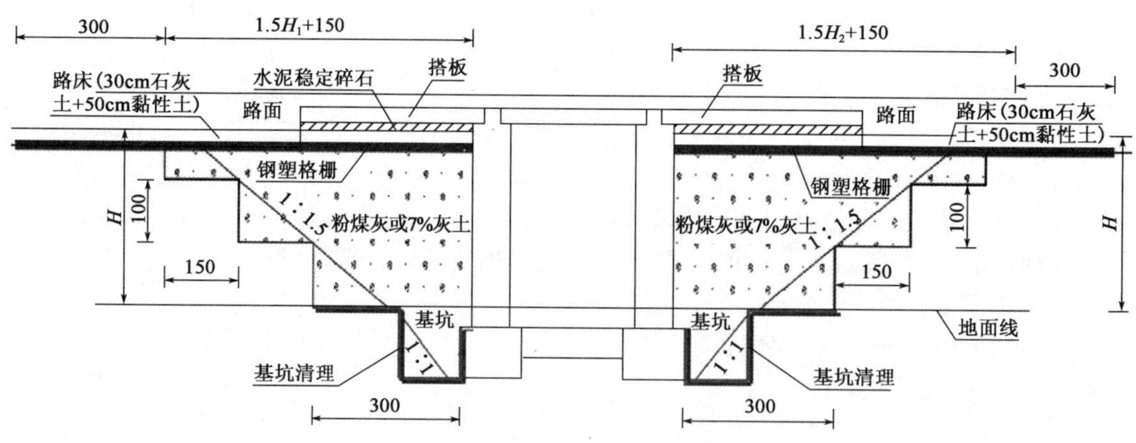

图3-47　基坑清理(尺寸单位:cm)

④基坑验收。

基坑开挖清理夯实完成后,需对基底进行压实度等指标进行验收,满足要求后方可进行回填工序。

⑤基坑回填。

选择砂或砂砾对基坑进行分层回填,直至略高于基础顶和原地面3~5cm。用人工对表面进行修整,使表面平整,无硬块和突出物。回填至基础顶以后用20t以上压路机对原地面3m范围进行补强碾压,直至达到97%的压实度要求。对压路机碾压不到的部位用小夯击进行夯实(图3-48)。

⑥台阶精细开挖。

原地面处理完成后,根据填土高度和图纸设计的台阶开挖尺寸(宽1.5m×高1.0m)进行台阶的精细开挖(图3-49)。开挖形成的台阶表面必须平整,质地要坚实。无松散,且棱角分明。如已开挖到设计尺寸后,台阶压实度仍不满足要求,需继续向后开挖,直至合格为止。

⑦施工包边土。

如图3-50所示,包边土不仅是锥坡的重要组成部分,而且还起到支挡液态粉煤灰的作用,因此压实度至关重要。其压实标准不小于路基压实标准。

图3-48　台背基底碾压

图3-49　台阶精细开挖

图3-50　施工包边土

⑧浇筑液态粉煤灰。

浇筑之前,需对基槽四周进行检查。确保密实,无缝隙或敞口现场,避免出现渗流现象,并对内壁进行润湿。混合料运输就位后通过自制溜槽注入基槽内,混合料拌和运输能力应保证现场浇筑过程连续。混合料自由倾落高度不宜大于 2m。混合料浇筑完成后用人工对表面进行整平。如图 3-51 所示。

⑨养护。

每次灌注完成,待初凝后,用土工布进行覆盖养护。一直保持表面湿润。强度增长过程中会出现表面开裂现象。可用 1:2 的水泥浆进行灌缝处理。

⑩检查验收。

以上每道工序完成后均需报现场监理工程师对回填范围(几何尺寸)、压实度、混合料的拌和质量、强度进行检查。全部符合要求后方可进行下道工序施工。

(3)液态粉煤灰拌和工艺

①液态粉煤灰的拌和必须选用混凝土拌和站进行集中拌和。严禁使用滚筒式拌和机在现场直接拌和使用。

②混合料组成控制。

现场检测粉煤灰的含水率,据此按每次拌和容量精确计算出各种材料的用量。水泥用量控制在水泥总量的 ±1%,粉煤灰控制在总量的 ±3% 范围,水控制在总量的 ±3%,减水剂应准确称量后加入。

③结块粉煤灰的粉碎。

粉煤灰尽量使用干粉煤灰。湿粉煤灰容易结块。结块粉煤灰在进料前应粉碎或过筛,保证水与粉煤灰颗粒完全接触以顺利进行化学反应。结块的粉煤灰进入混合料会成为夹心,造成局部强度不足。

④拌和。

为保证混合料的拌和质量。每次混合料的拌和时间不得小于 120s,搅拌完成后现场量测混合料的稠度。使其流动度满足施工要求。

⑤留样检测。

每天或每工作班按相关评定标准要求制作试件,检验 7d 和 28d 强度(图 3-52)。并于 28d 检验钻芯强度。

图 3-51 浇筑液态粉煤灰

图 3-52 试样制作

(4)施工质量控制

①必须保证基底及原地面处理压实度达到规范和设计指标的要求，否则依然会发生沉降或变形。

②回填盖板涵、盖板通道、箱涵等小型结构物台背必须两侧同时进行。对于装配式面板的小型构造物必须在梁板安装完成后才能回填。

③液态粉煤灰的保水能力较差，比较容易泌水。为尽可能的获得较高的强度，必须及时将积水清除。并进行2~3d的晾晒，使水分尽量蒸发。

④台背卸载以后应抓紧进行回填，避免基底出现反弹。

⑤质量标准：

a. 要严格控制周边填土的压实度，四周界面必须到硬茬，驻地监理工程师亲自验收并拍摄照片备查。

b. 施工过程严格控制配合比，及时填写浇筑记录并建立台账。

c. 强度指标满足设计要求。

3.6　高速公路改扩建工程锚固加筋技术

3.6.1　新旧路基不均匀沉降机理

横向裂缝和纵向裂缝是其中两种主要常见的病害情况，而在平原地区的路面病害中，主要以纵向裂缝为主，位置大部分出现在新旧路基的结合处并且靠近旧路部分。因为石安高速公路改扩建工程均处于平原地段，所以本章主要讨论路基横断面不均匀沉降的机理。

3.6.1.1　不均匀沉降的组成

新旧路基不均匀沉降主要有三部分组成：新旧路基的地基固结差异变形、新路基的压缩变形和新旧路基结合部滑移变形。

(1)新旧路基的地基固结不均匀变形

新路地基土体固结时间长、压缩性大，并且施工结束后沉降还是很大，然而旧路基下的地基土却由于受到长期的自重荷载和反复车辆活载的作用其固结变形已基本完成，因此新旧路基不同的固结变化就会使地表发生不均匀变形。如果地基为软土地基，那么这一部分变形更大，如图3-53所示。

(2)新路基的压缩变形

当加宽路基填方比较高、填土路基压实度不足时。旧路基在自重作用下，压缩变形已基本完成；但是新路基在加宽结束后仍有比较大的压缩变形。因此，在工程地质条件良好的情况下，新路基的压缩变形是占主导地位的。而软土地基时，新路基压缩变形和地基压缩加起来构成了主要变形。其过程如图3-54所示。

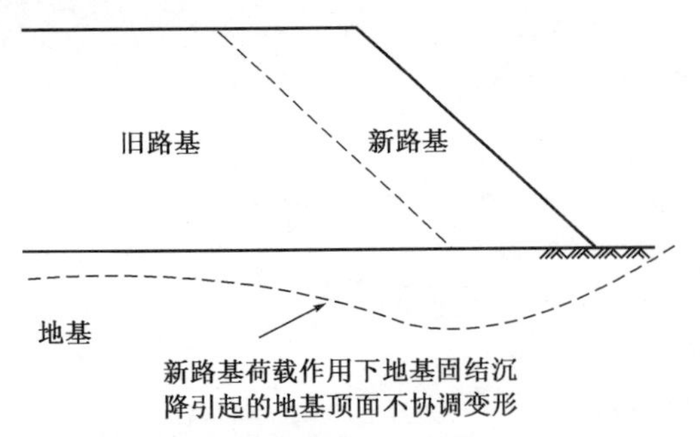

图 3-53　地基固结变形引起的不均匀沉降

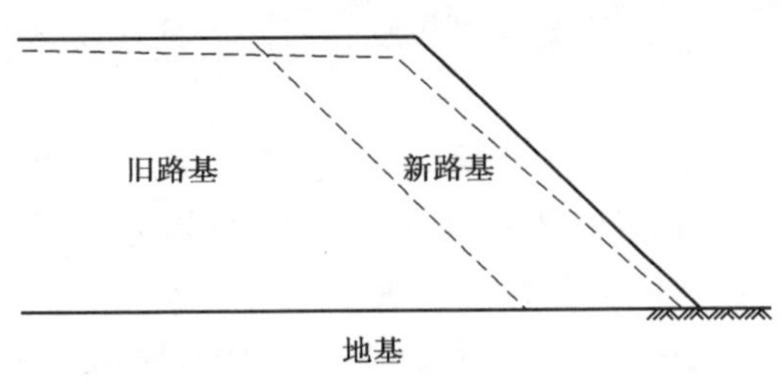

图 3-54　新旧路基自身压缩和固结引起的不协调变形

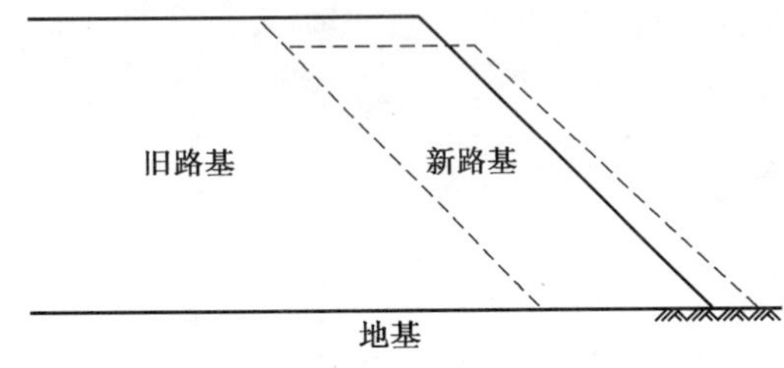

图 3-55　结合部滑移引起的不均匀沉降

(3)新旧路基结合部滑移变形

如图 3-55 所示,此种情况会使新路基沿结合面发生一定错动滑移。在产生不均匀变形的同时也很有可能导致结合部错台以致整体发生失稳。因此,这样就会使新旧路基结合部的路面发生开裂、损坏严重破坏。

3.6.1.2　不均匀沉降的原因

高速公路加宽工程中产生不均匀沉降的原因,大致分为设计方面、施工方面、工程地质方面三大因素。

(1)设计方面。由于高速公路加宽工程实践方面多于理论研究,因此在这方面的设计可以遵循的国内规范很少,这样势必导致在设计方面会产生一定不足,包括:旧路台阶开挖的大小和旧路边坡削坡多少,基本上都是靠以往工程经验确定,这样会导致在别的工程中适用,而在本工程未必适用的情况;土工合成材料的应用也常常是根据经验判断,对于铺设长度、宽度的优化设计有时并不是很清楚;排水系统设置不合理,这样在雨水浸入的情况下,尤其是一旦路面有裂缝开展的话,会使土体的抗剪强度大大下降,导致不均匀沉降的继续发生。

(2)施工方面。在施工过程中,人为因素显得很重要,特别是在新旧路基结合处的施工更是很复杂,如果过程控制不予以严格要求,则会导致达不到设计要求。产生的问题主要有:新路基下面的地基处理不合格,会造成新路基填筑时产生的不均匀沉降加大;路基填筑后碾压工艺不当,从而导致压实度不足。

(3)工程地质方面。如果地质勘查不够仔细或者由于技术受限的原因,会导致软土地基处治先天不足,这样会使软土地基工后产生比理论计算值要大的沉降,从而造成不均匀沉降的增大,严重时会导致新路基失稳。

3.6.2　高速公路路基加宽加筋技术

3.6.2.1　土工格栅加筋效果分析

几何建模共开挖台阶 5 个,台阶从上往下依次为第一层、第二层、第三层、第四层、第五层

台阶。而土工格栅和土工格室的铺设均需要衔接在旧路基台阶上,下面将土工格栅和土工格室的加筋效果分别来考虑。本研究中采用的加筋材料物理参数如表 3-24 所示。

加筋材料物理参数 表 3-24

加筋材料	弹性模量 E(kPa)	轴向刚度 EA(kN/m)	高度(cm)	面积(m^2)
土工格栅	1×10^9	2×10^6	—	0.002
土工格室结构层	8×10^4	—	5	—

不同铺设层位的效果分析如下。

先假设土工格栅沿新路基宽度方向上全铺,重点讨论土工格栅层数对加筋效果的影响。首先铺设层数有 1 层、2 层、3 层、4 层、5 层五种,而铺设 1、2、3、4 层时候会产生不同的组合,具体模拟工况如下:铺设 1 层,选择三种铺设方式,分别为 1,3,5 层;铺设 2 层,选择四种铺设方式,组合分别为 1 和 5、2 和 4、1 和 3、3 和 5;铺设 3 层,选择四种铺设方式,组合分别为 1、3、5;2、3、4;1、2、5;1、4、5;铺设四层,选择二种铺设方式,组合为 1、2、3、4;2、3、4、5;铺设五层,即全铺设。加筋位置如图 3-56 所示。

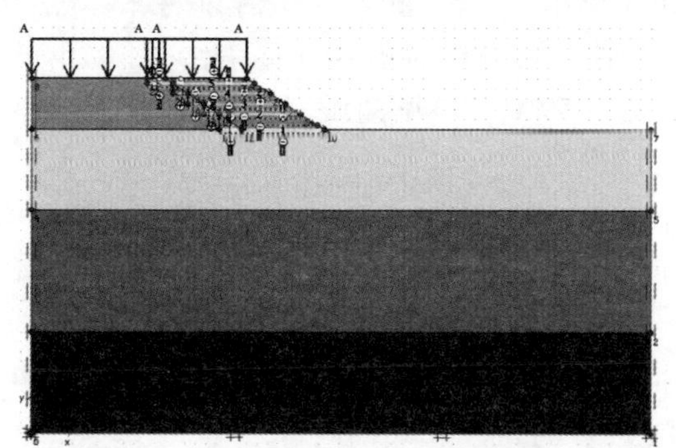

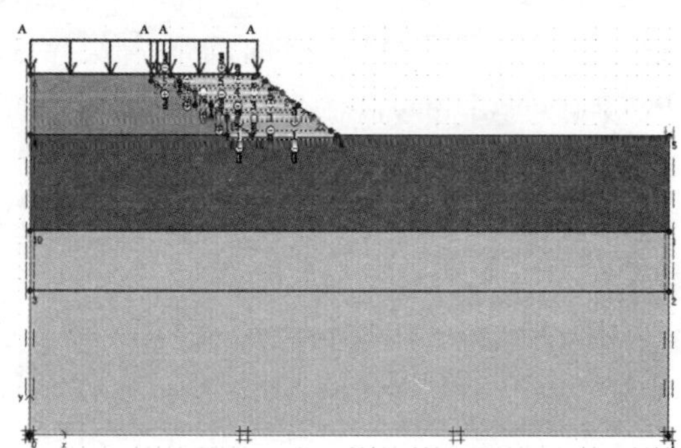

图 3-56 加筋位置布置图

(1)铺设一层土工格栅工况分析

分析对竖直沉降影响。加筋作用对竖向位移沉降作用不是大,加筋效果表现不是很明显,但是对不均匀沉降改善还是有一定作用的,在第一层(路床底部)、第三层及第五层(基底)铺设一层土工格栅后,路基顶面的最大差异性沉降分别从无格栅时的 9.1cm 减少到 8.9cm、9.0cm、8.6cm,减少了 2.20%、1.20%、5.49%。

分析土中有效应力。从不加土工格栅时的 603.25kPa 分别减少到第一层(路床底部)、第三层及第五层(基底)时的 603.19kPa、603.20kPa、603.13kPa,减少最明显的也是基底部位,其次是最上层,最后是中间部位。

分析土中水平位移。土中最大水平位移从无格栅时的 30.94mm 分别减少到第一层(路床底部)、第三层及第五层(基底)时的 27.42mm、28.93mm、28.20mm。也就是说铺设在最上层时对土体的水平约束最好。

综合分析可知,格栅铺设越是往下,其减少不均匀沉降越是明显,减少土中有效应力也是最好,但减少水平位移方面,最上层是最佳的,因此铺设一层土工格栅时建议铺设在路基底部。

(2)铺设二层土工格栅工况分析

分析对竖直沉降影响。1 和 5 层组合、3 和 5 层组合、1 和 3 层组合、2 和 4 层组合铺设土工格栅后，路基顶面的最大差异性沉降分别从无格栅时的 9.1cm 减少到 8.5cm、8.6cm、8.7cm、8.8cm，减少了 6.59%、5.49%、4.40%、3.30%。可见铺设二层时分别铺在最底层和最上层时对沉降效果是最好的。

分析土中有效应力。从不加土工格栅时的 603.25kPa 分别减少到 1 和 5 层组合、3 和 5 层组合、1 和 3 层组合、2 和 4 层组合时的 603.23kPa、603.19kPa、603.24kPa、603.21kPa，从应力减少角度可以看出铺设在中间和最底层效果最好。

分析土中水平位移。土中最大水平位移从无格栅时的 30.94mm 分别变为到 1 和 5 层组合、3 和 5 层组合、1 和 3 层组合、2 和 4 层组合时的 29.99mm、27.46mm、33.43mm、27.57mm。也就是说铺设在中间和最底层效果最好。

综合分析可知，格栅铺设二层时建议铺设在 3 和 5 层组合此时效果较好，即中间层和基底部位。

（3）铺设三层土工格栅工况分析

分析对竖直沉降影响。1、3 和 5 层组合，2、3 和 4 层组合，1、2 和 5 层组合，1、4 和 5 层组合铺设土工格栅后，路基顶面的最大差异性沉降分别从无格栅时的 9.1cm 减少到 8.6cm、8.9cm、8.6cm、8.5cm，减少了 5.49%、2.20%、5.49%、6.59%。可见铺设三层时分别铺在 1、4 和 5 层时对沉降效果是最好的。

分析土中有效应力。从不加土工格栅时的 603.25kPa 分别减少到 1、3 和 5 层组合，2、3 和 4 层组合，1、2 和 5 层组合，1、4 和 5 层组合时的 603.20kPa、603.20kPa、603.24kPa、603.16kPa，从应力减少角度可以看出铺设 1、4 和 5 层效果最好。

分析土中水平位移。土中最大水平位移从无格栅时的 30.94mm 分别变为 1、3 和 5 层组合，2、3 和 4 层组合，1、2 和 5 层组合，1、4 和 5 层组合时的 29.28mm、28.94mm、32.4mm、25.64mm。也就是说铺设在 1、4 和 5 层效果最好。

综合分析可知，格栅铺设三层时建议铺设在 1、4 和 5 层效果最好。

（4）铺设四层土工格栅工况分析

分析对竖直沉降影响。1、2、3 和 4 层组合，2、3、4 和 5 层组合，路基顶面的最大差异性沉降分别从无格栅时的 9.1cm 减少到 8.6cm、8.6cm，减少了 5.49%、5.49%。可见铺设三层时两种情况对沉降效果是一样的。

分析土中有效应力；从不加土工格栅时的 603.25kPa 分别减少到 1、2、3 和 4 层组合，2、3、4 和 5 层组合时 603.20kPa、603.15kPa，从应力减少角度可以看出铺设 2、3、4 和 5 层效果要好些。

分析土中水平位移；土中最大水平位移从无格栅时的 30.94mm 分别变为 1、2、3 和 4 层组合，2、3、4 和 5 层组合时 29.72mm、23.76mm。也就是说后者组合对水平减少效果更好。

综合分析可知，格栅铺设四层时建议铺设在 2、3、4 和 5 层效果最好。

（5）铺设五层土工格栅工况分析

分析对竖直沉降影响。路基顶面的最大差异性沉降分别从无格栅时的 9.1cm 减少到 8.6cm，减少了 5.49%。

分析土中有效应力。从不加土工格栅时的 603.25kPa 分别减少到 603.15kPa。

分析土中水平位移。土中最大水平位移从无格栅时的30.94mm分别变为23.70mm。

(6)软土地基上加筋效果分析

在软土地基上加筋效果也不是很明显，路表最大沉降由加筋前的34.8cm变为加筋后的33.3cm，水平位移由131.4mm变为加筋后的120.45mm，最大应力由加筋前的516.29kPa变为加筋后的516.21kPa。可见加筋在软土地基应用时对水平位移作用是最显著的。

从以上各种工况分析得出，铺设土工格栅对竖向沉降效果不明显，对减少地基中应力有一定作用，但也不是很大，但对水平位移的减少还是比较明显的。层数的增多对降低沉降、改善应力、水平约束方面不是很大，因此无论从经济上还是从改善性能方面来考虑，太多的加筋没有必要，对于一般填方的高速公路扩建工程建议铺设三层，位置1、4、5组合，即下部铺设两层，顶部一层。

3.6.2.2　土工格栅技术参数的影响分析

(1)格栅模量对新旧路基变形的影响

通过调整格栅的拉伸模量来分析加筋效果，拉伸模量分别选取0.1GPa、0.5GPa、1GPa和2GPa。计算结果显示，当格栅模量为1GPa时，地表的最大沉降量由0.5GPa时的12.3cm减小到7.4cm，减小了40%；附加最大水平位移由0.5GPa的5.3cm减小到4.1cm，减小了23%；路堤表面最大沉降由0.5GPa的6.2cm减小到4.3cm，减小了31%，由此可以看出当格栅模量增加到1GPa时，新路基的各项指标已明显改善，但随着模量的继续增大，加筋效果将不再明显。由此得出，格栅模量为1GPa时，效果最优。

(2)格栅间距对新旧路基变形的影响

当格栅层数相同时，格栅间距会影响新路基变形性状。大部分新路基填筑中，格栅在路床底部和路基底部分别铺设一层，格栅间距的控制主要体现在路床底和路基底之间，因此以铺设3层格栅为例，按如图3-57所示三种模型进行布筋来分析不同格栅间距时的路基变形性状。

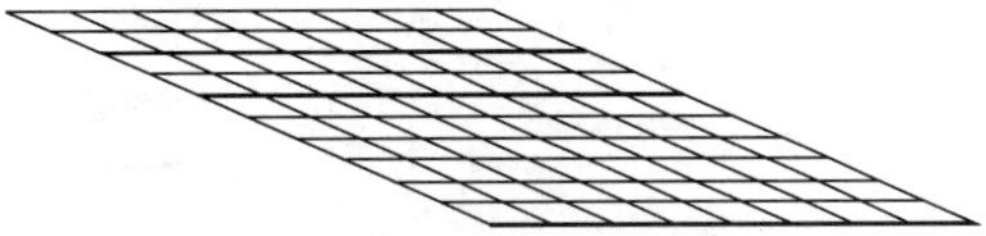

a)模型 1

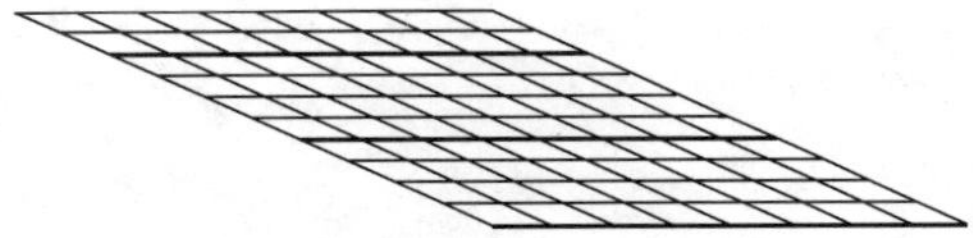

b)模型 2

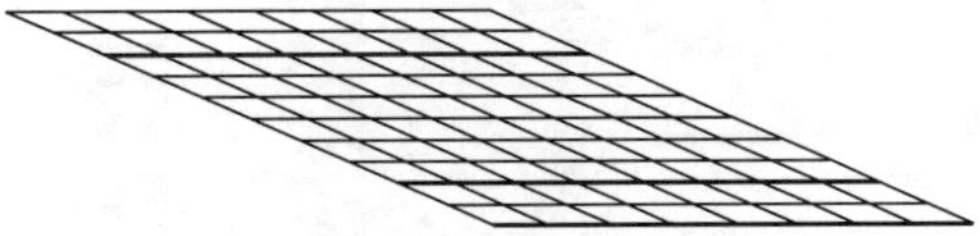

c)模型 3

图3-57　格栅间距变化布置图

上述三种布筋方式中，路基的各项指标变化不大，对于模型1而言，地表附加沉降和附加水平位移相对较大，而路堤表面沉降相对较小，；对于模型3而言，地表附加沉降和附加水平位移相对较小，而路堤表面沉降相对较大。综合考虑以上因素，由于模型1和模型3中各有利弊，因此选用模型2的均匀布筋方式较为合理。

(3)格栅长度对新旧路基变形的影响

以均匀铺设3层格栅为例，逐步减小加筋长度来模拟不同加筋长度时路基的变形性状。对于地表附加沉降，格栅全铺可在全路基中起到加筋效果，路基最大沉降量最小，沉降量为2.9cm；加筋长度为6m时，路基沉降有所增加，其中加筋部分最大增加量为0.4cm，未加筋部分增加较多，增加量为1cm；加筋长度为4m时，路基沉降量进一步增加，加筋部分最大增加量

为0.7cm,未加筋部分增加量为0.8cm。对于地表附加水平位移,格栅全铺在三种模型中最小,更有利于新旧路基的整体衔接。对于路堤表面沉降,格栅全铺在三种模型中最小,可防止路面开裂。因此选用全铺的格栅铺设方式效果更优。

综上所述,针对高速公路改扩建典型路段路基加宽,建议选用格栅模量为1GPa,加筋层数为3层,布筋间距为2m,加筋长度为满铺8m。经过铺设土工格栅处理后,地表附加沉降为2.9cm;地表附加水平位移为0.2cm;路堤表面沉降为2.8cm,新旧路基横坡比为1.3‰,满足规范要求。

3.6.2.4 土工格室加筋效果分析

土工格室作为一种立体加筋材料,其具有抗拉和抗弯双重加筋作用,对于土工格室的铺设层数和铺设长度分析方法和分析土工格栅时一样。铺设5种不同工况如下:一层(第5层;即底层),二层(第3层和第5层),三层(第1、4、5层),四层(第2、3、4、5层),全铺。

从图3-58和图3-59看出,随着土工格室铺设层数的增加,路表的不均匀沉降逐渐减少,但是层数的增多对减少效果不是很显著,考虑到工程造价和改善性能方面,一般高度路基建议铺设2层格室,分别在路床部位和基底部位。

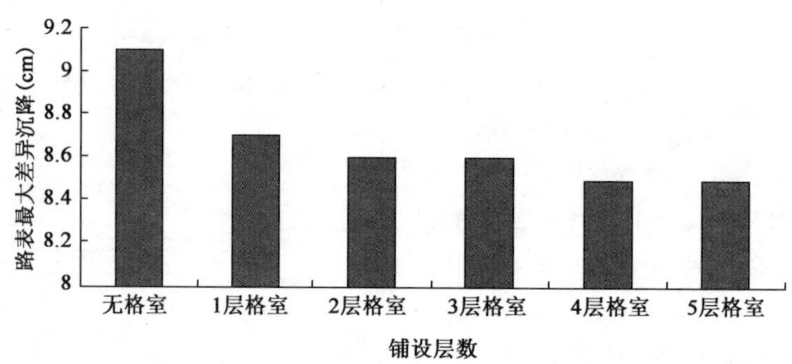

图3-58 正常地基铺设不同层位土工格室时路表差异性沉降

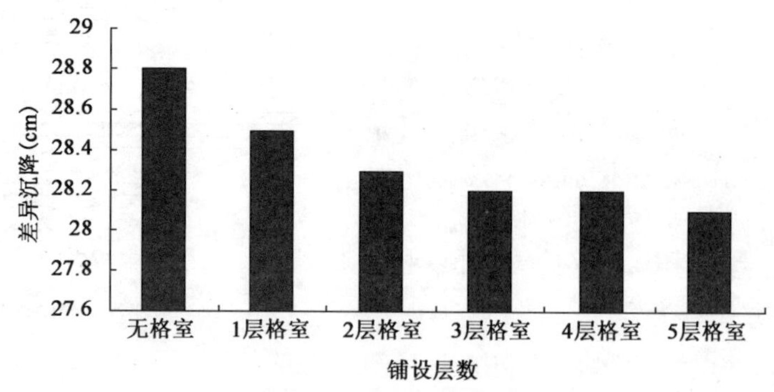

图3-59 软土地基铺设不同层位土工格室时路表差异性沉降

对于铺设路床和基底两层土工格室后,正常地基的土中最大水平位移由30.24mm减少至30.07mm;软土地基的土工最大水平位移由131.4mm减少至112.02mm;可见在软土地基时土工格室在减少水平位移方面更加显著。

3.6.2.5　实际工程中加筋布置

由前面的正常地基和软土地基加筋效果分析可知，在正常地基情况下加土工格栅或土工格室是可以减少不均匀沉降，并且可使差异性指标达到工程要求的范围之内，但是对压缩性较大的软土地基加土工格栅或土工格室后分析可知，即便加筋材料可以减少路基的不均匀沉降，但是远达不到工程要求范围之内，因此在石安高速公路实际改扩建中，正常地基或压缩性较小的软土地基加筋方案采用的是基底部位满铺一层土工格室，在路床部位铺设两层钢塑土工格栅。

3.6.3　锚固加筋组合结构设计

3.6.3.1　锚固加筋组合结构机理分析

由于每一层筋材对抵抗新路基变形的贡献不同，以第 i 层筋材为例，其对新路基提供的拉力为 T_i，$T_i=\min\{T_{\mathrm{ltds}},P_{\mathrm{up}i}\}$ 其中 T_{ltds} 为筋材的长期设计强度，而 $P_{\mathrm{up}i}$ 为第 i 层筋材锚固在台阶上的抗拔力，当台阶的尺寸较小，筋材有效埋入长度有限时，其抗拔力较小，因而新旧路基的不协调变形得不到很好的控制。

如图3-60所示，当筋材与旧路基边坡的锚杆相连接后，T_i 可提高至 T_{ltds}，因而可以充分发挥筋材控制高填方路基不协调变形的作用。

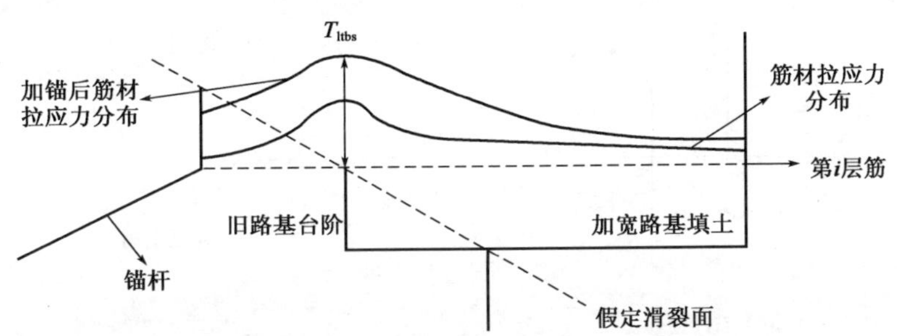

图3-60　锚固加筋组合结构筋材拉应力分布曲线示意图

3.6.3.2　锚固加筋组合结构设计方法

对于高填方路基加宽锚固加筋组合结构的设计，最重要的就是确定锚杆拉力设计值。

如图3-61所示，第 i 层筋材对新路基提供的拉力为 T_i，被台阶的拉拔力消散一部分 $P_{\mathrm{up}i}$ 后，剩下的 $T_{\mathrm{rear}i}$ 由锚杆消散。

$$T_{\mathrm{rear}i}=T_{\mathrm{max}i}-P_{\mathrm{up}i}=T_{\mathrm{max}i}-2\alpha_{\mathrm{p}}\tan\phi'\sigma'_{\mathrm{n}i}L_{\mathrm{e}i}b \tag{3-4}$$

式中：$T_{\mathrm{max}i}$——筋材中拉力的最大值(kN/m)，在极限平衡状态下其值等于 T_{ltds}；

$P_{\mathrm{up}i}$——第 i 层筋材的抗拔力(kN/m)；

$\sigma'_{\mathrm{n}i}$——作用在第 i 层筋材上的竖向压应力(kPa)，$\sigma'_{\mathrm{n}i}=\gamma h_i+w_{\mathrm{s}}$，其中 w_{s} 为路面和车辆的附加荷载(kPa)；

L_{ei}——第 i 层土筋材的锚固长度(m),取台阶宽度;

b——筋材的宽度(m),对于土工格栅加筋土结构 $b=1\text{m}$。

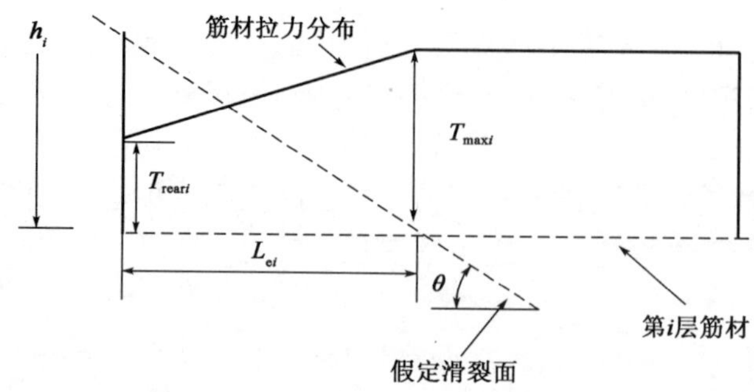

图 3-61 路基加宽中沿筋材长度方向拉应力分布示意图

如图 3-62 所示,作用在锚杆的拉力可由下式来计算:

$$P_{ani} = T_{reari} S_{hi} \sec\omega \tag{3-5}$$

式中:P_{ani}——作用在第 i 层锚杆中的拉力(kN);

S_{hi}——水平方向相邻锚杆的间距(m);

ω——锚杆与水平方向的夹角(°)。

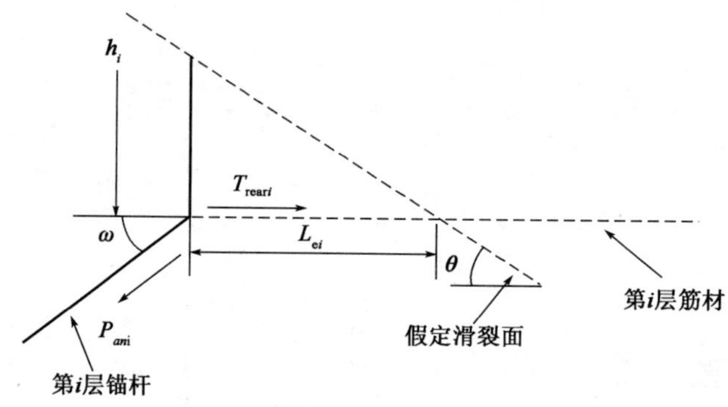

图 3-62 筋材与锚杆联合示意图

计算出锚杆中的拉力设计值后,即可根据旧路基土体的物理力学性质来设计其长度、锚孔直径并选用合适的锚杆材料等。

3.7 高速公路改扩建工程加宽路基沉降观测技术

3.7.1 观测目的

在改扩建工程实施新旧路基拼接、路面施工过程及后期运营期间,沉降观测的主要目的如下:

(1)观测旧路基与扩建新路基的竖向沉降和水平位移；

(2)提供准确的沉降观测值，为评价扩建路基稳定性提供依据；

(3)监测原有路基与拓宽路基间的差异沉降；

(4)提供准确的沉降速率观测值，为判断路基稳定性并确定路面铺筑时间提供依据；

(5)通过对重点观测断面进行整体、剖面、分层、水平位移等方面监测，评价软基处理效果。

3.7.2　观测内容

高速公路改扩建工程中，由于新路基会对旧路基产生附加沉降，新路基自重会引起横断面方向沉降，并最终引起横坡改变等影响，将导致观测的复杂性，增加观测内容，具体观测内容可参考表3-25。

拓宽工程沉降观测内容细表　　表3-25

路名		沉降观测内容
旧路		一般路段左肩、中孔桩、右肩三个点的沉降观测
		桥头路堤50m内、左肩、左中路缘、右中路缘、右肩、中孔桩5个点沉降观测
		左、右两个半幅的纵、横断面观测
新路	拓宽路面	拓宽路左、右半幅中各3个点的地面沉降标观测 深层沉降标观测
	重点断面	水平位移计、测斜管、孔隙水应力计、土压力计等

表3-25中观测频率按每填筑一层观测一次规定操作，所有测点全部用二等水准技术指标观测。其中旧路纵、横坡按观测高程计算所得。计算公式为$(H_{路缘}-H_{路肩})/L_{间距}\times100\%$。横坡值应满足《公路施工及验收规范》中的规定设计值为2.0%，允许偏差为±0.5%，二期观测横坡值之差为横坡的变化度。同时应该重点观测横坡方向有无出现凹塘和反坡等不良现象，防止出现路面积水。

3.7.3　观测仪器

地面沉降通常用高精度水准仪，基础底面沉降观测可选择剖面沉降仪、地面沉降板，路段断面整体可以选择三维激光扫描仪等设备，本节重点介绍适用于二等水准精度的精密水准仪、剖面沉降仪和三维激光扫描仪。

(1)精密水准仪

满足二等水准精度的水准仪应选用带有测微器的水准仪，必要时用电子水准仪以提高观测速度及精度。水准仪采用条划铟瓦水准标尺；电子水准仪采用编码尺。有关二等水准精度列于表3-26。

二等水准测量的精度　　表3-26

等级	$m_{双}$(mm)	红、黑面平均值或基、铺平均值高差中误差(mm)	一个测站沉降量的中误差(mm)	二个测站沉降量的中误差(mm)
二	0.18	$m_{观}=m_{站}=0.18$	$0.18\times\sqrt{2}=\pm0.25$	$\pm0.18\times2=\pm0.36$

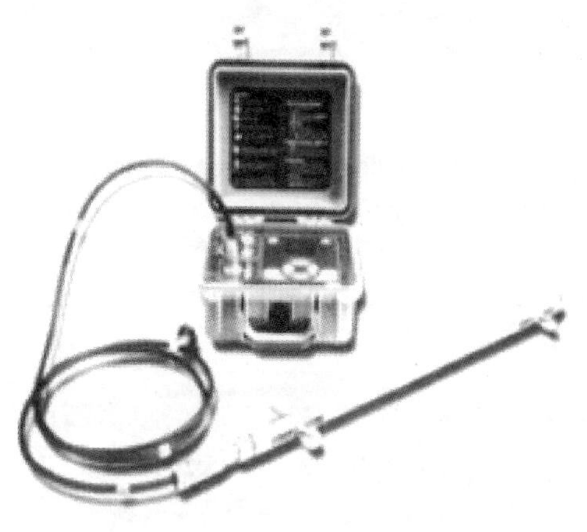
图 3-63 剖面沉降仪组成

(2)剖面沉降仪

剖面沉降观测是通过插入埋设在路基底部的沉降管中的剖面沉降仪进行,它具有不受地面施工影响、可连续多点(一般半幅拼接为 16 个点)观测、精度可达 0.5mm 等优点,该仪器由水平探头、电缆线和读数仪组成,如图 3-63 所示。

沉降管横断面为圆形断面,内壁均匀光滑并具有良好的挠性、柔性和刚性其埋设步骤为:

①在原地面上挖沟,沟深不小于 30 ~ 40cm;

②沉降管及管接头内穿入铟钢丝绳(为拉动测头之用)并连接好;

③将沉降管底部和周边用砂、土将沟填平、夯实;

④沉降管在管口处做一平台(约 40cm × 40cm)作为参照平面;

⑤在沉降管外延 50m 处设一固定水准点,每次观测时与管口现浇水准点连测可求得各前、后测轮接触点的高程变量。

(3)三维激光扫描仪

本项目首次引入三维激光扫描仪对路堤整体沉降进行扫描测试,试验段测试采用 Leica Scan station C10 三维激光扫描仪,如图 3-64 所示。

a)

b)

c)

d)

图 3-64 本试验段采用激光扫描仪

使用三维激光扫描仪进行作业，按照作业的流程一般可以分为四步，如图3-65所示。

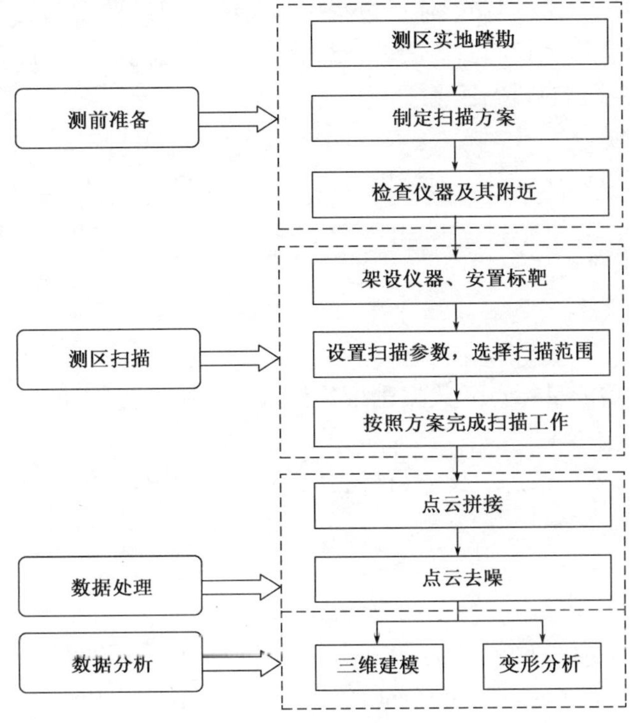

图3-65　三维激光扫描仪的作业流程

①测前准备阶段。

a. 实地踏勘实地了解测区的实际情况，根据项目要求有针对性的收集相关的资料。

b. 制订扫描方案。

一般使用三维激光扫描仪进行扫描往往不是一站就能完成的，所以要在测区范围内根据实际情况选定仪器架设位置和标靶设置位置，制定出详细的扫描方案，为后面扫描工作提供保障。

c. 检查仪器及其附件。

首先检查仪器是否正常工作，免得到现场耽误工作，另外也要对仪器的附件，例如脚架、标靶等进行检查，确保没有缺失和损坏，最后对仪器电池进行充电，为扫描工作做好准备。

②测区扫描阶段。

a. 根据制定的扫描方案，把仪器架设到预定位置，布设标靶。

b. 启动仪器，进行仪器参数设置，首先对标靶进行扫描，分辨率一般设置为超高分辨率，这样可以提高标靶的扫描精度，然后在对测区进行扫描，按照扫描方案完成整个测区的扫描工作。

③数据处理阶段。

a. 点云拼接。

三维激光扫描仪每一次独立设站都是仪器内部的独立坐标系，如果扫描多站，就需要通过重复扫描的标靶把它们拼接起来，转换到一个统一的坐标系里，成为一个整体。

b. 点云去噪。

由于各种因素的影响，我们在扫描的过程中不可能只对我们需要的目标进行扫描，所以获取的点云数据中就会有很多我们不需要的信息，为了得到我们需要的目标信息，就需要采用一定的方法对这些“噪声”信息进行去除。

c. 点云压缩。

三维激光扫描仪可以在短时间内获得目标的海量三维数据，但是数据量太大就会给后续的数据处理或者数据分析带来很多的困难，所以需要在保证点云数据可以完整表达目标信息的基础上，对点云数据进行压缩精简。

④数据分析。

a. 三维建模。

利用去噪和压缩后的目标点云数据进行建模，建立目标的三维信息。

b. 变形分析。

利用处理后的目标点云数据，建立目标表面的数字高程模型，通过不同阶段的数据对比，分析其变形情况。

(4)沉降板

沉降板由沉降底板、沉降杆、管箍、保护套管和套管帽(堵头)等组成。沉降地板为500mm×500mm×20mm的钢板，沉降杆由250mm长、直径为25.4mm的钢管和50mm长、直径为31.8mm的接头管箍组成，保护套管为直径100mm的PVC管，分节长260mm。沉降板的具体构造如图3-66所示。

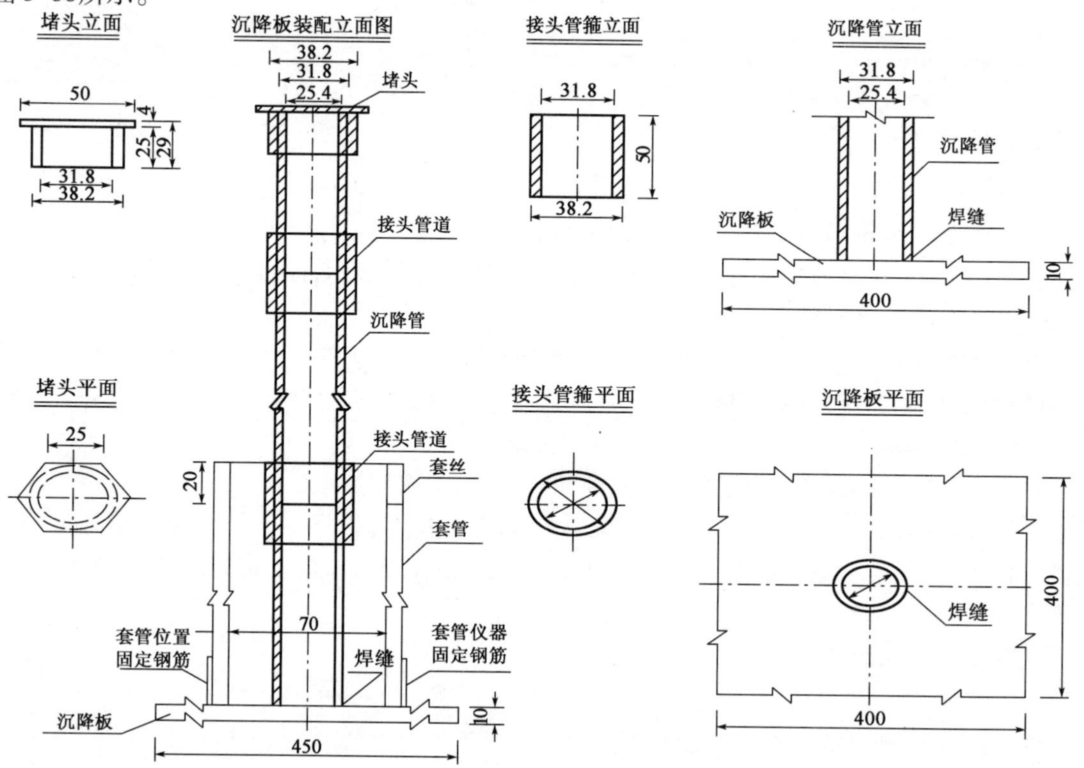

图3-66　沉降板构造图(尺寸单位:mm)

3.7.4　观测方式

采用以横断面剖面沉降仪观测、沉降板观测、三维激光扫描仪观测、分层沉降标观测、水平位移桩(边桩)观测等方式。路堤沉降观测全部用二等水准观测。重点观测断面的观测密度为每填筑一层观测一次。

3.7.5　观测频率

观测频率取决于路基的沉降速率,过程中进行的沉降观测须使系统观测的次数确实能反映出沉降过程,并使观测数据在指定时间段内反映可靠的沉降量,又不遗漏沉降变化的时刻,具体要求如下:

(1)拓宽路堤填筑期沉降速率较大,观测频率应高一些,一般每填筑1~2层或5~10d观测一次;

(2)前1~2个月的预压初期,每月观测2~3次,后期沉降曲线一般走向平缓,可调整为每月观测一次;

(3)拓宽路面施工期沉降曲线走向平缓,可以每层观测一次,若下层与上层施工间隔较长,可适当增加次数;

(4)改扩建工程通车运行期沉降速率很小,一般在0~1.0mm/月之间,观测频率放宽至3个月观测一次。

3.7.6　基准点布设

水准基准点分地面水准点和桥上水准点两种形式,前者用于观测拓宽路上的地面沉降标的沉降,后者用于观测旧路沉降标钉,埋设位置有不同要求。

(1)地面水准点

地面水准点密度应满足沉降观测断面的要求,一般每200m设置一个,水准点位置应埋设在断面延长方向50m以外,以便一个测站完成测点的观测,水准点设在土质坚硬便于长期保存和使用的地点,并埋设混凝土水准标石,统一用BM+序号表示,标石标志应符合规范要求。

(2)桥上水准点

进入路面施工期,为了减少地面水准点转点传递对观测高程影响,应适时将地面水准点转移到有灌注基础的桥上,供新路面施工及完建后工后沉降观测之用。由于桥梁拓宽施工,桥上水准点一律转设在桥中央分隔带帽梁上部水泥板上,并埋设一根Φ18~20mm长20cm的钢筋,其上端用砂轮磨成半球形头,筋头露出混凝土顶面1~2cm,或用射钉抢打入标志。桥上水准点一律用BM段号+序号表示。桥上水准点埋好后,由地面水准点用二等水准往、返引测,往、返高差闭合差为$\pm 0.6\sqrt{n}$mm(n为测站数)。

3.7.7　观测断面确定

观测点分新、旧路观测点两种,旧路观测点用于通车运行期的工后沉降观测和新路拼接荷载对旧路基产生的附加沉降观测,新路观测点用于拼接自重引起的沉降观测。

观测断面间距,对于软土地基一般每200m一个断面,桥头增设搭板尾部和距桥头50m两个断面,非软土地基每1000m一个断面。

选定观测断面时,以旧路人孔井或桩点为中心,分别向左和向右延伸到拓宽路面的路肩处。为了在实施中找到人孔井的桩号,必须将原人孔井施工桩号换算为通车统一桩号。进行路段的断面观测时,可参考表3-27的内容进行布置。

重点观测断面观测项目明细表　　表3-27

观测项目	深层沉降标	测斜管	横断面沉降	测桩土应力比个数	测地基应力个数	孔隙水应力计	测桩土沉降量个数	静探孔	取样孔
观测数量	共10孔 合计测点 总长160m	2孔25m	2侧 合计20m	2组6个	2组6个	2组5个, 间距5m	4组8个	40m/2孔	40m/2孔

3.7.8　观测点设置

观测点分新旧路观测点两种,旧路观测点用于通车运行期的工后沉降观测和新路拼接荷载对旧路基产生的附加沉降观测用,新路观测点用于拼接自重引起的沉降变化观测用。

(1)旧路观测点布设

每个断面的观测点设左、中、右三个点,其中桥头在路缘处增设左、右两个点,中点可设在人孔井上,左、右点设在土路肩进线向内1m处即设置在停车道上。旧路观测点一般用特制的公路道钉,或地籍测量时用的界址钉,钉长一般为5~8cm,Φ0.8cm,钉头为Φ2cm的半球形标志。

(2)拓宽路观测点布设

拓宽路观测断面间距原则与旧路相同。每个断面设置四个沉降标点,点位设置在旧路坡顶、坡中、坡脚及拓宽路堤断面形心点,共四个点。点位设计时务必使坡中点落在新路面的中部,坡顶点距旧路肩线1m,新、旧路肩点作沉降对比,求得沉降差,地基处理完毕后,在指定部位埋设沉降标,沉降标由200mm长,外径为45mm,壁厚大于3mm的钢管和600mm×600mm×9mm的底板组成,攻丝长度不小于2cm,为了使沉降板的管顶不受施工碾压破坏,采用挖埋式。压实后的沉降标管顶应低于压实面20cm。

用沉降标管作为地面沉降标,常受施工影响被破坏,难以保证资料的连续性。如果改用剖面沉降仪观测,可避免施工的干扰。

图3-67为一个半幅和测点群,由路缘点、o、a、b、c五个点组成。其中设在旧路上的路缘点及人孔井点作旧路工后沉降观测用。a、b、c三个点为拓宽路面作加宽施工期时用。

3.7.9　观测方案实施

3.7.9.1　准备工作

(1)水准仪的检验与校正

水准仪必须符合等级水准测量要求。水准仪各部分转动应灵活、稳当,制微动螺旋作用应

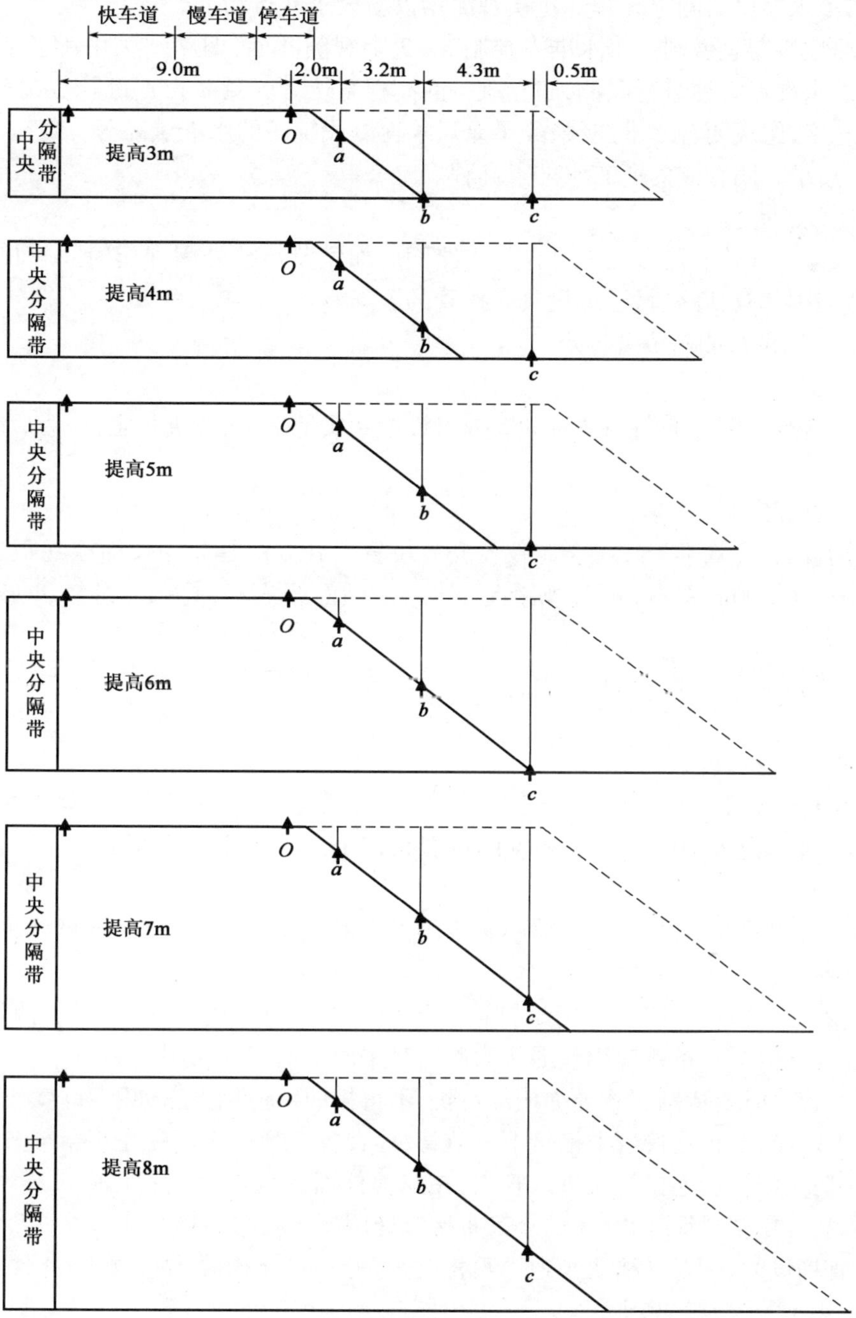

图3-67　已有路面及拓宽工程断面观测点布置图

可靠，调焦透镜运行及目镜调节不能有明显的晃动现象。每次观测前除检验圆水准器，十字位置正确性，自动安平水准仪补偿器灵敏度等项目外，还需进行 i 角的检验。

（2）水准点联测

设在桥上的耳墙水准点，由于桥梁加宽，桥耳墙水准点将破坏，必须转移到桥中央分隔带帽梁上部水泥板上，并埋入半球形钢筋头。转移时，仪器一般安放在桥中部路肩处，使前、后视距相等，用二等水准仪器测定高程。每次观测均以新设水准点为准。

拓宽路堤填筑期宜做到一个水准点控制 1～2 个观测断面，旧路基采用桥上水准点。新、旧路基采用的水准点必须进行联测，建立统一的高程系统。联测时根据沉降点(群)的数目和所占路基的长度，组成闭合水准路线，经平差后求得测段统一的水准点高程。高程计算以地面水准点为原点，推算闭合圈内所有水准点高程。

(3)断面测点标志

旧路路缘测点和路肩测点用界址钉打入路面。加宽路衔接处因保留时间较长，可用钢筋桩标定，加宽路中部及新路肩处，埋设具有接管的沉降标。

(4)断面点测设及测站位置标定

①断面点测设。

测设是指将观测图上的断面位置和断面点设置到实地上去，并进行定桩，为后续的持续测量奠定基础。

②测站位置标定。

断面点测设后，在水准干线上设定仪器安放位置。其方法是先用尺绳或视距量取两个断面点间距，一般为 100m 左右，再取视距差小于 1m 的间距之半，打入界址钉，即为仪器固定位置。

3.7.9.2 观测装置埋设

(1)横向剖面管埋设

埋设方法步骤如下：

①在需要进行设置剖面沉降观测管的位置采用全站仪测定观测断面的中心桩号及埋设方向。

②在施工条件具备时，沿垂直于路中心线的方向开挖宽 30cm，深 50cm 的沟槽，整平槽底并在槽底铺设一层厚 5cm 左右的中粗砂。

③在铺设沉降管时，按照设计用螺钉进行组装并逐节对口连接成一根，管两端用管盖封住，并预先在导管内穿一条镀锌钢丝绳作为测试时来回牵引沉降仪用。

④沉降管连接时要特别注意导绳槽的对正，不得扭曲。连接方法如下：每节沉降管上嵌入连接管长度的一半，对正连接管上槽接下一节管，检查各节管的连接良好及导向槽对接正确后才能铺设，为防止泥沙从连接管段进入管内，在路堤外面的沉降管接管均应以质量 300g 的无纺土工布包裹，外用塑料绳扎紧，无纺土工布接口处用电工胶布黏接。

⑤沉降管铺设时，一对导槽要与地面垂直放置，另一对导槽要水平放置，并预先在测斜管内穿入测绳，用于测量时拉测头用。

⑥在铺设沉降管时每侧要伸出路基坡脚 2m，防止沉降管被损坏，管两端用 C20 沉降仪沉降管混凝土浇筑保护井，井壁厚 30cm，井内断面尺寸 90cm×120cm，井深 100cm。

具体埋设和测试如图 3-68 和图 3-69 所示。

(2)沉降板埋设

①在埋设断面上正确标出埋设沉降板的位置，然后，开挖一个略大于沉降板尺寸的正方形坑，深度应该高于沉降板高度 10cm，在坑底部铺设 5cm 厚的砂，整平压实。

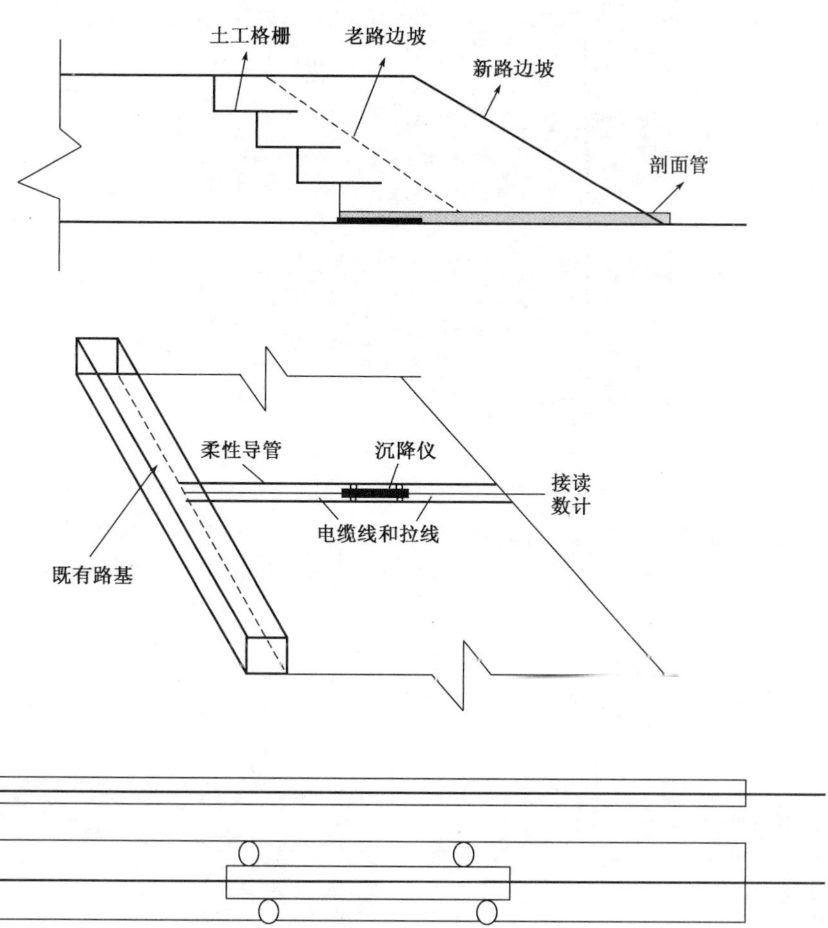

图3-68　横向剖面管的工作原理

图　3-69

图 3-69　横向剖面管测试现场

②将沉降板放入坑内，四周用砂填实，用水准仪测量板的四个角，确保四个角水平，再套上保护套管，保护套管略低于沉降板测杆，上口加盖封住管口，然后分层回填土坑，每层都必须压实。在沉降管 $1m^2$ 范围内用小型振动夯进行夯实，完成沉降板的埋设工作。

③测量埋设就位的沉降板测杆杆顶高程读数作为初始读数，随着路基填筑施工逐渐接高沉降板测杆和保护套管，每次接长高度以 0.5m 为宜，用接长前后测量杆顶高程变化量来确定接高量。金属测杆用内接头连接，保护套管用观测方法。新路基填土试验段沉降板的埋设现场如图 3-70 所示。

图 3-70　新路基填土试验段沉降板的埋设现场

(3)基桩埋设

基桩采用 C20 素混凝土制作，规格为 1.0m×0.2m×0.2m，顶中心预埋钢筋棍，钢筋顶露出混凝土面 2~3mm，事前先用砂轮打平，埋设后用锉刀锉出与路基中线垂直的"十"形，以便进行观测，如图 3-71 所示。

3.7.9.3　沉降观测实施

(1)水准路线设计

拓宽工程沉降观测可由两侧新路和旧路三部分组成，二者必须分别观测，拓宽路用一个地

面水准点控制一个断面三个观测点，一般一个测站可完成，无需水准路线设计。但旧路沉降观测时，需用少量桥上水准点引测多个断面观测点群，因此观测前必须绘制好水准路线观测图，在图上固定好测站位置，每次观测均以设计好的测站位置固定观测，消除观测中的系统误差至关重要。

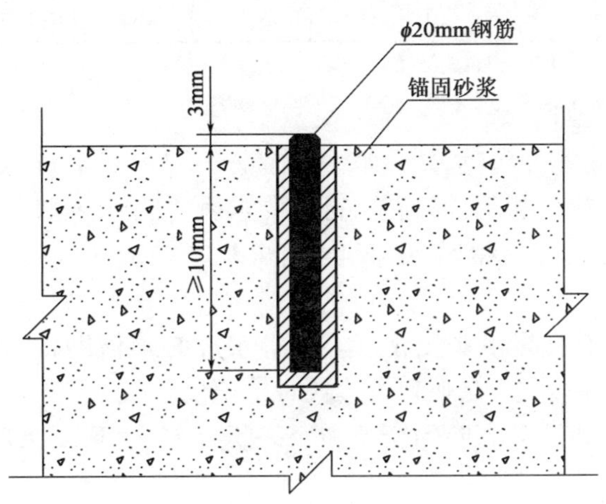

图3-71　基桩示意图

水准路线分为支水准路线和闭合水准路线（或附合水准路线）两种，前者必须往、返观测，符合要求后取其中数作为观测点高程，后者经平差后求得闭合（附合）路线上每个点的高程。闭合（附合）路线或支线往、返允许高差闭合差应小于 0.6$n$mm（n 为测站数）。

水准路线设计有下列几种情况：

①桥头水准点只需引测 1～3 个断面点群，可组成左、中、右三条支线；

②当两桥相距在 500m 之内，可组成左、中、右三条附合水准路线；

③当两桥相距大于 1000m 时，可从桥头水准点出发沿左线各观测点（一般 500～800m），而后反转到右线观测点组成闭合水准路线、经平差后求得左、右线上观测点高程。中孔点水准路线有两种设计方法：一是在闭合水准路线上再组成附合水准路线、经二次平差求得中线上各中孔点的高程，该设计方案能保证一定的精度，但增加了外业时间；二是在闭合水准路线观测的同时，分站作中视观测，该设计方案可节省外业时间，但由于仪器安置地点的局限，视距不等差难以控制，需适当放宽视距差，应从严控制 i 角值以满足要求。据理论计算，视距差放宽到 5m，i 角控制在 8°之内，视距不等差对高差的影响仅为 0.2mm。

（2）二等水准实施要求

①为消除或减小观测中某些系统误差，每次观测时，必须按规定观测线路图进行，并坚持五固定原则（仪器、人员、测站、水准点、后视尺），其中固定仪器位置最为重要。

②观测前应与当地交通巡警大队联系，同意后才可上路工作。观测人员必须身穿上路服，观测时在路面上安放移动锥形指示标，以便指示车辆注意前方测量目标，做到安全行车。测量车尾部必须挂上警示标牌。

③二等水准技术要求。

水准测量技术指标列于表 3-28。

二等水准主要技术指标 表 3-28

等级	水准仪型号	i 角	视线长度(m)		视距差(m)		基、辅面读数较差(mm)	基、辅面高差较差(mm)	闭合环线或支线往返允许闭合差(mm)
			前后距	中距	前后	后中			
二	DS1	8	50	60	1.0	5.0	0.5	0.7	$4L$ 或 $0.6n$

注:n 为测站数,L 为水准路线长度,以 km 计。

④二等水准操作要求如下:

a. 主线一个测站观测程序为后基—前基—前辅—后辅,最后读取中视基、辅读数,记录者随即计算测点的基、辅读数差和基、辅高差,符合要求后才能搬移测站。

b. 每一高差必须观测二个测回,二个测回高差之差应小于 0.5mm,取其中值为最后结果。

c. 持尺质量的优劣,直接影响观测精度。二等水准必须借助竹竿扶稳水准尺。由于高速公路车辆频繁,持尺员要有耐心,在观测员读数时持稳尺子。

d. 闭合圈测完后,随即计算高差闭合差和允许闭合差,达到要求后,填写高差改正表推算闭合线上各点高程。

(3)剖面沉降观测实施

在拓宽路基填筑过程中,横断面沉降观测与地面沉降同时进行。其优点可以弥补地面沉降标破坏中断沉降的数据,可在断面上每隔 50cm 连续观测多点沉降值,使沉降分析更为可靠。实际操作如下:

①用地面水准点测量管口水准点高程。因管口水准点有沉降,故每次观测时均要测定。

②将测头两端分别接上电缆线和铟钢线绳。

③将测头插入沉降管口,用铟钢丝绳将探头拉入沉降管里端。

④拉动电缆线,逐点由里向外每隔 50cm 观测一个点,测头到达每一次位置时,在计数计上读得测头前、后两轮接触点的高差 h_1, h_2, h_3……最后与管口水准点联测,由管口水准点高程连续推算每个点的高程,相邻两次观测,就可求得沉降量。

3.7.10 差异沉降控制标准

3.7.10.1 基于路面结构性要求的路基差异沉降控制

本课题应用有限元理论对路基差异沉降引起的路面结构层附加应力进行分析,从路面结构受力性能要求方面确定高速公路路基差异沉降控制标准,以保证路面结构在使用年限内不发生结构性破坏。由于实际工程中路面结构所处的工作状态差异性较大,进行力学计算时很难准确地对路基路面结构模型进行数值模拟,进而分析其在不同差异沉降条件下路面结构的力学工作状态。

目前关于差异沉降在路面结构中引起附加应力的研究表明:不考虑土基与考虑土基计算出的路面结构层附加应力结果非常接近,因此本课题在进行路面结构力学响应分析时将路面结构层作为研究对象,通过对路面结构施加初始位移边界条件的方法模拟差异沉降对路面结构的影响,从而计算差异沉降在路面结构层中引起的附加应力。

分析模型计算参数根据石安高速公路路面结构设计文件拟定，为便于计算，面层结构中的三层合并为一层进行分析，分析中采用的路面结构为面层、基层、垫层体系，材料参数见表3-29。

路面结构计算参数　　表3-29

结构层	材　料	厚度(cm)	回弹模量(MPa)	泊松比(μ)	抗拉强度(MPa)
面层	沥青混凝土	24	1200	0.25	0.8
基层	水泥稳定碎石	40	1500	0.25	0.5
底基层	水泥稳定碎石	18	600	0.35	0.3

(1)路面结构材料抗拉强度控制

分别计算6种差异沉降下路面结构层附加拉应力，计算结果见表3-30和表3-31。

横向路面结构内力计算结果　　表3-30

差异沉降量(cm)	变坡率(%)	面层拉应力(MPa)	基层拉应力(MPa)	底基层拉应力(MPa)
2	0.17	0.28	0.15	0.12
3	0.25	0.34	0.21	0.14
4	0.33	0.42	0.28	0.17
5	0.42	0.51	0.35	0.20
6	0.50	0.62	0.44	0.24
7	0.60	0.75	0.53	0.28

纵向路面结构层内力计算结果　　表3-31

差异沉降量(cm)	变坡率(%)	面层拉应力(MPa)	基层拉应力(MPa)	底基层拉应力(MPa)
4	0.20	0.24	0.13	0.10
5	0.25	0.36	0.23	0.15
6	0.30	0.39	0.26	0.16
8	0.40	0.48	0.32	0.19
10	0.50	0.60	0.43	0.21
12	0.6	0.72	0.51	0.26

分析可以得出：差异沉降量相同的情况下，路面各结构层中面层所受拉应力最大，基层次之，底基层所受拉应力最小，由于面层材料抗拉强度较高，在相同差异沉降条件下，基层更容易发生开裂破坏，基层开裂后将引起面层的反射裂缝，从而造成路面结构的破坏，因此，可以将基层弯拉应力作为控制路面结构开裂的条件。

当差异沉降变坡率为0.50%时，基层最大拉应力分别为0.44MPa和0.43MPa，接近其抗拉强度0.5MPa，此时面层、底基层拉应力均小于其抗拉强度；当差异沉降变坡率为0.6%时，基层最大拉应力分别为0.53MPa和0.51MPa，大于其抗拉强度0.5MPa，此时面层、底基层拉应力均小于其抗拉强度，因此使基层发生开裂破坏的差异沉降变坡率在0.50%～0.60%之间。经过试算，当变坡率为0.58%时，基层拉应力达到其抗拉强度极限0.5MPa，只考虑路面结构材料的抗拉强度要求时，可以将变坡率0.58%作为路基差异沉降控制目标。

(2)路面材料疲劳损伤控制

沥青路面在使用后期,结构层抗弯拉能力以路面材料的容许拉应力表示。当沥青路面结构层产生的附加拉应力大于路面结构材料的容许拉应力,沥青路面便会产生裂缝。其中:

$$\sigma_R = \frac{\sigma_{sp}}{K_s} \tag{3-6}$$

式中:σ_R——路面结构层材料容许拉应力(MPa);

σ_{sp}——结构层材料劈裂强度(MPa);

K_s——抗拉强度结构系数。

对于沥青混凝土面层:

$$K_s = \frac{0.09A_\alpha \cdot N_e^{0.22}}{A_c} \tag{3-7}$$

对于无机结合料稳定基层:

$$K_s = \frac{0.35N_e^{0.11}}{A_c} \tag{3-8}$$

式中:A_c——公路等级系数,高速公路、一级公路为1.0,二级公路为1.1;

A_α——沥青混合料级配系数,细、中粒式沥青混凝土为1.0,粗粒式为1.1;

N_e——设计年限内一个车道上累计当量轴次。

根据石安高速公路路面结构设计参数,计算得到沥青面层容许拉应力为0.28MPa,基层容许拉应力为0.20MPa。经过试算得出:当后期差异沉降变坡率超过0.23%时,沥青路面基层产生的附加应力大于基层容许拉应力0.20MPa,路面便会产生疲劳开裂破坏。因此,只考虑沥青路面材料的疲劳损伤要求时,可以变坡率0.23%作为路基差异沉降控制目标。

3.7.10.2 基于路面功能性要求的路基差异沉降控制

影响改扩建公路路基差异沉降的因素较多,由此得出的差异沉降曲线也随路基填筑高度、路基坡度、宽度、长度、地基压缩模量等因素的不同而变化,因此,仅仅通过差异沉降曲线很难准确描述路基差异沉降。为了建立统一的差异沉降控制标准,将变坡率作为改扩建高速公路路基差异沉降控制指标,是比较直观和容易测量得到的,对于变坡率定义如下:

(1)沉降区中心沉降量为y_0,沉降区边缘沉降量为y_1;

(2)沉降区宽度为$2b$;

(3)路基差异沉降为$y_0 - y_1$,变坡率为$S = (y_0 - y_1)/b$。

具有较高压实度的路基,经过长时间的运营,可近似认为半刚性结构,当处于软基段的路堤纵横坡增大时,会引起路堤内产生拉应力,当拉应力值达到路堤的极限拉应力时,必将引起路堤的开裂。

为防止路基拼接过程中纵横裂缝的发生,应从设计角度提高路基刚度和有效控制,以及减小软基处理后的拼接路基沉降增量两方面入手,使高速公路改扩建工程建成后,新旧路基可以结合形成整体,具有足够的承载力和抗永久变形能力。控制拼接拓宽路段的纵向和横向裂缝实质上也就是控制路堤的纵坡和横坡改变率,因此将路堤纵横坡的改变率作为新旧路基结合好坏的控制指标,并进而反映裂缝的控制具有实际意义,通过控制纵横坡的改变率量级就可得到路堤差异沉降的控制标准，从而为合理选择地基处理方法提供依据。结合已有高速公路拓宽工程的实测沉降规律分析与实践经验，提出了沉降控制标准。

(1)路面排水要求控制目标

路面设计中的路拱横坡设计的目的是将路面范围内的降水及时排出，避免雨水渗入路面结构层内引发路面结构损坏，同时减小路面积水对于车辆行驶的影响，发生保证行车安全。发生差异沉降后，路面结构会随之发生变形，公路路面设计规范要求路面结构的横坡不应超过公路等级规定的标准，以满足排水要求。

改扩建高速公路在其自重及行车荷载作用下所引起的横断面差异沉降形状为凹形曲线，该变形与路面横坡的方向相反，因此，差异沉降的产生使得路拱横坡坡度降低，当差异沉降较严重时，路拱横坡不能满足排水要求，甚至影响行车安全。《公路工程技术标准》(JTG B01—2014)规定六车道、八车道高速公路为了增强路面结构的排水性能，宜采用较大的路面横坡。增大路拱坡度有利于路面排水，但不利于行车安全，尤其在弯道路段，路拱横坡降低了车辆与路面间的横向力，对于高速行驶的车辆尤为不利。因此，高速公路工程路拱坡度的设置一般采用中间值1.5%。

对于经过软基的改扩建高速公路，路拱横坡的设置对于保证路面结构排水性能十分重要，差异沉降的产生应该控制在合理范围内，使得沉降稳定后路面横坡既有利于路面排水，又能够满足技术指标要求，即使路基发生差异沉降，路拱横坡应保证在1.0%以上，因此，由差异沉降引起的路面横向变坡率不应超过0.5%。只考虑路面排水要求时，可以将变坡率0.5%作为差异沉降的控制目标。

(2)路面平整度要求控制目标

对于低等级公路，由于车辆行驶速度较低，路面平整度对于使用性能的影响作用较小，因此，低等级公路对路面平整度要求相对较低。对于高速公路和一级公路，设计时速一般都在120km/h，且车辆实际行驶速度可能超过这一设计值，因此对于路面平整度要求十分严格，道路平整度较低会造成车辆的严重颠簸，行车舒适性降低，同时也降低了轮胎与路面间的附着力，严重影响道路使用的安全性，平整度的降低使得车辆在行驶过程中对于路面结构的冲击力增大，容易引起路面结构的破坏，降低道路使用寿命。由于平整度的下降，车辆行驶速度降低，道路通行能力受到影响，不能满足设计要求。因此，保证路面平整度在使用年限内满足规定要求对于提高道路的使用性能、安全性能具有重要作用，对于高等级公路路面平整度各国都有较高的技术要求，但标准并不统一。

我国对于公路平整度提出的要求为：高速公路、一级公路路面完工后$\delta \leqslant 1.5$，其他公路路面$\delta \leqslant 2.5$(δ为平整度测定的标准偏差)；如果采用国际平整度指数IRI，高速公路、一级公路路面完工后IRI≤2.5m/km，其他公路路面IRI≤4.2m/km。《公路质量检验评定标准》中3m直尺检测路面平整度的方法对高速公路、一级公路未做规定，对其他等级公路平整度的要求规定为不得超过5mm/3m。这一检测指标只是用于道路建成后的路面质量验收评定，是检验道路工程施工质量的一项重要指标，对于道路在使用年限内平整度的评价是否可以采用这一指标，目前尚无有关规定。

平整度标准的评价方法较多，但能够直接用于评价路基差异沉降引起的路面平整度下降的标准较少，路基差异沉降对路面平整度的直接影响是道路纵坡发生改变，因此，比较直观且简便的评价方法是采用路面纵坡的变坡率作为平整度评价指标，检测路基差异沉降对路面平整度的影响作用。目前我国对于高速公路平整度的评价并没有直接采用这一指标，参照机场道路的有关规定，根据《民用航空运输机场飞行区技术标准》中关于平整度的评价要求制定基于平整度要求的路基差异沉降控制标准。

《民用机场飞行区技术标准》(MH 5001—2013)中对于机场道面平整度的规定为：采用3m直尺对机场道面平整度进行测试，但不包括变坡路段的平整度检测，对新建机场道面进行检测时，3m直尺与路表面间隙不得大于3mm；对于已使用的机场道面，要求3m直尺离地间隙不大于10mm。

基于平整度要求的改扩建高速公路路基差异沉降控制标准时可以参考《民用航空运输机场飞行区技术标准》中的方法，将3m直尺离地间隙3mm作为路面施工结束时的平整度标准，将3m直尺离地间隙10mm作为道路使用末期的平整度标准，在路面使用期间，平整度容许变坡率为

$$S = \frac{10\text{mm} - 3\text{mm}}{3000\text{mm}/2} \approx 0.46\% \tag{3-9}$$

只考虑路面平整度对差异沉降的要求，可以将变坡率0.46%作为路基差异沉降控制目标。

3.7.10.3 改扩建高速公路路基沉降速率控制标准

高速公路改扩建工程若要做到新旧路基差异沉降的主动动态控制，关键在于路基沉降速率的控制，沉降速率控制得当将会明显改善路基差异沉降。路基沉降速率的快慢直接影响路基差异沉降的大小，尤其是对位于软弱地基地区的路基差异沉降影响更为严重。若路基的沉降速率较快，土体固结时间较短，未达到充分固结造成土体的有效应力减少，土体强度下降，从而导致路基差异沉降的增大，而路基差异沉降的增大又会对路基沉降速率产生不利影响，形成恶性循环。

由表3-32可知，测量误差修正后，石安高速公路改扩建工程软基试验段施工期路基的日和月沉降速率变化趋势一致，不同测点的每期日沉降速率和月沉降速率均为新路基 > 旧路路肩 > 旧路中央。新路基日沉降速率在0.01~0.20mm/d范围内，旧路路肩日沉降速率在0.01~0.10mm/d范围内，旧路中央日沉降速率在0.01~0.10mm/d范围内。新路基的月沉降速率在0.30~3.5mm/月范围内，旧路路肩的月沉降速率在0.25~2.5mm/月范围内，旧路中央的月沉降速率在0.15~2.0mm/月范围内。

石安高速公路改扩建工程软基试验段路基沉降观测数据 表3-32

桩号		位置	日沉降速率(mm/d)	月沉降速率(mm/月)
K435+500	新路基	0.02~0.18	0.49~3.38	1.9
	旧路路肩	0.02~0.08	0.43~2.30	1.6
	旧路中央	0.01~0.07	0.21~1.95	0.9
K436+237	新路基	0.01~0.11	0.30~3.19	1.7
	旧路路肩	0.01~0.07	0.25~1.40	0.8
	旧路中央	0.01~0.05	0.15~1.09	0.7

续上表

桩号		位置	日沉降速率(mm/d)	月沉降速率(mm/月)
K436 + 900	新路基	0.02 ~ 0.06	0.46 ~ 2.45	1.5
	旧路路肩	0.01 ~ 0.04	0.31 ~ 1.25	1.0
	旧路中央	0.01 ~ 0.07	0.30 ~ 1.90	1.9

在改扩建高速公路拓宽段路基力学性能理论分析基础上，以石安高速公路改扩建工程软基试验段路基沉降观测数据为依据，参考国内其他相关工程的实践经验，提出表3-33所示的改扩建高速公路路基沉降速率控制标准。

改扩建高速公路路基沉降速率控制标准 表3-33

位置	最大日沉降速率(mm/d)	最大月沉降速率(mm/月)	当期最大沉降量(mm)
新路基	0.20	4.0	2.5
旧路路肩	0.15	3.0	2.0
旧路中央	0.10	2.0	1.5

3.7.10.4 改扩建高速公路新旧路基差异沉降控制标准

考虑沥青路面材料的疲劳损伤性能时得出的路基差异沉降控制目标要求较高。由于沉降计算理论和计算模型存在一定的局限性，即使对于相同的沉降量，采用不同的计算理论和计算模型得到的路面结构受力模式和应力工作状态也存在差别，但多数计算都采用了最不利状态，得出的计算结果偏于安全，因此，以理论分析结果为基础，制定过高的路基差异沉降控制标准对于实际工程的指导作用有限。况且，若考虑材料的疲劳衰减，以设计年限末期破坏作为临界条件在工程实践中很难做到，因为许多道路工程在运营几年后就出现不同程度的破坏，况且路面结构在设计使用年限后期发生的破坏，可以通过养护的手段进行弥补。一些工程通过对路面结构层间结合进行处理，提高路面结构的耐久性，通过加铺应力吸收层等方式可以显著提高路面的抗拉强度。

过高的差异沉降控制指标将增加工程前期投资，并受工程后期不确定因素影响。如果仅以路面材料抗拉强度作为制定路基差异沉降控制标准的依据，又缺乏行车荷载对路面材料疲劳破坏作用的影响分析。路基差异沉降对路面结构应力工作状态的影响是一个动态过程，具有时效性，因此，分析路面结构受力状态时应该考虑材料的蠕变和应力松弛特性，路面材料的疲劳特性在确定路基差异沉降控制标准时也是重要影响因素。

分别从路面材料受力角度和路面使用功能角度进行分析计算。从综合考虑路面材料抗拉强度与疲劳特性角度，偏于安全取用路面材料疲劳损伤要求的路基差异沉降控制目标权重为6，路面材料抗拉强度要求的路基差异沉降控制目标权重为4，二者加权平均值作为路面结构性要求的路基差异沉降控制标准；从路面服务功能角度考虑时，取用路面排水要求的路基差异沉降控制目标权重为6，路面平整度要求的路基差异沉降控制目标权重为4，二者加权平均值作为路面功能性要求的路基差异沉降控制标准，则：

$$S = \frac{0.58\% \times 4 + 0.23\% \times 6}{10} = 0.37\% \tag{3-10}$$

$$S = \frac{0.50\% \times 6 + 0.46\% \times 4}{10} = 0.48\% \tag{3-11}$$

可见，路面结构性要求路基差异沉降控制标准的横坡变坡率小于路面功能性要求路基差异沉降控制标准的横坡变坡率,即当路基差异沉降引起的横坡变坡率能够满足路面结构性要求时,也同时能够满足路面功能性要求。经综合考虑计算模型的可靠性和已有高速公路改扩建工程的施工经验,最终取横坡变坡率0.35%作为软基区改扩建高速公路新旧路基差异沉降控制标准。

3.7.10.5 石安高速改扩建工程新旧路基差异沉降控制

本项目依托石安高速改扩建工程,主线为四车道改扩建成八车道工程,改建后全幅路基宽度42.0m,其中,中间带宽4.5m(中央分隔带3.0m,左侧路缘带2×0.75m),行车道宽度2×4×3.75m,硬路肩宽(含右侧路缘带2×0.5m)为2×3.0m,土路肩宽度2×0.75m。在充分参考过程中现场观测数据的基础上,结合板桩试验段表现,得出了如表3-34和表3-35所示的路面差异沉降过程中的横坡变坡率:

拓宽段路基横坡变坡率 表3-34

桩号		位置	累积沉降(mm)	横坡变坡率(%)
K435+500	新路基	15.0	路中央/旧路肩—0.01	
	旧路肩	11.6	路中央/新路基—0.03	
	旧路中央	10.5	旧路肩/新路基—0.05	
K436+237	新路基	13.7	路中央/旧路肩—0.08	
	旧路肩	4.5	路中央/新路基—0.01	
	旧路中央	12.3	旧路肩/新路基—0.12	
K436+900	新路基	10.7	路中央/旧路肩—0.02	
	旧路肩	3.5	路中央/新路基—0.03	
	旧路中央	5.3	旧路肩/新路基—0.01	

试验段路基横坡变坡率 表3-35

测点位置		编号	沉降板桩号	沉降值(mm)	横坡变坡率(%)
新旧路基结合处	测点1	K	435+545	9.1	测点1/测点3—0.02
	测点2	K	435+555(板桩)	7.9	测点3/测点5—0.03
新路中央	测点3	K	435+535	8.3	测点1/测点5—0.01
	测点4	K	435+565(板桩)	7.6	测点2/测点4—0.01
新路路肩	测点5	K	435+525	9.2	测点4/测点6—0.02
	测点6	K	435+575(板桩)	8.1	测点2/测点6—0.01

测点1和测点2在新旧路基交接处,测点3和测点4在加宽路面的中心线位置,测点5和测点6在加宽路面的硬路肩边缘处,涵盖了整个加宽道路的路面;K435+500、K436+237和K436+900的测点涵盖了原路面和新路面结构部分。

在确定差异沉降控制目标时综合考虑改扩建工程的压实情况,后期运营中车辆的行驶习惯和材料抗拉强度与疲劳特性,偏于安全考虑,结合前面的数值模拟和沉降分析,取靠近原路段的加宽路面的路基差异沉降控制标准权重均为2,加宽路面外侧车道的差异沉降控制标准权重为6,取二者加权平均值作为加宽道路路基差异沉降控制标准,则:

$$S = \frac{0.03\% \times 6 + 0.02\% \times 2 + 0.01\% \times 2}{10} = 0.03\%(\text{无板桩处治}) \tag{3-12}$$

$$S = \frac{0.02\% \times 6 + 0.01\% \times 2 + 0.01\% \times 2}{10} = 0.02\%（板桩处治） \quad (3\text{-}13)$$

$$S = \frac{0.03\% \times 4 + 0.05\% \times 3 + 0.01\% \times 3}{10} = 0.03\%（K435 + 500） \quad (3\text{-}14)$$

$$S = \frac{0.01\% \times 4 + 0.08\% \times 3 + 0.12\% \times 3}{10} = 0.06\%（K436 + 237） \quad (3\text{-}15)$$

$$S = \frac{0.03\% \times 4 + 0.01\% \times 3 + 0.1\% \times 3}{10} = 0.05\%（K436 + 900） \quad (3\text{-}16)$$

上述计算可以看出，石安高速改扩建工程的新旧路基差异沉降非常小，观测断面由于新旧路基差异沉降引起的横坡变坡率在0.02%～0.06%之间，远小于软基区改扩建高速公路新旧路基差异沉降控制标准0.35%。

3.7.10.6 改扩建工程差异沉降分级

差异沉降量的大小直接影响到路面结构受力状态，为了确定不同差异沉降量对路面结构受力的影响程度，需要对差异沉降进行分级，对于不同等级的差异沉降，在实际工程中可以采取相应的处理措施，使沉降减小到路面结构性能允许的范围内，达到差异沉降主动控制的目的。

在确定差异沉降控制目标时，同时考虑了路面结构层材料抗拉强度和疲劳特性，二者对于差异沉降量的要求不同，考虑材料抗拉强度要求时，容许差异沉降量较大，考虑材料疲劳性能要求时容许差异沉降量较小，因此，可以将抗疲劳损伤时的变坡率0.23%作为差异沉降控制标准的低限，以抗拉强度要求时的变坡率0.58%作为差异沉降控制标准的高限，对路基差异沉降进行分级。根据低限、高限及差异沉降控制标准可以将路基差异沉降量分为轻、低、中、高四个级别，具体见表3-36。

差异沉降分级一览表　　表3-36

差异沉降评定等级	轻	低	中	高
容许变坡率（%）	<0.23	0.23～0.35	0.35～0.58	>0.58
横向容许差异沉降（cm）	<1.5	1.5～2.5	2.5～3.5	>3.5
纵向容许差异沉降（cm）	<5	5～8	8～12	>12

当差异沉降属于“轻”“低”两个级别时，由于路基差异沉降在路面结构层内产生的附加应力较小，路面不会产生结构性破坏，且平整度良好，可不予处理或进行轻度处理。当差异沉降属于“中”级别时，由于路基差异沉降在路面结构层内产生的附加应力会使路面结构发生破坏，此时需要采取工程措施降低沉降量，使工后沉降量小于容许值；当差异沉降属于“高”级别时，路基差异沉降对路面结构的影响较为严重，如果处理不当将引起路面结构发生早期破坏，因此，对于“高”级别的差异沉降需要特别重视，根据现场实际情况采取合理的工程处治措施，将最终沉降量控制在预定目标范围内。

3.8 本章小结

本章在调研了高速公路改扩建工程加宽路基破坏机理和一般处理技术以及石安高速公路

旧路现状的基础上，针对高速公路改扩建工程路基拼接中的软土地基沉降处治技术、粉煤灰填料路基加宽拼接技术、路桥过渡段加宽拼接技术、锚固加筋技术和加宽路基的沉降观测技术进行了详细阐述，包括：结构构成、施工准备、施工工艺流程和工法、施工质量检验等。为相似工程提供了重要参考。

本章参考文献

[1] 邹广辉. 浅谈高速公路路基软基处理施工方法[J]. 科学与财富,2017(7).

[2] 陈春凤. 高压旋喷桩在运营中高速公路软基沉降处治工程的运用[J]. 建材与装饰,2016,(6):249-250.

[3] 赵增辉. CFG 桩在高速公路软基处理中的应用[J]. 交通世界,2016,(12):32-33.

[4] 张宇,夏国正,王朋朋. 高速公路 CFG 桩复合地基沉降变形特征研究[J]. 西南公路,2016,(3):136-140,155.

[5] 王昌丽,朱振生,丁选明. 路堤荷载下高速公路复合地基沉降特性及预测方法研究[J]. 施工技术,2016,(5):69-73.

[6] 唐小富. 山区高速公路软基处理 CFG 桩复合地基的固结分析[J]. 公路工程,2016,(2):19-22,27.

[7] 王珍妮. 粉喷桩施工技术在高速公路软土路基中的应用研究[J]. 交通世界,2016,(28):102-103.

[8] 河北省道路开发中心. 粉煤灰在唐津高速公路软土路基段的应用[J]. 粉煤灰综合利用,1999,(4):11-13.

[9] 李广信. 高等土力学[M]. 北京:清华大学出版社,2004.

[10] H. G. B. ALLERSMA, L. RAVENSWAAY, E. VOS. Investigation of road widening on soft soil using a small centrifuge[J]. Transportation research record 1462,1994:47-53.

[11] VOS. E., J. F. COUR, M. T. Comparison of numerical analysis with field data of a road widening Project on peaty soil [C]. //Proc. International Workshop:Advances in under-standing and modeling the mechanical behavior of Peat[C]. Roterdam: Balkema, 1994:267-274.

[12] 懂海,等. 高等级公路容许工后不均匀沉降指标的研究[J]. 森林工程,2002,18(2),53-54.

[13] 桂炎德. 高速公路加宽设计方法初探[J]. 公路,2004,23(1):59-64.

[14] 章兴华. 含钙铝铁水解产物的矿物学研究 I:形态和物相[J]. 矿物学报,2009,29(2):259-267.

[15] 王斌. 高速公路拼接段沉降变形特性及地基处理对策研究[D]. 南京:河海大学,2004.

[16] 孙四平,侯芸,郭忠印,等. 老路加宽综合方案设计的几点考虑[J]. 华东公路,2002,56(5):7-10.

[17] 孙兴海. 粉煤灰路基施工技术研究[D]. 西安:长安大学,2009.

[18] 尹亚雄. 粉煤灰用作铁路填料的试验研究[D]. 兰州:兰州大学,2008.

[19] 陈晋中. 土力学与地基基础[M]. 北京:机械工业出版社,2009.

[20] Barrett S J, Macphee D E, et al. XRD, EDX and IR analysis of solid solutions between thaumasite and ettringite [J]. Cement and ConcreteResearch,2002,32:719-730.

[21] SHI XIAOMIN, CAI CHUNSHENG. Finite element analysis of concrete approach slab on soil embankment [J]. Geotechnical Engineering for Transportation Projects, 2004, 13(6): 393-402.

[22] CAI Chunsheng, SHI XIAOMIN. Structural performance of bridge approach slabs under given embankment settlement[J]. Journal of Bridge Engineering, 2005,10(4):482-489.

[23] ROBISION J L, LUNA R. Deformation analysis of modeling of missouri bridge approach embankments[J]. Geo Trans,2004,42(7):2020-2027.

[24] NEGUSSEY D, HUANG X. Modulus of subgrade reaction for eps geofoam[J]. Pavement Mechanics and Perfonnance. 2006, 20(8):165-172.

[25] 刘萌成,王涓,黄晓明.桥台后加筋回填变形性状影响因素分析[J].交通运输工程学报,2008,8(3):52-57.

[26] 沈正.桥台回填轻质固化粉煤灰应用技术研究[D].江苏:东南大学交通学院,2007.

[27] 张涌,杨广庆.高等级公路路基病害分析与防治技术[M].北京:人民交通出版社,2007.

[28] 刘国元.流态水泥粉煤灰浆在台背回填中的应用[D].陕西:长安大学公路学院,2007.

[29] 刘强.高流态粉煤灰回填路基三背关键技术研究[D].重庆:重庆交通大学交通运输学院,2009.

[30] 张功新,黄海鸿,曾庆军,等.土工合成材料对路堤长期稳定性及工后沉降的负面影响分析[J].岩土工程学报,2005,27(6):76-87.

[31] 邢良.土工合成材料在旧路加宽工程中的应用与计算[D].武汉:武汉理工大学,2004.

[32] 张清平,周志刚.土工合成材料在旧路加宽中的机理研究[J].公路与汽运,2006,32(1):67-82.

[33] 闫茜,高速公路土工格室柔性结构体系应用技术研究[D].石家庄:石家庄铁道大学,2010.

[34] 刘俊飞.铁路 CFG 桩复合地基沉降控制机理与计算方法研究[D].重庆:西南交通大学,2011.

[35] 杨广庆.土工格栅加筋土结构理论及工程应用[M].北京:科学出版社,2010:79-103.

[36] 史芳.桩网复合地基在高速公路加宽工程中的应用研究[D].西安:长安大学,2010.

[37] 京港澳高速公路改扩建设计文件[M].石家庄:河北交通规划设计院,2011:46-139.

第4章　高速公路改扩建工程路面拼接关键技术

4.1　路面拼接与土工材料铺设方案

4.1.1　行车荷载轮迹范围研究

在进行路面拼接时,应保证最不利荷载位置远离轮迹范围。我国标准车宽度为250cm,理想情况下,汽车行驶时单轴轴中与车道中线重合,车道宽度为375cm时,外侧车轮边缘距车道边缘水平距离为62.5cm,见图4-1。根据我国路面设计规范中对标准轴载的规定,用双圆荷载表示时,当量圆直径为21.3cm,作用宽度近似为50cm,见图4-2。

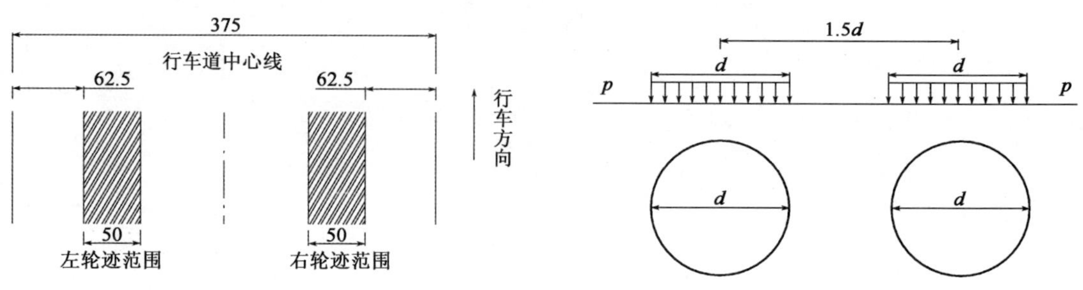

图4-1　理想情况下车道汽车轮迹范围(尺寸单位:cm)

图4-2　标准轴载双圆图示

4.1.2　旧路硬路肩对新旧路面拼接影响分析

4.1.2.1　硬路肩结构与破坏状况分析

石安高速旧路与新建拼接路面路段硬路肩厚度均与临近行车道厚度相同,结构也与临近行车道相同,虽然会造成工程造价的提高,但便于路面施工并可有效保证硬路肩承载力,更好的实现硬路肩功能。图4-3和图4-4分别是改扩建前后沿行车方向硬路肩路面结构与材料。

石安高速旧路为双向四车道,硬路肩宽度为250cm,改扩建设计中,硬路肩宽度为300cm,均符合规范要求。旧路硬路肩横坡为3%,改扩建设计硬路肩横坡为4%。

由于硬路肩与行车道路面结构相似,因此硬路肩的病害类型也雷同于正常路面病害,不同的是,正常情况下,硬路肩仅供少量车辆通行,承受的行车荷载远小于行车道,因此硬路肩路面

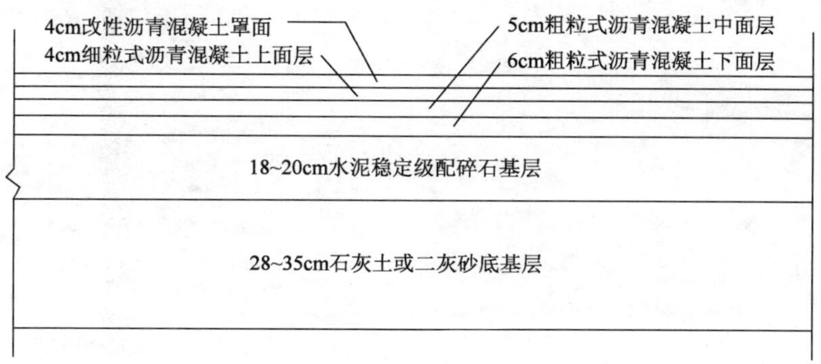

图4-3　旧路硬路肩材料及结构组成

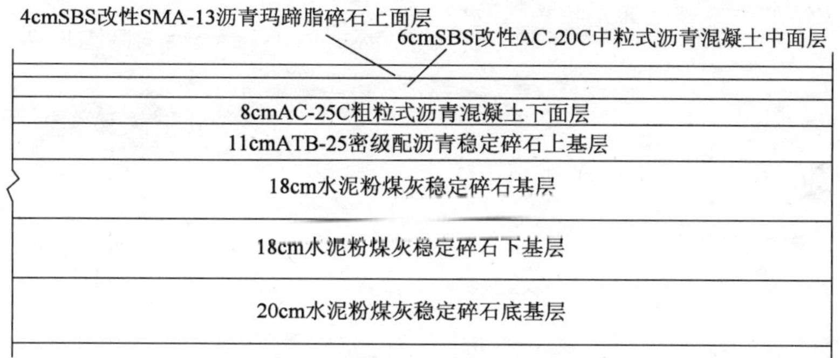

图4-4　新建拼接路面路段硬路肩材料及结构组成

病害较轻，结合对石安高速旧路全线硬路肩病害调查，可发现病害类型包括少量松散、坑槽、沉陷及较多的横向裂缝与纵向裂缝。

在施工过程中，由于路面结构与材料均相同，硬路肩与行车道则是一并铺设的，与行车道形成了一个整体结构，因此行车道路面病害严重时便会传递到硬路肩范围内。而由于硬路肩的存在，一定程度上扩大了慢车道行驶车辆的活动范围，有少量重载货车有可能会占用部分硬路肩，引起路面病害，这种情况也是普遍存在的。

表4-1与图4-5是石安高速上、下行硬路肩钻芯取样中出现病害的芯样情况，可以看出，整体上来说，上行安阳方向病害相对较少，而下行石家庄方向开裂较为严重，这与两个方向主要车辆类型关系较为密切。

硬路肩钻芯取样病害统计　　表4-1

道路方向	桩　　号	病害类型
上行	K332 +600	表面层开裂、基层破损
	K407 +500	上面层破损
下行	K327 +500	表面层开裂
	K347 +450	中面层开裂
	K372 +500	基层开裂
	K416 +980	基层开裂

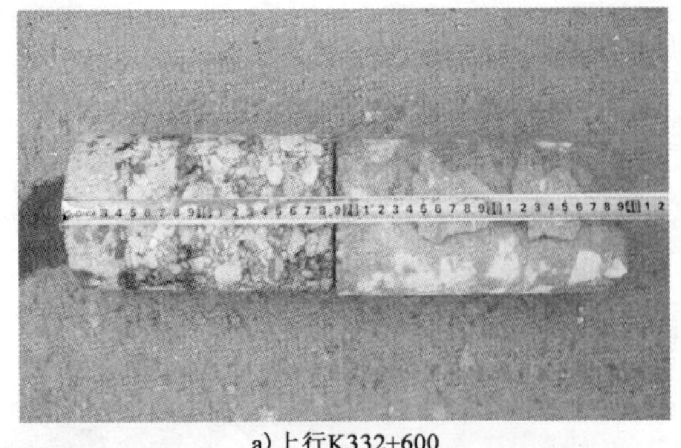

a)上行K332+600

b)上行K407+500

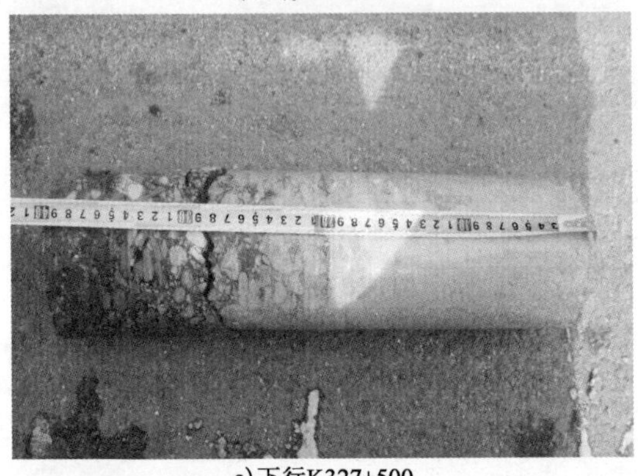

c)下行K327+500

d)下行K347+450

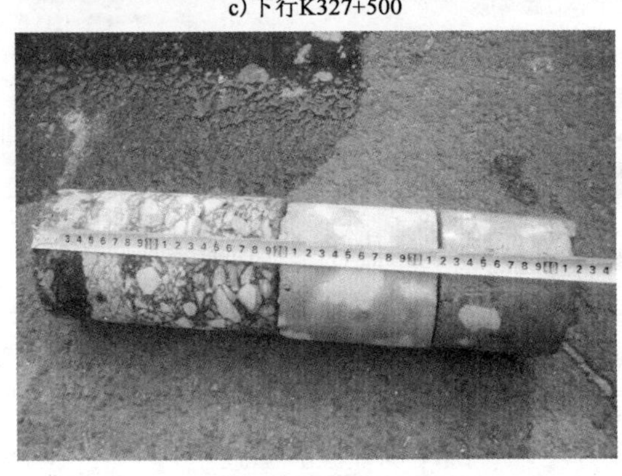

e)下行K372+500

f)下行K416+980

图4-5 石安高速硬路肩芯样

4.1.2.2 旧路硬路肩破损情况对新旧路面拼接的影响

对于新建拼接路面路段,在选择新旧路面结合部位置时,应先分析旧路硬路肩现状,根据硬路肩呈现的不同路面损坏状况,再考虑避开行车轮迹范围与最不利荷载位置,分别制定合理的拼接方案。

旧路硬路肩路面状况可分为三种情况,在进行路面拼接时,针对这三种工况,旧路硬路肩利用程度有较大差异。

(1)工况1:旧路硬路肩路面结构完好,沥青面层无损坏或有轻微损坏。

此工况为理想工况，在高速公路之前的使用年限内，由于完善的交通标志标线、车辆驾驶人员严格遵守不随意在硬路肩行驶的规定与及时的养护，旧路硬路肩保存完好。这种情况下，硬路肩可以全部利用，不需进行面层铣刨或基层补强。

(2)工况2：旧路硬路肩沥青面层松散、网裂较为严重，基层完好。

此工况下基层未出现裂缝，病害主要存在于沥青面层，这主要是由于沥青路面设计不合理、施工质量不佳导致的。在进行路面拼接时可以利用旧路硬路肩的全部基层部分，但是沥青面层需全部铣刨。

(3)工况3：旧路硬路肩沥青面层、半刚性基层严重开裂。

这是旧路硬路肩所处最不利工况。由于重载货车长期超出行车道行驶等原因，造成旧路硬路肩基层先产生裂缝，随后反映到面层结构，导致了路面的整体破坏。这种情况下，旧路硬路肩需全部铣刨挖除(利用率为0%)，直接在旧路最外侧行车道上进行新旧路面拼接。已完成的沪宁高速公路等改扩建工程均采用了此种方案。

在这三种情况下，都应对有病害隐患的路段进行补强以保证可利用路面结构强度。

4.1.3 荷载作用位置对路面结构受力影响研究

4.1.3.1 荷载作用于拼接缝处路面结构力学分析

本部分利用ABAQUS有限元软件建立二维路面结构力学模型，研究拼接缝位于不同层位下行车荷载直接作用于接缝时路面结构受力情况，以上面层、中面层、下面层层底最大拉应力作为评价指标，找出对面层结构受力影响较大的拼接缝层位，为最不利荷载范围的提出奠定基础。

经有限元模拟得出路面应力云图，见图4-6。

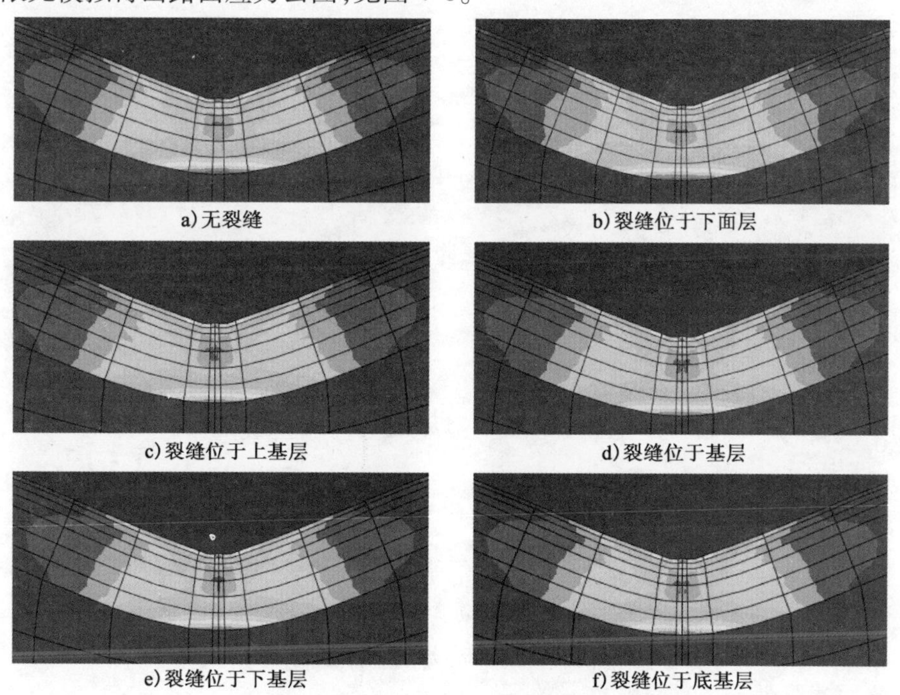

a)无裂缝　b)裂缝位于下面层

c)裂缝位于上基层　d)裂缝位于基层

e)裂缝位于下基层　f)裂缝位于底基层

图4-6 裂缝处于不同结构层时路面应力云图

由应力云图可得出面层各结构层层底最大拉应力，统计于表4-2，并可绘制出应力随裂缝位置变化情况，分别见图4-7～图4-9。

不同裂缝位置各结构层层底最大拉应力　　表4-2

层底最大拉应力(kPa) \ 裂缝位置	无	下面层	上基层	基层	下基层	底基层
上面层	155.704	163.618	182.477	154.254	154.753	154.591
中面层	95.068	117.994	94.825	94.843	94.805	94.821
下面层	69.905	70.114	70.064	69.820	69.856	69.863

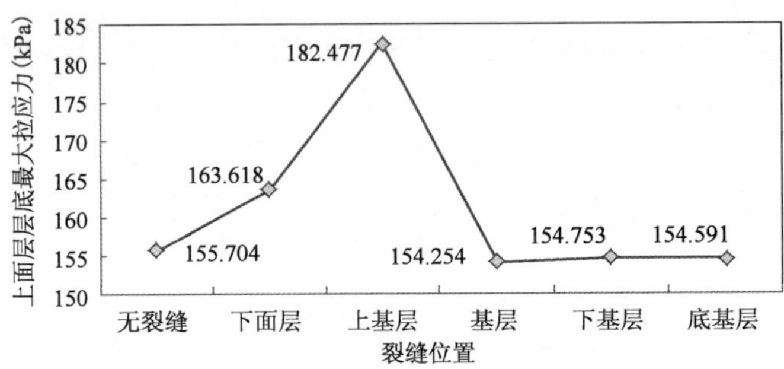

图4-7　上面层层底最大拉应力随裂缝位置变化情况

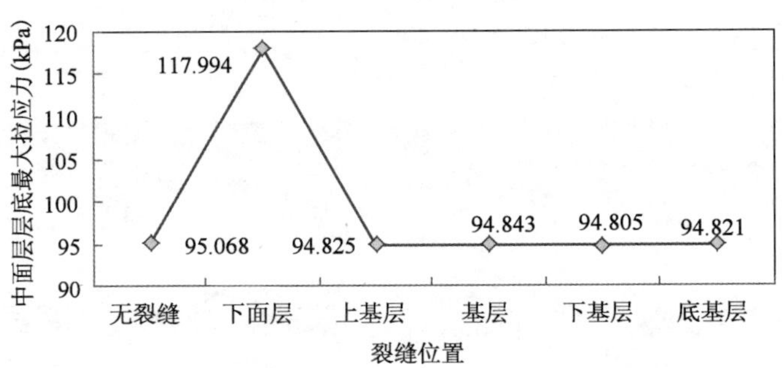

图4-8　中面层层底最大拉应力随裂缝位置变化情况

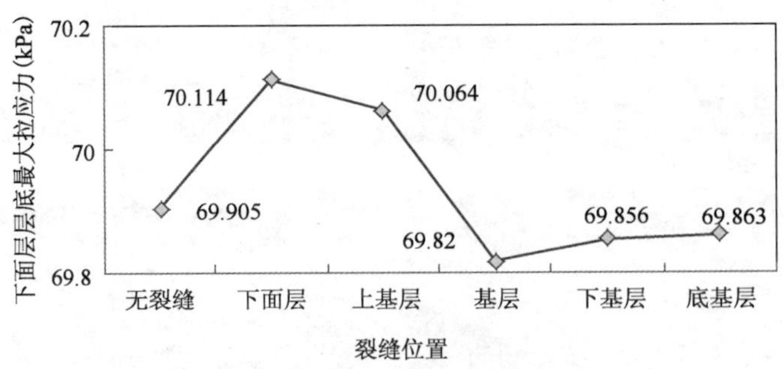

图4-9　下面层层底最大拉应力随裂缝位置变化情况

由图4-7可知，相对于无裂缝状态，裂缝位于下面层与上基层时，会显著提高上面层层底最大拉应力，其中裂缝位于上基层时，上面层层底最大拉应力相比增加17.2%，而随着裂缝位置下移至基层与基层以下时，裂缝的存在对上面层受力影响不大。

由图4-8可知，相对于无裂缝状态，裂缝位于下面层时，中面层层底最大拉应力增幅较大，相比增加24.1%，而随着裂缝位置下移至上基层及以下时，裂缝影响很小。

由图4-9可知，相对于上面层与中面层，裂缝的存在对下面层受力的影响可以忽略不计，最多仅增加0.3%。

综上，可得出如下结论：裂缝的存在对上面层、中面层受力影响较大，且当裂缝位于下面层及上基层时影响明显，而裂缝处于这两个位置即对应着新旧路面结合部第一、二层拼接缝位置，因此第一层拼接缝位置与台阶宽度应作为结合部位研究重点。

4.1.3.2　最不利行车荷载位置确定

本部分以石安高速路面结构为基础建立路面结构力学模型，以中面层层底最大拉应力作为评价指标，研究台阶宽度为0cm、30cm、90cm时路面受力状况，找出相对于顶层接缝位置的最不利荷载范围。

模型中加载的行车荷载采用的是标准轴载，荷载位置的表示以荷载中心与顶层拼接缝相对位置为依据：

(1)荷载中心与拼接缝位置重合，则记荷载位置为0cm；

(2)荷载中心距拼接缝左右两侧26.625cm时则记荷载位置为±25cm(右侧为+，左侧为-)；

(3)荷载中心距拼接缝左右两侧79.875cm时则记荷载位置为±75cm(右侧为+，左侧为-)；

(4)荷载中心距拼接缝左右两侧133.125cm时则记荷载位置为±125cm(右侧为+，左侧为-)。

在本部分只研究荷载处于这七种位置时，不同拼接宽度下中面层应力状况。

通过对路面结构受力状况的模拟，得出了不同台阶宽度、不同位置荷载作用下，拼接路面结构模型拉应力云图，并可从中找出中面层层底最大拉应力，具体结果与分析如下。

表4-3、图4-10分别为台阶宽度为0cm时，路面应力云图与数据收集结果，由图4-11可知中面层层底最大拉应力出现在-25cm处，即作用在顶层拼接缝左侧0～50cm时，且行车荷载从顶缝左侧125cm移动到顶缝位置这一范围内，最大拉应力取值均较大。

台阶宽度为0cm时中面层层底最大拉应力　　表4-3

台阶宽度(cm)	荷载位置(cm)	中面层层底最大拉应力(MPa)
0	-125	0.098
	-75	0.101
	-25	0.102
	0	0.098
	25	0.093
	75	0.082
	125	0.081

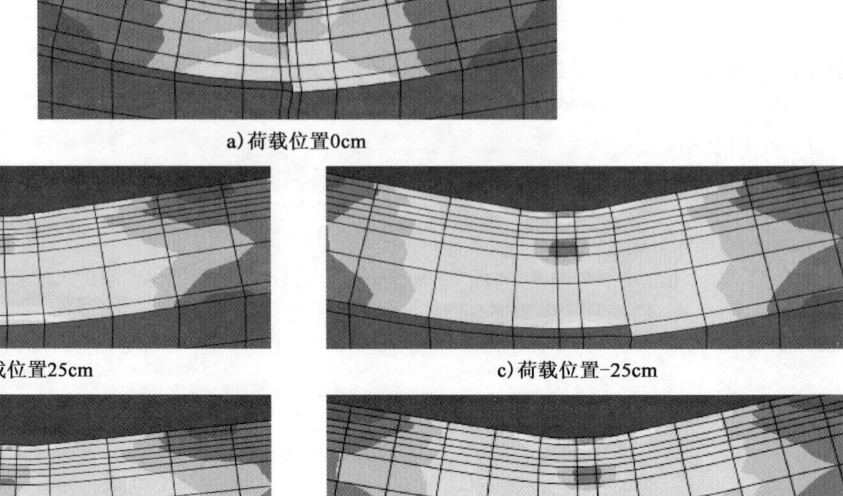

a)荷载位置0cm

b)荷载位置25cm

c)荷载位置-25cm

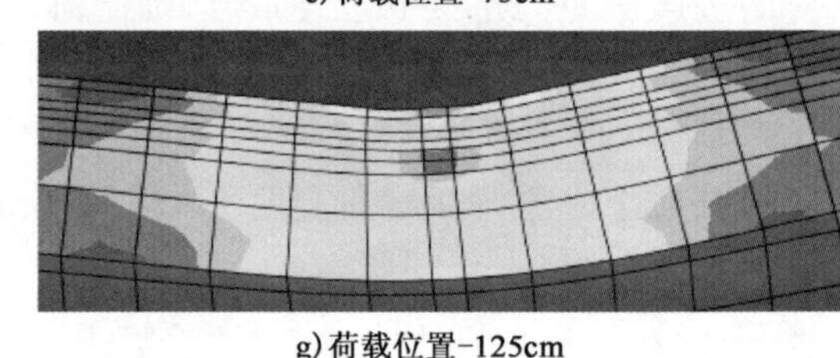

d)荷载位置75cm

e)荷载位置-75cm

f)荷载位置125cm

g)荷载位置-125cm

图4-10　台阶宽度为0cm时路面应力云图

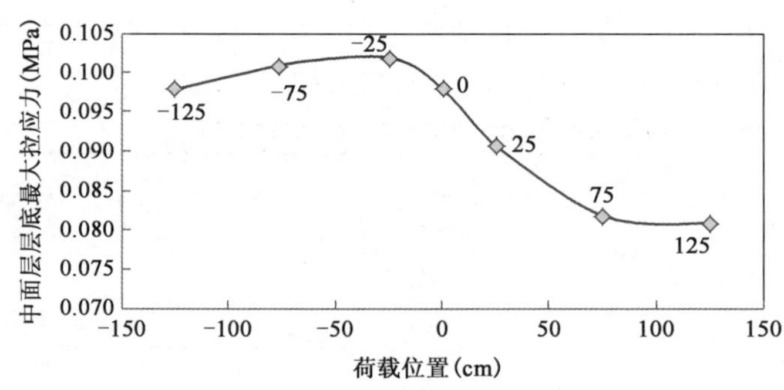

图4-11　台阶宽度为0cm时中面层层底最大拉应力随荷载位置变化情况

图4-12、表4-4分别为台阶宽度为30cm时，路面应力云图与数据收集结果，由图4-13可知中面层层底最大拉应力出现在25cm处，即作用在顶层拼接缝右侧0～50cm时，随着荷载继续向右移动，中面层层底最大拉应力降幅明显。

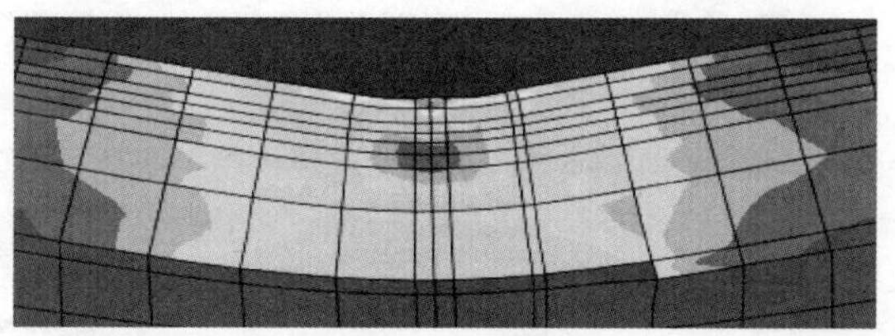

a) 荷载位置0cm

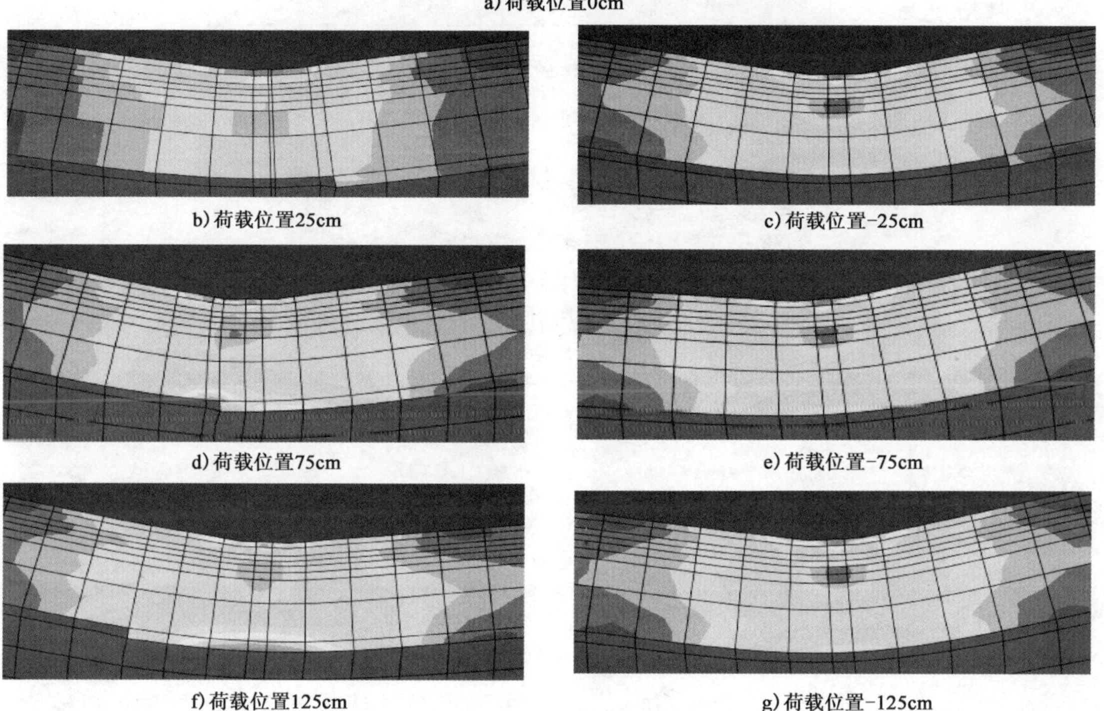

b) 荷载位置25cm

c) 荷载位置-25cm

d) 荷载位置75cm

e) 荷载位置-75cm

f) 荷载位置125cm

g) 荷载位置-125cm

图 4-12　台阶宽度为 30cm 时路面应力云图

台阶宽度为 30cm 时中面层层底最拉大应力　　表 4-4

台阶宽度(cm)	荷载位置(cm)	中面层层底最大拉应力(MPa)
30	-125	0.097
	-75	0.099
	-25	0.101
	0	0.101
	25	0.124
	75	0.098
	125	0.082

图 4-14、表 4-5 分别为台阶宽度为 90cm 时，数据收集结果与路面应力云图，由图 4-15 可知中面层层底最大拉应力出现在 25cm 处，即作用在顶缝右侧 0～50cm 时。且拼接缝右侧中面层层底最大拉应力明显高于左侧。

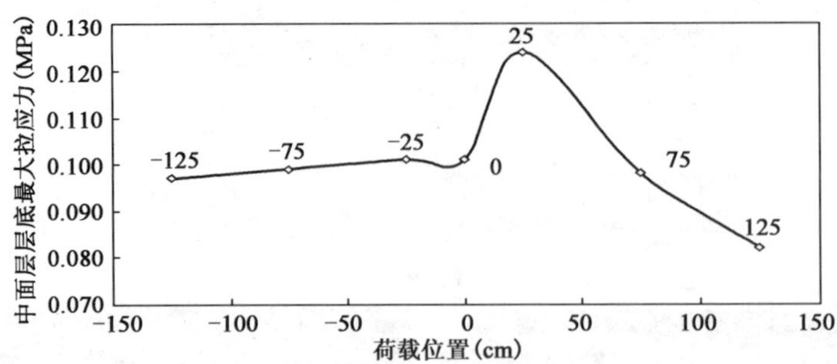

图 4-13　台阶宽度为 30cm 时中面层层底最大拉应力随荷载位置变化情况

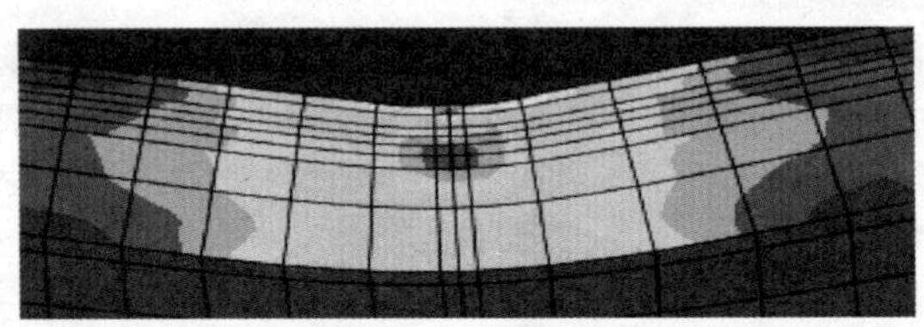

a) 荷载位置0cm

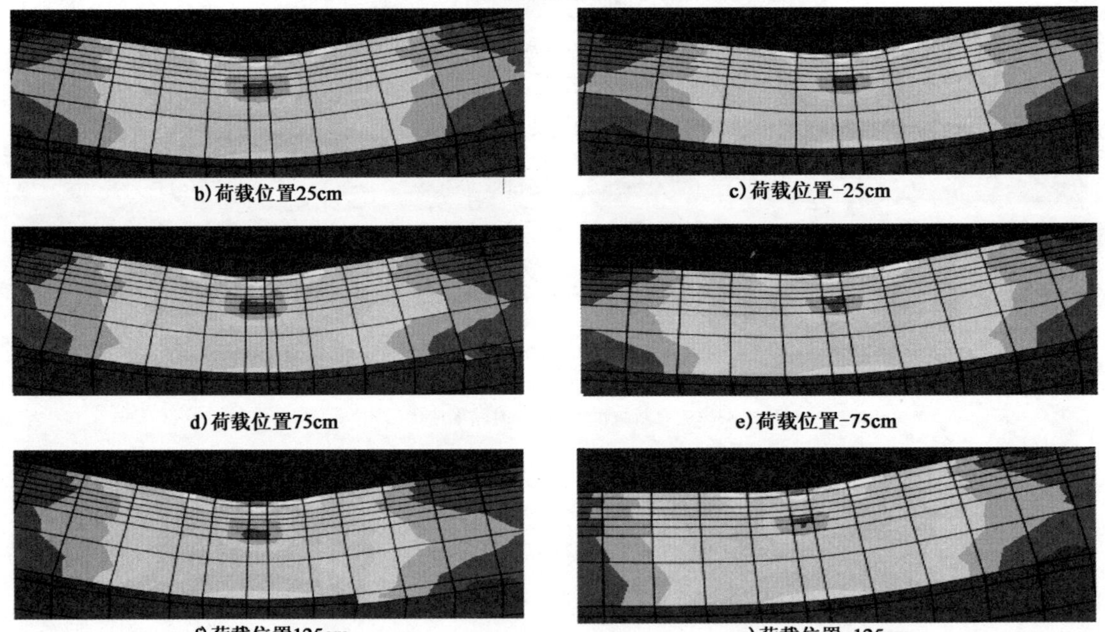

b) 荷载位置25cm

c) 荷载位置-25cm

d) 荷载位置75cm

e) 荷载位置-75cm

f) 荷载位置125cm

g) 荷载位置-125cm

图 4-14　台阶宽度为 90cm 时路面应力云图

台阶宽度为 90cm 时中面层层底最大拉应力　　表 4-5

台阶宽度(cm)	荷载位置(cm)	中面层层底最大拉应力(MPa)
90	-125	0.094
	-75	0.096
	-25	0.098
	0	0.099

续上表

台阶宽度(cm)	荷载位置(cm)	中面层层底最大拉应力(MPa)
90	25	0.109
	75	0.103
	125	0.101

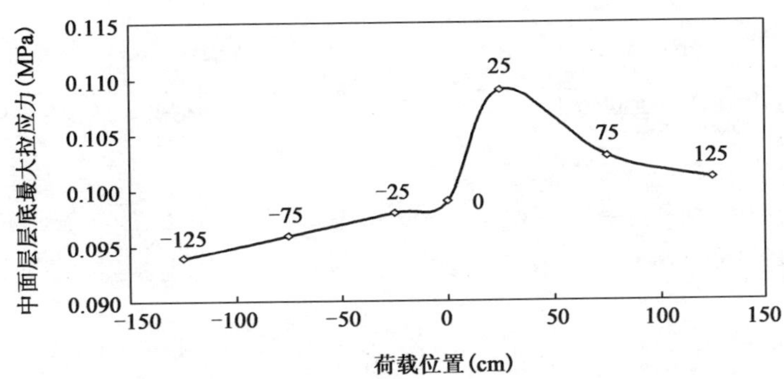

图4-15　台阶宽度为90cm时中面层最大拉应力随荷载位置变化情况

综合上述模拟结果,可以得出,当行车载荷由顶层拼接缝左侧向拼接缝右侧移动时,会在顶缝位置附近出现最大值,其范围为左侧0～50cm与右侧0～50cm,且随着台阶宽度在一定范围内的增加,行车荷载作用在右侧0～50cm范围内时取得最大拉应力最大值的可能性较大。因此,相对于顶缝存在两个最不利荷载位置,分别为顶缝左侧0～50cm、顶缝右侧0～50cm,后者应作为重点考虑的位置。

4.1.4　新旧路面结合部拼接方案有限元模拟

石安高速旧路硬路肩破损程度较小,考虑利用全部旧路硬路肩。为了实现行车轮迹位于第一层台阶中部且远离顶层拼接缝左右两侧50cm范围,优选顶层拼接缝于第二、三车道分割线处,由此提出了拼接方案:顶层接缝位置位于扩建后第二级第三车道分割线处,第一级台阶宽度为155cm,第二道接缝置于第二、三车道标线右侧155cm处,第二级台阶宽度为30cm,第三级台阶宽度为30cm,第四级台阶宽度为30cm,见图4-16。

根据路面结构台阶尺寸与材料类型建立二维有限元模型,模拟单向四车道路面结构,取模型宽度为1500cm,厚度为600cm,路面结构材料参数取规范中值。加载的行车荷载采用的是双圆标准轴载,荷载位置的表示以荷载中心与顶层拼接缝相对位置为依据,得出不同情况下路面结构应力云图如图4-17所示。

由应力云图可得出中面层、下面层层底最大拉应力,统计于表4-6,并据表作出图4-18、图4-19。

可以得出:中面层、下面层层底最大拉应力出现在离顶层拼接缝约200cm的位置,远离顶层拼接缝两侧50cm的范围,且有效避开了第三车道与轮迹范围,较为合理。

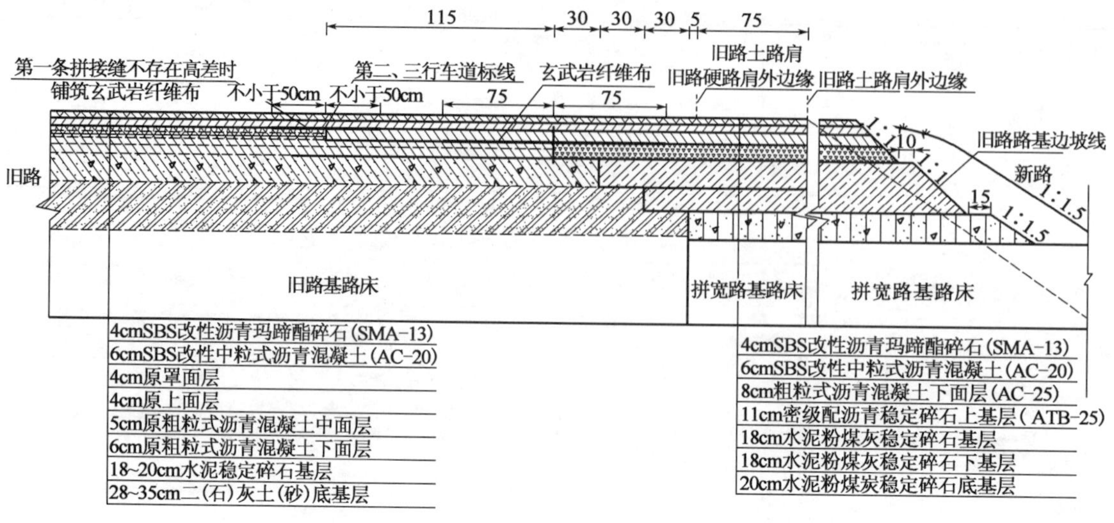

图 4-16 路面拼接示意图(尺寸单位:cm)

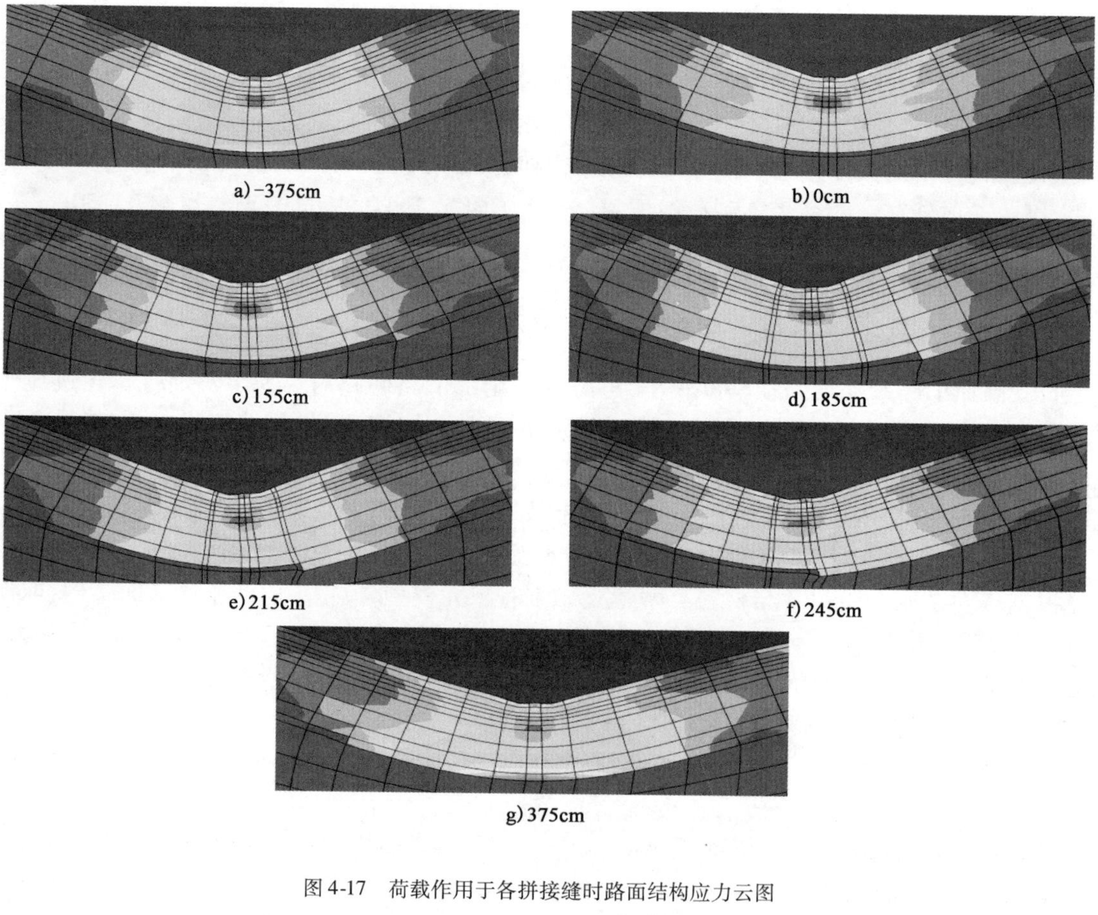

a) -375cm

b) 0cm

c) 155cm

d) 185cm

e) 215cm

f) 245cm

g) 375cm

图 4-17 荷载作用于各拼接缝时路面结构应力云图

荷载作用于各接缝时中、下面层层底最大拉应力　表4-6

荷载位置(cm)	-375	0	155	185	215	245	375
中面层层底最大拉应力(MPa)	0.1002	0.1043	0.1155	0.1170	0.1171	0.1144	0.0871
下面层层底最大拉应力(MPa)	—	0.0783	0.0821	0.0841	0.0838	0.0713	0.0684

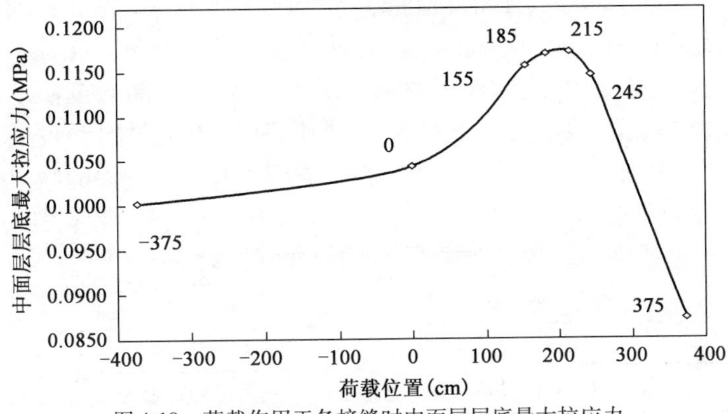

图4-18　荷载作用于各接缝时中面层层底最大拉应力

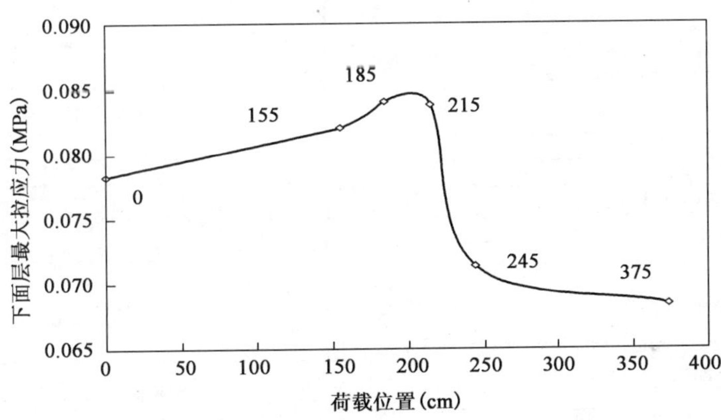

图4-19　荷载作用于各接缝时下面层层底最大拉应力

4.1.5　土工材料铺设方案及改进建议

土工材料已广泛应用于道路拓宽工程中，新旧路基结合部分层布设土工格栅、土工布或土工格室等可有效减小新旧路基差异沉降、提高新旧路基结合面强度。近年来，越来越多的工程实践将土工材料应用与路面工程中，铺设于旧沥青路面、旧水泥混凝土路面的沥青加铺层底部之间或新建道路沥青路面层内、基层之上，以减少或延缓由旧路面对沥青加铺层的反射裂缝，或半刚性基层对沥青路面的反射裂缝，减少沥青路面的车辙，适当提高基层的疲劳寿命。

如图4-16所示，依托工程文件中土工材料铺设方案为：对于旧路纵面找平4～18cm范围，在第二条拼接缝位置处（即新建拼宽路面上基层顶面）铺设玄武岩纤维布，并向新旧路面部分各延伸75cm；对于第一条拼接缝（即新建拼宽路面下面层顶面）两层结构层不存在高差时，接缝处铺设玄武岩纤维布，宽度视现场而定，但左右延伸长度不应小于50cm。而对于第一条拼接缝及旧路找平厚度18cm以上的第二条拼接缝两侧结构层存在高差时，接缝处不铺设玄武岩纤维布。

而按照设计文件,第一层玄武岩纤维布应位于调平层顶部,并不位于第一层拼接缝顶部,但是纵断面找平在图4-16中未能显现。实际上纵断面找平后新旧路面结合部路面结构如图4-20所示,根据找平范围不同分为三种面层结构类型,其中图a)找平范围4~6cm,图b)找平范围6~10cm,图c)找平范围10~18cm。

根据土工材料铺筑位置不同,土工材料的加筋有三种形式,即下置式(加铺层厚度≤10cm)、中置式与双置式(加铺层厚度10cm)。通过有限元计算,得出:①在只考虑整个加铺层底部的最大拉应力、拉应变的情况下,土工材料设置在加铺层底部的抗拉效果比其他层位要好;②在考虑将土工材料下的沥青混凝土视为“保护层”时,土工材料铺设在$h/6$处与铺设在加铺层底部相比更能延长加铺层的寿命;③双置式与下置式相比最大的特点就是沥青混凝土的应变急剧变小,使加铺层抗变形能力极大的增强,更有利于抵抗疲劳裂缝与车辙。

0~2cm SBS改性AC-20C
4cm SBS改性SMA-13
8cm SBS改性AC-20C
8cm AC-25C下面层
基层

a)旧路纵面找平范围为4~6cm

4cm SBS改性SMA-13
2~6cm SBS改性AC-20C
4cm SBS改性AC-20C
4cm 细粒式沥青混凝土上面层
8cm AC-25C下面层
基层

b)旧路纵面找平范围为6~10cm

4cm SBS改性SMA-13
6cm SBS改性AC-20C
0~8cm SBS改性AC-20C
4cm改性沥青混凝土罩面
4cm细粒式沥青混凝土上面层
8cm AC-25C下面层
基层

c)旧路纵面找平范围为10~18cm

图4-20 纵面找平后新旧路面结合部面层结构

0~2cm SBS改性AC-20C
4cm SBS改性SMA-13
8cm SBS改性AC-20C
8cm AC-25C下面层
基层

a)旧路纵面找平范围为4~6cm

4cm SBS改性SMA-13
2~6cm SBS改性AC-20C
4cm SBS改性AC-20C
4cm 细粒式沥青混凝土上面层
8cm AC-25C下面层
基层

b)旧路纵面找平范围为6~10cm

4cm SBS改性SMA-13
6cm SBS改性AC-20C
0~8cm SBS改性AC-20C
4cm改性沥青混凝土罩面
4cm细粒式沥青混凝土上面层
8cm AC-25C下面层
基层

c)旧路纵面找平范围为10~18cm

图4-21 面层土工材料铺设位置改进图示

参照以上研究成果,本文建议依托工程土工材料布设方案进行如下改进:

(1)第一层玄武岩纤维布应布设于第一层拼接缝处(新建拼宽路面下面层顶面),第二层玄武岩纤维布应布设于第二条拼接缝处(新建拼宽路面上基层顶面)。

(2)找平范围为4~10cm时,由于拼接缝上方加铺面层结构厚度≤10cm,因此只需将加筋

方式设置为下置式即可，见图4-21中a)、b)。

(3)找平范围为10～18cm时，由于拼接缝上方加铺面层结构厚度>10cm，应考虑在$h/6$处加铺一层玄武岩纤维布，将加筋方式设置为双置式，见图4-21中c)。

(4)已有土工材料铺筑方案中未见土基中土工材料的布设，建议在土基顶面布设土工布，以保证较好的防水功能。

4.2　高速公路改扩建路面层间处治技术

4.2.1　高速公路改扩建路堤面层间处治技术研究

4.2.1.1　室内新旧路面层间处治试验

(1)进行了常规透层油和高渗透乳化沥青渗透试验和层间剪切试验，得到不同透层材料的渗透性能排序，确定了透层材料的最佳洒布量，推荐了适合于不同半刚性基层材料的透层材料类型，为实体工程透层材料选取提供参考。

①随着稀释剂—煤油成分所占比例的增加，煤油稀释沥青在基层内的渗透深度是逐渐增大的，并且满足渗入深度大于5mm的要求。

②由于改性剂的加入，改性乳化沥青黏滞度大大提高，黏度的提高造成了下渗困难，喷洒后只会在基层表面形成一层较厚的沥青膜。

③与改性乳化沥青相比，乳化沥青的渗透性要稍好一些，但与煤油稀释沥青相比，还远达不到10mm左右的渗透深度。仅仅从渗透性角度来看，煤油稀释沥青的渗透效果要远优于乳化沥青的渗透效果。

④与以上几种透层油对比，高渗透乳化沥青渗透性能最好，其渗透深度远远超过10mm，仅从渗透角度出发，高渗透乳化沥青的渗透效果远高于其他透层沥青。

⑤随着养生龄期的增长，基层内部结构越来越致密，透层油在基层内部的渗透深度越来越小。所以，透层油的喷洒宜早不宜迟，最好是在基层成型一天后立即喷洒。

⑥无论是煤油稀释沥青、乳化沥青还是高渗透乳化沥青，抗剪强度都随着喷洒量的增加先增大后减小，有峰值出现。对于煤油稀释沥青，水泥稳定碎石基层和二灰稳定碎石基层上的最佳喷洒量分别为1.1kg/m^{2}和1.0kg/m^2。对于乳化沥青，水泥稳定碎石基层和二灰稳定碎石基层上的最佳喷洒量分别为0.9kg/m^{2}和0.8kg/m^2。对于高渗透乳化沥青，水泥稳定碎石基层和二灰稳定碎石基层上的最佳喷洒量均为0.9kg/m^2。二灰稳定碎石基层比水泥稳定碎石基层的最佳用量要小。

⑦无论是在哪个喷洒量下，乳化沥青抗剪强度都要大于煤油稀释沥青和高渗透乳化沥青，大概是煤油稀释沥青和高渗透乳化沥青的1～3倍。仅从抗剪强度大小来看，乳化沥青作透层材料更有利于基层与面层之间的黏结。

不同透层油洒布效果如图4-22所示。

⑧针对不同综合工况分级，推荐了适合的透层材料，如表4-7所示。

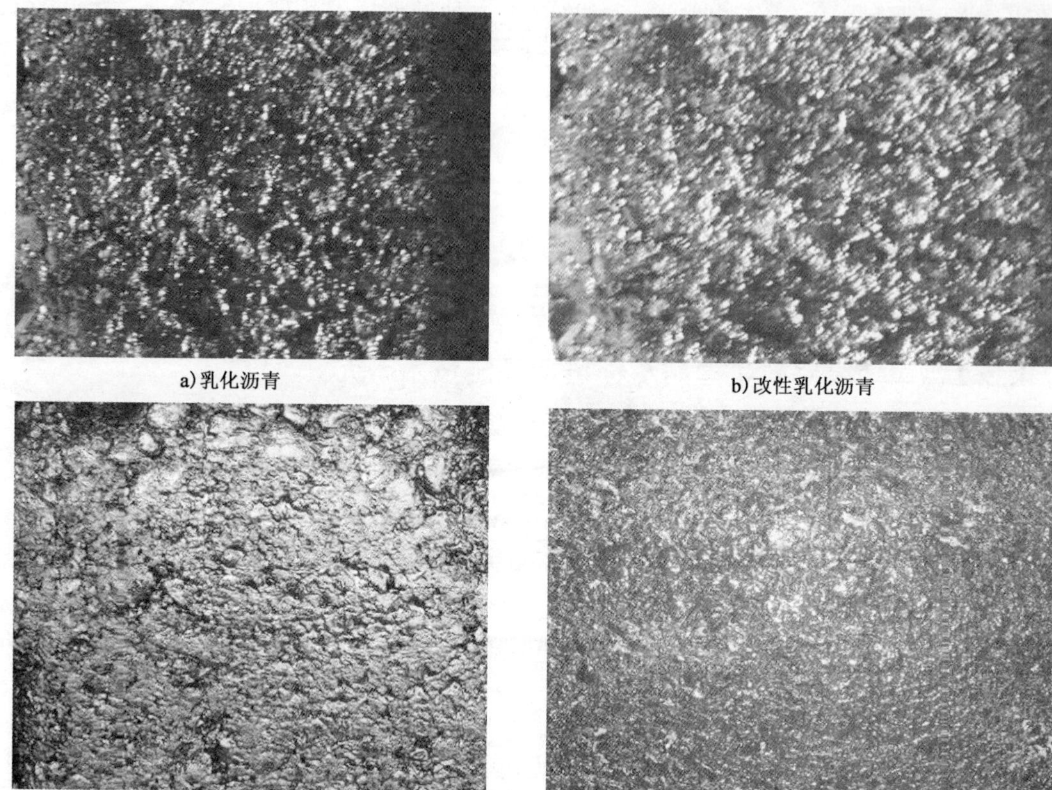

a)乳化沥青　b)改性乳化沥青　c)高渗透乳化沥青　d)煤油稀释沥青

图 4-22　不同透层油洒布效果图

不同工况分级推荐透层材料及用量　表 4-7

实际工程所属工况	适用透层材料及洒布量
1 级	高渗透乳化沥青 0.9 ~ 1.2kg/m^2
2 级	高渗透乳化沥青 0.6 ~ 0.8kg/m^2

(2)通过层间剪切试验确定了下封层材料的最佳洒布量,得到了下封层材料的抗剪性能排序。

①随着沥青洒布量的增加,"一油一料"碎石封层抗剪强度先增大后减小,在某个洒布量下出现峰值,SBS 改性沥青和基质沥青抗剪强度峰值分别出现在洒布量 1.4kg/m^2 和 1.2kg/m^2 的时候。

②抗剪强度对温度变化非常敏感,随着温度的升高迅速下降。这点表明,由于层间黏结材料的存在,碎石封层抗剪强度也表现出了类似沥青材料的感温性能。

③集料的不同处理方式对层间抗剪强度产生了显著性影响。石灰水预处理过的集料表面增强了碱性成分,更有利于沥青和集料的黏结,未水洗过的集料表面比较脏,有粉尘包裹,影响了沥青和集料的黏结。

④作为下封层使用时，“一油一料”同步碎石封层的黏结力小于“两油一料”同步碎石封层，抗剪强度也不如“两油一料”同步碎石封层。

(3)针对“一油一料”同步碎石防水黏结层的出现的“白碎石”问题，课题组研究决定，首次提出将沥青在碎石洒布先后分两次洒布，即“两油一料”，并确定了上、下层最佳沥青洒布量。

“一油一料”与“两油一料”防水黏结层与破坏界面比较如图4-23所示。

a)“一油一料”防水黏结层

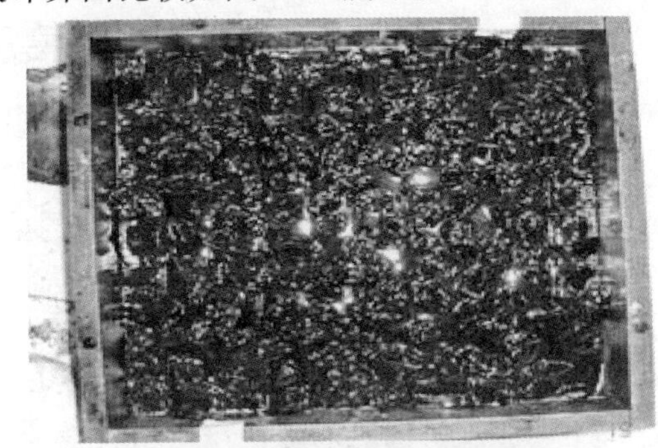

b)“两油一料”防水黏结层

c)“一油一料”破坏界面

d)“两油一料”破坏界面

图4-23　“一油一料”与“两油一料”破坏界面比较

①“两油一料”在下层沥青洒布量不变的情况下，改变上层沥青洒布量，上层沥青洒布量为0.5kg/m^{2}其抗剪切强度、抗拉强度达到最大值。

②在上层沥青洒布量不变的情况下，改变下层沥青洒布量，下层沥青洒布量为1.0kg/m^{2}时其抗剪切强度、抗拉强度达到最大值。

(4)结合力学分析结果和下封层层间性能试验的研究，提出沥青路面下封层结构抗剪性能的评价方法和评价指标，并建立下封层材料与工况分级之间的合理匹配关系。

①结合力学分析结果和下封层层间性能试验的研究，提出沥青路面下封层结构抗剪性能的评价方法和评价指标，并应符合表4-8的技术要求。

下封层评价方法、评价指标与技术标准　　表4-8

评价方法	层间剪切试验(垂直荷载为0.7MPa)		
评价指标	指　　标	工作状态等级	标准(MPa)
	40℃层间抗剪强度	1级	≥0.40
		2级	≥0.35

②根据不同沥青结合料的“一油一料”和“两油一料”同步碎石封层黏结性能的优劣，结合层间综合工况分级，建立下封层材料与工况分级之间的匹配关系，如表4-9所示。

封层材料与工况分级之间的匹配关系　　表4-9

实际工程所属工况	适用下封层材料及洒布量
1级	“两油一料”同步碎石封层(上层SBS改性沥青0.4kg/m²,碎石8kg/m²,下层SBS改性沥青1.2kg/m²)
2级	SBS改性沥青同步碎石封层(SBS改性沥青1.4kg/m²,碎石8kg/m²)

(5)系统研究了不同沥青用量对改性乳化沥青、高黏沥青、普通热沥青和SBS改性沥青抗剪性能的影响规律，确定了不同沥青类型做黏层油时的最佳用量。提出黏层材料评价指标与标准，并建立了黏层材料与工况分级之间的合理匹配关系。

①无论是改性乳化沥青、高黏沥青、普通热沥青还是SBS改性沥青，随着用量的增加，抗剪强度都出现了相同的规律，先增大后减小。25℃时，改性乳化沥青、热沥青、高黏沥青和SBS改性沥青的最佳用量分别是0.6kg/m²、0.5kg/m²、1.4kg/m²和1.2kg/m²。

②不同温度下确定的最佳用量略有不同，高温下确定的最佳用量可能会比常温下确定的最佳用量小一些。

③对于热沥青，当用量超过0.8kg/m²之后，抗剪强度随着用量的增加急剧下降。25℃时，用量超过1.2kg/m²时，抗剪强度下降到比层间不采用黏层油时还要低，60℃时，这种下降趋势表现得更快、更明显。表明：黏层油用量过大，不但不能增加层间的抗剪强度，反而会在层与层之间形成富油层，导致层间抗剪强度的降低。

④提出黏层材料评价指标与标准，并建立了黏层材料与工况分级之间的合理匹配关系，如表4-10所示。

不同工况分级匹配的黏层材料　　表4-10

工　况	材　料	用量(kg/m²)
1级	SBR改性乳化沥青	0.4～0.6
	SBS改性乳化沥青	0.4～0.6
2级	乳化沥青	0.4～0.6

4.2.1.2　现场新旧路面层间处治试验

(1)试验路位置及方案

下封层洒布效果如图4-24所示，上封层洒布效果如图4-25所示。

图4-24　下封层洒布效果图

图4-25　上封层洒布效果图

根据石安高速改扩建工程特点及室内试验分析结果，经与石安筹建处与广通公司商定，最终确定层间处治技术试验段方案如表4-11～表4-13所示。

拼宽新建路面透层及下封层处治试验段方案　　表4-11

路面形式	桩号	表面处治	透层	封层
半刚性基层路面	K447+760～K448+160（左幅）	强力清扫	SBR改性乳化沥青透层0.9L/m^2	SBS改性沥青封层

旧路表面上封层层间处治试验段方案　　表4-12

<table>
<tr><th>路面形式</th><th>段落桩号</th><th>有无调平层</th><th>路面结构层</th><th>处治方法</th></tr>
<tr><td rowspan="3">半刚性基层路面</td><td rowspan="3">K447+000～K447+200（右幅）</td><td rowspan="3">有</td><td rowspan="3">4cmSMA－13＋SBR黏层＋6cmAC-20C＋SBS封层＋调平层＋旧路表面</td><td>黏层油（SBR改性乳化沥青0.3～0.5L/m^2）</td></tr>
<tr><td>调平层</td></tr>
<tr><td>改性沥青封层（SBS改性沥青1.8kg/m^2，13.2～16mm碎石8.0kg/m^2）</td></tr>
</table>

新建拼宽路面上封层层间处治试验段方案　　表4-13

路面形式	桩号	表面处治	封层	黏层
半刚性基层路面	K447+360～K447+760（左幅）	强力清扫	“两油一料”同步碎石封层（SBS改性沥青上层0.4kg/m^2，下层1.2kg/m^2，13.2～16mm碎石撒布量8.0kg/m^2）	同原方案

除试验路段外还设置了检测校验路段路面方案与原设计方案一致，该路段只作为课题组取样检测验证路段，具体如表4-14～表4-16所示。

拼宽新建路面透层及下封层处治检测段方案　　表4-14

路面形式	桩号	表面处治	透层	封层
半刚性基层路面	K447+360～K447+760（左幅）	强力清扫	原方案（煤油稀释沥青）	原设计（ES-3型改性乳化沥青稀浆封层）

旧路表面上封层层间处治检测段方案　　表4-15

<table>
<tr><th>路面形式</th><th>段落桩号</th><th>有无调平层</th><th>路面结构层</th><th>处治方法</th></tr>
<tr><td rowspan="4">半刚性基层路面</td><td rowspan="3">K446+600～K446+800（右幅）</td><td rowspan="3">有</td><td rowspan="3">4cmSMA－13＋SBS封层＋6cmAC-20C＋SBS封层＋调平层＋旧路表面</td><td>改性沥青封层（SBS改性沥青1.8kg/m^2，13.2～16mm碎石8.0kg/m^2）</td></tr>
<tr><td>调平层</td></tr>
<tr><td>黏层油（SBR改性乳化沥青0.3～0.5L/m^2）</td></tr>
<tr><td>K445+620～K445+820（左幅）</td><td>无</td><td>4cmSMA－13＋SBS封层＋6cmAC-20C＋SBS封层＋旧路表面</td><td>改性沥青封层（SBS改性沥青1.8kg/m^2，13.2～16mm碎石8.0kg/m^2）</td></tr>
</table>

新建拼宽路面上封层层间处治检测段方案　　表 4-16

路面形式	桩号	表面处治	封层	黏层
半刚性基层路面	K447 +760 ~ K448 + 160(左幅)	强力清扫	“一油一料”: SBS 改性沥青 1.2kg/m², 9.5 ~ 13.2mm 碎石撒布量 8.0kg/m²	SBR 改性乳化沥青 0.3 ~ 0.5L/m²

(2)试验路现场检测

试验路铺筑完成后合理养生,需对透层油渗透深度及层间抗剪强度进行检测,将现场取芯试样进行剪切试验或进行现场剪切拉拔试验。

①透层油渗透效果检测。

依托工程石安改扩建半刚性基层采用水泥稳定碎石,透层油材料煤油稀释沥青和 SBR 改性乳化沥青。图 4-26 为现场试件渗透深度测量图,表 4-17 为不同试验段试件的渗透深度汇总表。

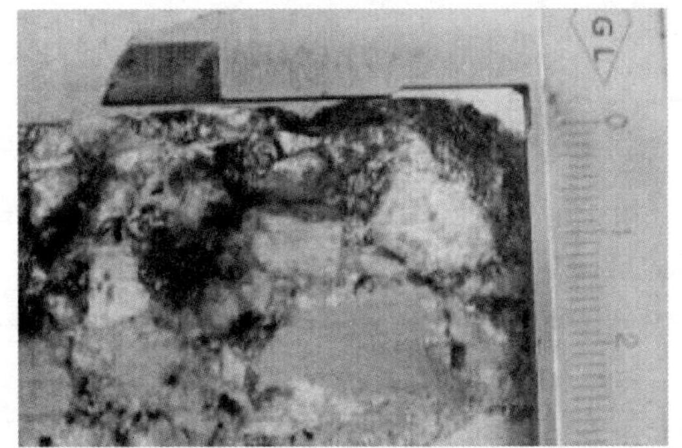

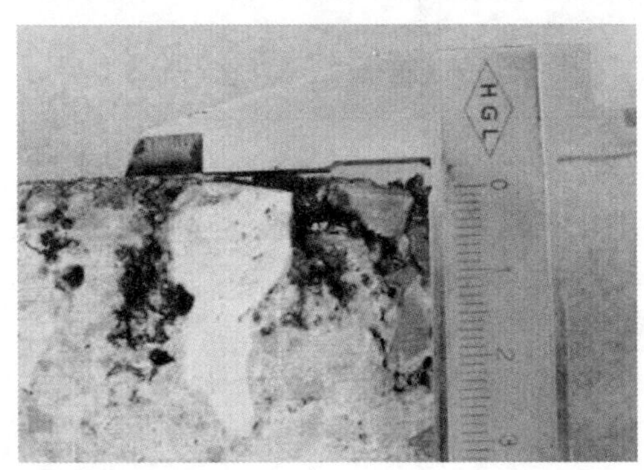

图 4-26　现场试件渗透深度测量

不同透层现场试件渗透深度(单位:mm)　　表 4-17

透层油	芯样编号	渗透深度	均值	透层油	芯样编号	渗透深度	均值
煤油稀释沥青	1	9	8.5	SBR 改性乳化沥青	1	6	6.5
	2	7			2	5	
	3	10			3	8	
	4	8			4	7	

从表4-17可以看出,石安改扩建不同试验段,煤油稀释沥青渗透深度均在8～10mm之间,满足规范中渗透深度不小于5mm的要求;SBR乳化沥青渗透深度均在5～8mm之间,满足规范要求,但渗透效果略差于煤油稀释沥青。

②下封层黏结性能检测。

依托工程石安改扩建项目下封层原设计为ES-3型改性乳化沥青稀浆封层,试验段采用SBS改性沥青同步碎石封层,将现场取芯试样进行剪切试验或进行现场剪切拉拔试验,图4-27为直接剪切试验,表4-18为不同试验段试件的剪切强度汇总表。

a)试件固定

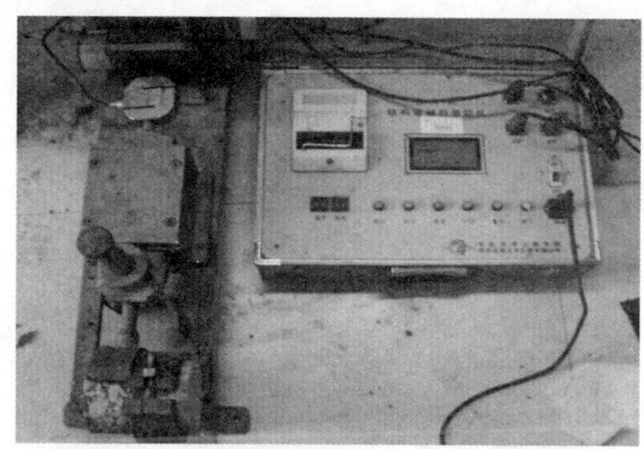
b)实验开始前

c)试件破坏

d)层间破坏状态

图4-27　直接剪切试验

不同试验路下封层试件的剪切强度汇总表(温度:25℃)　　表4-18

改性乳化沥青稀浆封层			SBS改性沥青同步碎石封层		
试件编号	剪切力(N)	剪切强度(MPa)	试件编号	剪切力(N)	剪切强度(MPa)
1	1746	0.222	1	3528	0.449
2	1821	0.232	2	3104	0.395
3	1949	0.248	3	3215	0.410
4	1714	0.218	4	2982	0.380
5	1938	0.247	5	3352	0.427
6	1728	0.220	6	3163	0.403
均值	1816	0.231	均值	3224	0.411

从表4-18可以看出,原设计方案改性乳化沥青稀浆封层层间抗剪强度范围为0.218~0.248MPa,均值为0.231MPa,试验段方案SBS改性沥青同步碎石封层层间抗剪强度范围为0.380~0.427MPa,均值为0.411MPa,明显优于原设计方案。

③上封层黏结性能检测。

依托工程石安改扩建项目上封层分别采用SBS改性沥青同步碎石封层及“两油一料”同步碎石封层,将现场取芯试样进行剪切试验或进行现场剪切试验,表4-19为不同试验段试件的剪切强度汇总表。

不同试验路上封层试件的剪切强度汇总表(温度:25℃)　　表4-19

SBS改性沥青同步碎石封层			“两油一料”同步碎石封层		
试件编号	剪切力(N)	剪切强度(MPa)	试件编号	剪切力(N)	剪切强度(MPa)
1	4253	0.54	1	5281	0.67
2	5347	0.68	2	5976	0.76
3	4951	0.63	3	6120	0.78
4	4120	0.52	4	5175	0.66
5	5142	0.66	5	5632	0.72
6	4348	0.55	6	5084	0.65
均值	4693	0.60	均值	5545	0.71

从表4-19可以看出,上封层采用SBS改性沥青同步碎石封层抗剪强度均值为0.60MPa,“两油一料”同步碎石封层抗剪强度均值为0.71MPa,显然“两油一料”同步碎石封层处治效果更优。同时,比较上封层与下封层层间抗剪强度发现上封层黏结效果更好。

④黏层性能检测。

依托工程石安改扩建项目黏层试验段分别采用SBS改性乳化沥青及SBR改性乳化沥青,将现场取芯试样进行剪切试验或进行现场剪切试验,表4-20为不同试验段试件的剪切强度汇总表。

不同试验路黏层试件的剪切强度汇总表(温度:25℃)　　表4-20

SBR改性乳化沥青			SBS改性乳化沥青		
试件编号	剪切力(N)	剪切强度(MPa)	试件编号	剪切力(N)	剪切强度(MPa)
1	6382	0.8129	1	7243	0.9227
2	6066	0.7728	2	7432	0.9468
3	6211	0.7912	3	7347	0.9360
4	6122	0.7799	4	7316	0.9319
5	5908	0.7526	5	7375	0.9395
6	6312	0.8041	6	7345	0.9357
均值	6167	0.7856	均值	7343	0.9354

从表4-20可以看出,SBR改性乳化沥青试件剪切强度为0.75~0.81MPa,平均值为0.79MPa,SBS改性乳化沥青试件剪切强度为0.92~0.94MPa,平均值为0.93MPa,均大于室内试验提出的0.4MPa的检测标准。因此,石安改扩建项目采用的试验路方案的面层间黏结效果良好。

4.2.2 高速公路改扩建桥面层间处治技术研究

4.2.2.1 室内桥面层间处治试验

(1)采用“水泥混凝土桥面板 + 黏层油 + 防水黏结层 + 沥青混合料铺装层”的结构进行层间剪切和拉拔试验，确定了同步碎石防水黏结层的最佳洒布量，对 SBS 改性沥青与 MAC 改性沥青Ⅱ型、SBS 改性乳化沥青、AH-90 沥青的不透水性和抗剪性能进行对比分析，得到了不同材料的性能排序。图 4-28 为同步碎石防水黏结层性能试验。

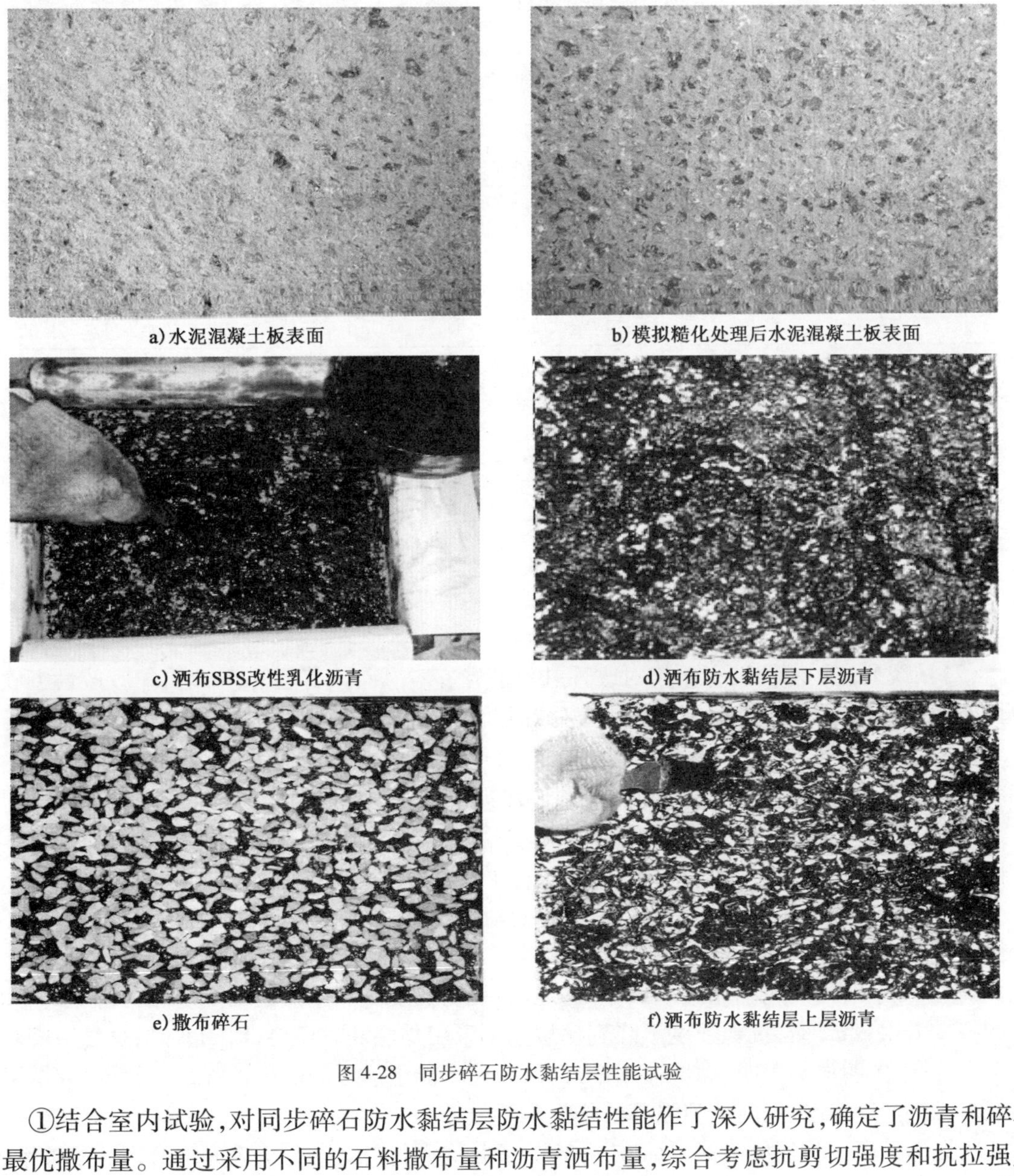

a) 水泥混凝土板表面

b) 模拟糙化处理后水泥混凝土板表面

c) 洒布SBS改性乳化沥青

d) 洒布防水黏结层下层沥青

e) 撒布碎石

f) 洒布防水黏结层上层沥青

图 4-28　同步碎石防水黏结层性能试验

①结合室内试验，对同步碎石防水黏结层防水黏结性能作了深入研究，确定了沥青和碎石的最优撒布量。通过采用不同的石料撒布量和沥青洒布量，综合考虑抗剪切强度和抗拉强度

的优选方案为沥青洒布量为1.4kg/m²,碎石撒布量为8.0kg/m²,碎石覆盖率为60% ~70%;

②同步碎石防水黏结层是温度敏感性材料。随着温度的升高,试验所用两种改性沥青的抗剪切强度均显著降低,40℃时的强度是60℃时的3倍左右。说明在夏季高温时,层间抗剪能力大大降低。因此,在夏季高温时节,进行桥面交通及重车通行管制尤为重要;

③经过模拟施工期老化和使用期老化后,同步碎石防水层抗剪强度和拉拔强度均无明显下降,作为防水黏结材料,同步碎石耐久性能良好;

④同步碎石防水黏结层在最高0.7MPa的水压下,没有出现渗漏和应力衰减现象,显示出了优良的抗渗性能;

⑤不同防水黏结层材料抗剪性能排序为环氧沥青、"两油一料" >6% SBS改性沥青、橡胶沥青 >SBR改性乳化沥青、FYT >无防水层;

⑥根据室内试验结果提出防水黏结材料评价指标与标准,并建立了防水黏结层材料与工况分级之间的合理匹配关系,如表4-21、表4-22所示。

防水黏结材料评价指标与标准 表4-21

技术指标		抗剪强度(MPa)	拉拔强度(MPa)	不透水性(MPa)
评价标准	1级	≥0.48	≥0.25	0.7
	2级	≥0.35		0.5
试验方法		直接剪切试验仪	LGZ-1拉拔仪	加压渗水试验仪

各级工况推荐的防水黏结材料 表4-22

工况	材料		用量(kg/m²)
1级	"两油一料"同步碎石封层	上层SBS改性沥青	0.3~0.5
		下层SBS改性沥青	1.0~1.2
		碎石(4.75~9.5mm)	7.5~8.5
2级	橡胶沥青同步碎石封层		1.5~1.7
	SBS改性沥青同步碎石封层		1.3~1.5

(2)系统研究了不同沥青用量对改性乳化沥青、高黏沥青、普通热沥青和SBS改性沥青抗剪性能的影响规律,确定了不同沥青类型做黏层油时的最佳用量。提出黏层材料评价指标与标准,并建立了黏层材料与工况分级之间的合理匹配关系。

①无论是改性乳化沥青、高黏沥青、普通热沥青还是SBS改性沥青,随着用量的增加,抗剪强度都出现了相同的规律,先增大后减小。25℃时,改性乳化沥青、热沥青、高黏沥青和SBS改性沥青的最佳用量分别是0.6kg/m²、0.5kg/m²、1.4kg/m²和1.2kg/m²。

②不同温度下确定的最佳用量略有不同,高温下确定的最佳用量可能会比常温下确定的最佳用量小一些。

③对于热沥青,当用量超过0.8kg/m²之后,抗剪强度随着用量的增加急剧下降。25℃时,用量超过1.2kg/m²时,抗剪强度下降到比层间不采用黏层油时还要低,60℃时,这种下降趋势表现得更快、更明显。表明:黏层油用量过大,不但不能增加层间的抗剪强度,反而会在层与层之间形成富油层,导致层间抗剪强度的降低。

④提出黏层材料评价指标与标准,并建立了黏层材料与工况分级之间的合理匹配关系,如

表 4-23 所示。

不同工况分级匹配的黏层材料　　表 4-23

工　况	材　料	用量(kg/m^2)
1 级	SBS 改性乳化沥青	0.5～0.7
2 级	SBR 改性乳化沥青	0.4～0.6
	SBS 改性乳化沥青	0.4～0.6

4.2.2.2　现场桥面层间处治试验

根据石安高速改扩建工程特点及室内试验分析结果，经与石安筹建处与广通公司商定，最终确定桥面层间处治技术试验段方案如表 4-24、表 4-25 所示。

双层沥青桥面铺装桥面封层试验段方案　　表 4-24

路面形式	桩　号	表面处治	封　层	黏　层
K440+052 从台路分离式立交桥沥青桥面	从台路分离式立交桥右幅	浅层铣刨	“两油一料”同步碎石封层(上层 SBS 改性沥青 0.4kg/m^2，下层橡 SBS 性沥青 1.2kg/m^2，4.75～9.5mm 碎石撒布量 8.0kg/m^2)	同原方案

双层沥青桥面铺装桥面封层检测段方案　　表 4-25

路面形式	桩　号	表面处治	封　层	黏　层
K440+052 从台路分离式立交桥沥青桥面	从台路分离式立交桥左幅	浅层铣刨	同原方案	同原方案

试验段防水黏结层分别采用“一油一料”同步碎石防水黏结层及“两油一料”同步碎石防水黏结层。不同试验路试件的现场剪切强度汇总表如表 4-26 所示。

不同试验路试件的剪切强度汇总表(温度:25℃)　　表 4-26

“一油一料”同步碎石防水黏结层			“两油一料”同步碎石防水黏结层		
试件编号	剪切力(N)	剪切强度(MPa)	试件编号	剪切力(N)	剪切强度(MPa)
1	4098	0.52	1	5147	0.66
2	5321	0.68	2	5482	0.70
3	5014	0.64	3	5860	0.75
4	4067	0.52	4	5184	0.66
5	4532	0.58	5	5380	0.69
6	4208	0.54	6	4835	0.62
均值	4540	0.58	均值	5314	0.68

从表 4-26 可以看出，“一油一料”同步碎石防水黏结层抗剪强度为 0.52～0.68MPa，均值为 0.58MPa。“两油一料”同步碎石防水黏结层抗剪强度为 0.62～0.75MPa，均值为 0.68MPa。均大于室内试验提出的 0.40MPa 的检测标准，但“两油一料”同步碎石防水黏结层抗剪强度明显优于“一油一料”，提高约 17.2%。

4.3　沥青混合料厂拌热再生方案

4.3.1　旧料再生方案选择标准

(1)厂拌热再生技术的适用范围及特点

厂拌热再生技术是先将旧沥青混凝土路面铣刨(一般在气温较低的季节进行)并清除黏附的泥土和杂质,然后运回工厂,通过破碎、筛分,并根据旧料中沥青的含量、沥青老化程度、碎石级配等指标,掺入设计所需的新集料、沥青再生剂进行拌和,使混合料达到规范规定的各项指标,按照与新建沥青混凝土路面完全相同的方法重新铺筑,其性能通常能够相当于甚至优于传统的热拌沥青混合料。

厂拌热再生技术适用于各等级公路,再生后的沥青混合料根据其性能和工程情况,可用于各等级公路的沥青面层及柔性基层。适应各种沥青路面损坏的再生利用,通过配合比设计能满足各种技术标准和使用性能的要求,尤其是使用条件恶劣的重载交通、炎热地区和大交通量条件下的路面修复。

厂拌热再生是将旧沥青路面经过翻挖后运回拌和厂,再集中破碎,根据路面不同层次的质量要求,进行配比设计,确定旧沥青混合料的添加比例,再生剂、新沥青材料、新集料等在拌和机中按一定比例重新拌和成新的混合料,可以方便地对已翻挖的基层甚至路基的一些地段进行有效的补强,沥青层的重铺则可以像新路施工一样,按各层的不同技术要求进行配合比设计。因此,其性能可以达到全新混合料的标准,适用于沥青路面的各种损坏情况。

(2)厂拌热再生技术的再生效果

厂拌热再生是目前保证再生质量的可靠方法,它能够对已被翻挖的基层甚至路基的一些地段进行有效补强处理。沥青层的重铺则可以像新路施工一样,分别按下面层、中面层、上面层的不同技术要求进行配合比设计,确定旧料的添加比例。热再生沥青混合料与全新材料拌制的沥青混合料一样,均为沥青混合料,其性能一定程度上甚至达到并超过全新沥青混合料,可用于沥青路面的表层。

厂拌热再生可以用来修正原沥青路面的设计问题,使其性能优化,且可修复路表面绝大多数的破坏问题如松散、泛油、推挤、集料磨光、车辙和裂缝等,通过添加新的集料、沥青或添加剂改善原混合料的级配和沥青问题,可以在厚度不变或变化较小的情况下改善路面结构,可以维持原路面的线形和高程不变。

(3)厂拌热再生技术的机械设备要求

旧沥青混合料中作为黏结材料的沥青在加热重融和搅拌中再生,除了需要在搅拌设备中灵活调整旧沥青回收料、新集料、新沥青以及再生剂加入的比例,满足沥青混凝土对油石比以及矿料级配的严格要求之外,还需要有对旧沥青回收料的良好的和可靠的加热,确保旧沥青加热温度和不再使其老化,加热过程不会对环境造成二次污染;此外在加热的状态下要有足够长的搅拌时间,使“再生”和“混合”两方面都得以充分完成。因此,必须采用良好的厂拌热再生设备保证再生混合料的质量。

厂拌热再生设备是指回收料的加热在一个专门的干燥筒内完成，该设备应可与沥青混合料搅拌设备配套使用的。它主要由回收料供给系统、提升系统、干燥系统、热回收料储存仓、热回收料称量斗、有害气体吸收管道及控制系统等组成。

再生热拌沥青混合料的运输、摊铺和碾压设备及施工工艺与传统的热拌沥青混合料基本相同，只需要对现有的拌和设备作较小的改动，且可以满足现有的环保要求。

(4)厂拌热再生技术的经济效益

再生沥青路面可以重复使用旧沥青路面材料，减少新材料的用量，节约自然资源，减少废料处理问题并降低相关费用，具有较高的经济性。

通过对河北2014年原材料调查，其原材料价格如表4-27所示。

河北省2014年原材料价格 表4-27

材料	矿粉	沥青	石料	石屑
单价(元/t)	160	4850	145	125

每吨混合料材料成本=(碎石单价×碎石用量+石粉单价×石粉用量+矿粉单价×矿粉用量+沥青单价×沥青用量)/成品料吨数，不同RAP掺配比再生混合料成本造价计算结果如下表4-28所示。不同类型混合料每吨成本造价如图4-29所示。

每吨AC-20成本造价对比 表4-28

科目		单价(元/t)	普通AC-20		AC-20(20%)		AC-20(30%)		AC-20(40%)	
			数量	金额	数量	金额	数量	金额	数量	金额
材料费用	矿粉	160	0.030	4.733	0.041	6.631	0.038	6.120	0.029	4.626
	沥青	4850	0.043	208.550	0.034	166.188	0.031	149.297	0.027	132.399
	石料	145	0.725	105.070	0.288	41.774	0.272	39.486	0.204	29.511
	石屑	125	0.203	25.350	0.436	54.524	0.359	44.831	0.340	42.534
	RAP	40	—	—	0.2	8	0.3	12	0.4	16
	总费	—	—	343.703	—	277.117	—	251.734	—	225.069
机械费		—	—	100	—	140	—	140		140
合计		—	—	443.703	—	417.117	—	391.734	—	365.069

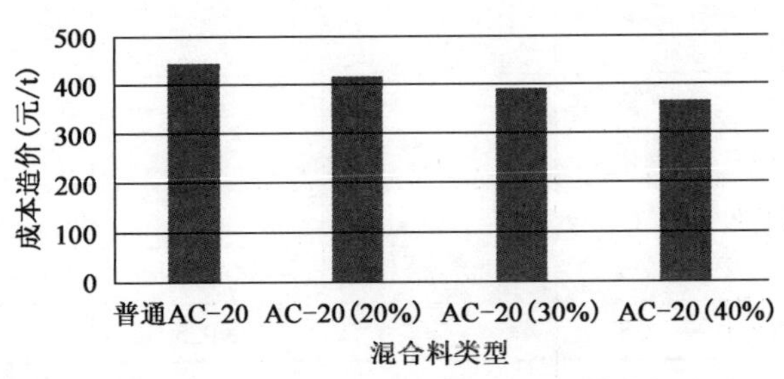

图4-29 不同类型混合料每吨成本造价

通过对 AC-20 不同 RAP 掺量成本费用的对比可以看出：当 RAP 掺量为 20% RAP 时，相对新料总成本费用节约 6.37%；当 RAP 掺量为 30% RAP 相对新料总成本费用节约 13.27%；当 RAP 掺量为 40% 时，相对总成本费用降低了 21.54%。

(5)厂拌热再生技术的社会效益

再生沥青混合料技术不仅具有巨大的经济效益，也有不可估量的社会效益，而这些间接的社会效应难以用货币衡量，也再次证明再生混合料是造福环境造福子孙的绿色施工技术。

早期对旧料的处理是废弃或者埋置在路基内，这种做法不仅占用土地、浪费资源且对环境也造成了不可挽回的破坏。据文献显示，沥青由于其自身的特性在自然中很难降解，将沥青混合料随意堆弃会严重破坏周围的生态环境，甚至损害人类的饮水质量。路面再生技术也有效地降低了碳排放量，并有效利用了不可再生资源；另一方面，改扩建时全部采用新料，增大了对石料、石油的开采，在资源日益紧张的今天造成了大量不必要的资源消耗。可以看出，再生路面充分利用了高速公路旧沥青混合料，解决了沥青路面翻修所产生大量废料对环境的破坏问题，保护了人类生存的环境，符合我国可持续发展道路的要求；并且减少了对沥青与石料的开采，降低了工程对材料的需求量，既保护了自然资源也缓解了材料供求紧张的状态。

再生沥青混合料技术的应用不仅能节约矿产和石油资源，减小对新石料与沥青的开采，缓解其造成的森林植被减少、水土流失等对生态的严重破坏，还避免了旧料堆弃对环境的污染，其巨大的社会效益是不可衡量的。随着环保要求日趋提高，资源日益紧张的今天，沥青路面再生将具有不可估量的市场前景。

4.3.2 原材料说明

4.3.2.1 沥青

ATB-25 柔性基层及 AC-25 下面层再生沥青混合料配合比设计采用了山东滨化滨阳燃化有限公司生产的 70 号 A 级道路石油沥青，AC-20 中面层再生沥青混合料配合比设计采用了北京金凯越改性材料有限公司生产的 SBS(I－D)改性沥青，两种沥青的性能指标要求及检测结果见表 4-29、表 4-30。

70 号 A 级道路石油沥青性能指标 表 4-29

试验项目		单位	技术要求	检测结果	结果判定
针入度(25℃,5s,100g)		0.1mm	60～80	68	合格
针入度指数 PI		—	实测	-0.8	—
延度(5cm/min)	15℃,不小于	cm	100	>100	合格
	10℃,不小于	cm	20	57	合格
软化点(环球法),不小于		℃	46	49.0	合格
密度 25℃		g/cm³	实测	1.022	—
TFOT(163℃,5h)	质量变化,不大于	%	±0.5	+0.050	合格
	残留针入度比,不小于	%	63	68	合格

SBS(I－D)改性沥青性能指标　　表4-30

试验项目		单位	技术要求	检测结果	结果判定
针入度(25℃,5s,100g)		0.1mm	40~60	58.5	合格
延度(5℃,5cm/min),不小于		cm	20	27.0	合格
运动黏度(135℃),不大于		Pa.s	2.5	1.7	合格
软化点,不小于		℃	70	75.2	合格
密度25℃		g/cm^3	实测	1.022	—
RTFOT(163℃,5h)	质量变化,不大于	%	±0.4	-0.2	合格
	残留针入度比,不小于	%	65	70	合格
	延度(5℃),不小于	cm	15	20	合格

4.3.2.2　再生剂

AC-20再生沥青混合料应用层位较高,用于中面层,路用性能要求高,为了使旧沥青的性能得以恢复,同时延长再生沥青混合料碾压时间,保证混合料碾压密实,在进行AC-20再生沥青混合料配合比设计时,除了采用了美国美德维实伟克公司(MWV公司)生产的Evotherm温拌剂外,还使用了该公司生产的Evoflex再生剂。

(1)再生剂性能

EvoflexTM CA再生剂是一种基于生物油分精练技术的高性能沥青再生添加剂,应用于再生沥青混合料中以恢复老化沥青性能,同时还可以与Evotherm温拌添加剂一起在较低施工温度下恢复老化沥青性能。采用EvoflexTM CA可以增加沥青路面回收料在再生沥青混合料中的添加比例,同时还能促进新旧沥青融合,改善再生混合料的裹覆性和工作性。图4-30为Evoftex对旧沥青的溶解性图。

图4-30　Evoflex对旧沥青的溶解性

EvoflexTM CA常温下为淡黄色液体,流动性较好,25℃密度为8.07磅/加仑,相对密度为0.96,20℃黏度为600~800cps,30℃黏度为200~400cps。EvoflexTM CA可以调节沥青组分,改善旧沥青的针入度、延度、软化点、黏度等性能指标。EvoflexTM CA应用于再生沥青混合料中具有以下特点:

①恢复旧料中沥青的性能;

②降低再生沥青混合料中沥青老化程度,改善再生混合料的低温抗裂性和疲劳性,使再生混合料满足路用性能要求;

③显著改善沥青的黏结性,提高再生沥青混合料的抗水损坏性能;

④改善再生混合料的裹覆性和工作性,促进混合料的摊铺和碾压;

⑤提高 RAP 的添加比例,使再生混合料用于更高层位;

⑥可以用传统的马歇尔方法进行混合料设计;

⑦常温下为液态,具有良好的流动性和施工操作性,便于工程应用。

(2)再生剂用量确定

再生沥青混合料中添加再生剂,向旧沥青中补充轻质组分,使旧沥青发生软化。如果再生剂添加量过大会导致再生沥青黏度过小,从而导致再生沥青混合料的高温稳定性不足;如果再生剂添加量过低,会导致再生沥青黏度过大,拌制再生沥青混合料时会导致新旧沥青不能充分融合,最终使得再生沥青混合料拌和不均匀。因此再生剂有一个最佳掺量,这可以从再生沥青的黏度方面考虑,即使再生沥青有一个合适的黏度。根据已有研究成果,再生剂掺量可以根据旧沥青黏度、再生沥青预计达到的设计黏度、再生剂黏度进行计算得到,计算公式如下:

$$\lg\eta_z = X^a\lg\eta_b + (1 - X)^a\lg\eta_R$$

式中:η_z——再生沥青的设计黏度(Pa·s);

η_b——再生剂黏度(Pa·s);

η_R——旧沥青黏度(Pa·s);

X——再生剂掺量;

a——黏度偏离系数,通常取 1.20。

通过上式计算再生剂掺量,然后根据计算结果上下浮动,比较分析不同再生剂掺量对旧沥青的再生效果,通过室内试验确定再生剂最佳掺量。最终综合考虑再生效果和经济性确定再生剂合适用量。根据 MWV 公司试验结果及建议,确定再生剂掺量为总沥青的 2%。

4.3.2.3 铣刨料

沥青面层铣刨料来源于石安高速沥青路面面层,采用 JTG E20—2011 中 T 0735—2011 沥青含量试验(燃烧炉法)测得铣刨料油石比为 3.6%,矿料级配如表 4-31 所示。

铣刨料矿料级配检测结果 表 4-31

级配类型	通过下列筛孔(方孔筛 mm)的质量百分率(%)											
	26.5	19	16	13.2	9.5	4.75	2.36	1.18	0.6	0.3	0.15	0.075
铣刨料	100.0	99.6	94.8	86.1	65.1	39.6	28.5	22.1	19.0	13.7	9.4	6.1

铣刨料表观相对密度为 2.747,毛体积相对密度为 2.729。铣刨料中回收沥青技术指标见表 4-32。

回收沥青三大指标 表 4-32

针入度(25℃,0.1mm)	延度(5℃,cm)	软化点(℃)
41.6	1.4	60.8

4.3.2.4　集料

采用的集料为武安白沙石场生产的集料：20 ~ 30mm 碎石、10 ~ 20mm 碎石、5 ~ 10mm 碎石、3 ~ 5mm 碎石、0 ~ 3mm 机制砂。集料筛分结果和集料性能指标检测结果见表 4-33 ~ 表 4-35。

集料筛分结果　　表 4-33

筛孔直径 mm	通过率(%)				
	20 ~ 30mm	10 ~ 20mm	5 ~ 10mm	3 ~ 5mm	0 ~ 3mm
31.5	100	—	—	—	—
26.5	64.9	100	—	—	—
19	4.8	74.9	—	—	—
16	0.8	50.5	100	—	—
13.2	0.1	25.0	99.7	—	—
9.5	—	4.5	97.4	100	—
4.75	—	0.3	12.7	95.4	100
2.36	—	0.1	0.5	11.5	83.1
1.18	—	—	0.3	1.9	44.9
0.6	—	—	0.1	0.8	23.5
0.3	—	—	—	0.6	14.0
0.15	—	—	—	0.5	10.6
0.075	—	—	—	0.4	7.5

粗集料性能指标检测结果　　表 4-34

石　料	压碎值%	洛杉矶磨耗损失%	表观相对密度	毛体积相对密度	吸水率 %	与沥青黏附等级	针片状颗粒含量%
20 ~ 30mm	—	—	2.711	2.694	0.35	—	2.6
10 ~ 20mm	23.5	22.6	2.725	2.701	0.32	4	9.6
5 ~ 10mm	—	—	2.767	2.716	1.12	—	16.2
3 ~ 5mm	—	—	2.730	2.694	0.50	—	—

细集料性能指标检测结果　　表 4-35

机　制　砂	表观相对密度	毛体积相对密度	砂当量(%)	亚甲蓝值(g/kg)
0 - 3mm	2.726	2.563	73	1.3

检测结果表明所用集料符合《公路沥青路面施工技术规范》(JTGF 40—2004)“高速公路、一级公路表面层沥青混合料用集料质量要求”。

4.3.2.5　填料

本设计采用的填料为武安石料厂生产的矿粉，经检测其各项性能指标均满足规范要求，矿粉表观密度为 2.745g/cm^3，矿粉筛分结果见表 4-36。

矿粉筛分结果　表4-36

筛孔直径(mm)	0.6	0.3	0.15	0.075
通过率(%)	100	99.7	97.2	93.4

厂拌热再生沥青混合料采用马歇尔试验配合比设计方法,确定RAP掺配比例、矿料级配、最佳沥青用量。配合比设计流程按照《公路沥青路面施工技术规范》(JTG F40—2004)进行。经调查,石安高速所处气候区划为1－3－2(夏炎热冬冷湿润),交通荷载等级为重载交通,各种沥青混合料的马歇尔试验配合比设计技术要求见表4-37。

马歇尔试验配合比设计技术要求　表4-37

试验指标 \ 混合料类型	ATB－25	AC-25	AC-20
击实次数(双面)	75	75	75
试件尺寸	Φ101.6mm×63.5mm	Φ101.6mm×63.5mm	Φ101.6mm×63.5mm
稳定度(kN)	≥7.5	≥8	≥8
流值(mm)	1.5～4	1.5～4	1.5～4
空隙率(%)	3～6	3～6	4～6
矿料间隙率(%)	≥12	≥11	≥13
沥青饱和度(%)	55～70	55～70	65～75

4.3.3　再生沥青混合料配合比设计

ATB-25柔性基层再生沥青混合料选用40%、50%两种RAP掺配比例进行配合比设计,规范对ATB-25沥青稳定碎石混合料矿料级配范围要求见表4-38。

ATB-25混合料矿料级配范围要求　表4-38

级配类型		通过下列筛孔(方孔筛,mm)的质量百分率(%)												
		31.5	26.5	19	16	13.2	9.5	4.75	2.36	1.18	0.6	0.3	0.15	0.075
ATB-25	级配上限	100	100	80	68	62	52	40	32	25	18	14	10	6
	级配下限	100	90	60	48	42	32	20	15	10	8	5	3	2

根据以往ATB-25再生混合料配合比设计经验和已建实体工程的实践经验,确定马歇尔试件的初试油石比为3.4%。

ATB-25(40% RAP)矿料级配设计如下:

在ATB-25级配设计范围内,设定铣刨料与新料的掺配比例为40:60,调整各矿料比例设计3组不同粗细的初试合成级配。3种初试合成级配的粗集料骨架分界筛孔(4.75mm)通过率分别为28.6%,30.6%,31.6%。初试合成级配各档掺配比率及各筛孔通过率分别如表4-39和表4-40所示,曲线图如图4-31～图4-33所示。

ATB-25(40% RAP)初试合成级配各档材料掺配比率(单位:%) 表4-39

批 号	铣刨料	20~30mm	10~20mm	5~10mm	3~5mm	0~3mm	矿粉
ATB-25-28.6	40	27	18	0	0	14	1
ATB-25-30.6	40	23	20	0	0	15.5	1.5
ATB-25-31.6	40	24	18	0	0	16	2

ATB-25(40% RAP)初试矿料级配各筛孔通过率 表4-40

批 号	通过下列筛孔(方孔筛 mm)的质量百分率(%)												
	31.5	26.5	19	16	13.2	9.5	4.75	2.36	1.18	0.6	0.3	0.15	0.075
ATB-25-28.6	100	90.5	68.6	61.3	52.9	40.2	28.6	21.7	12.9	9.3	6.6	5.1	4.0
ATB-25-30.6	100	91.9	71.9	64.3	55.4	42.3	30.6	23.4	14.1	10.2	7.3	5.7	4.6
ATB-25-31.6	100	91.6	71.4	64.3	55.9	43.2	31.6	24.3	14.8	10.8	7.8	6.3	5.1

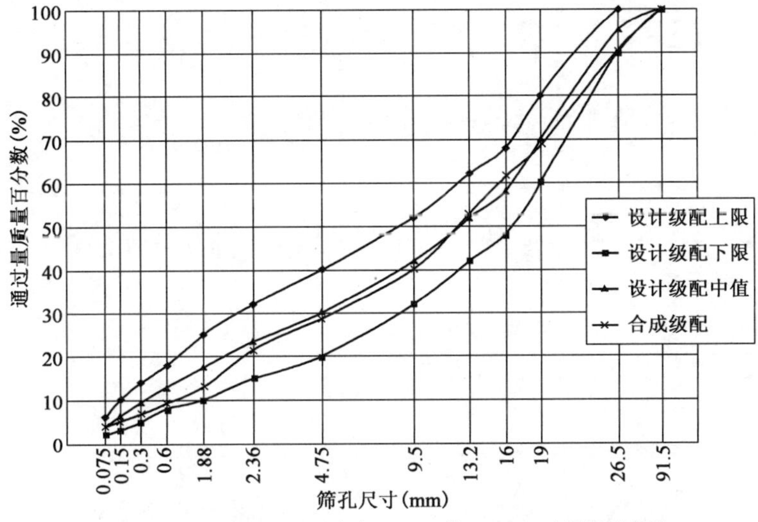

图4-31 4.75mm通过率为28.6%的ATB-25矿料级配曲线

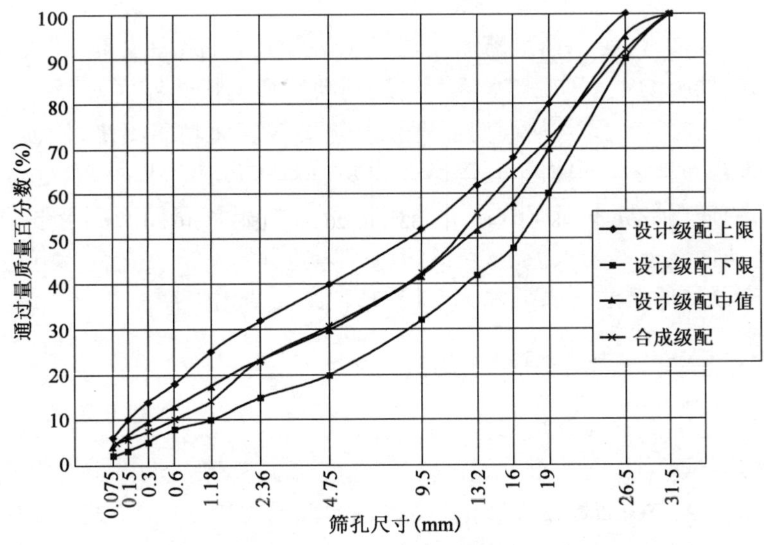

图4-32 4.75mm通过率为30.6%的ATB-25矿料级配曲线

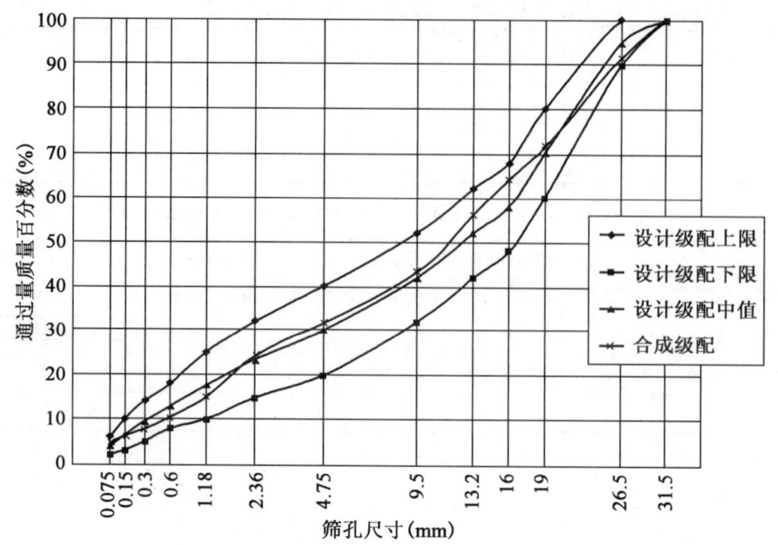

图 4-33　4.75mm 通过率为 31.6% 的 ATB-25 矿料级配曲线

4.4　厂拌热再生沥青混合料路用性能

4.4.1　再生沥青混合料的水稳定性

4.4.1.1　水损害对沥青路面的影响

沥青与集料之间的黏结情况很大程度上决定了沥青路面使用质量及寿命，水与集料的相互作用是影响沥青路面耐久性的主要因素之一。

所谓沥青路面的水损害，指水通过路面孔隙、裂缝进入沥青路面内部，在车辆轮胎作用下产生动水压力或真空抽吸的重复作用，水逐渐渗透到沥青和集料的界面上，减少沥青与集料之间的附着力，并逐渐失去黏结能力，从而使沥青逐渐从集料表面剥离出来，使沥青混合料变的松散，最终导致沥青路面破坏。水损害表现形式主要包括唧浆、网裂、松散、坑槽等路面病害，严重影响沥青路面的使用性能及行车的舒适性和安全性，降低了路面服务水平，缩短沥青路面的使用寿命。提高沥青混合料的水稳定性，既可以保障路面行车的安全性与舒适性，提高沥青路面服务水平，还可以降低后期路面的养护费用，延长路面使用寿命。

4.4.1.2　再生沥青混合料水稳定性试验

沥青混合料的水稳定性试验方法很多，主要有浸水马歇尔试验、真空饱水马歇尔试验、冻融劈裂试验、浸水劈裂试验、真空饱水劈裂试验、浸水车辙试验等。水稳定性实验如图 4-34 所示。我国现行规范《公路工程沥青及沥青混合料试验规程》(JTG E20—2011)中规定，采用浸水马歇尔试验和冻融劈裂试验来评价沥青混合料的水稳定性。两种试验方法均考虑了水、温

度、荷载及浸水时间的共同作用,相比之下冻融劈裂试验条件更为苛刻。在该项目中课题组采用这两种试验方法来检验再生沥青混合料的水稳定性。

按《公路工程沥青及沥青混合料试验规程》(JTG E20—2011)中的相关规定,对不同级配、不同回收料掺量的再生沥青混合料在最佳油石比下进行浸水马歇尔试验和冻融劈裂试验,试验结果见表4-41、表4-42。

图4-34 水稳定性试验(长安大学)

不同 **RAP** 掺量的浸水马歇尔试验结果　　表4-41

级　配	RAP掺量(%)	0.5h稳定度(kN)	48h稳定度(kN)	残留稳定度(%)	规范要求
ATB-25	40	14.56	14.24	97.8	≥80%
	50	14.35	14.15	98.6	
AC-25	40	13.66	16.12	118.0	≥80%
	50	19.41	18.85	97.1	
AC-20	20	11.63	13.36	114.9	≥85%
	30	13.64	12.43	91.1	
	40	15.38	13.48	87.6	
备注	ATB-25、AC-25使用70号基质沥青,AC-20使用SBS改性沥青				

不同 **RAP** 掺量的冻融劈裂试验结果　　表4-42

级　配	RAP掺量(%)	未冻融劈裂抗拉强度(MPa)	冻融后劈裂抗拉强度(MPa)	冻融劈裂抗拉强度比(%)	规范要求
ATB-25	40	2.001	1.858	92.8	≥75%
	50	1.652	1.603	97.1	
AC-25	40	1.798	1.730	96.2	≥75%
	50	1.952	1.730	88.6	
AC-20	20	1.211	1.158	95.6	≥80%
	30	1.647	1.579	95.9	
	40	1.610	1.429	88.7	
备注	ATB-25、AC-25使用70号基质沥青,AC-20使用SBS改性沥青				

(1)从以上两表中的试验结果可以看出,各种再生沥青混合料的浸水马歇尔试验残留稳定度和冻融劈裂强度比均满足规范要求,说明几种再生料的水稳定性均能满足要求。

(2)从表4-41和表4-42可以看出,ATB-25再生沥青混合料,当回收料掺量由40%增大到50%时,浸水0.5h、48h对应的稳定度相应降低,但由浸水时间不同引起的稳定度下降幅度由40% RAP掺量对应的0.32KN降低至50% RAP掺量对应的0.20KN,导致其残留稳定度由97.8%增大到98.6%;回收料掺量由40%增大到50%时,未冻融劈裂抗拉强度和冻融后劈裂抗拉强度也分别相应降低,但由于冻融引起的劈裂抗拉强度下降幅度由40% RAP掺量对应的0.143MPa降低至50% RAP掺量对应的0.049MPa,导致其冻融劈裂抗拉强度比由92.8%增大到97.1%。随着RAP掺量的增加,残留稳定度和冻融劈裂抗拉强度比这两个指标变化规律相同。从上述分析可知,回收料掺量为50%时,浸水和冻融对其稳定度和劈裂抗拉强度的影响没有对回收料掺量为40%时的影响显著,这可能是由于回收料掺量较大时,再生沥青黏度较高,硬度较大,导致水分难以进入再生料中沥青与集料的界面,故短期浸水和一次冻融循环中再生料的破坏并不是很大,甚至破坏程度还没有低RAP掺量的再生料大。但随RAP掺量的增加,再生沥青混合料的长期水稳定性如何变化,需进行多次冻融循环试验研究。

(3)AC-25RAP掺量为40%的再生料和AC-20RAP掺量为20%的再生料,其浸水马歇尔试验残留稳定度出现超百情况,说明用残留稳定度来评价再生沥青混合料的水稳定性存在一定局限性。

(4)AC-20与AC-25、ATB-25相比,由于其集料级配偏细,混合料强度靠沥青与集料之间的黏结和集料之间的咬合力,但由于集料偏细其咬合力减弱,故其稳定度和劈裂抗拉强度较低。

4.4.2 再生沥青混合料的高温稳定性

4.4.2.1 沥青混合料高温稳定性概述

沥青混合料高温稳定性能,指沥青混合料在高温条件下保持原有性能的能力。高温条件指路面的工作温度达到40~50℃以上,由于沥青混合料是一种黏弹性材料,如果路面温度接近或超过沥青的软化点,沥青发生软化,在车辆荷载作用下,沥青面层内部的混合料将产生流变,表现为路面出现车辙、推移、拥抱等永久变形,且由于交通渠化,行车道轮迹带上承受大量重车的反复作用,更容易产生车辙等永久变形,严重影响沥青路面的行车安全性和舒适性,降低路面的服务水平和使用寿命。据研究分析,高等级公路沥青路面如采用半刚性基层,沥青路面总车辙深度约90%是由沥青面层产生的。

沥青混合料高温稳定性评价方法有多种,总结起来主要可以分为三轴压缩试验、单轴加载试验、扭转剪切试验、简单剪切试验、车辙试验、弯曲蠕变试验、环道试验、大型直道试验、野外现场试验、劈裂试验等。

4.4.2.2 再生沥青混合料车辙试验

车辙试验是在室内模拟沥青路面,在车轮反复行走作用下轮迹带产生永久变形的情况。车辙试验由于设备简单易操作,试验方便,原理直观,试验结果与路面实际情况相关性好,因而在国内外被广泛采用。车辙试验得到的结果是变形与时间的对应关系。由于车辙试验刚开始时是对试验设备的一个调整过程，会对试验结果产生一定的误差，所以，一般情况下是以变形量趋于稳定的这一段时间（45 ~ 60min）的变形，来计算沥青混合料抵抗永久变形的能力，而不是以试验的总变形来评价混合料的抗车辙性能，沥青混合料高温稳定性指标以动稳定度 DS 表示。图 4-35 为车辙试验（长安大学）。

图 4-35　车辙试验（长安大学）

根据《公路工程沥青及沥青混合料试验规程》（JTG E20—2011）中的相关规定，对不同级配、不同回收料掺量的再生沥青混合料在最佳油石比下进行车辙试验，试验结果见表 4-43。

车辙试验结果　表 4-43

级　配	RAP 掺量（%）	动稳定度 DS（次/mm）	规范要求（次/mm）
ATB-25	40	3985	—
	50	4737	
AC-25	40	4280	—
	50	5294	
AC-20	20	6505	≥2800
	30	6238	
	40	7465	
备注	ATB-25、AC-25 使用 70 号基质沥青，AC-20 使用 SBS 改性沥青		

《公路沥青路面施工技术规范》（JTG F40—2004）要求，需对公称最大粒径等于或大于 19mm 的密级配沥青混合料进行路用性能检验，并没有对 ATB-25、AC-25 的路用性能给出明确要求。

（1）从上表试验结果可以看出，各种再生沥青混合料的高温稳定性均能满足现行规范的要求，且每种再生沥青混合料的动稳定度随着 RAP 掺量的增加而增大，说明再生沥青混合料具有较好的高温稳定性。

（2）再生沥青混合料具有较好的高温稳定性，是由于使用了大量的回收料，使得再生料的模量增大引起的。回收料中沥青经长期老化，黏度变大，针入度变小、硬度增大，在同样的荷载和温度作用下抵抗永久变形的能力增强。

4.4.3 再生沥青混合料的低温抗裂性

目前能用于评价沥青混合料低温抗裂性能的试验方法主要有：间接拉伸试验、弯曲试验、单轴压缩试验、直接拉伸试验、弯曲蠕变试验、受限试件的温度应力试验等。我国目前主要采用弯曲蠕变试验和小梁低温弯曲破坏试验来评价沥青混合料的低温性能。在现有设备调价下，综合考虑各种因素，课题组决定采用小梁低温弯曲破坏试验来评价再生沥青混合料的低温抗裂性能。图4-36为小梁低温弯曲试验（长安大学）。

按《公路工程沥青及沥青混合料试验规程》（JTG E20—2011）中T 0715—2011的要求，将轮碾法成型的板块试件切割成尺寸为250mm×30mm×35mm的小梁试件，试验温度为-10℃，加载速率为50mm/min，每组平行试验为6个。试验结果见表4-44。

图4-36 小梁低温弯曲试验（长安大学）

小梁低温弯曲破坏试验结果　　表4-44

级　配	RAP掺量（%）	破坏应变（με）	规范要求（次/mm）
ATB-25	40	1383.4	—
	50	1372.1	
AC-25	40	2413.6	—
	50	2350.3	
AC-20	20	1381.3	≥2500με
	30	1397.4	
	40	1741.0	
备注	ATB-25、AC-25使用70号基质沥青，AC-20使用SBS改性沥青		

（1）从上表试验结果可以看出，ATB-25、AC-25再生沥青混合料随着RAP掺量由40%增加到50%，对应的低温弯曲破坏应变有所降低，且AC-25再生料的低温弯曲破坏应变明显大于ATB-25再生料的破坏应变。

（2）随着RAP掺量由20%增加到30%，AC-20再生沥青混合料的低温弯曲破坏应变略有增大，但增加幅度很小，只有16.1με；但RAP掺量由30%增加到40%时，其低温弯曲破坏应变增加幅度较大，增量达到343.6με。总的来看，回收料掺量在一定范围内时，AC-20再生沥青混合料的低温弯曲破坏应变随着RAP掺量的增加而增大。

4.4.4　再生沥青混合料疲劳性能

4.4.4.1　常应变小梁四点弯曲疲劳试验

(1)试验设备

试验仪器采用澳大利亚IPC公司生产的动态伺服液压沥青混合料试验系统,加载能力可以达到25KN,即UTM-25。UTM系统组成包括加载架、液压泵、液压分流器、温控箱、IMACS控制和数据采集系统、试验组件、UTS试验软件。如图4-37～图4-40所示。

图4-37　UTM-25系统

图4-38　安装试验小梁

图4-39　四点加载小梁弯曲试验

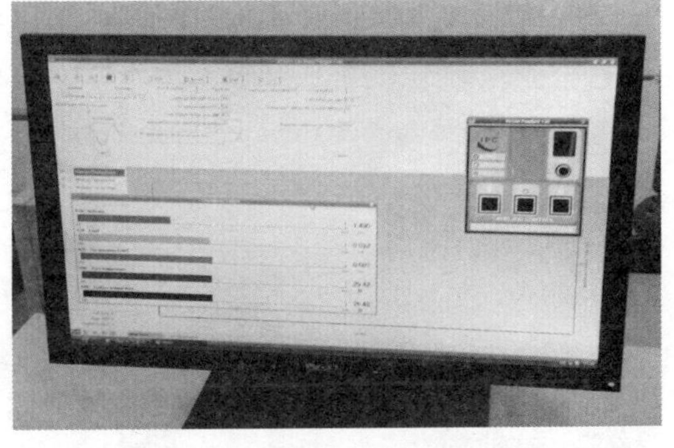

图4-40　系统调试界面

根据试验方案进行试验参数设定,通过计算机控制启动疲劳试验。试验过程中,计算机控制系统自动控制加载,读取力传感器和位移传感器数值,在屏幕上实时显示各参数的变化情况。数据系统自动读取前50个加载循环时劲度模量的平均值为初始劲度模量。系统根据设定频率自动记录数据,课题组取加载频率为10Hz,故每10次循环(1s)自动读取一次数据。当所测得的劲度模量下降至初始劲度模量的50%时,试验自动停止;或者因为应变过小,加载至20万次后劲度模量未达到目标值,则试验自动停止,认为试件未破坏。所记录的数据包括:加载次数、加载时间、应力值、应变值、劲度模量、耗散能、加载次数与累计应变和劲度模量三者之间的关系曲线等,如图4-41所示。

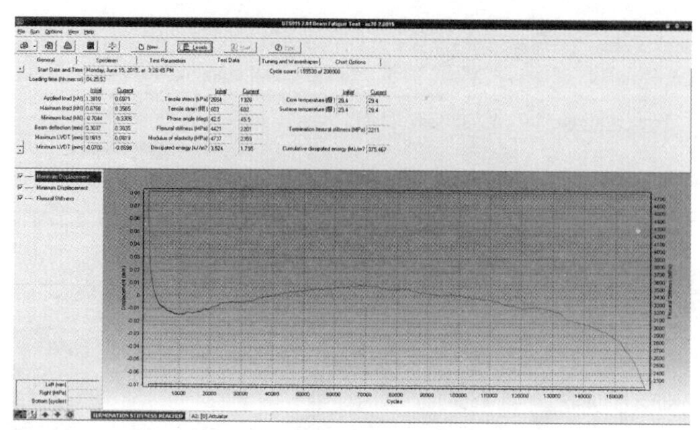

图 4-41　UTM-25 数据采集界面

（2）试验参数

加载方式：常应变、四点加载，加载点间距为 11.6cm。

荷载波形：正弦波形；

微应变：4 个目标拉应变（200με、400με、600με、800με）；

试验温度：20℃；

加载频率：10Hz（加载时间为 0.016s，相当于 60 ~ 65km/h 的行车速度）；

RAP 掺量：AC-20RAP 掺量为 0%、30%、40%、50%，AC-25RAP 掺量分别为 0%、25%、50%。

试件和成型方法：按《公路工程沥青及沥青混合料试验规程》（JTG E20—2011）T 0703—2011 规定的轮碾压实，碾压成型的试板尺寸为 400mm × 300mm × 75mm。采用割石机将试板割成长 × 宽 × 高为 385mm × 65mm × 50mm 的标准四点弯曲小梁试件，如图 4-42 ~ 图 4-44 所示。

图 4-42　制备车辙板

图 4-43　试验小梁

4.4.4.2　疲劳试验结果及分析

（1）再生沥青混合料疲劳损伤过程分析

课题组对全部疲劳试验试件在不同应变条件下的劲度模量和耗散能进行了记录，通过研究劲度模量衰减规律和能量耗散时程变化规律，对再生沥青混合料的疲劳性能进行分析，进而

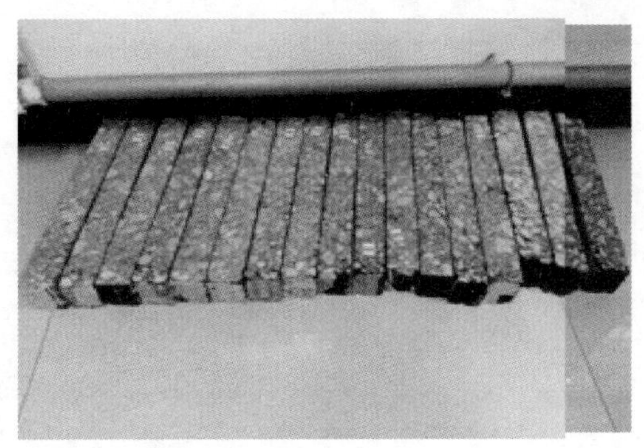

图4-44 四点弯曲疲劳后的小梁

建立起疲劳寿命预估模型。根据本次试验采用的UTM-25疲劳试验设备,通过其数据采集和图像处理功能,得到各级配和RAP产量下再生沥青混合料在不同控制应变水平下的劲度模量、耗散能相对作用循环次数的变化率,并获得各参数与荷载循环次数N的关系曲线。在应变控制水平为600με的条件下,RAP掺量为50%的再生沥青混合料AC-25的耗散能和劲度模量相对变化率与荷载循环次数N的关系如图4-45和图4-46所示。RAP掺量为25%的再生沥青混合料AC-25的耗散能和劲度模量相对变化率与荷载循环次数N的关系如图4-47和图4-48所示。在应变控制水平为200με的条件下,RAP掺量为50%的再生沥青混合料AC-25的耗散能和劲度模量相对变化率与荷载循环次数N的关系如图4-49和图4-50所示。

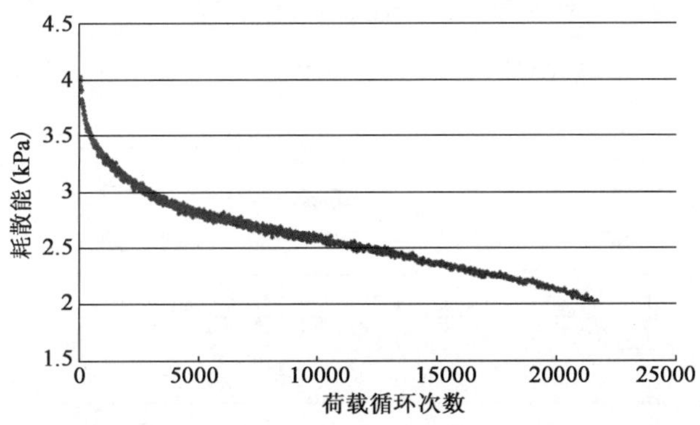

图4-45 AC-25(RAP=50%,600με)耗散能与荷载作用次数关系

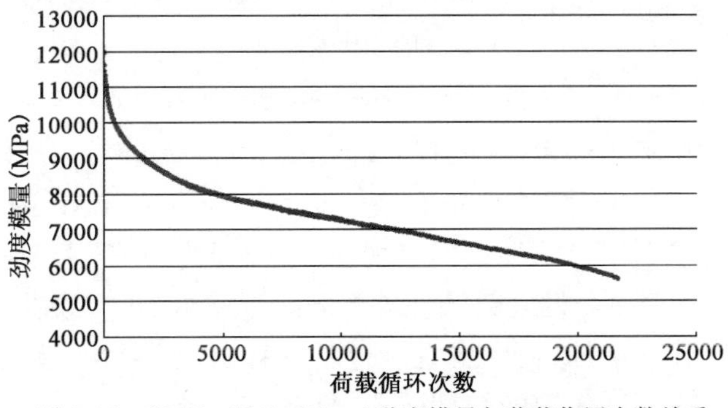

图4-46 (RAP=50%,600με)劲度模量与荷载作用次数关系

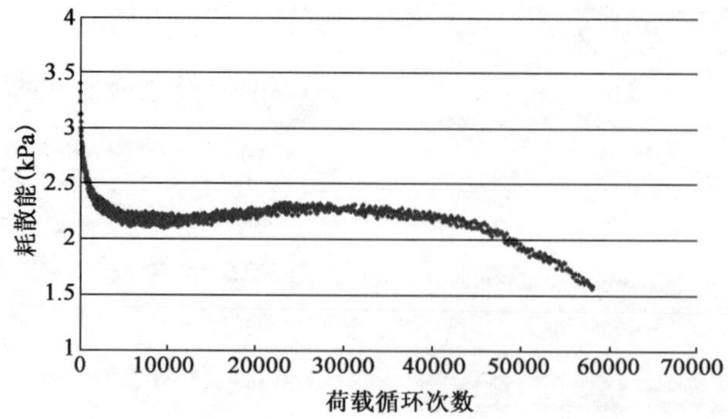

图 4-47　AC-25(RAP = 25%,600με)耗散能与荷载作用次数关系

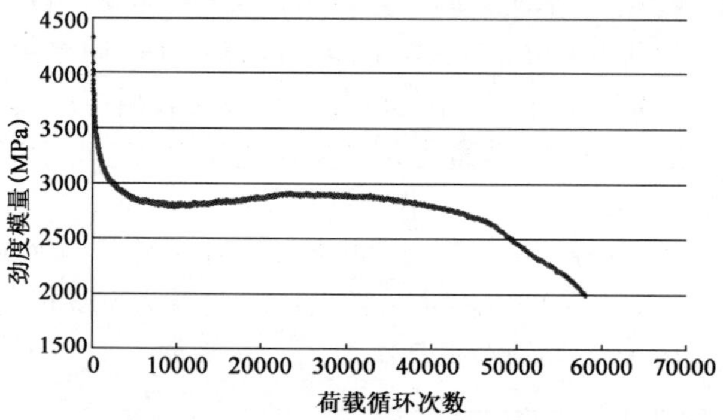

图 4-48　AC-25(RAP = 25%,600με)劲度模量与荷载作用次数关系

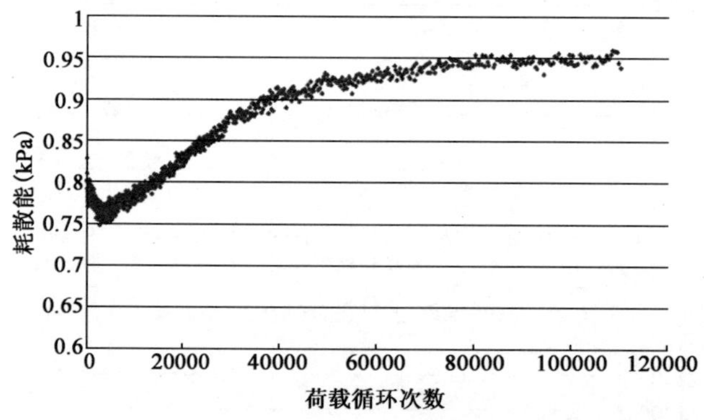

图 4-49　AC-25(RAP = 50%,200με)耗散能与荷载作用次数关系

从以上图中可以看出,再生沥青混合料的耗散能和劲度模量与作用次数的关系曲线具有大体相同的规律。其中,图 4-45 和图 4-46 代表了目标应变较大、RAP 掺配比例较高的沥青混合料疲劳性能关系曲线,根据试验结果我们发现,RAP 掺量为 50%,目标应变为 400με、600με 和 800με 的 AC-25 再生沥青混合料疲劳特性关系曲线形状近似,表现为 2 个阶段。前一个阶段,随着荷载作用循环次数的增加,再生沥青混合料的耗散能及劲度模量衰减很快,但衰减的速率逐渐减小,可以认为在荷载作用的初期阶段,材料内部损伤作用明显;后一个阶段,曲线趋

于平缓，耗散能和劲度模量衰减变慢，直至劲度模量衰减至初始值的50%，试件加载停止，说明试件材料的内部损伤作用逐渐减小。由于加载停止，试件尚未发生断裂破坏。倘若继续加载，则在可预见的未来，曲线将出现拐点，劲度模量将加速衰减，即发生在试件材料出现失效，内部损伤急剧增大时。

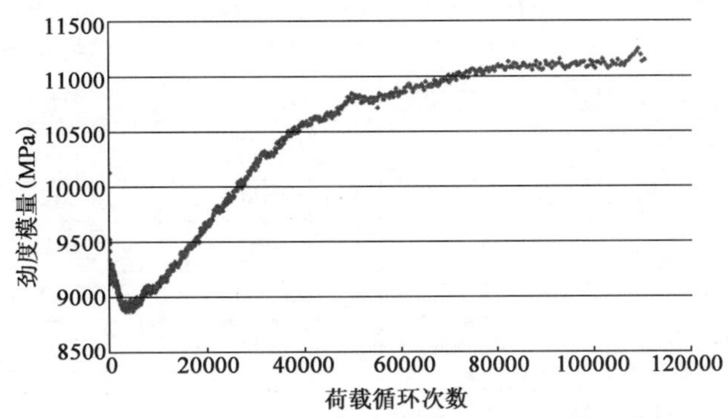

图4-50 AC-25(RAP=50%,200με)劲度模量与荷载作用次数关系

图4-47和图4-48代表了目标应变较大而RAP掺量相对较低及未掺加RAP的新拌沥青混合料疲劳性能关系曲线。通过试验可以发现，RAP掺量为0的AC 20和AC-25混合料，及RAP掺量为30%的AC-20混合料，其疲劳特性关系曲线形状也与这两幅图中的曲线近似，表现为3个阶段。其中，第一阶段与前述图4-44和图4-45规律及原理类似。第二阶段，材料耗散能和劲度模量随荷载作用次数增加而略微上升，总体趋于稳定，表明循环荷载作用下试件材料强度有所提高，这是因为反复荷载作用后沥青胶结料损伤达到一定程度，开始由内部集料结构承受荷载作用。第三阶段，随着反复荷载作用次数继续增加，试件的内部损伤达到临界状态，整体发生疲劳破坏，曲线衰减速率急剧增大。

图4-49和图4-50代表了一种特殊情况，即目标应变较小时高比例RAP再生混合料的疲劳性能关系曲线。可以看出，在目标应变较小时，随着反复荷载作用次数的增加，材料耗散能和劲度模量在初期快速下降后，便开始逐渐升高，甚至大大超出初始劲度模量。这是由于材料在早期受到一定程度的损伤后，在较小的应变水平下，可视为荷载不会引起材料发生疲劳破坏。这也表明对于一种给定的材料，当目标应变小于一定水平时，可不必评价其疲劳特性，此种试验方法也不再适用。

通过对比分析几种条件下的再生混合料疲劳特性，可以发现当RAP掺量较高时，再生混合料在反复荷载作用下劲度模量下降较为明显，表明再生混合料的疲劳特性对RAP掺量较为敏感。如果以规范规定的劲度模量下降到初始值50%为判据，则高掺量RAP再生沥青混合料尚未达到材料失效拐点，劲度模量已经达到疲劳失效的标准，因此其疲劳寿命也较低。

(2)疲劳试验结果

课题组研究了不同RAP掺量对再生沥青混合料疲劳寿命的影响，以及不同应变水平对再生沥青混合料疲劳寿命的影响。在分析不同RAP掺量对再生沥青混合料疲劳寿命的影响时，对AC-20型再生沥青混合料RAP掺量采用0%、30%、40%和50%，对AC-25型再生沥青混合料采用RAP掺量为0%、25%和50%进行研究，应变水平固定为600με。在分析不同应变水平对再生沥青混合料疲劳寿命影响时,采用 RAP 掺量为 50% 的 AC-25 型沥青混合料进行研究,应变水平分别采用 200με、400με、600με 和 800με 四个级别。每种工况平行试验数量为 4 个,结果取平均值,试验结果见表 4-45 和表 4-46。

不同 RAP 掺量下再生沥青混合料疲劳试验结果 表 4-45

混合料类型	RAP 掺量	目标应变(με)	疲劳寿命(次)	初始劲度模量均值(MPa)	累计耗散能均值(MJ/m)
AC-20	0	600	159530	4421	375.467
	30%		125120	6551	382.324
	40%		98570	8124	251.241
	50%		47660	10840	98.475
AC-25	0		157960	2922	289.411
	25%		73900	4352	151.894
	50%		34950	10483	82.338

不同目标应变水平下 AC-25(RAP=50%)再生沥青混合料疲劳试验结果 表 4-46

混合料类型	目标应变(με)	疲劳寿命(次)	初始劲度模量均值(MPa)	累计耗散能均值(MJ/m)
AC-25(RAP=50%)	200	144410	11346	189.076
	400	88195	12455	145.50
	600	34950	10483	82.338
	800	7600	8920	58.475

4.4.5 试验路铺筑与观测

4.4.5.1 试验路铺筑

2014 年 8 月,长安大学课题组根据试验结果,拟定试验路设置 2 种方案,再生层位于柔性基层、下面层和中面层,其中柔性基层 ATB-25 的 RAP 掺量均为 50%,中面层 AC-20 的 RAP 掺量均为 30%。方案一中,下面层 AC-25 采用原设计,即 RAP 掺量为 25%,方案二中,下面层 RAP 掺量为 50%,试验路具体铺设方案及沥青层结构见表 4-47。课题组根据编写的《厂拌热再生试验路施工作业指导书》,现场指导完成了试验路的铺筑。

试验路铺设方案 表 4-47

结构材料组合	试验路段	再生层位	RAP 掺量	再生剂	路面结构	试验段长度(m)	备注
方案 1	K447+360 ~ K447+760 左半幅	中面层	30%	应用于中面层	4cm SMA-13+6cm AC-20(再生)+8cm AC-25(再生)+11cm ATB-25(再生)	400	下面层保持原设计,柔性基层 RAP 掺量为 50%,中面层 RAP 掺量为 30%
		下面层	25%				
		柔性基层	50%				

续上表

结构材料组合	试验路段	再生层位	RAP 掺量	再生剂	路面结构	试验段长度(m)	备　注
方案2	K447 +760 ~ K448 +160 左半幅	中面层	30%	应用于中面层	4cm SMA-13 +6cm AC-20(再生) +8cm AC-25(再生) +11cm ATB-25(再生)	400	中面层 RAP 掺量为30%,下面层和柔性基层 RAP 掺量为50%
		下面层	50%				
		柔性基层	50%				

再生混合料的拌和采用间歇式拌和设备,该设备具有铣刨料输送和预热装置。由于再生混合料中 RAP 掺量较大,为了保证再生混合料的施工和易性及路面压实特性,根据规范要求及试验结果,需要对原材料加热温度、再生混合料的拌和时间及出料温度加以控制,具体要求如表 4-48 所示。

各种原材料拌和温度及时间控制要求　　表 4-48

原　材　料	ATB-25(50% RAP)	AC-25(50% RAP)	AC-20(30% RAP)	
			要　求	实际加热温度、拌和时间
铣刨料	120 ~130℃	120 ~130℃	120 ~130℃	125℃左右
新集料	190 ~200℃	190 ~200℃	195 ~200℃	190℃左右
沥青	155 ~165℃	155 ~165℃	160 ~165℃	163℃左右
干拌延时	5 ~10s	5 ~10s	5 ~10s	20s 左右
总拌和延时	15 ~20s	15 ~20s	15s	35s
混合料出料温度	165 ~175℃	165 ~175℃	170 ~180℃	175℃左右
铺筑效果	良好			

由于铣刨料质量不稳定,生产过程中根据实际情况调整各种混合料的矿料级配和油石比,调整后各档材料掺配比例和油石比如下:

(1)ATB-25(50% RAP)柔性基层

铣刨料:22 ~32mm:18 ~22mm:11 ~18mm:5 ~11mm:3 ~5mm:0 ~3mm:矿粉 =50:8:26:7:0:0:8:1。

再生混合料油石比为 3.4%,铣刨料油石比按 3.6% 计算,新沥青:总矿料 =1.6%。由于铣刨料掺量大,为了延长再生混合料碾压时间,保证混合料碾压密实,生产过程中添加美德维实伟克公司(MWV 公司)生产的 Evotherm 温拌剂,掺量为新沥青用量的 0.5%。

(2)AC-25(50% RAP)下面层

铣刨料:22 ~32mm:18 ~22mm:11 ~18mm:5 ~11mm:3 ~5mm:0 ~3mm:矿粉 =50:5:16:13:0:3:12:1。

再生混合料油石比为 3.6%,由于铣刨料油石比发生变化,其值按 3.9% 计算,新沥青:总矿料 =1.65%。由于铣刨料掺量大,为了延长再生混合料碾压时间,保证混合料碾压密实,生产过程中添加美德维实伟克公司(MWV 公司)生产的 Evotherm 温拌剂,掺量为新沥青用量的 0.5%。

(3)AC-20(30% RAP)中面层

铣刨料:18~22mm:11~18mm:5~11mm:3~5mm:0~3mm:矿粉=30:12:20:10:9:17:2。

再生混合料油石比为4.3%,由于铣刨料油石比发生变化,其值按3.9%计算,新沥青:总矿料=3.1%。由于沥青路面对中面层性能要求较高,且再生混合料中铣刨料掺量较大,为了恢复铣刨料中旧沥青的性能,同时延长再生混合料碾压时间,保证混合料碾压密实,生产过程中添加美德维实伟克公司(MWV公司)生产的Evoflex再生剂和Evotherm温拌剂。根据该公司建议,再生剂掺量为总沥青用量的2%。温拌剂掺量为新沥青的0.5%。再生剂和温拌剂直接添加到新沥青中(图4-51)。

4.4.5.2 试验路现场检测

根据对试验路现场铺筑情况的观察(图4-52~图4-58),以及铺筑完成后河北省广通路桥集团有限公司的自检结果可知,试验路铺筑效果良好,有待对其长期路用性能进行观测,观测方案如下:

图4-51 沥青中添加再生剂

图4-52 间歇式拌和楼

图4-53 ATB-25(50% RAP)柔性基层摊铺与碾压

(1)路面破损状况检测;

(2)路面抗滑性能检测;

(3)路面车辙检测;

(4)路面弯沉检测;

(5)路面平整度检测；
(6)路面层间主要力学参数检测；
(7)结果分析。

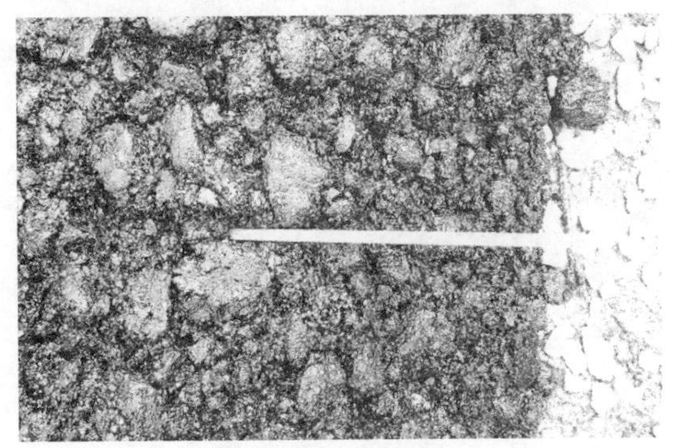

图4-54　现场施工温度检测

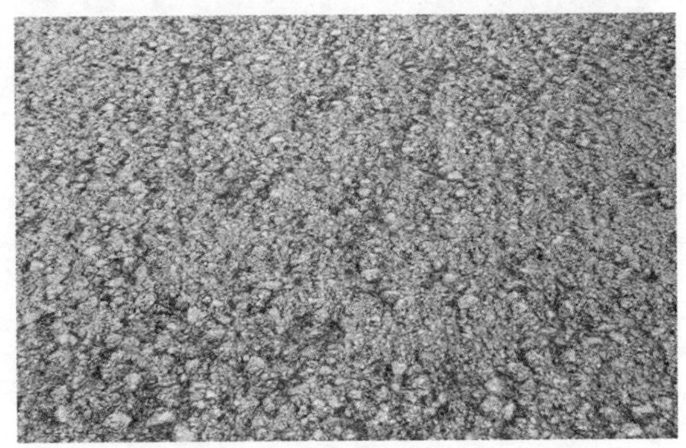

图4-55　ATB-25(50% RAP)铺筑效果

图4-56　AC-20(30% RAP)中面层摊铺与碾压

图4-57　平整度检测

图 4-58　钻取芯样

4.5　路面厂拌热再生施工质量控制指标

4.5.1　旧料处理工艺

旧料回收常用两种方法:一是采用专业设备翻松旧路面;二是采用铣刨机进行冷铣刨。回收时需尽量保证旧料的均匀性,减少旧料变异性对下一步工序产生负面影响。

4.5.1.1　旧料翻挖

旧路面翻挖一般采用推土机、路面耙松器、羊角碾等设备,如图 4-59、图 4-60 所示,翻挖主要适用于沥青路面全厚度回收。

图 4-59　路面耙松器

图 4-60　羊角碾

翻挖得到的 RAP 尺寸较大,而且其中黏土、粉尘、石块等含量较高,需经破碎处理后方可用于再生,否则会影响再生沥青混合料的质量。破碎装置等破碎 RAP 料块的最大尺寸决定了应选用何种翻挖设备。例如,当有初级破碎装置时,它可以破碎较大的 RAP 料块,这时就可以选用羊角碾对路面进行翻松,RAP 经过初级破碎一般还需要进行二级破碎。

这种翻松后再破碎的方法一般适用于沥青路面全厚度的回收,其优点主要是不需要投资

购置新设备，但是翻松过程中要注意尽量减少旧沥青路面材料上黏附道路基层材料，其缺点是由于要破碎回收的沥青混合料而需要增加相应的再生过程的时间，另外就是RAP破碎后堆放时容易产生材料离析。

4.5.1.2　冷铣刨

冷铣刨是目前最普遍的旧料回收方法，适用于单个或多个车道维修以及路面部分厚度的铣除，如图4-61所示。冷铣刨的最大优点是铣刨后的沥青混合料无须破碎或只需少量破碎，即可直接用于再生，同时铣刨效率比较高，是一种经济易行的旧料回收方法。但对于再生而言，冷铣刨的主要缺点是铣刨过程中使回收料发生细化，增加了细集料的含量。有研究表明，2.36mm筛孔通过率由铣刨前的41%～69%可增加到铣刨后的52%～72%，0.075mm筛孔通过率由6%～10%增大到8%～12%。

图4-61　冷铣刨

冷铣刨前根据旧路面沥青含量、老化程度和集料级配分布情况预先确定铣刨段落。根据旧路面设计资料和抽芯取样的结构确定铣刨厚度，分段、分车道、分层铣刨，确保不混入其他结构层材料和杂物，并且在铣刨过程中随时观察回收料的外观，发现异常应及时调整铣刨厚度。在铣刨作业过程中，应特别注意不能铣至基层，将水泥稳定粒料混入沥青回收料。

铣刨过程中为了减少粉尘，可改变刀头、切削深度、转子的前进速度和旋转速度、转子旋转方向等。工程实践表明，铣刨机工作速度越快，铣下的旧沥青混合料颗粒越大。对再生利用的旧路而言，铣刨速度控制在3～4m/min为宜，这样对旧料的颗粒分布有利。

4.5.1.3　旧料破碎与筛分

对于翻挖后回收的RAP经过破碎和筛分减少大粒径集料的含量和材料的变异性以满足再生混合料设计要求。图4-62为破碎筛分的流程图。美国沥青协会推荐旧混合料破碎后通过50mm筛孔的通过率不低于95%；但也有其他技术手册推荐就混合料破碎后通过38mm筛孔的通过率为100%，25mm筛孔的通过率不低于90%。美国沥青路面协会则推荐，如果RAP中集料的最大粒径大于再生混合料级配设计的最大粒径，RAP需要用再生混合料设计的最大粒径尺寸破碎和筛分（如再生混合料级配设计最大粒径为19mm，则RAP破碎时选用19mm的筛孔）；或者采用再生混合料级配设计的最大粒径的下一级筛孔尺寸破碎（如再生混合料级配设计最大粒径为19mm，则RAP破碎时选用16mm的筛孔）；粒径较大如超过38mm或50mm的可以用做路面基层材料。

我国《公路沥青路面再生技术规范》（JTG F41—2008）则规定：使用推土机、装载机等机具将一个料堆的RAP充分混合，然后用破碎机或其他方式进行破碎，应使回收料最大粒径小于再生沥青混合料最大公称粒径，不应有超粒径材料。

目前国内并没有专用的旧沥青混合料破碎机，旧料破碎仍采用干法机械破碎，按破碎方式不同可分为颚式破碎机(图4-63)、锤式破碎机(图4-64)、反击式破碎机(图4-65)、圆锥式破碎机(图4-66)和辊式破碎机(图4-67)等。这几种破碎机均是为破碎石料开发的,并不是专门为破碎回收料而开发,需要对其进行比较,选择较优的回收料破碎设备。

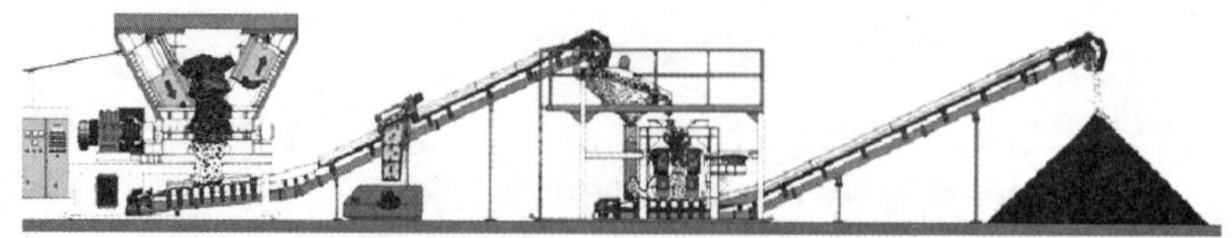

图4-62 RAP的破碎、筛分流程

图4-63 颚式破碎机

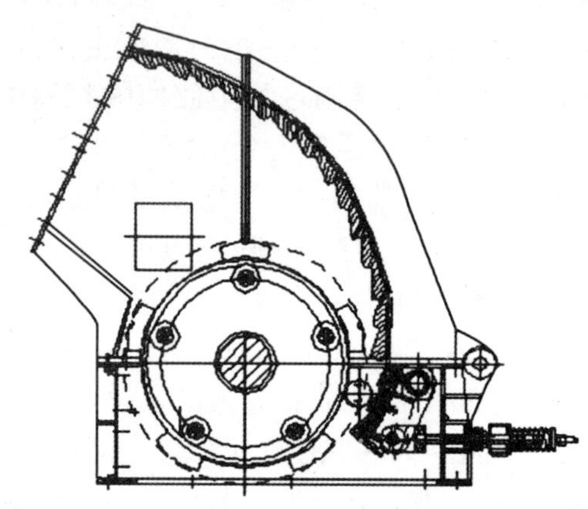

图4-64 锤式破碎机

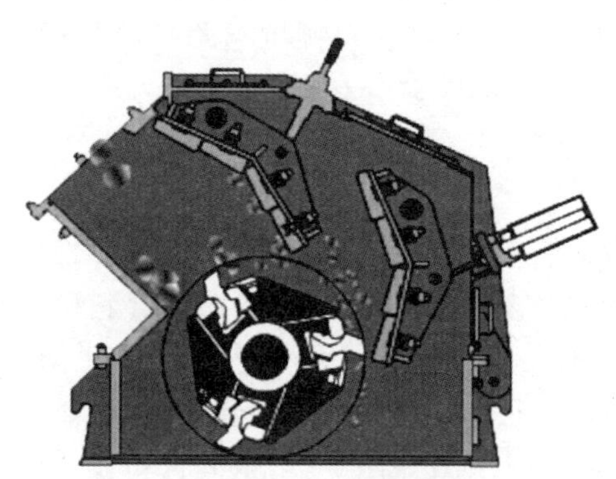

图4-65 反击式破碎机

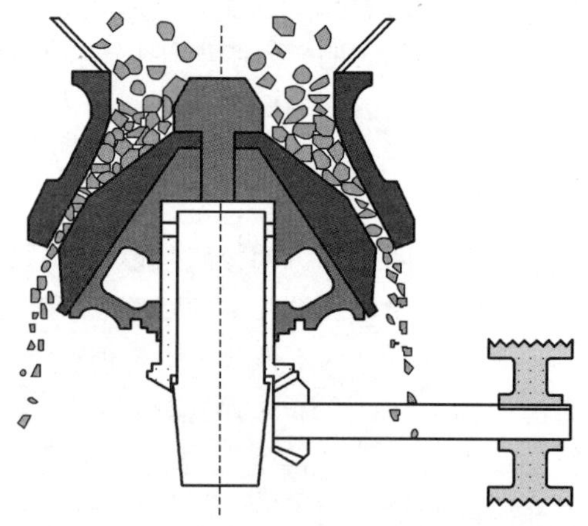

图4-66 圆锥式破碎机

在上述五类破碎机中,颚式破碎机、锤式破碎机和圆锥式破碎机会压碎粒径较大的旧料颗粒,破坏原旧料的级配,因此都不适合破碎旧料。辊式破碎机遇到过硬或不可破碎物时辊子可以自动退让,而且最大破碎力可以调节,因而在破碎旧料时通过调节最大破碎力,可以保证旧料得以分散,其中的粗集料也不会被破碎。反击式破碎机排料粒度大小可以调节,破碎规格多样化,通过一定的改造也可以进行旧料破碎,达到原级配不破坏、大料不卡死、细料不黏结的分散结果。因此,在现有的破碎设备中,辊式破碎机和反击式破碎机最适合破碎旧料。

4.5.1.4　旧料储存

图4-67　辊式破碎机

旧料破碎筛分后应分档进行储存，为保证回收料的质量，回收料储存过程中须主要注意以下问题：

(1)堆料高度

20世纪70年代~80年代，人们认为料堆高度不应太高，否则RAP会在重力作用下结块，但实践证明料堆高度比较高时并没有明显的结块现象，低料堆反而更易吸收积攒较多的水分。当采用高度较低且顶面较平的堆料方式，其含水率一般可达到7%~8%，这将严重影响旧沥青混合料在再生混合料中的添加比例，增加燃油消耗，降低烘干效率，增加残余含水率，影响再生混合料质量。综合考虑以上两种因素，若RAP储存时间较长，料堆高度以2~3m为宜。

(2)分层堆放

对不同面层的回收料应分层堆放，避免因为石料材质不同、级配不同影响最终再生混合料的质量。当从不同地点回收得到的RAP，也应根据不同来源、不同使用时间、不同类型将RAP分堆存储。若采用二次破碎和筛分装置时，也可以将不同来源的同一级配类型的RAP破碎筛分后堆放在一起。在装卸RAP的过程中应避免装载机、运输车辆等在RAP上面碾压，因RAP被碾压时很容易结块，这样的料块一般很难处理。

(3)避免雨淋、阳光直射

破碎后的RAP不像新石料那样排水顺畅，覆盖破碎后的RAP堆料可以有效降低混合料的含水率。但是防水油布、防水塑料等物品不可用来覆盖料堆，因为这些材料会使水分在覆盖物的内表面聚集，增大RAP的含水率。同时为了避免阳光直射导致RAP受热重新结块，建议修建回收料仓并搭设防雨棚来进行储存，保证回收料质量。

(4)避免长时间堆放

当破碎和筛分装置使用方便时，建议采用先少量破碎，然后在再生混合料生产过程中边生产边破碎的办法。这样做主要有两个优点：第一可以在破碎过程中连续取样，及时得到破碎后的RAP的资料，进行生产过程质量控制；第二可以减少水分的浸入，提高烘干效率从而提高再生混合料的生产率。

4.5.2　热再生混合料生产施工工艺

4.5.2.1　EVOTHERM温拌剂

由于课题研究的再生沥青混合料RAP掺量较大，为使混合料拌和温度不致过高，减少旧沥青的二次老化，同时为了延长再生混合料碾压时间，保证混合料碾压密实，在进行ATB-25、AC-25、AC-20再生沥青混合料配合比设计及试验路铺筑时，采用了美国美德维实伟克公司(MWV公司)生产的Evotherm温拌剂。根据MWV公司试验结果及其建议，确定温拌剂掺量为新沥青用量的0.5%。同时为了使温拌剂能够均匀分散到再生沥青混合料中，将温拌剂加入沥青中并搅拌均匀。

美德维实伟克公司生产的EVOTHERM温拌剂，是一种新型的温拌沥青添加剂，能使沥青混合料的生产温度和施工温度降低，大大低于传统热拌沥青混合料。该产品可以在拌和楼终端或是在沥青炼制过程添加，温拌剂适用于绝大部分热拌沥青混合料应用场合，包括改性沥青和基质沥青，橡胶沥青，以及RAP沥青回收材料等。EVOTHERM温拌沥青黏结料适用于所有路面结构层，掺量为沥青质量的0.5%～0.7%。

EVOTHERM温拌剂常温下为暗黄色液体，25℃密度为8.07b/gal，比重为0.968，20℃黏度为660～1225cps，30℃黏度为350～645cps。

Evotherm益路TM温拌技术作用机理：Evotherm益路TM温拌技术是基于表面活性平台的温拌技术。在混合料拌和之前，将温拌剂加入沥青罐中，充分搅拌保证温拌剂均匀分散在沥青中，温拌剂在沥青内部由于团聚效应发生尾部反转，形成大量结构性润滑结构。该润滑结构在沥青混合料拌和过程中能够显著增加沥青混合料在较低温度时的拌和工作性。在压实过程中，在钢轮压路机的振动压实和胶轮压路机的揉搓作用下，润滑结构的作用得到最大程度的发挥，帮助集料的位置调整和混合料骨架结构的形成，促进混合料的压实。压实结束，在机械撕扯力及环境的作用下，胶团润滑结构逐渐丧失，温拌剂中的表面活性成分发生界面转移，转移至沥青与石料的交界面，从而形成一个化学锚固作用，这个锚固作用起到沥青抗剥落剂的作用，加强集料与沥青胶结料的黏结性能。

在再生混合料中添加Evotherm温拌剂具有以下特点：

(1)在现有生产工艺条件下提高RAP的使用比例；

(2)改善沥青黏结性能，提高沥青混合料抗水损害性能；

(3)改善再生混合料施工和易性，提高沥青路面压实度。

4.5.2.2 热再生混合料拌和温度确定

在热再生过程中，对旧料的加热温度及新集料加热的控制非常重要。旧料加热温度太低，进入搅拌锅吸收的热量太多，导致拌和温度太低，影响产品质量；反之，旧料加热温度太高，旧沥青容易分解，并且融化的沥青会部分黏住提升机、计量系统，影响正常工作。由于旧料不能加热到太高的温度，拌和时将通过吸收新集料的热量而升温，为保证再生混合料能达到足够的搅拌温度就必须首先提高新集料的加热温度，但新集料温度过高会导致集料破碎及变质，旧料沥青与新集料接触产生蓝烟现象，影响产品质量，也不利于环保。因此，在再生沥青混合料生产过程中，必须根据旧料掺配比例和旧料沥青老化程度，严格控制新旧集料的加热温度，将其调节在最佳温度范围之内。

国内一些再生沥青混合料研究机构一般认为旧料温度在80～100℃比较合适，但一些研究人员认为这一温度范围偏低，旧料中相当一部分沥青没有熔解，因此当与新、旧沥青拌和时，两者就无法充分融合，即使和较高温度的新料经过拌和后旧料中的沥青仍未充分熔解，其中一部分旧沥青仍相当于矿料，新沥青的加入并没有真正改善老化沥青的性能，这样设计出的沥青最佳含量实际上就偏大，经过一段时间的使用，随着通行车辆的碾压作用，旧沥青和新沥青会进一步融合，路面产生车辙的可能性变大，这样既浪费了沥青又不能满足再生要求。尽管提高

旧料的加热温度可能导致旧沥青进一步老化，但这种老化并不明显，况且旧料中的沥青经过数年的使用，老化速率已经很慢，因此提高旧料加热温度并不会对旧料中的沥青产生明显的负面影响。所以适当提高旧料的加热温度可以更好地满足再生需要。

根据课题组试验结果，并考虑添加了温拌剂，最终决定 RAP 加热温度为 120～130℃，新集料加热温度控制在 190～200℃。

4.5.2.3 热再生混合料拌和时间确定

为了保证新、旧料及新沥青充分混合，再生混合料的搅拌时间应比拌制普通沥青混合料时间长。再生混合料的拌和时间也与旧料掺配率有关系，旧料掺配率越大，则拌和时间应在常规混合料拌和时间的基础上适当延长。同时为了保证混合料生产能力，拌和时间也不能过长。鉴于使用间歇式拌和设备，建议集料干拌时间比普通热拌沥青混合料延长 5～10s，总拌和时间比普通热拌沥青混合料延长 15～20s，总拌和时间控制在 50～60s，从而保证再生混合料拌和均匀。

4.5.2.4 再生混合料运输

热再生混合料宜采用自卸车运输，运输前必须清扫干净，并在车厢内上均匀涂抹隔离剂（柴油与水的比例为 1:3），防止沥青混合料与车厢黏结。

从拌和机向运料车上装料时，应分“前、后、中”三次装料，以减少混合料的离析。运料车必须加盖篷布，进入施工现场时，轮胎上不得沾有泥土等可能污染路面的赃物，否则应设水池洗净轮胎后进入工程现场。

拌好的再生沥青混合料应尽快运到工地摊铺，避免在运输过程中混合料降温过多，运到工地现场的热再生沥青混合料的温度要求应满足施工要求，不得低于 140℃。

4.5.2.5 热再生混合料摊铺

热再生沥青混合料施工气温宜在 10℃以上；气温 5～10℃时，应采取有效的质量保障措施；5℃以下不得施工。

摊铺过程应注意：

（1）当路幅宽度超过 8m 时，宜采用两台摊铺机联合摊铺，避免产生纵向冷接缝。两台摊铺机应前后错开 10～20m 呈阶梯方式同步摊铺，两幅之间应有 50～100mm 宽度的搭接，并避开车道轮迹带，上、下层的搭接位置宜错开 200mm 以上。

（2）摊铺机开工前提前 0.5～1h 预热熨平板至 100℃以上。开始摊铺时在施工现场等候卸料的运料车不得少于 8 辆，摊铺过程中运料车应在摊铺机前 100～300mm 处停住，空挡等候，由摊铺机推动前进，缓缓卸料。运料车每次卸料必须倒干净，如有剩余，及时清除，防止结块。

（3）摊铺机必须缓慢、均匀、连续不间断的摊铺，不得随意变换速度或中途停顿，以提高平整度，减少混合料离析，摊铺速度控制在 2.5～3m/min。

4.5.2.6 热再生混合料碾压

在不产生严重推移和裂缝的前提下，初压、复压、终压都应在尽可能高的温度下进行。同时不得在低温状况下做反复碾压，使石料棱角磨损、压碎，破坏集料嵌挤。表4-49为碾压各阶段的温度控制要求。

热再生沥青路面碾压温度控制要求 表4-49

初压温度(℃)	复压温度(℃)	终压温度(℃)
≥150	≥115	≥90

初压应采用双钢轮压路机静压1～2遍，紧跟摊铺机后碾压，保持较短的初压长度，以尽快使表面压实，减少热量损失。碾压时将压路机的驱动轮面向摊铺机，由外侧向中心碾压，在超高路段则由低向高碾压，在坡道上应将驱动轮从低处向高处碾压。每次重叠宜为30cm，碾压速度2～3km/h。

复压紧跟在初压后进行，碾压总长度应尽可能缩短，不超过60～80m，热再生面层施工，宜优先采用25t以上的重型轮胎压路机进行揉搓碾压，以增加密水性，碾压速度3～5km/h，碾压遍数不宜少于3～4遍，复压后路面达到要求的压实度，无明显轮迹。终压可选用宽幅双轮钢筒式压路机或关闭振动的振动压路机，碾压不少于2遍，直至无明显轮迹，碾压速度3～6km/h。各阶段碾压遍数与速度要求见表4-50。

热再生沥青路面碾压遍数与速度 表4-50

指　标	初　压	复　压	终　压
碾压遍数	静压1～2遍，再振动压实1遍	揉搓碾压3～4遍	静压2～3遍
碾压速度	2～3km/h	3～5km/h	3～6km/h

4.5.2.7 热再生混合料接缝施工

施工缝应结合紧密，表面平整，摊铺梯队作业产生的纵缝，应采用热接缝，将已铺部分留下100～200mm暂不碾压，作为后续部分的基准面，然后再跨缝碾压以消除轮迹；当因特殊原因而产生纵向冷接缝时，应加设挡板，不宜在冷却后采用切割机做纵向切缝，必要时可在混合料尚未完全冷却前用镐刨除边缘不齐部分。在铺另一半幅前应将缝边缘清扫干净，并洒少量黏结沥青。摊铺时，重叠已铺层上5～10cm，摊铺后用人工将摊铺在前半幅上面的混合料铲走。碾压时，压路机在原压实路面上行走，碾压新铺层的10～15cm，然后压实新铺部分，再跨过原压实路面10～15cm碾压，接缝应压实紧密。

横向接缝采用垂直的平接缝，平接缝施工时应趁混合料尚未冷却时用人工垂直刨除端部厚度不足部分，使工作缝成直角连接。当采用切割机做平缝时，在铺设当天混合料冷却但尚未结硬时进行。刨除或切割不得损伤下层路面，切割时留下的泥水必须冲洗干净，待干燥后涂刷黏层油。铺筑新混合料接头应使接茬软化，压路机碾压时先进行横向碾压，伸入新铺层的宽度为15cm，然后每压一遍向新铺混合料移动15～20cm，直至全部在新铺层上为止，再纵向碾压成为一体，充分压实，连续平顺。

双面层施工时，在粗粒式(或中粒式)再生沥青混合料摊铺压实后，应紧接着铺筑上面层沥青混合料。如果条件限制，上面层未能及时铺筑而再生沥青层表面被污染时，应先清除干净、并喷洒（或涂刷）黏层沥青。多面式面层上下层的接缝位置应错开30cm以上，以防止接缝开裂。

4.5.3　施工质量控制与验收

厂拌热再生沥青混合料的质量控制包括原材料的质量检查、再生料的质量检查和施工结束后再生层的质量检查等，应参照《公路沥青路面施工技术规范》（JTG F40—2004）和《公路工程质量检验评定标准　第一册　土建工程》（JTG F80/1—2004）执行。

4.6　公路拓宽新旧路面新型连接结构

4.6.1　拓宽道路路面拼接的主要工程问题

现有道路路面拼接工程主要采用铣刨台阶、铺设土工格栅等方式来提高道路拼接质量。但是采用这种拼接方案，路面还是出现一些病害，通过调研国内部分拓宽路段路面拼接工程（表4-51、表4-52），其病害主要表现在：路面拼接部位产生裂缝甚至脱开，如图4-68所示。

调研工程路面损坏调查表　　表4-51

工程名称	路面概况	损坏规模	损坏位置	拓宽方式
重庆滨江路南岸	沥青混凝土路面，通车一年左右出现大规模纵向裂缝，现场已得到及时修补	裂缝宽度最大处达5~7cm，裂缝长度绵延数百米	裂缝位置多处于临近江边挡墙半幅路面内，有的靠近道路中心线，有的则在同一断面内出现两条裂缝	该工程向长江堤岸一侧拓宽，拓宽宽度达15~20m，外侧路肩处设置了高达近10m的挡土墙
重庆南山旅游公路	水泥混凝土路面，通车近4年，某路段出现大规模纵向裂缝，表现为中缝张开	裂缝最宽达3~5cm，裂缝长度达100多米，并伴随严重错台	裂缝在水泥混凝土板块中缝处和外侧路肩处	该工程为单外侧拓宽，外侧边坡处设路堤挡墙，墙高在4~6m
重庆巴南南东路	水泥混凝土路面，通车近3年，部分路段出现大规模纵向裂缝和错台，水泥混凝土板块沿新旧路基结合面断裂	裂缝宽度达数十厘米，裂缝长度数十米	同一断面内出现多条裂缝，分别在中缝内侧、中缝处、和中缝外侧	该工程拓宽处地形相对平缓，外侧未设挡墙，填方在3~4m，拓宽处为农田
重庆铜永路	水泥混凝土路面，通车近2年，部分路段出现纵向裂缝和错台，水泥混凝土板块沿新旧路基结合面断裂。现场裂缝已修补	裂缝宽度最宽达10cm，长度绵延数十米	板块断裂均出现在外侧拓宽处板块上，裂缝距外侧路肩1.5m左右	该工程拓宽处路段接近山脚，外侧路肩处自然放坡填方达5m左右，沿线为水稻农田
重庆四黄路	水泥混凝土路面，部分路段出现纵向裂缝	裂缝宽度在1~2cm，长度在10m左右	裂缝处于外侧板块上，在中缝外侧2m左右	外侧拓宽处设置高达10m左右的挡墙

续上表

工程名称	路面概况	损坏规模	损坏位置	拓宽方式
重庆大宝公路	水泥混凝土路面，道路刚刚建成，部分路段路面出现板块断裂	板块断裂，外侧路肩处断裂板块已游离	距外侧路肩处1m左右	外侧拓宽处自然放坡，填方高度达10多米
陕西安康至旬阳公路	沥青混凝土路面，部分拓宽路段出现纵向裂缝	在路面和路肩处出现多条裂缝，长度达数十米，裂缝宽度在2～3cm	路面纵向裂缝处于道路中心线附近，路肩处裂缝位于路肩边缘内侧0.5m处	拓宽处外侧设置挡土墙，填方高度在10m左右

南京地区拓宽道路纵向裂缝调查表 表4-52

线路名称	裂缝长度(m)	裂缝宽度(mm)	路堤高度(m)	位置	拓宽部位地质
宁溧公路	31	2～4	7	旧路上	低洼地、地质不良
浦珠公路	121	3～5	5～12	旧路上	河流、地质不良
绕城公路铁心路	28	1～3	7	旧路上	水塘、地质不良
绕城公路江东路	14.5	1～3	5.5	旧路上	低洼地、地质不良

图4-68 沥青路面拼接病害

从调研结果可以看出，拓宽路面拼接病害有以下特点：

(1)裂缝多集中在高路堤拓宽路段；

(2)出现裂缝的拓宽部位地质情况较差，一般均存在于软土层、水塘、低洼地；

(3)裂缝所在位置基本发生在旧路上。

拓宽道路路面拼接处产生纵向裂缝的主要原因有：

(1)新路基本身所用的填筑材料、压实度等设计施工中存在一定问题，造成新路堤本身出现沉降；

(2)因施工工期短，土基及新路基的固结下沉未到位，工后沉降大；

(3)工后新旧路基出现差异沉降，路基失去稳定，表现为路堤内的破裂面外(顶部破裂面在旧路范围内)的土体下沉侧移，将路面拉裂造成纵向开裂。

4.6.2　拼接路面中应力吸收带的细观力学传递机理

4.6.2.1　应力吸收带结构建模

采用离散元技术，对路面拼接中应力吸收带的细观力学传递机理进行分析。图4-69为应力吸收带示意图。表4-53、表4-54分别为填充颗粒数表和AC-25表。图4-70为仿真图。

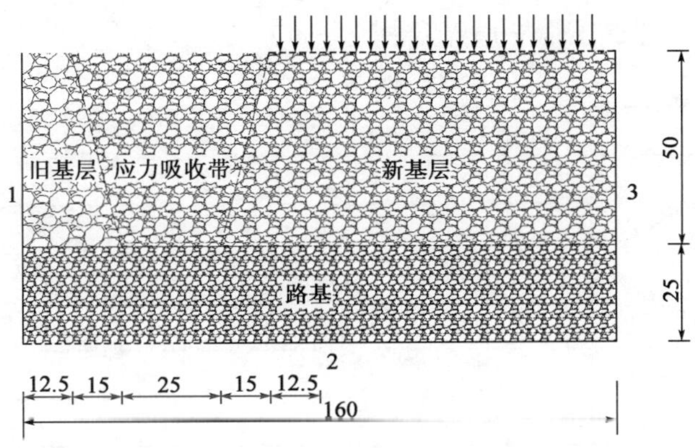

图4-69　应力吸收带示意图(尺寸单位:cm)

填 充 颗 粒 数　　表4-53

粒径(mm)	填充数目(个)	粒径(mm)	填充数目(个)
26.5	303	AC-25	1342
31.5	210		

AC-25　　表4-54

级配类型	通过下列筛孔(mm)的质量百分率(%)						
	31.5	26.5	19	16	13.2	9.5	4.75
AC-25	100	95	70	58	52	42	30

a)26.5

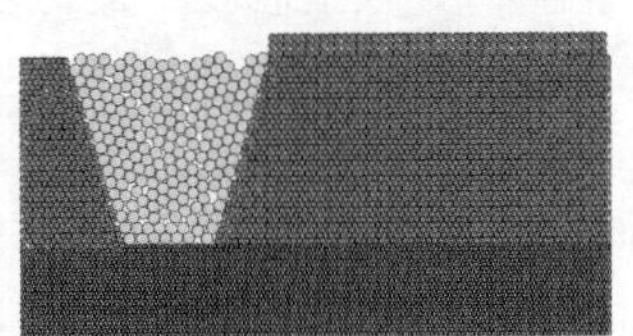

b)31.5

c)AC-25

图4-70　仿真图

4.6.2.2 参数设置

参数设置原则(表4-55):

(1)路基、基层只是传力介质,因此保证不发生黏结破坏;

(2)基层刚度大于路基;

(3)旧基层刚度大于新基层刚度,用以仿真新路基处变形较大情况;

(4)应力吸收带刚度与新基层相同;

(5)墙体刚度为最大颗粒刚度的10倍。

材料参数值 表4-55

参数		路基	新基层	旧基层	应力吸收带
颗粒半径(mm)		6	8	8	26.5/31.5/AC-25
密度(kg/m^3)		2200	3000		
法向刚度(Pa/m)		1E7	1E8	1E9	1E8
切向刚度(Pa/m)		1E7	1E8	1E9	1E8
接触黏结	法向黏结强度(Pa)	1E8			
	切向黏结强度(Pa)	1E8			

注:实际情况下,新路基所填筑材料本身未受冲刷侵蚀等影响,其抗变形能力应该强于旧填筑材料,本章假定就基层刚度大于新基层刚度仅为仿真新路基处变形较大效果。

4.6.2.3 边界条件

固定图4-71中1~3三个边界,在旧基层上方施加固定荷载仿真车辆荷载。在旧基层所对应路基中,通过设置不同刚度值,仿真不同水平向范围内的土体所对应的抗变形能力,依次为Ⅰ>Ⅱ>Ⅲ>Ⅳ。

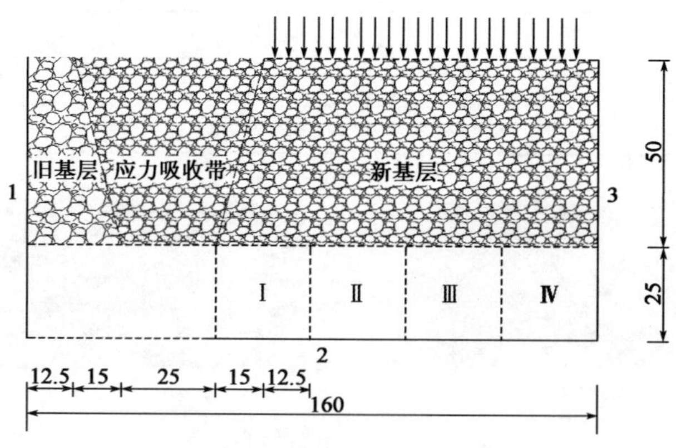

图4-71 边界条件(尺寸单位:cm)

因此,以上外荷载可认为来自于两个方面,上部车辆荷载和下部不同沉降所引起的荷载。对于上部荷载,本文通过建立颗粒模型,以颗粒的重力进行施加,当上部颗粒平均高度下降5cm后,停止荷载施加,并进行数据采集。

4.6.2.4　力链分析

由图 4-72 ~ 图 4-74 可知：

(1)三种工况中，力链图相近。说明了包含应力吸收带的道路在外荷载作用下的受力机制相近。

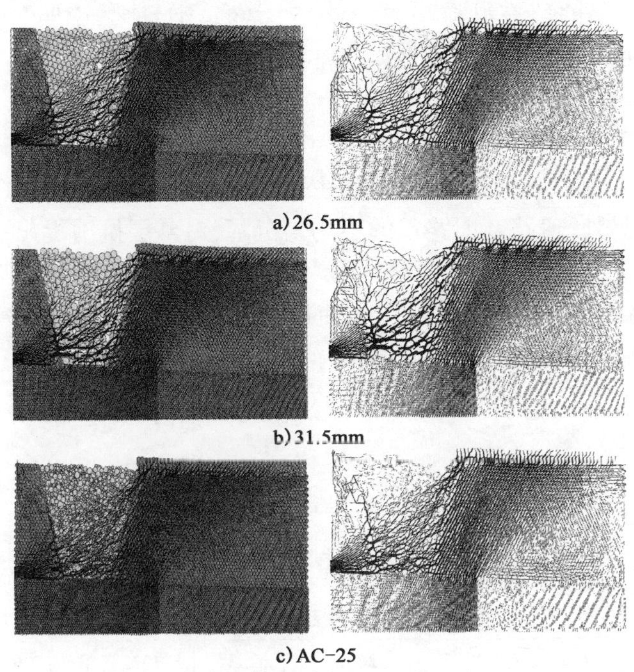

a)26.5mm

b)31.5mm

c)AC-25

图 4-72　力链图

注：图中力链，浅灰色表示拉力，深灰色表示压力。

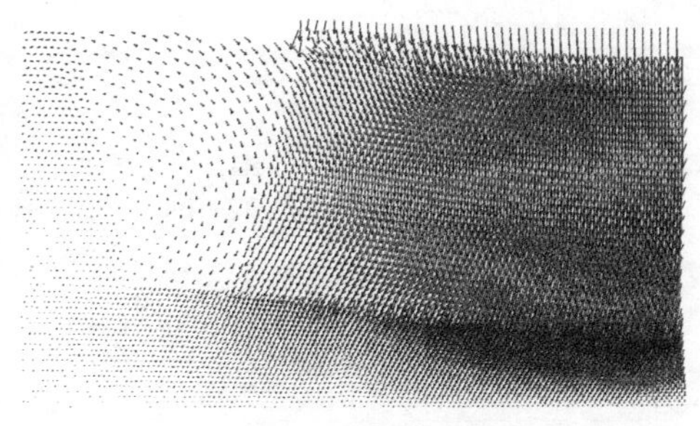

图 4-73　颗粒速度矢量图

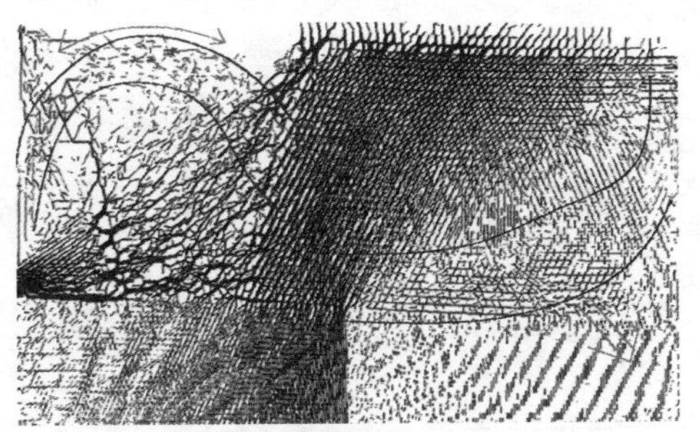

图 4-74　受力成因分析

从总体上讲，受力主要有两个特征，首先对于应力吸收带，上部呈现拱状的受拉状态，而下部主要呈现斜向左下角的受压状。该现象可能原因是新路基下沉较为严重，变形大于旧路基，使应力吸收带呈现弯折受力状。应力吸收带位置的颗粒呈顺时针回旋形式。该现象要求，在应力吸收带施工时，上部材料应该注意抗拉强度控制，建议采用高黏结合料；而下部主要呈现受压状，因此应该注意集料强度控制，避免发生压碎现象。

对于图 4-74 中右侧受拉区，一般在新旧路基中都会设置台阶，在新路基一侧，越远离新旧结合带,则变形越显著,变形的不同步使得靠近模型右下端部分受拉。

(2)对于应力吸收带两侧界面,由以上几个图可知,右侧界面拉压线分布较为均匀,且拉力线稍粗于左侧。

基于以上推测,若不考虑集料的压碎破坏,应力吸收带的破坏方式可能为上部或右界面的拉伸破坏。

(3)相对于单一粒径的填充材料来看,AC-25 力链较细且多,说明受力体增多,分担了原先由较少颗粒所承担的外荷载,降低了发生局部过早破坏的可能。

4.6.2.5 接触力分析

根据目前路面设计规范对于基层的要求,主要指标为路表弯沉及层底弯拉应力,可见基层对其抗拉要求较高。另外,道路新旧路基的不均匀沉降,对基层抗剪提出更高要求。对基层抗拉及抗剪分析如下:

由表 4-56 可见,界面处接触数较少,可能使最大值变异性较大,因此建议最大值为辅助指标,而以平均值为本文材料选择的主要判断指标。观察拉力及剪力平均值可见,在同样的材料参数值、边界条件及外荷载情况下,接触力大小对比情况总体上大致呈现:右界面 > 左界面 > 内部的分布规律。

受力分布　　表 4-56

	26.5mm			31.5mm			AC-25		
	左界面	右界面	内部	左界面	右界面	内部	左界面	右界面	内部
剪力									
剪力平均值(N)	2801	7036	2835	3652	6253	3322	1676	3466	1380
剪力最大值(N)	8816	20341	18368	11495	15987	18752	6311	12977	11241
剪力总值(N)	53222	140728	1828733	62089	112559	1352354	92222	173327	3252770
接触数(个)	19	20	645	17	18	407	55	50	2357
拉力									
拉力平均值(N)	3793	5595	2372	4709	4949	2729	1627	2688	1421
拉力最大值(N)	12069	11996	15662	9499	8041	12055	7285	4952	9230
拉力总值(N)	26553	27977	391455	28259	24746	292036	37440	32257	994873
接触数(个)	7	5	165	6	5	107	23	12	700
压力									
压力平均值(N)	14186	9751	6624	14874	10686	8723	5267	6029	3611
压力最大值(N)	37390	18962	27435	45355	23758	40032	27712	19613	26992
压力总值(N)	170229	146268	3179551	163616	138920	2616962	168556	229103	5982775
接触数(个)	12	15	480	11	13	300	32	38	1657

造成该现象可能原因是:首先,造成路面受力的外荷载除汽车荷载外,主要是新旧路基不均匀沉降,根据本文仿真假定,外荷载主要分布在右侧,即新路基一侧。越靠近变形发起点,则变形量越大,相对而言受力越大,因此出现右界面最大情况。另外,左界面为旧基层,根据本文

仿真假定，其抗变形能力较强，因此，在相同变形情况下，接触力较大。该原因可能造成左界面接触力大于内部接触力。

分析以上情况可知，若应力吸收带发生破坏，则破坏位置较为可能发生在右侧界面。以右侧界面为分析对象，对比单一粒径与 AC-25 可知，26.5 > 31.5 > AC-25。另外，根据相关研究，高温情况下，粒径的增大有利于沥青混合料抗变形能力的提升。考虑到 AC-25 为连续级配，且粒径相对较小，高温情况下可能产生较大车辙，影响道路平整度，从而影响行车舒适性甚至危及车辆安全。

4.6.3 应力吸收带试验路实施与施工工艺

4.6.3.1 石家庄至磁县公路改扩建工程概况

河北省石家庄至磁县（冀豫界）公路（以下简称石磁公路）改扩建路面工程项目起自石家庄市藁城彭家庄，接拟改扩建的涿州（京冀界）至石家庄高速公路，止于临漳县芝村（冀豫界），接河南省已完成改扩建的安阳（冀豫界）至新乡高速公路，全长 209.81 公里。其中，起点至西封斯互通立交段 44.80 公里为新建，西封斯互通立交至终点 165.01 公里利用既有高速公路改扩建，概算总投资 152.64 亿元。

另建设邯郸绕城公路东南段，起自姚寨，接青兰高速公路和人民路，止于高臾，接京港澳高速公路，长 37.932 公里，概算总投资 24.99 亿元。

全线采用双向八车道高速公路标准建设，设计速度采用 120km/h，路基宽度 42m，新建桥涵设计汽车荷载等级采用公路—I 级，利用既有桥涵结构物暂沿用原荷载标准，其他技术指标按《公路工程技术标准》（JTG B01—2014）执行。邯郸绕城公路东南段采用四车道高速公路标准建设，设计速度采用 120km/h，路基宽度 28m。

4.6.3.2 石家庄至磁县公路改扩建路面拼接方案

（1）原有路面拼接典型方案

石磁公路改扩建工程原有新旧路面拼接结构（以下简称方案一）如图 4-75 所示，接缝位置置于扩建后第二及第三车道分隔线处，第一级台阶宽度为 155cm，第二道接缝置于第二、第三车道标线右侧 155cm 处，第二级台阶宽度 30cm，第三级台阶宽度为 30cm，第四级台阶宽度为 30cm。

从旧路土路肩向内 325cm 处垂直向下开挖至中面层顶面，开挖厚度 8cm；再从第一道切缝外侧 155cm 处垂直向下开挖至基层顶面，开挖厚度 11cm；然后从第二道切缝外侧 30cm 处垂直向下开挖，开挖深度 18cm；之后从第三道切缝外侧 30cm 处垂直向下开挖，开挖深度 18cm；最后从第四道切缝外侧 30cm 处垂直向下开挖至基层底面，开挖厚度 20cm；之后进行逐层摊铺，分别按顺序铺筑 20cm 低剂量水泥稳定碎石、18cm + 18cm 水泥粉煤灰稳定碎石、11cmATB25、8cmAC25 下面层，之后新旧路统一铺筑 6cmAC-20 中面层和 4cmSMA-13 上面层。

（2）设置应力吸收带的路面拼接方案

将旧路面结构层及与旧路接茬部位的新铺路面结构层，沿路面边缘纵向刨切或铺筑成与纵切垂直面成 15°～30°夹角的斜面，深度直至新铺路的下基层或基层的高程，使新、旧路面连

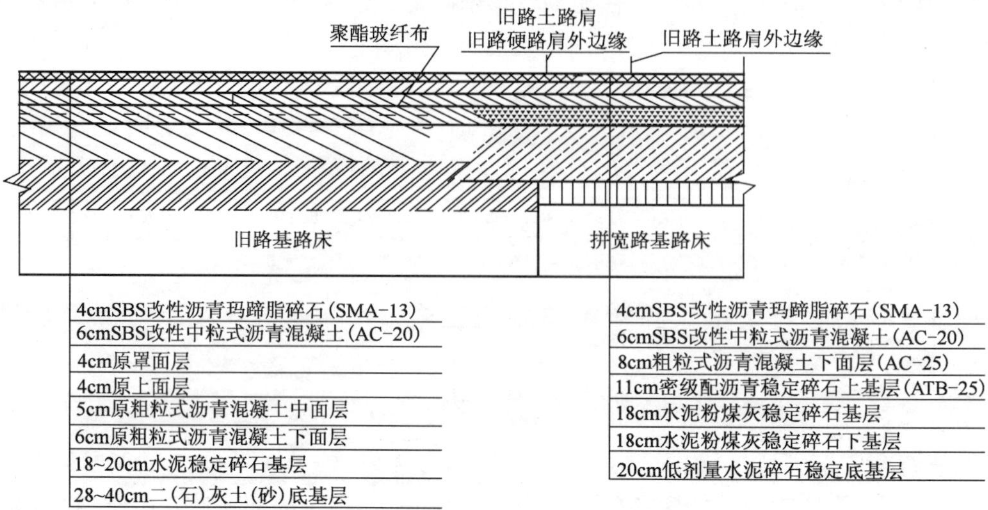

图 4-75　原有道路路面拼接典型断面图

结处形成一个倒梯形沟槽。先将原旧路面接茬部位刨切一层，刨切厚度与新加宽路面的中面层厚度一致，刨切宽度不小于 50cm。具体路面拼接方案如图 4-76 所示。

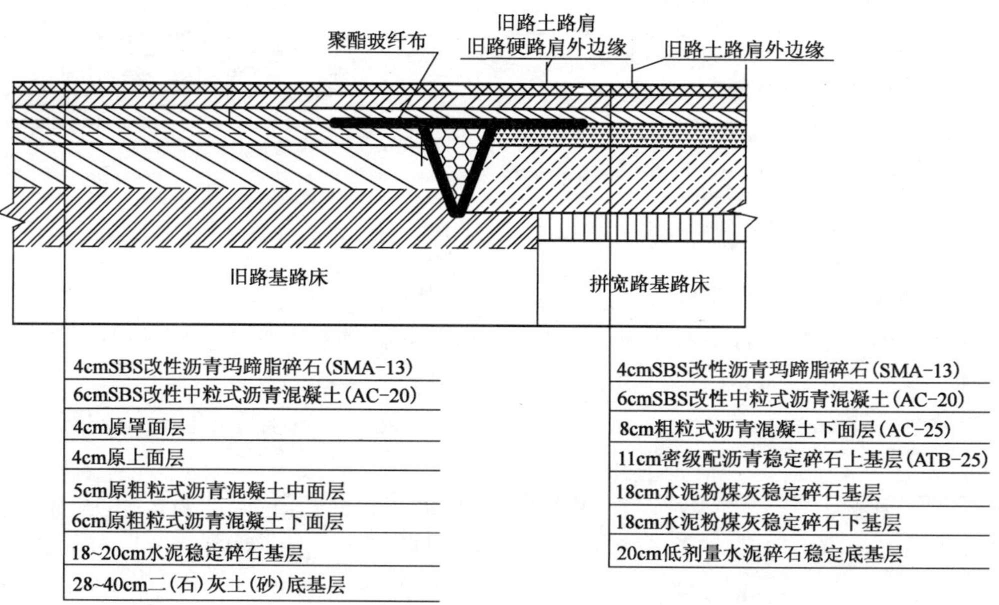

图 4-76　设置应力吸收带的路面拼接典型断面图

在清理干净的上述新、旧路形成的倒梯形沟槽内填筑沥青碎石，填筑要求分层处在振压夯实完成后的应力吸收带与新、旧路面的接茬部位铺设玻纤网，玻纤网总宽度不小于 50cm + 倒梯形吸收带上口宽度 +50cm，然后在其上再进行沥青面层铺筑，厚度与旧路面接茬处刨切的

下层台阶高度相同，每层厚度控制在10cm以内，每层均采用沟槽电振锤振动夯实。

在振压夯实完成后的应力吸收带与新、旧路面的接茬部位铺设玻纤网，玻纤网总宽度不小于50cm+倒梯形吸收带上口宽度+50cm，然后在其上再进行中面层的沥青面层铺筑；在应力吸收带沟槽上铺筑沥青混凝土(AC-20)，用压路机压实，直至达到设计要求的压实度。

应力吸收带试验路选择在河北省高速公路石安改扩建工程KJ6标段，该标段全线均在原路基础上进行加宽扩建，局部路段分离加宽，路线走向与旧路相同，起点位于洺河大桥南端，终于邯郸市联纺路K439+300处，全线约长17.18公里。本次应力吸收带地点选在K437+850～K438+100右幅，施工条件具备。

4.6.3.3　材料与配合比设计

(1)原材料

①沥青。

沥青采用邢台路桥公司沥青科生产的XT牌4号改性沥青，指标见表4-57。由表可知，该沥青为30号沥青。

沥 青 指 标　　表4-57

针入度(0.1mm)	软化点(℃)	10°延度(cm)	密度(g/cm^3)
37	78.5	31	1.035

②集料。

集料采用邯郸武安市生产的26.5～31.5mm石灰岩碎石，其指标见表4-58。

集 料 指 标　　表4-58

密度(g/cm^3)	含泥量(%)	针片状(%)	黏附性
2.738	0.2	10.4	5

③粉煤灰。

粉煤灰采用邯郸市生产的Ⅰ级粉煤灰，其主要技术指标见表4-59。

粉 煤 灰 指 标　　表4-59

密度(g/cm^3)	细度(%)		烧失量(%)
	0.075mm方孔筛通过百分含量	0.3mm方孔筛通过百分含量	
1.924	89.43	94.53	12.28

④玄武岩纤维布。

纤维布指标见表4-60。

玄武岩纤维布指标　　表4-60

	横　向	纵　向
抗拉强度(MPa)	1946	1800
抗拉弹性模量(GPa)	91	87
断裂伸长率(%)	2.13	2.06

(2)配合比

根据课题组大量试验数据,推荐基准配合比(重量计):26.5～31.5mm 碎石:Ⅰ级粉煤灰=94:6,油石比为2.4%。

4.6.3.4 应力吸收带现场施工工艺

应力吸收带施工工艺如下:

第一步:新旧路拼接开槽。

(1)利用切割设备(图4-77、图4-78),沿路面2、3车道线往外325cm位置垂直切除旧路结构层结构层(图4-79)。

图4-77 开槽机

图4-78 清扫机

图4-79 垂直开台阶示意图

(2)正常施工20cm水泥粉煤灰稳定碎石,36cm水泥粉煤灰稳定碎石,11cm ATB－25上基层,按照图纸要求设置接缝侧面混凝土界面剂或热沥青。

(3)铺筑完ATB-25上基层顶高程与旧路面顶高程大致相平,在沿新旧路接缝中心位置撒出灰线,利用刨切机,按照图纸设计尺寸(后附有图纸)纵向刨切,使新、旧路面连接处形成一个15°～45°倒梯形沟槽。梯形上口宽50cm、下口宽25cm、高50cm。

第二步:应力吸收带施工前准备。

(1)利用专业清扫机将倒梯形沟槽清理干净,清扫机行驶速度不宜超过2km/h往复清扫3遍,局部清扫不到位的段落可结合人工采用吹风机进行局部清理。清理后沟槽侧面及底面没有松散颗粒及附着灰尘。雨后或用水清洗的表层,水分必须蒸发干净、晒干,气温低于10℃

或大风、浓雾、下雨时不得施工。

(2)沟槽内壁喷洒透层油,喷洒量不少于1kg/m²,由于沟槽侧面接近垂直水平不易喷洒透层油,可多喷少量或结合人工喷洒使得侧壁均匀黏附透层油。喷洒两次间隔时间不少于15min。

①透层施工工艺及流程。

透层施工工艺及流程图如图4-80所示。

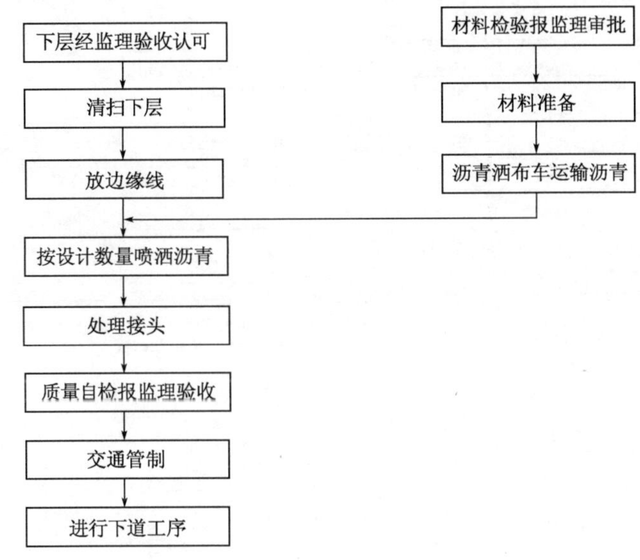

图4-80　透层施工工艺及流程

②透层采用中裂SBR改性乳化沥青,试验段喷洒量1.0L/m²。

③洒布透层时,注意保护道路两侧交通设施,尽量减少污染,必要时使用薄膜进行覆盖。

④透层油洒布采用高远全自动沥青洒布车洒布,洒布量由电脑控制,试验段洒布时进洒布量试验,校核洒布车控制水平,发现有较大偏差时重新标定调整电脑。

⑤透层施工要点:

a.下承层的清理做到将基层表面的浮尘彻底吹净、表面集料外露。

b.喷洒的黏层油按设计用量呈雾状一次浇洒均匀,随时检查洒布的均匀性,喷洒过量处应予刮除,遗漏部位人工补洒。

c.洒布前要对结构物采取覆盖措施,保证水泥混凝土结构物不受污染。所有结构物与沥青层接触部位,在洒布后必须人工均匀涂刷黏层油。

d.水稳层透层油渗透深度应不小于5mm,加强与旧路衔接的台阶处的洒布,保证拼接台阶和台阶侧面均能均布满沥青。

e.透层油采用专用洒布车一次浇洒均匀,遗漏部分用人工补洒;黏层油要呈雾状喷洒,洒布不足要补洒,喷洒过量处要刮除,不得有洒花、漏空或成条状,也不得有堆积。

f.交通管制。喷洒透层沥青后,严格封闭交通,防止污染。

第三步:沥青碎石施工。

(1)沥青碎石应力吸收带施工工艺及流程如图4-81所示。

(2)施工放样:用涂料和百米绳画出应力吸收带摊铺机行驶引导线,引导线距离沟槽边线1m。施工段落两侧采用架设钢丝绳控制每层沥青碎石摊铺厚度和高程,每10m在路肩上设置1棵配备支撑杆的钢钎,根据对应桩号的高程将支撑杆调整至预设控制高程。支撑杆调节完成后在支撑杆上布设钢丝绳,钢丝绳两端采用拉紧器进行拉紧和固定,保证钢丝绳平展、顺直无下垂。道路内侧施工前提前采用冲击钻打眼,施工时植入钢钎。施工完成后,采用水泥浆灌注填堵。

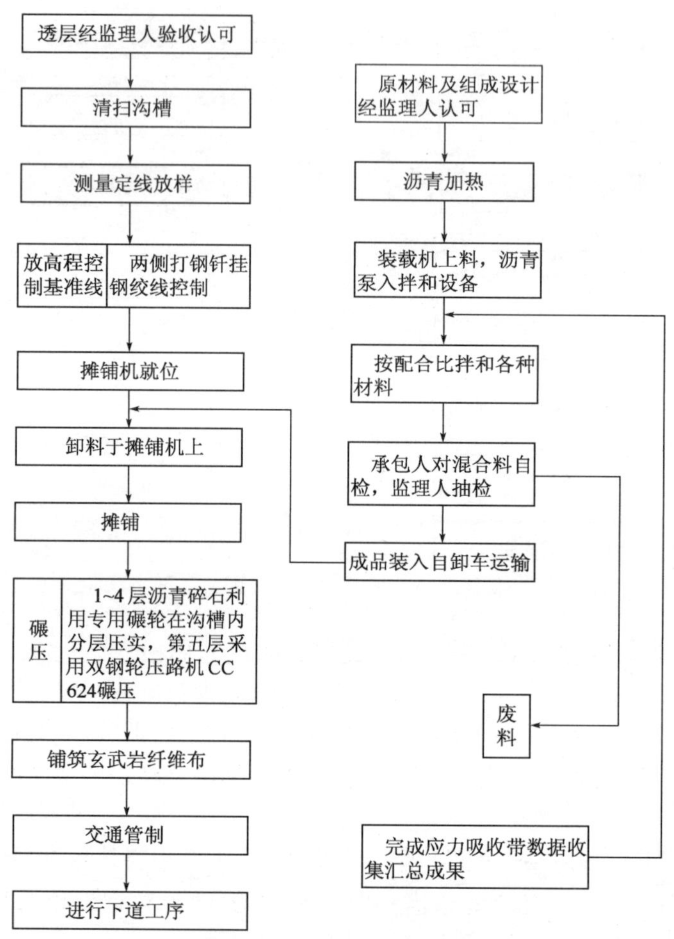

图4-81　沥青碎石应力吸收带施工工艺及流程

(3)拌和:采用厂拌法施工。我部沥青稳定碎石用带自动计量装置的田中4000型间歇式沥青混凝土搅拌站集中拌和。沥青碎石采用我部石料空间整形机生产的26.5~31.5mm碎石。粉煤灰和沥青采用储存罐分别单独存储。

沥青混合料拌和过程中严格控制矿料级配和拌和温度,始终注意自动拌和设备的生产情况,保证其计量误差控制在规定范围内,做好抽检试验和生产记录,设一专人检查拌和成品料,确保不让一盘不合格混合料上路摊铺,做到拌和料均匀一致,无结团成块或离析现象。正常施工时沥青混合料的干拌时间5s,湿拌时间40s。在当天加热好的沥青混合料当天用完。

拌和现场配备一名试验员控制各种材料的配合比,随时抽查配合比情况并做记录,冷料仓

等各料仓配备1名工作人员,时刻监视下料状况,出现卡堵现象立即进行处理,必要时按下报警按钮通知操作室采取措施。

温度控制:正常生产时沥青加热温度165℃,矿料加热温度190℃,沥青混合料出厂温度控制在155～165℃,混合料温度高于200℃时必须废弃。

(4)运输。

沥青混合料运输车辆的车箱底板面及侧板面保持清洁,每次装料前必须认真检查车斗情况,有污染或杂物必须彻底清理干净,否则禁止装车。运输车装料前在车厢内侧表面适量涂刷一薄层油水混合液(柴油:水=1:3)。

装料时运输车前后移动,按五次卸料法(图4-82)装料,避免混合料在装车滚动过程中产生离析。

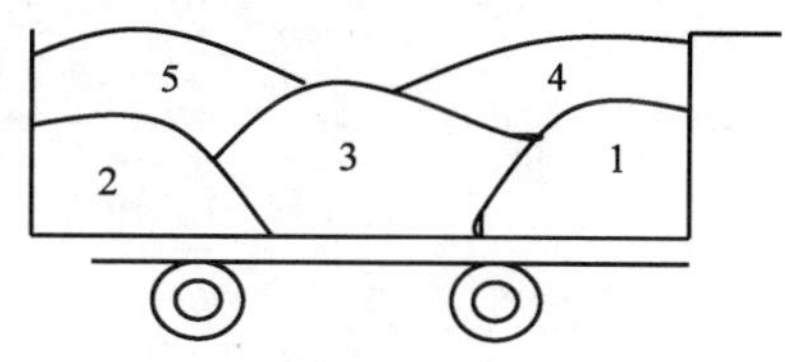

图4-82　沥青混合料运输车装料示意图

每辆运输车配备防水、保温苫布,完成装车后出厂前将混合料进行覆盖,混合料运至摊铺地点温度不得低于140℃,否则废弃。

连续摊铺过程中,运料车在摊铺机前30cm处停住,由专门装载机负责接料,并将热料卸到摊铺机料斗中去,摊铺机则由另外一台装载机作为驱动以2km/h均匀行驶。

(5)摊铺。

①应力吸收带槽深50cm,每层压实后厚度控制在10cm,共计五层沥青碎石,根据以往施工经验,沥青稳定碎石松铺系数为1.30,虚铺厚度为10cm×1.30=13.00cm。

②摊铺机(图4-83)开始摊铺前,提前1h预热熨平板使其温度不低于100℃。摊铺速度控制在2m/min。

③摊铺机摊铺厚度由两侧的铝合金条进行控制。施工过程中,施工员每隔10m需采用专用钢钎进行一次摊铺厚度的检测,发现摊铺厚度出现偏差时,及时查清原因并调整摊铺厚度,严格控制每层摊铺厚度。

④一般情况下摊铺机摊铺的路面未进行碾压前,禁止随意上人行走,摊铺机后确实有集料离析现象的,要有专人负责指挥允许极少部分处理人员行走作业,出现离析现象时,查清情况并采用适宜的修补方式人工进行仔细填补。

⑤摊铺时要保持连续匀速摊铺,避免出现摊铺机停机待料。

⑥当第一层摊铺完毕后将专业摊铺机移至起点开始第二层摊铺,直至五层摊铺完毕。

(6)碾压。

沥青碎石应力吸收带施工采用1台戴纳派克CC624双钢轮振动压路机和1台专业轮碾组合进行碾压(图4-84)。碾压分为一直四层轮碾压实和第五层双钢轮振动压实两个阶段。碾压时压路机具都要匀速行驶,转向稳、缓,不得忽快忽慢,严禁使用刹车。

第一段:一至四层沥青碎石利用专用碾轮在沟槽内分层压实,专业碾轮紧跟摊铺机碾压速度3.0km/h,碾压遍数不少于6遍。

第二段:双钢轮振动压路机先静碾稳压1遍,然后振动碾压5遍最后去振静碾两遍直至混合料表面温度降至80℃以下。碾压过程中驱动轮必须在前面,振动碾压采用高频低幅碾压,振动压路机碾压遵循从低到高、先慢后快、要先行走后开振和先关振后停机等原则,碾压速度控制在4km/h以内。

图4-83　摊铺机

图4-84　专业碾轮

压实注意事项：

①碾压时碾压方向与路线方向平行，并沿同一轮迹返回压路机中途不得停留、转向或制动防止碾轮卡在沟槽中。

②设一专人对压路机的碾压进行盯守，严防压路机漏压和不符合规范的操作。

③压路机的碾压段长度以与摊铺速度平衡为原则选定，保持大体稳定，并不得大于60m。

④在摊铺机连续摊铺的过程中，压路机不得随意停顿。

⑤压路机碾压过程中有沥青混合料黏轮现象时，向碾压轮洒少量水或加洗衣粉的水。

(7)接缝处理。

沟槽两头碾轮无法碾压的段落采用人工夯实，夯实后高度不高于碾轮压实后高度。

第四步：玄武岩纤维布的施工。

热拌沥青混合料路面应待摊铺层完全自然冷却，混合料表面温度低于50℃后，粘贴玄武岩纤维布，玄武岩纤维布每张宽度1.2m，粘贴时采用两张玄武岩纤维布搭接粘贴，分别以沟槽与新旧路结合部为中心线铺设结合部外侧60cm中间重叠60cm。粘贴总宽度1.7m中间搭接0.6m。玄武岩纤维布施工完毕后禁止一切车辆人员在其表面碾压踩踏。

4.6.3.5　试验路应力吸收带的质量控制

(1)温度控制

沥青碎石混合料的拌和、摊铺、碾压温度设专人进行检测控制，发现问题及时反馈至相关人员进行处理，温度按表4-61的要求执行。对于检测过程中发现不符合表4-61要求的立即进行废弃或返工处理。

沥青混合料温度控制表　　表4-61

类　型	集料加热温度	沥青加热温度	混合料出场温度	混合料摊铺温度	初压温度	碾压终了表面温度
沥青混合料	170～200℃	155～165℃	155～165℃	≥145℃	≥90℃	≤80℃

(2)质量检验

沥青混合料生产控制及试验检测指标与频率如表4-62所示。

生产控制及试验检测指标与频率　　表4-62

试验项目		频　度	质量标准
压实度		每200m测一处	试验室标准密度97%以上
空隙率		每200m测一处	体积法检测≥18%
级配(油石比)		每台拌和机每天1~2次	符合设计要求±0.3%
厚度(mm)	允许偏差值	双车道每200m测一处	-5mm
纵断高程(mm)		水准仪:每200m测4断面	±15
宽度(mm)		尺量:每200m测4断面	±20

4.6.3.6　试验路使用效果评价

(1)试验监测方案

为评价试验路使用效果,本次对新旧路面表面进行沉降变形观测,共监测了6个断面,桩号分别为:K437+760、K437+810、K437+860、K437+910、K438+000;每个监测断面按车道数分别布置6个沉降点,具体布置如图4-85所示。观测周期为2014年8月5日~2015年5月5日。

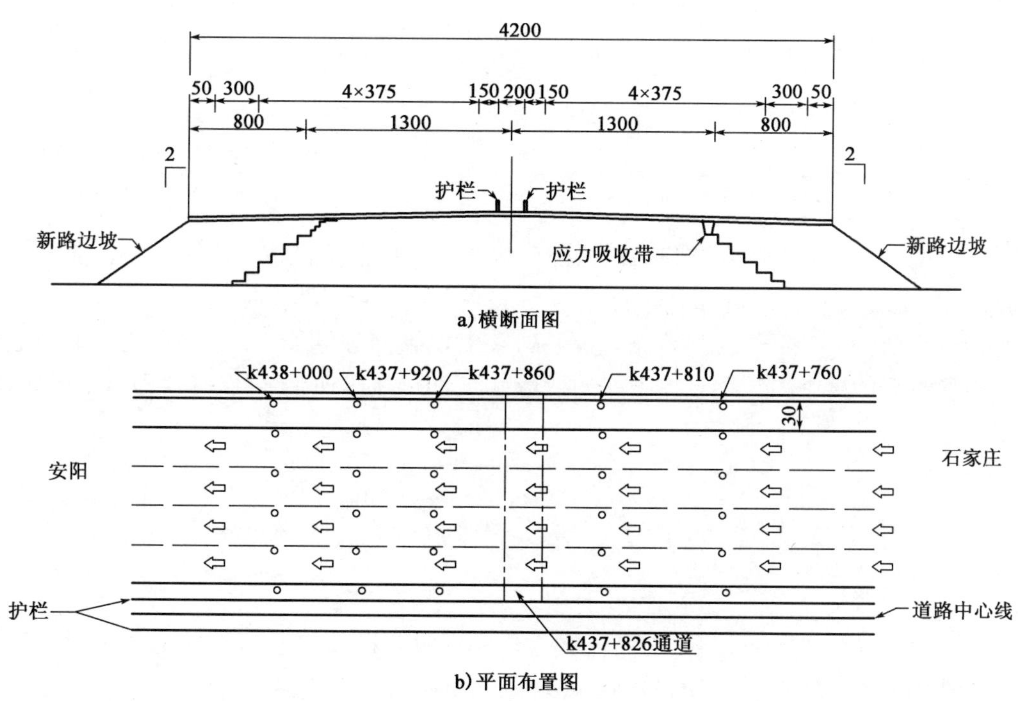

图4-85　观测点布置图

(2)试验监测结果

各观测点沉降的监测结果如表4-63所示。

各观测点沉降值　　表 4-63

桩　号	测点1	测点2	测点3	测点4	测点5	测点6	日　期
K437 +760							2014.8.05
	1	2	0	1	3	0	2014.11.05
	2	1	2	2	2	2	2015.2.05
	1	0	2	3	4	2	2015.5.05
K437 +810							2014.8.05
	0	0	1	1	2	1	2014.11.05
	1	1	2	3	3	2	2015.2.05
	1	0	1	2	4	4	2015.5.05
K437 +860							2014.8.05
	2	1	2	2	1	1	2014.11.05
	2	0	1	2	2	3	2015.2.05
	0	0	1	4	4	4	2015.5.05
K437 +910							2014.8.05
	1	1	0	1	2	0	2014.11.05
	1	0	2	3	5	2	2015.2.05
	0	0	1	3	2	4	2015.5.05
K438 +000							2014.8.05
	1	0	0	2	3	1	2014.11.05
	1	1	1	4	2	4	2015.2.05
	0	1	2	3	2	3	2015.5.05

由表 4-63 可知，五个桩号沉降随横断面位置基本呈现旧路面沉降较小而新路面沉降较大的趋势，旧路面最大沉降为 4mm，新路面最大沉降为 9mm，新旧路面最大沉降差达 7mm。试验路在通车之后至今近 1 年的时间内，运行良好，未出现纵向裂缝，验证了本研究提出的应力吸收带在拓宽路面拼接中的应用具有很好的适应性，运用本研究成果可以有效提高工程质量，延长路面寿命。

4.7　本章小结

本章以石安高速公路改扩建工程为依托，在深入研究高速公路改扩建工程面临的关键技术难题的基础上，详细制订了研究大纲。通过建立有限元力学模型，在深入分析影响新旧路面结合部位置的旧路硬路肩结构及破损情况、行车轮迹范围及最不利荷载位置等因素的前提下，提出高速公路改扩建新旧路面拼接设计方法及工程优化方案。通过室内试验验证旧路回收料中改性沥青成分和沥青老化程度对回收料产量及再生沥青路面性能的影响，建立高速公路沥青路面改扩建再生方案确定标准，提出高比例回收料厂拌热再生技术应用方案及质量控制指

标。通过研究不同环境下改扩建高速公路路面桥面层间工作状态、层间处治措施材料性能分级以及两者的匹配关系,提出改扩建高速公路路面桥面层间处治技术设计标准和施工质量控制指标。得到主要结论如下:

(1)提出了基于硬路肩破损状况的三种工况,确定了新旧路面拼接时对应的硬路肩的利用程度。利用ABAQUS有限元软件建立路面结构力学模型,研究了拼接缝位于不同层位下行车荷载直接作用于接缝时路面结构受力情况,找出了对面层结构受力影响较大的拼接缝层位。分析了石安高速现有结合部拼接方案与土工材料布设方案,提出了合理的改进建议。第一层玄武岩纤维布应设置于第一层拼接缝顶部;根据工程实际,加筋方式应由中置式调整为下置式或双置式;土基顶面应布设土工布以保证防水功能。

(2)通过50余组透层油渗透试验及200余组室内剪切拉拔试验,系统研究了不同层间处治材料的处治效果,并进行了层间处治材料性能分级,结合层间综合工况分级,建立材料性能分级与工况分级之间的合理匹配关系。并根据室内试验结果提出了石安改扩建项目层间处治优化方案。

(3)通过系统的室内试验,确定了同步碎石防水黏结层的最佳洒布量确定了不同沥青类型做黏层油时的最佳用量。提出黏层材料评价指标与标准,并建立了黏层材料与工况分级之间的合理匹配关系。

(4)介绍了原材料的基本特性,在调查分析的基础上,提高了再生沥青混合料的应用层位,将再生沥青混合料应用于中面层,提高了下面层和柔性基层再生料中RAP的掺量,并对不同RAP掺量下的各种混合料进行了配合比设计,确定了不同再生沥青混合料的矿料级配和最佳油石比。

(5)对各种再生沥青混合料的水稳定性、高温稳定性、低温抗裂性进行了试验研究,通过试验可知,各种再生沥青混合料的动稳定度随着RAP掺量的增加而增大,说明再生沥青混合料具有较好的高温稳定性,且水稳定性均能满足现行规范要求。

(6)通过应变控制的小梁四点弯曲疲劳试验,对高掺量RAP再生沥青混合料疲劳性能进行研究,重点考察了小梁疲劳破坏的损伤过程和不同RAP掺量及应变水平对疲劳寿命的影响效果。通过试验发现,RAP掺量增大,则再生混合料疲劳寿命随之降低;应变水平提高,则再生混合料疲劳寿命也随之降低。

(7)石安高速公路改扩建试验段,由于RAP掺量较大,为了保证再生料质量,在再生料生产过程中添加了Evotherm温拌剂,温拌剂掺量为新沥青用量的0.5%。阐述了再生混合料生产施工工艺,包括混合料拌和、运输、摊铺、碾压、接缝施工、施工质量控制与验收等,最终推荐合理的厂拌热再生混合料全过程施工工艺。

(8)以石家庄至磁县公路改扩建路面工程为依托工程,进行了路面拼接应力吸收带方案施工,总结了应力吸收带的设计与施工工艺、质量控制等,并对其进行了相应的现场测试与跟踪观测。实施效果的跟踪观测表明,本研究提出的应力吸收带在拓宽路面拼接中的应用具有很好的适应性,运用本研究成果可以有效提高工程质量,延长路面寿命。

本章参考文献

[1] 交通部公路司.新概念—公路设计指南[M].北京:人民交通出版社,2005.

[2] 陈拴发,陈华鑫,郑木莲.沥青混合料设计与施工[M].北京:化学工业出版社,2006.

[3] 刘志明. 沈大高速公路改扩建工程技术论文集[C]. 北京:人民交通出版社,2005.

[4] 徐泽中. 沪宁高速公路路基拓宽综合处理技术研究成果总报告[R]. 南京:江苏省交通基础技术工程研究中心,2004.

[5] 彭向荣. 广佛高速公路扩建工程设计的经验与体会[J]. 广东公路交通,2006,2.

[6] 于凤河,张永明,宋金华. 道路改扩建工程设计与施工技术[M]. 北京:人民交通出版社,2004.

[7] 曾欢. 对国内外道路改扩建工程的研究[J]. 黑龙江科技信息,2009.

[8] 韩宝睿. 高速公路改扩建工程方案研究的关键技术分析[D]. 西安:长安大学硕士学位论文,2005.

[9] 杨林,单炜,佴磊,等. 高速改扩建的技术问题探讨[J]. 森林工程,2007.

[10] 李世纬,廖朝华,刘利民,等. 高速公路改扩建工程路线设计探讨[J]. 中外公路,2010,30(3):1-4.

[11] 张永军,钟军,等. 浅谈高速公路改扩建项目线形拟合与横坡调整[J]. 公路工程,2010,35(4):104-107.

[12] 阮仁康,仅建鸿,等. 浅谈基于道路改扩建工程特点的安全设计[J]. 交通与运输,2007.

[13] 曲向进. 沈大高速公路改扩建工程技术方案研究[D]. 大连:大连理工大学,2003.

[14] American Association of State Highway and Transportation of facials. Highway Safety Design and Operations Guide[M]. washington,D. C:1997.

[15] 徐培华. 高等级公路路基路面养护技术[M]. 西安:长安大学公路学院,2002.

[16] 黄建跃,刘先森. 谈发展沥青再生技术的几个关键问题[J]. 公路,2003(8).

[17] 丁可,陈炳生. 浅谈沥青路面旧料再生利用[J]. 中国市政工程,2003(3).

[18] 李海军,林广平,黄晓明. 高等级公路沥青混凝土路面再生适用性[J]. 公路,2005(7).

[19] 黄晓明,吴少鹏,赵永利. 沥青与沥青混合料[M]. 南京:东南大学出版社,2002.

[20] 严家伋. 道路建筑材料[M]. 北京:人民交通出版社,1996.

[21] 中华人民共和国国家标准. GB 50092—1996 沥青路面施工及验收规范[S]. 北京:中国计划出版社,1996.

[22] 王欣,何文锋,刘先森. 旧沥青路面混合料检测及其性能评价[J]. 广东公路交通,2003,第3期.

[23] 王欣,刘先森. 厂拌热再生沥青混合料配合比设计[J]. 中外公路,2003,第23卷,第5期.

[24] 杨平. 沥青路面厂拌热再生利用研究[D]. 长沙:长沙理工大学,2005.

[25] 李龙. 沥青混合料再生利用研究[D]. 西安:长安大学,2003.

[26] 徐培华,王安玲. 沥青混合料配合比设计与试验技术[M]. 西安:公路交通大学,1999.

[27] 丁乐. 现场热再生改性沥青路面的低温性能研究[D]. 大连:大连理工大学,2009.

[28] 任拴哲. 沥青路面厂拌热再生及其设备关键技术研究[D]. 西安:长安大学,2008.

[29] 陈静云. 沥青路面再生方法的试验研究[D]. 大连:大连理工大学,2011.

[30] 李胜强. 厂拌热再生沥青混合料路用性能研究[D]. 重庆:重庆交通大学,2009.

[31] 高艳娥. 厂拌热再生沥青混合料设计研究[D]. 西安:长安大学,2008.

[32] 马强. 改性沥青 SMA 路面现场热再生工艺研究[D]. 大连:大连理工大学,2012.

[33] 张清平. 沥青路面现场热再生技术研究[D]. 长沙:长沙理工大学,2011.

[34] 张文会. 沥青路而厂拌热再生技术研究[D]. 西安:长安大学,2004.

[35] 耿久光. 沥青老化机理及再生技术研究[D]. 西安:长安大学,2009.

[36] 赵志军,陈明宇,等. 沥青的老化机理与性能研究[J]. 建材世界,2009(2):159-162.

[37] Mohammad L N, Negulescu II, Wu Z, et al. Investigation of the Use of Recycled Polymer Modified Asphalt Binder and Mixtures [J]. Asphalt Paving Technology, 2003,72:551-594.

[38] Lee S J, Rust J P, Hamoud H, et al. Fatigue cracking resistance of fiber-reinforced asphalt concrete [J]. Textile Research Journal, 2005,75:123-128.

[39] 候睿. 沥青抽提方法评价与就地热再生技术研究[D]. 南京:东南大学,2006.

[40] 左贵宁,陆阳,苗春泽.阿布森法沥青回收试验的改进及探讨[J].交通运输工程与信息学报,2009(6):81-84.

[41] 张建,肖维,黄晓明.沥青路面再生中旧沥青的回收与再生研究[J].湖南交通科技,2006(11):11-14.

[42] JTG E20—2011,公路工程沥青与沥青混合料试验规程[S].北京:人民交通出版社.2011.

[43] 郑晓光,徐健,丛林,等.离析对沥青混合料路用性能的影响[J].公路交通科技,2008,25(11):16-19.

[44] 黄煜镔,吕伟民,周小平.沥青路面再生技术的原理与应用[J].重庆建筑大学学报,2004(6):45-48.

[45] 吕伟民.沥青混合料设计原理与方法[M].上海:同济大学出版社,2001.

[46] 张辉.沥青路面热再生技术研究[D].西安:长安大学,2006.

[47] 邓晓青.厂拌热再生沥青混合料配比设计研究[D],长安大学硕士论文,2007.

[48] 郑晓光,徐健,丛林,等.离析对沥青混合料路用性能的影响[J].公路交通科技,2008,25(11):16-19.

[49] 李立寒,曹林涛,罗方艳,等.沥青混合料劈裂抗拉强度影响因素的研究[J].建筑材料学报,2004,7(1):41-44.

[50] 黄晓明,赵永利,江臣.沥青路面再生利用试验分析[J].岩土工程学报,2001,23(4):468-471.

[51] 中华人民共和国行业标准.JTG F40—2004　公路沥青路面施工技术规范[S].北京:人民交通出版社,2004.

[52] 沈金安.沥青及沥青混合料路用性能[M].北京:人民交通出版社,2001.

[53] 张登良.沥青与沥青混合料[M].北京:人民交通出版社,1993.

[54] 张登良.沥青路面[M],北京:人民交通出版社,1998.

[55] 吕伟民,严家伋.沥青路面再生技术[M].北京:人民交通出版社,1989.

[56] 拾方治,马卫民.沥青路面再生技术手册[M].北京:人民交通出版社,2006.

[57] 美国沥青再生协会.美国沥青再生指南[M].北京:人民交通出版社,2006.

[58] 胡达平.沥青路面再生利用应用技术研究[J].交通世界,2002,(6):36-37.

第5章 高速公路改扩建工程桥梁拼接关键技术

5.1 空心板梁桥单板受力加固改造技术

5.1.1 石安高速桥梁铰缝病害调查与成因分析

5.1.1.1 铰缝病害调研

空心板梁桥因具有自重小、建筑高度较低、受力明确、结构简单、用料经济、施工快捷、预制方便等诸多优点而被广泛应用,是我国高速公路、城市道路建设的主力桥型之一。在空心板桥中,装配式空心板桥又占据了重要的地位,其各板梁横向间通过现浇企口混凝土铰接或焊接钢板相连接连成整体,使作用于行车道板上的局部荷载均匀分配到各梁共同受力。然而,通过对在役空心板梁桥现状的调查,发现部分预制空心板桥梁的铰缝在不断增大的交通量和超限运输作用下,铰缝容易产生脱落、渗水,甚至出现铰缝纵向开裂,企口混凝土破碎,丧失传递剪力的能力,形成“单板受力”现象。

为了了解现役空心板桥在使用过程中产生的铰缝病害的具体情况,以空心板桥为调研对象,选取某公路上的某个路段进行空心板桥的数量及跨径的统计。

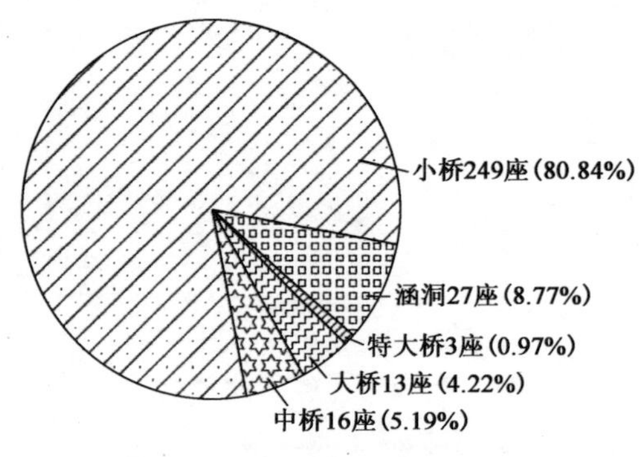

图5-1 调研桥梁规模分布图

5.1.1.2 病害调研结果

对河北省石家庄至磁县(冀豫界)公路改扩建工程的桥梁病害进行实地调研,共调查了该路段308座大小桥梁,按桥梁规模分类如图5-1所示,该路段桥梁以中小桥梁为主,共265座,占全部桥梁的86.03%。

各种桥型分类如图5-2所示,该路段装配式板梁桥共272座,占据桥梁总数的88.3%,总共包括5m、6m、8m、10m、13m、16m、20m这几种跨径类型。装配式板梁桥是该路段的主导桥型,也是本次调研的重点。

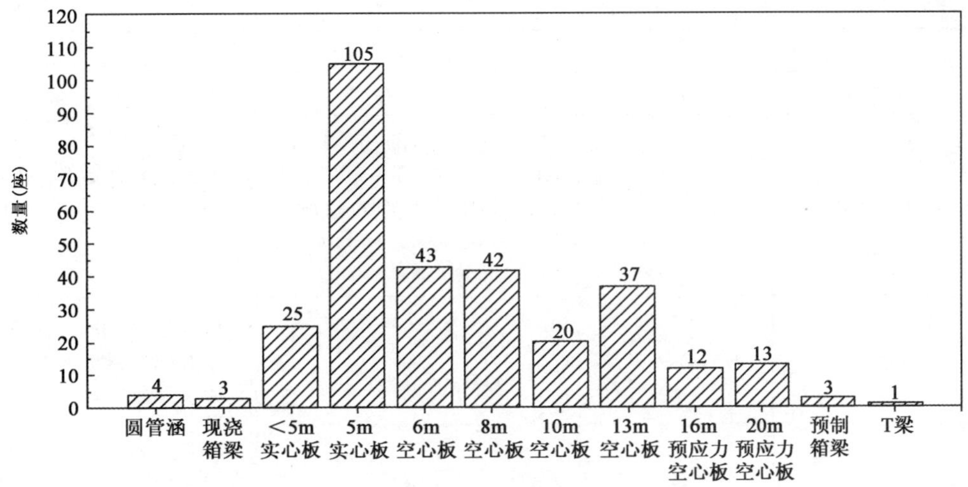

图 5-2 调研桥梁桥型分布图

各种跨径类型装配式空心板梁桥各选一座典型的桥例，调研结果如表 5-1 所示。调研结果表明，上部结构病害主要有：主梁承载力不足（梁体严重下挠、横向或者纵向通缝、混凝土表观质量差），主梁混凝土缺陷（蜂窝麻面、起皮、剥落、露筋、破损、缺块等缺陷），主梁非结构性裂缝（温度性裂缝、干缩裂缝等），铰缝病害（铰缝渗水泛白、底部砂浆脱落、开裂），主梁碱蚀泛白，支座病害（支座脱空、钢板变形等），伸缩缝病害（杂物堵塞、钢板断裂等），桥道系病害（铺装层纵向、横向开裂等）和其他病害；下部结构病害主要有：桥台（墩）竖、斜缝，桥台（墩）横缝，混凝土缺陷（蜂窝麻面、起皮、剥落、露筋、破损、缺块等缺陷），桥台（墩）渗水泛白和其他病害。上部结构和下部结构各种病害的数量和各自所占的比例如表 5-2、表 5-3 所示。上部和下部典型的病害照片如图 5-3、图 5-4 所示。

桥梁病害情况调查表 表 5-1

序号	结构形式		病害特征	
	上部结构	下部结构	左幅	右幅
1	1m×5m 实心板	重力式桥台，扩大基础	多处铰缝渗水、碱蚀、砂浆脱落，桥台竖向贯通裂缝	桥台混凝土剥落露筋、麻面、贯通竖向裂缝，铰缝渗水、碱蚀、砂浆脱落
2	2m×6m 空心板	实体墩、重力式桥台，扩大基础	两侧桥台渗水；1#墩帽混凝土锈胀开裂 $S=0.3\times0.6\text{m}^2$、$0.3\times0.4\text{m}^2$	两侧桥台渗水；板底混凝土风化起皮；桥面修补不良 $S=1\times0.6\text{m}^2$
3	1m×8m 空心板	重力式桥台，扩大基础	板底在靠近桥台处碱蚀、泛白，铰缝渗水、碱蚀并有横缝，勾缝砂浆脱落	桥台处有混凝土剥落、露筋，铰缝渗水、碱蚀、勾缝砂浆脱落
4	1m×10m 空心板	重力式桥台，扩大基础	两侧桥台渗水；1 号台距中心 7m 竖缝；0 号台距中心 8m 竖缝；9 号板底细小横缝且渗水泛白；1 号板侧露筋	7 号板底多条细小横缝且渗水；7 号板有单板受力趋势；4 号 ~9 号铰缝勾缝脱落；6 号、7 号铰缝渗水泛白

续上表

序号	结构形式		病害特征	
	上部结构	下部结构	左幅	右幅
5	1m×13m 空心板	重力式桥台，扩大基础	1号台帽露集料露筋；0号台距中心5m处竖缝，距中心4.5m处竖缝；两侧桥台渗水；4号板底露筋；5号板底有横缝；7号板底渗水泛白；9号铰缝渗水	桥台：0号台帽露筋；1号台帽露筋；1号台距中心4.5m竖缝；护栏底座露筋
6	4m×16m 空心板	柱式墩、桩基础	10号板底混凝土剥落、露筋，铰缝在桥台处渗水碱蚀	板端混凝土开裂，12号板外侧混凝土剥落、露筋，铰缝在靠近墩处渗水、碱蚀
7	6m×20m 空心板	柱式墩、桩基础	10号板底混凝土剥落露筋，多处勾缝砂浆脱落，多处渗水碱蚀	2号、3号孔行车道跨中存在纵向裂缝 $L=10m$，4号孔行车道跨中存在不规则裂缝 $S=1.5m^2$，行车道5号墩顶存在横向裂缝 $L=3.75m$，多处勾缝砂浆脱落

桥梁上部结构病害统计表 表 5-2

病害名称	病害数量		病害比例	
	左幅	右幅	左幅	右幅
主梁承载力不足	37	42	0.12	0.14
主梁混凝土缺陷	145	170	0.47	0.55
主梁非结构性裂缝	112	119	0.36	0.39
铰缝病害	167	196	0.54	0.64
主梁碱蚀泛白	157	154	0.51	0.50
支座病害	31	27	0.10	0.09
伸缩缝病害	57	67	0.19	0.22
桥道系病害	7	16	0.02	0.05
其他病害	8	5	0.03	0.02
调查桥梁总数	308			

桥梁下部结构病害统计表 表 5-3

病害名称	病害数量		病害比例	
	左幅	右幅	左幅	右幅
桥台(墩)竖缝、斜缝	104	116	0.34	0.38
桥台(墩)横缝	7	5	0.02	0.02
混凝土缺陷	133	123	0.43	0.40
桥台渗水泛白	170	172	0.55	0.56
其他病害	12	21	0.04	0.07
调查桥梁总数	308			

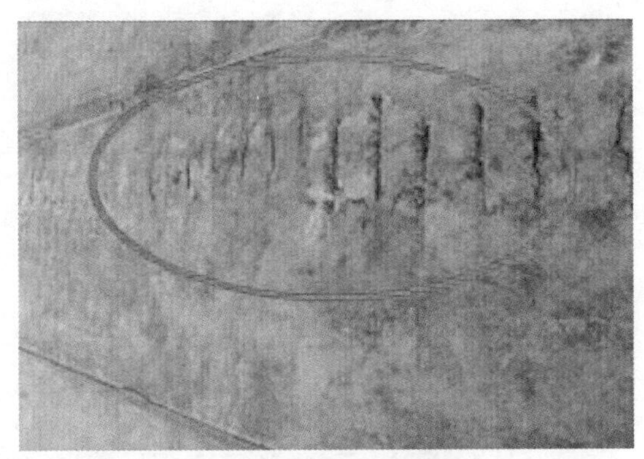

a)混凝土剥落、露筋

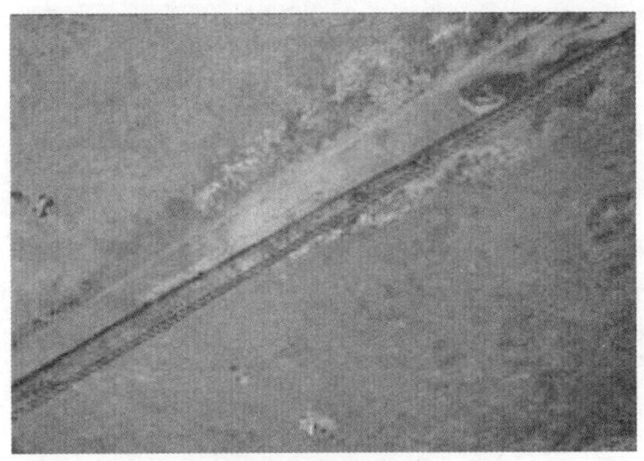

b)铰缝底部泛白、开裂

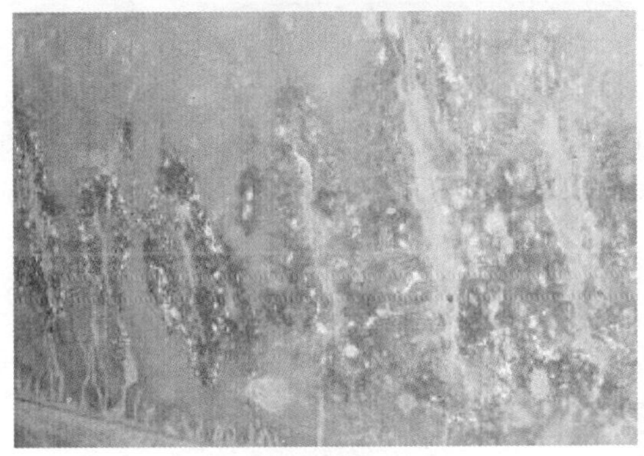

c)板底碱蚀泛白

d)铰缝底部砂浆脱落

图5-3　上部结构典型病害图

5.1.1.3　铰缝病害原因分析

结合本次病害调研,分析铰缝病害的原因,主要有三个方面:设计、施工和运营管养。

(1)设计原因

①铰缝。

装配式空心板桥在进行荷载横向分布计算时采用的是“铰接板”理论。首先,“铰接板法”假定铰缝只传递剪力,而忽略了实际上铰缝处于受拉、剪、扭的复杂受力状态。铰缝的破坏首先是横向拉应力导致铰缝开裂,造成铰缝的抗剪能力减弱,然后才被剪坏的。故仅验算铰缝的竖向剪力是不够的。其次,铰缝理论计算中,将车辆荷载换算成等效的半波正弦荷载来计算。而铰缝内实际内力并不服从正弦半波分布,邻集中力的铰缝竖向剪应力局部偏大,约是按正弦半波分布假定计算剪应力的2倍,而远离集中力的铰缝,竖向剪应力接近正弦半波分布。

从我国装配式板桥出现以来,铰缝经历了从多到少,铰缝钢筋从无到有,从少到多的过程。随着铰缝钢筋的增加,铰缝的病害也越来越少,但是铰缝病害并没有得到实质性的解决,且铰缝钢筋的配置略显繁杂,没有相应的设计计算方法。同时,调查显示铰缝病害普遍,而主梁承载能力不足较为少见,可见铰缝的安全储备低于主梁。

a)桥台渗水泛白

b)桥台混凝土剥落、露筋

c)桥台横缝及竖缝

d)桥台斜缝

图 5-4　下部结构典型病害图

②铺装层。

桥面铺装层不仅起到保护受力结构不承受车辆荷载的直接作用、防止板梁受雨雪侵蚀外,对于荷载的横向分布有着重要作用。铺装层的厚度及材料应当受到足够的重视。此外铺装层钢筋直径较小或者间距较大时,会使铺装层抗拉性能下降、与梁体协同作用减小、整体刚度降低。在车辆荷载反复作用下,容易导致铺装层裂缝产生,削弱铺装层的作用且雨水、雪水通过裂缝渗入下部梁体,造成铰缝开裂、渗水等病害,影响了铰缝的耐久性。

③空心板。

空心板梁的建筑高度有限,在强度和刚度方面与箱梁及 T 梁相比相对偏小,上部结构采用铰缝来保证横向连接作用也是偏弱的。箱梁及 T 梁一般采用横隔板来加强横向联系而空心板则无横隔板,对整体受力而言更为不利。所以说装配式空心板桥从一定角度而言存在着结构上的"先天不足"。

(2)施工原因

装配式板桥的病害与施工质量密切相关。病害调研结果表明,同一路段、同一类型、同一跨径的桥梁,有的出现单板受力病害,有的不出现,出现病害的程度也相差甚远,足以说明这个问题。装配式板桥铰缝病害的施工原因主要归结为以下 5 点:

①铰缝与梁体结合面。

铰缝与梁体结合面属于新旧混凝土结合面,混凝土会发生收缩和徐变,梁体在预制完后吊装至预定位置再进行拼接，铰缝混凝土及梁体混凝土的收缩徐变会处于不同步的状态，由于铰缝混凝土要收缩而梁体收缩基本处于稳定状态，导致铰缝会处于受拉状态，对铰缝受力来说是不利的。

②铰缝混凝土。

铰缝施工应严格按照以下步骤进行：首先，对预制板侧面认真凿毛，凿去浮浆，增强铰缝和预制板的黏结；其次，铰缝钢筋的位置、数量、钢筋质量应符合设计要求，并按要求进行绑扎、焊接；再次，铰缝浇筑之前，应对预制板侧面进行洒水湿润，确保新旧混凝土的良好结合。最后，浇捣铰缝混凝土时，应该振捣充分。铰缝自身构造偏小，且构造钢筋密集，现场施工难以对混凝土实现有效的振捣。

③支座。

一般情况下一片空心板有四个支座，但由于施工工艺和在运营期间支座材料劣化等原因，可能导致个别支座发生脱空现象。车辆荷载作用下对桥梁的冲击作用变大，这对铰缝受力造成不利影响，有可能会促使病害产生。

④铺装层厚度。

施工中若支座高程、梁高偏高或者需要设置预拱度，会导致某些部位的铺装层厚度偏小，这对荷载横向分布不利且容易在车辆荷载反复作用下出现开裂从而导致铰缝一系列病害。

⑤养护。

混凝土在凝结硬化过程中释放出大量的水化热，内部温度升高，而表面因环境温度影响而下降，升温导致膨胀，降温导致收缩，一胀一缩，容易产生裂缝。此外，在混凝土的硬化过程中，混凝土中大量的水分蒸发，造成混凝土的干缩，形成裂缝。故在铰缝混凝土浇筑完成以后，应对其进行土工布覆盖，洒水养护，减少温缩和干缩裂缝。同时，养护时间不足提前通车，导致铰缝混凝土在并未达到强度要求的情况下承受车辆荷载作用，极易造成内部裂缝，进而影响铰缝的耐久性。

(3)运营管养原因

①渠化交通。

在高等级公路中将行车道进行划分，即一般划分为超车道、主车道和紧急停车带等。这就导致了行驶车辆的轨迹具有规律性。重型车辆和大型车辆由于体积大和行驶速度慢的原因，出于安全角度考虑，这些车辆一般被限制在主车道上，所以位于这些主车道位置上的空心板上承受重复荷载的概率比其他车道处的板要大很多，在车辆荷载反复作用下会导致一些空心板的铰缝构造发生破坏。

②超载车辆。

在经济利益的驱使下，一些车主擅自改装车辆，加高钢板、加挂拖车等，导致实际运营中的车辆荷载经常出现远大于车辆原有的限制。该地区的车辆运输以建筑材料、煤炭及钢铁为主，重型车辆数量较多，超载车辆超载现象屡见不鲜、屡禁不止。

车辆超载对于桥梁结构特别是作为装配式板梁结构中薄弱环节—铰缝的损伤是直接的，严重的会导致铰缝混凝土破碎、脱落，甚至形成单板受力，从而造成梁体由于抗弯刚度不足而产生横向裂缝，危及行车安全。

③水的作用。

排水设施失效或者排水设施无法满足实际需求,大大增加了桥梁发生病害的可能。此时,若且桥面存在裂缝、桥面防水构造薄弱或者防水等级不足,进一步加剧水分下渗。铰缝混凝土的裂缝会使得水分及有害气体渗入铰缝内,导致钢筋钝化膜破坏,经过雨雪的反复冻融作用,铰缝混凝土逐渐碎裂并脱落。

④基础沉降。

桥梁作为一个整体结构,其整体功能的体现必须建立在一个稳定的下部基础上。基础竖向不均匀沉降或水平方向位移,使结构中产生附加应力,并会导致支座受力不均匀,进而导致横向联系破坏。

5.1.2 旧空心板铰缝破坏模式试验研究

5.1.2.1 足尺试验模型

(1)试验模型设计

以 8m 钢筋混凝土空心板梁作为研究目标,进行模型试验。

相似比例的确定主要考虑以下几个因素:

①模型比例不宜过小,否则缩尺效应严重,很难推广回原型。

②试件的宽度、长度应控制在实验室场地允许的加载宽度、长度范围内。

③试件吊装重量不超过现有吊装能力范围。

④试件加载吨位不超过试验室压力机的加载能力范围。

因此,选取横桥向 3 片梁布置的直线空心板梁为原型进行足尺模型试验,单片梁的吊装质量为 6.645t,破坏荷载小于 40t,满足以上四点的要求。

试验模型梁的总体布置、结构构造与钢筋布置如图 5-5 ~ 图 5-8 所示。

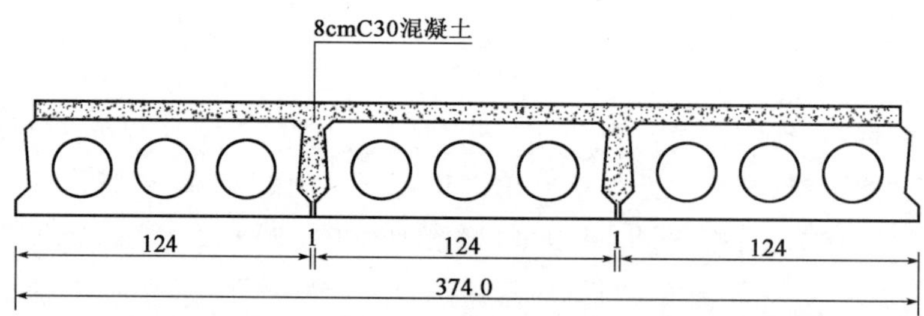

图 5-5 主梁横断面布置图(单位:cm)

铰缝混凝土采用 C30 级,浇筑铰缝混凝土前先用 12.5 号水泥砂浆填缝,待砂浆强度达 50% 后方可浇筑铰缝,深铰缝大样图见图 5-9a)。空心板内预埋了连接钢筋 N1,具体构造见图 5-9b),跨中 4.36m 范围内该钢筋沿纵桥向间距 15cm,其余区间间隔 10cm。铰缝钢筋构造如图 5-9c)所示,共两类,分别为纵桥向间距 15cm 的剪刀钢筋 N2 和纵向受力钢筋 N3。

浇筑 8cm 厚 C30 级混凝土桥面铺装,配一层 $\phi 8$ 钢筋,钢筋间距为 15cm × 15cm,具体构造如图 5-10 所示。

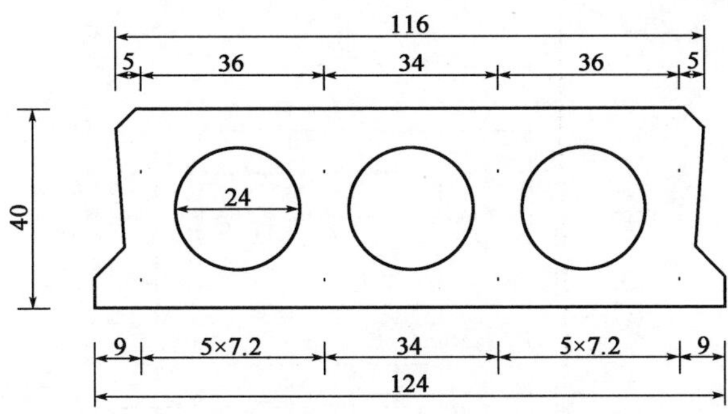

图 5-6　空心板截面图(尺寸单位:cm)

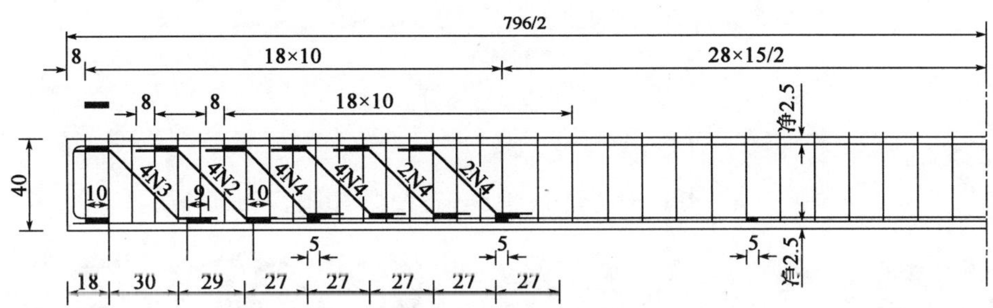

图 5-7　配筋立面图(尺寸单位:cm)

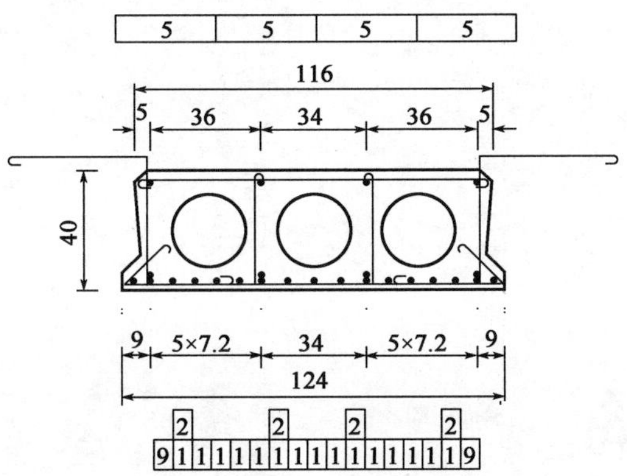

图 5-8　截面配筋图(尺寸单位:cm)

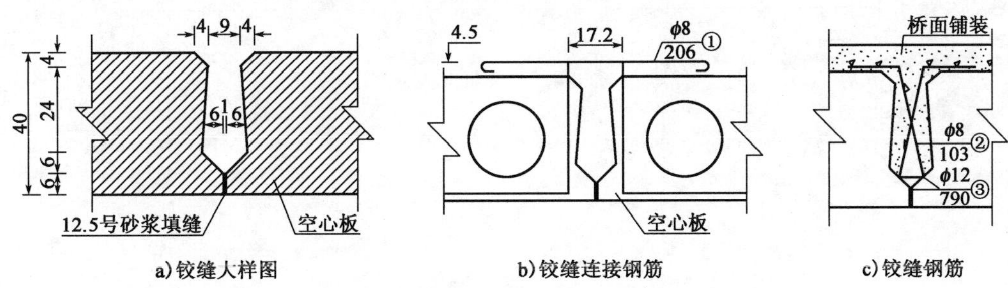

图 5-9　铰缝构造图(尺寸单位:cm)

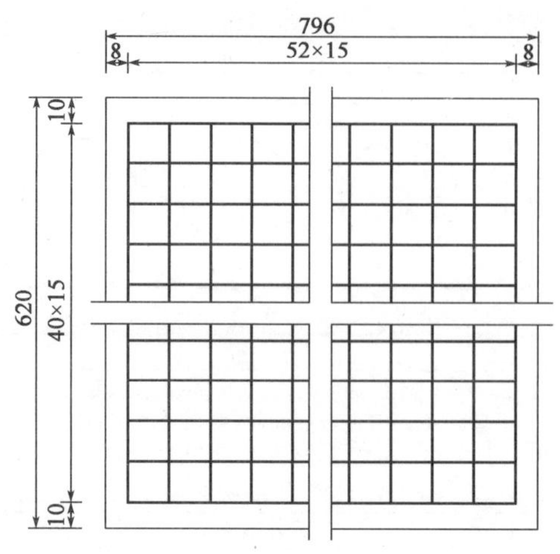

图 5-10　桥面铺装配筋图(尺寸单位:cm)

(2)试验模型制作

在福州大学土木工程学院实验中心进行预制,各步骤如图 5-11 所示。

a)绑扎钢筋骨架

b)弯起钢筋焊接

c)贴应变片

d)贴应变片

图　5-11

e)浇筑混凝土

f)脱模后的空心板

g)空心板吊装定位

h)浇筑铺装层混凝土并养护

图5-11　模型制作照片

预制完成后试验模型如图5-12 和图5-13 所示。

(3)试验加载和测点布置

①空心板测点布置。

为了解各板能否均匀受力,百分表布置如图5-14 所示,纵桥向布置2 个断面,即 $L/4$ 截面和跨中截面。

图5-12　足尺试验模型

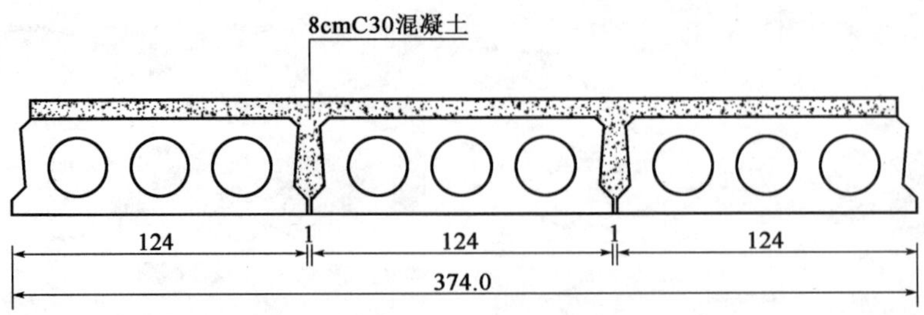

图 5-13　装配式空心板桥截面图(尺寸单位:cm)

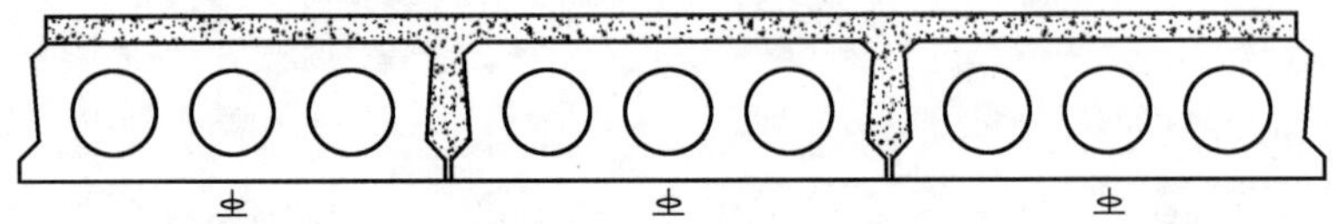

图 5-14　空心板挠度测点布置图

空心板应变测量布置如图 5-15 所示,纵桥向布置 3 个断面,即 $L/4$ 截面、跨中截面和 $3L/4$ 截面,每个测点布置一横一纵两个应变片。

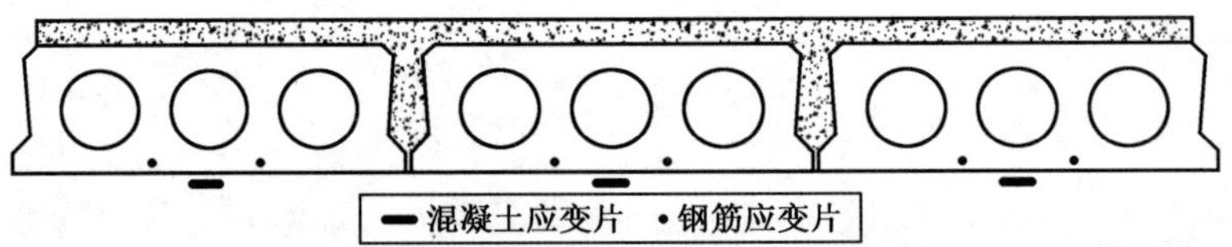

图 5-15　空心板应变测点布置图(单位:cm)

②铰缝测点布置。

为了解铰缝开裂后相对位置的变化,测量铰缝②、③的横桥向位移,百分表布置如图 5-16 所示,纵桥向布置 2 个断面,即 $L/4$ 截面和跨中截面。

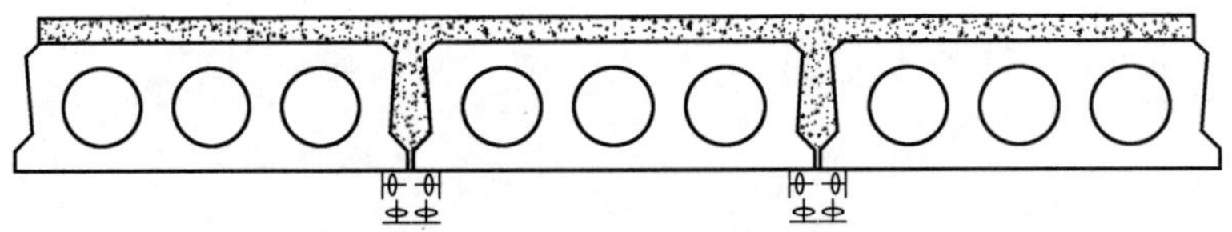

图 5-16　铰缝相对位移测点布置图

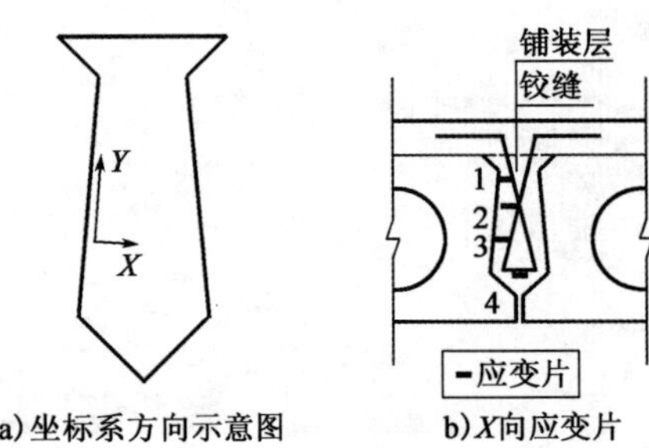

图 5-17　铰缝正应变测点布置图

将垂直于铰缝接触面的方向定义为 X 方向,平行于铰缝接触面的方向定义为 Y 方向,纵桥向定义为 Z 方向,方向示意如图 5-17a)所示,该图未示出 Z 向。

铰缝正应变测量布置 3 个断面,即纵桥向 $L/4$ 截面、跨中截面和 $3L/4$ 截面,在铰缝钢筋上布置 X 向应变片,如图 5-17b)所示。

5.1.2.2 试验全过程描述

加载初期属弹性阶段，各板荷载—挠度曲线呈线性变化，且变化速率基本一致，铰缝完好，能均匀传递荷载。

当加载到约55kN时，即0.79倍公路—I级汽车荷载，试验模型铰缝②和③开裂，结构进入裂缝开展阶段，刚度下降。之后，各板荷载—挠度曲线呈非线性，但是，由于铰缝受压区混凝土仍未开裂，铰缝仍具传递荷载的能力。随着荷载的不断增大，铰缝裂缝沿空心板与铰缝的结合面向上扩展。

当加载到约120kN时，即1.71倍公路—I级汽车荷载，试验模型铰缝②和③形成通缝。此时，铰缝两侧空心板相对位移明显增大，各板挠度分布不均匀，即空心板桥产生"单板受力"现象，试验停止加载。

为确认空心板桥是否出现了单板受力现象，在卸载后对试验模型进行重新加载。将两次加载中相同吨位下跨中截面的挠度分布曲线如图5-18所示。可以看出，在相同荷载作用时，2号板在重新加载时产生的挠度远大于初次加载时的挠度，表现出明显的单板受力特征。

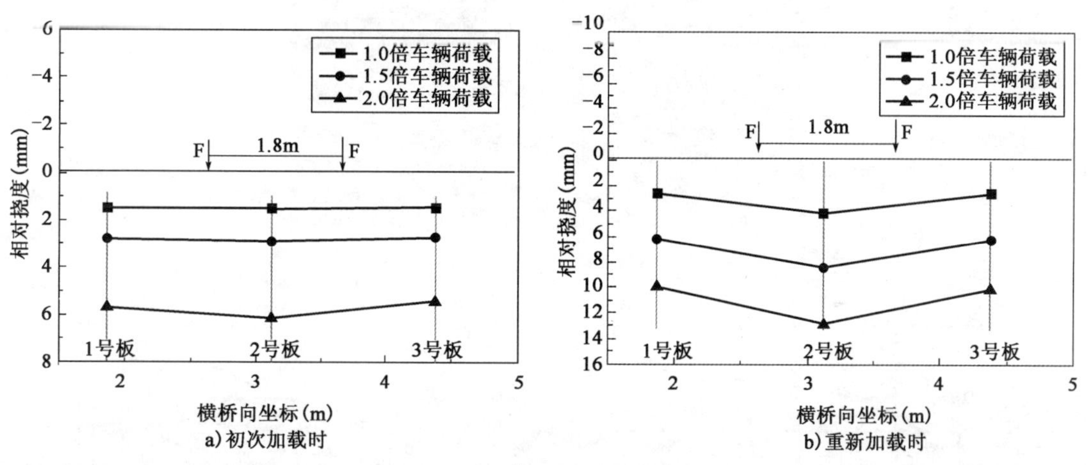

图5-18 跨中截面挠度分布曲线

试验停止后，铰缝②、③端部可以明显地看见空心板与铰缝的结合面通裂，裂缝宽度1~2mm，如图5-19a)所示。卸载后，凿除桥面铺装后可以看见空心板与铰缝的结合面通长裂缝，如图5-19b)所示。如图5-20所示，铰缝混凝土与空心板混凝土块沿结合面完全分离，破坏面平滑，无混凝土集料拉断现象。

5.1.2.3 铰缝构造

将试验和有限元计算得到的铰缝②横向张开量和竖向相对位移见图5-21。可以看出，加载初期，由于整体结构完好，铰缝横向张开量和竖向相对位移均较小；当荷载达到约55kN时铰缝开裂；随荷载的不断增加，铰缝裂缝不断向上扩展，曲线斜率越来越小，横向张开量和竖向位移越来越大。

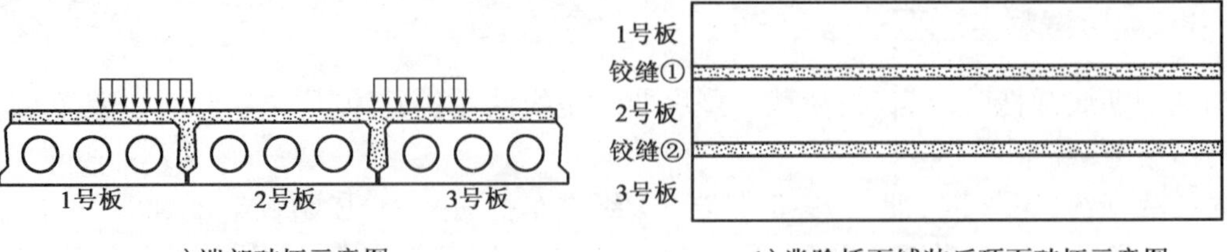

a)端部破坏示意图　　b)凿除桥面铺装后顶面破坏示意图

图5-19　空心板与铰缝的结合面破坏位置示意图

图5-20　铰缝破坏形态

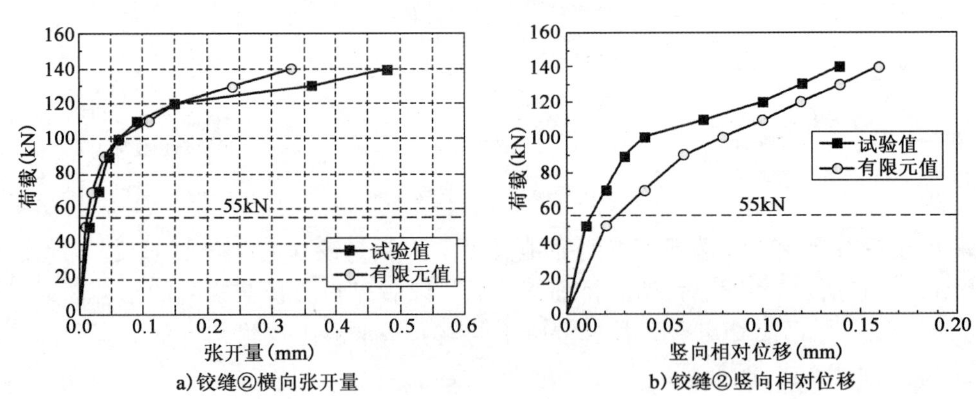

a)铰缝②横向张开量　　b)铰缝②竖向相对位移

图5-21　铰缝②横向张开量和竖向相对位移曲线

有限元计算结果与试验结果进行的比较发现,在铰缝开裂前有限元计算结果与试验值吻合良好;当铰缝开裂后随荷载的不断增加,有限元计算与试验值趋势相同,吻合较好。

说明采用上述计算模型可以较为正确地模拟足尺模型中铰缝构造的荷载试验过程。

铰缝②跨中截面横向4个应变采集点不同荷载等级下横向应变曲线和有限元计算结果如图5-22所示。由于铰缝横向应变片在埋设后浇筑铰缝混凝土,存在初始应力的问题,导致有

限元计算值与试验值之间存在一定的差异性，但是总体趋势是相同的。从图中可以看出，在加载初期，铰缝底部（1、2 号测点）受拉，上部（3、4 号测点）受压；当加载到约 55kN 后，沿空心板与铰缝的结合面开裂，铰缝底部受拉区卸载，应变逐渐趋于 0，铰缝顶部受压区应变继续增大。

由于试验无法测得铰缝与空心板结合面的受力情况，在此采用有限元计算结果进行分析。以铰缝②跨中截面为对象，提取在不同荷载作用下的横向弹簧力，见图 5-23、图 5-24。

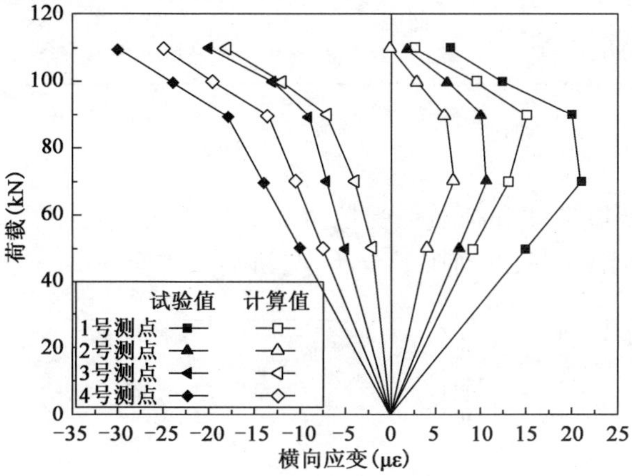

图 5-22　铰缝②横向应变曲线

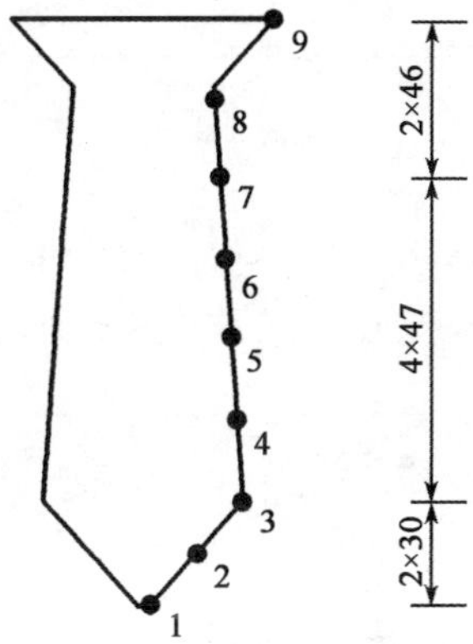

图 5-23　应力采集测点位置示意
（尺寸单位：mm）

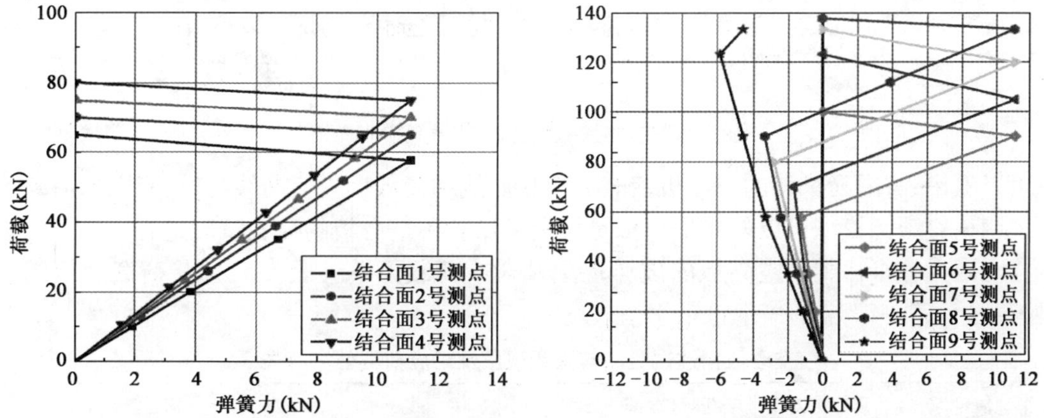

a）结合面1-4号测点的荷载—横向弹簧力曲线

b）结合面5-9测点的荷载—横向弹簧力曲线

图 5-24　空心板与铰缝的结合面的横向弹簧力曲线

结合面 1 ~ 4 号测点属于受拉区，当加载到 62kN 时，铰缝结合面底部 1 号测点弹簧力超过容许拉力，该点弹簧力卸载为 0kN，即发生断裂；随后，铰缝结合面 2 号测点、3 号测点相继超过容许应力发生断裂，当加载至 75kN 时，铰缝结合面 4 号测点发生断裂，即铰缝结合面裂缝贯通原受拉区。

结合面 5 ~ 8 号测点原属受压区，随着荷载的增大逐渐转为受拉区，达到容许拉力后弹簧力卸载为 0kN，发生断裂；当荷载为 115kN 时，铰缝结合面顶部 8 号测点的横向弹簧力达到限值，说明此时铰缝构造的裂缝沿结合面形成通缝。

因此，结合试验与有限元的结果，并考虑到试验时荷载是按照加载等级施加且加载范围有

限,将铰缝构造的破坏现象及对应荷载汇总于表 5-4,同时将荷载值对应的设计车辆荷载(公路—I 级)的倍率也示于该表。

铰缝构造破坏模式及对应荷载汇总表　　表 5-4

荷载值(kN)	对应车辆荷载(公路—Ⅰ级)的倍数	现象描述
55	0.79	铰缝①、②跨中截面底部开裂
115	1.64	铰缝①、②跨中截面结合面裂缝贯穿到截面顶面,形成通缝

5.1.2.4 空心板

以 2 号空心板为对象,将荷载—挠度曲线和荷载—受拉主筋应变曲线和有限元计算结果如图 5-25 所示。为了得到空心板的极限荷载,在有限元分析中,将荷载增至 360kN。

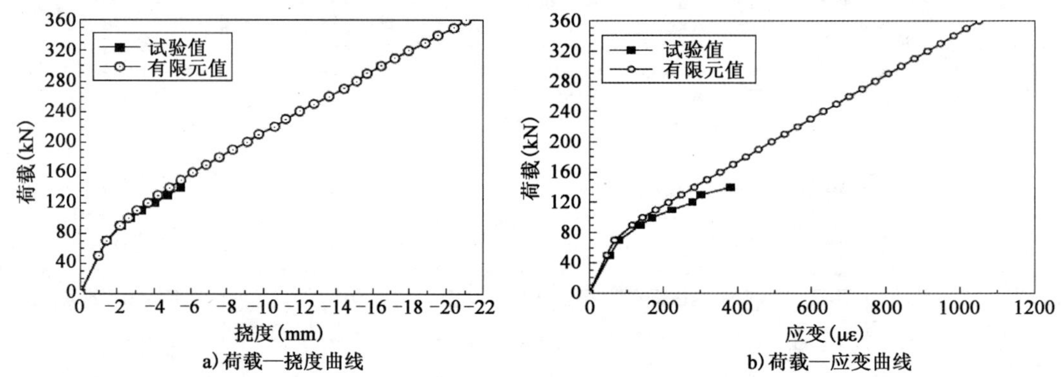

图 5-25　2 号空心板挠度和受拉主筋应变曲线

可以看出,有限元求得的空心板荷载—位移曲线和荷载—应变曲线与试验值较为接近,进一步说明该有限元模型可以较好地模拟足尺模型试验中空心板的荷载试验过程。

将有限元分析得到的空心板的破坏现象及对应荷载汇总到表 5-5,并将荷载对应的设计车辆荷载(公路—I 级)的倍率也示于该表。

空心板构造试验和有限元现象及对应荷载值汇总表　　表 5-5

荷载值(kN)	对应车辆荷载(公路—Ⅰ级)的倍数	现象描述
120	1.71 倍	2 号板跨中截面底部横向开裂
140	2.00 倍	2 号板纯弯段分布横向裂缝并出现纵向裂缝

5.1.2.5 对比分析

通过装配式空心板桥的足尺模型试验和非线性有限元分析可以知道,铰缝构造先于空心板发生破坏,空心板与铰缝的结合面底部首先开裂(55kN),随着车辆荷载的不断增大该裂缝不断向截面顶部延伸,最终形成通缝(120kN),此时仅有 3 号空心板底板出现裂缝(120kN),说明铰缝构造的受力状态与空心板不一致。

在装配式空心板桥的设计中,对于空心板,须依据《公路钢筋混凝土及预应力混凝土桥涵

设计规范》(JTG D62—2004)进行设计计算。但是该规范却没有对铰缝构造的设计计算进行规定。易建国在《混凝土简支梁(板)桥》采用了另一规范——《公路圬工桥涵设计规范》(JTG D61—2005)的第4.0.13条对铰缝构造进行直接抗剪承载力验算和纵向抗弯承载力验算。

直接抗剪和纵向抗弯验算是为了防止铰缝构造发生强度破坏,目前采用的深铰缝构造均能满足该验算。进行结合面的剪应力验算是为了防止结合面在荷载作用下发生开裂和破坏。然而,按照“铰缝”的定义,应当允许铰缝构造发生轻微的转动和开裂,不应该像钢混凝土结合面一样不允许开裂。

因此,装配式空心板桥的铰缝构造应该允许空心板与铰缝的结合面底部开裂以达到“铰缝”轻微转动,同时,为了保证铰缝构造的受力状态与空心板一致或接近,建议在空心板与铰缝的结合面上采取一定的构造措施来阻止或延缓裂缝形成通缝,从而防止“单板受力”现象的出现。

5.1.3　整体化铺装层加固空心板桥试验研究

5.1.3.1　试验模型设计

(1)空心板梁

空心板中板宽1.24m,板高0.4m,计算跨径7.96m,其他横截面尺寸如图5-26所示。混凝土采用C30级,普通钢筋采用HRB335。

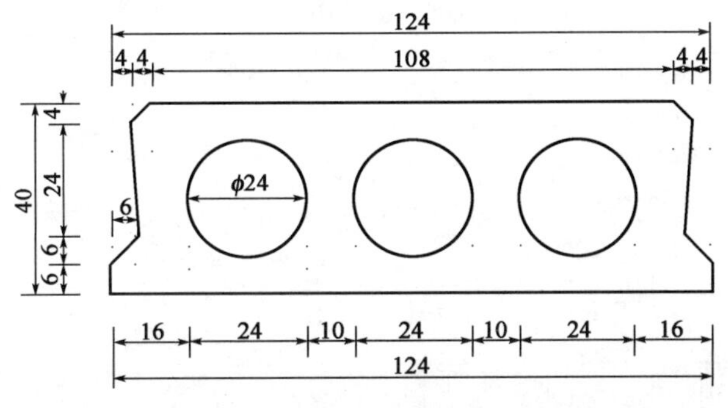

图5-26　8m空心板截面(尺寸单位:cm)

(2)铰缝构造

铰缝混凝土采用C30级,采用深铰缝布置,如图5-27a)所示;空心板内预埋了连接钢筋N1,具体构造如图5-27b)所示,跨中4.36m范围内该钢筋沿着纵桥向间距15cm,其余区间间隔10cm;铰缝钢筋构造如图5-27c)所示,共有两类,分别为纵桥向间距15cm的剪刀钢筋(N2)及纵向受力钢筋(N3)。

(3)桥面整体化混凝土铺装

22cm混凝土铺装层实验模型梁的桥面铺装层、植筋布置和铺装层钢筋图可见图5-28~图5-30。整体化铺装层混凝土采用C40级混凝土,厚度22cm。植筋总数为390根,采用直径ϕ16的钢筋,每片空心板上有78植筋,在空心板上的位置如图5-29所示。整体化铺装层配置上下两层钢筋网,间距10cm×10cm,在上层钢筋网靠近桥台处离端部2m范围内进行钢筋加密,加密钢筋直径为ϕ16,如图5-30所示。

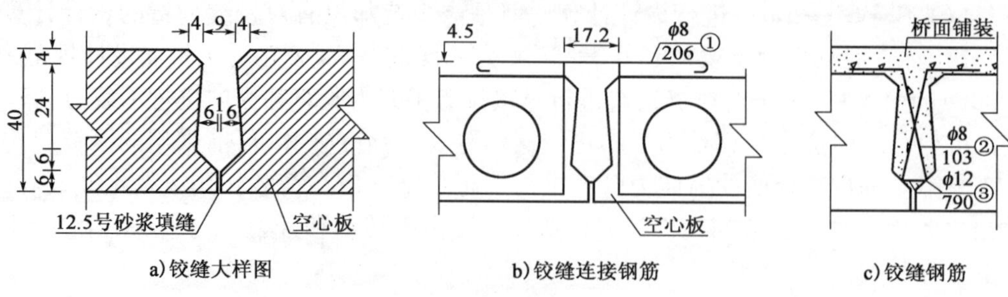

图 5-27 铰缝构造及配筋图(尺寸单位:cm)

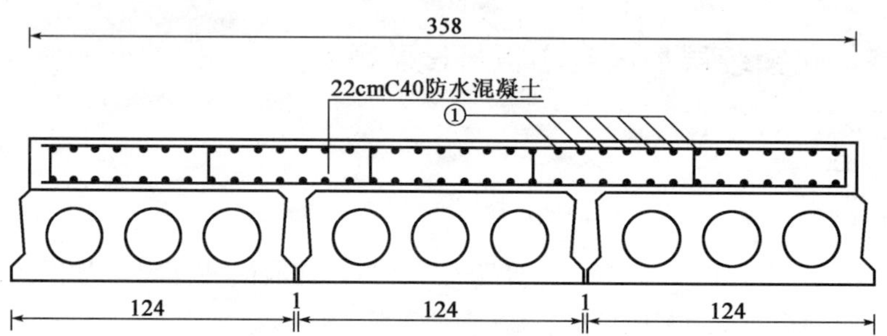

图 5-28 8m 空心板加固改造后横断面图(尺寸单位:cm)

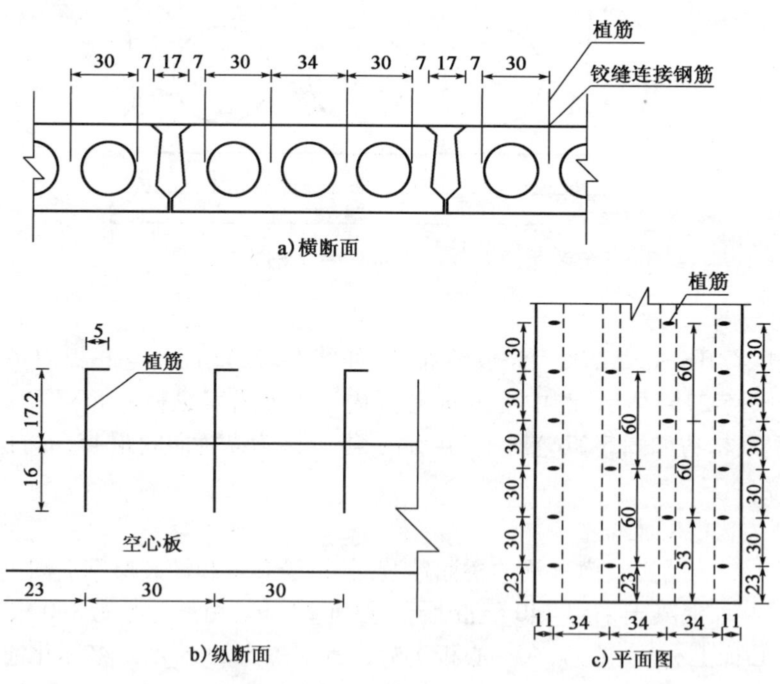

图 5-29 植筋布置图(尺寸单位:cm)

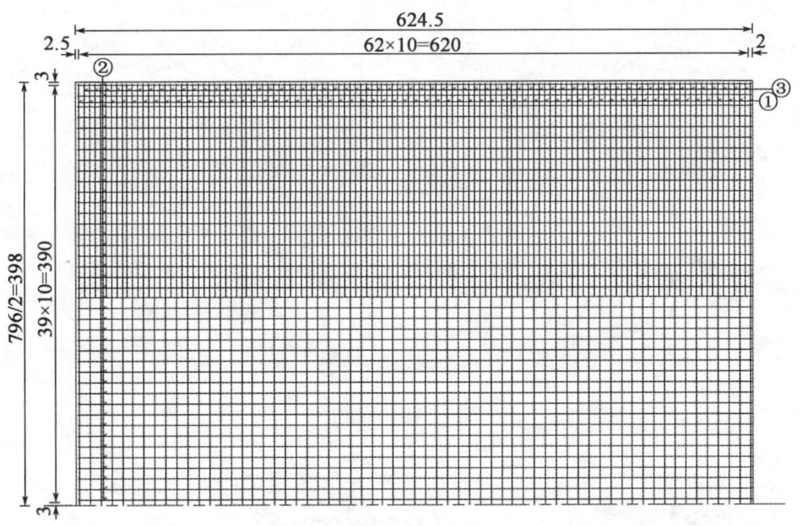

图 5-30　铺装层钢筋网布置图（尺寸单位：cm）

5.1.3.2　试验模型制作

整体化铺装层加固后的空心板桥试验模型制作过程可见图 5-31。图 5-32 为浇筑混凝土养护。图 5-33 为 8cm 空心板桥横截面图。图 5-34 为 8cm 空心板整体照。

a）绑扎钢筋骨架

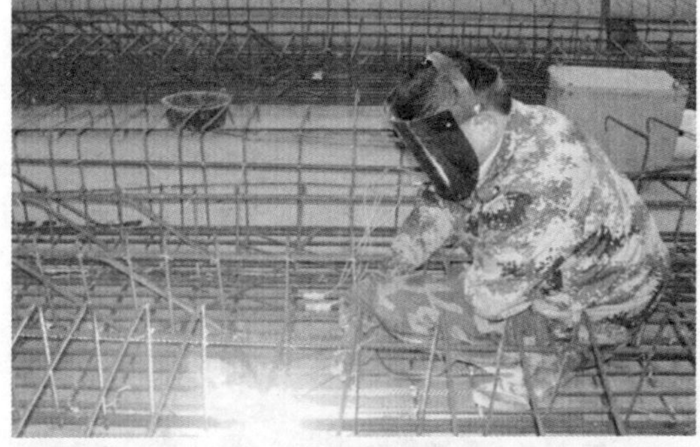

b）弯起钢筋焊接

c）贴应变片并固定导线

d）立模

图　5-31

e)浇筑混凝土

f)脱模后的空心板

g)铺装层焊接钢筋

h)绑扎好的钢筋网

i)铰缝灌浆

j)浇筑混凝土

图 5-31　试验模型制作过程

图 5-32　浇筑混凝土并养护

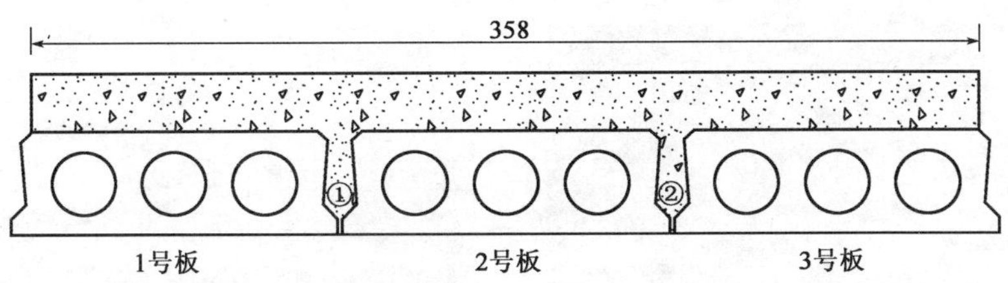

图 5-33　8m 空心板桥横截面图(尺寸单位:cm)

图 5-34　8m 空心板整体照

5.1.3.3　测点布置及加载方式

为了研究整体化铺装层加固前后空心板、铰缝的受力特点,并分析荷载横向分布特性,本文空心板桥梁模型试验主要测试在模拟车辆荷载加载过程中空心板主梁、铰缝和整体化铺装层的静力响应,包括挠度与应变。挠度主要采用架设百分表并人工读数测量;应变主要采用电阻应变片、DH－3816 应变采集系统及笔记本电脑进行测量。架设百分表、粘贴纵横向电阻应变片和处理预埋钢筋应变片照片如图 5-35 所示。

(1)空心板挠度测量

空心板挠度测量共设置两个截面,即 $L/4$ 截面和跨中截面,量测内容为各级荷载下的挠度。两个截面各 10 个百分表,如图 5-36 所示。

(2)空心板应变测量

空心板应变测量设置三个截面,即 $L/4$ 截面、跨中截面和 $3L/4$ 截面,每个测点布置一横一纵两个应变片。量测内容为各级荷载下的应变。三个截面各设置 30 片混凝土应变片,120 片钢筋应变片(预埋)。应变测点布置见图 5-37。

(3)铰缝位移测量

为了解铰缝开裂后相对位置变化,测量铰缝②、③的横桥向位移,百分表布置如图 5-38 所示,纵桥向布置 2 个断面,即 $L/4$ 截面和跨中截面。

(4)铰缝正应变测量

铰缝正应变测量布置在 $L/4$、$L/2$ 和 $3L/4$ 三个横断面,如图 5-39 所示。

a)架设百分表

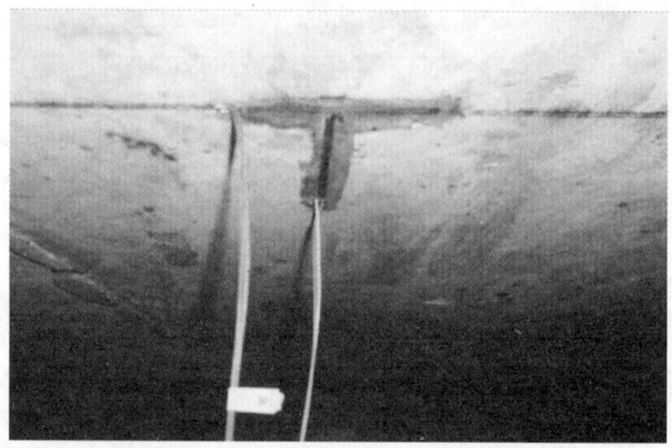
b)粘贴混凝土应变片

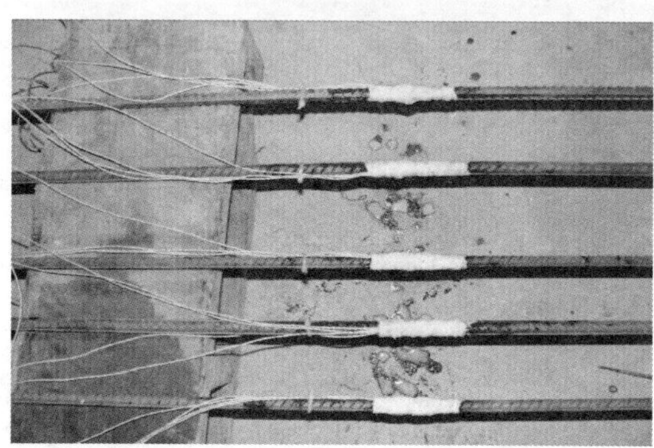
c)预埋钢筋应变片

d)应变采集系统

图5-35 模型试验挠度及应变测试系统

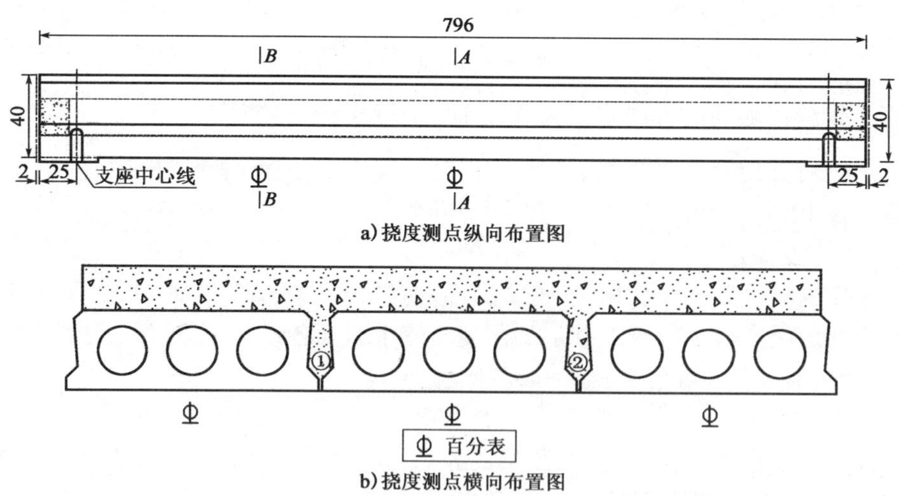

a)挠度测点纵向布置图

b)挠度测点横向布置图

图5-36 空心板挠度测点布置图(尺寸单位:cm)

a)应变测点纵向布置图

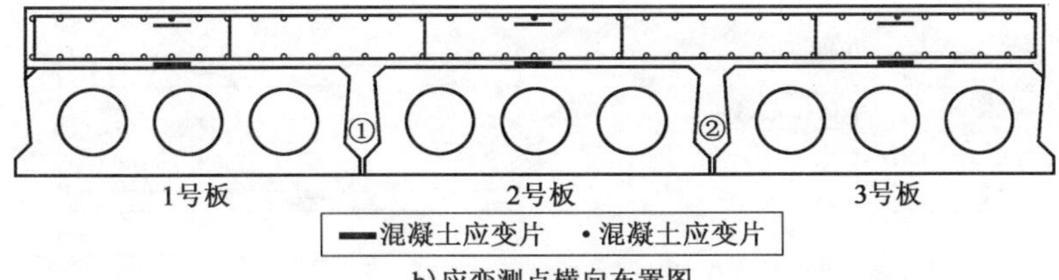

b)应变测点横向布置图

图5-37　空心板应变测点布置图(尺寸单位:cm)

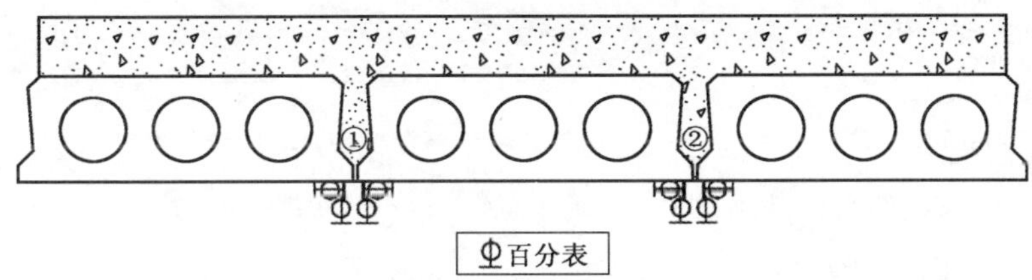

图5-38　铰缝位移测量(尺寸单位:cm)

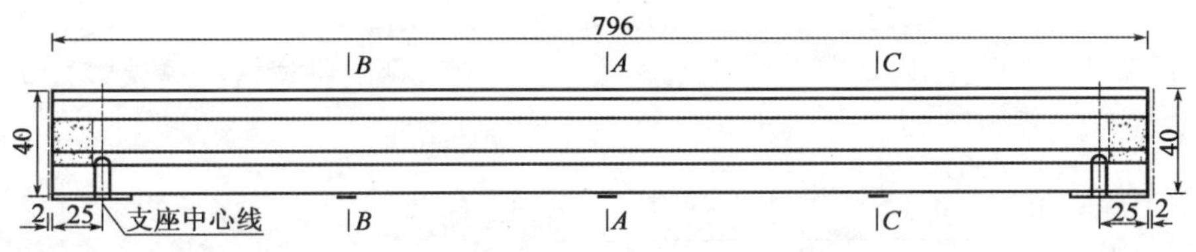

图5-39　铰缝正应变测量断面(尺寸单位:cm)

将垂直于铰缝接触面的方向定义为 X 方向,平行于铰缝接触面的方向定义为 Y 方向,纵桥向定义为 Z 方向,方向示意如图5-40所示。铰缝正应变测量布置3个断面,即纵桥向 $L/4$ 截面、跨中截面和 $3L/4$ 截面;对于梁高方向,若铰缝受剪,则铰缝两侧受力方向相反,若受弯,则铰缝两侧受力方向相同,故在铰缝接触面布置 Y 向应变片,如图5-41a)所示;同时横桥向受弯,在铰缝钢筋上布置了 X 向应变片,如图5-41b)所示。

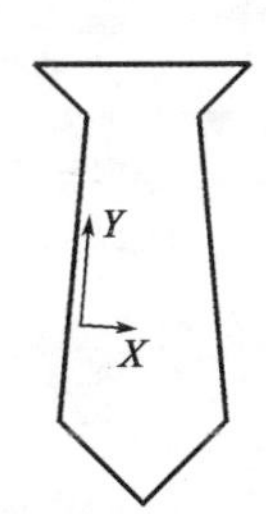

图5-40　铰缝坐标系方向示意图

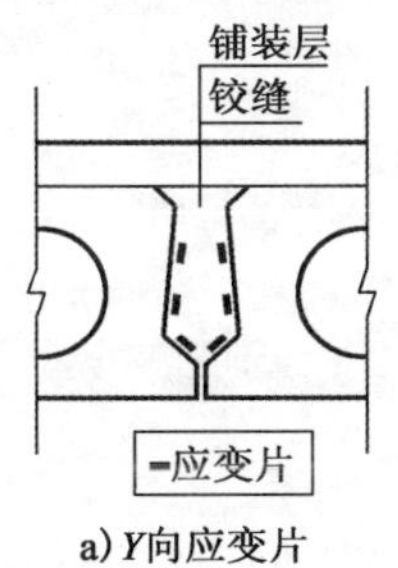

a) Y向应变片

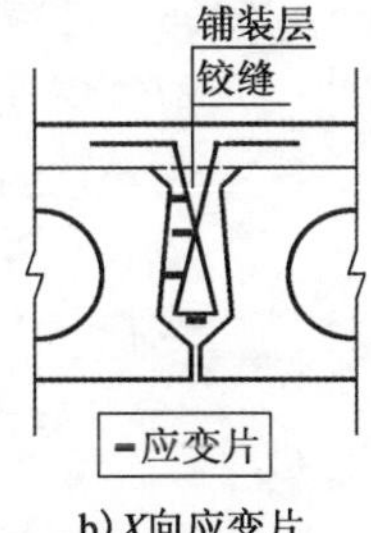

b) X向应变片

图5-41　铰缝正应变测量测点布置示意图

（5）整体化铺装层

为了了解整体化铺装层的受力参与程度，以及空心板和整体化铺装层之间的新旧混凝土黏结力，在每片空心板3个截面布置了有效高度应变片、铺装层黏结力应变片和上下层钢筋网中纵向钢筋的应变片，即 $L/4$ 截面、跨中截面和 $3L/4$ 截面。

有效高度应变布置在植筋上，各断面布置18片钢筋应变，共54片钢筋应变，如图5-42所示；铺装层应变布置在空心板梁顶部，如图5-43所示。

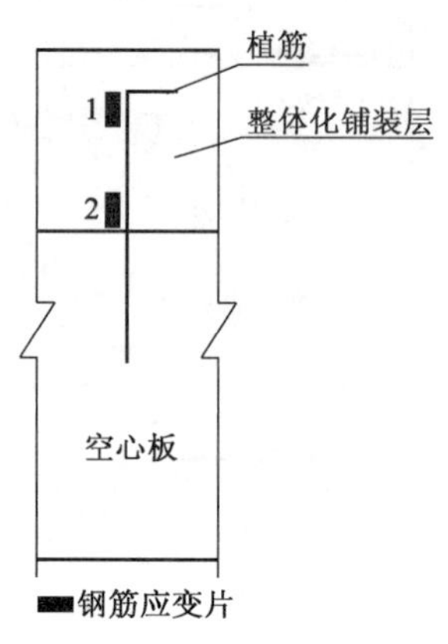

图5-42　有效高度应变片布置图

混凝土应变片　●钢筋应变片

图5-43　铺装层黏结力和纵筋应变片布置图

模型试验中通过砌筑砂浆找平层并在找平层顶部放置橡胶垫块来模拟轮胎着地区域，采用1000kN稳压千斤顶利用反力梁并通过刚度较大的分配梁实现两点同步加载，具体加载装置示意如图5-44a）所示。试验采用分级加载的方式，荷载级为5kN，每级荷载持荷时间为3min，试验过程中密切关注拼接缝及各空心板主梁的形态，测试拼宽桥梁拼接缝受力性能和破坏模式。加载整体照如图5-44b）所示。

a）两点同步加载装置示意

b）试验模型加载整体照

图5-44　空心板受力性能和破坏模式试验加载示意图

5.1.3.4　整体化铺装层加固前后对比分析

（1）空心板

在加载各个阶段，整体化铺装层加固前后空心板的荷载等级与挠度变化关系曲线如图5-45

所示。从图5-45中可以看出，空心板桥采用铺装层加固前后的受力过程均可分为弹性阶段、铰缝裂缝开展阶段、稳定阶段。加载初期，铰缝均处于弹性状态，各板的荷载—挠度曲线呈线性变化，且挠度变化速率基本一致；当荷载达到55kN（1.0倍公路—I级，本章中所提及的加载荷载均指单点荷载）时，铰缝均开始出现裂缝，结构进入裂缝开展阶段，结构刚度下降，荷载—挠度曲线呈现非线性关系。

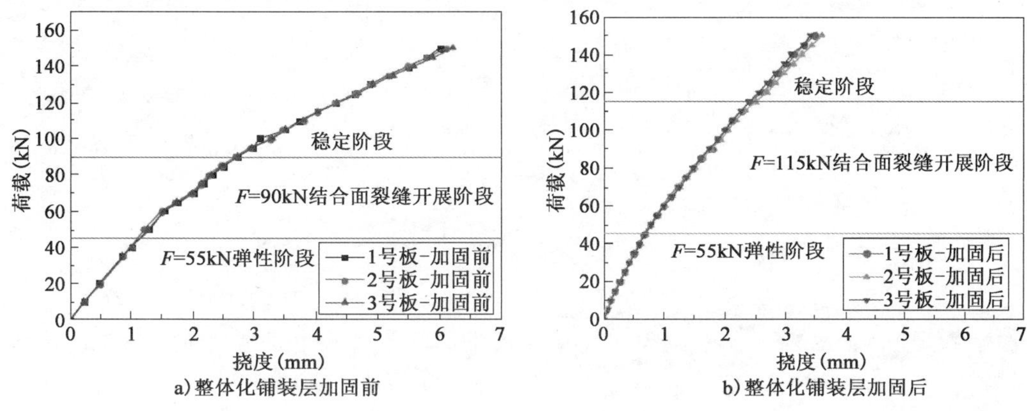

图5-45　整体化铺装层加固前后空心板荷载—挠度曲线对比图

当荷载分别达到90kN（1.29倍公路—I级荷载）和115kN（1.64倍公路—I级荷载）时，整体化铺装层加固前、后的空心板梁铰缝受拉区混凝土全部开裂，空心板桥进入一个相对稳定的状态，此时，由于铰缝受压区混凝土未开裂，铰缝仍有传递荷载的能力，各板的荷载分配比例保持不变，挠度稳定增长。荷载超过300kN（5.43倍公路—I级）后，整体化铺装层加固前空心板纯弯区裂缝逐渐开展，考虑到还要将空心板梁进行整体化铺装层改造，若再继续加载，空心板破坏的可能性较大，故停止了加载。而对于整体化铺装层加固后的空心板梁，当荷载加载到400kN时，因其接近液压千斤顶的最大量程而停止了加载。

因此，整体化铺装层能显著提高空心板桥的整体抗弯刚度和空心板的开裂荷载，延缓受拉区铰缝的进一步开裂，且能减小空心板的挠度和应力。

（2）铰缝构造

跨中截面处1号、2号铰缝横向张开量曲线示于图5-46。可以看出，当荷载达到55kN时，1号铰缝和2号铰缝在跨中截面处的荷载—横向张开量曲线均出现明显的拐点，且在试验中也均观察到1号铰缝和2号铰缝已开裂。因此，铰缝结合面开裂的荷载均为55kN（1.0倍公路—I级），说明整体化铺装层不能提高空心板铰缝的开裂荷载。

对于整体化铺装层加固前的空心板，当试验荷载小于90kN时，铰缝两侧的横向张开量较小，随后铰缝裂缝逐渐向上开展，横向张开量也越来越大，当荷载达到115kN时，铰缝的横向张开量突然增大，此时，可以从铰缝的底部观察到裂缝，见图5-47。

对于整体化铺装层加固后的空心板梁，因为整体化铺装层使得荷载更均匀地分配到各块空心板上，所以整体化铺装层加固后空心板铰缝的张开速度比加固前的要慢，当荷载到达170kN时，随着试验荷载的增大，铰缝的横向张开量突然增大。

（3）破坏形式

对于整体化铺装层加固前、后空心板梁的破坏均可分为以下几个主要阶段：

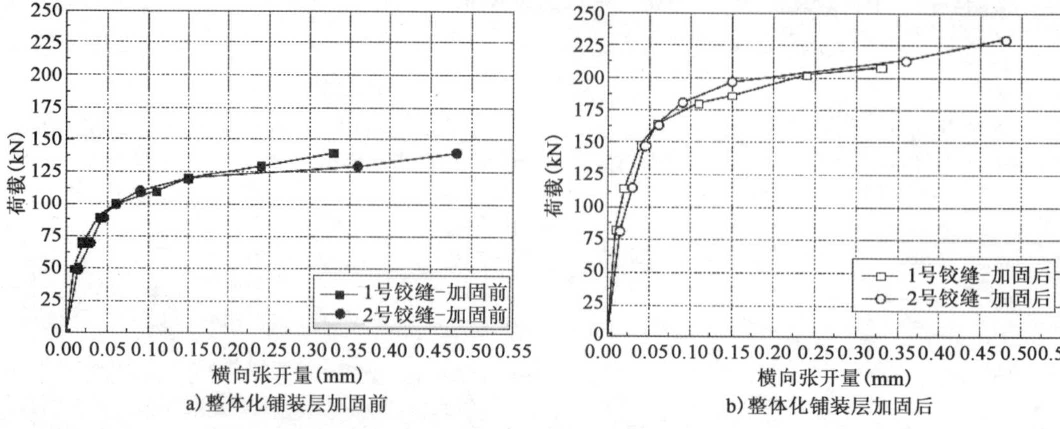

图5-46　跨中截面处1号铰缝和2号铰缝横向张开量曲线

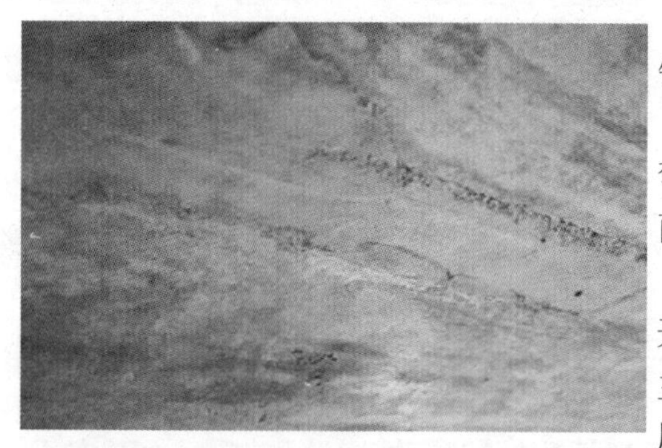

图5-47　加固前铰缝底部裂缝

第一阶段:弹性工作阶段。此阶段空心板和铰缝都完好,桥梁受力性能良好。

第二阶段:铰缝开裂阶段。该阶段铰缝底部在弯拉应力作用下开裂,裂缝沿空心板与铰缝的结合面向上扩展,而此时空心板尚处于弹性工作阶段。

第三阶段:空心板开裂阶段。铰缝横向受弯开裂后,空心板桥主要以空心板梁的纵向受弯为主。随着荷载的增大,空心板底板的混凝土保护层率先开裂,随着荷载的增大,空心板裂缝不断扩展。

第四阶段:铰缝破坏阶段。随着荷载的增大,结合面开裂面积逐渐增大,传递荷载的能力不断减弱,最后铰缝结合面受剪破坏。

当试验荷载到达较大荷载时,在加固前、后空心板梁端部均可以看到空心板与铰缝的结合面裂缝,故空心板桥铰缝的破坏模式是结合面的开裂破坏。对于整体化铺装层加固前、后空心板梁的结合面破坏位置如图5-48所示,端部可以看到沿结合面的裂缝,如图5-49所示。

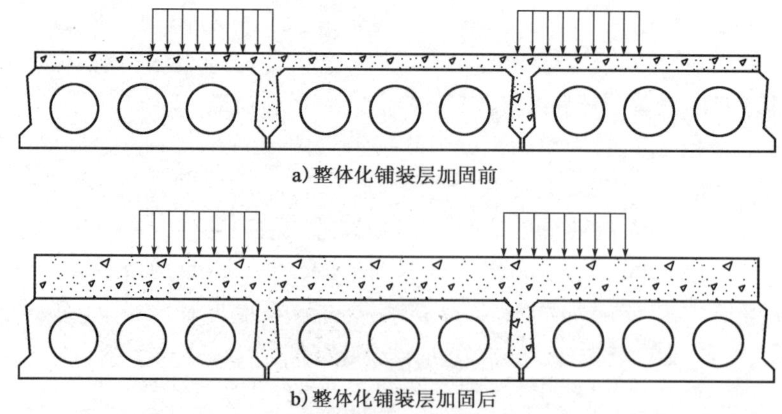

图5-48　铰缝结合面破坏位置示意图

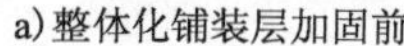

a）整体化铺装层加固前

b）整体化铺装层加固后

图 5-49 实际铰缝结合面破坏

与整体化铺装层加固前的空心板桥不同，整体化铺装层加固后的空心板桥由于整体化铺装层的存在，铰缝结合面开裂后，空心板桥不会出现“单板受力”现象，铰缝两侧空心板的相对位移较小。

5.1.4 空心板桥铰缝设计计算方法若干问题讨论

5.1.4.1 铰缝的抗剪面积取值问题

本研究认为，若铰缝处于纯剪状态，则铰缝的抗剪高度应取铰缝的全截面高度，实际上由于铰缝处于弯剪状态，而弯矩作用下，铰缝的受拉区容易开裂，同时因为铰缝与空心板梁是协同受力的，其中性轴位置也相差不大，故建议将铰缝的受剪高度取为空心板梁受压区高度，即形心轴以上的高度。

5.1.4.2 铰缝的纵向抗弯验算

目前的设计规范中未要求对铰缝的纵向抗弯进行验算。本文建议铰缝的纵向抗弯强度参照《公路钢筋混凝土及预应力混凝土桥涵设计规范》（JTG D62—2004）第 5.2.2 条，按普通受弯构件进行验算。

5.1.4.3 铰缝与空心板结合面的验算

铰缝的横向弯矩不容忽视，进行铰缝的横向验算是必要的，而铰缝横向验算目前在我国规范中还没有相应的验算标准。

本文的分析结果表明铰缝和空心板梁的结合面是横向受力的薄弱环节。铰缝与空心板接触面的连接属于新旧混凝土界面的黏结问题，影响因素较多，如收缩徐变、接触面的凿毛程度等等，故黏结强度不容易得到保证。在运营过程中，在车辆荷载等荷载的作用下，铰缝混凝土与空心板之间的连接部容易产生开裂，从而出现单板受力等病害。

5.1.5 整体化铺装层加固空心板桥理论最优厚度研究

5.1.5.1 整体化铺装层加固的受力过程分析

根据装配式空心板桥的施工步骤,可以将空心板桥的受力划分为以下几个阶段:

阶段一:空心板承受自重阶段。此时,铺装层尚未浇筑,空心板只承担自重。

阶段二:空心板承受铺装层的湿重。此时,刚浇筑完的铺装层混凝土尚未形成强度,其自重由空心板承担。

阶段三:空心板与铺装层一起承受汽车荷载或其他可变荷载的作用。在这个阶段,铺装层已形成强度,和空心板组合形成叠合截面,共同承受外荷载的作用。

(1)阶段一

本阶段无桥面铺装层,空心板只承受本身的自重荷载,结构材料处于弹性范围。如图 5-50 所示。

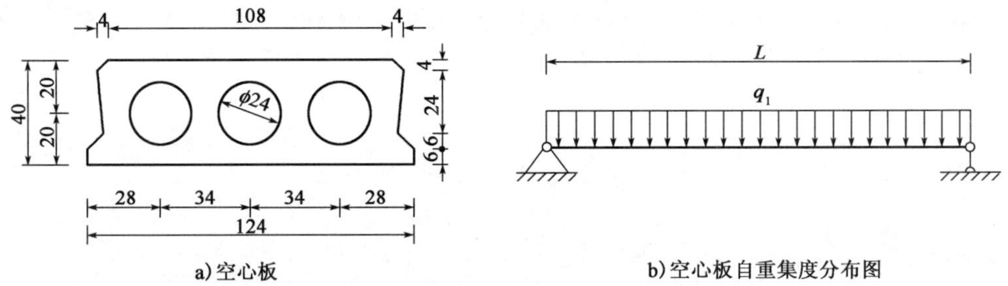

图 5-50 阶段一结构受力示意图(尺寸单位:cm)

跨中截面内力的计算公式如下:

$$M = \frac{1}{8}q_1L^2 \tag{5-1}$$

式中:M——梁跨中截面的弯矩;

q_1——空心板自重集度;

L——空心板梁计算跨径。

(2)阶段二

本阶段为浇筑铰缝及桥面整体化铺装层混凝土。混凝土浇筑完毕后,混凝土尚未形成刚度,空心板需要承担空心板自重和铺装层的湿重。本阶段结构受力示意图见图 5-51。

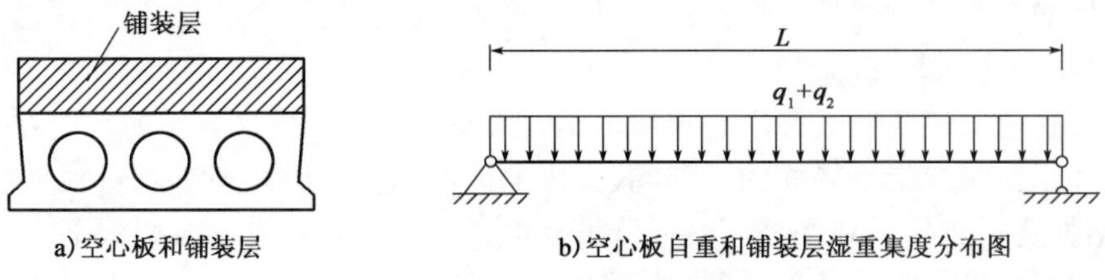

图 5-51 阶段二结构计算示意图

铺装层湿重产生的荷载集度 q_2：

$$q_2 = \gamma A \tag{5-2}$$

跨中结构内力的计算公式如下：

$$M = \frac{1}{8}(q_1 + q_2)L^2 \tag{5-3}$$

式中：q_1——空心板自重荷载集度；

q_2——桥面铺装重力荷载集度；

γ——混凝土重度；

A——单块空心板上铺装层混凝土横截面面积。

(3)阶段三

本阶段为整体化铺装层混凝土凝固后的阶段。在铺装层混凝土浇筑时，混凝土是以空心板顶面为模板进行浇捣，空心板在混凝土湿重的作用下发生变形，铺装层底面始终与空心板顶面接触。随着混凝土的凝固硬化，逐步变为结构，空心板和铺装层形成叠合梁受力模式。叠合梁结构示意图如图5-52所示。

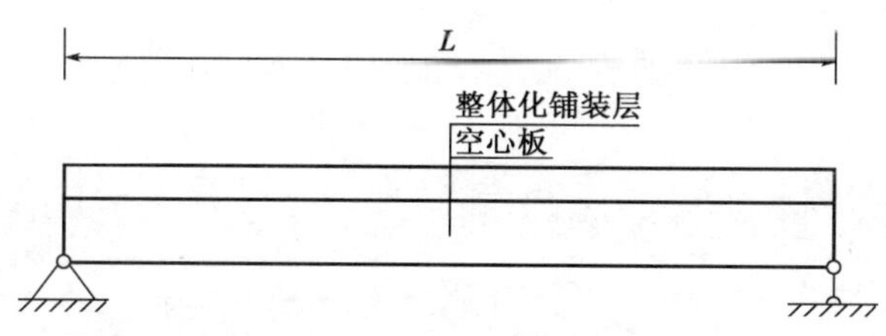

图5-52 阶段三结构计算示意图

5.1.5.2 有限元法计算不同铺装层厚度下的抗弯极限承载力

为了计算在不同的铺装层厚度下空心板桥的抗弯极限承载力，利用Midas/Civil有限元软件建立空心板桥的杆系有限元模型，进而提取内力，分析空心板和整体化铺装层的承载力状况。

(1)预制空心板桥单板采用梁单元进行模拟。

(2)板与板之间的横向联系采用有刚度无重量的虚拟横梁模拟，参考已有的相关文献，每隔1m布置一道虚拟横梁，并且由于横向联系仅传递剪力，不传递弯矩，故板与板之间的横向联系的边界条件要设为释放梁端约束。

(3)空心板桥整体化铺装层采用板单元建立。由于实际试验中，铺装层与空心板的结合面未发现有裂缝，所以在有限元模型中，将铺装层与空心板之间的边界条件设为刚性连接。

(4)空心板桥一端设为简支的边界条件，另外一端设置仅限值竖向与横桥向限值位移的边界条件。

(5)桥面铺装层混凝土湿重采用梁单元荷载模拟，汽车荷载采用车道荷载，根据最不利工况(偏载)进行加载，偏载工况示意图如图5-53所示。

有限元模型见图5-54、图5-55。

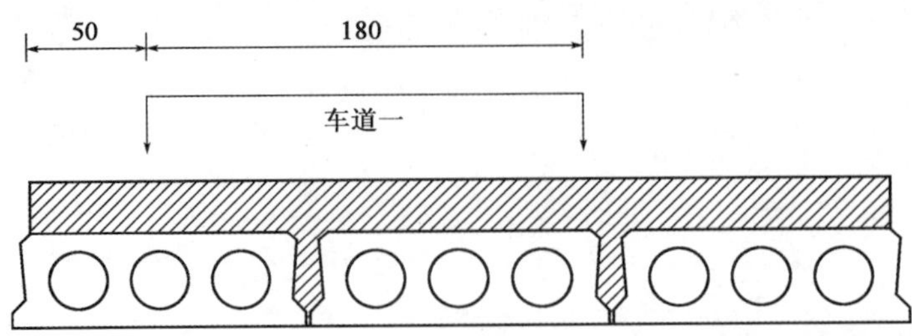

图 5-53　公路—Ⅰ级汽车荷载(偏载)布置示意图

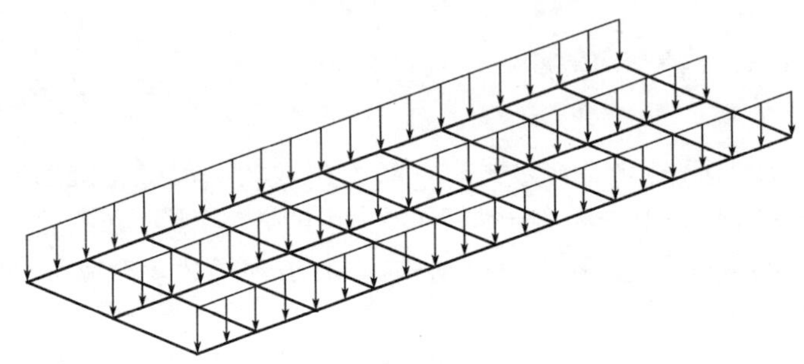

图 5-54　考虑空心板自重和铺装层湿重的有限元模型

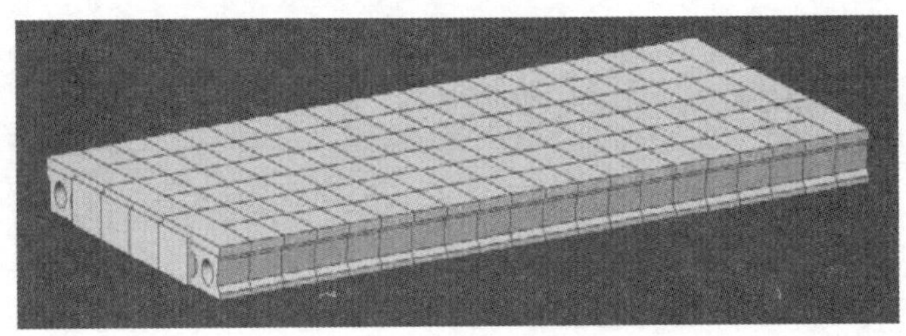

图 5-55　考虑叠合结构的有限元模型

5.1.5.3　铺装层厚度对空心板桥受力性能影响分析

通过室内试验和有限元分析均表明,桥面的铺装层能够明显地改善结构的受力性能,减小结构的应力和变形。根据已有文献资料,可得桥面铺装层厚度对空心板板底的拉应力和竖向挠度有着较大的影响。本节通过在有限元软件中改变铺装层厚度,对空心板的反应进行计算,从而研究桥面铺装层对空心板梁桥受力的影响。

根据已有的相关文献,装配式空心板桥受力的最不利工况是,计算荷载按公路—Ⅰ级荷载施加,计算工况取偏载工况。取不同的铺装层厚度,计算各块板在汽车荷载作用下的空心板板底的应力和变形。

将标准跨径 L 分别为 6m、8m、10m、13m、16m 和 20m 时,板底应力最小和板底挠度最小分别对应的铺装层厚度列于表 5-6。可以看出,对于不同跨径的空心板桥,存在一种铺装层理论最优厚度值使空心板跨中截面板底拉应力最小或挠度最小。

整体化铺装层理论最优厚度表　　表 5-6

标准跨径 L（m）	板底应力最小时整体化铺装层厚度（cm）	板底挠度最小时整体化铺装层厚度（cm）	整体化铺装层理论最优厚度（cm）
6	30	26	30
8	24	20	24
10	20	15	20
13	10	15	15
16	6	10	10
20	4	6	6

取板底应力最小和板底挠度最小时所对应的整体化铺装层厚度的大值作为整体化铺装层的理论最优厚度，将计算跨径和整体化铺装层理论最优厚度的关系曲线示于图 5-56。可以看出，随跨径的增大，整体化铺装层理论最优厚度减小，跨径 6m 空心板的整体化铺装层理论最优厚度为 30cm，跨径 20m 空心板的整体化铺装层理论最优厚度减小为 6cm。

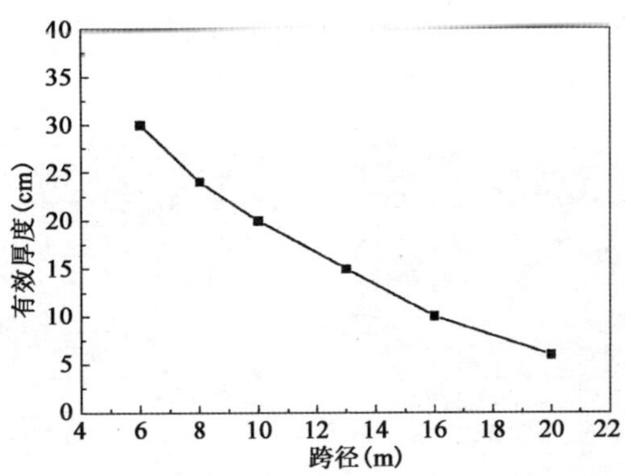

图 5-56　不同跨径下整体化铺装层理论最优厚度曲线图

5.2　铰接板梁桥铰缝合理构造

5.2.1　新建铰接空心板整体受力性能试验

5.2.1.1　试验构件设计

根据 JTG D60—2004 第 4.3.1 条的规定，一辆标准车辆的横桥向宽度为 1.8m，考虑到现有的试验条件和单块板的横桥向宽度，选取 3 片空心板、2 道铰缝和相应的桥面铺装层组成试验构件，试验模型的横断面见图 5-57。

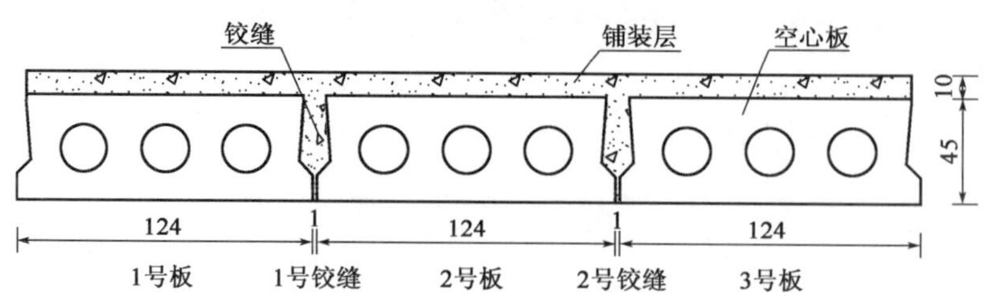

图 5-57 铰接空心板桥试验模型横断面图(尺寸单位:cm)

5.2.1.2 试验模型制作

在福州大学土木工程学院实验教学中心进行构件的预制和试验加载。当完成三片空心板的预制后,将空心板吊装至设计位置,放置并绑扎铰缝钢筋和铺装层钢筋,浇筑混凝土并养护成型。具体模型制作流程为:清理试验场地→制作空心板底模→钢筋骨架绑扎→放置 PVC 管以形成孔洞→焊接斜筋和主筋→绑扎铰缝构造钢筋→安装侧模和端模→浇筑混凝土→养护28d→吊装至设计位置→安装铰缝底模→浇筑铰缝底部砂浆→放置并绑扎铰缝钢筋→绑扎桥面铺装层钢筋骨架→制作桥面铺装层模板→现浇桥面铺装层和铰缝混凝土→养护 28d。其中,所有的混凝土均采用厂拌混凝土,并预留出混凝土试块。试验构件制作的照片如图 5-58 所示。

a)钢筋骨架成型

b)完成钢筋绑扎

c)梁顶表面抹平

d)空心板混凝土浇筑完成

图 5-58

e)空心板养护

f)完成空心板预制

g)吊装空心板

h)完成铰缝和桥面铺装混凝土浇筑

i)铰缝和桥面铺装混凝土养护

j)试验模型制作完成

图5-58　试验模型制作流程图

5.2.1.3　试验加载

试验加载采用车辆荷载。图5-59a)为公路—I级标准车辆的纵向布置，由于前轴和后轴之间的距离大于试验模型的跨径(8m)，根据最不利原则，选取标准车辆较重的后两轴进行加载。

为了更好地在试验加载和有限元计算中模拟车辆荷载，按图5-59b)所示把后轴轴重转换为均布荷载，其中标准车辆后轴轮胎着地纵桥向长度为0.2m，横桥向长度为0.6m，试验中采用砌筑砂浆垫层、在垫层顶部放置橡胶垫块的方法来模拟轮胎着地区域。垫层照片见图5-60。

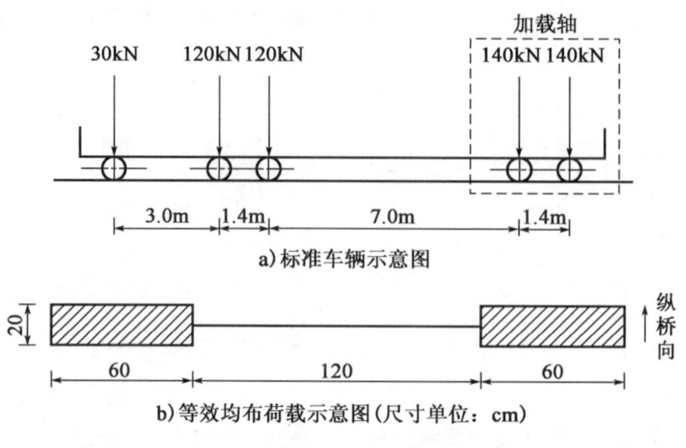

a) 标准车辆示意图

b) 等效均布荷载示意图(尺寸单位: cm)

图 5-59　试验加载

a) 调平橡胶垫块顶面

b) 制作完成的垫块

图 5-60　车辆荷载模拟装置

对于铰接简支空心板桥,沿纵桥向最不利作用位置在跨中处,故将后两轴合力的作用点置于纵桥向跨中处,加载位置如图 5-61a)所示。将车辆荷载横向的两个集中力等效为一个集中力,考虑几个合力作用点,即 1 号、2 号、3 号板、1 号和 2 号铰缝的中点。结合车轮的实际允许布置位置,最终的横向加载位置如图 5-61b)所示。

试验采用四点同步加载方式,采用两个 100t 的油压千斤顶进行同步加载。千斤顶利用横向反力梁传力,并通过测力传感器控制加载值,在千斤顶底部通过分配梁将集中荷载分配到各个加载位置。现场加载装置见图 5-62。

试验初期加载按每级 5kN 逐级加载,当构件进入稳定阶段后按每级 10kN 加载,直至破坏。弹性阶段,在各级荷载加载持续 2 分钟后进行测量;进入弹塑性阶段后,待应变和位移数值稳定后进行试验数据提取。

5.2.1.4　测点布置

位移测量分为两个部分,即空心板挠度测量和铰缝构造横向张开量的测量。沿纵桥向设置两个测试截面,见图 5-63a),即跨中截面(B-B 截面)和 $3L/4$ 截面(C-C 截面)。

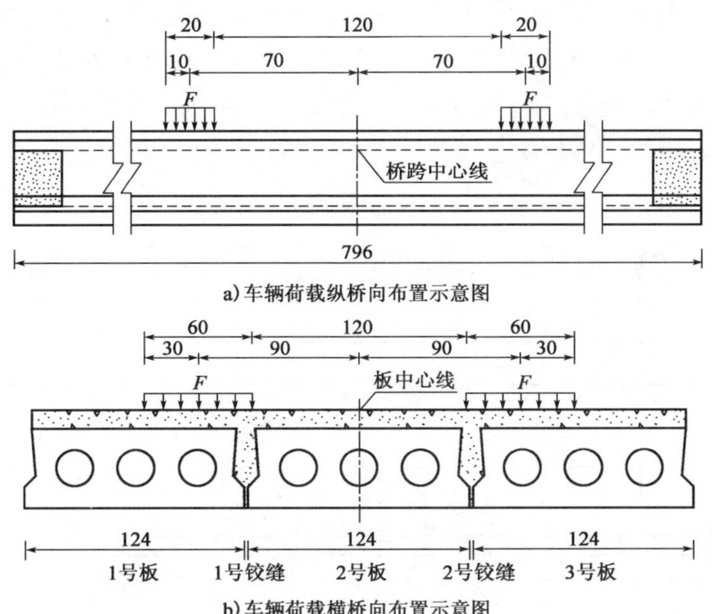

图5-61　车辆荷载布置位置示意图(尺寸单位:cm)

a)桥面荷载分配系统

b)整体照

图5-62　加载装置照片

针对空心板的挠度测量,在各片空心板的测试截面底边中点处布置百分表来测得空心板在各级荷载下的挠度,见图5-63b)。

对于铰缝横桥向张开量,在铰缝底部两侧布置竖向的有机玻璃片,通过测量有机玻璃片的横向变形得到铰缝横向的相对位移。若表针侧直接顶在有机玻璃片上,则可能导致针头被有机玻璃抬起从而沿表面向上滑移,使百分表读数变化很小或者沿反方向变化。为解决这一问题,通过将百分表反向放置,即利用受拉情况下几乎无任何变形、传力良好的细棉线将百分表的表头侧指针与有机玻璃片连接,如图5-63c)所示。

竖向荷载作用下空心板产生竖向位移,同时由于百分表是固定在独立与结构体系之外的表架上,使得棉线发生一定的倾斜,这里可通过以下方法计算铰缝两侧的横向位移:如

图 5-63d)所示,在初始状态下,棉线两端分别为 A(有机玻璃侧)和 B(百分表表头侧),棉线长度为 c。在竖向荷载作用下,板发生下挠,挠度大小为 b(通过上述的铰缝两侧竖向位移测出),同时铰缝发生开裂,产生横向位移 Δ。此时,A 点位于 A',B 点位于 B',百分表读数变化值即为 a,根据几何知识可知铰缝单侧横向位移为:

$$\Delta = \sqrt{c^2 - b^2} \tag{5-4}$$

采用百分表进行位移测量,共计 14 个百分表。

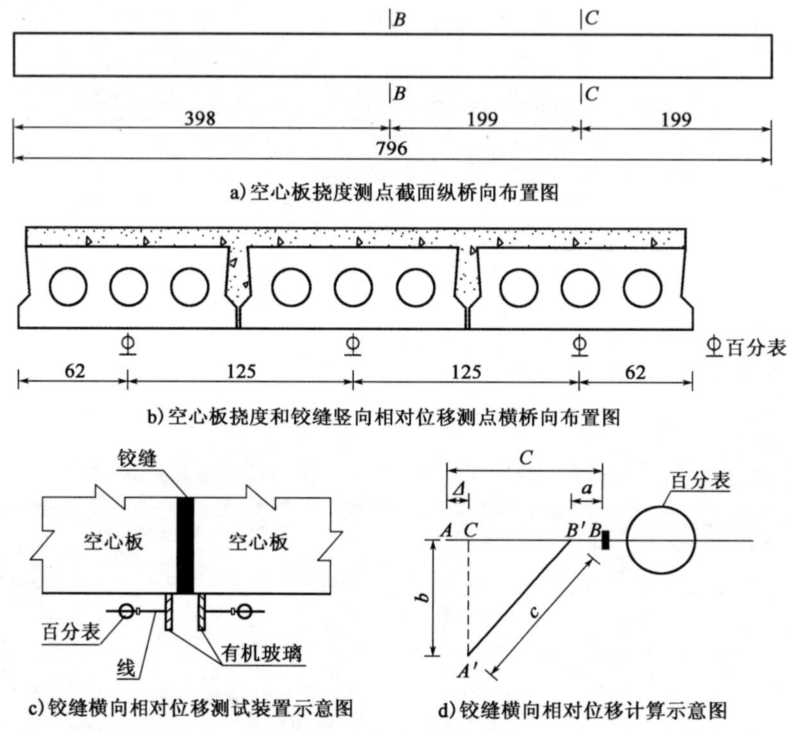

图 5-63 位移测量布置和计算示意图(尺寸单位:cm)

空心板应变测量分为板内和板底两个部分。测试截面沿纵桥向布置见图 5-64a),分为三个截面即 1/4 截面(A-A 截面),跨中截面(B-B 截面)和 $3L/4$ 截面(C-C 截面)。板内应变测试点分别布置在三片空心板的板顶受压钢筋和板底受拉主筋上,横断面布置见图 5-64b),共计 36 片钢筋应变片。在三片板的三个截面的板底中点处布置纵向混凝土应变片,见图 5-64c),共计 9 片混凝土应变片。

为了解结合面构造钢筋的受力特点,在 1 号和 2 号铰缝的 1/4 截面(A-A 截面),跨中截面(B-B 截面)和 $3L/4$ 截面(C-C 截面)的结合面构造钢筋上粘贴如图 5-64d)所示的钢筋应变片。共计 12 个钢筋应变片。

DH3816 数据自动采集系统采集各应变片数据,用 DJGk－2 型裂缝测宽仪进行裂缝宽度的测量。

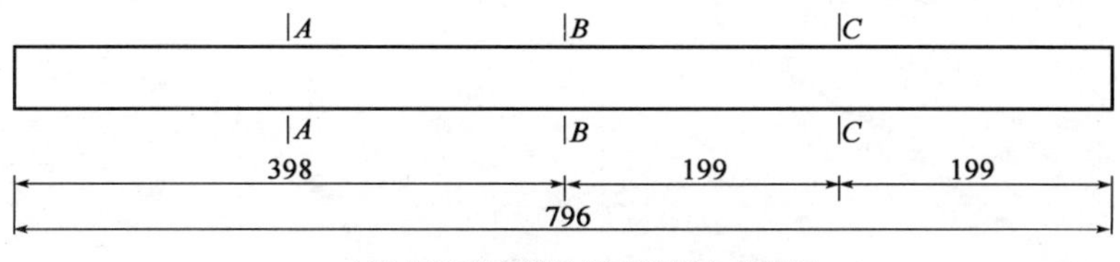

a)空心板应变测量截面纵桥向布置图

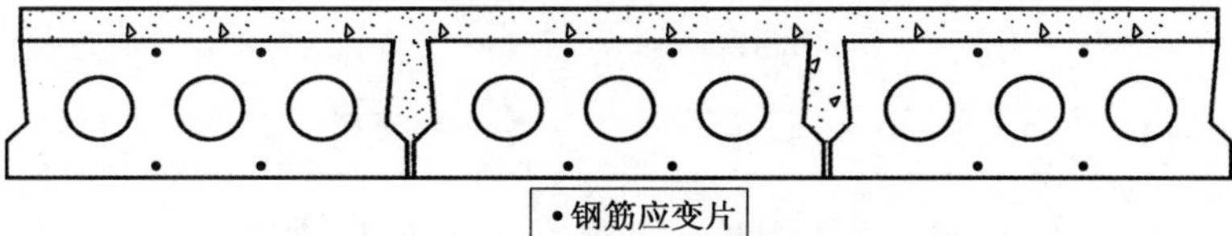

b)空心板板内应变测点横断面布置图

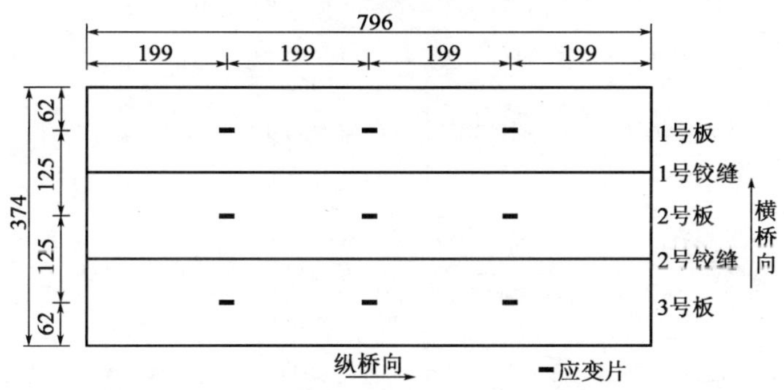

c)空心板板底应变测点布置图

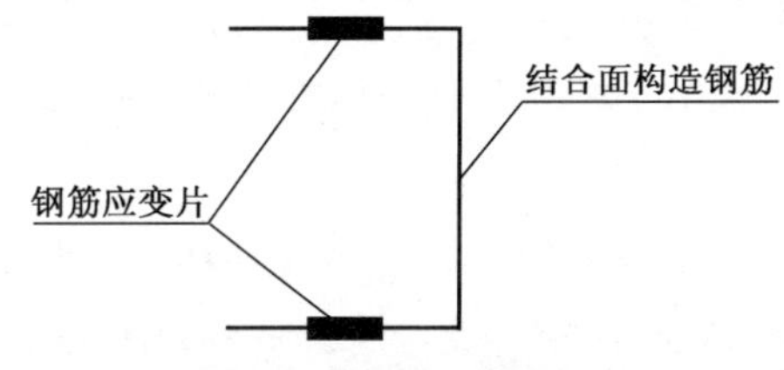

d)结合面构造钢筋布置图

图5-64 应变片布置(尺寸单位:cm)

5.2.1.5 试验结果及分析

(1)铰缝

图5-65为1号和2号铰缝在跨中截面和3/4截面的荷载—横向张开量曲线。从图中可以看出,在加载初期,横向张开量随着荷载线性增长。在荷载约为70kN时,铰缝跨中截面底部砂浆层出现裂缝,随着荷载地进一步加大曲线的斜率逐渐减小,呈现非线性增长的特点。

图5-66为跨中截面处和3/4截面处结合面构造钢筋的荷载—应变曲线。从图中可以看出,在结合面的构造钢筋在车辆荷载作用下受拉,在开裂前应变随着荷载保持线性增长,在开裂后呈现一定的非线性增长趋势。

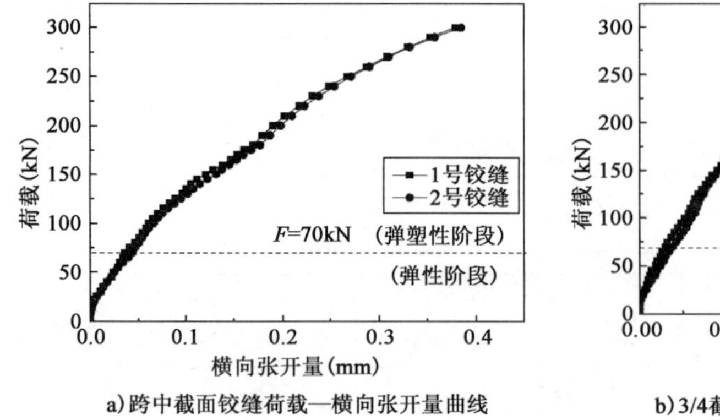

a)跨中截面铰缝荷载—横向张开量曲线

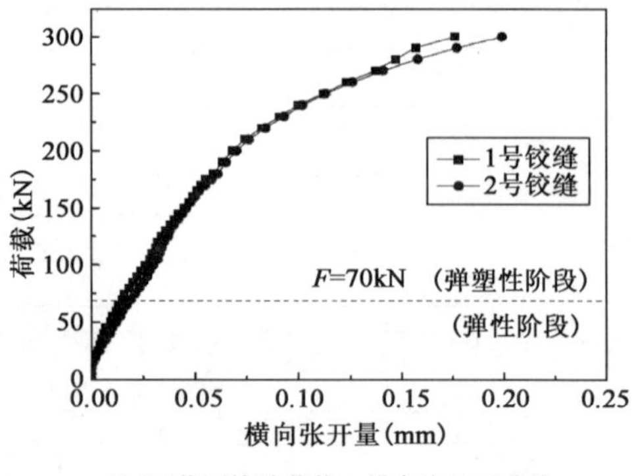

b)3/4截面铰缝荷载—横向张开量曲线

图5-65　铰缝荷载—横向张开量曲线

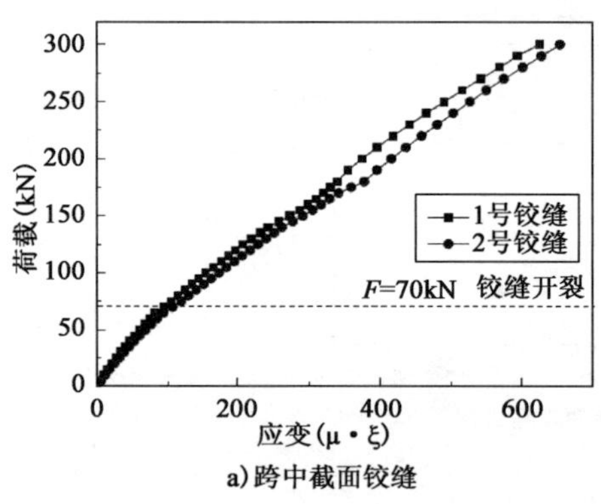

a)跨中截面铰缝

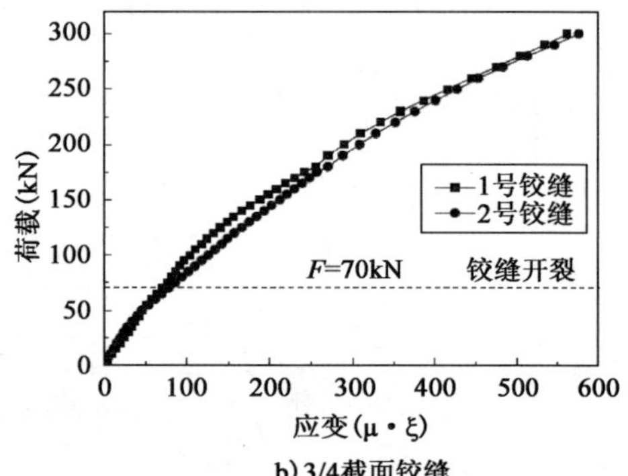

b)3/4截面铰缝

图5-66　铰缝荷载—构造钢筋应变曲线

(2)空心板

图5-67是空心板跨中截面和1/4截面处的荷载—挠度曲线。图5-68为空心板板底在跨中截面和1/4截面处的荷载—纵向应变曲线。从图5-67中可以看出当空心板发生开裂前,其荷载—挠度曲线保持较好的线性,开裂后呈现非线性的性质。从图5-68a)中可知,荷载达到80kN时空心板跨中截面板底出现横向裂缝,导致部分应变片失效故1号板仅采集到荷载为80kN时的数据,3号板仅采集到荷载为85kN时的数据。从图5-68b)中可以看出在荷载达到约300kN时,1/4截面处的应变值才达到或者接近开裂极限值(110με),与试验中横向裂缝的出现规律相吻合。

图5-69为空心板板底主筋在1/4截面和跨中截面处的荷载—纵向应变曲线。从图5-69中可知,在弹性阶段受力主筋的纵向应变随着荷载的增大而线性增长。荷载达到约80kN之后由于空心板跨中截面底部开裂导致刚度下降,曲线斜率变小。荷载达到约300kN时,纵向应变最大的为1号板跨中截面的受力主筋,应变值为1397με,根据计算可知其应力仅为279MPa,小于其屈服强度335MPa。

5.2.2　新建铰接空心板整体受力性能有限元分析

本章利用ABAQUS有限元程序,对第三章中所进行的铰接空心板桥试验进行有限元模拟

分析,在验证有限元模型的正确的基础上,得到其整体受力性能和破坏模式。

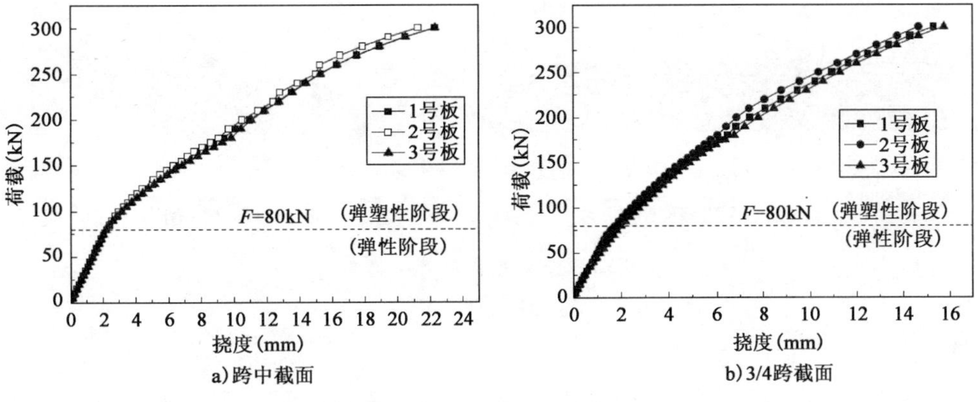

图5-67　空心板荷载—挠度曲线

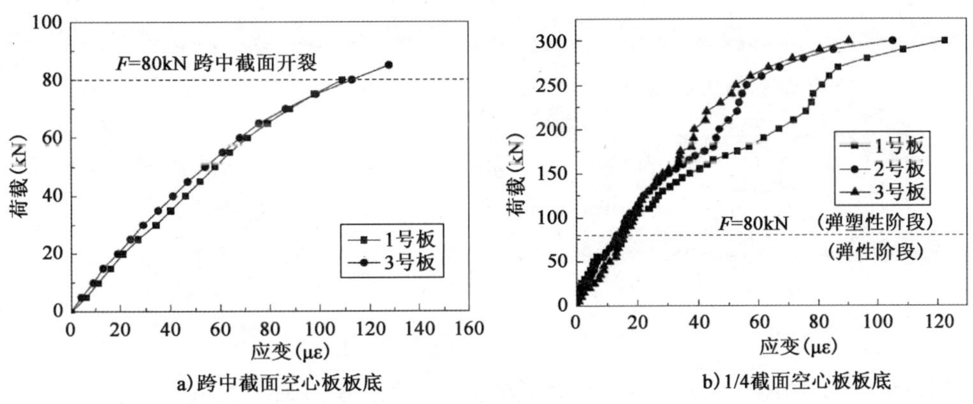

图5-68　空心板板底荷载—纵向应变曲线

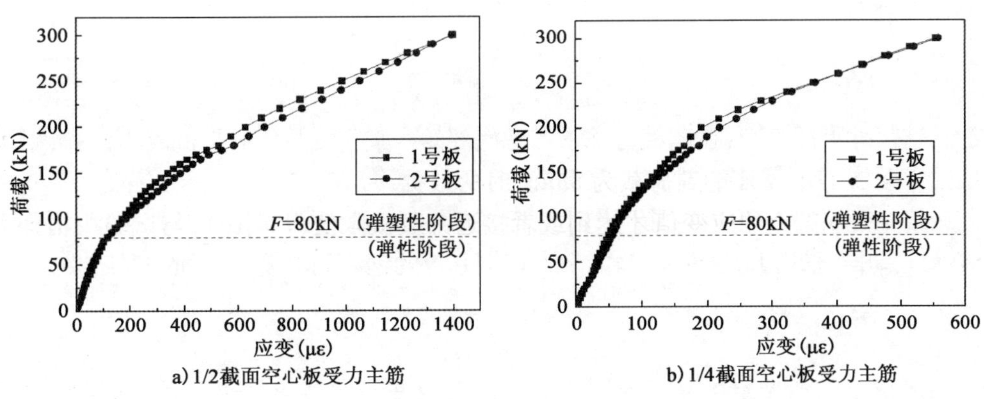

图5-69　空心板受力主筋荷载—纵向应变曲线

5.2.2.1　有限元模型的建立

全桥有限元模型见图5-70,共有46792个单元。模型的 X 向为横桥向,Y 方向为沿着板高的方向,Z 方向为纵桥向。两端为简支约束,一侧为固定铰支(约束底部节点的 X、Y 和 Z 三个方向的位移),另一侧为滑动铰支(约束底部节点的 X 和 Y 两个方向的位移)。

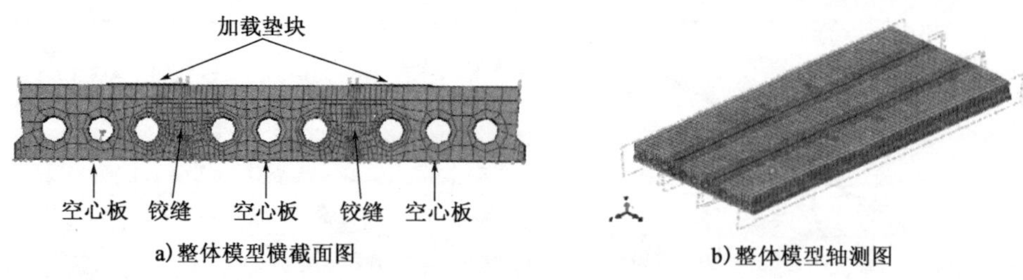

a)整体模型横截面图　　b)整体模型轴测图

图 5-70　整体有限元模型示意图

5.2.2.2　空心板

空心板构造见图 5-71 所示,采用八节点三维线性六面体单元(C3D8)模拟空心板混凝土,划分后共有 33480 个单元。采用三维二节点桁架单元(T3D2)模拟钢筋,划分后共有 2160 个单元。

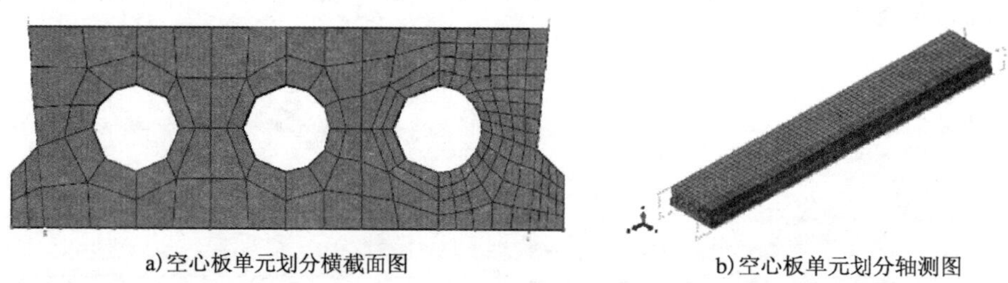

a)空心板单元划分横截面图　　b)空心板单元划分轴测图

图 5-71　空心板单元划分示意图

采用 Embedded 功能来实现空心板的钢筋和混凝土之间的黏结关系。

从图 5-71 中可知,由于在空心板和铰缝处需要针对接触进行模拟,故在空心板靠近铰缝处的区域将网格细化。

5.2.2.3　铰缝

铰缝构造尺寸见图 5-72,在建模时并未考虑底部的砂浆层。与空心板混凝土一样,采用八节点三维线性六面体单元(C3D8)模拟铰缝混凝土,划分后共 5760 个单元。在有限元模型中模拟空心板与铰缝结合面的 N3 钢筋,同样采用三维二节点桁架单元(T3D2)来模拟模拟,划分后共有 1600 个单元。同样,采用 Embedded 功能来实现空心板的钢筋和混凝土之间的黏结关系。

5.2.2.4　桥面铺装层

桥面铺装层的构造见图 5-73。采用八节点三维线性六面体单元(C3D8)模拟桥面铺装层混凝土,划分后共有 3600 个单元,其底面的节点布置和空心板、铰缝顶面的节点布置相同。由于桥面铺装层和铰缝是同时浇筑成型,故其混凝土的各个模拟参数与铰缝混凝土是相同的。

由于在试验过程中并未出现空心板与桥面铺装层黏结面破坏的现象,且铰缝与桥面铺装层是同时浇筑成型,故空心板顶面与桥面铺装层底面之间、铰缝顶面和桥面铺装层底面之间均采用 Tie 约束。

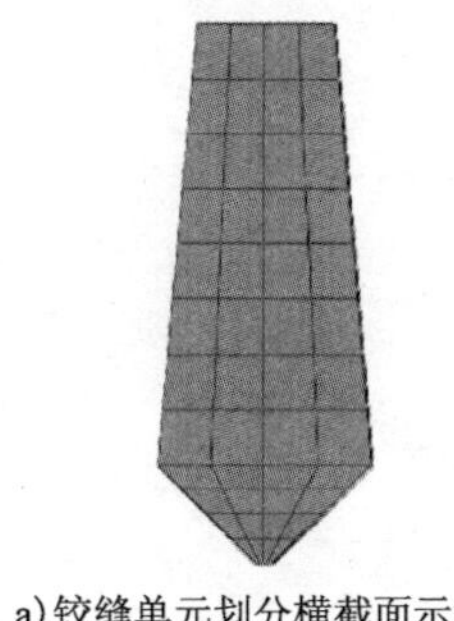

a)铰缝单元划分横截面示意图

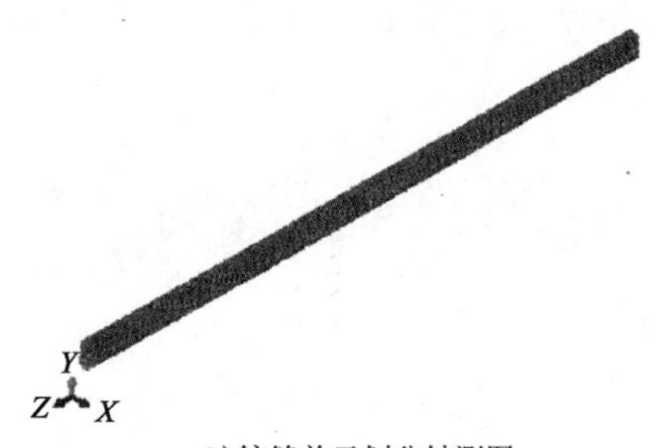

b)铰缝单元划分轴测图

图5-72 铰缝单元划分示意图

5.2.2.5 车辆荷载

为了能够更好地模拟实际的荷载,在模型中通过建立一块弹性模量很大的刚性块体来模拟实际中的橡胶垫块,垫块的网格划分见图5-74。刚性块体的布置位置与试验中施加荷载的位置相同。在刚性块体表面施加均布力,荷载从0kN加载至300kN,对应的有限元模型中输入的均布荷载值从0.0MPa至2.5MPa。

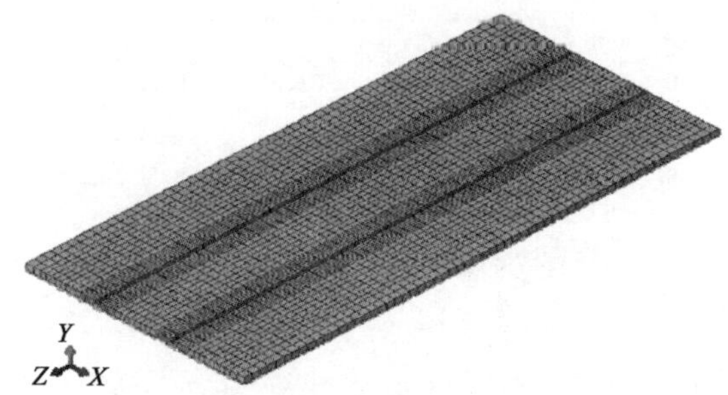

图5-73 桥面铺装层单元划分示意图

图5-74 刚性垫块网格划分示意图

在加载过程中认为刚性块与桥面铺装层之间无任何滑移发生,故在桥面铺装层顶面和刚性块底面之间利用ABAQUS中的Tie约束来实现车辆荷载的传递。

5.2.2.6 与试验结果的比较

选取空心板挠度、铰缝横向张开量、空心板板底纵向应变等指标的试验值与有限元计算结果进行对比,以验证建立的非线性有限元模型的正确性。如图5-75所示。

5.2.3 铰接空心板整体受力性能参数分析

5.2.3.1 结合面门式构造钢筋

结合第一章的相关论述可知,与旧标准图中空心板铰缝构造相比,新标准图中的空心板铰缝构造最重要的区别是在空心板与铰缝构造的结合面底部设置门式构造钢筋,使预制空心板和现浇铰缝构造之间能够形成更为有效的连接。

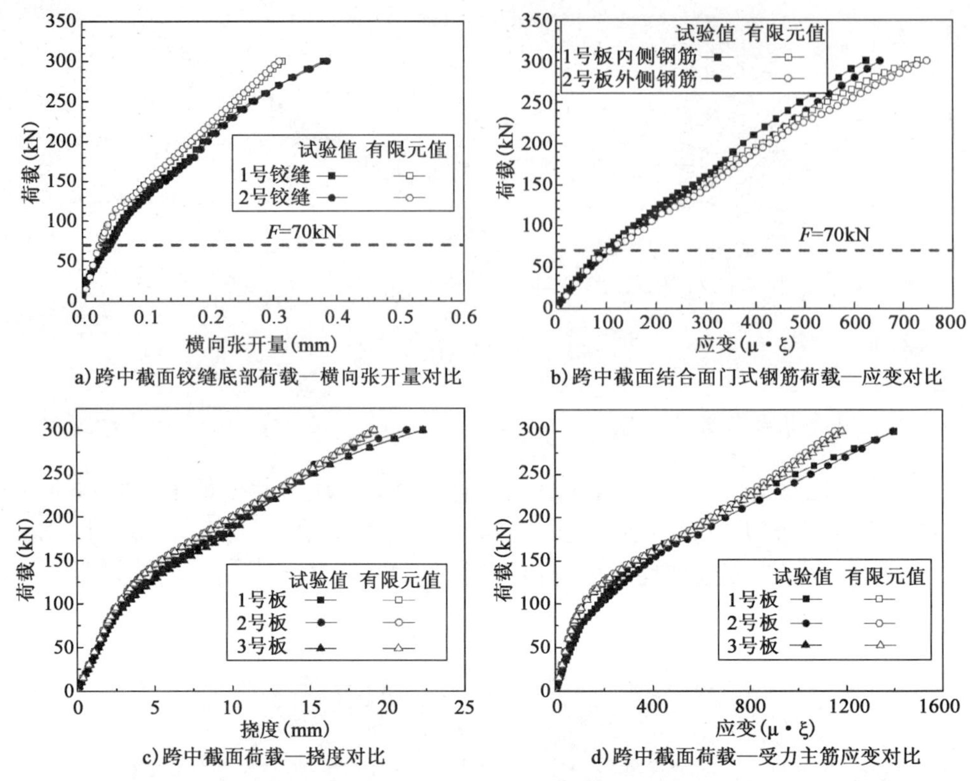

图 5-75 试验值与有限元值对比图

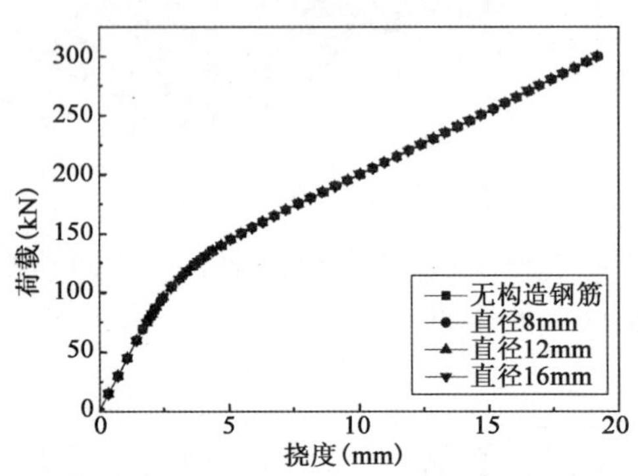

图 5-76 不同构造钢筋参数下 1 号空心板荷载—挠度曲线

在此,分不设置构造钢筋、设置直径 8mm(试验所用的直径)的门式构造钢筋、设置直径 12mm 的门式构造钢筋、设置直径 16mm 的门式构造钢筋四种情况,分析门式构造钢筋对铰接空心板的影响。采用的计算模型为上一章建立的非线性有限元模型,施加荷载的位置保持不变。

(1)对空心板的影响

图 5-76 是四种情况下 1 号空心板跨中截面荷载—挠度曲线,表 5-7 为空心板的开裂荷载和裂缝分布范围。可以看出,构造钢筋参数变化情况下空心板的荷载—挠度曲线几乎重合,且各种情况下空心板的开裂荷载和最终的裂缝分布范围相差不大,说明有无门式构造钢筋、门式构造钢筋直径的增大对预制空心板的破坏模式影响不大。

不同构造钢筋参数下的空心板开裂荷载和裂缝分布汇总表 表 5-7

项目 \ 构造钢筋参数	无构造钢筋	直径 8mm	直径 12mm	直径 16mm
开裂荷载(kN)	84	85	85	85
纵桥向裂缝分布范围(m)	5.36	5.33	5.30	5.30

(2)对铰缝的影响

表5-8为荷载300kN时四种情况下铰缝应力值。

当结合面设置了门式构造钢筋后,相对于设置直径8mm的门式构造钢筋,横向正应力(S11)减少了29.0%,竖向截面内的纵向剪应力(S13)增大了31.7%,但并未超出材料的抗剪强度限值;对其余各项应力影响不大。

不同构造钢筋参数下铰缝应力汇总表(单位:MPa)　　表5-8

参数＼应力	S11	S22	S33	S12	S13	S23
无钢筋	3.29	3.10	3.63	1.56	2.05	2.28
8mm	2.55	3.26	3.68	1.51	2.27	2.30
12mm	2.54	3.26	3.53	1.50	2.27	2.36
16mm	2.53	3.29	3.54	1.49	2.27	2.34

当结合面门式构造钢筋的直径增大后,对铰缝各项应力影响不大。

因此设置结合面构造钢筋能够改善铰缝的横向正应力,但会提高竖向截面内的纵向剪应力,但并未超过材料的抗剪强度限制;构造钢筋的直径增大对铰缝的应力无明显的改善。

将铰缝的开裂荷载和荷载300kN时铰缝裂缝分布范围汇总于表5-9中。结合表中数据和有限元计算结果可知,有无设置结合面门式构造钢筋和结合面门式构造钢筋直径增大对铰缝构造的开裂荷载、开裂部位、裂缝拓展方向和最终的分布范围影响不大。

不同构造钢筋参数下铰缝构造开裂荷载和裂缝分布范围汇总表　　表5-9

项目＼构造参数	无构造钢筋	直径8mm	直径12mm	直径16mm
开裂荷载(kN)	114	112	114	113
裂缝分布范围	沿板高方向11.6cm 纵桥向3.1m	沿板高方向11.1cm 纵桥向3.0m	沿板高方向11.4cm 纵桥向3.0m	沿板高方向11.4cm 纵桥向3.1m

5.2.3.2　混凝土强度

(1)对空心板的影响

图5-77是不同强度等级混凝土下1号空心板跨中截面荷载—挠度曲线。可以看出,随着混凝土强度的提高,空心板挠度减小。

表5-10为空心板的开裂荷载和裂缝分布范围。可以看出,随着混凝土强度从C30提高到C50,开裂荷载提高了14.1%,空心板底裂缝沿纵桥向分布范围减小了4.7%。

(2)对铰缝的影响

表5-11为荷载300kN时各混凝土强度等级下的铰缝应力值汇总表,将铰缝的开裂荷载和荷载300kN时铰缝裂缝分布范围汇总于表5-12中。可以看出,随混凝土强度从C30提高到C50,对铰缝各项应力影响不大;开裂荷载提高了11.6%;裂缝分布范围沿板高方向减小了15.6%,沿纵桥向分布范围减小了15.4%。

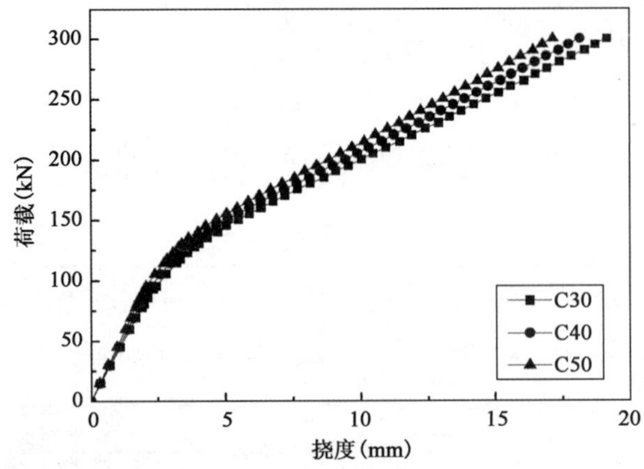

图 5-77　不同混凝土强度等级下 1 号空心板跨中荷载—挠度曲线

混凝土强度等级参数下空心板开裂荷载和裂缝分布汇总表　　表 5-10

项目 \ 混凝土强度等级	C30	C40	C50
开裂荷载(kN)	85(1.21 倍)	93(1.33 倍)	97(1.39 倍)
纵桥向裂缝分布范围	5.33m	5.20m	5.09m

混凝土强度等级参数下铰缝应力汇总表(单位:MPa)　　表 5-11

参数 \ 应力	S11	S22	S33	S12	S13	S23
C30	2.55	3.26	3.68	1.51	2.27	2.30
C40	2.53	3.25	3.53	1.50	2.27	2.28
C50	2.52	3.20	3.39	1.48	2.27	2.27

混凝土强度等级参数下铰缝构造开裂荷载和裂缝分布范围汇总表　　表 5-12

项目 \ 强度等级	C30	C40	C50
开裂荷载(kN)	112(1.60 倍)	119(1.70 倍)	125(1.79 倍)
裂缝分布范围	沿板高方向 11.1cm 纵桥向 3.0m	沿板高方向 10.8cm 纵桥向 2.8 m	沿板高方向 9.6cm 纵桥向 2.6m

5.2.3.3　结合面黏结滑移刚度

根据前面的相关叙述,黏结滑移刚度 K 的取值范围为 5MPa/mm 至 15MPa/mm,与试验模型对应的有限元模型中采用的是 $K = 10$MPa/mm,现以试验模型对应的有限元模型为基础分析黏结滑移刚度为 $K = 5$MPa/mm 和 $K = 15$MPa/mm 时铰接空心板桥构造的受力性能。图 5-78 和图 5-79 为黏结滑移刚度改变后结合面黏结滑移关系图。

(1)对空心板的影响

将不同黏结滑移刚度参数下 1 号空心板跨中截面荷载挠度曲线、空心板的开裂荷载和最

终的裂缝分布进行比较后可知,黏结滑移刚度的变化对空心板挠度、开裂荷载和裂缝分布无明显影响。

(2)对铰缝的影响

将不同黏结滑移刚度参数下铰缝最终的各项应力值、开裂荷载和最终的裂缝分布进行对比,结果表明黏结滑移刚度参数的变化对铰缝构造的开裂荷载和最终的裂缝分布无明显影响。

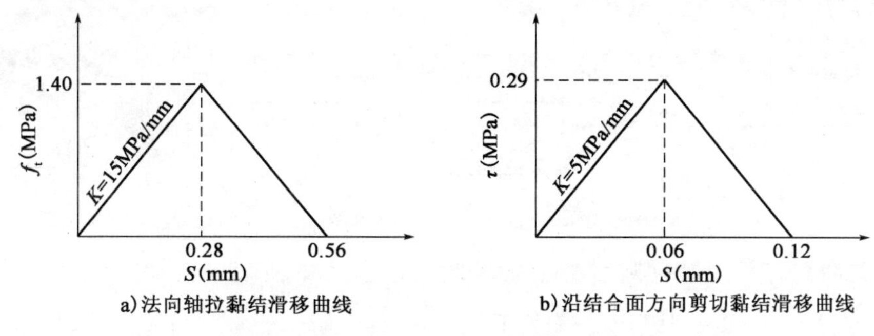

a)法向轴拉黏结滑移曲线　b)沿结合面方向剪切黏结滑移曲线

图5-78　黏结滑移刚度 $K=5\text{MPa/mm}$ 时结合面黏结滑移关系曲线

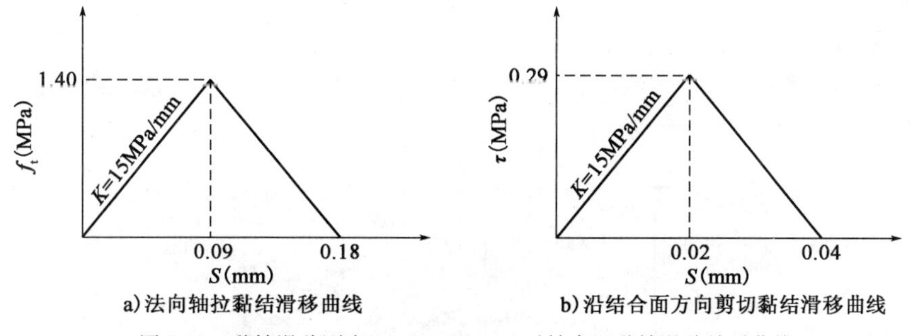

a)法向轴拉黏结滑移曲线　b)沿结合面方向剪切黏结滑移曲线

图5-79　黏结滑移刚度 $K=15\text{MPa/mm}$ 时结合面黏结滑移关系曲线

5.2.4　空心板铰缝构造改进思路

5.2.4.1　有裂缝控制措施的空心板桥铰缝阻裂构造

在装配式空心板梁铰缝破坏模式试验中发现,铰缝沿着结合面开裂并最终形成通缝时,空心板仅出现一处横向裂缝且钢筋的应力远小于其屈服应力,说明此时空心板依然处于较为良好的工作状态。

为了使空心板与铰缝的受力状态保持一致或者相接近,提出一种限制并延缓结合面裂缝开展的构造措施,立面构造见图5-80a)。在原有铰缝的上下结合面交接处设置一道沿纵桥向全长布置的带梳形开孔的钢板N3,构造见图5-80b)。预制空心板时将钢板N4(沿纵桥向布置,厚度2cm)与箍筋焊接。在模板拆除后将N4外侧表面的浮浆凿除后,将N3钢板焊接在N4上。N3钢板上开设的半圆孔直径为4cm,纵桥向间距为4cm,可在浇筑混凝土时让混凝土顺利流入铰缝底部。三维构造示意见图5-80c)。

在铰缝沿结合面开裂时,结合面裂缝沿底部结合面向上拓展,由于受到预埋钢板的阻碍作用,裂缝开展得到延缓。随着荷载的不断增大,混凝土开裂需绕过钢板寻求新的路径以继续向上发展,钢板顶部的铰缝交叉钢筋 N1 也可以起到限制裂缝开展的作用。

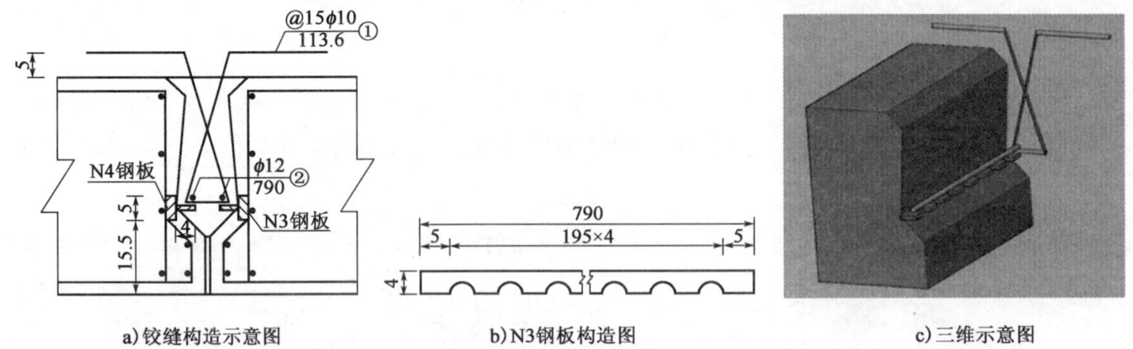

a)铰缝构造示意图　b)N3钢板构造图　c)三维示意图

图 5-80　梳形齿钢板预埋件构造示意图(尺寸单位:cm)

结合相关研究结论及装配式空心板梁铰缝破坏模式试验结果可知,铰缝的开裂荷载比空心板开裂荷载小,在荷载作用下首先破坏,破坏模式可以分为受弯破坏和受剪破坏,无论何种破坏模式,裂缝均沿着结合面扩展,最终导致结合面通缝形成并引起铰缝构造的传力失效,最终产生"单板受力"现象。

为了使空心板与铰缝的受力状态保持一致或者相接近,福州大学陈宝春等提出一种限制并延缓结合面裂缝开展的构造措施的使用新型专利(专利号为 201320634930.3),其名称为一种开孔钢板的铰缝构造。该铰缝构造如图 5-81 所示。

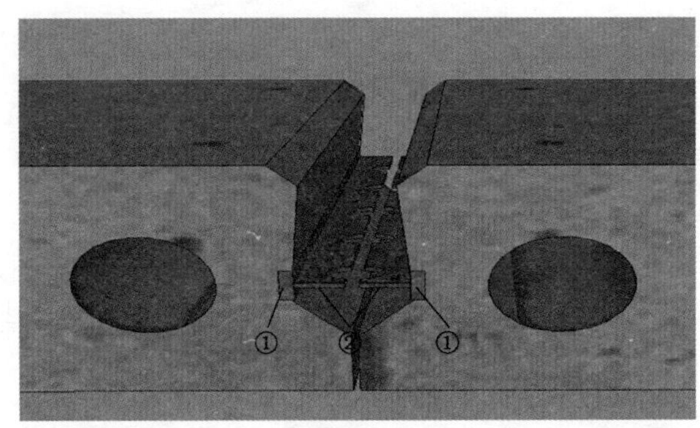

图 5-81　延缓铰缝构造开裂的措施—设置钢板阻裂

该铰缝构造在原有铰缝结构的基础上,在空心板铰缝上、下部结合面的交界处设置一块预埋钢板①与箍筋焊接,在拆除空心板模板后凿除钢板①表面的浮浆,并将钢板②与预埋钢板①进行焊接,形成类似铰的构造,由于钢板②的作用,结合面开裂时,裂缝的扩展并不会按照原来的路径向上扩展,以此来达到延缓通缝的形成。其中,钢板②带有半圆形开孔,使得铰缝结构在浇筑混凝土时,混凝土能顺利填充铰缝下部空间,保证铰缝构造的强度。

5.2.4.2　添加结合面构造钢筋

铰缝与空心板梁的结合面是一个薄弱环节,属于新旧混凝土结合面问题,图 5-82 为铰缝结合面示意图。借鉴欧盟规范的相关公式对石安段旧桥 8m 空心板(图 5-83)和 2008 年交通部 8m 空心板(图 5-84)标准图进行验算可知,结合面 A 处无法满足结合面强度验算要求。

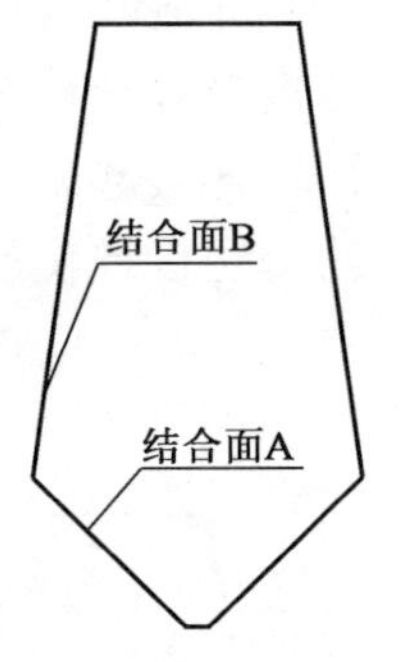

图 5-82　铰缝结合面示意图

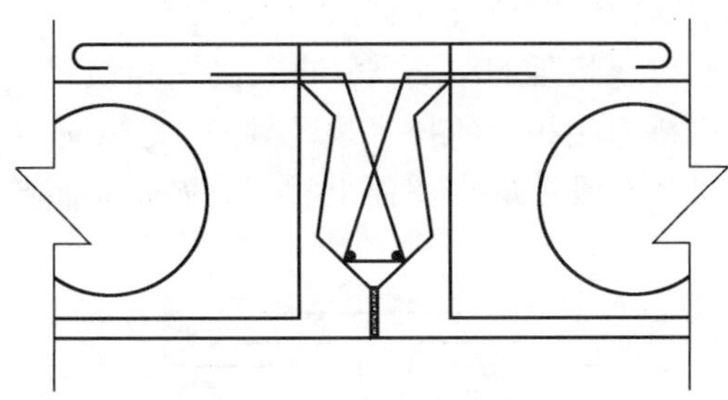

图 5-83　石安段旧桥 8m 空心板铰缝构造图

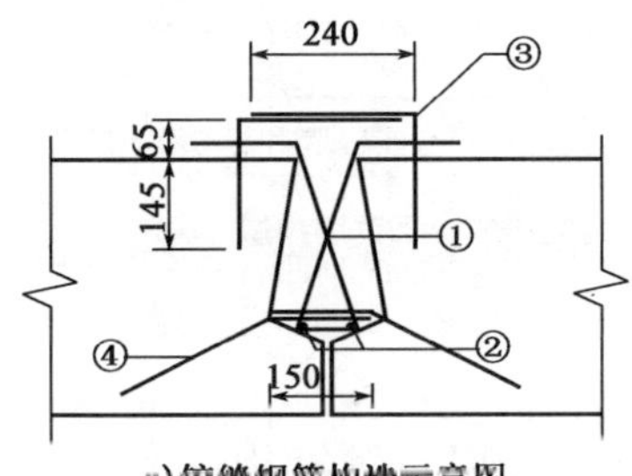

a）铰缝钢筋构造示意图

b）铰缝底部结合面构造钢筋大样图

图 5-84　2008 年交通部标准图（8m 空心板）铰缝构造图（尺寸单位：mm）

从构造图中可以看出，石安段旧桥 8m 空心板并未在结合面处设置构造钢筋，2008 年标准图虽然有在结合面处设置构造钢筋但验算时无法满足要求。在空心板浇筑混凝土前，底部结合面构造钢筋先紧贴模板，待拆模后将钢筋扳出。在空心板梁吊装就位后按照图纸设计要求需要将该处的构造钢筋与铰缝钢筋进行焊接或者绑扎操作，但是由于铰缝上部允许的操作空间非常有限，现场操作过程中，这道关键工序经常出现施工质量差或者根本就没有施工的现象，从而影响铰缝质量。

河北石安段改扩建工程中，对于 10m 空心板新建部分空心板采用如图 5-85 所示的铰缝构造，这些构造钢筋加强了铰缝和板梁的相互联系，且施工上可操作性较高。

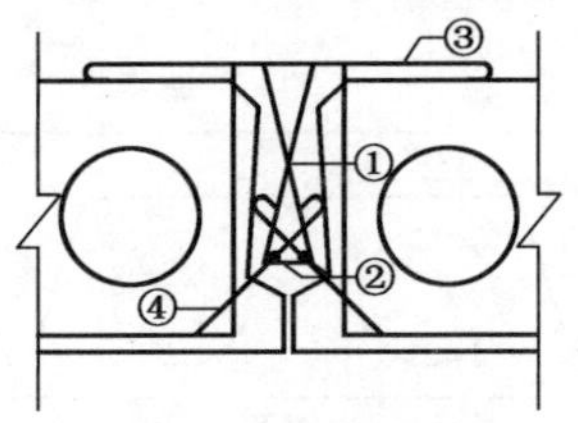

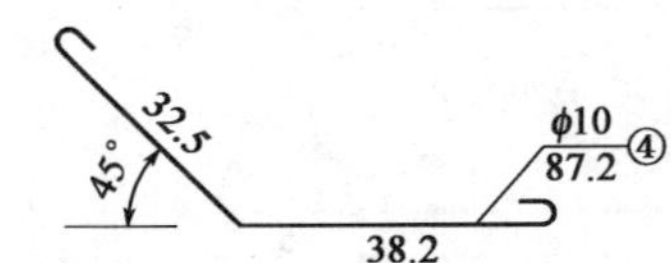

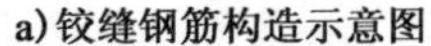

a）铰缝钢筋构造示意图　　b）铰缝底部结合面构造钢筋大样图（尺寸单位：cm）

图 5-85　石安段改扩建段 10m 空心板铰缝构造图

因此，为了增强铰缝与梁体结合面强度，保证施工中的可操作性，福州大学吴庆雄等提出一种使用新型专利（专利号为 20132068023．8），其名称为一种带延伸钢筋的铰缝构造及其施工方法。该钢筋构造如图 5-86 所示。将底部结合面的构造钢筋延伸至顶部铺装层内。此时，该钢筋还可以增强铺装层与铰缝之间的连接。

在预制空心板制作时,按照设计位置绑扎或者焊接预埋钢筋N4,将预埋钢筋N4的连接端先扳至紧贴模板内侧的位置;拆除模板后立即将预埋钢筋的连接端扳至设计位置;采用焊接或者机械连接的方式将延伸钢筋N5的连接端和预埋钢筋N4的连接端连接起来,连接质量需满足焊接或者机械连接相应的技术规范要求;将纵向钢筋与延伸钢筋按照设计位置进行绑扎;将预制空心板吊装至设计的支座面上;浇筑铰缝和铺装层混凝土。

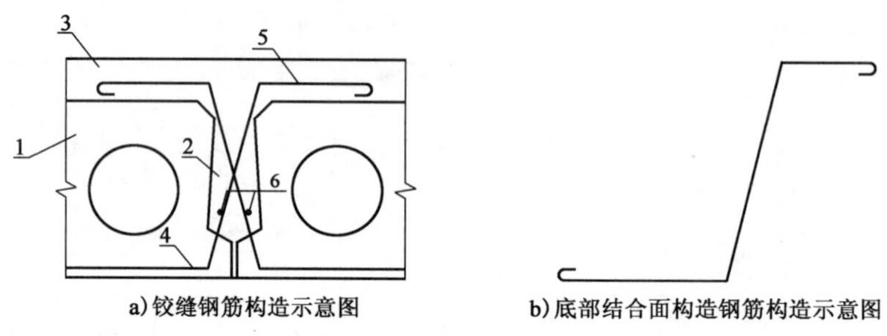

图5-86 提出的新构造:添加延伸到铺装层的交叉钢筋构造

5.2.4.3 倒三角形铰缝

采用较厚的整体化铺装层构造,同时为了加强铺装层与铰缝构造的联系、提高铰缝自身的抗弯刚度,将原有铰缝的顶部构造尺寸扩大、适当缩减底部构造尺寸以形成倒三角形铰缝。

以福建省某设计院的8m装配式空心板桥为基础,进行初步设计。空心板构造见图5-87a),横向布置见图5-87b)。铰缝钢筋构造见图5-88,铰缝内布置与整体化铺装层相同的纵向钢筋N1。N3钢筋从结合面伸出并延伸到铰缝对侧板顶,与整体化铺装层内构造钢筋搭接。板顶预埋纵桥向间距为15cm的门式钢筋N4,以加强空心板与整体化铺装层的连接并能够起到铺装层架立钢筋的作用。整体化铺装层为双层15cm×15cm的钢筋网。此外,由于铰缝钢筋密集、施工空间狭小,国内目前一般是先浇筑铰缝混凝土,待其强度达到要求后再浇筑铺装层混凝土,而该铰缝构造施工空间充足,混凝土振捣较为方便,故整体化铺装层与铰缝混凝土应一起浇筑,以保证二者之间较好的整体性。

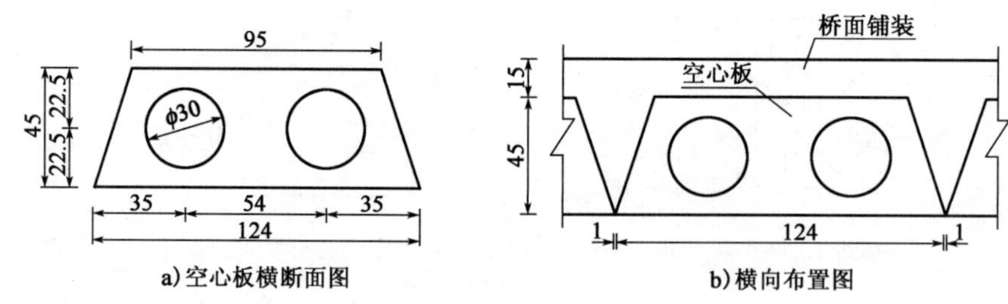

图5-87 装配式空心板桥构造图(尺寸单位:cm)

N3钢筋在预制时紧贴侧模,拆模后将表面浮浆凿除并扳出。国内现有的铰缝结合面构造钢筋可能会完全埋入混凝土从而造成扳出困难,该方案中的N3钢筋在预制时会部分伸出空心板顶部,在预制和扳出时能够实现更好地定位。

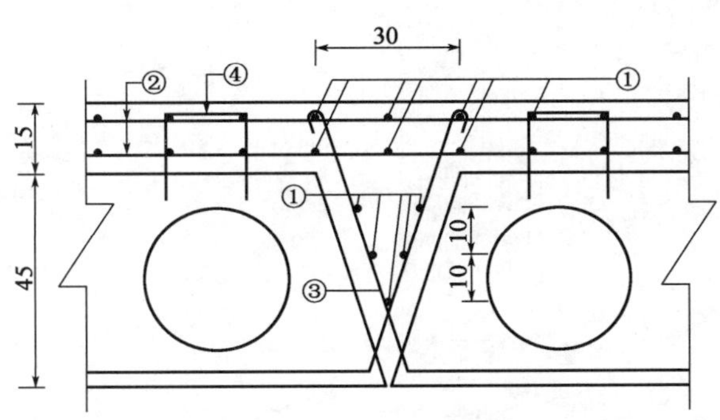

图 5-88　铰缝钢筋构造示意图(尺寸单位:cm)

5.2.5　铰缝构造局部模型试验研究

5.2.5.1　试验模型制作

根据局部模型试件分组,按照首先制作侧边块及中间块、养护28d以后、再浇筑铰缝、再养护28d的顺序进行试件的制作。在设置了裂缝控制措施的分组试件中,应注意先将预埋钢板焊接到箍筋上,再制作模板,待拆模后,将焊接钢板满焊在预埋钢板上。具体制作流程如图5-89所示。

a)纯弯试件钢筋与模板制作

b)纯剪试件钢筋与模板制作

c)纯弯试件侧边块混凝土浇筑

d)纯剪试件侧边块混凝土浇筑

图　5-89

e)纯弯试件焊接钢板

f)纯剪试件焊接钢板

g)纯弯试件铰缝施工

h)纯剪试件铰缝施工

i)纯弯试件铰缝混凝土浇筑

j)纯剪试件铰缝混凝土浇筑

图5-89　试验模型制作流程图

5.2.5.2　试验加载和测点布置

试件的加载设备为千斤顶。对于纯弯构件，采用两点集中力加载，在跨中铰缝位置形成纯弯段，由千斤顶及反力梁施加压力，分配梁分配施加荷载，如图5-90a)所示。对于纯剪构件，采用油压千斤顶进行单点集中力加载，如图5-90b)所示。

局部模型加载见图5-91。

试件测点分为应变测点和挠度测点。挠度测点布置如图5-92所示，采用位移计测量侧边块的竖向位移和横向张开量。

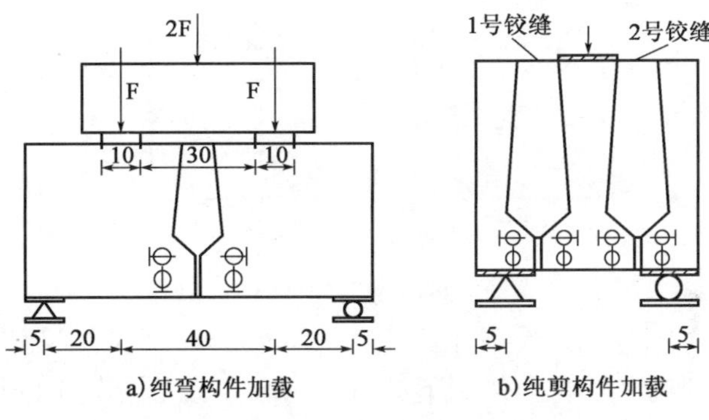

a)纯弯构件加载　　b)纯剪构件加载

图 5-90　局部模型加载示意图(尺寸单位:cm)

a)纯弯构件加载

b)纯剪构件加载

图 5-91　局部模型试验加载过程

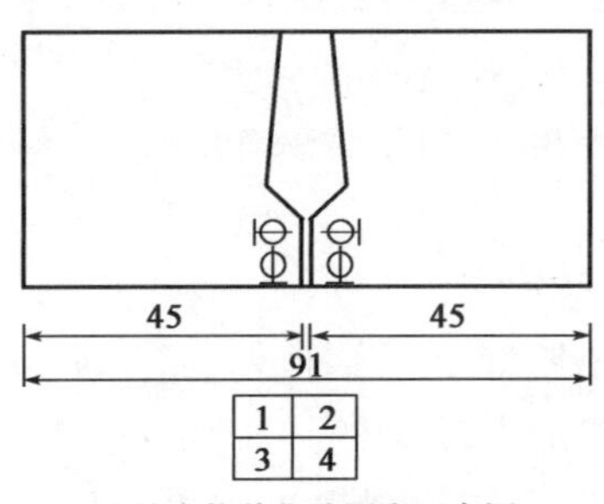

a)纯弯构件位移测点示意图

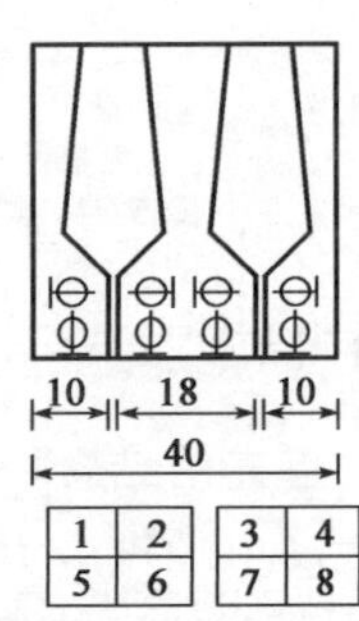

b)纯剪构件位移测点示意图

图 5-92　局部模型挠度测点布置图(尺寸单位:cm)

5.2.5.3　结合面钢筋对结合面性能的影响

通过对植筋拉拔破坏性能进行了研究,并将其破坏模式分为四种:钢筋的拉断、混凝土锥体破坏、黏结破坏和锥体—黏结复合破坏,如图 5-93 所示。

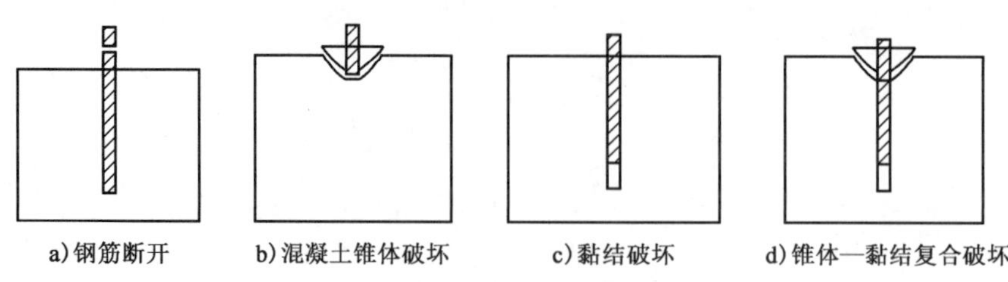

图 5-93　植筋拉拔的破坏模式

在纯弯条件下，结合面钢筋处受拉，由于结合面钢筋伸入混凝土深度较深，且与箍筋进行焊接，在其化学作用力和机械咬合力作用下的合应力大于铰缝混凝土的抗拉强度，铰缝下部混凝土出现裂缝，最终裂缝扩展，在结合面钢筋周围形成混凝土锥体破坏形态。

在纯剪条件下，混凝土与铰缝设置结合面钢筋时的剪力由三个部分承担：新、旧混凝土的黏结抗剪、结合面钢筋引起的摩擦抗剪、结合面钢筋销栓效应产生的抗剪。在荷载作用初期，侧边块与混凝土面的黏结作用提供抗剪；随着荷载的增大，结合面破坏，铰缝混凝土与侧边块产生相对滑动趋势，此时的剪力由结合面钢筋在结合面处形成的摩擦力来承受；由于结合面钢筋的销栓作用，使得结合面钢筋在铰缝混凝土处产生弯、拉作用，最终铰缝混凝土在拉、剪复杂作用下产生锥状断裂，如图 5-94 所示。

a）正面图

b）侧面图

图 5-94　结合面设置钢筋后的截面断裂面图

5.2.5.4　裂缝控制措施对结合面性能的影响

在纯弯条件下，裂缝首先沿结合面开展至铰缝上下结合处，由于阻裂构造的作用，裂缝不能继续向上延伸，当荷载产生的拉应力超过铰缝混凝土的抗拉强度，铰缝下部混凝土开裂；随着荷载的增大，裂缝沿结合面扩展至铰缝混凝土与阻裂钢板交界面位置，由于阻裂构造的作用，裂缝不能继续向上延伸，此时，铰缝上部混凝土以混凝土与阻裂钢板的交界面为支点发生转动，形成了类似铰一样的结构；当荷载超过一定程度时，该支点处压力过大，该处混凝土出现压碎，使得裂缝沿薄弱的结合面继续向上扩展，最终形成通缝。纯弯状态下设置裂缝控制措施后的断裂面如图 5-95 所示。

在纯剪条件下，铰缝混凝土与相邻的混凝土块有相对向下滑动的趋势，此时，由于阻裂构造的销栓作用，将抵抗两者的相对滑动；由于铰缝混凝土的抗剪强度不可能大于阻裂构造销栓作用产生的作用力，因此，随着荷载的增大，铰缝混凝土发生剪切破坏，当断裂面穿过钢板后，在钢板与上部混凝土交界面产生裂缝，裂缝沿结合面继续扩展，由于此后的剪力只由铰缝结合面的黏结力来承担，使得之后的裂缝迅速扩展到梁顶形成通缝。纯剪状态下设置裂缝控制措施后的断裂面如图5-96所示。

a）正面图

b）侧面图

图5-95　结合面设置裂缝控制措施后的纯弯断裂面图

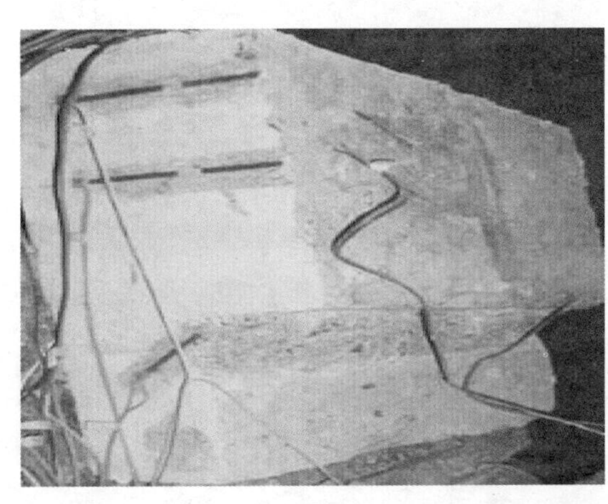

a）正面图

b）侧面图

图5-96　结合面设置裂缝控制措施后的纯剪断裂面图

综上所述，在结合面设置裂缝控制措施或者结合面钢筋，增加了铰缝混凝土的抗剪强度和抗拉强度，能提高铰缝结合面的通缝荷载；如果将裂缝控制措施与结合面钢筋一起使用，能大大提升结合面的抗弯、抗剪性能。

5.2.6　有裂缝控制措施的空心板足尺模型试验研究

5.2.6.1　试验模型制作

对于裂缝控制措施的安装，首先要在上下铰缝的结合处凿除预埋钢板所需的凹槽，将预埋钢板焊接在空心板的箍筋上，将焊接钢板与预埋钢板进行满焊。然后将装有裂缝控制措施的空心板吊装到指定位置，再进行铰缝及桥面铺装钢筋的绑扎及混凝土的浇筑，并养护28d。模型制作流程图如图5-97所示。

a）焊接预埋钢板与带半圆形开孔板

b）吊装就位

c）桥面铺装钢铰缝筋绑扎

d）完成铰缝和桥面铺装混凝土浇筑

e）铰缝和桥面铺装混凝土养护

f）试验模型制作完成

图5-97　试验模型制作流程图

5.2.6.2　试验加载

该空心板模型跨径为8m，为了模拟车辆荷载作用下对铰接空心板最不利的情况，现选取公路—I级标准车辆的后轴进行加载，加载位置位于铰接空心板跨中截面。其后轴轮压为140kN，轮压着地面积根据规范取0.2m×0.6m，试验中用橡胶垫块模拟车轮作用区域，试验荷

载随着试验结果进行增加。标准车辆荷载及等效均布荷载如图 5-98、图 5-99 所示。试验中采取的车辆荷载布置图如图 5-100 所示。

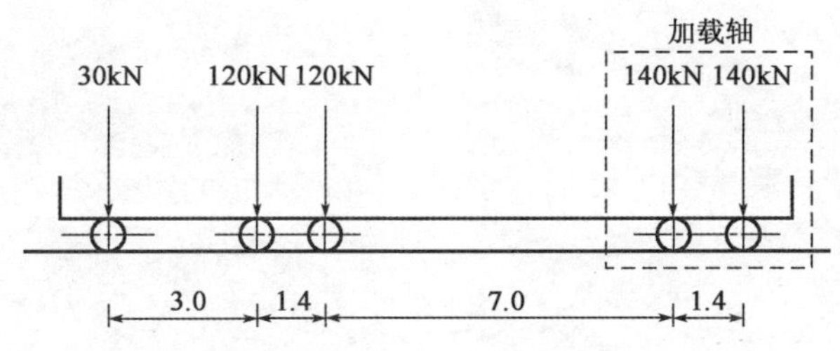

图 5-98 标准车辆示意图(尺寸单位:m)

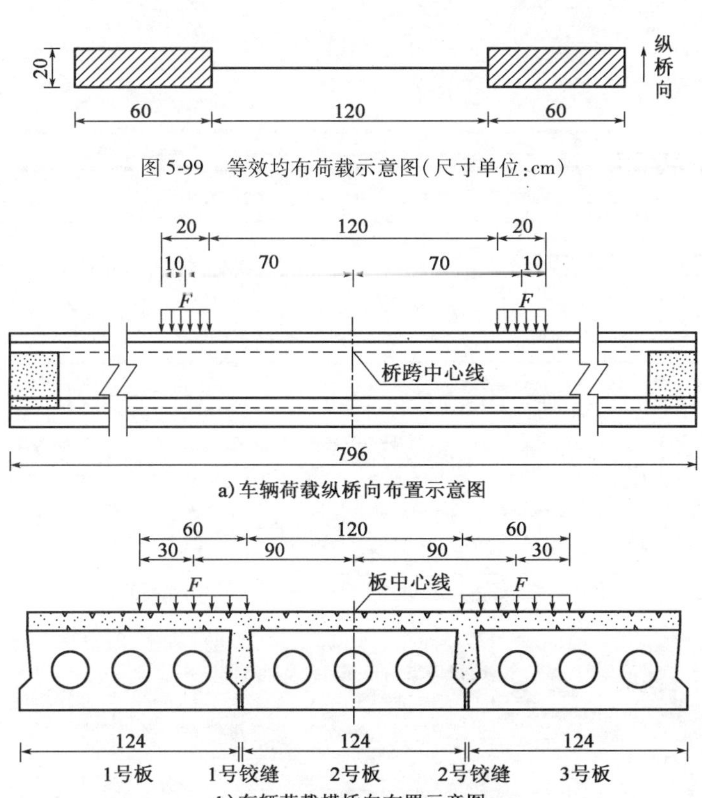

图 5-99 等效均布荷载示意图(尺寸单位:cm)

图 5-100 车辆荷载布置位置示意图(尺寸单位:cm)

试验采用千斤顶模拟车辆轴重,并用分配梁将轴重荷载传递到橡胶垫以模拟车轮加载方式,具体加载布置图见图 5-101。

5.2.6.3 测点布置

对空心板 1/4 跨、跨中及 3/4 跨的挠度和铰缝的横向张开量进行测量,挠度测点示于图 5-102。对空心板 $L/4$ 截面、跨中截面和 $3L/4$ 截面的应变进行测量,应变测点示于图 5-103。位移测量采用百分表进行,用 DH3816 进行应变片数据的收集,并采用裂缝测宽仪 DJGK-2 对空心板及铰缝的裂缝宽度进行测量。

a)荷载分配系统

b)整体照

图 5-101　试验加载装置

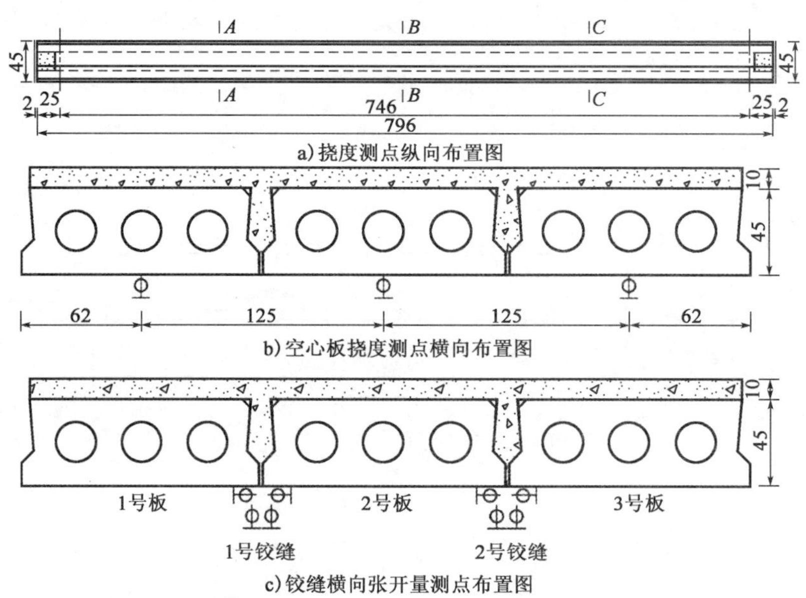

图 5-102　挠度测点布置图(尺寸单位:cm)

5.2.6.4　有裂缝控制措施的空心板足尺模型试验结果分析

(1)空心板

从图 5-104 荷载纵向应变可以看出,空心板跨中截面在试验荷载达到 100kN 左右,达到开裂应变;而对于 1/4 截面,试验荷载加载到 300kN 时,得到的最大应变值为 94με,应变值为还未达到开裂应变。

(2)铰缝

铰缝的横向张开量在一定程度上也反映了铰缝构造的传力性能,由图 5-105 可知,无论是跨中还是 1/4 截面的荷载横向张开量曲线,并没有出现明显的曲率变化点,表明整个试验加载过程中,铰缝的工作性能良好。这与荷载试验过程中没有观察到铰缝的纵向裂缝相符。

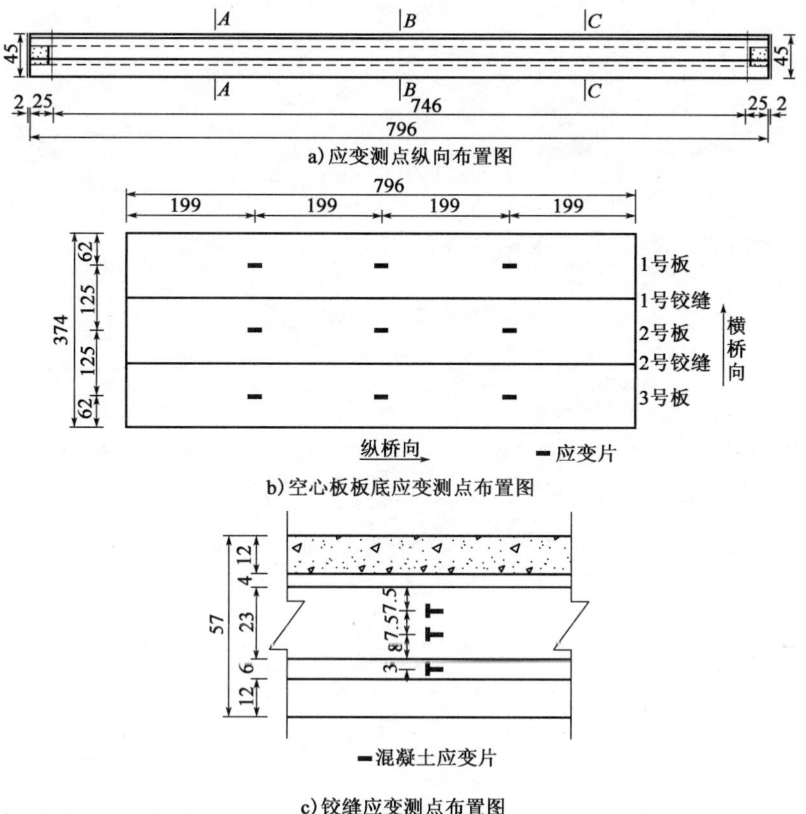

图5-103　应变测点布置图(尺寸单位:cm)

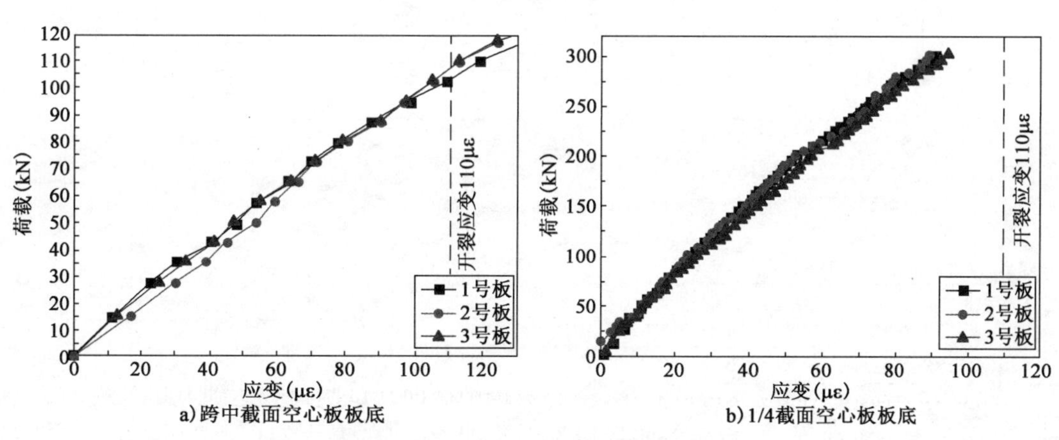

图5-104　空心板板底荷载—纵向应变曲线

5.2.7　有阻裂措施的空心板实桥设计与施工

5.2.7.1　有裂缝控制措施的空心板桥设计

空心板设计计算跨径为9.60m,板高50cm,为等截面空心板,其立面图及平面图如

图 5-106 所示。中板截面构造及铰缝构造如图 5-107 和图 5-108 所示。

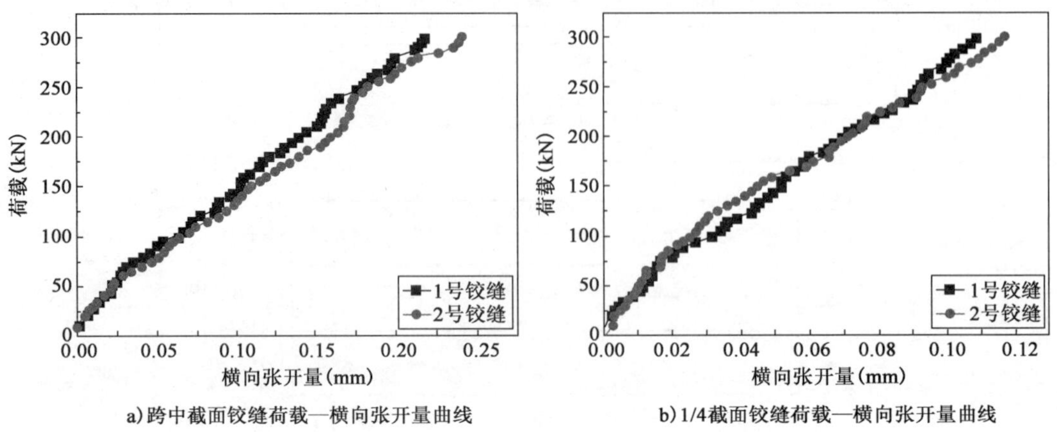

a)跨中截面铰缝荷载—横向张开量曲线

b)1/4截面铰缝荷载—横向张开量曲线

图 5-105 铰缝荷载—横向张开量曲线

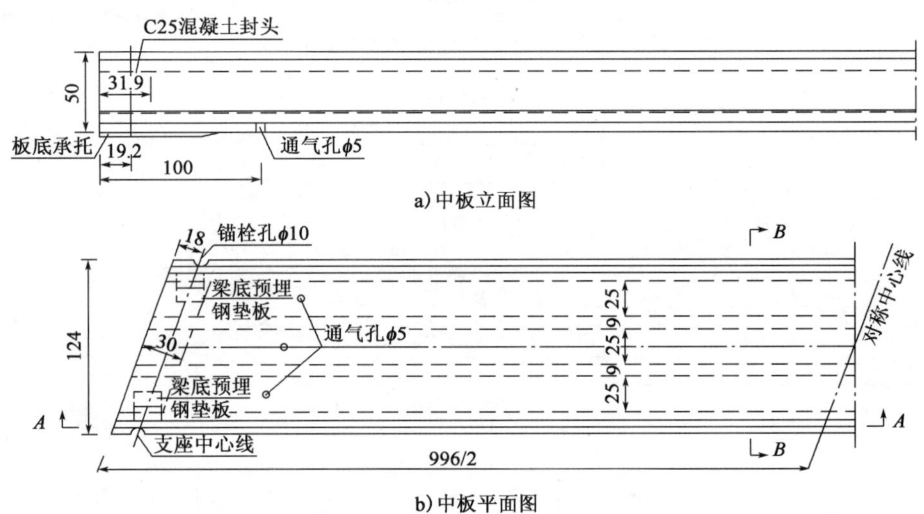

a)中板立面图

b)中板平面图

图 5-106 中板布置图(尺寸单位:cm)

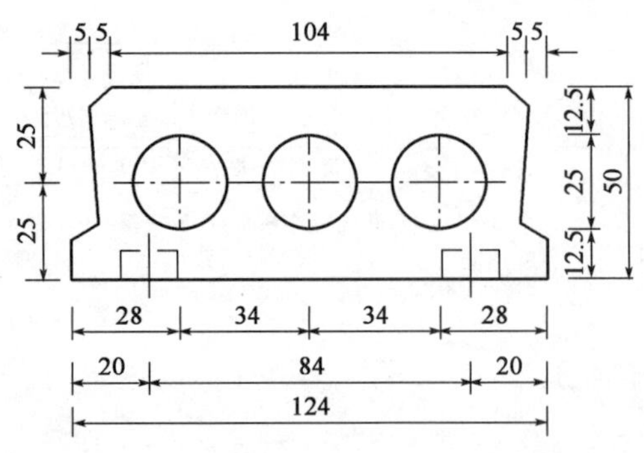

图 5-107 中板截面图(尺寸单位:cm)

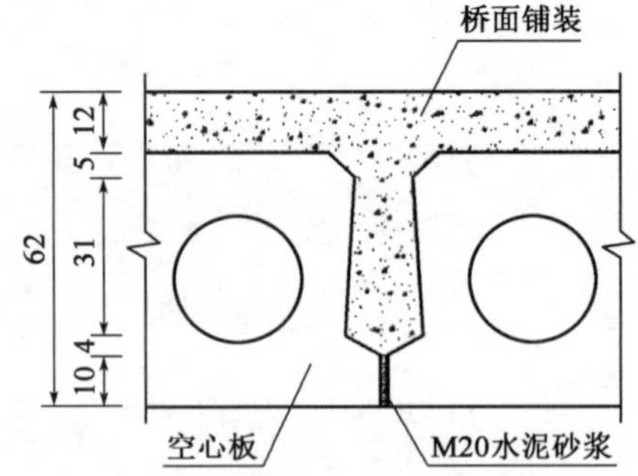

图 5-108 铰缝构造图(尺寸单位:cm)

中板的配筋及铰缝构造的配筋如图5-109所示。裂缝控制措施设置在上、下铰缝的交界处，预埋钢板N18厚为2cm，与箍筋进行焊接，带半圆形开孔钢板N19厚1cm，N18、N19沿纵向均可分段预制，裂缝控制示意图如图5-109所示。结合面钢筋由铰缝构造钢筋N3与穿过开孔的预埋钢筋采用双面焊接的方式组成，并根据规范规定，双面焊缝长度不小于钢筋直径的5倍，其构造图如图5-110所示。

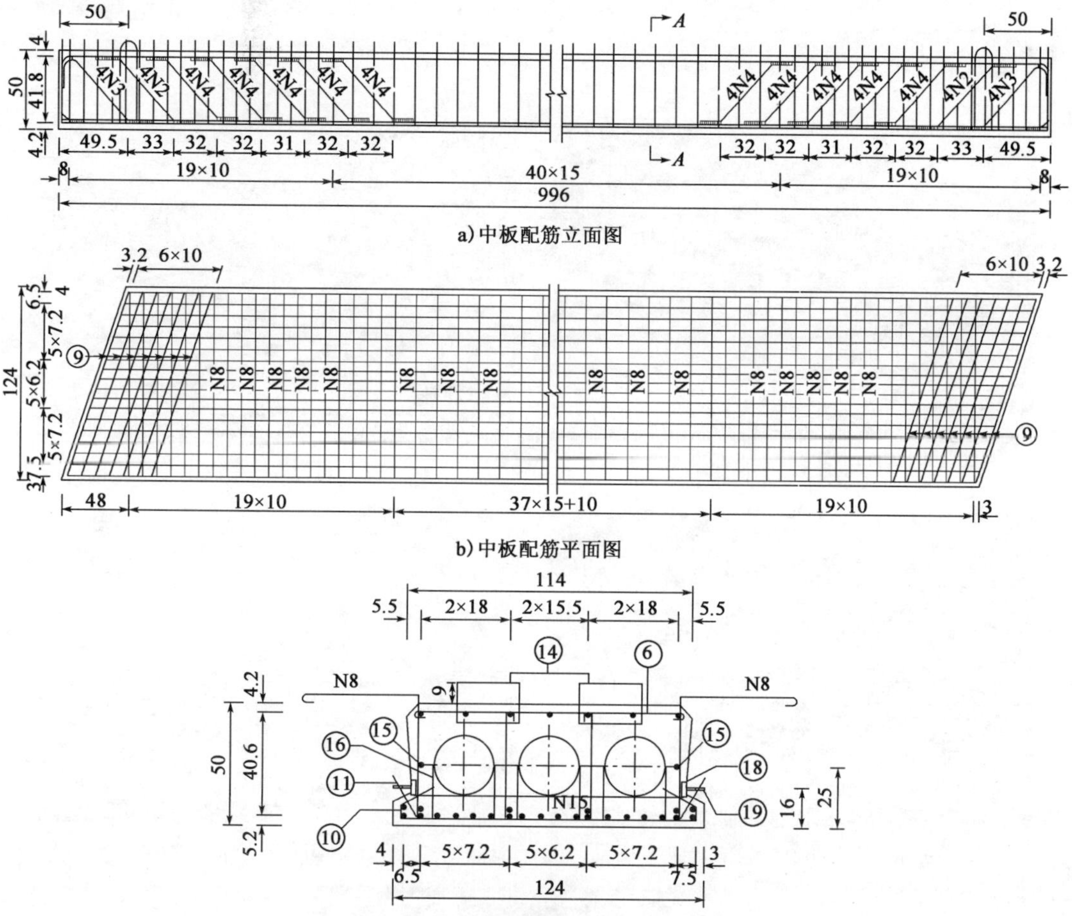

a）中板配筋立面图

b）中板配筋平面图

c）中板配筋断面图

图5-109　中板配筋图（尺寸单位：cm）

5.2.7.2　有裂缝控制措施的空心板桥施工

设置裂缝控制措施的空心板桥的具体施工流程如下：

（1）根据设计图纸，首先在空心板底部预埋底部结合面构造钢筋，其在预制时沿纵桥向弯折并紧贴内模，同时在箍筋上按照设计位置焊接一块沿纵桥向全长布置的预埋钢板，模板制作完成后进行空心板混凝土浇筑并进行养护。

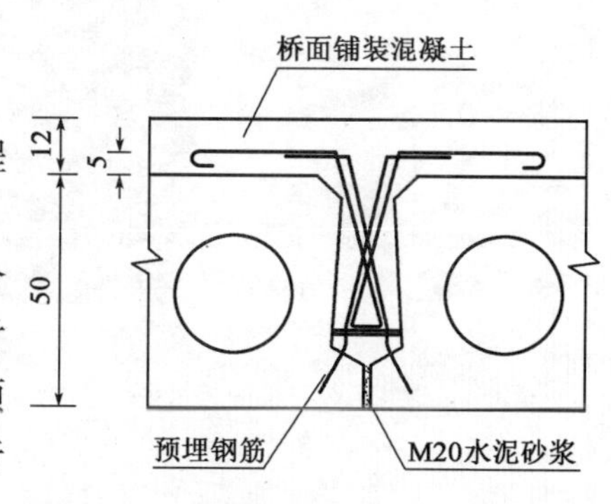

图5-110　铰缝构造配筋图（尺寸单位：cm）

(2)拆除空心板模板后,将底部结合面构造钢筋扳出,并清除预埋钢板表面的浮浆,将开孔钢板焊接在预埋钢板上,并调整底部结合面钢筋使其穿过半圆形开孔。

(3)将空心板吊装至设计位置。

(4)将铰缝构造钢筋通过双面焊接的方式连接到结合面底部预埋钢筋,并使其延伸至相邻空心板顶部,并放置剪刀钢筋。

(5)铰缝及铺装层混凝土浇筑,并进行养护。

具体流程如图 5-111 所示。

a)钢筋绑扎及钢板焊接

b)空心板养护

c)钢板焊接并调整底部预埋钢筋

d)吊装就位

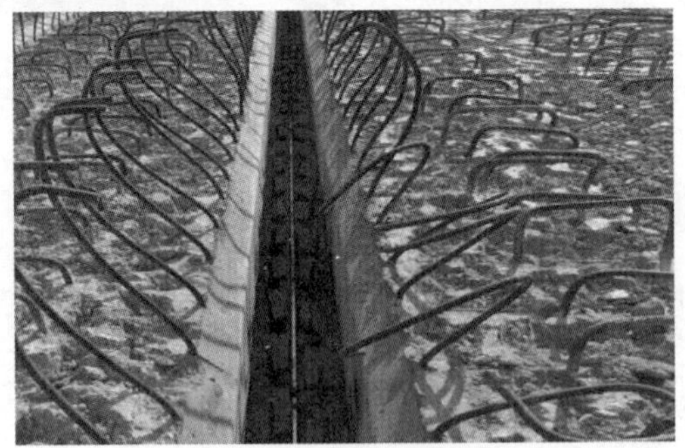

e)拼装完成后铰缝构造图

图 5-111　现场施工流程图

5.3 新旧桥梁拼接构造技术

5.3.1 拼宽空心板桥梁拼接缝受力性能试验

5.3.1.1 试验模型设计

由于新、旧桥空心板主梁单板截面形式不尽相同,拼接缝构造形式也有其特点,同时拼接缝尺寸较小,一旦缩尺可能无法真实地反映拼接缝实际受力情况。因此,本次试验采用足尺模型试验。结合依托工程中空心板梁桥的跨径布置情况,考虑到试验场地、试验室吊机起吊能力和加载设备的加载能力,拟定以8m跨径钢筋混凝土空心板作为研究目标,进行拼宽桥梁拼接缝受力性能模型试验。

依据施工设计图纸,既有旧桥8m跨径空心板单板截面构造形式见图5-112,拓宽新桥8m跨径空心板单板截面构造形式见图5-113。

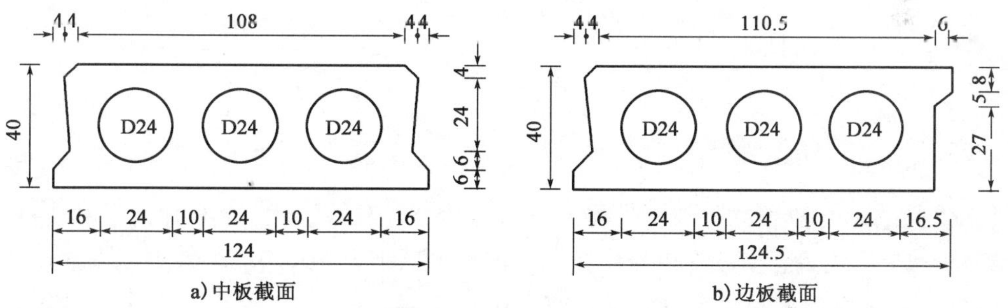

a) 中板截面　　b) 边板截面

图5-112 既有旧桥8m空心板单板截面构造形式(尺寸单位:cm)

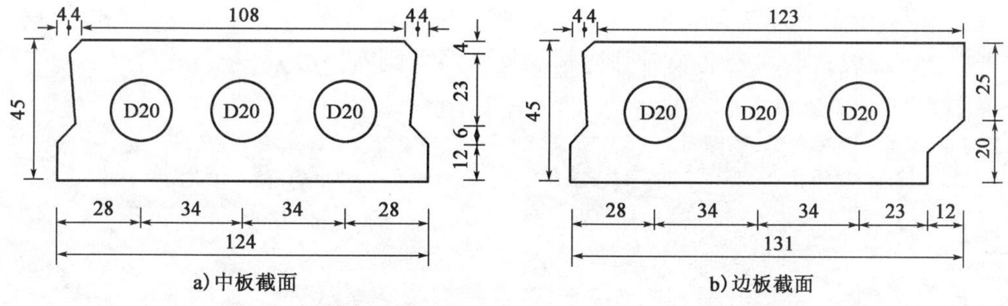

a) 中板截面　　b) 边板截面

图5-113 拓宽新桥8m空心板单板截面构造形式(尺寸单位:cm)

既有旧桥空心板主梁已采用厚度22cm的钢筋混凝土整体化铺装层进行"单板受力"加固,拓宽新桥空心板主梁铺装层为厚度12cm的钢筋混凝土。新、旧桥间采用30cm×37cm(包括铺装层厚度)的现浇钢筋混凝土拼接缝。拼接缝构造特点为:凿除旧桥边板小翼缘及35cm宽铺装层混凝土,保留旧桥铺装层横向钢筋并与新桥铺装钢筋焊接,同时在旧桥边板外侧距离底部5cm处植入长约40cm钢筋(伸入梁内15cm)并与新桥边板预埋钢筋焊接;在连接段处沿纵向布置5根纵向钢筋,架立封闭箍筋,最后整体浇筑连接段混凝土。

本模型试验采用与依托工程相同的空心板和拼接缝截面及配筋形式，考虑到本文的研究内容包括荷载横向分布以及试验加载的需要，横向布置2块旧板和2块新板，具体截面形式及拼接缝钢筋构造见图5-114和图5-115。

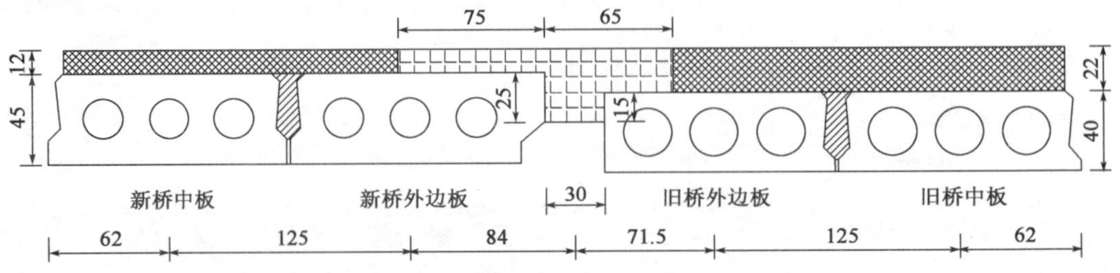

图5-114 拼宽桥梁试验模型整体截面形式(尺寸单位:cm)

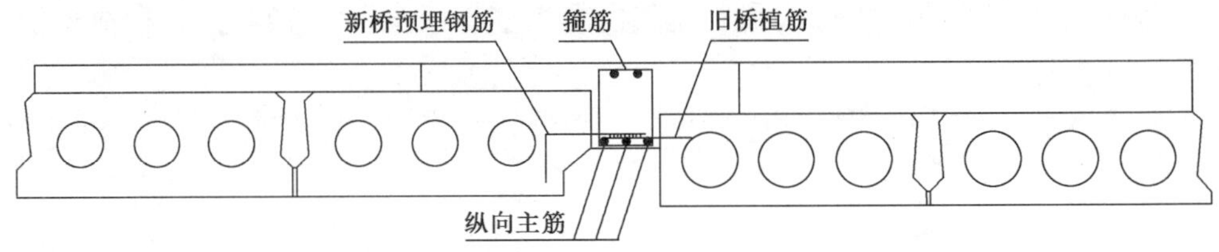

图5-115 拼宽桥梁试验模型拼接缝钢筋构造

5.3.1.2 试验模型制作

拼宽桥梁试验模型的主要制作过程为：首先预制新、旧桥主梁(各1片边板和1片中板)，并将空心板吊装到位；然后架设和绑扎新、旧桥铰缝和铺装层钢筋，立模浇筑混凝土并养护成型；最后焊接旧桥植筋与新桥预埋钢筋，架设、绑扎拼接缝钢筋，立模浇筑拼接缝混凝土并养护成型。

预制空心板主梁具体流程为：清理试验场地→空心板底模铺设→架设空心板钢筋骨架→安放PVC管以形成孔洞→安装模板并浇筑混凝土→主梁养护成型。预制过程(以1片空心板为例)见图5-116。

a)空心板梁底模铺设

b)架设空心板梁钢筋骨架

图 5-116

c)空心板梁侧模安装

d)浇筑空心板梁混凝土

e)空心板梁混凝土养护

f)空心板梁成型

图 5-116　拼宽桥梁空心板主梁预制过程

桥梁拼宽具体流程为:吊装主梁到位→架设主梁铰缝及铺装层钢筋→立模浇筑主梁铰缝及铺装层混凝土→焊接旧桥植筋与新桥预埋钢筋→架设拼接缝钢筋→立模浇筑拼接缝混凝土→构件养护成型。具体制作过程见图 5-117。

所有混凝土均采用商品混凝土,并按规范要求制作混凝土试块及进行混凝土材料特性试验,如图 5-118 所示(以部分试块为例)。

a)预制完成空心板梁

b)空心板梁吊装就位

图　5-117

c)旧桥凿除小翼缘并植筋

d)植筋与预埋钢筋焊接

e)铰缝钢筋布置

f)拼接缝钢筋布置

g)铺装层钢筋布置

h)试验构件浇筑成型

图5-117　拼宽桥梁试验模型制作过程

a)混凝土试块制作处理

b)混凝土试块加载测试

图5-118　混凝土材料特性试验

5.3.1.3　测点布置

拼宽桥梁模型试验的主要测试内容，是在模拟车辆荷载加载过程中新、旧空心板主梁及拼接缝的静力响应，主要包括挠度与应变。挠度主要采用架设百分表并人工读数测量；应变主要采用电阻应变片、DH-3816 应变采集系统及笔记本电脑进行测量。架设百分表、粘贴纵横向电阻应变片和预埋钢筋应变片如图 5-119 所示。

a）架设百分表

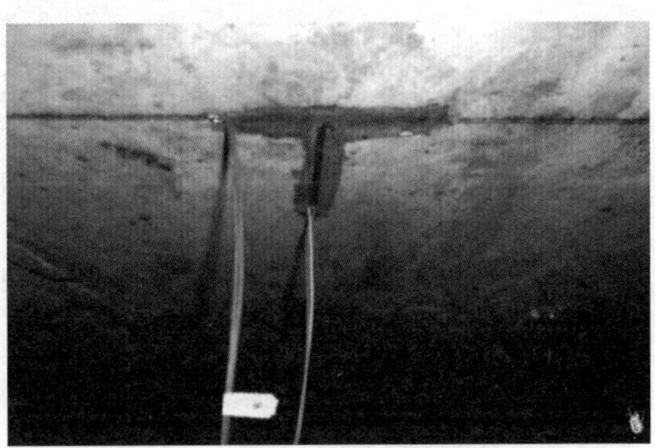

b）粘贴混凝土应变片

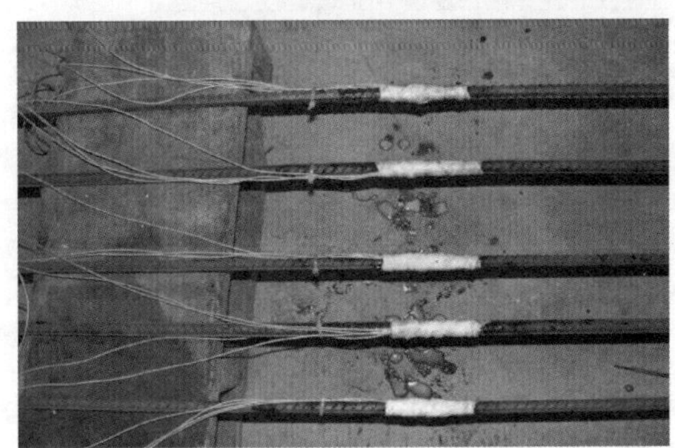

c）处理预埋钢筋应变片

d）应变采集系统

图 5-119　拼宽桥梁试验挠度及应变测试设备

挠度测试截面主要为 $L/2$ 截面（主测）和 $L/4$ 截面（校核），每个截面在横桥向 4 片空心板主梁底缘各布置 1 个测点，拼接缝及靠近拼接缝两侧边梁边缘各布置 1 个测点，全桥模型共 14 个测点。主梁及拼接缝挠度测点布置及编号如图 5-120 所示。

应变测试截面主要为 $L/2$ 截面（主测）和 $L/4$ 截面（校核），主要分为混凝土应变测点和钢筋应变测点。混凝土应变测点主要布置于横向各空心板主梁及拼接缝底缘，测点布置及编号如图 5-121 所示，其中，测点 2、4、6、8 和 10 为横向应变测点。钢筋应变测点布置和编号如图 5-122 所示，全桥模型共布置 32 个应变测点。

5.3.1.4　试验加载

根据试验室现有设备情况及试验要求，试验加载采用 1000kN 稳压千斤顶、反力梁及分配梁。试验模型的支座采用直径 20cm 的圆形板式橡胶支座，每片空心板主梁两侧梁端各设 2 个支座，全桥共设 16 个支座，加载模拟示意如图 5-123 所示。

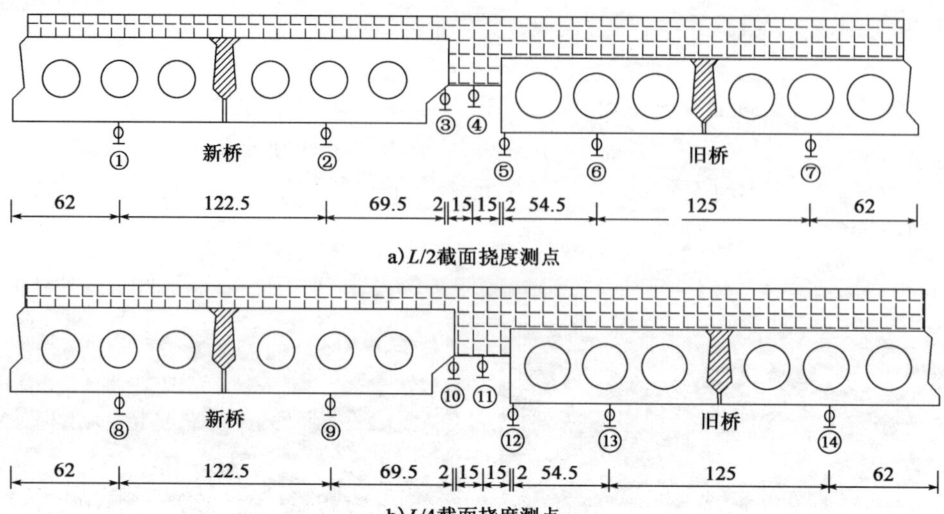

图 5-120　拼宽桥梁挠度测点布置及编号示意图(尺寸单位:cm)

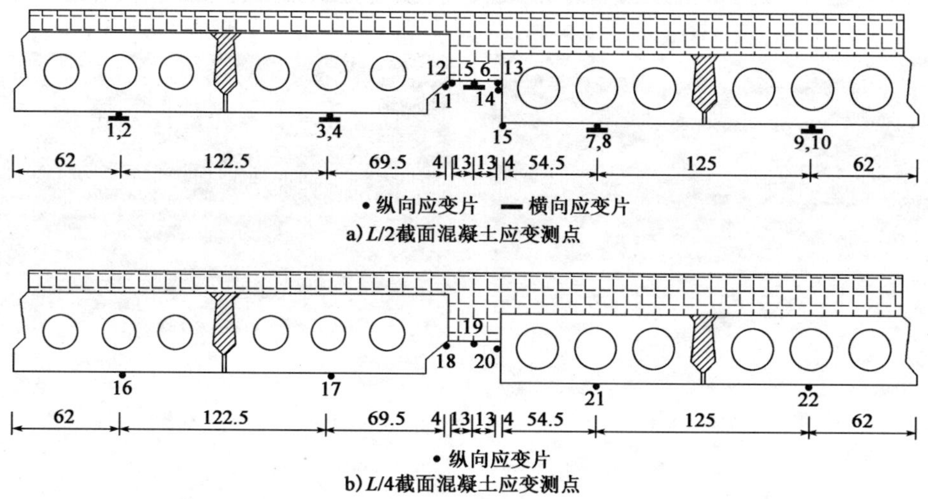

图 5-121　拼宽桥梁混凝土应变测点布置及编号示意图(尺寸单位:cm)

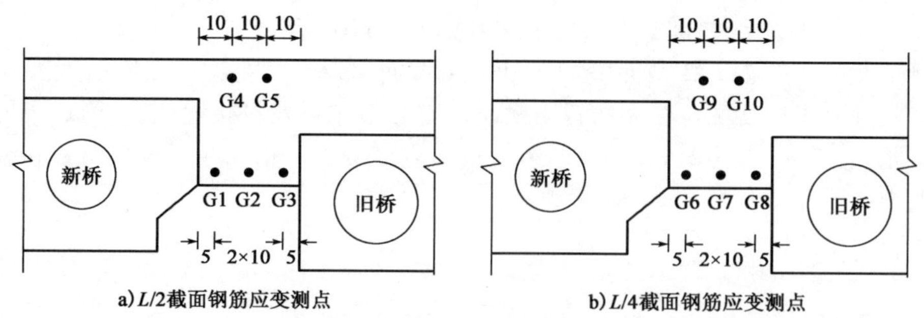

图 5-122　拼宽桥梁钢筋应变测点布置及编号示意图(尺寸单位:cm)

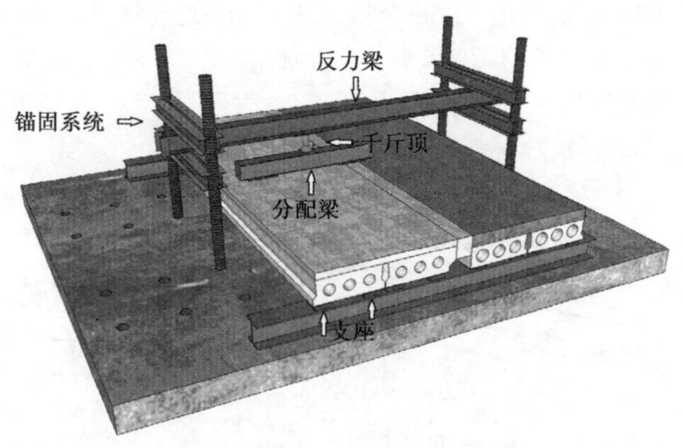

图 5-123　拼宽桥梁加载模拟示意图

模型试验中通过砌筑砂浆找平层及在找平层顶部放置橡胶垫块来模拟轮胎着地区域，采用 1000kN 的稳压千斤顶利用反力梁并通过刚度较大的分配梁实现两点同步加载，具体布置形式如图 5-124a）所示。试验采用分级加载的方式，荷载级为 5kN，每级荷载持荷时间为 3min 试验过程中密切关注拼接缝及各空心板主梁的形态，测试拼宽桥梁拼接缝破坏模式加载整体照如图 5-124b）所示。

a）两点同步加载装置示意图

b）试验模型加载整体照

图 5-124　测试拼宽桥梁拼接缝破坏模式试验加载示意图

5.3.1.5　挠度测试结果及分析

图 5-125 为不同等级荷载作用下试验模型 L/2 截面及 L/4 截面的挠度沿横桥向分布曲线。可以看出，拼接缝开裂前，空心板主梁及拼接缝挠度变化协调，挠度横向分布曲线在拼接缝处无明显突变，新、旧桥主梁挠度过渡平顺，拼接缝能够有效传递荷载使新桥与旧桥近似整体受力；当荷载达到 290kN 时，拼接缝跨中截面开裂，此时挠度横向分布曲线在拼接缝位置出现一定转折，荷载横向传递能力减小。

图 5-126 为拼宽桥梁中空心板主梁的荷载—挠度曲线。可以看出，在加载初始阶段，跨中 *L*/2 截面的挠度随荷载的增大而线性增加，此时结构处于弹性工作状态。试验荷载约为 190kN 时，1 号主梁靠近跨中截面出现第一条横向裂缝，荷载—挠度曲线出现转折，主梁进入

带裂缝工作阶段;随着荷载的增加,其余空心板主梁也相继开裂,2、3 和 4 号主梁出现第一条裂缝的荷载分别为 220kN、220kN 和 260kN。试验加载至 300kN 结束时,主梁最大挠度为 3.15mm,出现在 1 号主梁跨中截面。同时,由主梁 L/4 截面的荷载—挠度曲线可以看出,主梁 L/4 截面混凝土在加载过程中始终处于弹性工作状态。

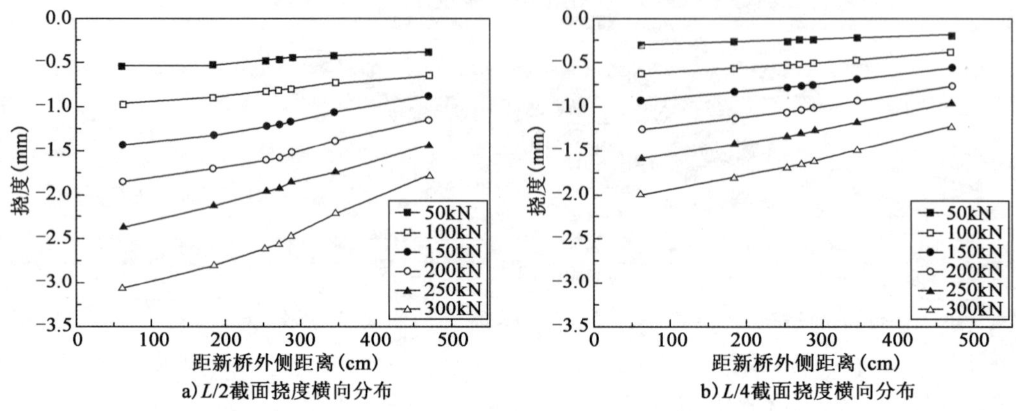

图 5-125 不同等级荷载作用下拼宽桥梁试验模型挠度沿横桥向分布曲线

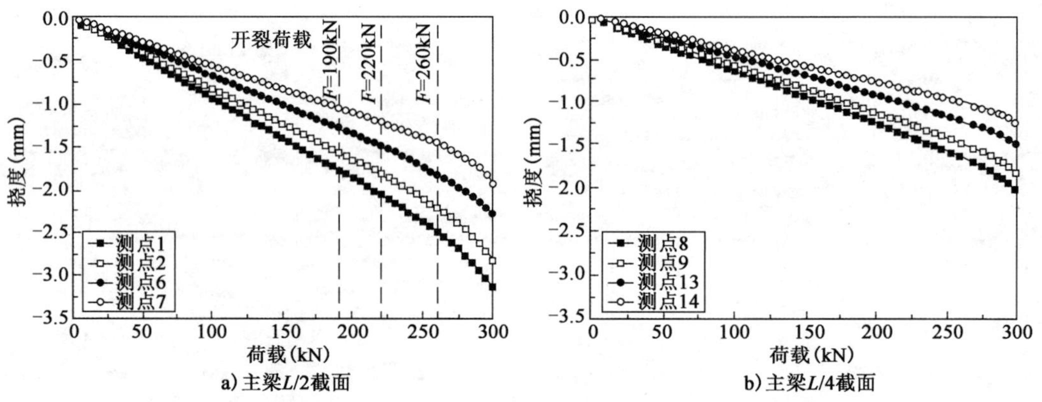

图 5-126 拼宽桥梁中空心板主梁荷载—挠度曲线

图 5-127 为拼宽桥梁中拼接缝的荷载—挠度曲线。可以看出,整个加载过程中拼接缝跨中 L/2 截面的挠度随着荷载的增大基本表现为线性增加,当荷载为 290kN 时,拼接缝靠近跨中截面位置出现一条横向裂缝,此时全桥主梁均已出现不同程度的开裂。试验加载至 300kN 结束时,拼接缝最大挠度为 2.53mm。同时,由拼接缝 L/4 截面的荷载—挠度曲线可以看出,拼接缝 L/4 截面混凝土在加载过程中始终处于弹性工作状态。

通过图 5-126 和图 5-127 的对比可知,在试验荷载作用下空心板主梁的开裂早于拼接缝开裂,从而说明拼接缝连接构造合理、可靠。

5.3.1.6 应变测试结果及分析

图 5-128 为拼宽桥梁中空心板主梁混凝土开裂前的荷载—纵向应变曲线(混凝土开裂后部分应变片失效未示出)。可以看出,L/2 截面开裂前荷载—纵向应变曲线基本为线性增长,

各主梁开裂应变约为82με。当试验加载至300kN结束时，各空心板主梁$L/4$截面应变最大值为56με，小于混凝土的开裂应变，试验中也未观察到$L/4$截面有发生开裂的现象。

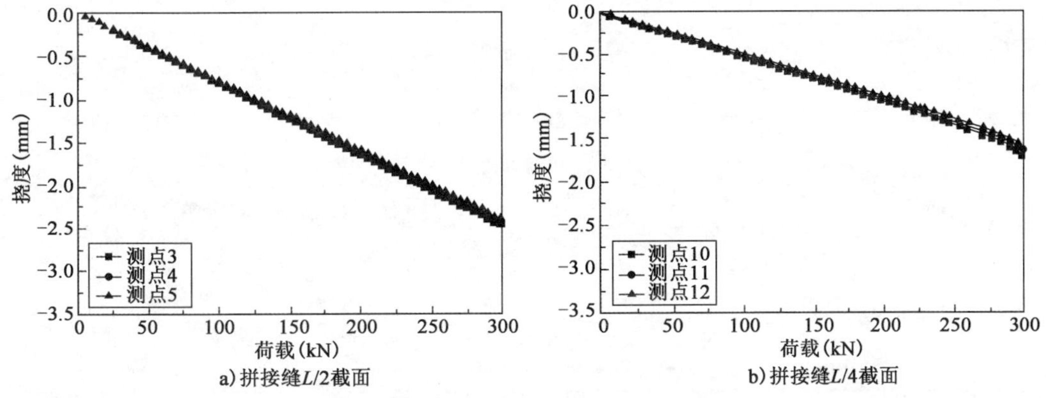

图5-127　拼宽桥梁中拼接缝荷载—挠度曲线

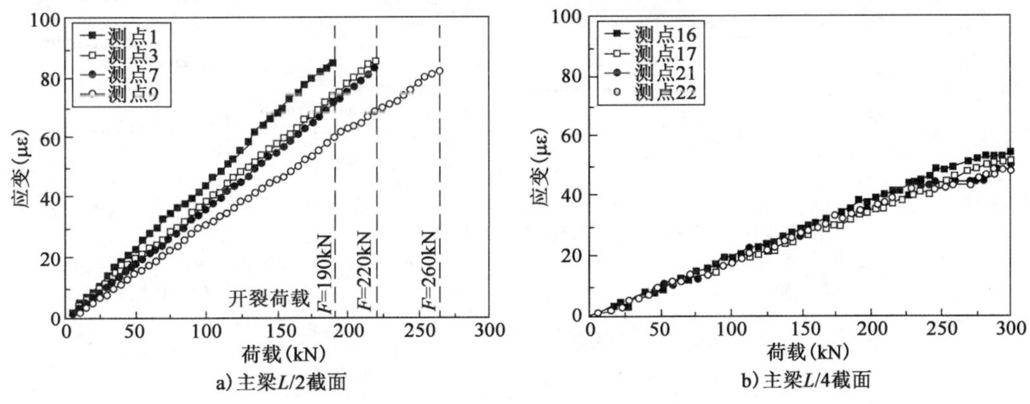

图5-128　拼宽桥梁中空心板主梁荷载—应变曲线

图5-129为拼宽桥梁中拼接缝混凝土开裂前的荷载—纵向应变曲线。可以看出，$L/2$截面开裂前荷载—纵向应变曲线分为两个阶段。加载的初始阶段，拼接缝混凝土应变基本为线性增长；随着荷载的增加，当主梁混凝土开裂后，拼接缝混凝土应变增加速度明显变快；当荷载约为290kN时，试验中观察到拼接缝靠近跨中截面出现一条贯通横向裂缝，此时的应变值为85με。同时，拼接缝$L/4$截面的混凝土应变在加载过程中基本保持线性增加，当试验加载至300kN结束时，拼接缝$L/4$截面应变最大值仅为14με，远小于混凝土开裂应变，试验中也未观察到此位置的开裂现象。

图5-130为拼接缝内纵向钢筋的荷载—应变曲线。可以看出，拼接缝顶缘钢筋受压，底缘钢筋受拉，钢筋应力基本随荷载增加而线性增长；当荷载增加至290kN时，由于拼接缝混凝土开裂，钢筋应变增加速度变快；当荷载增加至300kN时，拉应力区最大拉应变（测点G2）为69με，压应力区最大压应变（测点G4）为－39με，远小于钢筋的屈服应变。同时，拼接缝$L/4$截面的钢筋应变值较小，当试验加载至300kN结束时，最大拉应变（测点G7）为35με，压应力区最大压应变（测点G9）为－20με。

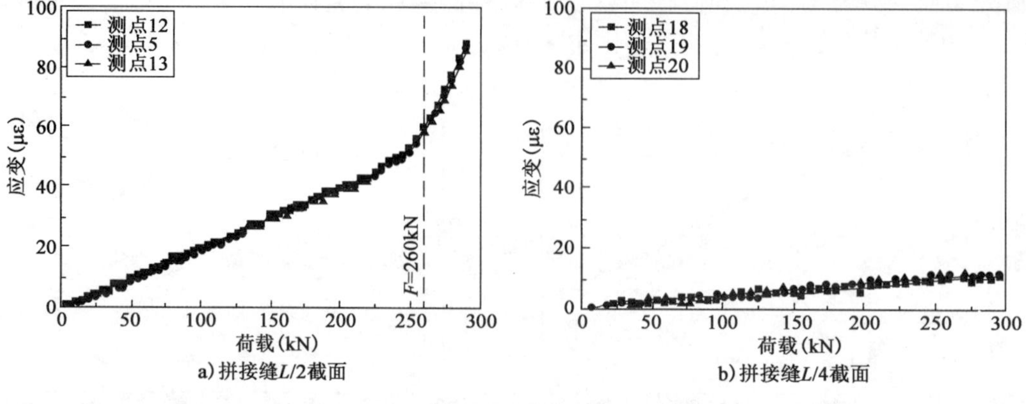

图 5-129 拼宽桥梁中拼接缝荷载—应变曲线

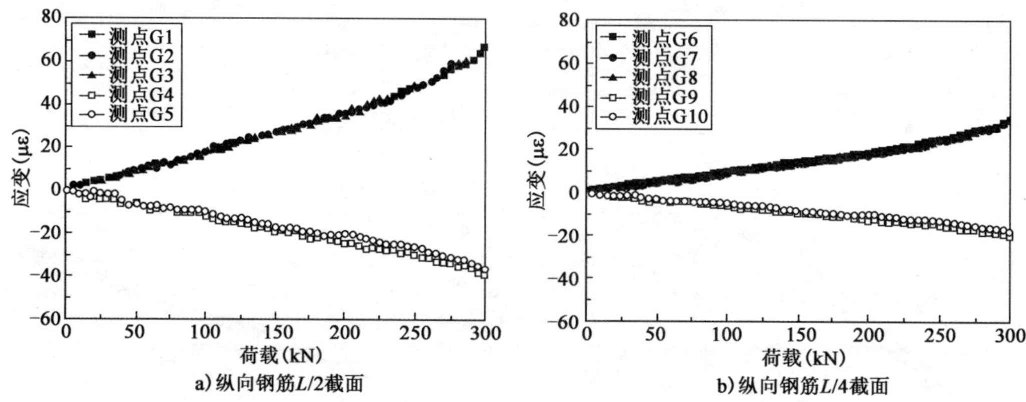

图 5-130 拼宽桥梁中拼接缝纵向钢筋荷载—应变曲线

5.3.1.7 裂缝分布

荷载增加至 300kN 时的空心板主梁与拼接缝底部裂缝分布范围如图 5-131 所示。可以看出，新桥中板开裂区域约为跨中 2.5m 范围，新桥边板和旧桥边板开裂区域约为跨中 1.6m 范围，裂缝间距约为 20cm。旧桥中板仅在靠近跨中截面出现 1 条非贯通横向裂缝。当荷载为 290kN 时，拼接缝靠近跨中截面底缘出现 1 条贯通横向裂缝。拼宽桥梁试验模型底部裂缝照片如图 5-132 所示。

5.3.2 拼宽空心板桥梁有限元分析

本章利用非线性有限元分析软件 ABAQUS，建立第二章中所制作的拼宽空心板梁桥试验模型的实体有限元模型，验证有限元模型是否能较好反映构件受力特点，探讨拼接缝及其与主梁间结合面的受力性能和破坏模式。

5.3.2.1 有限元模型的建立

拼宽空心板梁桥实体有限元模型如图 5-133 所示，全桥网格共划分为 114938 个单元，模

型中定义 X 轴、Y 轴和 Z 轴方向亦见图 5-133。对于边界条件的模拟，不考虑支座刚度，将模型试验中的圆形板式橡胶支座简化为两端简支。

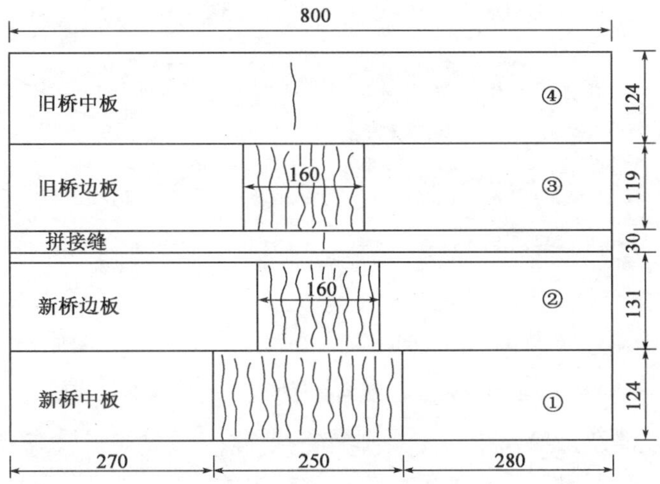

图 5-131　拼宽桥梁试验模型底部裂缝范围示意图(尺寸单位:cm)

a)新桥主梁底部裂缝

b)拼接缝底部跨中截面横向裂缝

图 5-132　拼宽桥梁主梁及拼接缝底部裂缝照片

图 5-133　拼宽桥梁实体有限元模型示意图

（1）空心板

考虑到完全积分单元可能导致单元刚度偏大及二次单元并不适用于接触问题，空心板混凝土采用线性减缩积分单元 C3D8R，网格划分如图 5-134 所示（以新桥边板为例）。

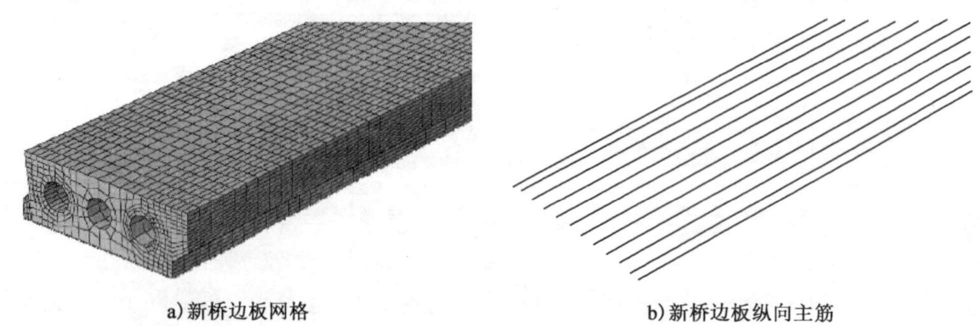

a）新桥边板网格　　b）新桥边板纵向主筋

图 5-134　拼宽桥梁空心板主梁网格及其钢筋划分示意图（纵向局部）

由于空心板与铰缝及拼接缝相邻面为接触关系面，因此对靠近铰缝及拼接缝处区域细化网格，以提高计算精度，而对其他部位则划分相对较粗的网格，以减小计算模型的规模，缩短计算时间。

采用桁架单元 T3D2 模拟空心板纵向受拉主筋，不考虑架立筋及箍筋。由于主梁中钢筋与混凝土之间的黏结滑移关系并不是本文的研究对象，因此采用 EMBEDDED 实现主梁钢筋与混凝土的自由度耦合。

（2）铰缝

铰缝有限元模型未考虑底部砂浆层，采用与空心板相同的 C3D8R 单元模拟混凝土，网格划分见图 5-135。模型中主要考虑铰缝内的剪刀钢筋和纵向主筋，单元类型为 T3D2 单元，同样利用 EMBEDDED 模拟钢筋与混凝土的黏结。

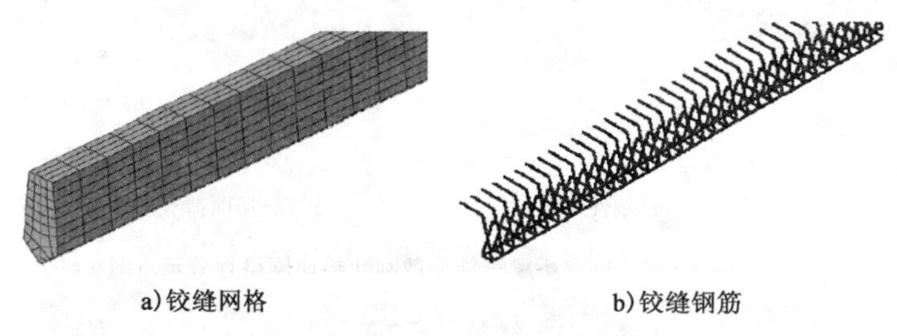

a）铰缝网格　　b）铰缝钢筋

图 5-135　拼宽桥梁铰缝网格及其钢筋划分示意图（纵向局部）

（3）拼接缝

由于拼接缝为本文的研究重点，且其与空心板的结合面为接触关系面，因此对其进行了网格细化，网格划分见图 5-136。同时对拼接缝内的钢筋进行精确建模，主要包括纵向主筋、箍筋和拼接缝与空心板主梁的连接钢筋。

（4）桥面铺装层

桥面铺装层混凝土采用 C3D8R 单元模拟，网格划分主要依据与空心板、铰缝及拼接缝有相同位置的单元节点，网格划分形式见图 5-137。试验过程中未出现铺装层与主梁黏结面破坏的现象，因此采用 TIED 约束实现铺装层与主梁和铰缝的连接。

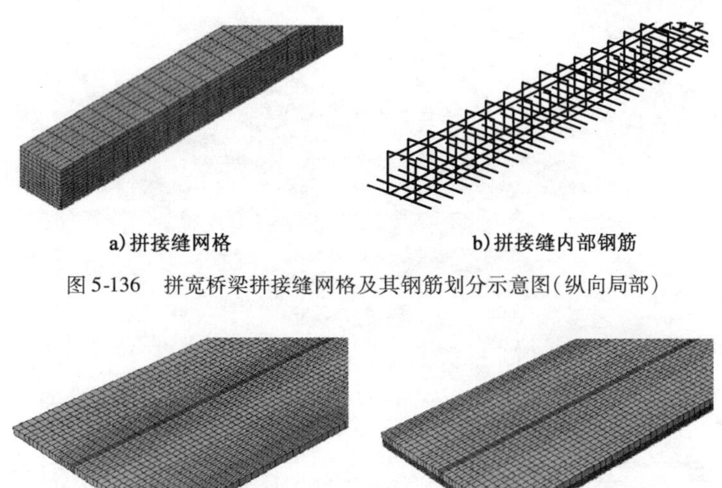

a）拼接缝网格　　b）拼接缝内部钢筋

图 5-136　拼宽桥梁拼接缝网格及其钢筋划分示意图（纵向局部）

a）新桥桥面铺装　　b）旧桥桥面铺装

图 5-137　拼宽桥梁桥面铺装网格划分示意图（纵向局部）

5.3.2.2　加载方式

为模拟试验采用的车辆荷载加载，有限元模型中通过建立弹性模量很大（约为混凝土弹性模量 100 倍）的刚性块体，并在其上施加等值面荷载来模拟车辆荷载，刚性加载垫块网格划分见图 5-138，节点与桥面铺装节点位置相同。不考虑加载垫块与桥面铺装间的滑移，利用 TIED 约束实现加载垫块与铺装层的自由度耦合。

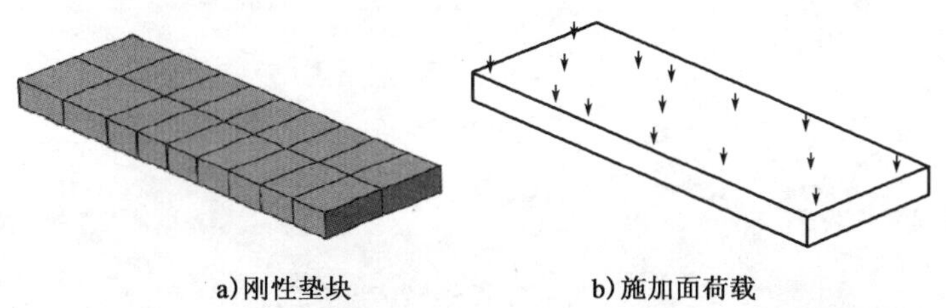

a）刚性垫块　　b）施加面荷载

图 5-138　拼宽桥梁车辆荷载刚性垫块网格划分示意图

5.3.2.3　挠度结果对比

图 5-139 为 300kN 荷载作用下全桥有限元模型竖向挠度云图，为验证本文所建立非线性有限元模型的正确性，选取主梁和拼接缝挠度、纵向应变和拼接缝纵向钢筋应变等试验值与有限元计算结果进行对比分析。

为方便进行对比说明，列拼宽桥梁跨中截面挠度测点布置及编号示意图如图 5-140 所示。

图 5-141a）为主梁跨中截面荷载—挠度曲线的模型试验值和有限元计算结果对比。可以看出，主梁混凝土开裂前有限元计算结果与试验值比较相近，开裂后挠度试验值较有限元计算值偏大，但整体变化趋势基本相同。以测点 1 为例，当荷载增加至 300kN 时，有限元计算挠度为 3.02mm，试验中记录挠度为 3.15mm，仅相差 4.1%。

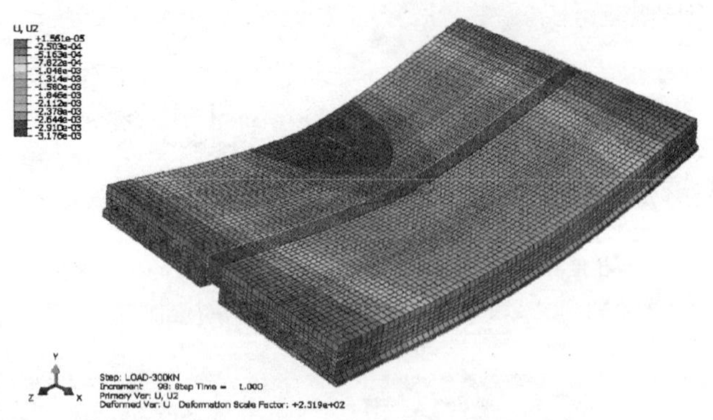

图 5-139　拼宽桥梁全桥有限元模型 300kN 荷载下竖向挠度云图

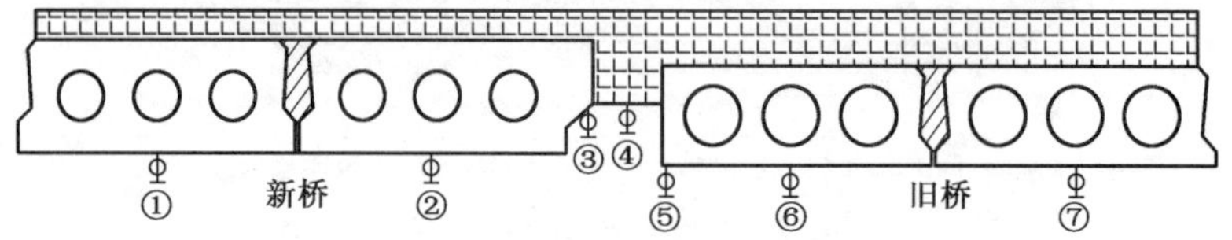

图 5-140　拼宽桥梁跨中截面挠度测点布置及编号示意图

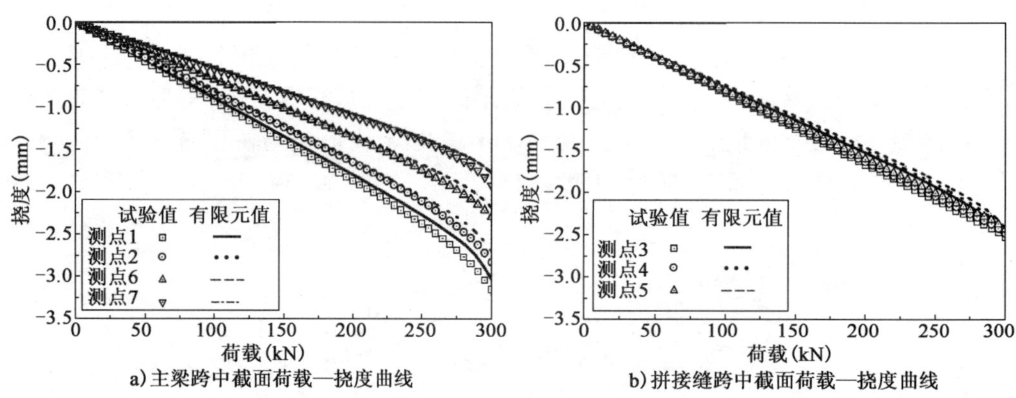

图 5-141　拼宽桥梁荷载—挠度曲线比较

图 5-141b)为拼接缝跨中截面荷载—挠度曲线的模型试验值和有限元计算结果对比。可以看出，荷载加载至 300kN 的过程中，拼接缝挠度有限元计算值始终随荷载线性增加，与试验结果有略微偏差，但整体变化趋势相近。以测点 4 为例，当荷载增加至 200kN 时，有限元结果与试验值偏差最大，此时有限元计算挠度为 1.48mm，试验中记录挠度为 1.64mm，仅相差 9.8%。

5.3.2.4　应变结果对比

为方便进行对比说明，列拼宽桥梁跨中截面应变测点布置及编号示意图如图 5-142 所示。

图 5-143a)为主梁跨中截面荷载—应变曲线的模型试验值和有限元计算结果对比。可以看出，主梁纵向受拉应变增加速度试验值较有限元值偏大，相应开裂荷载较有限元值偏小，但整体趋势一致，各主梁开裂荷载与试验实测值较为相近。以测点 1 为例，有限元计算结果开裂

荷载为210kN，试验中开裂荷载为190kN，仅相差10.5%。

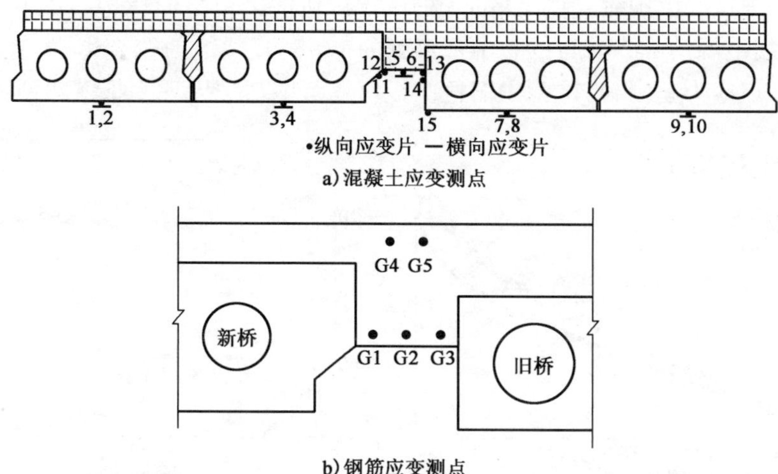

图5-142　拼宽桥梁跨中截面应变测点布置及编号示意图

图5-143b)为拼接缝跨中截面荷载—应变曲线的模型试验值和有限元计算结果对比。可以看出，拼接缝纵向应变在荷载为[0,230]kN区间内时，试验值比有限元结果略微偏大，在荷载为[230,300]kN区间内时，试验值和有限元结果有一定偏差但发展趋势一致。以测点5为例，有限元中开裂荷载为305kN，与试验实测结果290kN较为相近，仅相差5.2%。

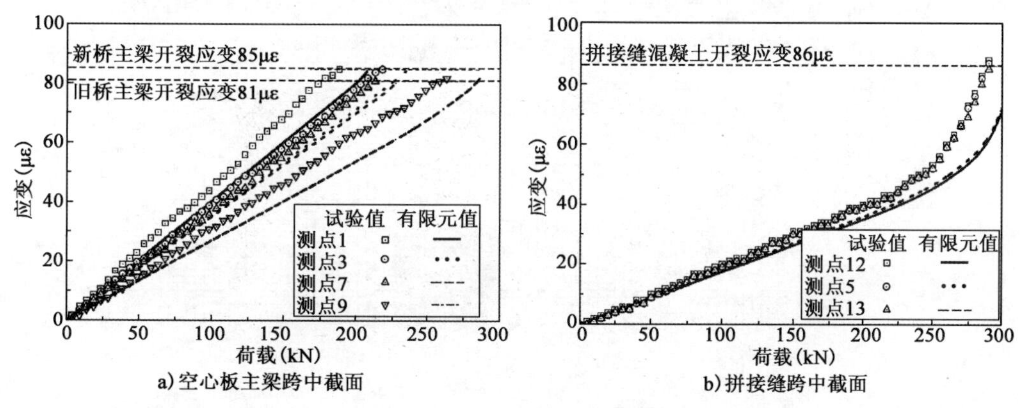

图5-143　拼宽桥梁跨中截面混凝土荷载—应变曲线比较

图5-144为拼接缝纵向主筋跨中截面荷载—应变曲线的模型试验值和有限元计算结果对比。可以看出，受拉和受压纵向主筋的荷载—应变曲线均较为吻合。当荷载增加至300kN时，受拉主筋以测点G2为例，有限元中拉应变为62με，与试验实测结果69με仅相差10.1%；受压主筋以测点G4为例，有限元中压应变为-31με，与试验实测结果-39με相差20.5%。

5.3.2.5　裂缝分布对比

ABAQUS有限元软件中场输出量PEEQT表示混凝土受拉等效塑性应变，当PEEQT>0时，表示混凝土应力超过抗拉强度即发生了开裂。图5-145绘出300kN荷载作用下主梁及拼接缝底部 PEEQT 分布云图,可以看出此时的裂缝开展范围。新桥中板最先发生开裂,其开裂范围约为 1.8m,与试验中观察到的 2.5m 较为一致;新桥边板与旧桥边板的开裂荷载与范围均较为相近,开裂范围约 1.2m,与试验中观察到的 1.6m 开裂范围较为吻合;有限元计算中旧桥中板只有少数点应力超限,与试验中旧桥中板仅在跨中截面出现一条横向裂缝也较为吻合。

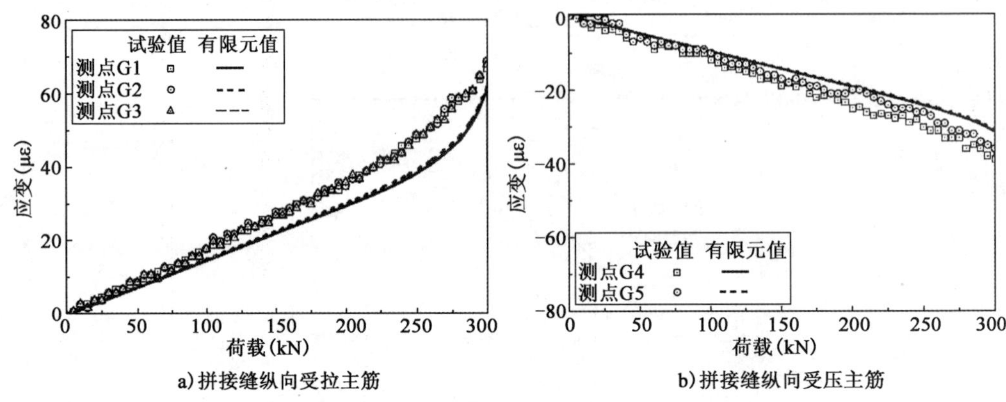

图 5-144 拼宽桥梁拼接缝跨中截面纵向钢筋荷载—应变曲线对比

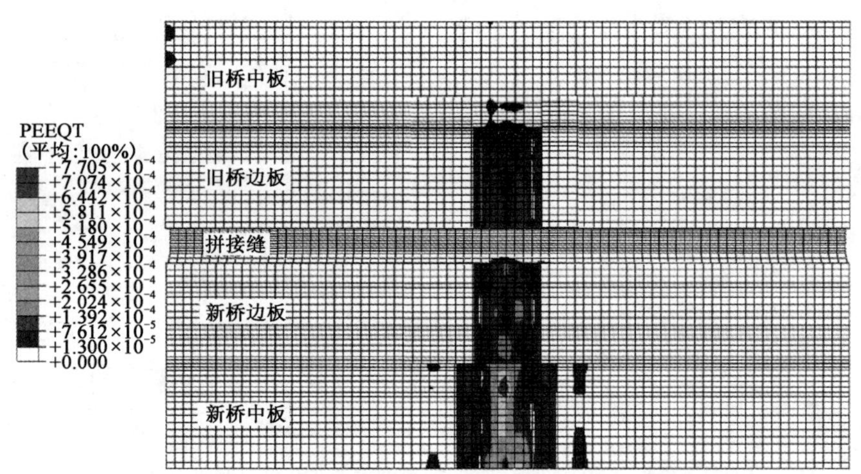

图 5-145 拼宽桥梁有限元模型 300kN 荷载下 PEEQT 云图

综上所述,本文建立的非线性有限元模型能较准确的模拟拼宽桥梁在车辆荷载作用下的受力特性,可以利用此模型进行相关的数值分析。

5.3.3 拼宽桥梁横向分布计算

5.3.3.1 拼宽桥梁横向分布试验

依次在足尺模型的每片空心板跨中截面施加 50kN 竖向力,利用百分表读取各块板的挠度,以此计算荷载横向分布系数(荷载横向分布影响线竖标值),横桥向加载位置如图 5-146 所示。试验所得各空心板挠度结果列于表 5-13。

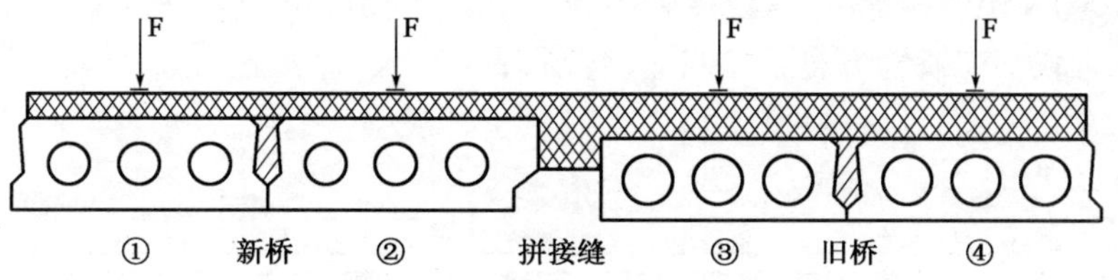

图 5-146　拼宽桥梁荷载横向分布试验加载示意图

拼宽桥梁各空心板梁挠度试验值　　表 5-13

加载位置	各空心板挠度(mm)			
	1	2	3	4
1	0.242	0.215	0.130	0.083
2	0.212	0.212	0.147	0.126
3	0.122	0.140	0.220	0.228
4	0.070	0.110	0.205	0.247

采用式(5-5)处理模型横向分布试验加载得到的挠度,计算得到横向分布影响线竖标值,见表 5-14。

$$\eta_{ij} = \frac{w_{ij}}{\sum_{i=1}^{n} w_{ij}} \tag{5-5}$$

式中:w_{ij}——单位力作用于j号梁上时,第i号梁的挠度;

η_{ij}——i号板梁的荷载横向分布影响线在j号梁轴下的竖标值;

n——主梁数量。

拼宽桥梁试验实测荷载横向分布影响线竖标值　　表 5-14

板梁编号	各空心板横向影响线竖标值			
	1	2	3	4
1	0.361	0.321	0.194	0.124
2	0.304	0.304	0.211	0.181
3	0.172	0.197	0.310	0.321
4	0.111	0.174	0.324	0.391

5.3.3.2　铰接板横向分布计算

装配式空心板梁桥依靠现浇混凝土纵向企口缝连接横向各空心板,既有铰接板荷载横向分布计算方法中均假定此连接方式为铰接,且不考虑桥面铺装的作用,计算图示见图 5-147。以单位荷载作用于 1 号板梁为例,铰接空心板桥的计算跨径为l,横向由n块截面形式和材料属性各不相同的空心板组成,共有$n-1$条铰缝。

铰接板法力法方程可用张量表示为式(5-6):

$$[\delta_{ij}]\{x_i\} + [\delta_{ip}] = 0 \tag{5-6}$$

式中：δ_{ij}——铰缝 j 处作用单位正弦铰接力时，在铰缝 i 处引起的竖向相对位移；

δ_{ip}——外荷载 p 在铰缝 i 处引起的竖向位移；

x_i——铰缝 i 处的赘余力峰值。

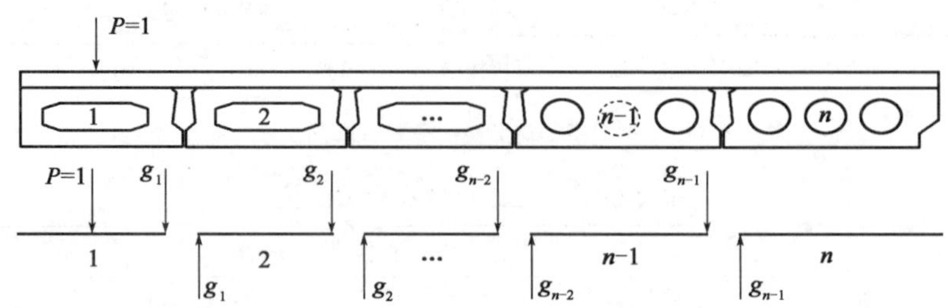

图 5-147　主梁截面形式不同时铰接板法计算模型

5.3.3.3　考虑拼接缝刚度的拼宽桥梁横向分布计算

由于将拼接缝简化为铰接或刚接，都无法较准确地反映拼宽空心板桥的横向分布规律。从简化方式来说，将拼接缝简化为刚接或铰接，均为一种连接形式，没有考虑其刚度。为此，提出了将拼接缝作为一个与主梁相同的结构进行拼宽桥梁横向分布计算，即考虑拼接缝的刚度，拼接缝与新、旧桥空心板主梁之间的连接为刚接。

考虑拼接缝刚度的横向分布计算图示如图 5-148 所示。

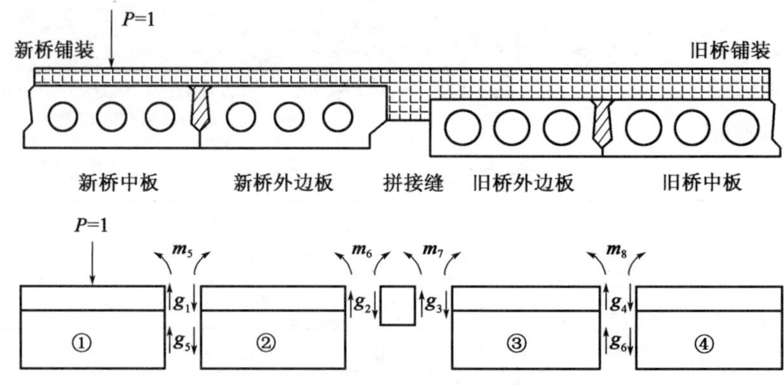

图 5-148　考虑拼接缝刚度计算图示

值得注意的是，考虑铺装层后，新桥主梁截面形心轴距铺装层顶面的距离与旧桥主梁截面形心轴距铺装层顶面的距离大致相等，但拼接缝截面形心与两侧主梁形心有较大的偏移量。在计算拼接缝刚度时，应计算相对于主梁形心轴的惯性矩，见图 5-149。

为分析考虑拼接缝刚度对拼宽桥梁横向分布影响，对比计算考虑拼接缝刚度计算值和试验实测得到的荷载横向分布影响线竖标值数据，将考虑拼接缝刚度计算值和试验实测横向分布影响线绘于图 5-150，数据结果列于表 5-15。

由表 5-15 和图 5-150 可以看出，考虑拼接缝刚度后，2 号梁（新桥边板）和 3 号梁（旧桥边板）间的曲线能更为准确地反映趋势，荷载横向分布影响线竖标值与试验值误差明显变小，最大偏差由 39.7% 下降为 23.1%。

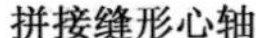

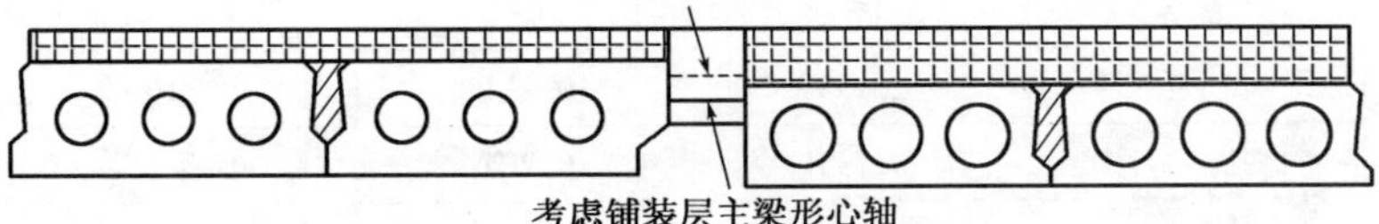

图5-149　拼接缝惯性矩计算轴示意图

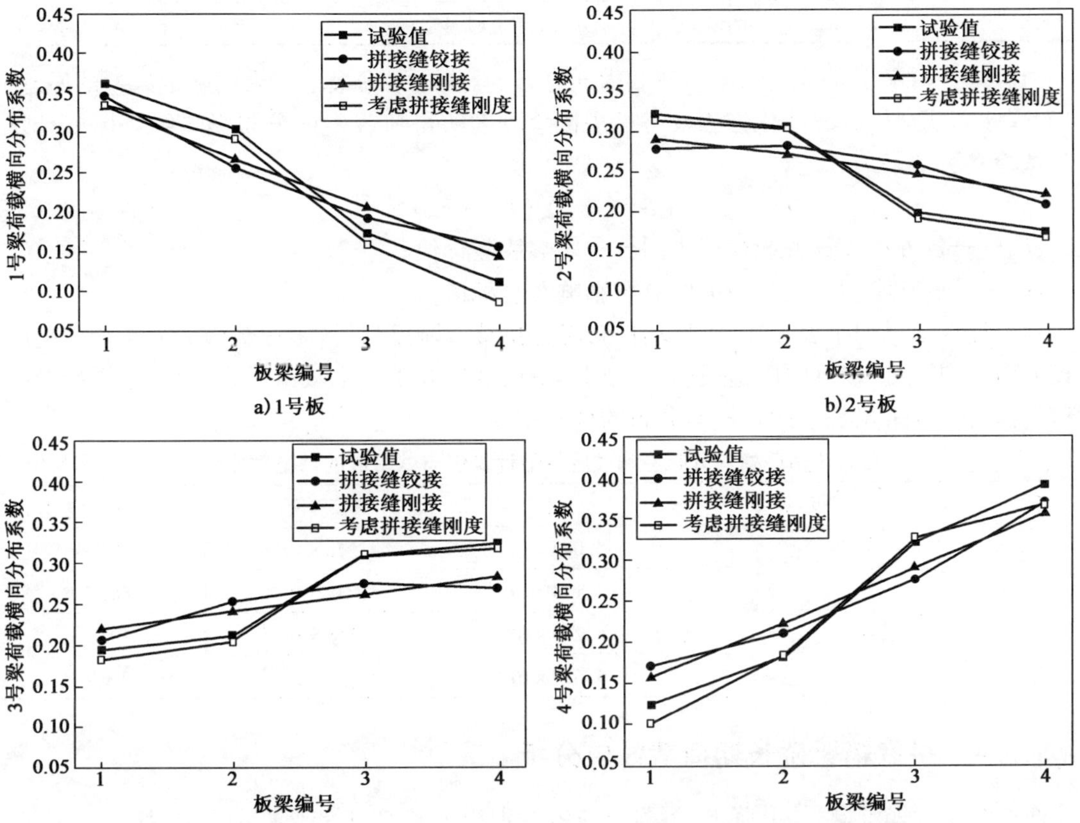

a)1号板

b)2号板

c)3号板

d)4号板

图5-150　考虑拼接缝刚度横向分布影响线计算值与试验值的对比

考虑拼接缝刚度横向分布影响线计算值与试验值的对比　　表5-15

板号 i	计算方法	η_{i1}	η_{i2}	η_{i3}	η_{i4}
1	试验值	0.361	0.304	0.172	0.111
	考虑拼接缝刚度	0.335	0.292	0.158	0.085
	（误差）	（-7.3%）	（-4.1%）	（-7.9%）	（-23.1%）
2	试验值	0.321	0.304	0.197	0.174
	考虑拼接缝刚度	0.313	0.303	0.190	0.166
	（误差）	（-2.4%）	（-0.4%）	（-3.7%）	（-4.3%）

续上表

板号 i	计算方法	η_{i1}	η_{i2}	η_{i3}	η_{i4}
3	试验值	0.194	0.211	0.310	0.324
	考虑拼接缝刚度	0.183	0.204	0.311	0.318
	（误差）	（-5.9%）	（-3.2%）	（0.3%）	（-2.0%）
4	试验值	0.124	0.181	0.321	0.391
	考虑拼接缝刚度	0.101	0.183	0.326	0.365
	（误差）	（-18.7%）	（1.4%）	（1.5%）	（-6.5%）

为定量分析考虑拼接缝刚度对荷载横向分布的影响，根据最小二乘法衡量误差的原理，按式（5-7）计算现有拼接缝简化方法及考虑拼接缝刚度所得荷载横向分布影响线竖标值计算结果与试验实测结果的二范数。

$$\|\delta\|^2 = \sum(F_u - F_u^t)^2 \tag{5-7}$$

式中：F_u——各方法计算各板荷载横向分布影响线竖标值；

F_u^t——试验实测各板荷载横向分布影响线竖标值。

整理计算结果列于表5-16。可以看出，考虑拼接缝刚度后，各板荷载横向分布计算精度均有较大提高，其中拼接缝两侧边板（2、3 号主梁）精度提高了一个数量级，说明考虑拼接缝刚度能较大幅度提高拼宽桥梁荷载横向分布的计算精度。

各方法荷载横向分布影响线竖标值计算值与试验值的二范数比较 表5-16

	板 梁 编 号	拼接缝铰接	拼接缝刚接	考虑拼接缝刚度
$\|\delta\|^2$	1	5.049×10^{-3}	4.376×10^{-3}	1.695×10^{-3}
	2	7.138×10^{-3}	6.248×10^{-3}	1.687×10^{-4}
	3	6.265×10^{-3}	5.778×10^{-3}	2.197×10^{-4}
	4	5.620×10^{-3}	5.056×10^{-3}	1.206×10^{-3}

5.3.4 拼宽箱梁桥长期荷载效应分析

通过对温度梯度、整体升降温、混凝土收缩和混凝土徐变四种长期荷载作用下，长联预应力混凝土连续梁桥采用不同拼接方式拓宽后的桥梁结构在纵、横桥向产生的变形进行分项计算可知，在长期荷载作用下，采用新、旧桥沿纵桥向全部连接方式拓宽后的长联预应力混凝土连续梁桥将产生较大的横桥向弯曲变形，使旧桥支座产生横桥向位移，最大值均出现在桥台或一联的过渡墩位置。

表5-17 对比分析了温度梯度、整体升降温、混凝土收缩和混凝土徐变这四种长期荷载各自对拓宽长联预应力混凝土连续梁桥的影响程度。对比中取漳河特大桥 12 孔一联主桥新、旧桥主梁连接后，各长期荷载造成的旧桥支座横桥向位移最大绝对值为代表，表中的比重 γ = 计算值 i/合计 Σ，其中，计算值 i 指各种长期荷载造成拓宽后桥梁结构的横桥向变形值，合计 Σ =（温度梯度计算值 + 整体升降温计算值 + 混凝土徐变计算值 + 混凝土收缩计算值）。

由表5-17 可知，整体升降温造成拓宽长联预应力混凝土连续梁桥的旧桥支座横桥向位移

值所占的比重γ最小，只有4.56%，说明整体升降温对拓宽长联预应力混凝土连续梁桥的影响最小；混凝土收缩造成拓宽长联预应力混凝土连续梁桥的旧桥支座横桥向位移值所占的比重γ最大，多达68.58%，说明混凝土收缩是影响拓宽长联预应力混凝土连续梁桥的最主要因素。

各长期荷载造成的拓宽后桥梁结构的横桥向变形对比　　表5-17

桥　梁	荷　载	支座横桥向最大位移		
		位　置	计算值i(mm)	比重γ(%)
漳河特大桥第一联主桥(12×30)m	温度梯度	旧桥1号梁、1号台、13号墩	4.24	6.76
	整体升降温		2.86	4.56
	混凝土徐变		12.60	20.10
	混凝土收缩		43.00	68.58
	合计Σ		62.70	100.00

5.3.5　拼宽箱梁桥拼接时间分析

5.3.5.1　合理拼接时间计算

通过对比不同拼接时间工况下混凝土收缩造成的旧桥支座横桥向位移最大值（旧桥1号梁在1号桥台处的支座横桥向位移值），得到长联预应力混凝土连续梁桥的合理拼接时间，计算工况见表5-18。表中的工况一～工况七表示新旧桥之间的拼接时间分别为0、6、12、18、24、36、50个月。

依托工程3座长联预应力混凝土连续梁桥的合理拼接时间的计算工况　　表5-18

工况序号	工况内容
工况一	采用新旧桥主梁沿纵桥向全部拼接的方式拓宽桥梁，新桥建成后立即实现新旧桥拼接，拼接后新桥工作十年
工况二	采用新旧桥主梁沿纵桥向全部拼接的方式拓宽桥梁，新桥建成6个月后实现新旧桥拼接，拼接后新桥工作十年
工况三	采用新旧桥主梁沿纵桥向全部拼接的方式拓宽桥梁，新桥建成12个月后实现新旧桥拼接，拼接后新桥工作十年
工况四	采用新旧桥主梁沿纵桥向全部拼接的方式拓宽桥梁，新桥建成18个月后实现新旧桥拼接，拼接后新桥工作十年
工况五	采用新旧桥主梁沿纵桥向全部拼接的方式拓宽桥梁，新桥建成24个月后实现新旧桥拼接，拼接后新桥工作十年
工况六	采用新旧桥主梁沿纵桥向全部拼接的方式拓宽桥梁，新桥建成36个月后实现新旧桥拼接，拼接后新桥工作十年
工况七	采用新旧桥主梁沿纵桥向全部拼接的方式拓宽桥梁，新桥建成50个月后实现新旧桥拼接，拼接后新桥工作十年

5.3.5.2　计算结果分析

(1)漳河特大桥

图5-151对比分析了不同拼接时间工况中，漳河特大桥12孔一联主桥（12×30m）采用

新、旧桥主梁沿纵桥向全部拼接的方式进行拓宽后的桥梁结构在混凝土收缩作用下旧桥支座横桥向位移最大值(旧桥 1 号梁在 1 号桥台处的支座横桥向位移)的计算结果。图中横坐标 1 ~7代表各个工况号,图中的容许值 17.50mm 代表旧桥 1 号梁在 1 号桥台处的支座容许的横桥向位移值。

由图 5-151 可知:当拼接时间达 3 年(36 个月)时,混凝土收缩造成的旧桥支座横桥向位移最大值 19.14mm 仍然大于相应的容许值 17.50mm,说明对于漳河特大桥 12 孔一联主桥(12 ×30m)采用新、旧桥主梁沿纵桥向全部拼接的方式进行拓宽后的桥梁结构,要使旧桥支座不会因混凝土收缩造成的横桥向位移过大而发生剪切破坏,拼接时间必须大于 36 个月,即新桥形成连续梁结构体系后的静置时间需超过 3 年。

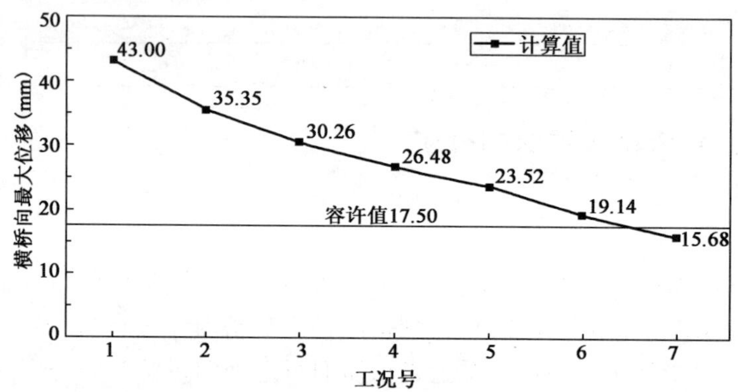

图 5-151　不同拼接时间下混凝土收缩造成的旧桥支座横桥向位移对比图

(2)支漳河特大桥

图 5-152 对比分析了不同拼接时间工况中,支漳河特大桥 17 孔一联主桥(17 ×30m)采用新、旧桥主梁沿纵桥向全部拼接的方式进行拓宽后的桥梁结构在混凝土收缩作用下旧桥支座横桥向位移最大值(旧桥 1 号梁在 1 号桥台处的支座横桥向位移)的计算结果。图中横坐标 1 ~7 代表各个工况号,图中的容许值 17.50mm 代表旧桥 1 号梁在 1 号桥台处的支座容许的横桥向位移值。

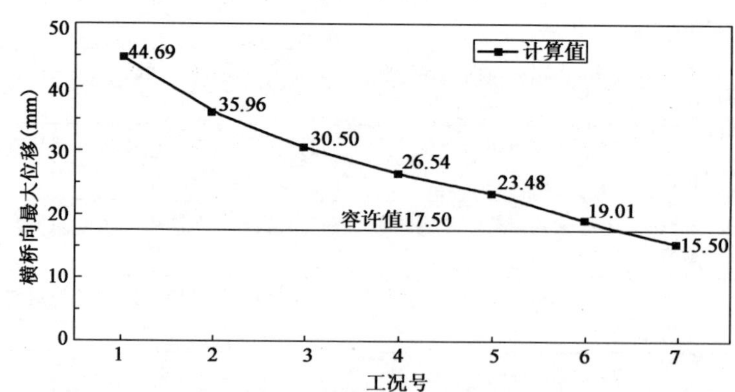

图 5-152　不同拼接时间下混凝土收缩造成的旧桥支座横桥向位移对比图

由图 5-152 可知:当拼接时间达 3 年(36 个月)时,混凝土收缩造成的旧桥支座横桥向位移最大值 19.01mm 仍然大于相应的容许值 17.50mm,说明对于支漳河特大桥 17 孔一联主桥

(17×30m)采用新、旧桥主梁沿纵桥向全部拼接的方式进行拓宽后的桥梁结构,要使旧桥支座不会因混凝土收缩造成的横桥向位移过大而发生剪切破坏,拼接时间必须大于36个月,即新桥形成连续梁结构体系后的静置时间需超过3年。

(3)洺河大桥

图5-153对比分析了不同拼接时间工况中,洺河大桥18孔一联主桥(18×30m)采用新、旧桥主梁沿纵桥向全部拼接的方式进行拓宽后的桥梁结构在混凝土收缩作用下旧桥支座横桥向位移最大值(旧桥1号梁在1号桥台处的支座横桥向位移)的计算结果。图中横坐标1~7代表各个工况号,图中的容许值17.50mm代表旧桥1号梁在1号桥台处的支座容许的横桥向位移值。

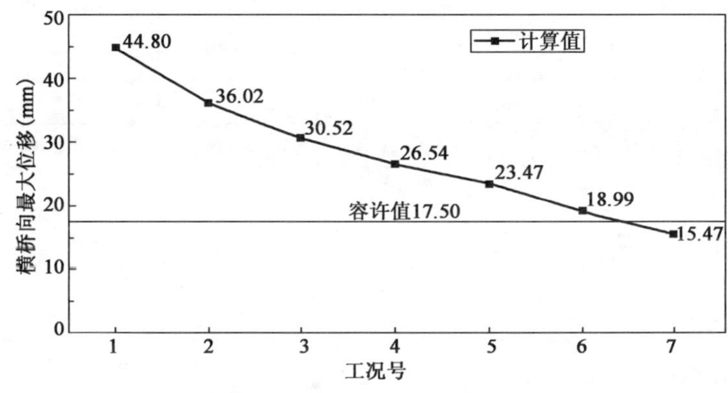

图5-153 不同拼接时间下混凝土收缩造成的旧桥支座横桥向位移对比图

由图5-153可知:当拼接时间达3年(36个月)时,混凝土收缩造成的旧桥支座横桥向位移最大值18.99mm仍然大于相应的容许值17.50mm,说明对于洺河大桥18孔一联主桥(18×30m)采用新、旧桥主梁沿纵桥向全部拼接的方式进行拓宽后的桥梁结构,要使旧桥支座不会因混凝土收缩造成的横桥向位移过大而发生剪切破坏,拼接时间必须大于36个月,即新桥形成连续梁结构体系后的静置时间需超过3年。

通过对比分析漳河特大桥12孔一联主桥(12×30m)、支漳河特大桥17孔一联主桥(17×30m)与洺河大桥18孔一联主桥(18×30m)采用沿纵桥向全部拼接的方式进行拓宽后的桥梁结构,不同拼接时间工况中,混凝土收缩作用下旧桥支座的横桥向位移最大值(旧桥1号梁在1号桥台处的支座横桥向位移值),可以得到对于依托工程3座长联预应力混凝土连续梁桥,要使旧桥支座不会因混凝土收缩造成的横桥向位移过大而发生剪切破坏,拼接时间必须大于36个月,即新桥形成连续梁结构体系后的静置时间需超过3年。

5.3.5.3 实桥观测与对比分析

前文依靠有限元软件对拓宽长联连续梁桥进行模拟分析,为获得实测数据进行验证,于2014年4月开始进行了漳河特大桥、支漳河特大桥、洺河特大桥的实桥观测。此时,各特大桥均未进行新旧桥梁拼接缝的施工。

以漳河特大桥为例,表5-19为2014年3月2日~2014年3月12日期间该桥纵桥向位移的实测值与有限元计算值的对比。可以看出,混凝土收缩徐变产生的长联桥梁实测纵桥向位移与按照桥规规定的混凝土收缩模型求得的变形在同一数量级上,且实测数值(1.0mm)比计算值(0.6mm)大。说明现有桥规《公路钢筋混凝土与预应力混凝土桥涵设计规范》(JTG D62—2004)规定的混凝土收缩计算模型能较准确地计算混凝土收缩徐变产生的长联桥梁纵桥向位移,也说明我们进行的有限元分析结果是可靠的。

纵桥向位移实测值与计算值对比(2014 年 3 月 2 日 ~2014 年 3 月 12 日)　　表 5-19

孔　数	测　点	实测值(mm)	有限元值(mm)	差值(mm)
第 36 孔	37 - 1	1.0	0.6	0.4
	37 - 2	1.0	0.6	0.4
	37 - 3	1.0	0.6	0.4
	37 - 4	1.0	0.6	0.4
	36 - 5	1.0	0.6	0.4
	36 - 6	1.0	0.6	0.4
	36 - 7	1.0	0.6	0.4
	36 - 8	1.0	0.6	0.4
第 25 孔	26 - 1	-1.0	-0.6	-0.4
	26 - 2	-1.0	-0.6	-0.4
	26 - 3	-1.0	-0.6	-0.4
	26 - 4	-1.0	-0.6	-0.4
	25 - 5	-1.0	-0.6	-0.4
	25 - 6	-1.0	-0.6	-0.4
	25 - 7	-1.0	-0.6	-0.4
	25 - 8	-1.0	-0.6	-0.4

因此,按照我们和设计院的计算结果,如果采用“在施工期 3 年内完成全桥所有拼接缝施工”的方法,将可能造成旧桥支座产生横桥向破坏。

5.4　RPC 梁预制节段拼接技术

5.4.1　活性粉末混凝土(RPC)制备技术

5.4.1.1　RPC 原材料的选用

水泥是混凝土最重要的原材料之一,它与其他材料混合后经过物理化学反应由可塑性的浆体变成坚硬的水泥石。在配制 RPC 时,选择的水泥最好是强度高且同时具有良好的流变性能,并能与所用的高效减水剂有很好的相容性。从流变性和力学性能来看,高硅模量的水泥的效果最好,但这种水泥缓凝现象严重,不适宜用于常规工程,因此在通常用 C3A 含量低的硅酸盐水泥。根据上述要求,本文试验采用是福建“炼石牌”P. O52.5 普通混凝土硅酸盐水泥。

高效减水剂基本上都是聚合物电解质，对水泥颗粒具有很强的分散作用，在混凝土中掺入一定量的高效减水剂，能使混凝土拌合物的流动性大大提高，或者在保持混凝土拌合物坍落度相同的情况下，减水率可达到18%～30%。RPC 由于其水胶比极低，如果不掺高效减水剂极难振捣成型。因此高效减水剂是配制 RPC 材料不可或缺的原材料之一。本文试验选用的高效减水剂是福州创先工程材料有限公司提供的 CX－8 聚羧酸减水剂，其减水率≥25%。

硅灰也称硅粉，是钢厂和铁合金厂生产硅钢和硅铁时产生的烟尘。硅灰的主要成分为 SiO_2，且其颗粒极细，只有水泥颗粒粒径的 1/100 左右，因而硅灰具有很高的火山灰活性。硅灰掺入 RPC 后，能提高 RPC 的强度，改善 RPC 的孔结构，提高其密实度，提高 RPC 抗渗性、抗冻性及抗侵蚀性。本文试验使用的硅灰是从西宁铁合金厂驻闽清经销商处购买的，其 SiO_2 大于等于 90%，粒径为 0.1～0.2μm。

细砂是 RPC 中的主要集料。在选择细砂时，主要考虑其矿物成分、平均粒径、颗粒形状等。根据最大密实理论模型，在 RPC 中粒径仅次于细砂是水泥，其颗粒粒径范围为 80～100μm，为避免与水泥颗粒粒径冲突，细砂应选择粒径范围限制在 150～600μm 之间，平均粒径为 250μm 左右，颗粒形状应选择为球形。细砂矿物成分中，SiO_2 的含量不低于 90%。细砂可以通过对天然砂进行筛分获得或采用人工标准砂，天然砂有着优良的颗粒形状而且便宜；人工标准砂虽有良好的级配但比较贵，不宜在 RPC 拱桥中应用。因此本文试验采用闽江河沙(筛去粒径大于 0.63mm 的颗粒)。

本文试验采用了鞍山昌宏钢纤维厂生产的钢纤维，其直径 0.22mm 左右，长度约 13mm，抗拉强度 2850MPa。

RPC 原材料的参考价格如表 5-20 所示。

RPC 原材料参考价格　　表 5-20

材料	水泥	硅灰	砂	减水剂	钢纤维
单价(元/kg)	0.4	2.8	0.03	11.2	30

5.4.1.2　RPC 配合比

试验采用的 RPC 配合比参数如表 5-21 所示，是根据福州大学季韬教授课题组的研究而制定的。该配合比的胶凝材料由水泥和硅灰组成，水胶比为 0.18。

RPC 的配合比参数　　表 5-21

编　号	钢纤维(V%)	水胶比(W/B)	胶凝材料组成(B)		细砂(S/C)	减水剂(SU/C)
			水泥(C)	硅灰(SF/C)		
A1	0	0.18	1	0.3	1.17	0.025
A2	0.5					
A3	1					
A4	1.5					
A5	2					
A6	2.5					
A7	3					

考虑到钢纤维的价格高昂及其对 RPC 性能的影响,在配合比的制定中特别考虑了钢纤维掺量的问题。王建雷等进行了钢纤维体积掺量为 0 ~ 3.5%(增幅为 0.5%)RPC 试件的抗压和抗折试验研究;曾建仙等进行了钢纤维体积掺量分别为 0、0.5%、1%、2% 和 3% 的 RPC 试件的抗压试验研究,因此本文采用了钢纤维掺量的范围为 0 ~ 3%,以 0.5% 的幅度变化,即 0、0.5%、1%、1.5%、2%、2.5% 和 3% 共七种。

5.4.1.3 RPC 试件制备步骤

RPC 的配制时,投料顺序的不同会影响其强度和流动性。钢纤维适合在全部的材料搅拌完之后加入,如在最后材料的投料过程中加入钢纤维可能造成粉末材料以钢纤维为中心的结块,不利于 RPC 的搅拌。并且加完钢纤维后,需控制搅拌时间,防止水分的挥发。经过综合考虑,本试验采用的投料顺序为:

(1)将称好的砂、硅灰和水泥依次倒入搅拌锅内,搅拌 150s;

(2)将溶有高效减水剂的水慢慢加入搅拌锅,搅拌 150s;

(3)加入称好的钢纤维,搅拌 300s;

(4)浇筑成型。将拌合物浇筑入试模,在振动台上振动 3 ~ 5min。

5.4.2 RPC 梁预制节段拼接技术模型试验研究

5.4.2.1 模型梁设计

考虑模型制作工艺的限制,将试验梁制作成梁高 400mm,顶板宽度 1250mm,厚度 50mm,底板宽度 600mm,厚度 50mm,试验梁标准横截面见图 5-154。

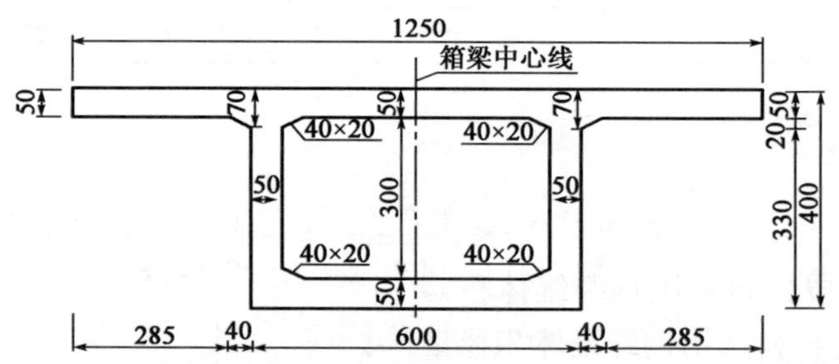

图 5-154 试验梁截面尺寸(尺寸单位:mm)

试验梁为简支梁,总长 12.4cm,高跨比 1/30,两支点间距离为 1200cm,主梁布置图见图 5-155。

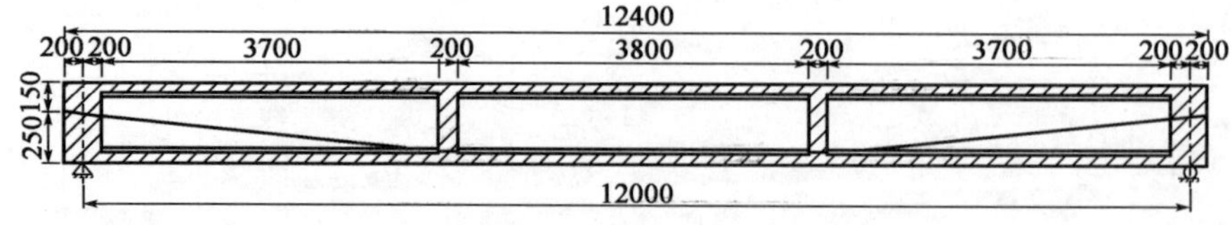

图 5-155 试验梁纵向布置图(尺寸单位:mm)

由于受到蒸养条件的限制，试验梁需分成五段制作，每段之间预留 20cm 湿接缝，拼装浇捣接缝 RPC 完成后，进行接缝 RPC 的蒸养，以满足接缝与节段梁等强的要求。湿接缝布置如图 5-156 所示。

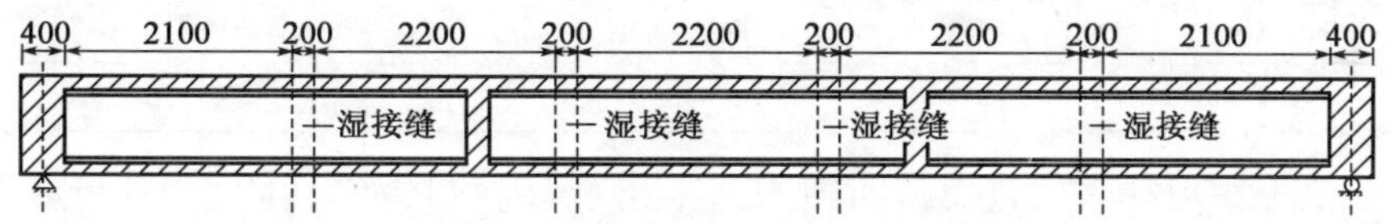

图 5-156　湿接缝方案试验梁节段图（尺寸单位：mm）

主梁布置体外无黏结预应力筋，用以抵消自重产生的效应，预应力筋采用 2 束 1×7ϕ15.2 型钢绞线。为减小梁端锚固位置局部压力过大，降低张拉控制应力至 $0.5f_y = 1000$MPa。预应力筋布置如图 5-157 ~ 图 5-160 所示。在预应力筋弯起点位置设置 RPC 转向块，图 5-159 示出转向块横断面图，转向块厚度为 20cm。为避免出现混凝土转向块局部破坏，在预应力筋与混凝土接触的位置套上钢管（图 5-157 中 A、B 处），钢管固定在普通钢筋上。

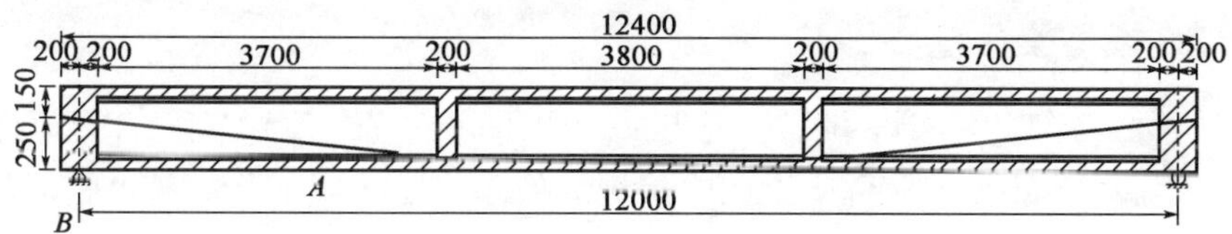

图 5-157　预应力筋纵向布置图（尺寸单位：mm）

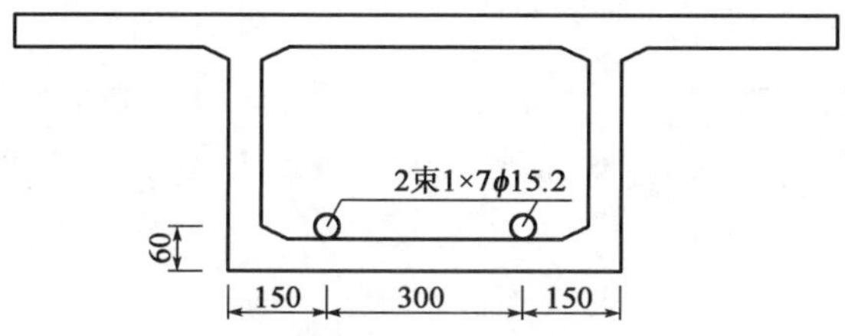

图 5-158　标准断面预应力筋横向布置图（尺寸单位：mm）

图 5-159　转向块处预应力筋横向布置图（尺寸单位：mm）

5.4.2.2　模型梁材料

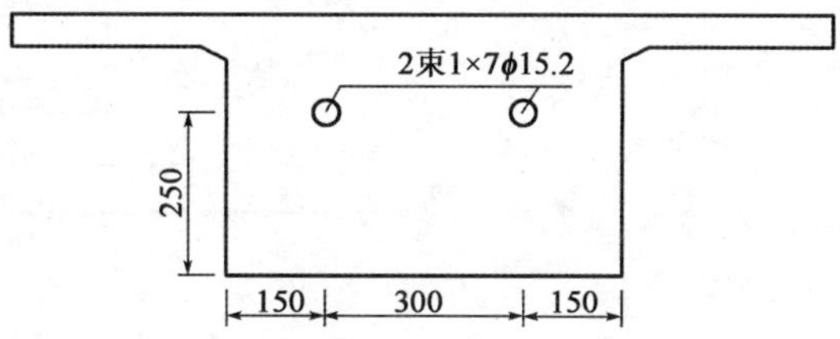

图 5-160　梁端处预应力筋横向布置图（尺寸单位：mm）

模型梁中预制节段材料选用钢纤维体积掺量为 2% 的 RPC，接缝材料选用钢纤维体积掺量为 3% 的 RPC。RPC 是由 52.5 号普通硅酸盐水泥、粒径小于 0.63mm 的闽江河沙、SiO_2 含量大于或等于 90% 的硅灰、聚羧酸高效减水剂和直径 0.22mm、长度 13mm、抗拉强度大于 2850MPa 的钢纤维进行配置而成。

模型梁材料选用的水泥为福建“炼石牌”P. O52.5 普通混凝土硅酸盐水泥；选用的高效减水剂是福州创先工程材料有限公司提供的 CX－8 聚羧酸减水剂，其减水率 25%；选用的硅灰为从西宁铁合金厂驻闽清经销商处购买，其 SiO_2 大于等于 90%，粒径为 0.1 ~ 0.2mm；选用的细砂为粒径小于 0.63mm 的闽江河砂；选用的钢纤维为鞍山昌宏钢纤维厂生产的钢纤维，其直径 0.22mm 左右，长度约 13mm，抗拉强度 2850MPa。RPC 配合比如表 5-22 所示。

RPC 配合比参数表 表 5-22

项　目	钢纤维 (kg/m³)	水 (kg/m³)	胶凝材料组成(B)		细砂 (kg/m³)	减水剂 (kg/m³)
			水泥(kg/m³)	硅灰(kg/m³)		
预制梁	156.0	197.1	842.4	252.7	985.6	21.1
湿接缝	234.0	195.1	833.8	250.1	975.5	20.8

由于试验梁采用 RPC 材料，而目前国内并未出现该材料力学性能相关规范，因此在进行材料基本力学性能试验时按《普通混凝土力学性能试验方法标准》中的要求，同一批混凝土制作 150mm × 150mm × 150mm 立方体试块 6 个和 150mm × 150mm × 300mm 棱柱体试块 3 个，试块与试验梁在浇捣完成后自然养护一天，然后运至蒸养厂蒸养 8h，最后与试验梁同等条件养护至试验加载时进行试验。测得混凝土顶板弹性模量为 4. 19 × 104MPa，棱柱体抗压强度为 150. 0MPa，劈拉强度为 17. 8MPa；混凝土底板弹性模量为 4. 16 × 104MPa，棱柱体抗压强度为 145. 0MPa，劈拉强度为 17. 8MPa。

5.4.2.3　模型梁接缝

由于试验梁受到蒸养场地的限制，使得试验梁需分成五个预制节段，采用预制拼装的施工方法进行施工。对于目前实际桥梁工程中接缝的处理方法主要有干接缝、湿接缝、胶接缝。干接缝主要是通过在接缝表面设置一些剪力键，节段对接后通过预应力张拉使梁段连成整体（如韩国仙游桥）；湿接缝是在预制梁段间预留一定的空间进行现浇混凝土的方式拼接梁段（如日本酒田未来桥）；胶接缝是采用与混凝土强度相当的胶体涂于梁段表明，使两节段黏结成一整体，目前所建成的 RPC 桥梁中并未出现此连接方式。由于受到试验梁空间大小的限制，无法采用干接缝的方式连接梁段，本文参考日本酒田未来桥采用湿接缝的方式进行节段的连接，接缝位置和尺寸如图 5-161 所示。

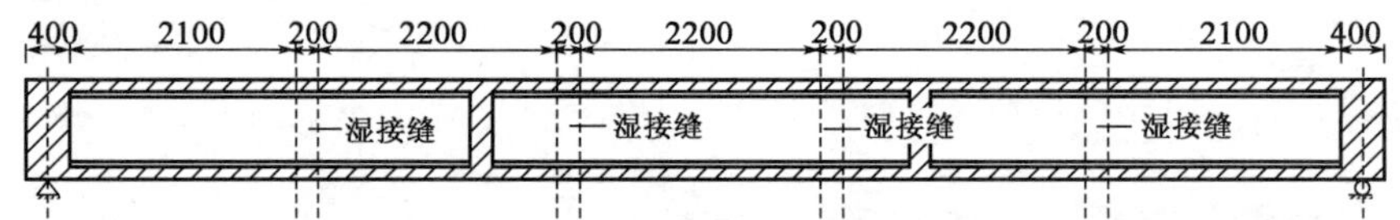

图 5-161　湿接缝方案试验梁节段图（尺寸单位：mm）

为提高预制梁段与接缝 RPC 结合面的抗剪能力，在制作梁段时，梁段端部腹板处设置一些齿口（图 5-162）。并且在浇捣接缝 RPC 前，先用钢筋将两梁段伸出的钢筋焊接在一起，以提高预制梁拼接后的整体性能（图 5-163）。

为了保证接缝的强度，需要对接缝处的 RPC 进行蒸养。本文采用的蒸养仪器是蒸汽机，该蒸汽机是由深圳中邦燃气设备有限公司生产的中型蒸汽机（图 5-164），其产生蒸汽温度为 105℃ ±5℃。在试验之前需要对这种蒸养条件的最佳养护时间进行研究，以保证接缝 RPC 能达到试验所需强度。

有关研究表明，100℃蒸汽养护的最佳养护条件为 3d。为了确定本试验的最佳养护时间，本文制作了 4 组棱柱体试块。蒸养容器采用保蒸汽性较好的双层聚氯乙烯薄膜制作而成的容器，并在容器外围包有保温性较好的塑料泡沫（图 5-165）。图 5-166 为蒸汽机蒸养的试块。

图 5-162　腹板齿口布置图

图 5-163　接缝钢筋焊接

图 5-164　蒸汽机构造图

图 5-165　蒸养试块容器

在试块蒸养完成后进行试块抗压强度试验，试验结果如图 5-167 所示。由图中可以看出，在 100℃蒸汽养护的条件下，棱柱体轴心抗压强度在蒸养时间为 1 ~ 3d 是随着蒸养时间的增大而增大，而在第 4 天时棱柱体轴心抗压强度出现下降，由此可知采用 100℃蒸汽养护的最佳养护时间为 3d，轴心抗压强度达到 140.4MPa。

图 5-166　蒸汽机蒸养的试块

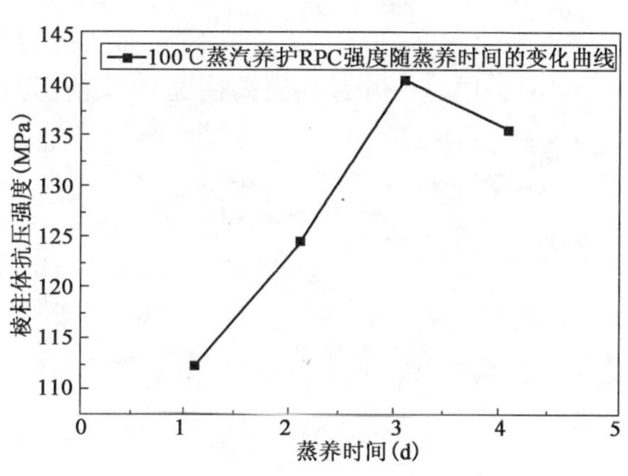

图 5-167　棱柱体抗压强度随蒸养时间的变化曲线

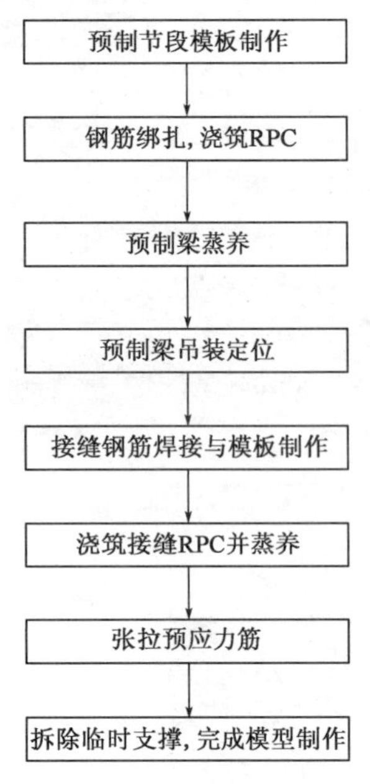

图 5-168　试验梁制作工序流程图

5.4.2.4　模型梁制作

首先采用木模板制作五个预制节段模板，然后进行底板混凝土浇筑，养护一天后拆除腹板和底板的模板并进行顶板钢筋绑扎和安装顶板模板。在浇筑顶板混凝土前消除横隔板和腹板上已硬化混凝土的水泥薄膜及软弱混凝土层，并加以凿毛，然后再进行顶板混凝土的浇捣。

由于 RPC 强度增长较快，初凝和终凝时间都较短，如果养护不及时很容易产生裂缝，因此在 RPC 浇捣完成后 2 个小时进行浇水养护。预制节段蒸养完成后安装定位在临时支撑上，焊接接缝处钢筋，安装接缝模板，进行接缝混凝土的浇筑。然后进行接缝模板拆除，安装蒸养接缝容器，采用 100℃ 蒸汽对接缝蒸养 3d。最后张拉预应力筋，拆除临时支撑，试验梁模型制作完成。

试验梁主要制作工序见图 5-168，部分施工照片见图 5-169。

5.4.2.5　模型梁试验方法与试验过程

本试验采用两点对称加载的方式进行加载，加载点位置布置在 $L/3$ 和 $2L/3$ 处，采用两个顶部锁接在横向反力梁上的 50t 油压千斤顶进行同步加载。通过测力传感器控制加载值。

试验加载装置如图 5-170 所示。试验照片见图 5-171。

a）节段底板和腹板模板制作与钢筋绑扎

b）浇筑底板和腹板RPC

c）浇筑顶板混凝土

d）拆除模板

图　5-169

e)运至蒸养厂蒸养

f)制作临时支撑

g)焊接接缝钢筋

h)安装接缝模板

i)浇筑接缝RPC

j)蒸养接缝RPC

图5-169　试验梁的施工过程图

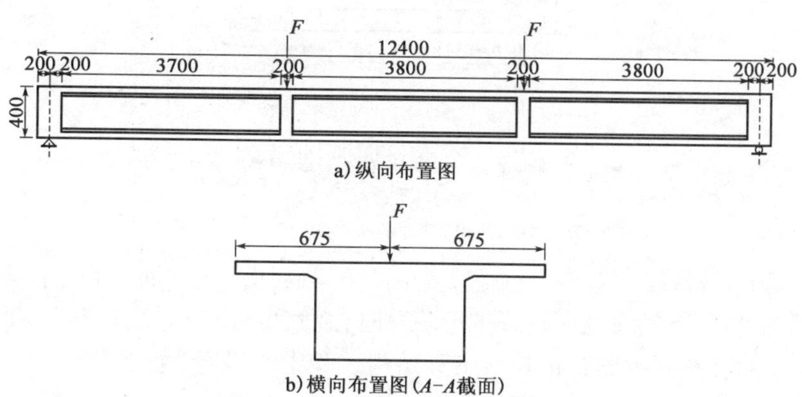

图5-170　试验梁加载位置图(尺寸单位:mm)

图 5-171　试验梁加载位置图

应变量测设置七个截面，该七个截面分别为跨中截面，两个加载点截面，$L/4$、$3L/4$ 和两个支座截面；竖向位移量测七个截面；纵向位移量测一个截面，布置于梁端处。*A-A* 截面与 *C-C*、*F-F* 截面应变片布置相同；*B-B* 截面与 *E-E* 截面应变片布置相同；*D-D* 截面与 *G-G* 截面应变片布置相同。试验梁的测点、位移计与截面应变片布置如图 5-172 ~ 图 5-177 所示。

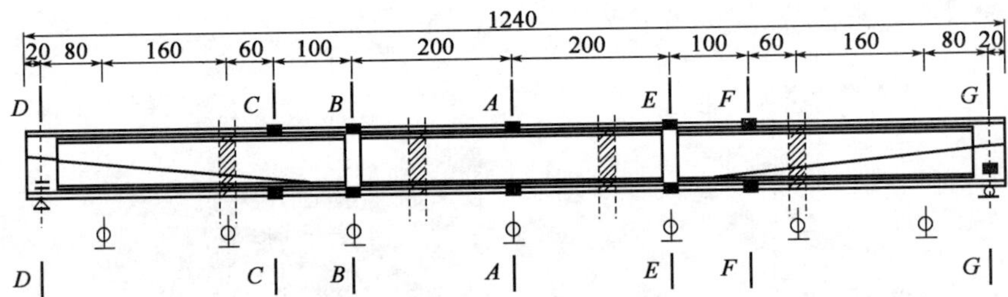

图 5-172　应变测点立面图(尺寸单位:cm)

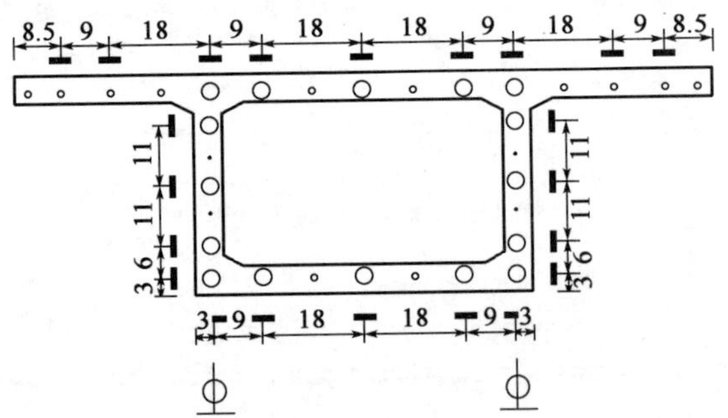

图 5-173　*A-A* 截面应变片的布置图(尺寸单位:cm)

在试验过程中，按每级 5kN 逐级加载，直至试验梁破坏。在截面的弹性阶段，各级荷载持荷 5min 后进行量测。当截面进入裂缝扩展阶段时，观察位移计，等到位移值稳定后再进行量测。RPC 箱梁试验在福州大学怡山校区工程结构试验中心进行，采用 DH3816 数据自动采集系统采集截面应变，采用 DJGk－2 型裂缝测宽仪测量裂缝宽度。

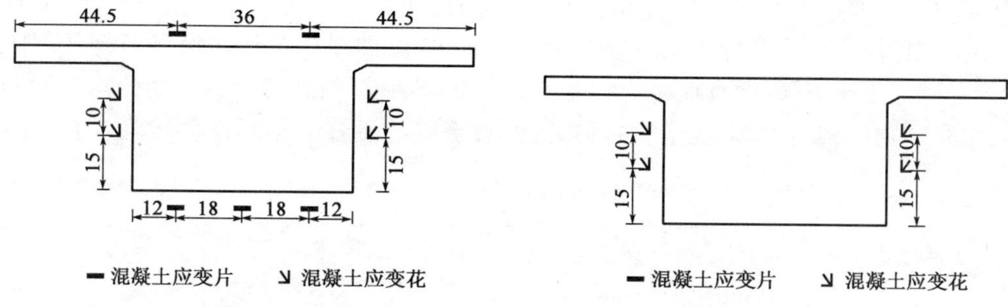

图5-174　*B-B* 截面应变片的布置图(尺寸单位:cm)　　图5-175　*D-D* 截面应变片的布置图(尺寸单位:cm)

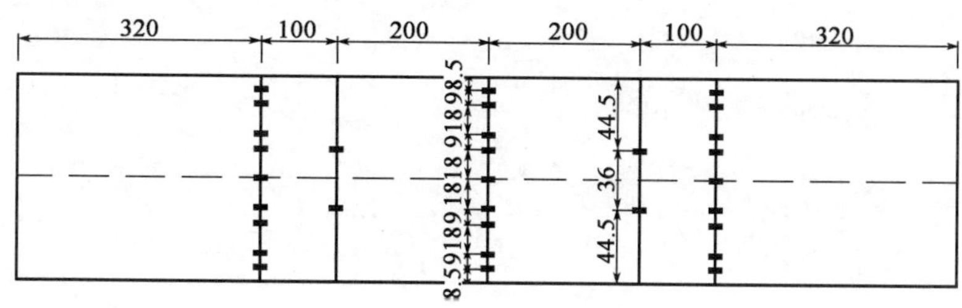

图5-176　混凝土顶板应变片布置图(尺寸单位:cm)

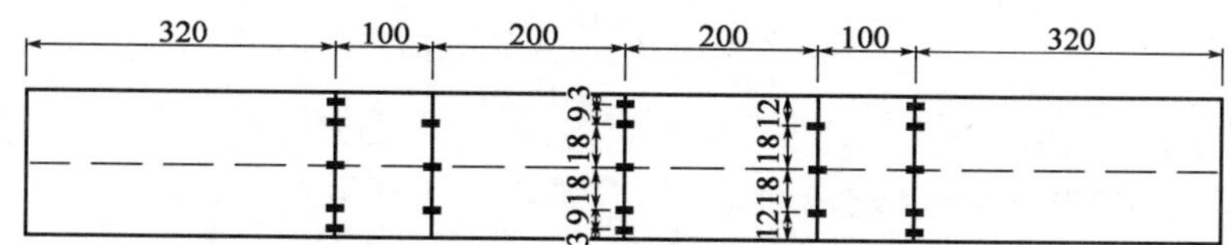

图5-177　混凝土底板应变片布置图(尺寸单位:cm)

5.4.2.6　模型梁试验结果分析

(1)试验过程

试验中模型梁固定铰支座一侧不出现纵向位移,滑动铰支座一侧的最大纵向位移为6.85mm,支座设置符合简支梁的边界条件。在加载各个阶段,试验梁的实测竖向变形如图5-178所示。试验梁的荷载等级与挠度变化关系曲线如图5-179所示。从图中可以看出,在对称荷载作用下,试验梁以跨中为轴对称变形,最大挠度出现在跨中截面。其受力过程分为弹性阶段、裂缝扩展阶段、结构破坏阶段。

加载初期,RPC的应变较小,构件受力基本处于弹性状态,RPC试验梁中顶板压应变与底板拉应变随高度呈三角形分布。从图5-178与图5-179中可看出试验梁的荷载—挠度曲线呈线性变化,各截面的挠度变化速率基本一致。当荷载达到55kN时,试验梁截面跨中底板达到RPC抗拉极限强度,处于临界开裂状态,这标志着弹性阶段的结束,该荷载为弹性极限荷载即开裂荷载。

在弹性阶段结束后,随着荷载的增加,在模型梁跨中截面底板出现几条裂缝,这标志着模型梁进入裂缝扩展阶段(图5-179)。随着荷载的增加,裂缝逐渐贯穿底板并向上发展,中和轴

也随之向上移动,原来由开裂部分的RPC所承担的拉应力迅速转移给钢筋和钢纤维,在钢纤维的增强阻裂作用下使得裂缝发展变得缓慢,荷载—挠度曲线由弹性阶段到裂缝开展阶段的过渡较为平顺。由于RPC没有掺粗集料并加有硅粉等活性材料,使得其基体的均匀性和密实度较高,增强了钢纤维与RPC基体间的黏结性能,更好的发挥了钢纤维的增强、增韧作用,从而使梁的整体刚度明显提高。

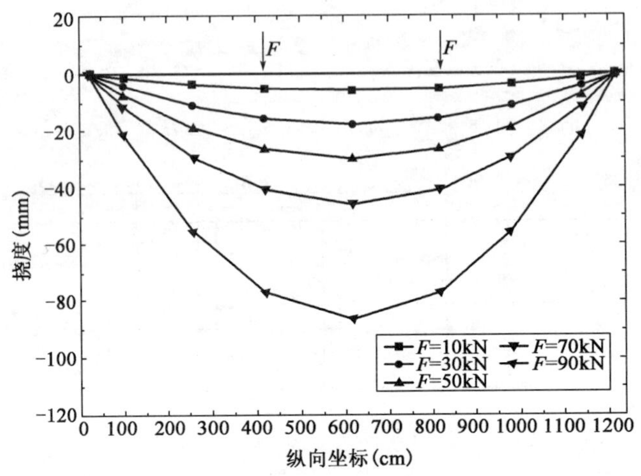

图5-178　试验梁实测变形图

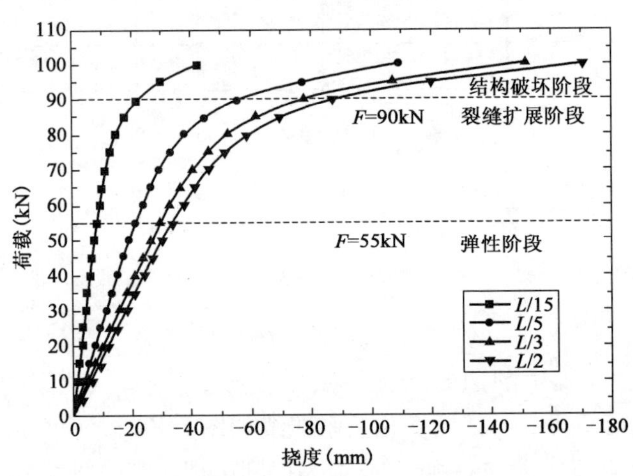

图5-179　试验梁控制截面荷载—挠度曲线

荷载继续增加,当荷载增加到一定程度时,荷载增量很小,但跨中挠度增量却很大(如图5-179中$L/2$截面曲线所示),这标志着预应力钢绞线开始发生屈服。当预应力钢绞线屈服后,如果按普通混凝土适筋梁破坏模式发生破坏,则荷载增加时,裂缝继续向受压区发展,受压区的高度进一步降低,最后裂缝扩展至顶板,最终将混凝土压碎而破坏。但是RPC具有较高的抗压强度,在试验梁的配筋量的条件下顶板混凝土无法被压碎。在荷载达到100kN时,试验梁跨中变形发展很快,变形的速度超过了千斤顶的最大抽油速度,试验梁因无法继续加载而停止试验,此荷载即为试验梁的极限荷载。

(2)应变分析

图5-180～图5-182所示为各测点在试验对称荷载作用下,应变随荷载变化曲线图(拉正压负)。从图5-181中底板的应变曲线图可以看出,当结构处于弹性阶段时,拉应变基本上是线性增长。当荷载增大为55kN时,跨中截面*A-A*开裂,荷载—应变曲线非线性增长。弯剪区测点在荷载增大为75kN时进入非线性阶段。从图5-180中顶板的应变曲线图可以看出顶板并无压碎现象出现。

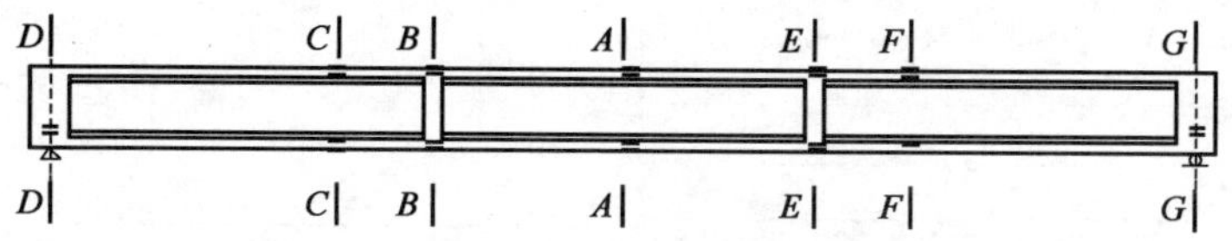

图5-180 测点截面位置示意图

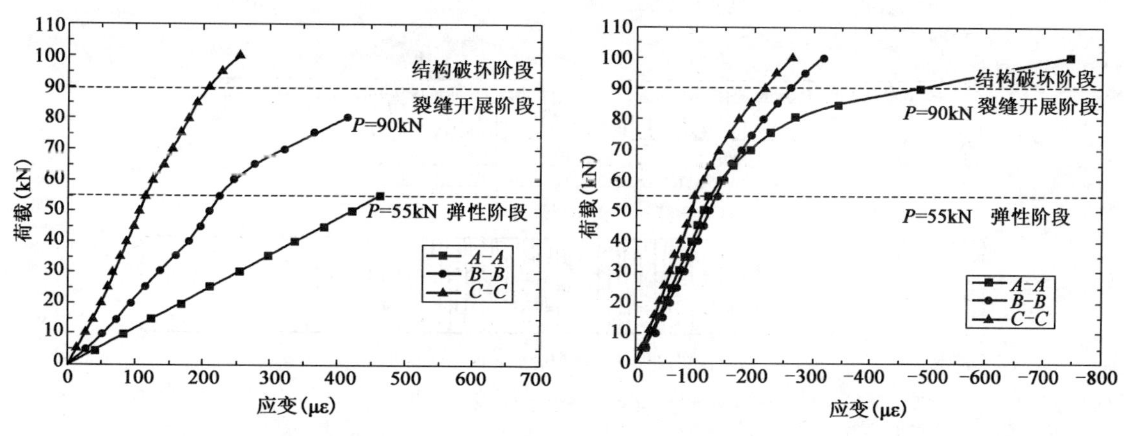

图5-181 混凝土底板下缘荷载—应变曲线

图5-182 混凝土顶板上缘荷载—应变曲线

图5-183所示为在弹性阶段不同荷载作用下,跨中截面混凝土应变沿高度方向的变化。

在纯弯区,截面受正弯矩作用,顶板受压底板受拉,沿截面高度方向线性变化,说明变形前的平面在变形后仍保持在同一平面,即梁截面的顶底板变形满足“平截面假定”,则可用该假定进行弹性阶段的截面受力分析。

图5-184所示为在弹性阶段不同荷载作用下,跨中截面顶板混凝土应变沿顶板宽度方向的变化曲线。在荷载较小时,顶板混凝土压应变沿梁宽方向基本一致,在荷载为40kN时,顶板最大应变与最小应变之差为29με。由此可认为弯曲正应力沿梁宽方向是均匀分布的,并不存在箱梁的“剪力滞”现象,进一步验证了箱梁弹性阶段“平截面假定”的正确性。

(3)裂缝分布

在试验过程中当试验荷载达到55kN时,跨中截面底板底面开始出现第一条裂缝,裂缝长度为35cm,裂缝宽度为0.05mm,结构进入裂缝开展阶段。随着荷载的增加,开裂区域从跨中逐渐向弯剪区发展,同时跨中断面混凝土底板底面的裂缝扩展到侧面,并发展为贯通裂缝,跨中截面中和轴逐渐上升,裂缝宽度也随之增大,在达到极限荷载时,跨中最大裂缝宽度为0.6mm,裂缝高度为31cm。试验结束时,纯弯区内贯通裂缝分布比较均匀,间距平均为9.5cm;弯剪区内裂缝分布于距加载点90cm范围内,只有部分为贯通裂缝;底板底面裂缝分布总长度为575cm。试验结束时的裂缝分布如图5-185所示。部分裂缝照片如图5-186所示。

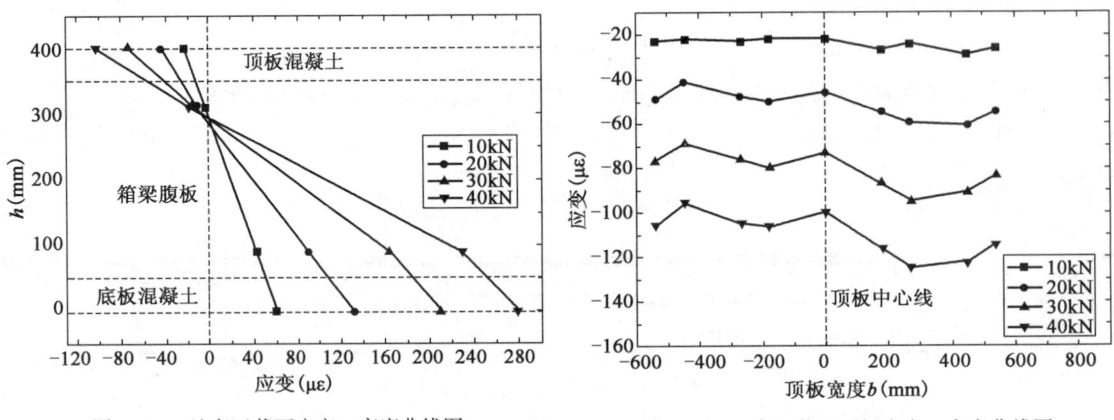

图5-183 纯弯区截面应变—高度曲线图

图5-184 纯弯区截面顶板应变—宽度曲线图

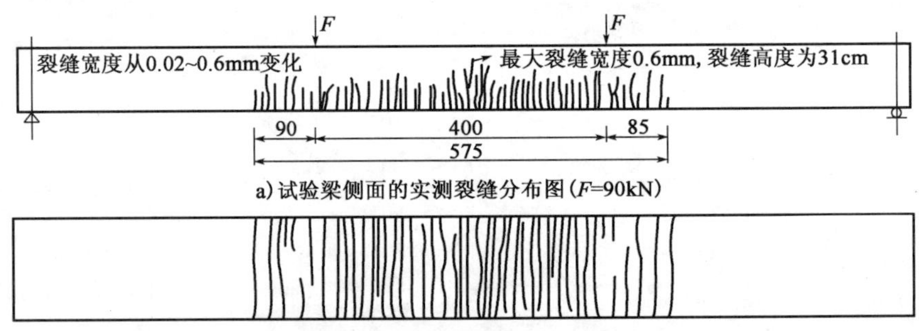

a)试验梁侧面的实测裂缝分布图(F=90kN)

b)试验梁底面的实测裂缝分布图(F=90kN)

图5-185 试验梁实测裂缝分布图(尺寸单位:cm)

a)纯弯区

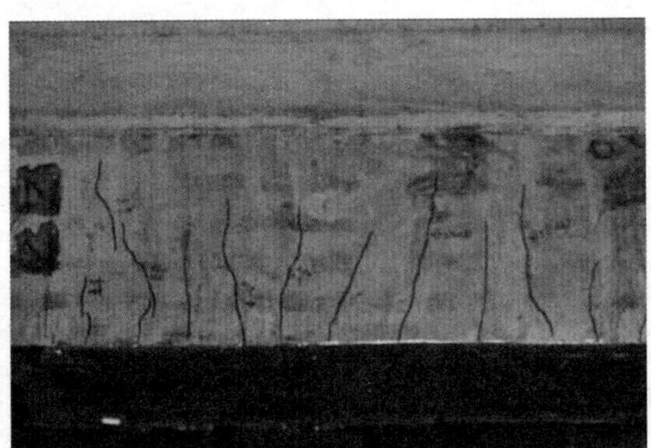

b)弯剪区(右)

图5-186 试验梁裂缝照片

5.4.3 活性粉末混凝土连续箱梁桥(K34+690)设计与施工

5.4.3.1 桥型结构

京港澳高速公路石安段改扩建工程,第XJ8标段K25+000~K35+000,全长10 km,本桥位于桩号K34+690处,跨径为4×30m,全长120m,桥宽为8m,采用斜交斜做。主桥为四跨

预应力活性粉末混凝土(RPC)连续小箱梁,斜交角为45°。总体布置见图5-187。

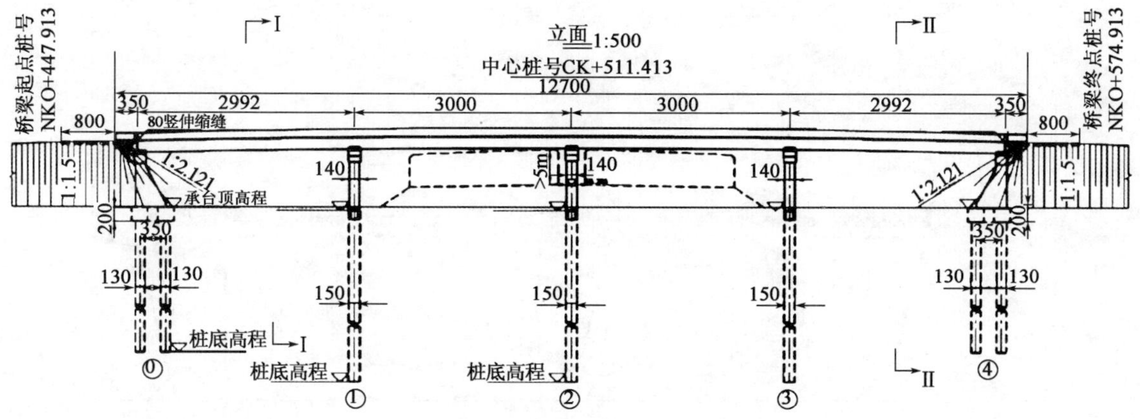

图5-187　总体布置图(尺寸单位:cm)

桥梁横向布置3片箱梁,各箱梁中心距2.8m,中梁和边梁预制宽度都为2.3m,边梁与中梁由宽0.5m、厚0.12~0.15m的现浇接头连接成整体。箱梁中心高度为1.6m,跨中处腹板厚0.15m,在支点处加厚至0.2m。跨中设置厚0.2m的横隔板。预制箱梁横截面布置见图5-188。

5.4.3.2　主要技术标准

(1)设计荷载:公路—Ⅱ级。

(2)地震动峰值加速度0.1g。

(3)桥面纵坡:位于$i=2\%$和$i=-2\%$的双向纵坡上,竖曲线半径为1500m。

(4)桥面横坡:设1.5%的双向横坡。

(5)桥面宽度:桥梁全宽8m,桥面净宽7m,两侧设0.5m防撞护栏。

(6)桥下净空:桥下净空不小于5.0m。

(7)线形:被交路平纵线形均按规划等级标准设计。

5.4.3.3　主要材料

(1)混凝土

连续箱梁:RPC。

桥面铺装:采用C50混凝土和沥青混凝土。

(2)钢筋、钢材

①普通钢筋HPB235、HRB335钢筋的技术条件必须符合《钢筋混凝土用钢 第1部分:热轧光圆钢筋》(GB 1499.1—2008)和《钢筋混凝土用钢 第2部分:热轧带肋钢筋》(GB 1499.2—2007)中的有关规定,钢材凡需焊接者均应满足可焊性条件。

②钢材采用符合《桥梁用结构钢》(GB/T 714—2008)和《碳素结构钢》(GB/T 700—2006)规定的Q235钢。

③预应力材料。

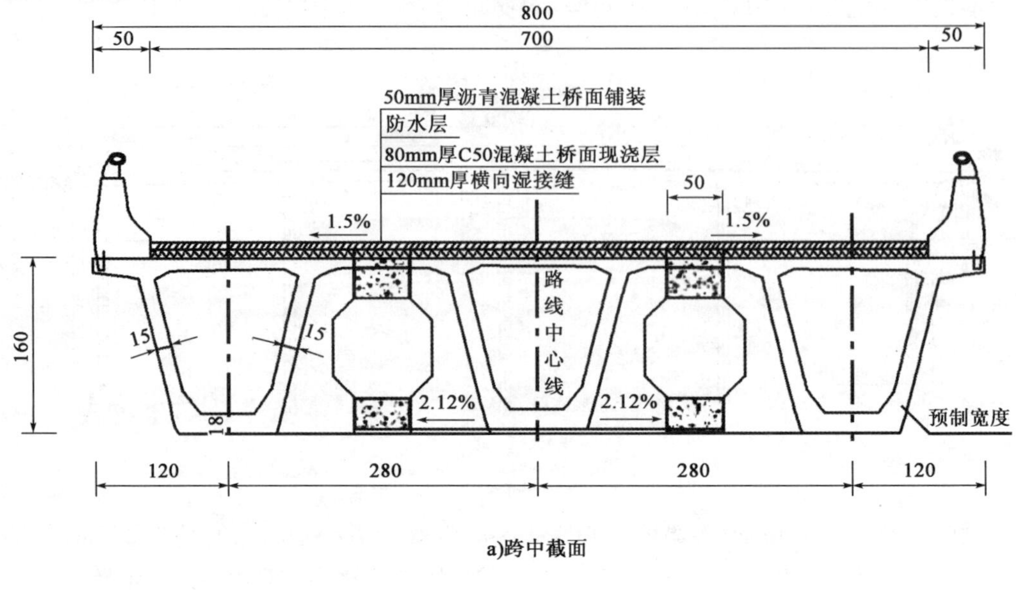

a)跨中截面

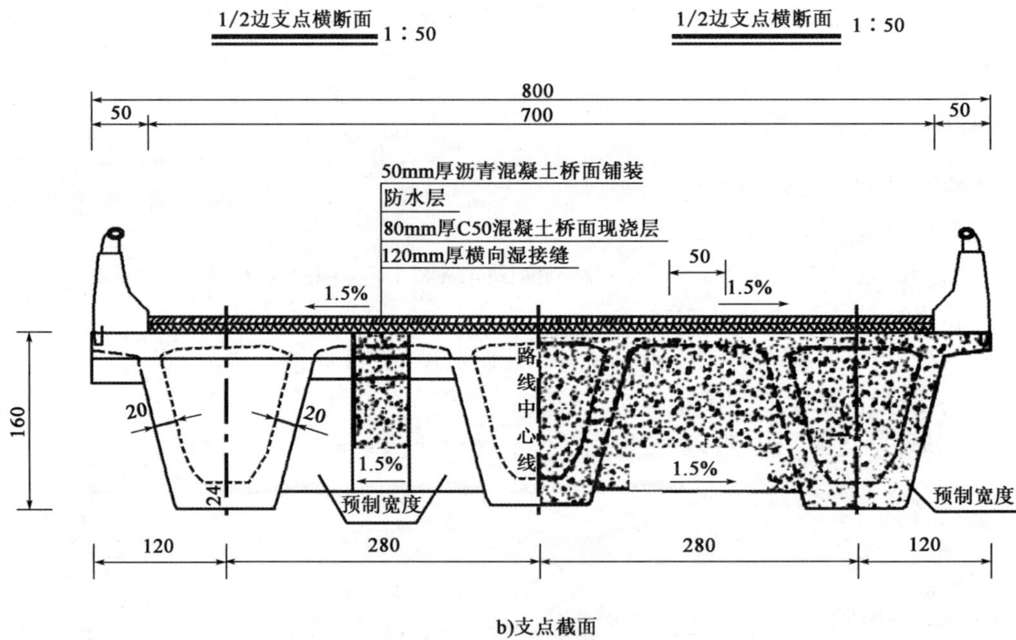

b)支点截面

图 5-188 预制箱梁横截面构造(尺寸单位:cm)

预应力钢绞线采用标准抗拉强度为$f_{pk}=1860$MPa 的高强度低松弛钢绞线,其性能应符合国家标准,公称直径为ϕ_s15.2mm 与ϕ_s12.7mm,公称面积为 139mm^{2}与 98.7mm^2,弹性模量为 1.95×105MPa,松弛度小于或等于 2.5%。锚具、锚垫板均采用其配套产品。波纹管采用塑料波纹管。

5.4.3.4 RPC 梁桥施工过程

(1)绑扎底板及腹板钢筋

RPC 主梁绑扎底板及腹板钢筋施工照片见图 5-189。

图 5-189　主梁绑扎底板腹板钢筋照片

(2)组装内外模

钢筋绑扎后,将外模靠拢钢筋,并将内模吊入钢筋笼内,施工照片如图 5-190 所示。

图 5-190　主梁组装内外模照片

(3)绑扎顶板钢筋

绑扎顶板钢筋构造照片如图 5-191 所示。

图 5-191　主梁钢筋照片

(4)制备及浇筑混凝土

将钢纤维、水泥、硅灰、细砂按比例投入搅拌机,干料先预搅拌 4min 以上,再加入 40℃温水和减水剂搅拌 4min，搅拌设备照片如图 5-192 所示。

用料斗运至制梁场，进行混凝土浇筑，振捣设备包括振捣棒以及每隔 1.5m 一处高频振捣器，如图 5-193 和图 5-194 所示。浇捣混凝土以一头端头开始，沿着前进方向浇捣底板、腹板及顶板混凝土。浇筑完毕后进入静停状态，用土工布覆盖其上，并保持土工布湿润。

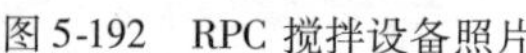
图 5-192　RPC 搅拌设备照片

图 5-193　RPC 浇筑照片

(5)拆内模、外模及蒸养

养护分为静停、升温养护及自然养护三个阶段。

①UHPFRC 成型完毕后应静停 24h，静停时环境温度应在 10℃以上、相对湿度 60%以上。拉毛后用土工布覆盖并浸湿，保持湿润 24h。

②静停完毕后预制梁体应采用蒸养棚(图 5-195)进行蒸汽养护，升温速度应不大于 12℃/h，升温至 90℃后，保持恒温(90℃ ±3℃)72h 或直至同条件养护试件的抗压强度达到设计值，再以不超过 15℃/h 的降温速度降至构件表面温度与环境温度之差小于 20℃。升温养护过程的环境相对湿度保持在 95%以上。蒸养期间通过温度计读数控制。

图 5-194　主梁钢筋照片

图 5-195　主梁养护设备照片

③构件终养结束后进行自然养护，环境平均气温应高于 10℃，构件仍用土工布覆盖，表面应保持湿润 7d。当环境平均气温低于 10℃或最低气温低于 5℃时，按冬季施工过程处理，采取保温措施。7d 后张拉预应力钢束。

(6)张拉体内预应力钢筋

预制 UHPFRC 梁顶、底板及腹板较薄，在浇筑施工前，应保证预应力孔道及钢筋位置的准确性，防止预应力管道偏位或保护层不足的问题，此外在梁端2m范围内及锚下部位钢筋较密，应充分振捣密实。

箱梁UHPFRC应大于C50普通混凝土的设计强度后，方可张拉预应力钢束。预制梁内正弯矩钢束及墩顶连续段处的负弯矩钢束均采用两端同时张拉，采用张拉力与引伸量双控。

当预应力钢束张拉达到设计张拉力时，实际引伸量值应扣除钢束的非弹性变形影响，与理论引伸量值的误差应控制在6%以内。施工照片如图5-196所示。

图5-196　主梁张拉预应力钢筋照片

(7)压浆

张拉后对预应力管道进行压浆，详见图5-197。

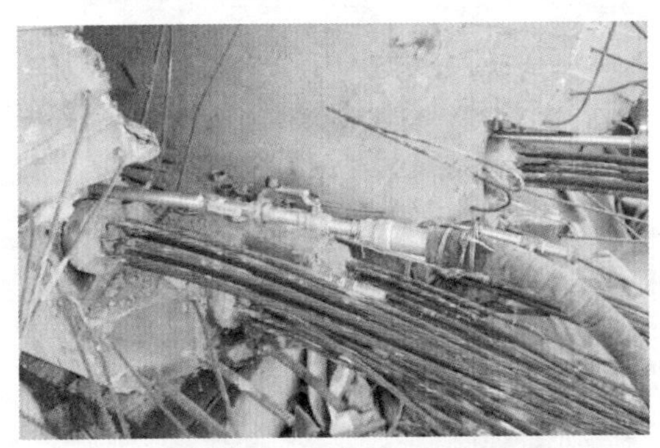

图5-197　主梁预应力管道压浆照片

(8)存放

待压浆料达到80%强度后，方可吊装。

①箱梁主梁截面的承载能力均大于基本组合内力，结构受力安全。

②荷载短期、长期效应组合作用下或短期效应组合并考虑长期效应组合的影响，结构正常使用极限状态截面抗裂、挠度验算满足规范要求，结构受力安全。

③持久状况标准值组合下，主梁顶底板混凝土应力和钢束拉应力均满足规范要求；在施工阶段的短暂状况下，主梁顶底板混凝土应力满足规范要求。

5.5 中、小跨径桥梁延伸桥面板伸缩缝技术

5.5.1 无缝桥的设计与计算

5.5.1.1 南三路分离式立交桥

(1)原有缝桥设计

河北省石安改扩建项目第 KJ－7 标段(K439＋300～K454＋900)K449＋151 南三路分离式立交桥,设计荷载:公路—Ⅰ级(加宽及新建桥梁);设计洪水频率:1/100;环境类别:Ⅰ类,地震动峰值加速度系数:0.15g(地震烈度Ⅶ度)。项目区年平均气温 13.5℃,极端最低气温 －19℃,极端最高气温 42.5℃。

上部采用 3×30.1m 预应力混凝土组合箱梁斜桥;下部采用柱式桥墩,柱式台和钻孔灌注桩基础,如图 5-198 所示。该桥为斜交桥,斜交角为 25°,桥梁方位角为北偏东 30°。

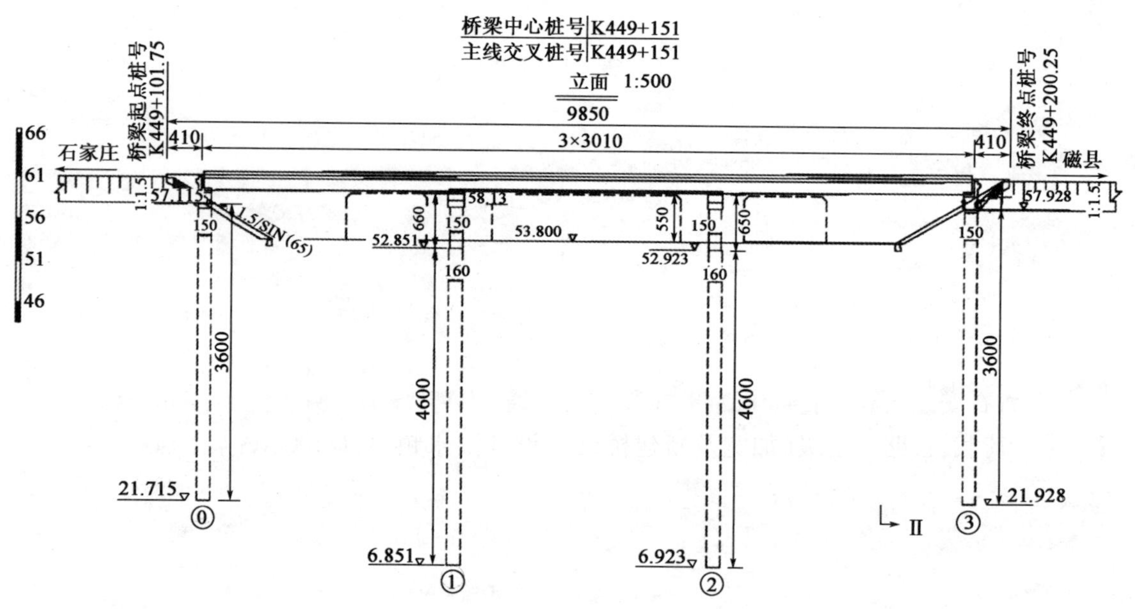

图 5-198 桥型布置立面图(尺寸单位:cm)

桥面宽度:双幅 2×净—21m,上部结构为 7 片主梁,每片主梁在纵桥向采用先简支后连续单独施工,形成 3 跨连续梁后再通过横向湿接头把各箱梁连接起来。主梁混凝土设计标号为 C50,桥面铺装层为 12cm 厚 C50 混凝土现浇层＋防水层＋10cm 厚沥青铺装层,如图 5-199 所示。

(2)南三路分离式立交桥设计计算

南三路分离式立交桥桥长 90.3m,取温度变化零点位于中间,则一端的温度长为 45.15m。

考虑6m搭板的胀缩变形，故计算长度为51.15m。以北方温差60℃计，若假定桥梁结构合龙温度为中间温度，升、降温差均为30℃。

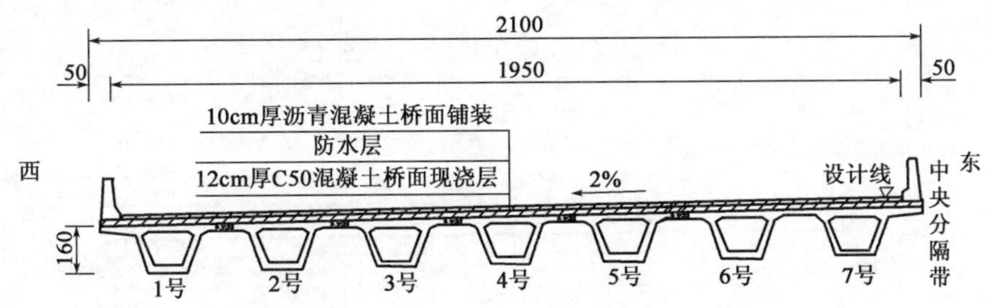

图5-199 箱梁横断面图(尺寸单位:cm)

均匀胀缩变形，以 Δl 表示，可按下式计算：

$$\Delta l = \alpha_c l_t \Delta t$$

式中：Δl——杆件(因温度变化引起的)胀缩变形；

α_c——材料线膨胀系数；

l_t——温度变形覆盖区域的梁体长度；

Δt——有效温度变化值。

混凝土材料线膨胀系数，查公路桥规JTG D60—2004的规定，取0.000010，则温升温降的变形量均为：

$$\Delta_L = 10^5 \times 51.15 \times 30 \times 10^3 = 15.3(\text{mm})$$

本桥在桥台两侧都设置了两道2cm的胀缝，因此满足主梁伸、缩变形需求。

5.5.1.2 柳儿营(马义线)分离式立交桥

(1)原有缝桥设计

河北省石安改扩建项目第KJ-8标段高庚互通CRK35+571柳儿营(马义线)分离式立交桥，设计荷载：公路—Ⅰ级(加宽及新建桥梁)；设计洪水频率：1/100；环境类别：Ⅰ类，地震动峰值加速度系数：0.15g(地震烈度Ⅶ度)。项目区年平均气温13.5℃，极端最低气温-19℃，极端最高气温42.5℃。

上部采用3×20m预应力混凝土组合箱梁；下部采用柱式桥墩，柱式台，钻孔灌注桩基础，如图5-200所示。该桥为直桥，桥梁方位角为北偏东83°。

桥面宽度：双幅2×净-17.25m；上部结构为6片主梁，每片主梁在纵桥向采用先简支后连续单独施工，形成3跨连续梁后再通过横向湿接头把各箱梁连接起来，如图5-201所示。

主梁混凝土设计标号为C50，桥面铺装层为12cm厚C50混凝土现浇层+防水层+10cm厚沥青铺装层。

(2)柳儿营(马义线)分离式立交桥设计计算

柳儿营(马义线)分离式立交桥桥长60.0m，取温度变化零点位于桥梁中间，则温度作用下桥梁胀缩变形计算，取一端的跨长为 30.0m。考虑 6m 搭板的胀缩变形，故计算长度为 36.0m。以北方温差 60℃计，若假定桥梁结构合龙温度为中间温度，升、降温差均为 30℃。

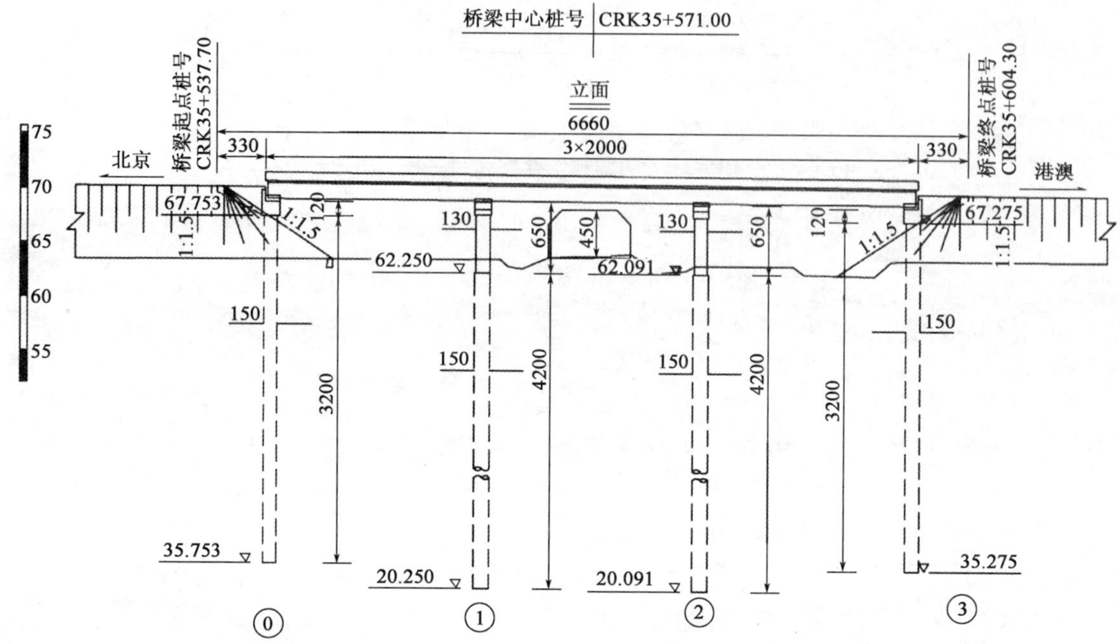

图 5-200　桥型布置立面图(尺寸单位:cm)

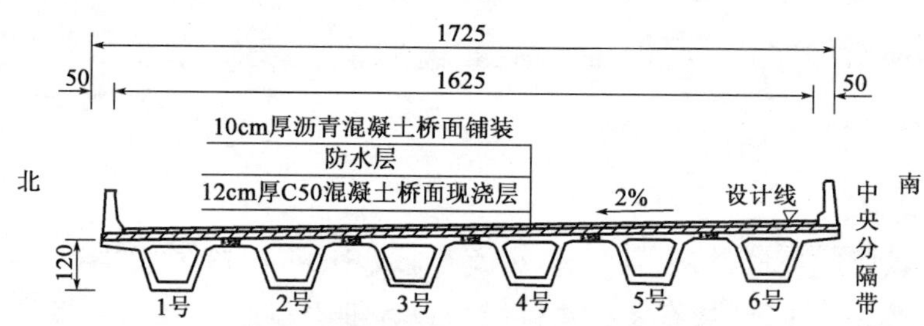

图 5-201　箱梁横断面图(尺寸单位:cm)

均匀胀缩变形，以 Δl 表示，可按下式计算：

$$\Delta l = \alpha_c l_t \Delta t$$

式中：Δl——杆件(因温度变化引起的)胀缩变形；

α_c——材料线膨胀系数；

l_t——温度变形覆盖区域的梁体长度；

Δt——有效温度变化值。

混凝土材料线膨胀系数，查《公路桥涵设计通用规范》(JTG D60—2015)的规定，取 0.000010，则温升温降的变形量均为：

$$\Delta_L = 10^5 \times 36 \times 30 \times 10^3 = 10.8(\mathrm{mm})$$

本桥在桥台两侧都设置了两道2cm的胀缝,因此满足主梁伸、缩变形需求。

5.5.2　无缝桥施工过程

5.5.2.1　南三路分离式立交桥

南三路分离式立交桥为延伸桥面板无缝桥,主要变更体现在桥台处主梁与搭板的连接,以及桥台背墙高度变化。施工主要分为以下几个部分:①主梁预留连接钢筋;②现浇枕梁和素混凝土垫层:在水泥稳定碎石层上,绑扎枕梁钢筋,现浇枕梁和素混凝土垫层;③养护枕梁和垫层;④铺设油毛毡和砂垫层:在桥台背墙和枕梁上铺设油毛毡,在素混凝土垫层上铺设2cm厚砂垫层;⑤铺设隔离材料和绑扎搭板钢筋:在砂垫层上铺设一层隔离材料,为浇筑搭板混凝土提供底模;⑥安装胀缝板和传力杆;⑦安装软木条:在搭板与主梁接缝处顶部安装一根软木条;⑧现浇搭板混凝土;⑨搭板养护;⑩搭板铺装层施工:胀缝处前后各15cm,洒铺黏层油,摊铺沥青玛蹄脂。南三路分离式立交桥搭板施工的主要施工步骤如图5-202所示。

a)主梁预留连接钢筋

b)绑扎枕梁钢筋

c)浇筑枕梁并养护

d)浇筑素混凝土垫层

图　5-202

e)绑扎搭板钢筋

f)铺设油毛毡和砂垫层

g)铺设隔离材料

h)安装胀缝板

i)安装传力杆

j)搭板与耳墙间设置泡沫板

k)固定软木条

l)浇筑混凝土

图 5-202

m）搭板浇筑完成

n）搭板养护

o）胀缝处30cm沥青玛蹄脂黏层油洒铺

p）胀缝处30cm沥青玛蹄脂铺装

图5-202　南三路分离式立交桥主要施工步骤

5.5.2.2　柳儿营（马义线）分离式立交桥

柳儿营（马义线）分离式立交桥为延伸桥面板无缝桥，主要变更体现在桥台处主梁与搭板的连接，以及桥台背墙高度变化。其施工步骤与南三路分离式立交桥一致。

5.5.3　实桥桥头搭板静载试验与中长期监测

5.5.3.1　南三路分离式立交桥

为了得到搭板的边界条件，可通过不同工况下搭板的竖向位移和内部应变情况来分析。搭板静载试验主要以测试搭板竖向位移为主，同时测试搭板内部应变。

在竖向荷载作用下，搭板最大竖向位移可能出现的位置布置位移测点，即搭板的跨中截面处和远台端截面处。南三路分离式立交桥的搭板静载试验的位移测点采用了图5-203的布点情况，每组12个位移测点。南三路分离式立交桥除了布置了位移测点以外，还布置了9个应变测点。

综合考虑试验目的和所选桥梁搭板的具体特点，尤其是枕梁的设置情况，本次搭板静载试验均按两种工况进行加载，其中工况一为中载，工况二为偏载，具体工况布置如图5-204所示。

所用的加载设备是1辆双后轴土方车,主要尺寸见图5-205。每个工况荷载均分为空载、半载和满载三级加载。为节约时间,本次搭板静载试验的加载顺序是空载中载→空载偏载→半载中载→半载偏载→满载中载→满载偏载。限于搭板尺寸,本次试验的车辆荷载以双后轴总重加载,各分级重量见表5-23。

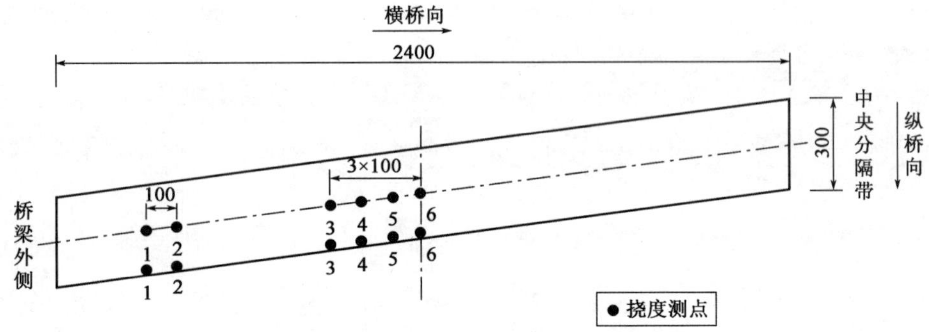

图5-203 搭板位移测点布置图(尺寸单位:cm)

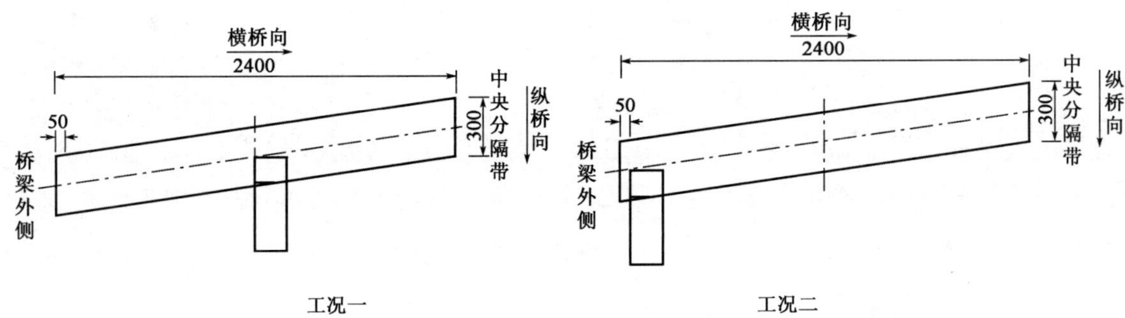

图5-204 搭板试验荷载工况(尺寸单位:cm)

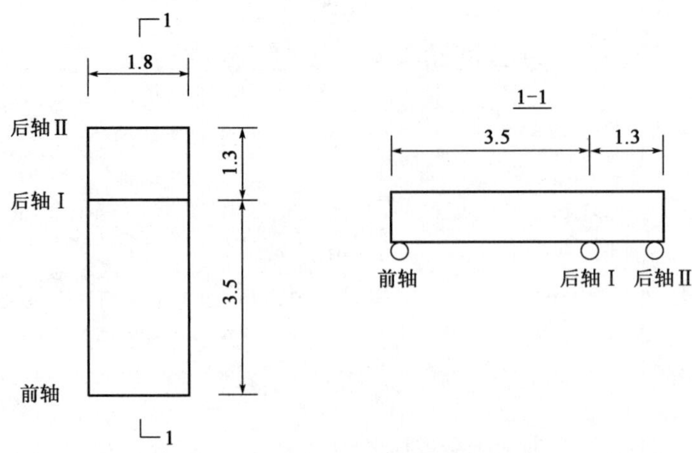

图5-205 后双轴土方车尺寸(尺寸单位:m)

试验双后轴总重分级加载表 表 5-23

桥　　名	荷载分级	双后轴总重(t)	双后轴单轮重(t)
南三路分离式立交桥	一级空载	12.6	3.2
	二级半载	25.0	6.3
	三级满载	36.6	9.2

由于搭板中不便于埋置接触式位移计和差动变压式位移计等用于挠度测量的仪器，最终选用了 DS2 自动安平水准仪结合铟钢瓦水准尺测量搭板在车辆荷载作用下的竖向位移。本次试验的主要仪器汇总于表 5-24。

试验主要仪器表 表 5-24

仪器名称	用　　途	备　　注
DS2 自动安平水准仪	测量竖向位移	北京博飞光学仪器有限公司生产
混凝土应变计	测量混凝土应变	四川金码科技有限公司
振弦式应变读数仪	读取混凝土应变	四川金码科技有限公司

根据图 5-204，在搭板表面分别用白色十字漆线标记出工况一及工况二车辆的加载位置，确定好现场车轮位置，用红色带圈点标记出位移测点。仪器准备主要包括根据视距安置水准仪，并按操作规程调平水准仪，同时把混凝土应变计按编号顺序整理好，并调试好振弦式应变读数仪。

试验中车辆都是朝着桥跨方向在预先标记好位置上进行加载。加载顺序为无载测量→空载中载→空载偏载→半载中载→半载偏载→满载中载→满载偏载，试验过程中位移和应变测量均同步进行。每次位移和应变测量读数前均需静等不少于 30min，以使结构恢复变形。

图 5-206 为现场静载试验的主要照片。数据采集时分为位移组和应变组两个试验组统筹安排、同步进行。本次进行搭板静载试验的两座桥梁均未开通，故不需专门进行交通管制。

a)加载车过地磅

b)试验加载和位移测量

图 5-206 现场静载试验的主要照片

以搭板第一次(无载测量)观测整理好的高程作为起始高程，把每次加载后的观测高程减去起始高程，得到荷载作用下各观测点的高差，即搭板各观测点的挠度值。限于水准仪精度，竖向位移计算值取到 0.1mm。搭板静载试验的位移值仅取各位移测点中的最大竖向挠度值。南三路分离式立交桥搭板静载试验各工况下搭板的最大竖向挠度值和应变值分别见图 5-207 和表 5-25。

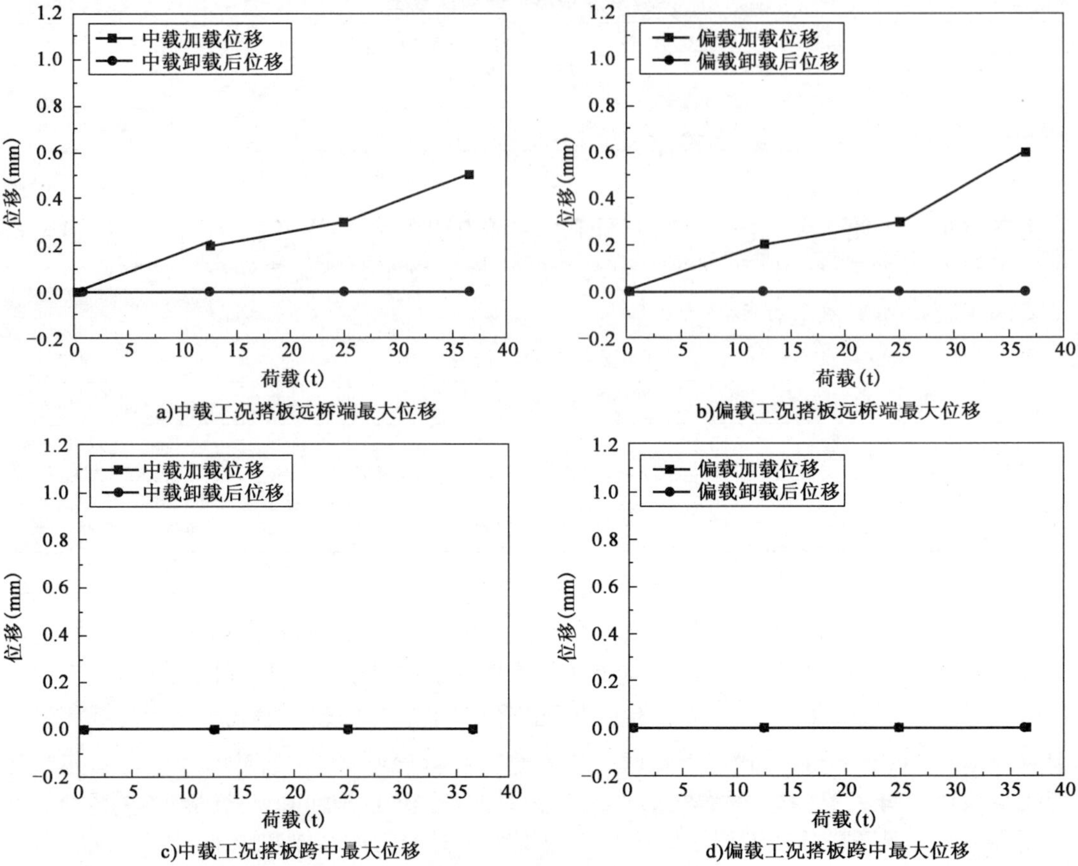

a)中载工况搭板远桥端最大位移

b)偏载工况搭板远桥端最大位移

c)中载工况搭板跨中最大位移

d)偏载工况搭板跨中最大位移

图 5-207　搭板静载试验各工况最大竖向位移

各工况下搭板应变值　　　表 5-25

编　号	12.6t（中载）		12.6t（偏载）		25.05t（中载）		25.05t（偏载）		36.6t（中载）		36.6t（偏载）	
	加载	卸载	加载	卸载	加载	卸载	加载	卸载	加载	卸载	加载	卸载
YB1-1	3.9	0.3	2.3	0.6	0.7	0.4	0.9	0.2	-0.6	-0.5	2.4	-0.3
YB1-2	2.2	0.6	1.3	0.4	1.7	-0.4	0.0	0.0	3.5	0.5	-0.5	-0.9
YB1-3	0.9	0.2	0.0	0.0	-0.4	-0.4	-0.9	-0.4	-1.3	-0.7	-0.9	-0.9
YB2-1	0.9	0.0	1.9	0.9	0.6	-0.9	1.3	0.3	0.5	0.0	2.0	-0.5
YB2-2	2.6	0.3	-0.8	0.0	2.2	0.0	-0.3	0.3	4.3	-0.7	-0.8	-0.8
YB2-3	0.9	0.1	-0.9	0.0	0.3	0.0	-0.4	-0.4	0.4	0.1	0.0	0.0
YB3-1	0.5	-0.1	2.2	0.0	0.4	0.3	2.7	0.1	-1.3	-0.9	2.2	-0.4
YB3-2	1.9	0.2	1.0	0.4	1.8	-0.4	0.6	-0.2	3.2	-0.6	-0.1	-0.9
YB3-3	0.2	-0.2	0.0	0.0	0.0	0.0	-1.4	-0.5	-1.2	-0.2	-0.3	0.0

从图 5-207 可以看出加载车载重为 37t 左右时，搭板跨中实际竖向位移基本为零，远台端实际竖向位移均在 0.5mm 左右，均远小于悬臂状态下的理论值 20.7mm。这表明垫层和搭板

远台端枕梁基本不发生沉降，说明开挖搭板底部基坑后，在板底下面均匀铺了25cm厚的水泥稳定碎石层，然后在碎石层上面再铺设了一层10cm厚的素混凝土垫层，可以提高搭板基础强度，有效减小搭板沉降。搭板基础构造设计是合理有效，施工质量良好。

5.5.3.2　柳儿营(马义线)分离式立交桥

为了得到搭板的边界条件，可通过不同工况下搭板的竖向位移和内部应变情况来分析。测试搭板竖向位移。在竖向荷载作用下，搭板最大竖向位移可能出现的位置布置位移测点，即搭板的跨中截面处和远台端截面处。柳儿营(马义线)分离式立交桥的搭板静载试验的位移测点采用了图5-208的布点情况，每组12个位移测点。

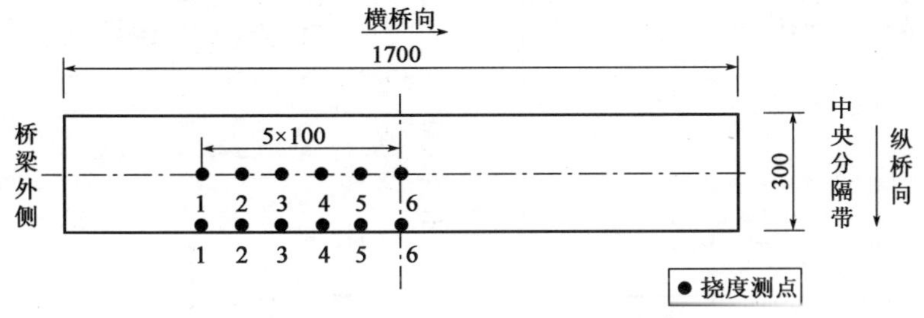

图5-208　搭板位移测点布置图(尺寸单位:cm)

综合考虑试验目的和所选桥梁搭板的具体特点，尤其是枕梁的设置情况，本次搭板静载试验均按两种工况进行加载，其中工况一为中载，工况二为偏载，具体工况布置如图5-209所示。每个工况荷载均分为空载，半载和满载三级加载。为节约时间，本次搭板静载试验的加载顺序是空载中载→空载偏载→半载中载→半载偏载→满载中载→满载偏载。

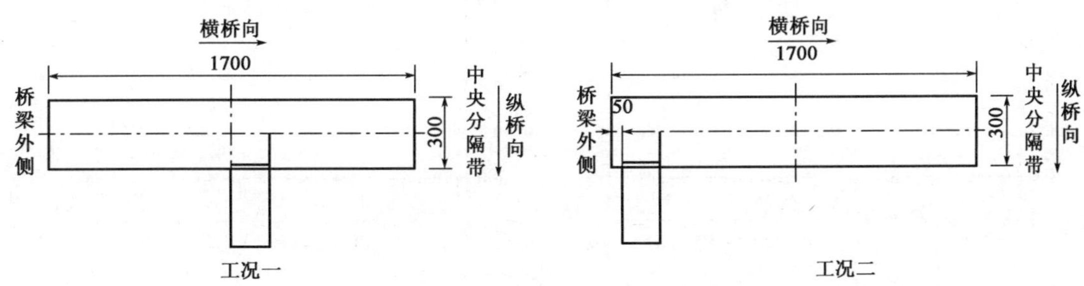

图5-209　搭板试验荷载工况(尺寸单位:cm)

由于搭板中不便于埋置接触式位移计和差动变压式位移计等用于挠度测量的仪器，最终选用了DS2自动安平水准仪结合铟钢瓦水准尺测量搭板在车辆荷载作用下的竖向位移。

试验中车辆都是朝着桥跨方向在预先标记好位置上进行加载。加载顺序为无载测量→空载中载→空载偏载→半载中载→半载偏载→满载中载→满载偏载，试验过程中位移和应变测量均同步进行。每次位移和应变测量读数前均需静等不少于30min，以使结构恢复变形。

数据采集时分为位移组和应变组两个试验组统筹安排、同步进行。本次进行搭板静载试验的两座桥梁均未开通，故不需专门进行交通管制。

以搭板第一次(无载测量)观测整理好的高程作为起始高程，把每次加载后的观测高程减去起始高程，得到荷载作用下各观测点的高差，即搭板各观测点的挠度值。限于水准仪精度，竖向位移计算值取到0.1mm。搭板静载试验的位移值仅取各位移测点中的最大竖向挠度值。柳儿营(马义线)分离式立交桥搭板静载试验各工况下搭板的最大竖向挠度值见图5-210。

从图5-210可以看出加载车载重为37t左右时，搭板跨中实际竖向位移基本为零，远台端实际竖向位移均在0.5mm左右，均远小于悬臂状态下的理论值20.7mm。这表明垫层和搭板远台端枕梁基本不发生沉降，说明开挖搭板底部基坑后，在板底下面均匀铺了25cm厚的水泥稳定碎石层，然后在碎石层上面再铺设了一层10cm厚的素混凝土垫层，可以提高搭板基础强度，有效减小搭板沉降。搭板基础构造设计是合理有效，施工质量良好。

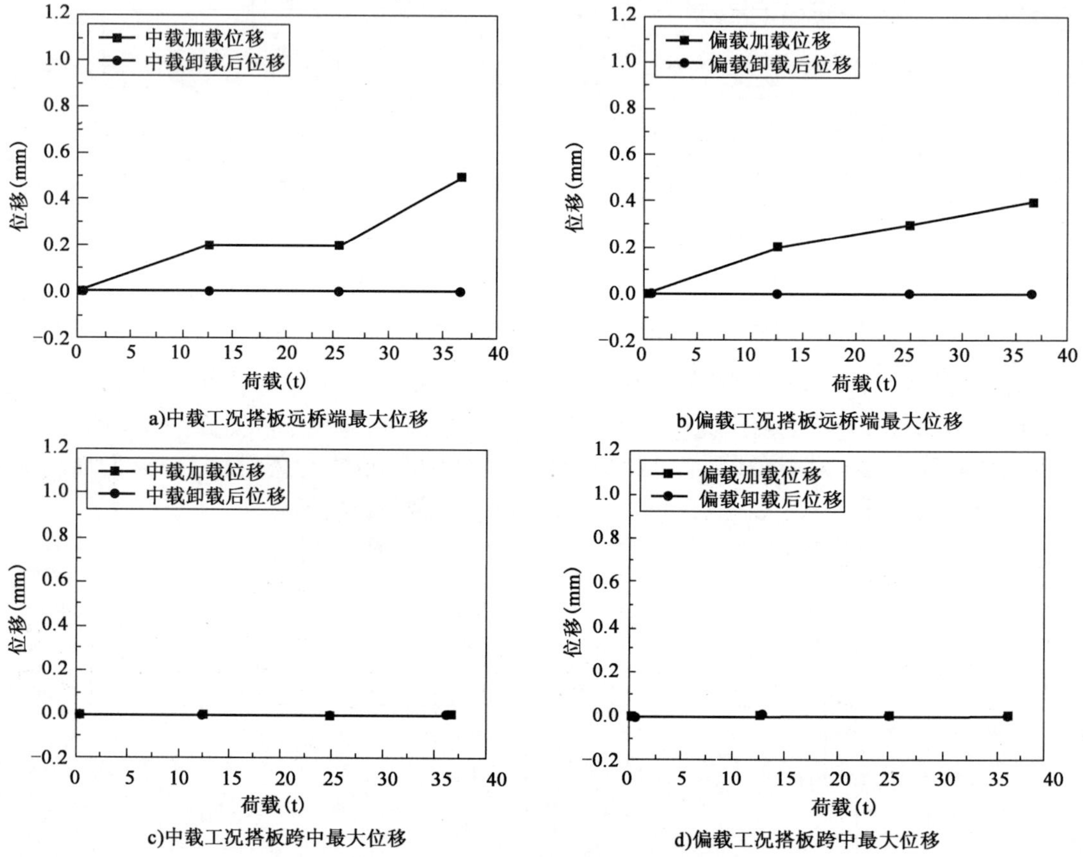

a)中载工况搭板远桥端最大位移

b)偏载工况搭板远桥端最大位移

c)中载工况搭板跨中最大位移

d)偏载工况搭板跨中最大位移

图5-210 搭板静载试验各工况最大竖向位移

5.5.4 面板式搭板与不同垫层材料的摩阻系数试验研究

5.5.4.1 试验模型设计

试验模型以邯郸市柳儿营(马义线)分离式立交桥的搭板为原型，在设计模型尺寸过程中，主要考虑了以下几个因素：

(1)试件的宽度、长度应控制在实验室场地允许的加载宽度、长度范围内；

(2)试件吊装重量不超过现有吊装能力范围；

(3)试件加载吨位不超过实验室 MTS 电液伺服加载系统的加载能力范围。

考虑上述因素后,试验模型在长度、厚度方向选取与原型相同,宽度方向则取 2m。实验模型如图 5-211 所示。

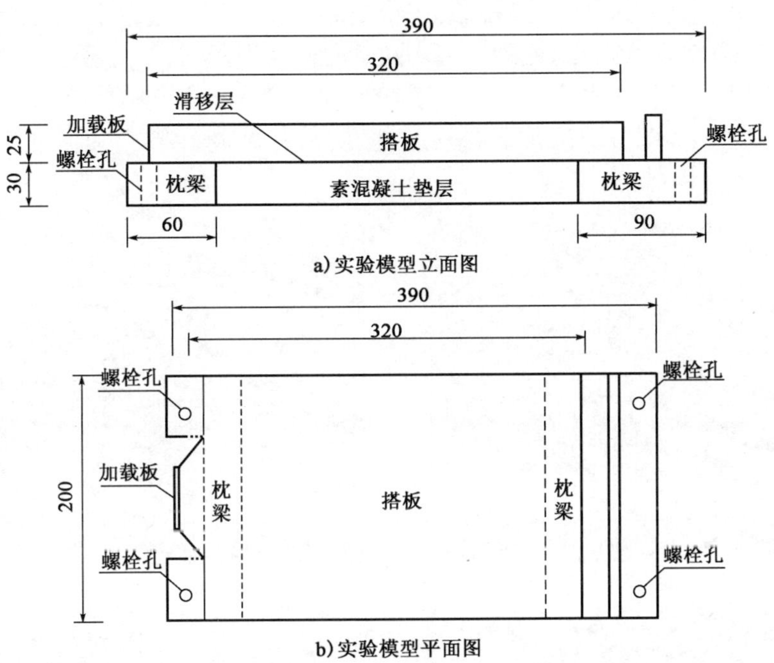

图 5-211　实验模型总体布置图(尺寸单位:cm)

5.5.4.2　试验装置与方法

(1)试件制作

试验模型的制作分为以下几个部分:①钢筋贴片:钢筋表面贴片并用环氧树脂包裹保护,应变片的接线和线头编号等;②钢筋绑扎:包括钢筋的裁制、钢筋焊接、钢筋绑扎等;③安装模板:安装底模、侧模;④浇筑混凝土:模型浇筑、试块浇筑;⑤养护构件;⑥吊装和定位模型。其中,所有的混凝土均采用厂拌混凝土,并预留出混凝土试块。试验构件制作的照片如图 5-210 所示。

(2)测点布置

在搭板模型上、下缘沿模型纵向中心线分别布置 3 个埋置式混凝土应变计,测试搭板混凝土纵向应变;在搭板模型的上、下两层钢筋网对称布置钢筋应变片,共布设了 30 片横向应变片和 80 片纵向应变片,测试钢筋的横向应变和纵向应变。在搭板和枕梁端部截面各安装 2 个纵向位移计,对称安装在截面左右两端,测试加载过程中搭板和枕梁的纵向位移。模型主要测点布置图和照片见图 5-212 ~ 图 5-217 所示。

(3)试验内容

无缝桥的上部结构因时间和温度效应而产生的纵桥向胀缩变形,主要通过主梁和搭板间的连接钢筋传递到桥头搭板。因此,桥头搭板与垫层材料的摩阻力对无缝桥的纵桥向变形的影响很大。为了减少搭板与垫层的摩阻力，无缝桥搭板通常在搭板底铺设一层滑移材料。目前无缝桥主要采用砂、油毛毡和聚苯乙烯泡沫板3种作为垫层滑移材料。国内无缝桥桥头搭板施工主要采用现浇方法，故现场施工时通常在砂垫层表面铺设一层隔离材料作为现浇搭板的底模，其中隔离材料通常采用油毛毡或镀锌铁皮。因此本实验选取了砂、油毛毡、镀锌铁皮和聚苯乙烯泡沫板作为研究对象，分别研究不同竖向荷载作用下，其与搭板的摩阻性能。

图5-218～图5-221分别为砂、油毛毡、镀锌铁皮和聚苯乙烯泡沫板4种垫层滑移材料。搭板模型实验中，竖向荷载分三级加载，每一级竖向荷载见表5-26，实验中照片见图5-222～图5-224。

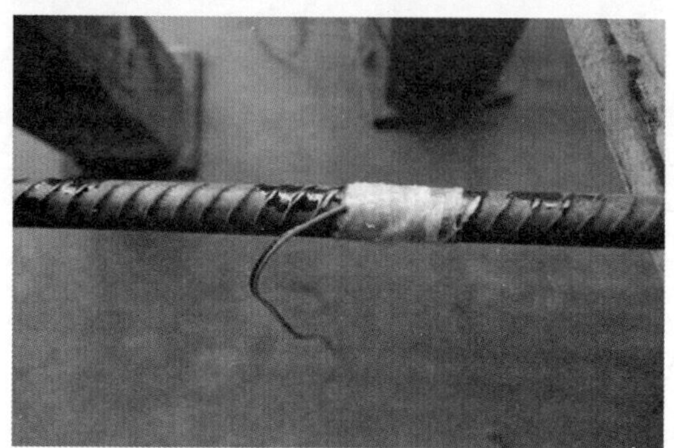
a）钢筋贴片

b）钢筋贴片

c）钢筋绑扎

d）模板制作

e）浇筑混凝土

f）混凝土浇筑完毕

图 5-212

g）试验模型养护

h）模型吊装定位

图 5-212　面板式搭板试验模型制作过程

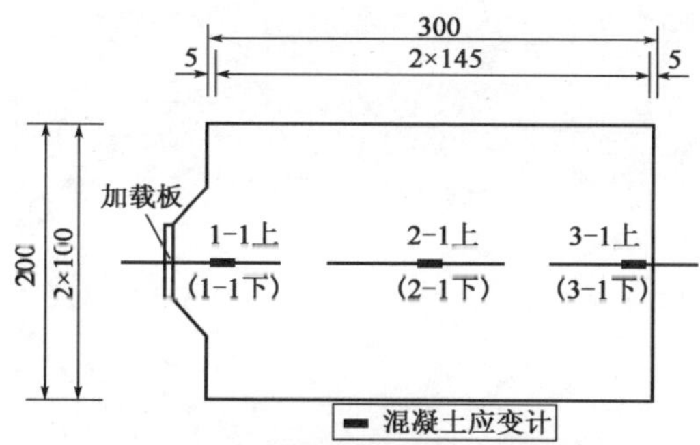

图 5-213　搭板混凝土应变计布置图

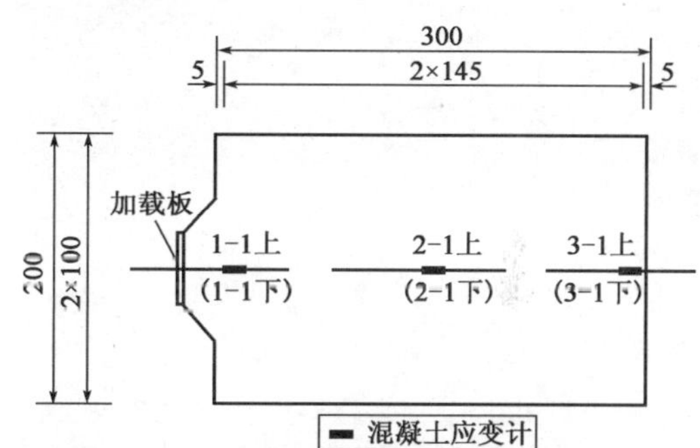

图 5-214　搭板钢筋应变片布置图

图 5-215　搭板混凝土应变计照片

图 5-216　搭板钢筋应变片照片

图 5-217　搭板和枕梁端部纵向位移计

图 5-218　砂垫层

图 5-219　砂垫层上铺设油毛毡

图 5-220　砂垫层上铺设镀锌铁皮

图 5-221　聚苯乙烯泡沫板

图 5-222　竖向荷载一级

竖向荷载分级载重　　表 5-26

竖向荷载分级	载重(kN)	竖向荷载分级	载重(kN)
第一级	37.5	第三级	91.9
第二级	61.9		

图 5-223　竖向荷载二级

图 5-224　竖向荷载三级

(4)加载方案

模型试验采用 MTS 作动器进行位移加载,试验过程中 MTS 作动器速率保持不变,始终保持 1mm/s 的速率匀速加载。位移加载制度为从初始位置 0cm 处→匀速向前推进至 10cm 处→匀速拉回至初始位置 0cm 处→匀速拉回至 -10cm 处→匀速推回初始位置 0cm 处,这样为一个加载回合。在正式加载前，都进行了预加载，检验各仪器是否正常工作。预加载制度为从初始位置 0cm 处→匀速向前推进至 2cm 处→匀速拉回至初始位置 0cm 处→匀速拉回至 -2cm处→匀速推回初始位置 0cm 处。本次实验每一种工况在至少进行 1 次预加载，正式加载至少进行两个完整的加载回合。

为了固定垫层滑移材料，同时考虑尽可能减少支撑对搭板摩阻力的影响，定制了两个圆钢支座，试验前调整底下垫块高度，使砂垫层上表面略高于圆钢支座，除此以外，在圆钢支座顶部涂上黄油，防止试验中砂子外漏时，使搭板底面直接接触到圆钢支座，如图 5-225 所示。

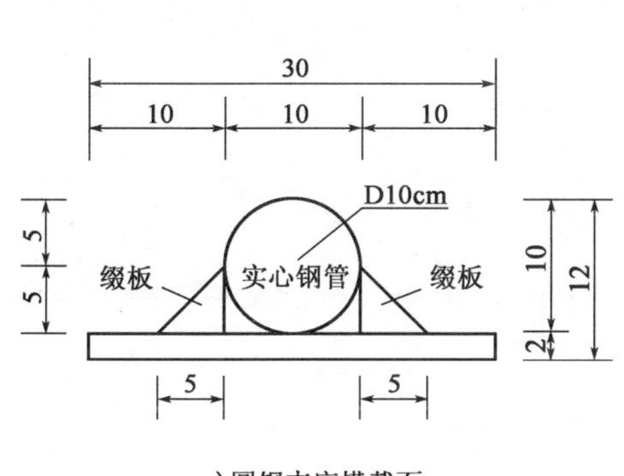

a）圆钢支座横截面

b）圆钢支座实体照片

图 5-225　圆钢支座（尺寸单位：cm）

5.5.4.3　试验结果及分析

（1）滑移材料破坏情况

实验加载完成后，各滑移材料的破坏现象，见图 5-226 ~ 图 5-228。从图 5-226 中可以看出油毛毡中间被拉断，靠近圆钢支座处也有局部油毛毡被拉裂。从图 5-227 中可以看出镀锌铁皮除了表面被刮花，并无其他损坏。从图 5-228 中可以看出聚苯乙烯泡沫板除了表面局部被刮花外，并无其他损坏。

图 5-226　砂垫层上铺设油毛毡

图 5-227　砂垫层上铺设镀锌铁皮

（2）荷载—位移曲线

图 5-229 为 5cm 砂垫层在不同竖向荷载工况下试验加载过程中的荷载—位移曲线。

图 5-228　聚苯乙烯泡沫板

图 5-230 为 2cm 和 5cm 两种不同厚度砂垫层试验加载过程中的荷载位移曲线。从曲线中可看出，刚加载时，随着荷载增加，位移基本不变，此时搭板与砂垫层之间摩阻力为静摩阻力，当荷载继续增大，达到搭板与砂垫层间的静摩阻力时，搭板与砂垫层开始相对滑动，两者间的摩阻力变为滑动摩阻力。由于搭板是做匀速直线运动，荷载与搭板和砂垫层间的滑动摩阻力组成一对平衡力，大小相同，方向相反，故随着位移的增大，荷载基本不变。

计算搭板与砂垫层的摩阻系数，计算过程见表 5-27。

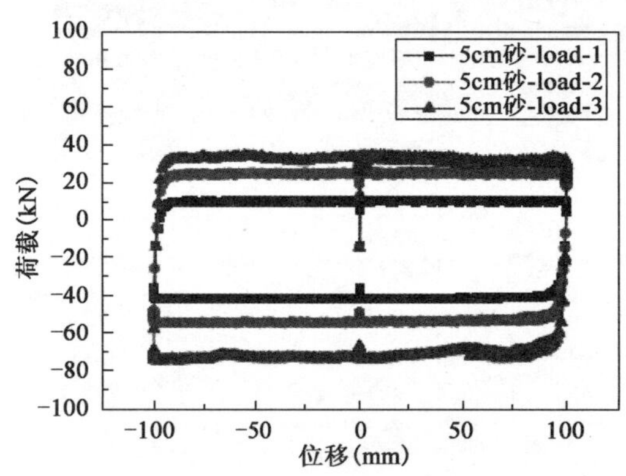

图 5-229　不同竖向荷载砂垫层荷载—位移曲线

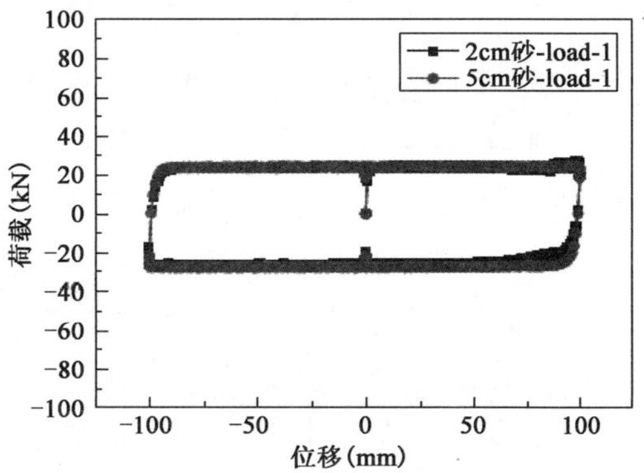

图 5-230　不同层厚砂垫层荷载—位移曲线

搭板与砂垫层摩阻系数计算表　　表 5-27

工　况	竖向荷载均值(kN)	MTS 荷载均值(kN)	平均摩阻系数
5cm 砂荷载一级	37.5	26.3	0.70
5cm 砂荷载二级	61.5	41.0	0.67
5cm 砂荷载三级	89.5	60.5	0.68
2cm 砂荷载一级	37.5	26.0	0.69

对比不同竖向荷载工况下，搭板与 5cm 厚砂垫层的摩阻系数，可知三种不同竖向荷载工况下，摩阻系数基本一致，差值均在 5% 以内。故可认为竖向荷载对于砂垫层与混凝土搭板的摩阻系数的影响很小，计算时可以忽略。对比相同竖向荷载下，2cm 厚砂垫层和 5cm 厚砂垫层的摩阻系数，可知其摩阻系数也基本一致，差值不大于 3%。故可认为砂垫层厚度对其与混凝土搭板的摩阻系数的影响很小。取表 5-27 所有工况测得的摩阻系数的平均值作为砂垫层与混凝土搭板的摩阻系数，其值为 0.69。

图 5-231 示出了 5cm 厚砂垫层 + 油毛毡在不同竖向荷载工况下试验加载过程中的荷载位

移曲线。计算搭板与5cm 厚砂垫层+油毛毡的摩阻系数,计算过程见表5-28。

搭板5cm 砂垫层+油毛毡摩阻系数计算表　　表5-28

工　况	竖向荷载均值(kN)	MTS 荷载均值(kN)	平均摩阻系数
荷载一级	37.5	25.6	0.68
荷载二级	61.5	41.0	0.67
荷载三级	89.5	58.3	0.65

对比三种不同竖向荷载工况下计算得到的摩阻系数,可知混凝土搭板与油毛毡摩阻系数基本相同,差值均在5%以内。故可认为竖向荷载对于混凝土搭板与油毛毡摩阻系数的影响较小,计算时可以忽略。取表5-28 三种工况下测得的摩阻系数的平均值作为5cm 砂垫层上铺设油毛毡与面板式混凝土搭板的摩阻系数,其值为0.67。

图5-232 为5cm 砂垫层+镀锌铁皮在不同竖向荷载工况下试验加载过程中的荷载位移曲线。计算搭板与5cm 砂垫层+镀锌铁皮的摩阻系数,计算过程见表5-29。

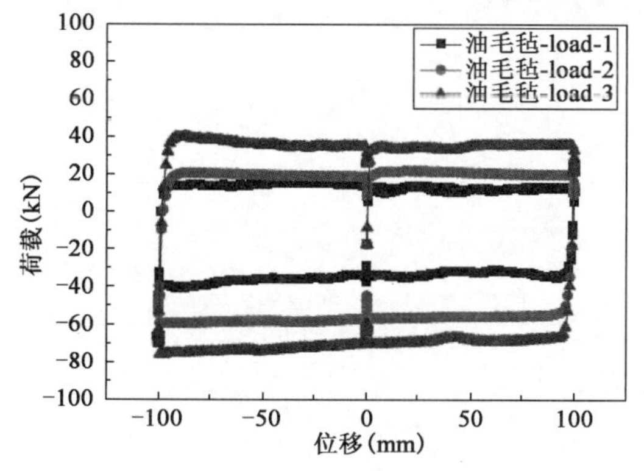

图5-231　5cm 厚砂垫层+油毛毡荷载—位移曲线

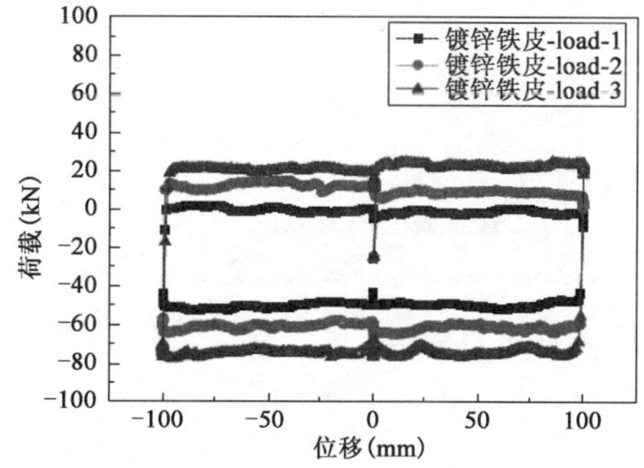

图5-232　5cm 砂垫层+镀锌铁皮荷载—位移曲线

搭板与5cm 砂垫层+镀锌铁皮摩阻系数计算表　　表5-29

工　况	竖向荷载均值(kN)	MTS 荷载均值(kN)	平均摩阻系数
荷载一级	37.5	21.9	0.58
荷载二级	61.5	37.3	0.61
荷载三级	89.5	51.2	0.57

对比三种不同竖向荷载工况下计算得到的摩阻系数,可知混凝土搭板与镀锌铁皮的摩阻系数基本相同,差值均在5%以内。故可认为竖向荷载对于混凝土搭板与镀锌铁皮的摩阻系数的影响较小,计算时可以忽略。取表5-29 三种工况下测得的摩阻系数的平均值作为5cm 砂垫层上铺设镀锌铁皮与面板式混凝土搭板的摩阻系数,其值为0.59。

竖向荷载对于垫层材料与搭板的摩阻系数的影响可忽略。故本次采用聚苯乙烯泡沫板作为垫层材料,只进行荷载一级试验。图5-233 示出了聚苯乙烯泡沫板垫层在试验加载过程中的荷载位移曲线。计算得到混凝土搭板与聚苯乙烯泡沫板垫层的摩阻系数为0.61,计算过程见表 5-30。

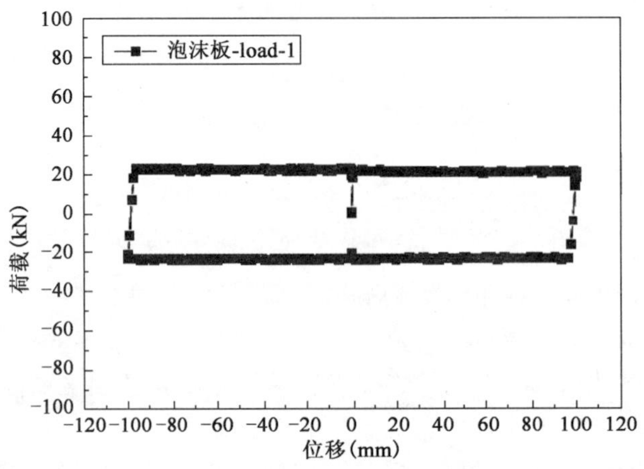

图 5-233　聚苯乙烯泡沫板荷载—位移曲线

聚苯乙烯泡沫板摩阻系数计算表　　表 5-30

工　　况	竖向荷载均值 (kN)	MTS 荷载均值 (kN)	平均摩阻系数
荷载一级	37.5	22.9	0.61

(3)位移曲线

为了判断加载过程中搭板是否发生倾斜,枕梁是否发生纵向位移,在搭板和枕梁远加载头端部截面各对称安装 2 个纵向位移计,测试加载过程中搭板和枕梁的纵向位移。图 5-234 为 5cm 砂垫层荷载一级试验过程中各仪器的位移曲线。

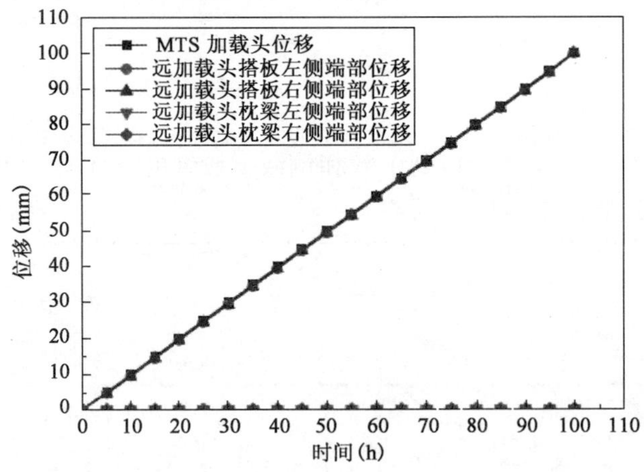

图 5-234　5cm 砂垫层荷载一级加载过程各仪器的位移曲线

从图 5-234 中可以看出,远加载头搭板端部截面左、右侧的位移基本一致,并和 MTS 加载头位移十分吻合。表明加载过程中搭板基本保持平直,不发生倾斜。从图 5-234 中可知,枕梁的位移基本为零,表明枕梁在加载过程中,并未发生移动。

(4)应变曲线

由于砂垫层与搭板摩阻系数最大，故本小节仅选取5cm 砂垫层荷载三级试验过程中搭板混凝土应变曲线进行分析，发现搭板上缘混凝土应变较下缘混凝土应变小，近加载端下缘混凝土应变最大，远加载端混凝土应变最小。整个试验过程中，搭板拉应变和压应变最大分别为2.77με 和 -2.16με，表明 5cm 砂垫层与搭板的摩阻力对搭板受力性能影响不大。搭板基本呈现刚体移动。

选取 5cm 砂垫层荷载三级试验过程中搭板跨中纵向钢筋应变曲线进行分析，发现上层钢筋应变比下层钢筋应变小，近加载端下层钢筋应变最大，远加载端钢筋应变最小。整个试验过程中，搭板拉应变和压应变最大分别为 10με 和 -7με，表明 5cm 砂垫层与搭板的摩阻力对搭板受力性能影响不大。搭板基本呈现刚体移动。

5.6　本 章 小 结

本章以京港澳高速公路石家庄至磁县(冀豫界)段改扩建工程为背景，通过调查、试验、理论分析、结构创新、技术开发等手段，开展一系列基于重载交通的桥梁耐久性研究，研发新技术、新结构、新材料，进一步延长桥梁的使用寿命、节约养护成本、提高桥梁与交通的安全性，并最终提高石安段高速公路的改扩建工程的科技含量和建设质量。通过本章的深入研究，得到以下结论：

5.6.1　空心板梁桥单板受力加固改造技术

(1)通过对京港澳高速公路石磁段 K319 + 700 ~ K421 + 980 的既有 308 座桥梁进行改扩建前的桥梁病害调查，总结了该路段装配式板桥铰缝病害的一般规律，并从设计、施工、管理养护三个方面详细阐述了铰缝病害产生的原因，为旧桥的铰缝病害处治和新建桥梁的铰缝病害预防提供了参考。

(2)设计并制作一跨 8m 铺装层厚度为 8cm 的装配式空心板桥足尺模型，通过不同加载形式下空心板模型试验和有限元分析得到中载和偏载下铰缝的破坏模式，并得到中载作用下，铰缝开裂时的荷载和形成贯通裂缝时的荷载。

(3)设计并制作铺装层厚度为 22cm 的装配式空心板足尺实验模型，得到整体化铺装层加固后空心板的受力特性和破坏模式。对比整体化铺装层加固前后的荷载—挠度曲线可以很明显地看出，整体化铺装层不能提高空心板梁桥铰缝的开裂荷载，但是能延缓受拉区铰缝的进一步开裂，且能降低空心板梁桥在荷载作用下的挠度。因整体化铺装层使得荷载更加均匀地分配到各块空心板上，结合面开裂后，整体化铺装层加固后的空心板梁由于铺装层的存在不会存在“单板受力”现象。

(4)现有的铰接板法和刚接板法不适用于铺装层较厚情况下的横向分布系数的计算，提出了考虑整体化铺装层厚度的横向分布系数计算方法。

5.6.2　铰接板梁桥铰缝合理构造研究

(1)按照新标准图的 8m 铰接空心板桥进行的足尺模型试验，试验揭示了铰接空心板桥铰缝的破坏模式,明确了设置门式钢筋后结合面的顶底部裂缝的拓展均受到限制。在模型试验的基础上,采用有限元方法进行了系统的铰接空心板桥铰缝合理构造研究。研究表明空心板与铰缝构造的结合面是铰接空心板桥最薄弱的部位,空心板与铰缝结合面应当以竖向滑移量作为结合面黏结破坏失效的指标;明确了门式构造钢筋、铰缝结合面构造钢筋直径、混凝土强度、结合面黏结滑移刚度对铰缝构造的开裂荷载、通缝荷载的影响。

(2)为提高铰缝构造受力性能,提出了一种开孔钢板的铰缝构造、一种带延伸钢筋的铰缝构造及其施工方法、一种带整体化铺装层的空心板桥构造及其施工方法。并首次针对门式钢筋、L型钢筋、开孔钢板的裂缝控制措施对铰缝受力性能的影响进行了铰缝构造局部模型试验研究。研究表明铰缝结合面采用门式钢筋、L型钢筋、开孔钢板裂缝控制措施后,纯剪和纯弯条件下铰缝开裂时的剪力和弯矩均提高得到较大提高。并根据铰缝构造局部模型试验结果对已有的结合面抗剪强度和抗弯强度的计算公式进行了修正。

(3)在铰缝局部模型试验的基础上,进行了8m跨径的有裂缝控制措施的空心板足尺模型试验和理论研究。研究结果表明:在铰缝构造处设置结合面钢筋或裂缝控制措施、阻裂措施,对装配式铰接空心板桥的整体受力性能没有影响,但提高了铰缝开裂荷载和通缝荷载,并改变了铰缝开裂形式。

(4)将提出的有阻裂构造的裂缝控制措施运用到实桥,进行了3×10m跨径的钢筋混凝土空心板桥的设计和施工,为今后装配式空心板桥的设计和施工提供参考。

5.6.3 新旧桥梁合理拼接构造技术

(1)进行了8m跨径拼宽空心板梁桥足尺模型受力性能试验,横向由2块旧板和2块新板组成,拼接缝为现浇钢筋混凝土连接段。结果表明,拼宽桥梁在拼接缝开裂前,主梁和拼接缝挠度变化协调,新桥与旧桥近似整体受力,且拼接缝开裂荷载大于主梁开裂荷载,拼接缝构造较为合理、有效;拼接缝开裂后,荷载横向传递能力有所减小,拼接缝破坏形式主要为纵向受拉破坏;空心板的开裂早于拼接缝开裂,说明拼接缝连接合理、可靠。

(2)拼接缝与新桥主梁结合面竖向剪切方向最易发生黏结失效,结合面最薄弱位置为梁端处;拼接缝与主梁间结合面法向应力均较小,不会发生法向受拉黏结破坏;拼接缝与主梁结合面的黏结破坏过程可分为三个阶段:接触应力线性增长阶段、接触应力非线性增长阶段和接触应力下降阶段。

(3)进行了拼宽桥梁横向分布试验,与现有拼接缝简化方式下拼宽桥梁的横向分布计算结果进行比较。结果表明,拼接缝无论简化为铰接或者刚接,都无法较准确地反映拼宽空心板桥的横向分布规律;从简化方式来说,将拼接缝简化为刚接或者铰接,均为一种连接形式,没有考虑其自身刚度。为此,提出了将拼接缝作为一个与主梁相同的结构进行拼宽桥梁横向分布计算,即考虑拼接缝的刚度,拼接缝与新、旧空心板主梁之间的连接为刚接。

(4)通过对比不同拼接时间工况中,新桥主梁混凝土收缩和纵桥向接缝混凝土收缩造成拓宽长联预应力混凝土连续梁桥的旧桥支座横桥向位移,得到新桥主梁混凝土收缩是拓宽长联预应力混凝土连续梁桥拼接时间的最主要影响因素;延长拼接时间不会对拓宽长联预应力混凝土连续梁桥的长期荷载效应的变化规律产生影响,但是延长拼接时间可以减小混凝土收缩、徐变造成的旧桥支座横桥向位移,有利于保证拓宽长联桥梁的正常使用。

5.6.4　RPC 梁预制节段拼接技术

(1)得到0～2%范围内的钢纤维掺量对RPC轴心抗压强度的影响规律。RPC劈拉强度在钢纤维掺量0～1%范围内不稳定,在1%～3%范围内,劈拉强度随钢纤维掺量的增加而线性增大。RPC抗折强度随着钢纤维掺量的增加而增大。

(2)管桩厂的蒸汽养护系统能有效提高RPC的抗压和抗折强度。在试件养护初期(3d之前),RPC抗压强度受养护时间及养护条件的影响较大,而在养护后期(3d之后),养护时间对RPC抗压强度影响较小。

(3)进行的RPC梁受弯性能试验得到了RPC梁的受力性能和破坏模式,得到RPC梁受弯过程中在弹性阶段、裂缝扩展阶段和破坏阶段与PC箱梁异同点。

5.6.5　中、小跨径桥梁延伸桥面板伸缩缝技术

(1)选取两座有缝桥进行无缝化设计,从全寿命的角度出发,由于取消了伸缩缝,无缝桥的费用更是远远低于有缝桥的费用。并通过对现场施工监控,结果表明延伸桥面板无缝桥改造设计在实际施工中是可行的。

(2)通过无缝化桥梁现场温度监测,得到搭板和主梁的日平均温差和温度变化规律、梁顶与梁底温度变化趋势、桥梁两边主梁底板平均温度和梁体温度变化规律、搭板顶部与底部温度大小和变化趋势等温度场。

(3)通过面板式搭板与滑移材料摩阻系数试验研究得到了竖向荷载、砂垫层厚度对混凝土面板式搭板的摩阻系数的影响;并且分别得到了砂垫层、砂垫层上铺设油毛毡、砂垫层上铺设镀锌铁皮聚苯乙烯泡沫板作垫层滑移材料与面板式混凝土搭板的摩阻系数。

(4)在面板式搭板与滑移材料摩阻系数试验研究的基础进行有限元分析,分别得到了搭板与砂垫层、水泥稳定粒料、级配碎石接触摩阻系数,并得到温度荷载下搭板的受力状态。

本章参考文献

[1] 赵素锋. 装配式空心板梁桥铰缝病害机理分析与防治措施[J]. 中国港湾建设,2010(4),004.

[2] 黄民水,朱宏平. 空心板梁桥"单板受力"病害机理及其加固处治研究[J]. 华中科技大学学报(自然科学版),2008,36(2):118-121.

[3] 王雪枫,杨继新,崔亚楠. 装配式空心板桥铰缝受力分析[J]. 内蒙古科技与经济,2011(17):99-100.

[4] 刘沛林. 装配式钢筋混凝土简支板梁桥铰缝受力性能研究[D]. 北京:清华大学,2010.

[5] 王铁成. 桥梁板结构优化试验研究[J]. 中南公路工程,2006,31(3):45-48.

[6] 种永峰. 空心板梁铰接缝模型试验研究[D]. 西安:长安大学,2008.

[7] 唐先习,尹月西,国伟,等. 铰接板桥铰缝疲劳性能试验研究. 水利与建筑工程学报,2015,13(1):7-15.

[8] 卫军,李沛,张国法,等. 空心板铰缝结构耐用性能的试验研究[J]. 华中科技大学学报(自然科学版),2012,40(1):72-76.

[9] 张志. 空心板铰缝破坏机理及防治措施研究[J]. 山西建筑,2009,35(2):318-320.

[10] 梁全富. 体外横向预应力加固简支空心板梁桥工艺研究[J]. 福建建筑,2007(9):43-44.

[11] 康省桢,王复明,蔡迎春,等. 简支空心板体外横向预应力加固试验研究[J]. 中外公路,2011,31(5):95-96.

[12] 陈淮,张云娜. 施加横向预应力加固装配式空心板桥研究[J]. 公路交通科技,2008,25(10):58-62.

[13] 陈淮,张云娜,葛素娟. 横向体外预应力加固装配式空心板桥的探讨[J]. 铁道科学与工程学报,2008,5(6):22-25.

[14] 葛俊颖,王海良,解佳飞. 一座铰接空心板桥的加固实践[J]. 铁道建筑,2009(8):40-42.

[15] 陈宝春,陈友杰. 桥梁工程[M].2 版. 北京:人民交通出版社,2013.

[16] 刘来君,刘军,邬晓光,等.铰缝破坏机理及对 RC 板桥受力影响研究[C]//建筑设计、施工及维修加固新技术研讨会论文集. 兰州,2008. 39-46.

[17] 姜云霞,柴金义,伍必庆,等.不中断交通实施铰接板桥加固的研究[J]. 内蒙古公路与运输,2002(2):1-3.

[18] 申婧. 空心板铰缝处理方法探讨[J]. 工程与建设,2011,25(1):126-127.

[19] 王立志. 现役空心板桥单板受力病害治理方案[J]. 公路交通科技,2012(8):121-123.

[20] 柴广,孙建民,郑杰. 新型铰缝在重载交通道路桥梁设计中的应用[J]. 内蒙古公路与运输,2005(4):20-22.

[21] 朱健. 重载交通下空心板梁铰缝损坏及其快速维修加固技术[J]. 上海公路,2012(2):42-45.

[22] 汪顺利. 浅谈空心板梁铰缝破坏的力学性能危害及加固方案[J]. 湖北农机化,2009(4):61-63.

[23] 叶见曙,刘九生,俞博,付一小. 空心板混凝土铰缝抗剪性能试验研究[J]. 公路交通科技,2013,30(6):33-39

[24] Precast/Prestressed Concrete Institute. The State of the Art of Precast/Prestressed Adjacent Member Bridges[S]. Chicago: Precast/Prestressed Concrete Institute, 2007.

[25] Narendra T. Design of Highway Bridges[M]. New York: The MaGraw-Hill, 1998.

[26] Hanna K E. Behavior of Adjacent Precast Prestressed Concrete Box Girder Bridges[D]. Lincoln: University of Nebraska, 2008.

[27] 陈宝春, 黄冀卓, 韦建刚,等.一种新型装配式钢筋混凝土简支板桥铰缝及其施工方法. 中国,发明专利,102733299[P], 2012-10-17.

[28] 刘沛林. 装配式钢筋混凝土简支板梁桥铰缝接触面应力分析[J]. 特种结构: 2010, 27(4): 77-80.

[29] 项贻强,等. 一种中设横隔张拉装配的预应力空心板梁桥及施工方法. 中国, 发明专利, 102587267[P]. 2012-07-18.

[30] 梁广志,王萍,王甲辰,等. 广佛高速公路桥梁新旧结构连接方式[J]. 桥梁与结构,2006(1):30-34.

[31] 刘孝军,刘中田. 苏嘉杭高速公路南段扩建工程桥梁改造设计[J]. 城市道路与防洪. 2007(4):113-115.

[32] 吴云,李晓宏. 沪宁高速扩建工程桥梁拼接施工[J]. 现代交通技术. 2005,2(1):57-61.

[33] 桂炎德,徐立新. 沪杭甬高速公路(红垦至沽渚段)拓宽工程设计方法[J]. 华东公路,2001,7(7):3-6.

[34] 福建省高速公路建设总指挥部. 福厦漳高速公路扩建工程桥梁拼宽设计指南[R].2009.

[35] 张四国. 唐津高速公路改扩建工程桥梁结构拓宽形式与构造研究[J]. 城市道桥与防洪,2012(4):102-104.

[36] 杨海峰. 安阳至新乡高速公路改扩建工程桥梁加宽方案比选[J]. 中国市政工程,2011(4):1-4.

[37] 李洪业. 公路桥梁加宽加固设计及施工工艺[J]. 铁路工程造价管理,2010(1):21-23.

[38] 邓苗毅,崔聚印,乐金朝. 空心板桥扩宽新旧结构的连接设计[J]. 路基工程,2009(5):201-202.

[39] 万鹏,丁兴国. 沪宁高速公路(上海段)桥梁拼接设计与分析[J]. 中国市政工程,2007(2):10-12.

[40] 吴文佑,吴文清,叶见曙. 预应力混凝土桥梁拓宽的若干关键问题研究[J]. 公路交通科技(应用技术版),2009(8):17-19.

[41] 华斌,李捷,吴建平,等. 预应力混凝土梁桥拓宽关键技术研究[J]. 现代交通技术,2006(5):72-76.

[42] 鲁昌河. 广佛高速公路新旧桥梁结构连接试验段设计[J]. 广东公路交通,2003(4):24-27.

[43]谢群华. 空心板梁桥拓宽车辆活载内力研究[J]. 山西建筑,2009,35(35):307-308.

[44] 王浩,朱若溪,张肇红. 既有桥梁拓宽改造设计中纵向接缝问题的研究[J]. 山西建筑,2007,33(29):313-314.

[45] 许有胜. 公路桥梁拓宽改造纵向接缝研究[D]. 福州:福州大学,2006.

[46] 檀军锋. 活性粉末混凝土在铁路预制梁工程中的应用[J]. 上海铁道科技,2007,2:54-55.

[47] 曹峰,覃维祖. 超高性能纤维增强混凝土初步研究[J]. 工业建筑,1999,29(6):42-44.

[48] 陈意卓,袁娜. 活性粉末混凝土具有优异的力学性能和高耐久性[D]. 北京:北京交通大学,2000.

[49] 何峰,黄政宇. 200~300MPa 活性粉末混凝土的配制技术研究[J]. 混凝土与水泥制品,2000,4:3-7.

[50] 何峰,黄政宇. 养护制度对活性粉末混凝土(RPC)强度的影响研究[J]. 混凝土与水泥制品,2001,6:8-11.

[51] 陈毅卓,阎贵平,安明品. 在常规搅拌工艺条件下活性粉末混凝土抗压强度影响因素的研究[J]. 铁道建筑,2003,3:44-48.

[52] 闫光杰,阎贵平,安明品,等. 200MPa 级活性粉末混凝土试验研究[J]. 铁道学报,2004,26(2):116-119.

[53] 闫光杰,闫贵平,方有亮. RPC200 人行道板抗弯承载能力试验研究[J]. 中国安全科学学报,2004,14(2):87-90.

[54] 龙广成,陈瑜. RPC200 的强度及收缩影响研究[J]. 混凝土,2004,12(6):5-9.

[55] 马远荣,胡钧策. 活性粉末混凝土预应力梁剪切性能研究[J]. 山西建筑,2007,33(21):57-58.

[56] 肖瑞敏,龙广成. 活性粉末混凝土的工程应用研究[J]. 建筑技术,2004,35(1):37~38.

[57] 吴生,黄政宇. 活性粉末混凝土耐久性能研究[J]. 混凝土与水泥制品,2003,(1):19~20.

[58] 覃维祖,曹峰. 一种超高性能混凝土——活性粉末混凝土[J]. 工业建筑,1999,29(4):16~18.

[59] 马亚峰. 活性粉末混凝土(RPC200)单轴受压本构关系研究[D]. 北京:北京交通大学,2006.

[60] 王文雷. RPC 预应力梁相关设计参数研究[D]. 北京:北京交通大学,2006.

[61] O. Bonneau, M. Lachemi. Mechanical Properties and Durability of Tow Industrial Reactive Powder Concrete [J]. ACI Material Joumal,1997,7(8):25-28.

[62] P. C. Aitcin, P. Richard, M. Lachemi. The sherbrooke Reactive Powder Concrete Footbridge[J]. In: structural Engineering Internation. Farce. 1998.

[63] 闫志刚. 活性粉末混凝土桥梁优化设计研究[D]. 北京:北京交通大学,2006.

[64] 陈宝春,庄一舟,Briseghella B. 无伸缩缝桥梁[M]. 北京:人民交通出版社,2014.

[65] Briseghella B,Zordan T,兰成,等. 超长整体式桥台桥梁[C]. 中铁大桥局集团公司. 第二十届全国桥梁学术会议. 北京:人民交通出版社,2012:32-37.

[66] Briseghella B,薛俊青,兰成,等. 整体式桥台桥梁极限长度[J]. 建筑科学与工程学报,2014,31(1):104-110.

[67] 马竞,金晓勤. 我国第一座整体式全无缝桥梁—广东清远四九桥的设计思路[J]. 中南公路工程,2002,27(2):32-34.

[68] 张亮,宁夏元. 设置小边跨的无缝连续梁桥设计[J]. 中南公路工程,1998,23(2):18-20.

[69] 洪锦祥,彭大文. 永春县上板大桥的设计—无伸缩缝桥梁的应用实践[J]. 福建建筑,2004,90(5):50-52.

[70] 张新旺. 半整体式桥台无缝桥的结构分析及其应用研究[D]. 大连:大连理工大学,2002.

[71] 钱锦良. 简支梁连续桥面结构无接缝桥梁在北沿公路桥梁中的应用[J]. 中国市政工程, 2002,98:21-23.

[72] 肖跃成. 消除中小桥梁接缝技术初步试验研究[J]. 中南公路工程,2005,30(2):120-123.

[73] 金晓勤. 新型全无缝桥梁体系设计与试验研究[D]. 长沙:湖南大学,2007.
[74] 金晓勤,邵旭东. 半整体式全无缝桥梁研究[J]. 土木工程学报,2009,42(9):68-73.
[75] 邵旭东,占雪芳,金晓勤,等. 带地梁的新型半整体式无缝桥梁温度效应研究[J]. 中国公路学报,2010,23(1):43-48.
[76] 占雪芳,邵旭东. 半整体式无缝桥中带预压缝的配筋接线路面温降效应[J]. 土木工程学报. 2011,44(11):74-78.
[77] 占雪芳. 半整体式全无缝桥合理结构体系研究[D]. 长沙:湖南大学,2011.

第6章　高速公路改扩建工程涵洞拼接关键技术

6.1　公路涵洞拼接技术

6.1.1　涵洞功能

涵洞是公路自身排水的主要构造物，也是沟通农田排灌体系的重要手段。涵洞具有造价低及设计、施工相对简单的特点。因此，涵洞设置是否合理，是否能满足排灌需要，对保证公路路基稳定、节省工程投资，起着重要作用。

6.1.2　涵洞形式选择

涵洞一般采用圆管涵、盖板涵、箱涵三种形式。

(1)圆管涵受力性能良好，圬工数量小，造价低，是使用最多的涵洞形式。一般农渠自大至小，依次分为总、干、支、斗、农、毛，管涵适用于大部分的农渠、毛渠及局部区域内排水，应用广泛。孔径常为0.75 ~1.50m，最小填土厚度50cm。

(2)盖板涵分为整体式基础及分离式基础两种形式。较圆管涵而言，盖板涵过水断面显著增加，目前最大者已用到4.0m ×3.5 m。其特点是对基底应力要求较高，一般要求达200kPa以上。在持力层条件不好的地段使用时，必须进行地基处理。

(3)箱涵作为一种框架结构，力学性能好，整体性强，适用于各种地基条件。不足之处在于箱涵配筋较密，施工有难度，且造价高。对于一些大的排水沟及支渠、斗渠，究竟是采用盖板涵还是采用箱涵不可一概而论。一般在地基条件较好的情况下，当首选盖板涵，而在软土地段，则需综合考虑地基处理的造价，有些地段可能箱涵反倒更加经济，总之可综合比较。

6.1.3　涵洞加宽方式

通过调研分析，惠深高速公路改扩建工程涵洞加宽采用单侧扩建加宽和两侧扩建加宽两种方式。

6.1.3.1　单侧扩建加宽

单侧扩建加宽是指新建涵洞在旧涵的左侧或右侧进行拼接施工，该加宽方式通常跟旧涵所处区域地形状况有关。经全线现场调查，单侧扩建加宽涵洞共22座，其示意图如图6-1a)所示。

6.1.3.2 两侧扩建加宽

两侧扩建加宽是指新建涵洞在旧涵的左、右侧都进行拼接施工，该加宽方式一般应用于涵洞所处区域地势平坦、起伏不大处。经全线现场调查，两侧扩建加宽涵洞共 74 座，其示意图如图 6-1b）所示。

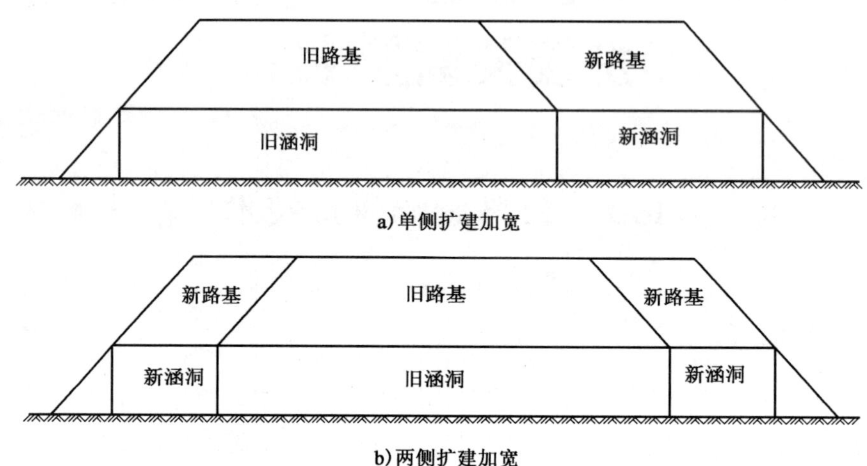

图 6-1　涵洞加宽方式

6.1.4 新涵结构形式

6.1.4.1 基础形式

与旧涵除圆管涵外都采用分离式基础不同的是，新涵基础全部采用整体式基础，其示意图如图 6-2 所示，但整体式基础根据具体涵洞类型及结构尺寸分为整体式加筋基础和整体式混凝土基础。

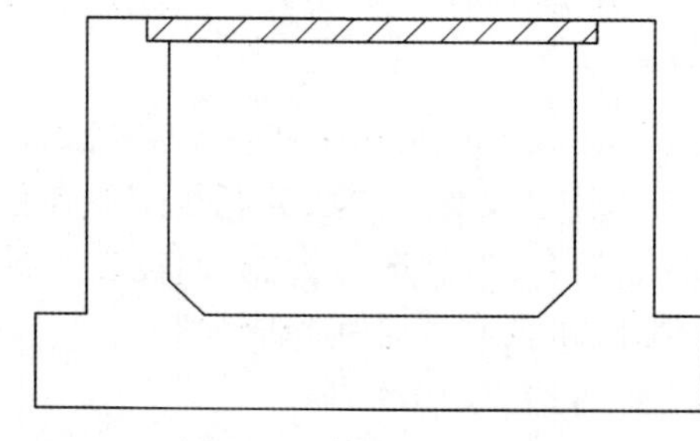

图 6-2　整体式基础断面图

（1）整体式加筋基础

整体式加筋基础通常能承受较大的上部荷载作用。经全线调查，其主要应用于新建盖板涵及箱涵中。

（2）整体式混凝土基础

整体式混凝土基础一般只能承受较小的上部荷载作用。经全线调查，其主要应用于新建圆管涵中。

6.1.4.2 涵身及洞口形式

新涵涵台、盖板结构形式基本上与旧涵相同，但因原有公路设计年代久远，在新规范及标准下涵台、盖板结构尺寸在原来的基础上有所增大。同时经现场调查知，原拱涵全部采用盖板涵拼接。部分涵洞洞口采用一字墙式洞口或跌水井洞口形式。

6.1.5 新涵地基处理方法

当新涵所处区域地基承载力不能满足上部荷载设计要求时，应对新涵地基进行地基处理加固。根据惠深高速公路改扩建工程设计相关资料及对涵洞加宽现场调研分析可知，新涵地基处理采用换填法和素混凝土桩法。

6.1.5.1 换填法

换填法通常适用于浅层地基处理，处理地基通常包括淤泥、淤泥质土、素填土及杂填土。实体工程部分加宽涵洞地基为素填土和粉质黏土，地基承载力不能满足要求，需要进行地基换填处理，设计换填材料为挖方石料。

6.1.5.2 素混凝土桩法

素混凝土桩法常用于具有一定深度的软基处理中，能承受上部较大的荷载作用。实体工程部分加宽涵洞地基采用素混凝土桩法进行处理，桩基按正三角形布置，桩身不配置受力筋，混凝土强度为 C15，桩长 8m，桩径 40cm，桩间距 1.8m。

6.1.6 新旧涵洞拼接技术

经调查，全线加宽涵洞新旧涵洞之间通过设置沉降缝进行拼接，不同类型涵洞拼接情况也有所不同。新旧盖板涵之间设置 2cm 的沉降缝，缝内用沥青麻絮填塞缝隙，完后在内侧用水泥砂浆勾平缝，外侧拼接处涂抹两层热沥青。新旧盖板涵拼接情况如图 6-3 所示。新旧圆管涵基础部分拼接处设置 2cm 沉降缝，圆管拼接处用沥青麻絮填塞紧密，以防漏水，外侧再用水泥砂浆填塞连接。新旧圆管涵拼接情况如图 6-4 所示。拱涵采用盖板涵拼接，且拼接处沉降缝贯穿整个断面，沉降缝 2cm，拼接情况如图 6-5 所示。箱涵加宽采用同旧涵结构相同的箱涵进行拼接，拼接处沉降缝宽 2cm。

图 6-3　新旧盖板涵拼接情况

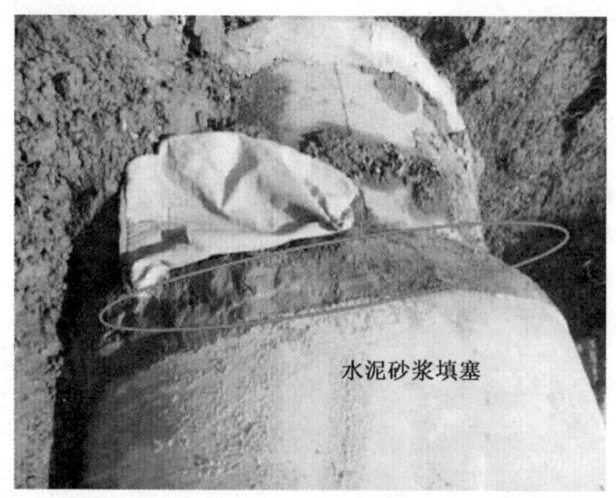

图6-4　新旧圆管涵拼接情况

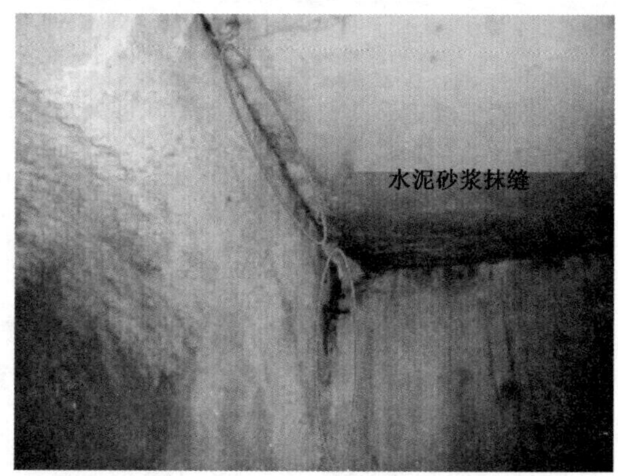

图6-5　拱涵采用盖板涵拼接情况

6.2　涵洞加宽设计方法研究

6.2.1　涵洞加宽方案

6.2.1.1　加宽原则

涵洞加宽工程具有小而杂的特点,因而受牵制的因素较多。为了满足发展规划和工程技术要求,实现工程项目的效益最大化,在进行涵洞加宽设计时应遵循以下几点原则:

(1)选择合理的加宽方案,减少对既有公路交通的影响。涵洞加宽期间应保证道路畅通,至少要保证单车道通行。这是工程建设的基本原则和必要条件。

(2)尽可能节约土地资源,减少征地拆迁量。这是涵洞加宽工程中重要的经济指标。同时应因地制宜,采用合理的工程设计技术,控制并降低工程风险。

(3)涵洞的加宽必须与路基加宽及其他附属设施同步完成,以保证总施工工期目标实现。

(4)为了便于新旧涵洞的拼接,新涵应与旧涵类型相同、跨径和结构尺寸相同或相近。这样才能保证新旧涵洞拼接后能形成一座整体涵洞,新涵和旧涵之间能变形协调、共同受力。

(5)涵洞作为连接贯通公路两侧人和车辆的重要设施,在涵洞加宽工程设计中应保证涵洞净空高度的要求。

6.2.1.2 加宽方式选择

为了保证高速公路的完整性和线形的优美性,全线加宽方式应保持一致。但很多时候高速公路受沿线地形和地质条件,以及当地水文气候条件等自然属性的影响,因此涵洞加宽工程应根据具体的情况采取合理可行的加宽设计方案。

根据石安高速改扩建设计资料可知,全线由双向四车道扩建成双向八车道。涵洞加宽方式遵循两侧加宽为主、单侧加宽为辅的原则。

6.2.1.3 加宽方式优缺点

单侧加宽和两侧加宽是在考虑具体实际工程情况下采用的两种加宽方式,各自都存在着不同的优点和缺点。

(1)单侧加宽

①优点:

a. 单侧加宽只需在涵洞一侧进行加宽,使得涵洞加宽工程施工集中在一侧,便于施工组织方案的实施,能够加快施工进度。

b. 单侧加宽能够减少新旧涵洞拼接断面,可以减小新涵的拼接施工对旧涵整体结构稳定性的影响。

c. 单侧加宽保证了涵洞施工场地较大,便于涵底地基处理、涵侧填土及涵顶填土的压实施工,填土压实度容易得到保证。

d. 单侧加宽在某些情况下能够减少征地拆迁量,缩减工程造价成本。

②缺点:

单侧加宽使得原高速公路的线形发生改变,新旧涵洞结构横向中心线不重合。涵洞加宽工程施工完成后,在上部结构荷载和车辆荷载的作用下,新旧涵顶结构较两侧拼接时易发生破坏。

(2)两侧加宽

①优点:

两侧加宽保持了原高速公路的线形标准,新旧涵洞结构横向中心线基本重合。涵洞加宽工程施工完成后,在上部结构荷载和车辆荷载的作用下,新旧涵洞结构不易破坏。

②缺点:

a. 两侧加宽需要在涵洞两侧进行加宽,使得涵洞加宽工程施工分散不集中,不便于施工组织方案的实施,施工进度受延迟。

b. 两侧加宽扩大了新旧涵洞拼接断面,两侧新涵的施工增大了对旧涵结构的稳定性影响。

通过对上面两种加宽方式优缺点的比较分析可以看出,在不受地形和地物限制的情况下,为保证新旧涵洞结构不受破坏,涵洞加宽应优先选用两侧加宽方式。但涵洞加宽方案应与高速公路路线加宽方案保持一致,同时无论采用哪种加宽方式,都应保证新旧涵洞能共同受力,基础沉降差不能太大。

6.2.2 新旧涵洞拼接方法

新旧涵洞拼接方法的确定是涵洞加宽工程的关键问题,也是工程建设中的核心内容。采用何种拼接方法,对涵洞加宽工程的施工难易程度、工程造价、工程质量及后期使用效果都会产生较大的影响。新旧涵洞拼接应遵循同结构、同类型、同跨径的拼接原则,但是针对不同的涵洞类型以及具体的实体工程情况,新旧涵洞的拼接方法也会有所不同。下面对常见的四种涵洞类型的拼接方法分别进行分析说明。

6.2.2.1 盖板涵拼接

目前,新旧盖板涵拼接通常的拼接方法有两种,即植筋拼接和沉降缝拼接。

(1)植筋拼接

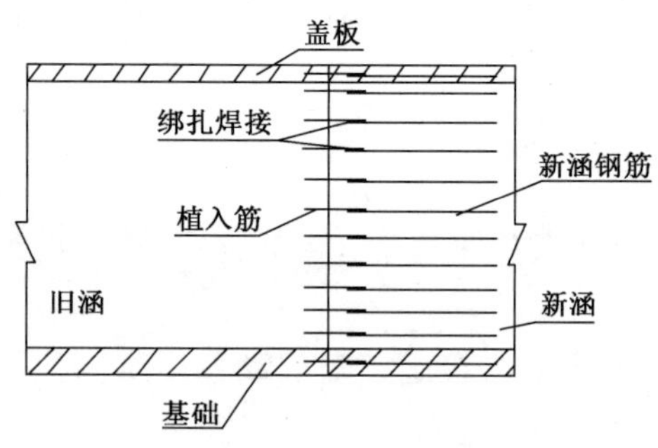

图 6-6 新旧盖板涵植筋拼接示意图

植筋拼接是指在旧涵整个混凝土断面上钻孔,然后注入高强度的专用植筋胶,利用钢筋与植筋胶之间及植筋胶与孔壁间的两部分黏结锚固力将钢筋和旧涵混凝土结合成受力的整体。待新涵涵身钢筋架立好后,将植入筋同新涵钢筋进行绑扎焊接,最后再对新涵浇筑混凝土完成拼接,植筋拼接示意图如图 6-6 所示。该技术已广泛运用于桥涵结构的加宽拼接工程中,对于涵洞加宽工程,一般要求拼接长度小于 4m 情况,且新旧涵基础沉降差不宜过大。

采用植筋拼接技术有效地将新旧涵连接成一个完整的结构受力体,拼接部位能够较好地承受上部结构传递的荷载。但植筋技术操作复杂,施工不便,延误施工工期的同时也增加了工程造价。同时考虑到新旧涵基础在后期的沉降量不同,基础的不均匀沉降会使旧涵涵顶产生附加应力导致旧涵破坏,并最终影响涵洞加宽工程的整体稳定。

(2)沉降缝拼接

沉降缝拼接是指在新旧涵拼接断面设置一道宽度为 1 ~2cm 的沉降缝。沉降缝通常需要贯穿整个拼接断面,缝内填塞材料主要为沥青麻絮。新旧盖板涵沉降缝拼接设计详图如图 6-7 所示。为了保证沉降缝处的防水效果,沉降缝的填塞方法主要有以下三点:

(1)在基础顶面以下,可用沥青木板填塞,或填入黏土并捣实,在拼接处外侧再用 1∶3 水泥砂浆填塞抹平。

(2)在基础顶面以上,沉降缝外侧用热沥青浸制麻絮填塞,深度约 5cm,内侧用 1∶3 水泥砂浆填塞抹平,深约 15cm,中间空隙填以黏土。

(3)填塞完成后,在涵洞拼接处外侧(涵洞轴线方向宽出拼接处两侧各 25cm)涂抹两层热沥青。

沉降缝拼接是一种简便的拼接方法,它已广泛运用于涵洞加宽工程中,适用于拼接长

度在 4m 以上，且新涵地基较稳定的情况。该拼接方法不仅有效地避免了新旧涵基础不均匀沉降带来的拼接处破坏问题，同时操作简单、施工便利，在节约工程费用的同时也缩减了工程工期。

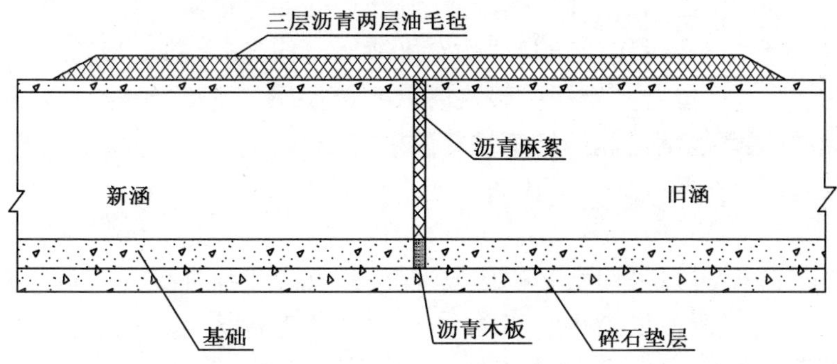

图 6-7　新旧盖板涵沉降缝拼接设计详图

综合上述两种拼接方法的特点，并结合第三章数值仿真分析结果，建议在工程设计中，当涵洞加宽跨径超过 4m 或填土高度超过 2m 时，新旧盖板涵应采用沉降缝拼接；其他情况时，为使新旧涵结构拼接紧密，新旧盖板涵可采用植筋拼接。

6.2.2.2　圆管涵拼接

通常圆管涵的跨径较小，且基础一般采用整体式基础，对地基承载力要求不高，只需对地基进行简单处理就能满足新旧涵基础沉降差要求。因此，圆管涵拼接可以采用沉降缝拼接，拼接方法与新旧盖板涵沉降缝拼接类似。

在新旧涵拼接处，挖除旧涵垫层 50cm 宽，并在新涵垫层 50cm 宽范围内埋设钢筋，浇筑 C25 混凝土，用来增大新旧涵拼接处稳定性。沉降缝内采用沥青麻絮进行填塞，上半圈从外往里填塞，下半圈从里往外填塞。填塞完成后，在内圈拼接处（涵洞轴线方向宽出拼接处两侧各 25cm）涂抹两层热沥青，外圈用 1∶3 水泥砂浆绕缝抹不少于 15cm 宽的砂浆带。该拼接方法既施工便利，又节约工程成本。新旧圆管涵拼接处设计详图如图 6-8 所示。

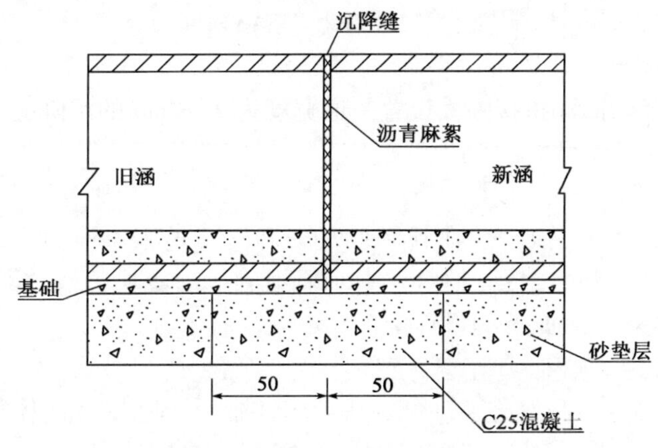

图 6-8　新旧圆管涵拼接设计详图（尺寸单位：cm）

6.2.2.3 拱涵拼接

拱涵为一种早期的涵洞结构形式，施工工艺复杂，且出现病害后较难修复，在现阶段高速公路的设计中已很少运用。因此，针对拱涵拼接情况，可采用新建盖板涵进行拼接。为了防止新旧涵基础不均匀沉降导致拼接处涵洞结构发生破坏，新旧涵之间可设置2cm沉降缝。沉降缝外侧采用沥青麻絮进行填塞并涂抹两层热沥青，内侧用水泥砂浆勾缝，新旧涵拼接处设计详图参见图6-7。该方法既能满足涵洞结构承载要求，又能简化施工工序，提高施工效率。

6.2.2.4 箱涵拼接

对于箱涵拼接情况，可以采用植筋拼接或沉降缝拼接，两种拼接方法同盖板涵拼接技术相同，新旧涵拼接处设计详图参见图6-6 和图6-7。当拼接箱涵为明涵时，应在旧涵牛腿和搭板断面同时进行植筋，且植入深度不小于30cm。

6.2.3 新涵设计方法

由于高速公路进行改扩建，受各种因素的影响和限制，为保障新旧涵结构的安全及稳定，新涵在设计上有很多不同于旧涵的地方，主要表现在地基处理、新涵涵身及新涵洞口设计上。

6.2.3.1 地基处理设计

为了减小新旧涵基础沉降差，对新涵地基通常要进行地基处理，常用的地基处理方法为堆载预压法、换填法及复合地基法。

(1)堆载预压法

堆载预压法能有效减小新涵地基工后沉降，一般采用一次堆载或分级堆载的方式。堆载的重量应参考新涵自重荷载和外部荷载，并施加不同比例的活载达到不同的沉降控制效果；堆载面积应布满新涵基础并沿道路纵向和横向延伸一段距离保证深层地基加固效果；堆载材料以散料为主，如石料、砂、砖土等；堆载时间不少于3 个月。

(2)换填法

换填材料应选用强度高、压缩性低、稳定性好的材料，实际工程中可选用临近边坡开挖碎石和土渣混合料。换填厚度一般不应小于1m 或超过3m。换填过薄，地基承载力不能满足要求；换填过厚，费时耗料，且新旧涵基础沉降差减小效果不明显，经济和技术上均不合理。

(3)复合地基法

①桩基类型的选择。

考虑到涵洞加宽工程的特殊性，在新涵地基处理施工过程中应尽量减小对旧涵的影响。由于钻孔灌注桩为非挤土桩，在成孔的过程中对旧涵的扰动较小，且涵洞为中小型构造物，对地基的承载能力要求不高，因此工程设计中可采用素混凝土桩。

②桩长、桩径的确定。

由于新涵基础的沉降量和沉降速率都大于旧涵基础，为了减小新旧涵基础沉降差，由数值仿真分析结果可知，通过增加桩长或桩径是十分有效的，但桩长或桩径过大容易使地基处理过刚，造成新涵涵顶发生破坏。因此，在实际工程设计中应对桩长、桩径进行多次验算，确保拟定

的桩基几何尺寸既能满足上部结构荷载要求，且新涵涵顶不受破坏。

6.2.3.2 新涵涵身设计

原高速公路建设年代已久，经过长时间的发展，高速公路设计规范及标准发生了很大的变化，旧涵结构尺寸已不能满足新设计规范的要求。为了使新涵结构能满足承载能力要求，必须对新涵涵身结构尺寸做相应改变，或采用能降低对地基承载能力要求的设计，这些都体现在涵身结构尺寸和新涵基础结构的改变上。此处结合惠深高速公路涵洞加宽工程具体情况进行相关说明。

(1)涵身结构尺寸

为了能够承受上部较大的荷载作用，新涵涵身直接在结构尺寸上做了相应的增大设计。对盖板涵，部分新涵盖板厚度从20cm增大到25cm，涵台厚度从40cm增大到50cm，同时基础厚度从60cm增大到80cm。对圆管涵，管径从旧涵的1.0m增大到新涵的1.25m，基础厚度也做了相应增大。

(2)新涵基础结构

旧涵基础全部采用分离式基础形式，为了能够降低因上部荷载增大而对地基承载力要求较高的情况，新涵基础全部采用整体式基础形式。整体式基础的受力特点类似于地下室基础，两侧填土相当于作用在基础底面以上的侧向荷载，它将阻止基础底下的土体向两侧挤出，从而达到增加地基承载力的效果。与分离式基础相比，整体式基础不但降低了地基承载力的要求，而且增强了新涵的整体稳定性，有效地减小了新旧涵基础沉降差。整体式基础根据涵洞类型及结构尺寸不同，又可分为整体式加筋基础和整体式混凝土基础。

①整体式加筋基础。

整体式加筋基础是现今比较常见的一种基础形式，需要先绑扎好钢筋后再浇筑混凝土，该基础形式主要运用于新建盖板涵及箱涵中，如图6-9所示。因盖板涵和箱涵结构尺寸较大，需要承受的上部结构荷载较大，对涵洞基础结构的承载能力要求较高，所以需要对基础进行加筋设计。

图6-9 整体式加筋基础

②整体式混凝土基础。

整体式混凝土基础是一种素混凝土结构的基础形式，能承受较小的上部结构荷载作用。该基础形式主要运用于新建圆管涵中。对于圆管涵，涵洞结构尺寸规模较小，对基础承载力的要求不高，采用素混凝土基础满足设计要求。在满足承载能力的条件下，整体式混凝土基础具有施工方便且经济的优势。但当涵顶填土较高时，应选用整体式加筋基础较为合理。

6.2.4 涵洞接长沉降变形分析

某箱涵位置覆盖层多为黏性土或砂类土，下覆泥岩与粉砂质泥岩等，具体的地质情况以及选择的涵洞设计方案如图6-10所示，设计的涵洞方案的尺寸如图6-11所示。根据勘察结果，该处土的物理力学性质指标，如表6-1所示。

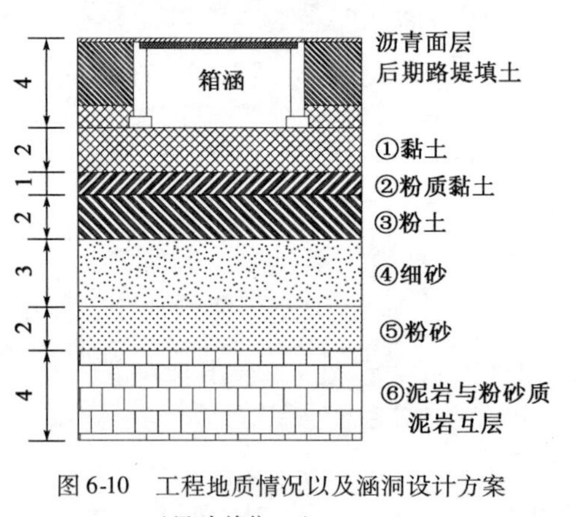

图6-10 工程地质情况以及涵洞设计方案（尺寸单位：m）

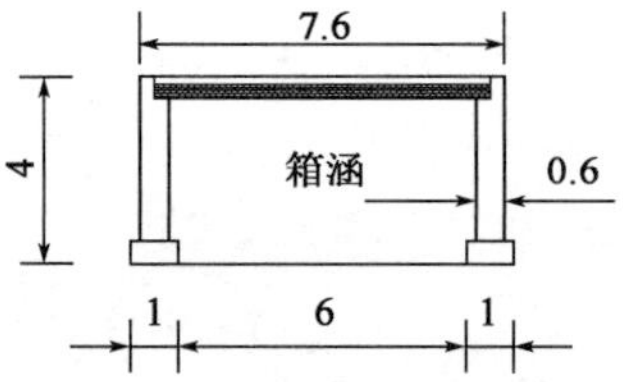

图6-11 设计的涵洞方案的尺寸（尺寸单位：m）

土层物理参数 表6-1

层号	岩性	天然重度（kN/m³）	饱和容度（kN/m³）	浮重度（kN/m³）	剪切指标		弹性模量 E_{s1-2}（MPa）	泊松比
					黏聚力（kPa）	内摩擦角（°）		
①	黏土	18.7	19.1	9.1	30.7	18.6	4.8	0.28
②	粉质黏土	19.2	19.6	9.6	18.6	19.3	6.7	0.30
③	粉土	19.1	19.8	9.8	20.2	22.3	8.2	0.33
④	细砂	18.7	19.7	9.7	0	29.8	9.8	0.28
⑤	粉砂	18.7	20.2	10.2	0	27.4	8.6	0.27

箱涵自身重量：

$$G_1 = 25 \times 8 \times 0.6 \times 4 = 480(\mathrm{kN})$$

箱涵基础由于箱涵自身重量产生的基底压力为：

$$\sigma_1 = \frac{G_1}{A} = \frac{480}{8 \times 1} = 60(\mathrm{kPa})$$

面板的重量为：

$$G_2 = 25 \times 8 \times 3.5 \times 0.6 = 420(\mathrm{kN})$$

由于桥面板重量产生的基底压力为：

$$\sigma_2 = \frac{G_1}{A} = \frac{420}{8 \times 1} = 52.5(\mathrm{kPa})$$

考虑到车辆荷载作用以及箱涵后填土产生的土压力引起涵洞基础产生基底压力，大体在10～30kPa左右，加上箱涵自身重量和面板重量产生的基底压力，综合考虑扩宽后涵洞基础受到的基底压力为150kPa，并且假设这个基底压力为均匀分布的。

为分析小型构筑物接长后引起路基沉降，以涵洞为例进行说明。涵洞接长长度两边都是8m。由于涵洞所受荷载比较小，所以选择涵洞基础宽度为1m。基础加宽和选择沿横断面扩宽地基路线位置图如图6-12所示，基础加宽和选择沿横断面原有地基路线位置图如图6-13所示，基础加宽和选择沿纵断面地基路线位置图如图6-14所示。

涵洞接长后加宽荷载作用扩宽地基沿横向方向沉降曲线如图6-15所示，涵洞接长后加宽荷载作用原有地基沿横向方向沉降曲线如图6-16所示，涵洞接长后加宽荷载作用地基沿纵向方向沉降曲线如图6-17所示。

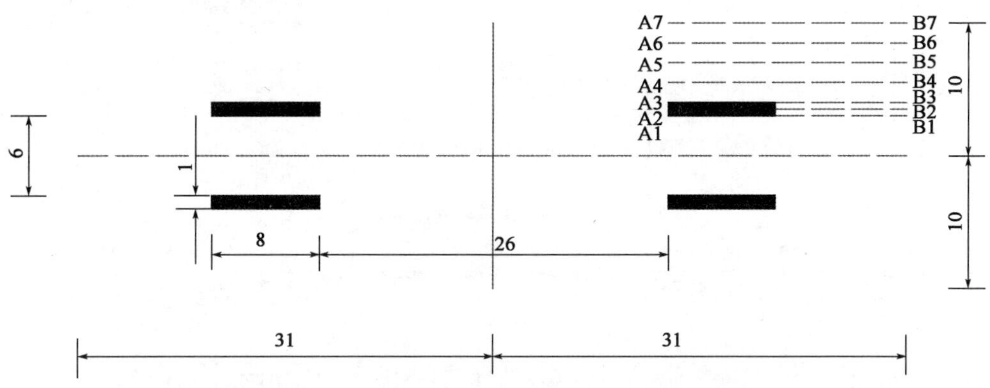

图6-12 基础加宽和选择沿横断面扩宽地基路线位置图(尺寸单位:m)

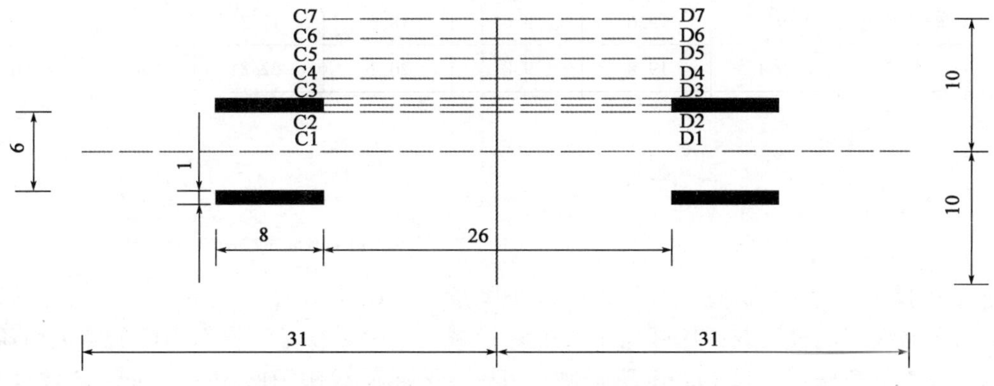

图6-13 基础加宽和选择沿横断面原有地基路线位置图(尺寸单位:m)

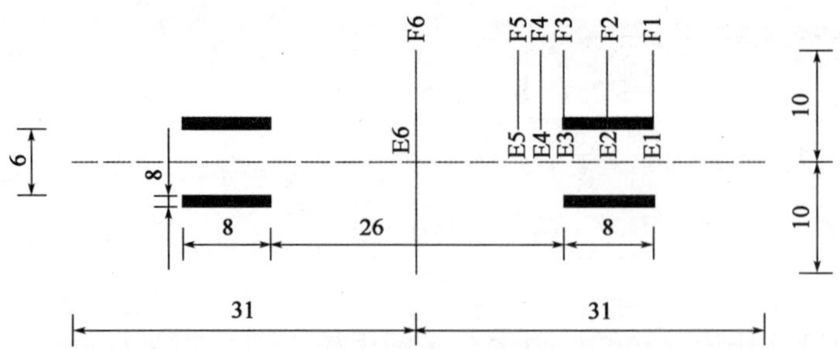

图 6-14　基础加宽和选择沿纵断面地基路线位置图(尺寸单位:m)

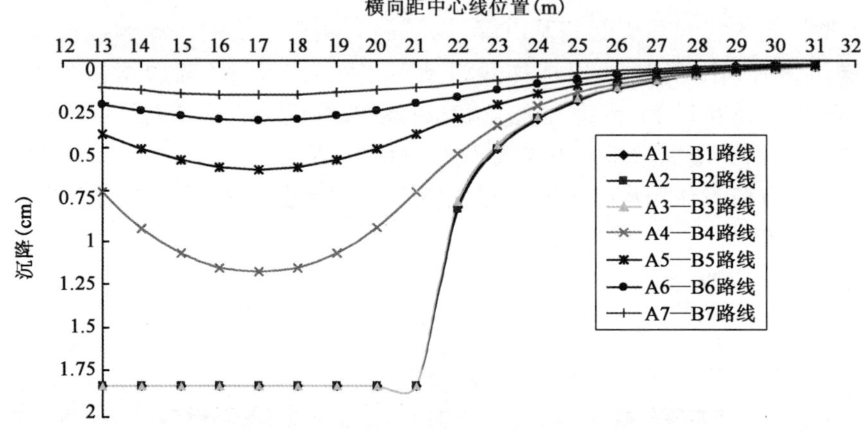

图 6-15　涵洞接长后加宽荷载作用扩宽地基沿横向方向沉降曲线

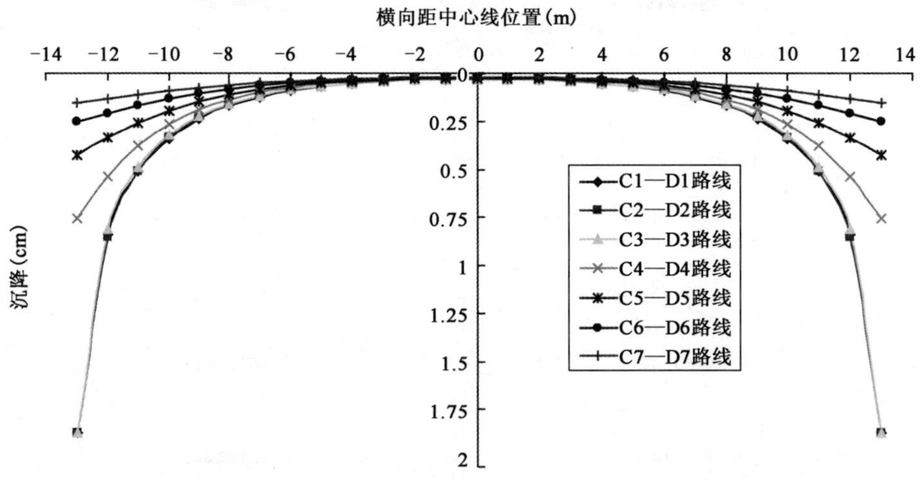

图 6-16　涵洞接长后加宽荷载作用原有地基沿横向方向沉降曲线

从图 6-15 可以看出,扩宽地基沿横断面沉降量最大值是沿着 A1—B1 路线、A2—B2 路线和 A3—B3 路线。偏离荷载作用区域 2m,沉降量减少 73%;偏离荷载作用区域 4m,沉降量减少 87%;偏离荷载作用区域 6m,沉降量减少 94%;偏离荷载作用区域 8m,沉降量减少 97%。从图 6-16 可以看出,原有地基沿横断面沉降量最大值是沿着 C1—D1 路线、C2—D2 路线和

C3—D3 路线。偏离荷载作用区域 2m,沉降量减少 73%;偏离荷载作用区域 4m,沉降量减少 87%;偏离荷载作用区域 6m,沉降量减少 93%;偏离荷载作用区域 8m,沉降量减少 96%。从图 6-17 可以看出,地基沿纵断面沉降量最大值是沿着 E1—F1 路线、E2—F2 路线和 E3—F3 路线。偏离荷载作用区域 2m,沉降量减少 67%;偏离荷载作用区域 4m,沉降量减少 84%;偏离荷载作用区域 6m,沉降量减少 92%。

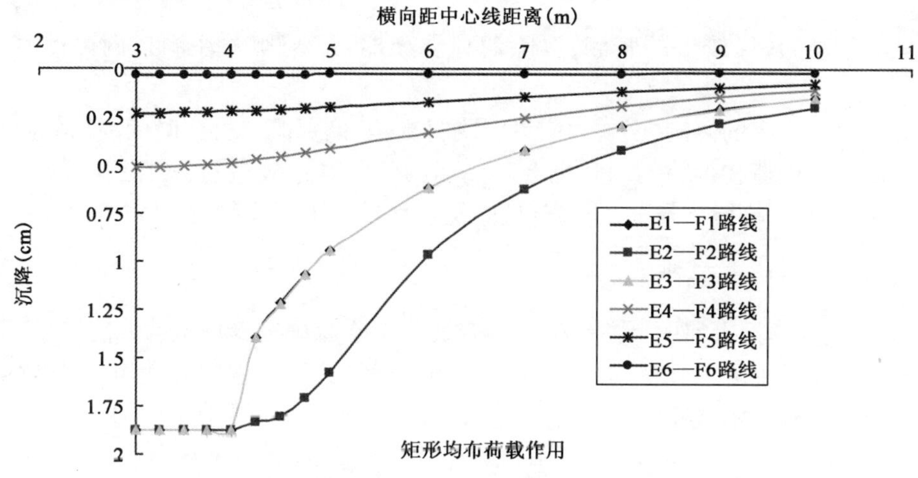

图 6-17　涵洞接长后加宽荷载作用地基沿纵向方向沉降曲线

6.3　涵洞加宽施工技术研究

6.3.1　准备工作

在涵洞加宽施工前,应做好相应的准备工作,以保障施工工作能正常有序进行。准备工作主要包括以下四个方面内容:

6.3.1.1　旧涵病害检查

涵洞加宽施工前,应对旧涵的病害情况进行检查。若发现存在病害,应确定加固方案和补强措施。主要存在的病害情况及处理措施包括以下四点:

(1)若涵洞内有淤泥残留物,应进行清理,且涵洞全场范围内的淤泥残留物层厚度应不大于 10cm。

(2)当涵洞内的混凝土存在裂缝、空洞及蜂窝麻面等病害时,应做好相应记录,并按照《公路桥涵施工技术规范》(JTG/T F50—2011)进行修复加固。

(3)对涵洞出现沉降变形,沉降缝发生错台漏水、各管节接缝开裂漏水及涵顶板漏水等情况,应对漏水处进行密封处理,确保旧涵不出现渗漏。

(4)对少数涵洞结构破损和渗漏现象严重,混凝土强度明显衰减及多处受力钢筋外露并严重锈蚀等情况,应视为危涵洞,需指定相应的加固方案。

6.3.1.2　洞口拆除

涵洞加宽施工前应将洞口的翼墙及其附属物等原有构筑物拆除。洞口拆除过程中应注意以下几点：

(1)拆除构筑物可采用凿除或切割等方法，严禁使用爆破法或重锤锤击，防止对涵洞结构造成破坏。

(2)填土较高、孔径较大的暗涵，拆除洞口翼墙时，应密切关注洞口两侧路基土的稳定状况。

(3)对于存在病害的涵洞，必要时应设置临时支护，确保洞口拆除时涵洞结构安全。

(4)旧涵洞口构造物拆除的同时也会对旧涵两侧路基边坡进行开挖，为了防止开挖路基边坡出现垮塌影响旧路行车安全，应对开挖路基边坡进行喷混支护。

6.3.1.3　采取临时截排水措施

对于涵洞自身的排水问题，应采用先截堵水，再用临时排水管排水的方法。采用排水管排水，保证了涵洞排水通畅，防止漏水浸泡基坑。当涵洞能进行改道排水时，可在基坑外侧改道，此时同样也要采取临时防渗措施，防止雨水浸泡地基。对于涵洞外侧的排水问题，在涵洞施工区域外侧应设置好临时截排水沟，防止雨水对开挖基坑造成冲刷。

6.3.1.4　复查旧涵涵底高程

由于基础沉降、进出水口水系的调整或旧涵施工误差等因素的影响，旧涵涵底高程有所变化，并可能还存在洞内积水、阻水等情况。因此在新涵施工前应认真做好复查、复测旧涵涵底高程工作，并在新涵拼接施工时做适当调整，以保障新旧涵洞排水通畅。

6.3.2　涵洞加宽施工

6.3.2.1　地基处理施工

地基处理是涵洞加宽施工中首先要解决的问题。对于强度较大，满足地基承载力要求的地基，待开挖至指定设计深度后，对基坑底面进行整平、夯实即可。对于含有软土层，地基承载力不满足要求的地基，为了减小新涵施工工后沉降及新旧涵基础沉降差，提高新旧涵的整体稳定性，应选用适当的地基处理方法，如堆载预压法、换填法和素混凝土桩法。有关堆载预压法和换填法的施工技术要点，具体可参见《地基处理手册》(第三版)(中国建筑工业出版社，2008)，这里不再赘述。下面仅对素混凝土桩法进行分析说明。

素混凝土桩法采用长螺旋钻的施工方法，该方法要求进行试桩。试桩可在工程桩施工的过程中进行，主要检验设计的打桩顺序和桩距能否保证桩身质量。待试桩完成后方可进行大面积的钻孔施工，在钻孔施工的同时，应密切关注钻孔对旧涵整体结构稳定性的影响情况，并做好监测工作。当发现问题时，应立即停止钻孔施工，并对旧涵做好加固防护措施，待检查确认旧涵稳定时，才能继续钻孔施工。素混凝土桩施工一般工艺流程如图 6-18 所示。

为了减小钻孔施工对旧涵的稳定性影响，同时保证成桩质量，施工过程中应注意以下几点：

(1)开机前应检查导向架的垂直度,施工中应时刻保持桩机底盘的水平和导向架的竖直,确保桩体垂直度满足要求。

(2)钻孔施工应隔桩跳打,同时新打桩与已打桩间隔时间不应少于7d。桩体施工顺序应从新涵中心线向两侧、由靠近旧涵一侧逐排向外进行。

(3)浇筑的桩身混凝土不得离析,配合比必须按确定的试验配合比要求认真控制,每根桩的投料量不得少于设计灌注量。

(4)桩身浇筑高程应高于设计高程50cm,完后应人工凿除顶部浮浆段,严禁采用机械直接开挖。

(5)桩身养护达到龄期后,应整平好场地,在桩顶铺设好碎石垫层和土工格栅。

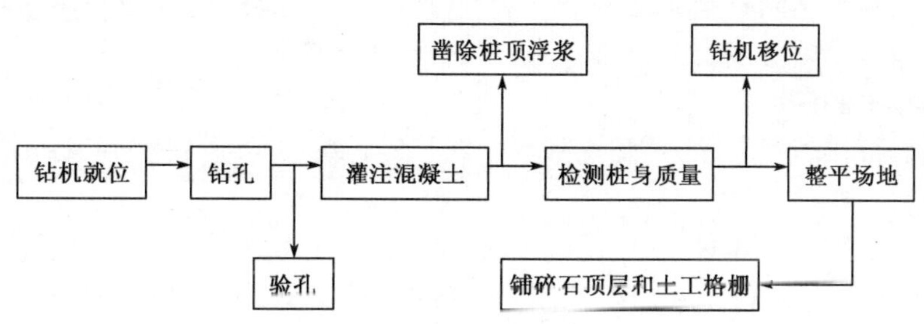

图6-18　素混凝土桩施工工艺流程

6.3.2.2　植筋施工

(1)植筋材料的选择

植入筋应选择符合《钢筋混凝土用钢　第2部分:热轧带肋钢筋》(GB 1499.2—2007)的钢筋,使用前应磨出金属光泽,且不允许氧割下料。植筋胶应选用固化时间短、抗老化疲劳性强、耐高温抗冻性能好等特点,植筋胶材料的好坏直接关系到植筋施工质量的好坏,具体指标应满足《公路桥梁加固设计规范》(JTG/T J22—2008)中B级胶的相关要求。

(2)植筋施工工艺

植筋施工一般工艺流程如图6-19所示。

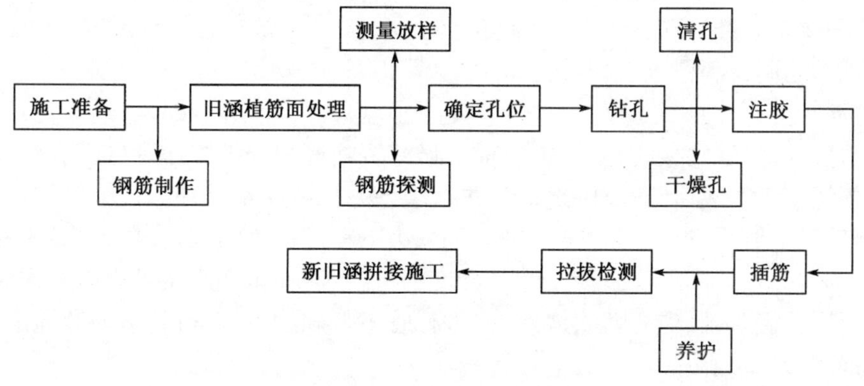

图6-19　植筋施工工艺流程

针对各工艺特点及实际工程情况，植筋施工操作应注意以下几点要求：

①植筋施工应在新旧涵拼接前进行，避免植入钢筋长期暴露锈蚀。

②为了减小钻孔对旧涵混凝土结构的影响，钻孔时不应使用凸轮传动工作原理的电锤，而应使用电动原理的冲击钻。

③钻孔完成后，孔内的渣质必须清理干净，并应对孔内进行干燥处理，以保证锚固效果。

④注胶需从孔底开始，胶黏剂应注射均匀、填充饱满。

⑤植筋完成后，应进行破损性拉拔试验，以检测植筋施工质量。

6.3.2.3 新旧涵拼接施工

新旧涵拼接施工是涵洞加宽施工中的主要内容，同时也是至关重要的一部分。该部分内容通常包括新旧涵基础拼接施工和新旧涵台及盖板拼接施工。

(1)新旧涵基础拼接

新旧涵基础拼接施工步骤为：开挖基坑→铺筑碎石垫层→绑扎钢筋→浇筑混凝土。

①开挖基坑。

新涵基础全部采用整体式基础，基础基坑开挖土方较大，其中对于不需要进行地基处理的新涵，待测量放样完成并经复核无误后，组织机械按设计的基坑宽度和高程进行开挖。基坑开挖过程中，应注意旧涵结构整体稳定性情况并做好相应的防护措施。基坑开挖完成后，按设计图纸的尺寸和高程将基坑修整成形并夯实坑底。对于已经进行地基处理的新涵，只需对处理的场地进行整平即可。

②铺筑碎石垫层。

在基坑底高程经检查复核后，开始铺筑碎石垫层。新涵为盖板涵时，碎石垫层厚度为30cm；新涵为圆管涵时，碎石垫层厚度为50cm；新涵为箱涵时，碎石垫层厚度为80cm。在铺筑时，通常在涵洞洞口部分碎石垫层厚度应比洞身部分稍厚些，且铺筑要求平整、均匀和密实。对于基坑被超挖部分，严禁用虚土回填，可用碎石渣土回填并夯实。

③绑扎钢筋。

该项施工是针对采用整体式加筋基础形式的情况，而对于采用整体式混凝土基础形式无此项施工过程，直接进行混凝土浇筑即可。钢筋的绑扎应符合《公路桥涵施工技术规范》(JTG/T F50—2011)相关技术要求。钢筋的绑扎要求牢固、结实，无错接情况。对植筋拼接情况，应将基础钢筋同旧涵植入筋焊接。

④浇筑混凝土。

新旧涵采用沉降缝拼接时，基础浇筑前应做好沉降缝的安设工作，可选用泡沫隔板预留好沉降缝，待新涵施工完成后，对沉降缝内外进行填塞并做好防水处理。在铺筑好的碎石垫层或绑扎好的钢筋网上直接下料浇筑，浇筑过程采取边下料边振捣的方式，振捣采用平板振动器进行振实。基础应按设计图纸浇筑至指定的高度，对盖板涵和箱涵浇筑过程应一次性完成，不留施工缝；而对圆管涵基础，应分两次浇筑：先进行管下基础的浇筑，待管节安装完成后再浇筑管底以上部分的管座基础。

因旧涵建成已久，基础会产生下沉，以至于旧涵不能满足当地居民常用农用机具的出行。因此，在涵洞加宽中普遍存在旧涵净空不足的问题，在新旧涵基础拼接施工时应凿除旧涵铺底

路面结构，并开挖旧涵地基至新涵洞内铺底高程，最后在新涵浇筑洞内铺底混凝土时，浇筑旧涵洞内铺底与新涵铺底构成整体，共同受力。但开挖旧涵地基对旧涵整体结构的稳定性会产生影响，可能会造成旧涵的抗滑、抗倾覆稳定性不能满足要求。施工时，应采用合适可行的施工方法及安全正确的防护措施。

为了能解决旧涵通道净空不足问题，同时保证旧涵整体结构的稳定性，旧涵基础开挖及铺底浇筑采用跳仓法施工，且每仓格施工长度不超过5m。具体施工工艺如下：

a.分别在旧涵的出入口处，左右对称凿除宽度不超过5m的洞内铺底，并开挖至新涵洞内铺底底部高程。

b.浇筑铺底混凝土。

c.待混凝土强度达到设计要求后，采用跳仓施工方法，继续后面的洞内铺底开挖及浇筑施工，施工顺序如图6-20所示，并与之前已施工的新涵洞内铺底现浇成整体结构。

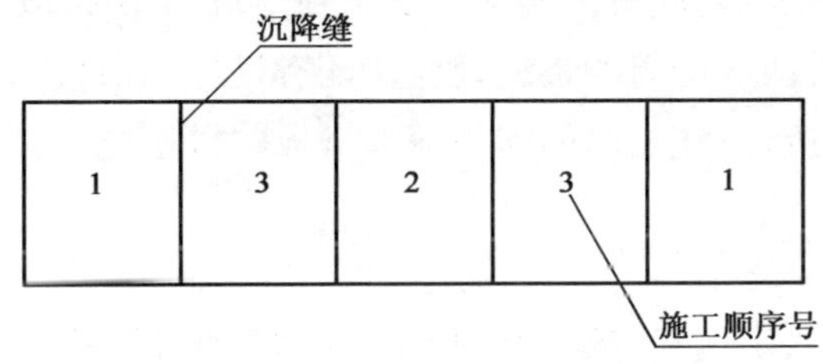

图6-20　旧涵地基开挖施工顺序

(2)新旧涵台及盖板拼接

对于盖板涵，涵台和盖板是分开的；而对于圆管涵和箱涵，涵台和盖板结构连成一个整体的管节或箱节。不同类型的涵洞施工时需要注意的要点各有不同，所以，该部分内容的施工应对不同类型涵洞分别进行阐述说明。

①盖板涵。

盖板涵的涵台和盖板需进行分开施工，先对涵台进行绑扎钢筋、支模及浇筑，待涵台混凝土强度达到要求后，再进行盖板的施工。在涵台和盖板浇筑混凝土前，应对植入筋和新涵钢筋进行焊接，或对旧涵拼接部分清理干净并用泡沫隔板预留2cm的沉降缝。

盖板可以采用预制或现浇的方式进行拼接施工。若采用预制的盖板拼接，安装盖板前应在台帽上平铺支座垫板块，若台帽不平整，应用水泥砂浆将垫板支平，确保盖板安装后四周均匀受力。对斜交盖板涵拼接，首先应配置拼接一端的斜盖板，中间部分按1m标准配置，最后再配置另一端的斜盖板；若采用现浇盖板拼接，应注意盖板与台帽钢筋连接处绑扎牢固，混凝土浇筑时应振捣充分，待混凝土强度达到要求后再脱模，并加强养护工作。

涵台和盖板施工完成后，应严格按照规范要求进行防水层施工。在盖板顶部及涵台外侧，均应涂抹两层热沥青，每层厚1~1.5mm。为了保证新盖板不发生漏水，应在涵台顶部两侧设置好排水盲沟。拼接处应严格按新旧盖板涵拼接设计方法做好沉降缝填塞及防水处理施工。

②圆管涵。

圆管涵的涵台和盖板结构合为一体，可以用预制好的管节进行拼接。新管节拼接前，应对旧涵拼接断面清洗干净，并预留好2cm的沉降缝。对于斜交涵洞的拼接，新旧涵拼接处的新涵管节应预制成斜管节。

管节安装无误后,应对新旧涵拼接处沉降缝及管节进行防水处理。新旧涵拼接处沉降缝内用沥青麻絮填塞,并在内圈拼接处涂抹两层热沥青,外圈拼接处用水泥砂浆抹平。新涵管节外表面涂抹两层 0 号沥青防水层,接头处先用三油二毡处理,外面再用水泥砂浆抹平,保证密封不漏水。防水处理完成后,应支模浇筑管底以上部分基础,以固定新管节,并保证新旧涵的拼接完整。

③箱涵。

箱涵拼接可以采用大块模板拼装施工,单块模板面积应在 $2m^2$ 以上。模板拼装缝宜采用防水胶泥填缝,以保障模板拼装平整、紧密、不漏浆。

新涵浇筑前应确保植入筋同新涵钢筋焊接完好,或对旧涵拼接部位清洗干净,并用泡沫隔板预留 2cm 沉降缝。新涵墙身宜采用现浇法进行施工,墙身结构采取两次浇筑的方法:第一次浇筑至底板内壁以上 30cm,待底板混凝土强度达到要求的 70% 以上后再浇筑墙身和顶板。浇筑过程不能一步到位,且两次浇筑的接缝处应保证有良好的衔接面,不得有堆落的混凝土或砂浆等。若箱涵为明涵拼接,应注意新旧涵牛腿和搭板的拼接施工。

6.3.2.4 新涵洞口施工

新涵洞口形式主要为八字墙式,部分涵洞洞口受地形限制采用一字墙式或跌水井式。针对不同洞口类型及施工内容,主要有以下施工要点:

(1)洞口应严格按照设计图纸尺寸进行钢筋绑扎、支模、浇筑施工,并注意与新路肩挡墙的连接。

(2)采用八字墙式洞口时,翼墙与涵身连接部分应设置沉降缝,并做好防水处理。

(3)洞口进行铺砌施工时,适当延伸到洞口以外,保证和地方水系顺接。

(4)采用跌水井式洞口时,井口应与两侧路基排水沟顺接。

(5)新涵进出水口的沟床应整理顺直,与上下游排水系统的连接应圆顺、稳固,确保拼接后的涵洞流水顺畅,避免水流损坏附近路堤及其他道路设施等。

6.3.2.5 涵周回填施工

(1)回填材料的选择

涵侧回填材料应选用级配良好、压缩性低的透水性材料,也可采用透水性较好的石渣。涵顶回填材料通常应与涵侧回填材料一致,但为了减小新涵涵顶填土自重,降低涵底地基压力,减小新旧涵沉降差,在涵顶可铺设轻质且可压缩的材料,如 EPS 板等。

(2)回填施工方法

涵周回填时应控制回填质量,分层压实,保证压实度满足要求。在保证压实度满足要求时,可选用中松侧实法回填施工。由于涵侧填土压实度较涵顶填土压实度要高,在上部荷载的作用下,当土体发生沉降变形时,涵顶填土变形量大于两侧填土变形量。在这种沉降变形差异的作用下,涵顶填土部分荷载会转移到涵侧填土上,导致新涵涵底地基压力减小,有效地控制了新旧涵基础沉降差。

6.3.3 施工质量检测方法及控制标准

为了保证涵洞加宽施工质量，加强施工建设管理，涵洞加宽施工中的每一道环节都应进行严格的施工质量控制，确保施工偏差在允许的范围内。涵洞加宽施工总体和外观上应满足以下几点要求：

（1）新旧涵中心轴线应保证在同一直线上。

（2）新旧涵拼接处沉降缝位置正确、填缝充分，无开裂、漏水现象。新旧涵连接紧密，无明显错缝。

（3）新涵洞内无遗留建筑垃圾、杂物等堵塞涵洞内部。

（4）新涵洞身顺直，新旧涵进出口、洞身、沟槽衔接平顺，无阻水现象。

（5）新涵台帽、八字墙或一字墙平直，并与路线边坡线性匹配、棱角分明。

（6）新涵混凝土表面平整，无蜂窝麻面现象，且颜色一致。

（7）新涵两侧与路面连接平顺，无跳车现象。

根据不同的施工工艺，施工质量检测方法及控制标准主要可以分为五大部分，即地基处理施工、植筋施工、新旧涵拼接施工、新涵洞口施工及涵周回填施工。

6.3.3.1 地基处理施工

（1）换填法

换填法的质量检测同土方路基施工质量检测，主要体现在土体的压实和平整施工质量上，具体施工质量检测方法及控制标准见表6-2。

换填法施工质量检测方法及控制标准 表6-2

项次	检测项目	规定值或允许偏差	检测方法和频率
1	压实度	≥96%	灌砂法：每 $10m^2$ 测 1 处
2	平整度（mm）	15	3m 直尺：每 $10m^2$ 测 3 处
3	换填厚度（mm）	≥设计值	尺量：3 处
4	中线偏位（mm）	30	经纬仪：纵横各 2 处

（2）素混凝土桩法

素混凝土桩法的质量检测主要体现在桩身的完整性及抗压强度质量上，具体施工质量检测方法及控制标准见表6-3。

素混凝土桩法施工质量检测方法及控制标准 表6-3

项次	检测项目	规定值或允许偏差	检测方法和频率
1	钻孔倾斜度（mm）	0.5%桩长	查看施工成孔记录
2	桩距（cm）	±10	尺量：桩数 5%
3	桩截面积（cm^2）	≥设计值	尺量：桩数 5%
4	混凝土强度（MPa）	在合格标准内	抗压试验：按规范要求
5	桩身完整性	无明显缺陷	低应变测试：桩数 5%
6	抽芯试验	桩体无明显缺陷	钻机钻芯：桩数 0.5%，且不少于 10 根

注：表中规范为《公路工程质量检验评定标准》（JTG F80/1—2004），同下表。

6.3.3.2 植筋施工

植筋施工的质量检测主要体现在植筋孔位、孔径、孔深上，具体施工质量检测方法及控制标准见表6-4。

植筋施工质量检测方法及控制标准　　表6-4

项　次	检 测 项 目	规定值或允许偏差	检测方法和频率
1	植筋孔位(mm)	±5	尺量：抽查30%
2	植筋孔径(mm)	2	尺量：抽查30%
3	植筋孔深(mm)	20	尺量：抽查30%
4	植筋孔清洗	无残余渣质	毛刷检查：抽查30%
5	抗拔力	>设计值	抗拔试验：抽查10%

6.3.3.3 新旧涵拼接施工

(1)盖板涵

盖板涵拼接的质量检测主要体现在基础、涵台及盖板的拼接施工质量上，具体施工质量检测方法及控制标准见表6-5。

盖板涵拼接施工质量检测方法及控制标准　　表6-5

项　次	检 测 项 目	规定值或允许偏差	检测方法和频率
1	混凝土强度(MPa)	在合格标准内	抗压试验：按规范要求
2	新旧涵轴线偏位(mm)	20	经纬仪：横向2处
3	长度(mm)	+100，-50	尺量：检查中心线
4	跨径(mm)	±20	尺量：3~5处
5	净高(mm)	明涵±20，暗涵±50	尺量：3~5处
6	结构尺寸(mm)	±15	尺量：4处
7	涵顶高程(mm)	±10	水准仪：3处
8	涵底高程(mm)	±20	水准仪：洞口2处，中间2处
9	竖直度(mm)	0.3%涵台高	吊垂线：2处
10	涵底铺砌厚度(mm)	+40，-10	尺量：3~5处
11	沉降缝宽度(mm)	5	尺量：3处

(2)圆管涵

圆管涵拼接的质量检测主要体现在基础的浇筑和管节的拼接施工质量上，具体施工质量检测方法及控制标准见表6-6。

圆管涵拼接施工质量检测方法及控制标准　　表6-6

项　次	检 测 项 目	规定值或允许偏差	检测方法和频率
1	混凝土强度(MPa)	在合格标准内	抗压试验：按规范要求
2	新旧涵轴线偏位(mm)	20	经纬仪：横向3处

续上表

项　　次	检 测 项 目	规定值或允许偏差	检测方法和频率
3	基础厚度(mm)	≥设计值	尺量:每两管节间 3 处
4	管内底高程(mm)	±20	水准仪:每两管节间 3 处
5	管座宽度、厚度(mm)	≥设计值	尺量:3 个断面
6	相邻管节错台(mm)	5	尺量:3~5 个接头
7	沉降缝宽度(mm)	5	尺量:3 处
8	抹带宽度、厚度(mm)	≥设计值	尺量:10%

(3)箱涵

箱涵拼接的质量检测主要体现在箱涵涵身浇筑和拼接施工质量上,具体施工质量检测方法及控制标准见表 6-7。

箱涵拼接施工质量检测方法及控制标准　　表 6-7

项　　次	检 测 项 目	规定值或允许偏差	检测方法和频率
1	混凝土强度(MPa)	在合格标准内	抗压试验:按规范要求
2	新旧涵轴线偏位(mm)	20	经纬仪:横向 2 处
3	长度(mm)	+100,-50	尺量:检查中心线
4	跨径(mm)	±30	尺量:3 个断面
5	高度(mm)	+5,-10	尺量:3 个断面
6	基础厚度(mm)	≥设计值	尺量:3~5 处
7	顶板厚度(mm)	明涵:+10,暗涵:+2	尺量:3~5 处
8	侧墙和底板厚(mm)	≥设计值	尺量:3~5 处
9	平整度(mm)	5	3m 直尺:每 $10m^2$ 测 3 处

6.3.3.4　涵周回填施工

涵周回填的质量检测主要体现在对涵侧及涵顶填土的压实和平整上,具体施工质量检测方法及控制标准见表 6-8。

涵周回填施工质量检测方法及控制标准　　表 6-8

项　　次	检 测 项 目	规定值或允许偏差	检测方法和频率
1	压实度	≥96%	灌砂法:每 $50m^2$ 测 1 处
2	平整度(mm)	10	平整度测试仪:每 $50m^2$ 测 3 处
3	涵顶填土高程(mm)	+10,-15	每 $50m^2$ 测 1 处
4	涵侧回填高程(mm)	+10,-15	每 $50m^2$ 测 1 处
5	涵侧回填宽度(mm)	≥设计值	每侧各测 1 处

6.4 减小加宽涵洞沉降技术研究

6.4.1 采用反开挖法

在沟谷地形进行涵洞填土时,土压力和沉降与一般高填路基的情况存在明显的差异,沟谷中心部位即涵顶的土柱由于沟谷型边坡提供的侧摩阻力,沉降变形与涵侧变形基本一致,或者会大于涵侧填土,不会造成很大的沉降差,在一些情况下还会起到减压的作用,如图6-21所示。沟形边坡具有阻止外土柱固结下沉的效应,由于沟坡影响一直延伸到填土表面,使内土柱相对于外土柱有下移的趋势,外土柱通过与内土柱的交接处(实际上是通过土粒间的摩阻力传递的)对内土柱产生一种向上的摩阻力,这就使内土柱重量不致全部传递到涵洞上。另一方面,涵洞侧向填土也要产生压缩变形,使涵洞顶平面产生沉降差,外土柱相对于内土柱又有下移的趋势但这种趋势不一定能延伸到填土表面,于是,外土柱重量向内土柱转移,从而使洞顶上压力增大。

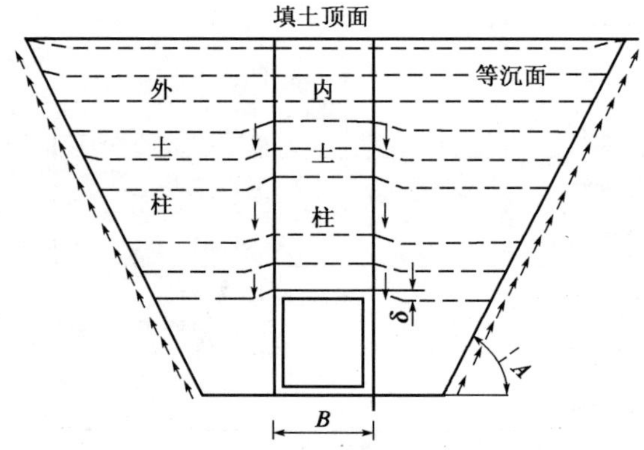

图6-21 利用沟谷型结构反开挖施工

因此,利用沟谷地形的特性,而且在填筑该涵洞时,也可人为地先填筑出这种类型的沟,然后再填涵顶填土,或者先分层将路基填筑至一定的高度,然后反挖涵洞基槽,涵洞修筑好后再回填亦可有效减小涵顶土压力。

6.4.2 采用高压缩性填充材料或中松侧实填土法

根据涵顶土体的变形机理,在涵洞顶一定厚度范围使涵洞顶填土的压实度小于涵洞两侧填土的压实度。这样,当土体在固结变形的过程中,涵洞顶土体的变形将大于两侧土体的变形量,使涵洞顶填土的质量转移到两侧的填土,从而减小在涵洞结构物上的土压力作用,达到减荷的目的。

(1)高压缩性填充材料

EPS即我们通常说的聚苯乙烯泡沫塑料,由于EPS材料特殊的加工原料及加工方法,形成了特殊的材料结构,所以它具有质量轻、侧向变形小、抗水、热稳定性、抗酸碱性和易加工的

物理性质和工程特性。EPS 主要作为一种轻质、可压缩的填筑材料应用于公路施工中，起到减小路堤自重，降低地基压力的作用。在高填方涵洞中，它可以铺设在涵顶，降低涵洞过刚造成无法适应涵侧沉降过大问题，平衡涵顶与涵侧的沉降差，如图 6-22 所示。

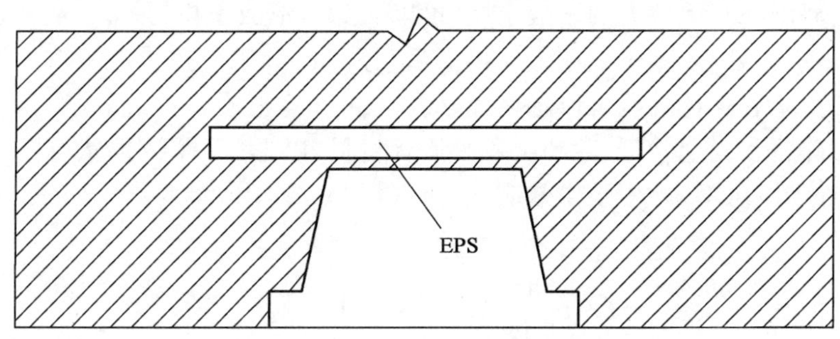

图 6-22　EPS 板减荷法

(2) 中松侧实

采用"中松侧实法"回填是减小涵洞上竖向土压力强度的有效措施。所谓中松侧实，就是涵洞两侧压实度要求达到 Y_1，而涵顶以上的 50cm 宽为涵洞结构外缘的范围内压实度要求大于或等于 Y_2，其中 Y_1 小于 Y_2，如图 6-23 所示。

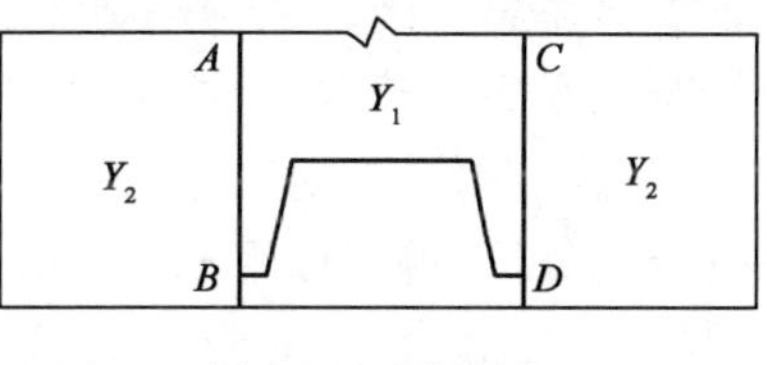

图 6-23　中松侧实

由于涵洞两侧压实度比涵顶压实高，当土壤发生沉降变形时，涵洞两侧沉陷小于涵洞部位的沉陷，从而在涵洞上部土层中形成了 *AB* 及 *CD* 滑动破裂面。在滑动破裂面上，分布着方向向上的摩擦力。这些摩擦力的存在，造成涵顶以上拱效应，使竖向土压力强度减小。

6.4.3　提高涵台背后填土压实度或采用低压缩性材料

在进行涵台背填土时，可采用级配砂砾、级配碎石等高强度、低压缩性的材料填筑。与此同时，填筑过程中，应严格控制填筑质量，分层压实，尽量减小压实层厚度，提高压实功，最大限度地提高填土的密实度。此时涵洞两侧的土柱的沉降才会减小，从而减小涵顶土柱的沉降差，以此来降低涵洞的土压力集中系数。

6.4.4　采取合理的地基处理方法

采取合理的地基处理方法，可以有效地减小沉降差，从而降低涵顶土压力集中系数，此处理方法很多，例如采用相对松软的涵洞地基或加固涵洞两侧地基。

(1) 扩大涵洞地基的处理范围：对于涵洞地基存在软弱土层时，如果只是注重涵洞地基承载力并且只处理涵洞范围的地基，这种方法只会增大涵顶填土与涵侧填土的沉降差，从而大幅度地增加涵顶土压力集中系数，不利于涵洞结构的安全。因此，在地基处理时，应当扩大地基处理的范围，使涵侧土体地基满足设计要求，但为了涵洞的受力安全，仍应将地基处理的范围扩大到涵侧一定范围，以减小涵洞两侧土体的沉降，缩小沉降差，减小应力集中。

(2) 合理减小涵洞地基强度：在扩大涵洞地基处理的基础上，对涵洞地基进行处理时，应当合理考虑其地基处理的强度，基底的压力小于涵侧土柱对处理后地基的压力，因此，其沉降值仍会略小于涵侧土柱重量,涵顶仍会产生应力集中,因而可以采取在满足地基承载力的基础上,合理地降低涵底地基土的密实度,从而达到在安全的基础上增大涵洞底沉降量,减小涵洞土体沉降差。

对于能满足涵洞地基承载力的一般土质,可以人为的形成土拱,采取只处理涵侧填土的方法,而对涵洞基础不作处理,减少涵侧土柱的工后沉降量,形成土拱效应。对于地基承载力很高,例如硬土、石质基底这种甚至可以忽略地基沉降变形的土质,可在涵底填筑时掺加一定厚度的黏土或级配碎石和级配砂砾、砂和工业废渣等材料,以形成一层“褥垫层”,人为地创造基底变形条件,增加涵洞沉降,产生土拱效应。

6.5 本章小结

本章在总结国内涵洞加宽工程设计方法和加宽施工技术的基础上,结合石安高速公路涵洞加宽工程实际情况,对高速公路改扩建涵洞加宽工程中涵洞加宽方式,新旧涵洞拼接方法及新涵设计进行分析,对高速公路改扩建涵洞加宽施工前、中、后三个过程中所涉及的相关问题进行总结分析,得出以下结论:

(1)涵洞加宽方案应与路线加宽一致,并优先采用两侧加宽,在条件限制时采用单侧加宽。

(2)在新旧涵基础沉降差满足要求情况下,对盖板涵和箱涵,当加宽跨径超过 4m 或涵顶填土高度超过 2m 时,新旧涵应采用沉降缝拼接;其他情况时,为保证新旧涵结构拼接紧密,可采用植筋拼接。对圆管涵和拱涵,分别采用沉降缝拼接和新建盖板涵拼接。

(3)涵洞加宽施工前应做好旧涵病害检查、洞口拆除、采取临时截排水措施及复查旧涵涵底高程等准备工作。

(4)涵洞加宽地基处理施工应选择合理的施工工艺,减小新旧涵基础沉降差;针对旧涵净空不足问题,可选用跳仓法施工;新旧涵拼接处衔接紧密,防水处理到位;新涵洞口应与路基排水顺接,确保拼接后涵洞整体排水通畅;涵顶回填可采用 EPS 板等轻质可压缩材料,在保证压实度满足要求的同时采用中松侧实回填方法。

(5)针对各施工技术提出施工质量检测方法及控制标准,为涵洞加宽施工质量提供了保障。

(6)对于加宽的高填涵洞,由于填土沉降差问题造成了涵顶填土的应力集中,通过充分利用沟谷地形、采用高压缩性填充材料或中松侧实填土法、提高涵台背后填土压实度或采用低压缩性材料、采用 EPS 材料对涵顶进行减荷、采取合理的地基处理方法、反挖法施工涵洞等方法可以有效地对涵顶进行减载,从而使得涵顶应力不再集中,结构安全可靠。

本章参考文献

[1] 黄涛. 高速公路涵洞加宽新旧涵拼接处受力与变形特性分析及工程技术研究[D]. 西安:长安大学, 2015.

[2] 李汝成, 李国生. 涵洞基底 PTC 管桩复合地基计算分析[J]. 公路交通科技, 2010(4):147-150 .

[3] 成超. 上埋式涵洞加宽地基处治技术研究[D]. 西安：长安大学，2010.

[4] 孙霞，李瑛琦. 旧路加宽涵洞的开发与设计[J]. 辽宁交通科技，2005(10)：62-64 .

[5] 张世平，廖朝华. 高速公路桥涵构造物扩建的拼接设计思路[J]. 中外公路，2006，26(2)：137-140.

[6] 徐进前，叶慧. 高速公路桥涵构造物改扩建拼接设计关键技术[J]. 公路交通科技，2009(8)：162-164.

[7] 杨怡. 高等级公路桥涵加宽设计方法研究[J]. 交通标准化，2009(13)：120-123.

[8] 吴萍. 洛三高速公路改扩建桥涵设计要点[J]. 中外公路，2011，31(5)：164-167.

[9] 张杨. 公路加宽改建原有涵洞的处治[J]. 四川建筑，2013，33(3)：147-151.

[10] 孟伶俐，邓凡，黄国勇. 京承高速公路既有涵洞扩建设计方案比选[J]. 公路交通科技，2013(3)：163-164 + 167.

[11] 王凯，罗广宇. 高含冰量冻土地区拼装涵洞施工技术[J]. 长安大学学报(建筑与环境科学版)，2003，20(1)：30-32 .

[12] 李彦平. 高原多年冻土区拼装式涵洞施工体会[J]. 公路，2003(4)：18-20 .

[13] 陈焕新，张敏.　海南东线高速公路半幅扩建的施工对策[J]. 中外公路，2004，24(6)：1-3 .

[14] 于凤河，张永明，宋金华. 道路改扩建工程设计与施工技术[M]. 北京：人民交通出版社，2004.

[15] 余常俊. 植筋技术在高速公路扩建工程中的应用[J]. 公路，2006(5)：197-200 .

[16] 王俊德. 改扩建桥涵拼接及维修加固施工工艺[J]. 交通科技，2009(S2)：92-95 .

[17] 余常俊. 高速公路扩建工程小型结构物拼接技术[J]. 中外公路，2007，27(1)：17-20.

[18] 陶向华，李智峰，范永丰. 改扩建工程涵洞通道净高不足解决方案[J]. 湖南交通科技，2008，34(2)：116-118 + 139.

[19] 张枫，柳德一，孙德山. 席家泵站新旧涵洞的衔接处理措施[J]. 水利科技与经济，2010，16(7)：830-831.

[20] 刘兆原. 沈大高速公路桥涵加宽改造施工技术[J]. 北方交通，2011(4)：76-79 .

[21] 张拴，石雄，韩粉妮. 高速公路改扩建工程通道净空增加施工技术[J]. 筑路机械与施工机械化，2011(10)：167-169.

[22] 封斌. 减小加宽涵洞荷载技术研究[J]. 中国水运，2011，11(4)：221-222.

[23] 徐强. 高速公路改扩建工程桥涵结构物拼接技术[M]. 北京：人民交通出版社，2011.

[24] 于渊卓. 高速公路改扩建工程中桥涵台锥坡及基坑开挖防护方案浅析[J]. 公路，2012(2)：135-137 .

[25] 谢永利，刘保健，杨晓华. 公路涵洞工程[M]. 北京：人民交通出版社，2009.

[26] 中华人民共和国行业标准. JTG/T D65-04—2007　公路涵洞设计细则[S]. 北京：人民交通出版社，2007.

[27] 顾克明，苏清洪，赵嘉行. 公路桥涵设计手册[M]. 北京：人民交通出版社，1993.

[28] 刘保健，谢永利，程海涛. 涵管的作用荷载与影响因素分析[M]. 北京：清华大学出版社，2009.

[29] 中华人民共和国行业标准. JTG/T F50—2011　公路桥涵施工技术规范[S]. 北京：人民交通出版社，2011.